UTB 2853

Eine Arbeitsgemeinschaft der Verlage

Beltz Verlag Weinheim · Basel
Böhlau Verlag Köln · Weimar · Wien
Wilhelm Fink Verlag München
A. Francke Verlag Tübingen und Basel
Haupt Verlag Bern · Stuttgart · Wien
Lucius & Lucius Verlagsgesellschaft Stuttgart
Mohr Siebeck Tübingen
C. F. Müller Verlag Heidelberg
Ernst Reinhardt Verlag München und Basel
Ferdinand Schöningh Verlag Paderborn · München · Wien · Zürich
Eugen Ulmer Verlag Stuttgart
UVK Verlagsgesellschaft Konstanz
Vandenhoeck & Ruprecht Göttingen
vdf Hochschulverlag AG an der ETH Zürich
Verlag Barbara Budrich Opladen · Farmington Hills
Verlag Recht und Wirtschaft Frankfurt am Main
WUV Facultas Wien

Bernd Jürgen Warneken

Die Ethnographie popularer Kulturen

Eine Einführung

Böhlau Verlag Wien · Köln · Weimar

Bibliografische Information Der Deutschen Bibliothek:
Die Deutsche Bibliothek verzeichnet diese Publikation in der
Deutschen Nationalbibliografie; detaillierte bibliografische Daten
sind im Internet über http://dnb.ddb.de abrufbar.

ISBN 3-205-77517-1
ISBN 978-3-205-77517-1
ISBN (utb) 3-8252-2853-3

Das Werk ist urheberrechtlich geschützt. Die dadurch begründeten Rechte, insbesondere die der Übersetzung, des Nachdruckes, der Entnahme von Abbildungen, der Funksendung, der Wiedergabe auf fotomechanischem oder ähnlichem Wege, der Wiedergabe im Internet und der Speicherung in Datenverarbeitungsanlagen, bleiben, auch bei nur auszugsweiser Verwertung, vorbehalten.

© 2006 by Böhlau Verlag Ges.m.b.H. und Co.KG, Wien · Köln · Weimar
http://www.boehlau.at
http://www.boehlau.de

Druck: Ebner&Spiegel, Germany

Inhalt

Einleitung 9

Leitmotiv Primitivität

Einleitung 17

Der evolutionäre Primitivismus 28
    Inter-nationale Parallelen 28
    Die völkische Wende 34
    Inner-nationale Verständigung 40

Der re-volutionäre Primitivismus 46
    Unbehagen in der Moderne 46
    Vormoderne Kollektivstrukturen 49
    Geistiges Volksvermögen 51
    Populare Sexualkultur 56

Primitivismus und Frauenforschung 66
    Gruppenbild mit Damen: Frühe Ethnographinnen 77

Die primitivistische Erbschaft 83
    Das „Elementare" 83
    Tradition und Dauer 85
    Rückgriff versus Rückschritt 88

Leitmotiv Kreativität

Einleitung 91

Überlebenskraft und Überlebenskunst 101
    Nachteilsausgleich, Vorteilsnahme 106
    Zusammengereimtes: Die Wissensbricolage 109
    Abfälle und Einfälle: Die Materialbricolage 114

  Händlerbauern und Minijobber: Die Tätigkeitsbricolage 121
  Kreativismus und Neoliberalismus 125

Selbstinnovation und Selbstmodernisierung 129
  Konservation und Innovation in der bäuerlichen Kultur 131
  Die Modernität der Arbeiterkultur 135
    Selbstbeherrschung und Selbstherrschaft 141
    „Dauernde Neugier, unersättlicher Stoffhunger" 149
  MigrantInnen als InnovatorInnen 155
    Neue Identitäten, neue Praktiken.................... 156
    Innovation der Aufnahmegesellschaft................. 162

Populare Ästhetik 169
  Selbstrepräsentation I: Autobiographisches Schreiben 174
  Selbstrepräsentation II: Symbolische Kreativität
    von Jugendlichen 184
  Über interpretatorisches Lifting 193
  Desiderate 198

LEITMOTIV WIDERSTÄNDIGKEIT

Einleitung... 207
  Definitionsfragen 208
  Wandel der Forschungsfelder 211

Die Widersetzlichkeit ländlicher Unterschichten 219
  Langsam arbeiten, schnell davonlaufen 224
  Illegale Selbstversorgung.............................. 230
  Rechtswege... 234
  Gegen Opfertheorien und Kampfmythen 236
  Selbstbehauptung und Selbstjustiz 242

Arbeiterkultur und Arbeiterwiderstand 248
    Nachahmungs- oder Alternativkultur? Die Arbeitervereine 250
    Widerstand und Loyalität im nationalsozialistischen Staat 254

Popularer Eigensinn in der modernen Arbeitswelt. 263
    Gegenkultur in der Fabrik 263
    Nimmt die „Boshaftigkeit" der Arbeiter ab? 270
    Regelverletzungen im Büro. 273

Wandlungen des Jugendprotests 276
    Der Aufstand der Zeichen 276
    Widerständigkeit als Anpassung 282
    Taking the Nazi's point of view. 285

Unterhaltung als Gegenkultur? 298
    Die Entdeckung des widerspenstigen Rezipienten 298
    Moments of freedom, movements for freedom. 311

Zukünftige Widerständigkeitsforschung. 322

Forschungsperspektiven

Alte und neue Ungleichheiten. 331
Was und wie nützt Ethnographie? 338

Literaturverzeichnis 349
    Leitmotiv Primitivität. 350
    Leitmotiv Kreativität 360
    Leitmotiv Widerständigkeit 377
    Forschungsperspektiven 396

Personenregister 399
Bildnachweis. 411

Einleitung

Einen Schwerpunkt der wissenschaftlichen Beschäftigung mit Alltagsgeschichte und Alltagskultur bildet seit jeher die Kultur und Lebensweise unterer Sozial- und Bildungsschichten. Das vorliegende Buch will in die Geschichte und Gegenwart dieser „Ethnographie popularer Kulturen" einführen. Es bindet dabei die Information über Fragestellungen und Antworten der Forschungsgeschichte in eine zukunftsorientierte Bilanz der bisherigen Unterschichtenethnographie ein. Im Unterschied zu Einführungen und Forschungsüberblicken, die an Theorien, Gegenstandsbereichen oder Methoden entlanggehen,[1] wird die Darstellung hier von der Frage nach Leitmotiven strukturiert, welche das von den popularen Kulturen gezeichnete Bild durchziehen.

Die Ausgangsthese ist hierbei, dass die Sichtweise der meisten ethnographischen ForscherInnen sich zumindest graduell von den kulturell dominanten Perspektiven auf die Unterschichten[2] unterscheidet. Der Ethnographie

---

[1] Vgl. für den Bereich der Europäischen Ethnologien, der Volkskunde sowie der Historischen Anthropologie Wolfgang Kaschuba: Einführung in die Europäische Ethnologie. München 1999; Hermann Bausinger: Volkskunde. Von der Altertumsforschung zur Kulturanalyse. Erweiterte Auflage Tübingen 1999; Rolf W. Brednich (Hg.): Grundriß der Volkskunde. Einführung in die Forschungsfelder der Europäischen Ethnologie. Berlin 2001; Richard van Dülmen: Historische Anthropologie. Entwicklung, Probleme, Aufgaben. Köln usw. 2001; Silke Göttsch/Albrecht Lehmann (Hg.): Methoden der Volkskunde. Positionen, Quellen, Arbeitsweisen der Europäischen Ethnologie. Berlin 2001; Helge Gerndt: Kulturwissenschaft im Zeitalter der Globalisierung. Volkskundliche Markierungen. Münster usw. 2002; Jakob Tanner: Historische Anthropologie zur Einführung. Hamburg 2004.

[2] „Unterschichten" steht hier für die sozialen Gruppen, die im Englischen als lower classes und im Französischen als classes populaires bezeichnet werden. Bei ihnen kommen mehrere (aber nicht immer sämtliche) der folgenden Merkmale zusammen: abhängige Arbeit, geringer Besitz, geringe Bildung, z.T. (etwa bei Migranten) auch rechtliche Unterprivilegierung. Den Begriff „Unterklassen" verwende ich nur deshalb nicht, weil die Bezeichnung „Unterklassenforschung" im Unterschied zu „Unterschichtenforschung" im Deutschen nicht eingeführt ist und ihre Verwendung das Missverständnis hervorrufen könnte, es sei von einer bisher unbekannten

populärer Kulturen geht es nicht oder jedenfalls nicht primär um Sozialhilfe oder Bildungsarbeit. Anders als die meisten bürgerlichen und intellektuellen Gruppen, die sich mit den Unterschichten beschäftigten, treten die EthnographInnen in dieser Beziehung nicht oder zumindest nicht primär in der Rolle von Gesetzgebern, Erziehern oder Helfern auf, sondern in der von Partnern, Sympathisanten oder Lernenden. Das heißt zum einen, dass sie in den Unterschichtenkulturen nicht nur Fremdes und Befremdliches sehen, sondern strukturelle Homologien und Wertekonvergenzen mit der eigenen Kultur feststellen, zum anderen, dass sie der denn doch vorhandenen Alterität der Unterschichtenkultur mit ‚ethnologischem Respekt' begegnen. Das Spektrum dieses Respekts reicht von der Akzeptanz eines „Eigensinns" der anderen Kultur, d.h. der Entdeckung, dass sie in sich logische und sinnvolle Antworten auf spezifische Lebensbedingungen bereitstellt, über die relativistische Überzeugung von der Gleichwertigkeit vieler oder zumindest einzelner Denkmuster und Praktiken der eigenen und der untersuchten Kultur bis hin zur Anerkennung der Überlegenheit des Anderen in bestimmten Einsichten, Fähigkeiten oder Zielsetzungen.

Dieser ethnologische Respekt war eine der Bedingungen dafür, dass man unterschichtliche Kultur überhaupt einer genaueren Beschreibung, Deutung und Analyse würdigte. Und er sah sich durch die Ergebnisse dieser ethnographischen Introspektionen vielfach bestätigt und bestärkt, brachten diese doch auf allen lebensweltlichen Handlungsebenen Fähigkeiten, Leistungen und Bestrebungen unterer Sozial- und Bildungsschichten zutage, welche vom Mainstream des bürgerlichen Alltagsdenkens wie der bürgerlichen Wissenschaft derealisiert oder depotenziert, deutsch und grob: verleugnet oder ver-

---

Spezialdisziplin die Rede. Den Terminus „popular" verwende ich synonym mit „unterschichtlich"; was in verschiedenen sozialen Schichten massenhaft verbreitet ist, nenne ich „populär"; was in den Unterschichten produziert oder rezipiert wird, nenne ich „popular". Als „ethnographisch" bezeichne ich eine Forschung, die Lebensweisen (nicht nur Lebenslagen) von Gruppen oder einzelne Momente ihres Alltagsdenkens und -handelns möglichst konkret zu beschreiben sucht und dabei, wie man eingrenzend hinzufügen sollte, auch an der „Innenperspektive" der Akteure und nicht nur den objektiven sozialen Funktionen ihres Handelns interessiert ist.

leumdet worden waren. Diese Rehabilitierung popularer Kulturen rief von Anfang an auch kritische Reaktionen hervor, die von mildem Lächeln bis zu heftiger Abwehr reichten: So wurde die Bauernkulturforschung seit dem frühen 19. Jahrhundert als „Andacht zum Unbedeutenden"[3] ironisiert, die Arbeiter-, Jugend- und Randgruppenforschung des späten 20. Jahrhunderts immer wieder der Romantisierung oder Idealisierung geziehen. Hinter solchen Vorwürfen steht einiges an gekränktem Narzissmus und erschütterten Führungsansprüchen, doch sind sie nicht auf solche Motive reduzierbar. Denn selbstverständlich muss der ethnologische Respekt auf die in ihm wirksamen Interessen und Bedürfnisse abgeklopft werden. Suchen sich, so ist zu prüfen, die ja meist aus kleinbürgerlichen Verhältnissen stammenden und einem marginalen Fach zugehörigen Ethnographen – mithin, mit Bourdieu gesagt, „beherrschte Herrschende" – mit geschönten Darstellungen des kulturellen „Volksvermögens" auch selbst zu nobilitieren?[4] Sind die Unterschichtenforscher wie viele Ethnologen Kulturflüchtlinge,[5] die nicht Distinktion, aber Projektion betreiben und sich der Illusion hingeben, das in der eigenen Kultur Vermisste finde sich in der popularen, das an der Eigenkultur Gehasste dagegen nicht?[6]

---

3   Die Formulierung geht auf Sulpiz Boisserée zurück. Sie war auf die „Altdeutschen Wälder" von Jacob und Wilhelm Grimm gemünzt, denen Boisserée im Anschluss an August Wilhelm Schlegel „nichtige(s), kleinliche(s) sinnbildeln und wortdeuteln" vorwarf. (Vgl. Sulpiz Boisserée: Briefwechsel mit Goethe. Stuttgart 1862, S. 72.)
4   Vgl. zu diesem Vorgang Pierre Bourdieu: Der Begriff „Volk" und sein Gebrauch. In: Ders.: Rede und Antwort. Frankfurt/M. 1992, S. 167–173.
5   Vgl. dazu Rolf Lindner: Wer wird Ethnograph? Biographische Aspekte der Feldforschung. In: Ina-Maria Greverus/Konrad Köstlin/Heinz Schilling (Hg.): Kulturkontakt, Kulturkonflikt. Zur Erfahrung des Fremden. Teil I, Frankfurt/M. 1988, S. 99–107.
6   Vgl. zu diesem Syndrom, auf die „Außenethnologie" bezogen, Claude Lévi-Strauss: Traurige Tropen. Köln/Berlin 1970, S. 350f.; Ders.: „Primitive" und „Zivilisierte". Zürich 1972, S. 12f. Siehe auch Justin Stagl: Kulturanthropologie und Gesellschaft. Wege zu einer Wissenschaft. München 1974, S. 65–84. Karl-Heinz Kohl: Homöophobie und Allopathie als Dilemma der deutschsprachigen Völkerkunde. In: Zeitschrift für Ethnologie, 122. Bd. 1997, S. 101–110.

Solche Überlegungen sind vor allem nach der Epochenwende von 1989, d.h. mit der Krise der sozialismusverbundenen ‚Volksfreundschaft', auch innerhalb der volkskundlich-ethnographischen Forschung angestellt worden. So schrieb der Volkskundler und Kulturwissenschaftler Martin Scharfe 1991 unter dem Titel „Die Volkskunde und ihre narzißtische Utopie": „Mögen andere den Herdentrott kritisieren, Volkskunde sieht die Gemeinschaft. Mögen andere die gefährliche Einfallslosigkeit der Menschen beklagen, Volkskunde sieht die Kreativität. Volkskunde hat's mit dem Positiven."[7] „Die Liebe zum Volk", so Scharfe an anderer Stelle, „ist die voraussetzungslose Voraussetzung aller Volkskunde, irrationale Grundlage der rationalen Veranstaltung."[8] Zur selben Zeit sahen sich die mit populärer und häufig auch popularer Kultur befassten Cultural Studies, die seit Mitte der 1970er Jahre von Großbritannien auf die deutsche Ethnographie ausgestrahlt hatten, zunehmend mit Populismusvorwürfen konfrontiert.[9] Diese Kritik wurde in Deutschland durch-

---

7   Martin Scharfe: Die Volkskunde und ihre narzißtische Utopie. In: Kuckuck, 6. Jg. 1991, S. 33–36; hier S. 34.
8   Martin Scharfe: Volkskunde in den Neunzigern. In: Hessische Blätter für Volkskunde und Kulturforschung, N.F. 28, 1992, S. 65–76; hier S. 69. – Die Formel von der „Liebe zum Volk" als einem sine qua non der Volkskulturforschung war in der frühen Volkskunde häufig. „Wer ein Buch von deutscher Volkskunde schreibt, der schreibt ein Buch der Liebe!", heißt es z.B. in Otto Lauffer: Niederdeutsche Volkskunde. Leipzig 1917, S. 132. Vgl. auch Eugen Mogk: Zur Geschichte unseres Vereines. In: Mitteilungen des Vereins für sächsische Volkskunde, 1. Bd. 1897–1899, S. 11–13; hier S. 13; Raimund Friedrich Kaindl: Die Volkskunde. Ihre Bedeutung, ihre Ziele und ihre Methode. Mit besonderer Berücksichtigung ihres Verhältnisses zu den historischen Wissenschaften. Leipzig, Wien 1903, S. 149; Viktor von Geramb: Die Volkskunde als Wissenschaft. In: Zeitschrift für Deutschkunde, 38. Jg. 1924, S. 324–341; hier S. 340. Der hier gebrauchte unscharfe Volksbegriff konnte sowohl ein imaginäres Ganzes akzentuieren (einen „Volksstamm", ein Staatsvolk) als auch speziell den vulgus, die unteren Schichten der natio oder des populus, vor allem die bäuerliche Bevölkerung. Die Brücke zwischen dem weiten und dem engen Volksbegriff bildete die Überzeugung, dass das Bauerntum in vielerlei Hinsicht das Fundament der Gesellschaft darstelle.
9   Vgl. z.B. David Harris: From class struggle to the politics of pleasure. The effects of gramscianism on cultural studies. London, New York 1992; auch Jim McGuigan: Cultural Populism. London 1992.

aus rezipiert. Eine größere öffentliche Diskussion und eine eingehendere Bilanzierung der Leistungen und der Mängel der ethnographischen Unterschichtenforschung gab es hierzulande jedoch nicht.

*

Das hier vorgelegte Buch versucht, diese Lücke ein wenig zu verkleinern. Es verfolgt über einen längeren Zeitraum hinweg nicht nur, aber vor allem die Geschichte der deutschsprachigen Unterschichtenethnographie, sucht Verdichtungspunkte und Lücken, Entdeckungen und Verzerrungen zu apostrophieren und Konsequenzen für künftige Forschungen zu ziehen. Die Darstellung ist allerdings nicht flächendeckend, sondern konzentriert sich auf drei Leitmotive der ethnographischen Beschreibung unterschichtlicher Kulturen: auf die Zuschreibungen „Primitivität", „Kreativität" und „Widerständigkeit". Damit soll keineswegs unterstellt werden, dass die Ethnographie nur nach diesen Merkmalen gesucht und gar nur sie gefunden habe: Gewiss kennt sie auch andere Zuschreibungen – positive (z.B. „Glaubensstärke", „moralische Sauberkeit", „Solidarbewusstsein") wie negative („Verdorbenheit", „Dumpfheit", „Angepasstheit"). Es wird lediglich postuliert, dass den drei ausgewählten Leitmotiven in der Fachgeschichte besondere Bedeutung zukommt, da sie eine Kontinuität im Wandel zeigen, d.h. über wechselnde Gegenstände und wechselnde Indienstnahmen hinweg weiterexistierten oder, richtiger gesagt, erneuert wurden.

Das erste Kapitel, „Leitmotiv Primitivität", behandelt die Suche nach vorzivilisatorischen Relikten in der „Volkskultur", welche den deutschen Vorläufer der heutigen Europäischen Ethnologie, die Volkskunde oder Folklore, über Jahrzehnte hinweg geprägt hat. Der Untersuchungszeitraum umfasst hierbei die lange Institutionalisierungsphase der Volkskunde von den 1880er Jahren bis in die 1930er Jahre; der Schwerpunkt liegt auf der deutschen Kaiserzeit. Die relativ ausführliche Behandlung des volkskundlichen Primitivismus, die manchen überraschen mag, erscheint nicht zuletzt deshalb lohnend, weil sich mit dem Primitivismus – der alltagssprachlichen Bedeutung des Wortes „primitiv" zum Trotz – ein respektvolles Interesse an unterschichtlicher Kultur und Lebensweise verband, das zudem nicht mit der Liebe zum eigenen Volk zusammenfiel, sondern die Aufmerksamkeit für interkulturelle Bezüge und Beziehungen einschloss.[10] Die Rekapitulation des kulturevolutionistischen Paradigmas, das die Volkskunde nachhaltig prägt, zielt nicht auf dessen Rehabilitation; sie plädiert allerdings gegen eine selbstsicher-evolutionistische Sicht auf die Wissensschaftsentwicklung, welche nur die Fehler des frühen Primitivismus für lehrreich hält, aber an produktiv gewesenen und z.T. auch gebliebenen Aspekten seiner Fragestellungen und Intentionen vorbeigeht.

„Leitmotiv Kreativität" widmet sich früher „schöpferisch", heute „kreativ" oder „innovativ" genannten Fähigkeiten und Tätigkeiten verschiedenster Art, die sich in unteren Bildungs- und Sozialschichten finden lassen: Methoden der Überlebenskunst, Beiträgen zur gesellschaftlichen Modernisierung, alltagsästhetischen Praktiken und Produkten. In den Blick genommen werden neben einigen an Volkslied und Volkskunst entwickelten Positionen der frühen Volkskunde vor allem Arbeiten aus den letzten vier Jahrzehnten. Die herangezogenen Forschungsbeispiele decken dabei bei weitem nicht alle Kulturbereiche ab, in denen die Unterschichtenforschung populare Kreativität geortet hat, erlauben jedoch Einblicke in einschlägige Untersuchungen über verschiedene Bevölkerungsgruppen und ganz unterschiedliche Kreativitätsformen, wobei Wandlungen der ethnographischen Aufmerksamkeitsrichtung, aber auch manche über zeitgeschichtliche Zäsuren hinweg reichende Kontinuitäten sichtbar werden. Die Leitlinie dieser Sichtung bildet die Frage, wie die ethnographische Entdeckung oder Aufwertung des kulturellen Kapitals von Unterschichtangehörigen mit dem Problem nicht nur ungleicher, sondern für die Betroffenen oft höchst unguter Entfaltungsbedingungen umgeht, also ob und wie antielitäre und sozialkritische Impulse in dieser Forschung austariert sind. Das schließt Überlegungen darüber ein, wie sich die Ethnographie popularer Kreativität zum postmodernen Lob kultureller Flexibilität und zum neoliberalen Appell an die Eigeninitiative stellt.

10　Dieses Kapitel erweitert die Darstellung des volkskundlichen Primitivismus in meinem Aufsatz „Volkskundliche Kulturwissenschaft als postprimitivistisches Fach", erschienen in: Kaspar Maase/Bernd Jürgen Warneken (Hg.): Unterwelten der Kultur. Themen und Theorien volkskundlicher Kulturwissenschaft. Weimar usw. 2003, S. 119–141.

Das dritte Kapitel dreht sich um die Ethnographie einer besonderen Form von „popular agency", der Widerständigkeit. Der Forschungszeitraum, der hierbei behandelt wird, beschränkt sich im Wesentlichen auf die letzten 30 Jahre, in denen – vor allem infolge der 1968er Bewegung – das Interesse an unterschichtlichen Verweigerungshaltungen und Protestformen sprunghaft anstieg; der Untersuchungszeitraum, der zur Sprache kommen wird, reicht von der Frühen Neuzeit bis zur Gegenwart. Im Zentrum der (wiederum ausschnitthaften) Darstellung stehen nicht die großen, sondern die kleinen Kämpfe: nicht revolutionäre Bewegungen, nicht die organisierte politische Opposition, vielmehr der in den Alltag eingelassene Kleinkrieg gegen oktroyierte Arbeitsbedingungen oder obrigkeitliche Reglementierungen des Lebensstils, der symbolische Protest, der sich in der Körperkultur von Jugendlichen ausdrücken kann, der eigensinnige Umgang mit dem Evangelium der Massenmedien. Auch hier spielt die Frage nach „romantisierenden" Tendenzen der einschlägigen ethnographischen Forschungen eine wesentliche Rolle: Wurden die Häufigkeit und die Verbreitung, die Effektivität und Reichweite der unterschichtlichen Widerständigkeit wunschdenkend überschätzt? Wurden Widerstandsziele und Widerstandsmethoden geschönt, wurde zu wenig auf innere Widersprüche, auf Fehlleistungen, auf a priori reaktionäre Intentionen aufmerksam gemacht? Die Bilanzierung schließt mit Überlegungen zu einer gegenwartsadäquaten Ethnographie populärer Widerständigkeit.

Die Auswahl der in diesen drei Kapiteln herangezogenen Forschungsarbeiten folgt den fließenden Grenzen, in denen sich die Geschichte der deutschsprachigen Volkskunde bzw. Europäischen Ethnologie bewegt. Was die wissenschaftlichen Disziplinen angeht, wird primär über die Volkskunde und ihre Nachfolgefächer, die Empirische Kulturwissenschaft und die Europäische Ethnologie, verhandelt; punktuell wird aber auch auf Nachbarfächer ausgegriffen, wenn ihre Beiträge für die erstgenannten Disziplinen Bedeutung erlangten. Beim Leitmotiv „Primitivität" sind dies vor allem Ethnologie und Germanistik, bei „Kreativität" und „Widerständigkeit" Ethnologie, historische Anthropologie, die alltagsbezogene Sozialhistorik, die ethnographisch arbeitende Soziologie und die Medienwissenschaft. Was nationale Grenzen betrifft, so ist – falls nicht anders angegeben – die in Deutschland und 1949 bis 1990 die in Westdeutschland angesiedelte Forschung angesprochen. Da speziell in der Volkskunde die Verbindungen zwischen Deutschland, Österreich und der Schweiz sehr eng waren (noch heute gehören der „Deutschen Gesellschaft für Volkskunde" Wissenschaftler aus allen diesen Ländern an), bezieht die Darstellung aber auch häufig Forschungen der deutschsprachigen Nachbarländer ein, jedoch ohne den Anspruch, diesen in ihrer ganzen Breite gerecht zu werden. Das Gleiche gilt für die Volkskunde und Arbeiterkulturhistorik der DDR. Im „Primitivitäts"-Kapitel seltener, danach jedoch häufig herangezogen werden Forschungsbeiträge anderer Länder, vor allem aus Frankreich, Großbritannien und den USA, insofern sie Bedeutung für die Diskussionen in Deutschland hatten. Dass die Forschungsbeispiele überproportional oft aus dem Tübinger Ludwig-Uhland-Institut für Empirische Kulturwissenschaft stammen, ist nicht lokalpatriotisch gemeint, sondern der Prägekraft jahrzehntelanger Naherfahrungen und der damit verbundenen Pflicht- und Kürlektüre geschuldet.

*

Viele haben mich bei der Entstehung dieses Buchs unterstützt. Zu nennen sind hier insbesondere die studentischen Hilfskräfte Markus Baumgart, Christine Lehmann-Kilić, Zuzanna Papierz, Natalia Sevastianova und Annukka Stratmann, die KollegInnen Reinhard Bahnmüller, Stefan Beck, Peter Bolz, Barbara Boock, Christine Burckhardt-Seebass, Helmut Eberhart, Ulrich Hägele, Thomas Hauschild, Wolfgang Kaschuba, Christel Köhle-Hezinger, Günter Müller, Werner Schmidt, Ulrich Veit und Gisela Welz. Vor allem danke ich Kaspar Maase für die hilfreich-kritische Kommentierung der ersten Manuskriptfassung und Katrin Pallowski, die jede Phase der Buchentstehung als getreue Korrepetitorin begleitet hat.

▪ Leitmotiv Primitivität

Einleitung

Ende des 19., Anfang des 20. Jahrhunderts flüsterte man in akademischen Kreisen Tübingens davon, die Weingärtner der Tübinger Unterstadt, die „Gôgen", stammten womöglich von den Hunnen ab. Es ist durchaus denkbar, dass dies mehr als nur eine Sottise war. Es gibt viele Zeugnisse dafür, dass Vertreter sozialer Unterschichten damals ob ihrer für bürgerliche Augen, Ohren und Nasen befremdlichen Körperlichkeit und Benehmensweise wie Vertreter einer anderen Rasse erschienen. Dabei ging es nicht nur um deutlich metaphorisch gemeinte Zuschreibungen – wenn etwa der Schriftsteller Wilhelm Bölsche die unteren Sozialschichten als ein Meer „nackter, hilfloser, isolierter Feuerländer und Australneger unseres eigenen Volkes"[1] bezeichnete –, sondern auch um manche mit wissenschaftlichem Ernst daherkommende Theorien, welche in den Unterschichten – zumal bei den „Asozialen" – hohe „fremdvölkische" oder „fremdrassige" Anteile vermuteten.[2] Verbreiteter war

---

[1] Wilhelm Bölsche: Aus der Schneegrube. Gedanken zur Naturforschung. Dresden 1904, S. 246.

[2] Dabei ist dann z.B. die Rede vom „sozialistische(n) Arbeiter (...), aus der Hefe des Volkes, in der der keltomongolische Bodensatz der europäischen Urbevölkerung zweifellos noch wieder durchschlägt" (Heinrich Driesmans: Rasse und Milieu. Leipzig 1909, S. 267). Z.T. wurden die Unterschichten auch als Nachfahren der „Unfreien" im germanischen Altertum angesehen, von denen viele aus unterworfenen Asiaten bestanden hätten. (Vgl. Otto Ammon: Die Gesellschaftsordnung und ihre natürlichen Grundlagen. Entwurf einer Sozial-Anthropologie zum Gebrauch für alle Gebildeten, die sich mit sozialen Fragen befassen. Jena 1900.) Ein älteres Beispiel für die gedankliche Expatriierung unterschichtlicher Randgruppen ist Henry Mayhews Ethnographie „London Labour and the London Poor" von 1861, in der Landstreicher, Wanderarbeiter, Schausteller usw. als „nomadische Rassen Englands" bezeichnet werden, die sich nicht nur habituell, sondern auch körperlich – etwa durch „hervorstehende Kiefer" und „ausgeprägte Backenknochen" – deutlich vom zivilisierten Engländer unterschieden. (Vgl. Henry Mayhew: Die

jedoch die auf der immer einflussreicher werdenden evolutionären Anthropologie fußende Vorstellung, dass die Unterschichten zumindest partiell auf einer biologischen oder zumindest kulturellen Entwicklungsstufe stehen geblieben seien, die ihre gebildeten Zeitgenossen schon hinter sich gelassen hätten. In beiden Varianten firmierte der Unterschichtangehörige als „the savage within".[3] Auch das sich in den letzten Jahrzehnten des 19. Jahrhunderts etablierende Fach Folklore oder Volkskunde dachte evolutionistisch: Es interessierte sich für die populare Kultur vor allem wegen der in ihr vermuteten „survivals", der „Überlebsel" alter bis uralter Lebens- und Denkweisen. So schreibt George Laurence Gomme, einer der Begründer der britischen Folkloreforschung: „The essential characteristic of folklore is that it consists of beliefs, customs, and traditions which are far behind civilisation in their intrinsic value to man, though they exist under the cover of a civilised nationality. (…) (I)ts constituent elements are survivals of a condition of human thought more backward, and therefore more ancient, than that in which they are discovered."[4] Wie weit dieses „backward" zurückreichte, wurde ganz unterschiedlich und oft ganz vage bestimmt. Wo, wie weithin üblich, das durch Edward B. Tylor und Lewis Henry Morgan bekannt gewordene Entwicklungsschema savagery – barbarism – civilization zugrunde gelegt wurde, galt jedenfalls als ausgemacht, dass sich viele Grundzüge der traditionalen Volkskultur auf der Stufe „wilder Gesellschaften" herausgebildet hätten. So war auch Karl Weinhold, der Gründervater der wissenschaftlichen Volkskunde in Deutschland, der Überzeugung, dass sich „in den mysteriösen Gebräuchen auch der cultivirtesten Völker des Alterthums und der Gegenwart starke Reste einer praehistorischen wilden Periode erhalten haben (…)".[5]

    Armen von London. Ein Kompendium der Lebensbedingungen und Einkünfte derjenigen, die arbeiten wollen, derjenigen, die nicht arbeiten können, und derjenigen, die nicht arbeiten wollen. Frankfurt/M. 1996, S. 29 und S. 31.)

3   Vgl. Henrika Kucklick: The Savage Within. The Social History of British Anthropology, 1885–1945. Cambridge/Mass. 1991.

4   George Laurence Gomme: Ethnology in Folklore. London 1892, S. 2.

5   Karl Weinhold: Zur Geschichte des heidnischen Ritus. Berlin 1896, S. 1.

Auf der Suche nach dem Primitiven nebenan: 1890 besichtigen Teilnehmer einer Anthropologen-Tagung in Münster/Westfalen Erdhütten in der Umgebung.

Doch so sehr diese frühe Folklore oder Volkskunde an eine vom bisherigen historischen Wandel unzerstörte, ja unbeeinflusste Substanz der Popularkultur glaubte, sah sie die Tradierungskette doch durch die aktuellen gesellschaftlichen Umwälzungen gefährdet. Ein wesentlicher Impuls der Etablierung einer deutschsprachigen Volkskulturforschung, die sich Ende des 19. Jahrhunderts in zahlreichen Vereins- und Zeitschriftengründungen vollzog,[6]

---

6   1888 gab Edmund Veckenstedt die „Zeitschrift für Volkskunde" heraus, 1890 erst Heinrich Carstens, dann Friedrich Salomo Krauss die Zeitschrift „Am Urquell. Monatsschrift für Volkskunde". 1890 konstituierte sich auch der „Verein für Volkskunde" – eigentlich sollte er „Deutsche Gesellschaft für Volkskunde" heißen –, der sich als „Mittelpunkt der deutschen Forscher und Sammler für das Volksleben und dessen Geschichte" verstand und seit 1891 die „Zeitschrift des Vereins für Volkskunde" veröffentlichte. Regionale Gründungen folgten: 1892 die „Blätter für Pommersche Volkskunde", 1893 die „Vereinigung für Volkskunde in Baden", 1894 die „Schlesische Gesellschaft für Volkskunde" und der „Verein für bayerische Volkskunde und Mundartenforschung", 1895 der „Niedersächsische Verein für Volkskunde", 1896 der „Verein für sächsische Volkskunde" und 1897 die „Vereinigung für hessische Volkskunde". Etwa gleichzeitig wurden im deutschsprachigen Ausland der „Verein für österreichische Volkskunde" (1894) und die „Schweizerische Gesellschaft für Volkskunde" (1896) gegründet. 1898 begann in Hamburg

war derselbe, der hinter völkerkundlichen Sammlungen und Forschungen der Zeit stand: Es ging um die Bewahrung von Zeugnissen der menschlichen Entwicklung, die durch die Ausbreitung der europäischen Zivilisation bedroht erschienen.[7] „In der Erkenntnis, daß die großartige Entwicklung der modernen Industrie und des Weltverkehrs, von denen auch die verstecktesten Dörfer einen Hauch verspüren, den Überlieferungen des Volkes ein gefährlicher Feind ist, hat man seit reichlich einem Jahrzehnt eine rege Sammlertätigkeit entfaltet, um noch vor dem Kulturstrom zu retten, was geborgen werden kann, und den lebendigen Beweis für diesen regen Eifer bilden außer den Arbeiten Einzelner die Vereine für Volkskunde."[8] Dass man sich hierbei des inneren Zusammenhangs von völker- und volkskundlichem Aufschwung bewusst war, belegt u.a. Eduard Hahns Vortrag zur 20-Jahr-Feier des Vereins für Volkskunde. Hahn nennt darin die Volkskunde „Ethnologie auf unser eigenes Volk angewandt" und fragt: „Sollten wir uns nicht Bastians so erfolgreiches Feldgeschrei in vollem Umfange und mit zielbewusster Entschlossenheit aneignen? Ist es nicht die letzte Stunde, in der wir hoffen können, aus unserem Volksleben wertvollste Materialien zu retten, die in ganz kurzer Zeit unwiederbringlich verloren sein werden (…)?"[9]

---

    die „Gesellschaft für jüdische Volkskunde" ihre Arbeit. 1899 entstand die „Württembergische Vereinigung für Volkskunde". Hinzu kamen 1902 die „Gesellschaft für niederdeutsche Volkskunde" und der „Verein für Volkskunst und Volkskunde" in München, 1903 der „Verein für rheinische und westfälische Volkskunde" und 1904 der „Badische Verein für Volkskunde". Den Abschluss dieser ersten Institutionalisierungsphase bildete die ebenfalls 1904 erfolgte Gründung des „Verbands deutscher Vereine für Volkskunde".

7 Über den Gründervater der deutschen Völkerkunde, Adolf Bastian, sagte sein Fachkollege Karl von den Steinen: „Mit lautem Weck- und Warnruf trat er Jahr und Jahr für das Sammeln bei den dahinsterbenden Naturvölkern ein: ‚der letzte Augenblick ist gekommen, die zwölfte Stunde ist da! Dokumente von unermesslichem, unersetzlichem Wert für die Menschheitsgeschichte gehen zugrunde. Rettet! rettet! ehe es zu spät ist'" (Karl von den Steinen: Gedächtnisrede auf Adolf Bastian. In: Zeitschrift für Ethnologie, 37. Jg. 1905, S. 236–249; hier S. 248).

8 Karl Reuschel: Volkskundliche Streifzüge. Zwölf Vorträge über Fragen der deutschen Volkskunde. Dresden, Leipzig 1903, S. 26.

9 Eduard Hahn: Die Erkenntnis des heutigen Volkslebens als Aufgabe der Volks-

Die Mängel und die Fehler dieses Ansatzes sind in der ethnologischen wie der volkskundlichen Diskussion inzwischen hinreichend offen gelegt worden.[10] Insofern der Primitivismus nach Urformen als Erstformen sucht, muss er schon deshalb scheitern, weil er keinen unhintergehbaren Startpunkt finden wird. Wo er diese Programmatik zur Suche nach „uralten", epochenüberdauernden Kulturmustern ermäßigt, gerät er leicht in einen methodischen Reduktionismus, der sich auf die longue durée einzelner Elemente komplexer Kulturtatsachen (auf einzelne Märchenmotive, Webmuster, Tanzschritte usw.) kapriziert, aber Fragen nach dem historischen Wandel in deren Zusammenspiel, nach Semantik und sozialer Funktion vernachlässigt. Noch problematischer als diese Verkürztheit der primitivistischen Methodik ist der Unilinearismus der primitivistischen Theorie: die Platzierung von Kulturdifferenzen auf einer einzigen Zeitschiene, die zugleich als Entwicklungs-, ja Fortschrittsschiene gedacht ist, wobei europäische und hier wiederum bürgerliche Kultur implizit oder explizit als bisheriger Gipfelpunkt fungieren. Mit dieser Denkvoraussetzung ist die falsche Gleichung „primitiv = primär" programmiert: Je

---

kunde. Vortrag zur Feier des 20jährigen Bestehens des Vereins für Volkskunde. In: Zeitschrift des Vereins für Volkskunde, 21. Jg. 1911, S. 225–233; hier S. 227. – Auch für die deutsche Volkskunde gilt mithin, was Sibylle Ehringhaus für andere Geschichtsfächer konstatiert hat: „Der Aufschwung der Archäologie und der Vorgeschichte in Deutschland muß im Zusammenhang mit der ethnologischen Erforschung außereuropäischer ‚primitiver' Kulturen gesehen werden. Die Aufstellung frühmittelalterlicher Kunstwerke in deutschen Völkerkundemuseen, wie in Berlin oder Dresden, und auch die Präsentation auf der Wiener Weltausstellung belegen, daß die eigene, nationale ‚primitive' Kultur als Teil des damaligen Wettstreits der Völker verstanden wurde. Während andere europäische Großmächte die Erforschung ihrer Kolonialgebiete vorantrieben, konzentriere man sich in Deutschland lieber, so der damals federführende Archäologe Ludwig Lindenschmit, auf ‚selbsteigene langandauernde Anstrengung', womit er die in Deutschland gefundenen archäologischen Denkmäler meinte" (Sibylle Ehringhaus: Germanenmythos und deutsche Identität. Die Frühmittelalter-Rezeption in Deutschland 1842–1933. Weimar 1996, S. 166).

10 Eine die wichtigsten Kritikpunkte zusammenfassende Darstellung bietet Adam Kuper: The Invention of Primitive Society. Transformations of an Illusion. London, New York 1988.

ferner und fremder ein Kulturphänomen der eigenen Kultur – oder richtiger gesagt: deren Selbstbild – steht, desto höher wird sein Alter eingeschätzt, desto näher wird es an einen fiktiven Ur- oder Naturzustand herangerückt.

Vereinfacht kann man von vier großen Gegensatzpaaren sprechen, mit denen der damalige Kulturevolutionismus „modern" und „primitiv" voneinander abhebt:[11]

1. Unterschiede der sozialen Differenzierung. Ausgehend von der entfalteten Arbeitsteilung in der Moderne und den ihr entsprechenden Trennungen von Handlungsbereichen und -formen (z.B. Alltagsdenken versus wissenschaftliches Denken) werden sozial homogene Gesellschaftsformen und ein hoher Integrationsgrad von Handlungssystemen (z.B.: Arbeit – Kunst – Religion) „primitiven" Entwicklungsstufen zugeschrieben.
2. Unterschiede der Rationalisierung. Zweckrationales, diskursiv begründetes, auf Ordnungssysteme gestütztes Handeln gilt als modern; irrationales, nichtreflektiertes, spontanes Denken und Handeln gilt als Signum älterer Kulturstufen bzw. noch nicht über deren Standard hinausgekommener Kulturen.
3. Unterschiede der Selbstkontrolle. Ein hoher Grad der Beherrschung und Formung von äußerer und innerer Natur firmiert als späte soziale Errungenschaft; geringere Kontrolle und Sublimierung z.B. von sexuellen und aggressiven Impulsen stehen angeblich dem Naturzustand näher.
4. Unterschiede der Individualisierung: Individuelle Autonomie und individuelle Persönlichkeitsmerkmale werden der Moderne, spontane Gruppenloyalität oder das Vorherrschen kollektiver Denk- und Handlungsmuster früheren Kulturen bzw. „stehen gebliebenen" Völkern und Gruppen zugerechnet.

Es ist bis heute umstritten, wie viel Realitätsgehalt in diesen Gegensatzpaaren steckt, vor allem, inwieweit sie einzelgesellschaftliche Entwicklungen in bestimmten Denk- und Handlungsbereichen abzubilden vermögen. Sicherlich

---

11   Vgl. zu den folgenden Kategorisierungen Hans van der Loo/Willem van Reijen: Modernisierung. Projekt und Paradox. München 1992, v.a. S. 28–34.

untauglich sind sie jedoch als kulturhistorische Generalschemata, gehen sie doch sowohl über innere Widersprüche der Moderne selbst wie über diesen Schemata nach als modern zu bewertende Charakteristika früherer Gesellschaftsformen hinweg: Individuelle Familienbindungen sind, wie z.b. Bronislaw Malinowski zeigte, nicht in allen Gesellschaften die jüngere, Großgruppenbindungen die ältere Assoziationsform; und Triebsublimierung und Affektkontrolle sind, wie Hans-Peter Duerr ausführlich dargestellt hat, keineswegs nur Ergebnis einer bürgerlich-europäischen Entwicklung der letzten Jahrhunderte.[12]

Es wäre jedoch die halbe Wahrheit, wollte man den damaligen Kulturevolutionismus nur als eine Theorie der falschen Gegenüberstellungen ansehen. Dessen Konzeption kultureller Differenz ist vielmehr janusköpfig. Die Idee einer unilinearen Evolution ist trennend, insofern sie einzelnen Kulturformen und ganzen Völkern vordere oder hintere Plätze auf einer Entwicklungslinie zuweist. Sie ist verbindend, insofern sie alle auf ein und derselben Linie einordnet, was immerhin bedeutet, dass das „Unzivilisierte" nicht mehr als das schlechthin Andere oder als pathologische Verirrung angesehen wird, sondern als Vor- oder Elementarform der eigenen Kultur. In der frühen volkskundlichen Forschung war die Auffassung verbreitet, dass sich „in der vorgeschichtlichen Epoche jedes Volkslebens" eine „ganze Schicht unmittelbaren religiösen Denkens, religiöser Vorstellungen und Bräuche" ausgebildet habe, eine „Unterschicht alles geschichtlichen Volkslebens (...), aus deren Mutterboden alle individuelle Gestaltung und persönliche Schöpfung herausgewachsen ist, in dessen lebendigem Stoff geformt und umgeformt".[13] Und insofern das Primitive nicht als bloßer Vorläufer, sondern als Vorfahre der modernen Zivilisation galt, lag es nahe, auch in den späteren Entwicklungsstufen survivals der früheren Stufen anzunehmen, im Mann das Kind und im Kind den Primitiven zu entdecken. Wenngleich es also weithin volkskundlicher Konsens war, dass das Primitive außer in den „Naturvölkern" draußen vor

---

12 Vgl. Hans-Peter Duerr: Der Mythos vom Zivilisationsprozeß. Fünf Bände, Frankfurt/M. 1988ff.
13 Albrecht Dieterich: Über Wesen und Ziele der Volkskunde. In: Hessische Blätter für Volkskunde, Bd. 1, 1902, S. 169–194; hier S. 175.

allem in den Unterschichten des eigenen Volks überlebt habe, wurde doch – zumindest en passant – immer wieder eingeräumt, dass auch die Oberschicht von solchen Relikten nicht frei sei. So schreibt z.b. der Germanist und Volkskundler Eugen Mogk 1907, dass „der Gebildete ebenso gut Stoff zur Volkskunde liefern kann wie der Ungebildete, der Mann aus dem Volke. In jedem Menschen lebt gleichsam ein Doppelmensch: ein Naturmensch und ein Kulturmensch: dieser zeigt sich durch seine reflektierende und logische Denkweise, jener durch seine assoziative. Unter den Gebildeten überwiegt im gewöhnlichen Leben der Kulturmensch, allein auch er kann in Lagen kommen, wo er in den Bann der assoziativen Denkform gerät."[14] Zustimmend zitiert Mogk Fritz Schultzes „Psychologie der Naturvölker": „(I)n jedem von uns schlummert der wilde Mensch, sowohl in sittlicher als auch in intellektueller Beziehung, und macht sich zu Zeiten geltend."[15]

Kaum überhörbar sind hier Parallelen zu einer anderen neuen Wissenschaft, die sich in denselben Jahren herausbildet: der Psychoanalyse. Diese knüpfte ebenfalls an die evolutionäre Anthropologie des 19. Jahrhunderts an, wenn sie vermutete, dass die „archaische Erbschaft des Menschen nicht nur Dispositionen, sondern auch Inhalte umfasst, Erinnerungsspuren an das Erleben früherer Generationen".[16] In „Totem und Tabu" von 1913 entwickelt Freud die Hypothese einer „Vererbung psychischer Dispositionen", einer „Kontinuität im Gefühlsleben der Menschen, welche gestattet, sich über die Unterbrechungen der seelischen Akte durch das Vergehen der Individuen hinwegzusetzen"[17], wobei die Annahme einer Vererbung von Erinnerungen an das Erleben früherer Generationen anklingt.[18] Und 1917 schreibt Freud in einem Nachtrag zum Fall Schreber: „Im Traume und in der Neurose finden

---

14 Eugen Mogk: Wesen und Aufgaben der Volkskunde. In: Mitteilungen des Verbandes deutscher Vereine für Volkskunde, Nr. 6, November 1907, S. 1–9; hier S. 4.
15 Ebd.
16 Sigmund Freud: Der Mann Moses und die monotheistische Religion. In: Ders: Gesammelte Werke, Bd. XVI. London 1950, S. 101–246; hier S. 206.
17 Ders.: Totem und Tabu. Einige Übereinstimmungen im Seelenleben der Wilden und der Neurotiker. In: Ders.: Gesammelte Werke. Bd. IX, London 1940, S. 190.
18 Vgl. Roland Burkholz: Reflexe der Darwinismus-Debatte in der Theorie Freuds. Jahrbuch der Psychoanalyse, Beiheft 19. Stuttgart, Bad Cannstatt 1995, S. 199f.

wir das K i n d wieder mit den Eigentümlichkeiten seiner Denkweisen und seines Affektlebens. Wir werden ergänzen: auch den w i l d e n , den p r i m i tiven Menschen, wie er sich uns im Lichte der Altertumswissenschaft und der Völkerforschung zeigt."[19] Freilich wird man nicht behaupten können, dass der damalige Mainstream der deutschsprachigen Volkskunde sich für die Affinitäten zur Psychologie und vor allem zur Psychoanalyse besonders interessiert hätte (wogegen z.B. Freud neben der völkerkundlichen auch die volkskundliche Arbeit mit Interesse beobachtete[20]); doch zweifellos leistete auch die frühe Volkskulturforschung einen Beitrag zur analytischen Entthronung des bürgerlichen Ich, das sich als unangefochtener „Herr im eigenen Haus" fühlte.

So wenig der volkskundliche Primitivismus also einem Othering frönte, d.h. das „Primitive" als etwas der eigenen Psyche und Kultur gänzlich Fremdes auffasste, so wenig setzte er Entwicklung mit Fortschritt zum Besseren gleich. Die pejorative Absicht, mit der man umgangssprachlich jemanden oder etwas primitiv nennt, darf in den damaligen volks- und völkerkundlichen Gebrauch des Begriffs ebenso wenig hineingelesen werden wie in den bis heute gängigen Terminus der „primitiven Kunst". Welche der in früherer oder heutiger Volkskultur enthaltenen Denk- und Handlungsmuster geschätzt und welche abgelehnt wurden und aus welchen Gründen dies jeweils geschah, war freilich sehr unterschiedlich – ebenso sind es die mit der Wertschätzung verbundenen Konsequenzen. Teilweise blieb es bei einer Sympathie mit dem Untergegangenen oder Untergehenden, die zugleich jedoch die Unausweichlichkeit des historischen Wandels betonte. Der Geograph und Ethnograph Richard Andree z.B. meint zu den „tief greifende(n) Umwälzungen", welche die zweite Hälfte des 19. Jahrhunderts nicht zuletzt bei den

---

19 Sigmund Freud: Nachtrag. In: Ders.: Gesammelte Werke, Bd. VIII. London 1943, S. 317–320; hier S. 320. – Zur Kritik der Neigung, die Subjektivität von Kindern und von „Primitiven" als einander verwandt anzusehen, siehe Claude Lévi-Strauss: Die archaische Illusion. In: Ders.: Die elementaren Strukturen der Verwandtschaft. Frankfurt/M. 1981, S. 148–165.
20 So bezieht sich Freuds „Totem und Tabu" nicht nur auf Forschungen von Ethnologen wie James George Frazer, sondern auch von Folkloristen, d.h. Volkskulturforschern, wie z. B. Andrew Lang.

"Sitten und Volksüberlieferungen" hervorgebracht habe, gut evolutionistisch: "Dieser Vorgang ist aber ein so natürlicher, daß wir ihn nicht beklagen dürfen, mag auch unser Gemüt, das der Väter Art und Weise hochschätzt, davon nicht immer zustimmend berührt werden."[21] „Rettung" traditioneller Volkskultur bedeutete in diesem Denkzusammenhang lediglich, deren materielle und sprachliche Zeugnisse ins kulturelle Gedächtnis zu überführen. So spricht z.b. Rudolf Virchow, der Initiator des Berliner Volkskundemuseums, von dem „Gedanke(n), das Volksthümliche, soweit es noch vorhanden ist, aufzusuchen und wenigstens in der Erinnerung zu bewahren".[22]

Doch bei vielen Volks- wie auch Völkerkundlern stand die Beschäftigung mit dem Primitiven nicht nur für ein historiographisches, sondern auch für ein gegenwartsbezogenes Projekt: Zum evolutionären trat ein – im genauen Wortsinn – „re-volutionäres" Denken hinzu: die Vorstellung, die Revitalisierung primitiven Kulturerbes könne zur Vitalisierung der Gegenwart beitragen. „Am Ur-Quell" nannte sich eine der ersten volkskundlichen Zeitschriften in Deutschland, und in der Präambel zum ersten Heft heißt es: „Das Volksthum ist die Urquelle aller Kenntnisse über ein Volk, das Volkstum (sic!) ist aber auch der Völker Jungbrunnen, der sie jung erhält, der sie, wenn ihnen Untergang droht, verjüngen kann."[23] Dass es sich beim Autor dieser Proklamation um den liberalen, völkischer Nostalgie gänzlich unverdächtigen Wiener Volkskundler Friedrich Salomo Krauss handelt, kann als Hinweis darauf gelten, dass die Idee der Kulturerneuerung durch den Rückgriff auf „primitive" Denk- und Handlungsmuster nicht mit sozialkonservativen oder protofaschistischen Tendenzen gleichsetzbar ist. Unter ihrem Dach fanden sich vielmehr kultur- und gesellschaftspolitisch unterschiedliche, ja gegensätzliche Bestrebungen zusammen, die sich auch in der frühen volkskundlichen Forschung nachweisen lassen.

---

21 Richard Andree: Braunschweiger Volkskunde. Braunschweig 1901, S. VIII (Aus dem Vorwort zur 1. Auflage 1896).
22 Rudolf Virchow: Verwaltungsbericht für das Jahr 1890. In: Zeitschrift für Ethnologie, 22. Bd. 1890, S. (585)– (593); hier S. (591).
23 Am Ur-Quell, 1. Jg. 1890, S. 2 (Zitat im Original durchgängig gesperrt).

Die primitivistische Konzeption von „Volkskultur" soll im Folgenden anhand mehrerer Themen- und Gegenstandsbereiche detailliert werden. Zuerst geht es um die Frage, wie die kulturevolutionistische Primitivitätsforschung das Innen und das Außen, das Oben und das Unten der von ihr untersuchten Kulturen konstruierte, anders gesagt: inwieweit sie die von ihr untersuchten Kulturen zueinander rückte oder voneinander absetzte. Sodann sollen die Bandbreite und inneren Ambivalenzen der „re-volutionären", auf Wiederherstellung zielenden Intentionen des Primitivismus herausgearbeitet werden: Die Stichwörter lauten hier „Vormoderne Kollektivstrukturen", „Geistiges Volksvermögen" sowie „Populare Sexualkultur". Ein eigener Abschnitt widmet sich dem Zusammenhang von primitivistischen und geschlechterkulturellen Positionen: dem Stellenwert, den Frauenkultur als Objekt und Frauen als Subjekte der frühen volkskundlichen Forschung besaßen. Das Gros der herangezogenen Quellen bezieht sich auf die Institutionalisierungsphase des Fachs von den 1880er Jahren bis zum Ersten Weltkrieg, da das Leitmotiv Primitivität in diesen Jahrzehnten zweifellos seine „Kernzeit" hatte; eingegangen wird jedoch auch auf einschlägige Fachdiskussionen der 1920er Jahre und nationalsozialistische Polemiken gegen den primitivistischen Ansatz. (Auf die germanophile nazistische Volkskunde selbst, in der einige Motive des Primitivismus weiterwirken, wird dann aber nicht ausführlicher eingegangen; verwiesen sei auf die hierzu bereits vorliegenden Arbeiten.[24]) Den Schluss des Kapitels bildet eine gegenwartsbezogene Sichtung des primitivistischen Erbes.

---

24 Vgl. u.a. Wolfgang Emmerich: Zur Kritik der Volkstumsideologie. Frankfurt/M. 1971; Wolfgang Jacobeit/Hannjost Lixfeld/Olaf Bockhorn (Hg.): Völkische Wissenschaft. Gestalten und Tendenzen der deutschen und österreichischen Volkskunde in der ersten Hälfte des 20. Jahrhunderts. Wien usw. 1994; siehe auch Klaus von See: Barbar, Germane, Arier. Die Suche nach der Identität der Deutschen. Heidelberg 1994.

Der evolutionäre Primitivismus

Inter-nationale Parallelen

In einem Aufsatz über die deutsche Anthropologie der wilheminischen Zeit schreibt Benoît Massin: „Almost all leading German anthropologists residing on the Reich's territory, from the founding of the German Anthropological Society in 1870 to World War I, professed a belief in the unity of the human species."[25] In der neu entstehenden Volkskunde hatte diese monogenistische Position ebenfalls die Oberhand. Eine nicht zu unterschätzende Rolle spielten dabei der Einfluss Rudolf Virchows, des Initiators des Berliner Volkskundemuseums und jahrelangen zweiten Vorsitzenden des Berliner Volkskundevereins,[26] sowie des Ethnologen und Anthropologen Adolf Bastian, Gründungsmitglied des Berliner Volkskundevereins, auf dessen Theorie der allen Völkern gemeinsamen „Elementargedanken" vielfach rekurriert wurde. Die Annahme einer durch gleiche Anlagen bedingten prinzipiellen Homogenität oder durch Austausch zustande gekommener Homologien der Weltkulturen reüssierte wohl nicht zufällig in der Zeit eines ersten Globalisierungsschubs, eines zunehmenden Weltverkehrs und einer intensiven internationalen Kulturdurchdringung. Auch zeitgenössische Beobachter haben diesen Zusammenhang ins Spiel gebracht, so z.B. der Bremer Rechtsethnologe und Volkskundler Albert Hermann Post, der 1889 schreibt: „(E)s ist bemerkenswert, dass zu derselben Zeit, in welcher der Weltverkehr die Nationen der ganzen Erde zu verbinden beginnt, die Wissenschaft die Entdeckung macht, dass es allgemeine für die ganze Menschheit geltende soziale Gesetze giebt."[27] Viele Vertreter der

---

25 Benoît Massin: From Virchow to Fischer. Physical Anthropology and „Modern Race Theories" in Wilhelmine Germany. In: George W. Stocking (Hg.): Volksgeist as method and ethic. Essays on Boasian ethnography and the German anthropological tradition. Madison 1996, S. 79–154; hier S. 87.
26 Zu Virchows Monogenismus vgl. Massin 1996, S. 87.
27 Albert Hermann Post: Studien zur Entwicklungsgeschichte des Familienrechts. Ein Beitrag zu einer allgemeinen vergleichenden Rechtswissenschaft auf ethnologischer Basis. Oldenburg, Leipzig 1889, S. 3. In einem noch immer höchst lesenswerten Aufsatz in der von Lazarus und Steinthal herausgegebenen „Zeitschrift für Völker-

deutschen Volkskulturforschung versuchten, diese Auffassungen empirisch zu untermauern. Ihr führendes Fachorgan, die „Zeitschrift des Vereins für Volkskunde", ist in ihren ersten Jahrzehnten voll von Versuchen, Parallelen zwischen einheimischen und fremden Kulturmustern – Bräuchen, Erzählmotiven, Dinggestalten usw. – zu finden und damit eine entweder primär auf gemeinsame Anlagen oder primär auf Diffusion zurückgeführte „geistige Gemeinschaft der Völker"[28] zu belegen. Hierbei geht es nicht nur um nationen-, sondern auch um erdumspannende Gemeinsamkeiten. Die in der Nachfolge Jacob Grimms vertretene Auffassung, dass kulturelle Parallelen nur bei „blutsverwandten" Völkern vorkämen, d.h. auf gemeinsame Vorfahren verwiesen, wird von vielen Autoren explizit oder implizit verlassen.[29] So heißt

---

psychologie und Sprachwissenschaft", dem Vorgänger der „Zeitschrift des Vereins für Volkskunde", schreibt der politische Publizist und Nationalökonom Ludwig Rüdiger über den zunehmenden materiellen und geistigen Weltverkehr: „(D)ie Unterschiede der Völker verlieren sich immer mehr, jeder Tag schleift irgend eine vorragende Ecke ab, welche als ein besonderes Kennzeichen des Deutschen, Franzosen, Italiäners etc. diente. (…) Diese vielfältige Ausgleichung und Mischung hat denn auch der Meinung Eingang verschafft von der wesentlichen Gleichheit aller Menschen. Alle Menschen, sagt man, haben dieselben geistigen und sittlichen Anlagen; die Unterschiede kommen nur von der verschiedenen Ausbildung, und auch diese muß im Fortgange der Zeit immer gleichmäßiger werden; es ist die heiligste Pflicht, Allen die gleiche Bildung zu öffnen (…). Daher das Streben, die Negersklaven zu befreien, die farbigen Bewohner Amerikas den Creolen gleich zu stellen, den verachteten Völkerschaften Europas (Juden, Zigeunern, Wenden,) bürgerliche Rechte, den unterdrückten Stämmen die politische Gleichheit mit ihren Beherrschern zu verschaffen." Rüdiger beobachtet aber – hier ebenfalls höchst aktuell – auch eine Gegenströmung zu dieser „Ausgleichung der Unterschiede": „die nationale Strebung", welche „diese Unterschiede festhalten oder gar vermehren will und nothwendig einerseits in Ueberschätzung der Landsleute und Parteilichkeit für dieselben, anderseits in Unkenntniß und Mißachtung der Fremden und Feindseligkeit gegen das fremde Land ausläuft" (Ludwig Rüdiger: Ueber Nationalität. In: Zeitschrift für Völkerpsychologie und Sprachwissenschaft, 3. Bd. 1865, S. 95–130; hier S. 95–98).

28 Julius von Negelein: Die Reise der Seele ins Jenseits. In: Zeitschrift des Vereins für Volkskunde, 11. Jg. 1901, S. 16–28; hier S. 23.
29 Auch der Grimmschüler Karl Weinhold, Vorsitzender des Berliner Vereins für

es etwa in einem programmatischen Aufsatz von Carl Rademacher: „(N)icht die Erforschung des deutschen Volkstums ist das höchste Ziel, wonach wir streben; nein, das weitere und grossartige Streben der internationalen Folklore geht darauf hinaus, das Leben und Treiben der Völker auf dem ganzen Erdenrunde von einem gemeinsamen Gesichtspunkte aus zu betrachten und zu vergleichen. Merkwürdig! wie verschieden und fremd auch ein Volk von dem andern auf den ersten Blick erscheint, wissen wir aber jetzt schon mit Bestimmtheit, dass trotz aller klimatischen und nationalen Verschiedenheit die Völker der Erde alle in der Vorzeit eine mehr oder weniger gleiche Entwicklung durchgemacht haben, dass aus jener Urzeit ähnliche Vorstellungen und daraus sich herleitende vielfach ähnliche Bräuche entstanden sind."[30]

Universalistische Akzente setzten auch die Protagonisten der deutschschweizerischen und der österreich-ungarischen Volkskunde. Der Schweizer Eduard Hoffmann-Krayer sieht eine „stammheitlich" arbeitende untrennbar mit einer „allgemeinen Volkskunde" verbunden; die Letztere beschäftige sich „mit den Prinzipien und Grundgesetzen der volkstümlichen Anschauungen, mit den überall gültigen Entwicklungsfaktoren, kurz den allgemeinen Agentien, die die Volksseele bewegen, zeigen sie sich nun bei Bantu-Negern oder hinterpommerschen Bauern".[31] Michael Haberlandt proklamiert 1895 im ersten Heft der „Zeitschrift für österreichische Volkskunde": „(W)ir werden an der vielfachen Identität der naturwüchsigen Volksäußerungen, welche über alle nationalen Grenzen hinwegreicht, ein tieferes Entwicklungsprincip als das der Nationalität erkennen müssen. Diese Erkenntnis bei allen Beo-

---

    Volkskunde, will den anthropologischen Ansatz, wonach die Ergebnisse der Mythengeschichte „nicht einem einzelnen Volke oder einer einzigen Völkerfamilie (…), sondern der Menschheit überhaupt" gehören, nicht von der Hand weisen, bezweifelt aber dessen Anwendbarkeit auf die „ganze Mythologie" (Karl Weinhold: Wilhelm Schwartz†. In: Zeitschrift des Vereins für Volkskunde, 9. Jg. 1899, S. 328–330; hier S. 330).

30 Carl Rademacher: Lehrerschaft und Volkskunde. In: Sammlung pädagogischer Vorträge VI/6, Bielefeld 1893, S. 1–16; hier S. 5.

31 Eduard Hoffmann-Krayer: Die Volkskunde als Wissenschaft. In: Paul Geiger (Hg.): Kleine Schriften zur Volkskunde von Eduard Hoffmann-Krayer. Basel 1946, S. 1–23; hier S. 13 und S. 10.

bachtern des Volkes anzubahnen und zu befestigen, ist ein innig erstrebtes Ziel unserer Zeitschrift, die sich volle Unbefangenheit in nationalen Dingen strengstens zur Richtschnur nehmen wird."[32] Und der Czernowitzer Historiker und Volkskundler Raimund Friedrich Kaindl schreibt in seinem Einführungswerk „Die Volkskunde" von 1903 mit schönem Pathos: „Was der geistreiche F. Max Müller in seinen Vorlesungen ‚Indien in seiner weltgeschichtlichen Bedeutung' über die heilsame Wirkung des vergleichenden Sprachstudiums bemerkt, daß es die Verbreitung eines Gefühles der engsten Brüderlichkeit bewirkt, so daß wir uns zuhause fühlen, wo wir zuvor Fremdlinge gewesen waren, und Millionen sogenannter Barbaren in unser eigenes Fleisch und Blut verwandelt; das gilt in vollem Maße von der vergleichenden Volkskunde."[33]

Das Ausmaß, in dem ethnizistische Grenzziehungen tatsächlich dekonstruiert wurden, war freilich unterschiedlich. Teilweise beschränkte sich der interkulturelle Brückenschlag auf wenige Einzelzüge, oder es wurden eher Parallelen zwischen den Germanen und heutigen „Naturvölkern",[34] aber

---

32 Michael Haberlandt: Zum Beginn! In: Zeitschrift für österreichische Volkskunde, 1. Jg. 1895, S. 1–7; hier S. 1. – Zum Neben- und Gegeneinander der u.a. von Haberlandt vertretenen anthropologisch-ethnographischen und einer u.a. von Rudolf Much betriebenen germanistisch-germanophilen Linie siehe Olaf Bockhorn: Zur Geschichte der Volkskunde an der Universität Wien. Von den Anfängen bis 1939. In: Albrecht Lehmann/Andreas Kuntz (Hg.): Sichtweisen der Volkskunde. Zur Geschichte und Forschungspraxis einer Disziplin. Berlin, Hamburg 1988, S. 63–83.

33 Raimund Friedrich Kaindl: Die Volkskunde. Ihre Bedeutung, ihre Ziele und ihre Methode. Leipzig, Wien 1903, S. 46. – Vgl. zu Kaindls damaliger Position Helmut Eberhart: „Die Volkskunde nährt durchaus keinen Gegensatz gegen andere Völker, sie ist vielmehr im besten Sinn kosmopolitisch." Zur Rezeption der Werke Raimund Friedrich Kaindls. In: Siegfried Becker u.a. (Hg.): Volkskundliche Tableaus. Eine Festschrift für Martin Scharfe zum 65. Geburtstag von Weggefährten, Freunden und Schülern. Münster, New York 2001, S. 357–374.

34 Auch der recht germanophile Karl Weinhold schreibt: „Wie falsch es ist, auf die sogenannten Wilden als auf Völker, die von uns durch eine tiefe Kluft getrennt seien, herabzublicken, erkennen wir, je genauer wir die Kulturentwicklung des eigenen Volkes geschichtlich durchforschen. Wir stossen da in noch fortglimmenden ural-

nicht zwischen heutigen Deutschen und Außereuropäern hervorgehoben. Der Volkskundler, der die Idee universeller Gemeinsamkeiten am entschiedensten und konsequentesten vertrat, war Friedrich Salomo Krauss, der in der Gründungsphase des Fachs zu den aktivsten und bekanntesten Promotoren zählte.[35] Krauss postuliert, Bastians These der „Elementargedanken"

---

ten Gebräuchen auf Spuren einer uns erschreckenden Rohheit und Wildheit, die uns beweisen können, wie die Germanen in einer nicht bloss prähistorischen Zeit auf derselben Stufe gestanden haben, als die heutigen Naturvölker" (Karl Weinhold in einer Rezension von Friedrich Ratzels „Völkerkunde". In: Zeitschrift des Vereins für Volkskunde, 5. Jg. 1895, S. 108f.; hier S. 109).

35 Krauss' „Sitte und Brauch der Südslaven" von 1885 stellt eine der ersten großen Monographien des neu entstehenden Fachs dar. Die von Krauss 1890 bis 1898 herausgegebene Zeitschrift „Am Urquell" bzw. „Der Urquell" war neben der „Zeitschrift für Volkskunde" jahrelang das wichtigste überregionale Organ der deutschsprachigen Volkskunde. Die von Krauss unter Mitarbeit von Lucien Scherman verfasste „Allgemeine Methodik der Volkskunde" (Erlangen 1899) war das bis dato ausführlichste Überblickswerk über die damalige volkskundliche Forschung. Kein anderer deutschsprachiger Volkskundler wurde um 1900 in europäischen und US-amerikanischen Fachpublikationen (z.B. im „Journal of American Folklore", im „Archivio por lo studio delle tradizioni popolari" und in der „Mélusine") so oft abgedruckt und besprochen wie Krauss. Unter den 14 Ehrenmitgliedern der American Folklore-Society, die das Journal of American Folk-Lore 1913 auflistet (26. Bd., S. 377), war er der einzige deutschsprachige Wissenschaftler. – Bisherige Überblicksdarstellungen zu Krauss sind v.a.: Raymond L. Burt: Friedrich Salomo Krauss (1859–1938). Selbstzeugnisse und Materialien zur Biobibliographie des Volkskundlers, Literaten und Sexualforschers mit einem Nachlaßverzeichnis. Mit dem Beitrag von Michael Martischnig: „Zum 50. Todestag von Friedrich Salomo Krauss (Salomon Friedrich Krauss). Eine Nachlese." Wien 1990. – Raymond L. Burt/Barbara Eppensteiner/Johannes Reichmayr: Sexualforschung und Psychoanalyse: Friedrich Salomon Krauss und Sigmund Freud – gelehrte Zuhörer nach unten. In: Josef Aigner/Rolf Gindorf (Hg.): Von der Last der Lust. Sexualität zwischen Liberalisierung und Entfremdung. Wien 1986, S. 47–75. – Christoph Daxelmüller: Friedrich Salomo Krauss (Salomon Friedrich Kraus(s)) (1859–1938). In: Wolfgang Jacobeit u.a. (Hg.): Völkische Wissenschaft. Wien usw. 1994, S. 463–476. – Ines Köhler-Zülch: Krauss, Friedrich Salomo. In: Enzyklopädie des Märchens, Bd. 8, Berlin und New York 1996, Sp. 352–358. – Michael Martischnig: Erotik und Sexualität der unteren Volksschichten. Zum 50. Todestag von Friedrich

kulturrelativistisch zuspitzend, dass „die Menschheit in ihren Gedanken und Anschauungen einheitlich geartet"[36] sei, und spricht von einer „willkürlich ersonnene(n) Scheidewand zwischen gebildeten und ungebildeten, d. h. zwischen Kultur- und primitiven Völkern"[37]. Das Einzige, was die so genannten Kulturvölker von anderen unterscheide, sei der Stand der Naturwissenschaften und der Technik.[38] Konsequenterweise stellte Krauss denn auch die Begrenzung der Völkerkunde auf so genannte Naturvölker infrage.[39] Und während bei etlichen deutschen Völker- und Volkskundlern monogenistische Positionen mit deutschtümelnden und imperialistischen Haltungen koexistierten,[40] wandte sich Krauss – Österreicher, Slawone, Jude – immer wieder

---

Salomo Krauss (Salomon Friedrich Krauss) (1859–1938). In: Sabine Drexel/Klaus Heinzle/Angela Koch (Hg.): InterAKTion 2, Das Nackte – Der Hintergrund. Wien 1989, S. 23–83. – Mirjam Morad: Friedrich Salomo Krauss. Ein biographischer Entwurf. Diplomarbeit (Ms.) am Institut für Volkskunde der Universität Wien 1987. – Johannes Reichmayr: Friedrich Salomon Krauss und Sigmund Freud – Begegnung unorthodoxer Gelehrter. In: Luzifer – Amor. Zeitschrift zur Geschichte der Psychoanalyse, 1. Jg. 1988, H. 1, S. 133–155. – Bernd Jürgen Warneken: Negative Assimilation. Der Volkskundler und Ethnologe Friedrich Salomo Krauss. In: Freddy Raphael (Hg.): ‚... das Flüstern eines leisen Wehens ...' Beiträge zu Kultur und Lebenswelt europäischer Juden. Konstanz 2001, S. 149–171.

36 Friedrich S. Krauss in: Ders./Lucien Scherman: Allgemeine Methodik der Volkskunde. Berichte über Erscheinungen in den Jahren 1890–1897. In: Kritischer Jahresbericht über die Fortschritte der romanischen Philologie, Bd. IV, H. 3. Erlangen 1899, S. 1–134; hier S. 63.
37 Ebd., S. 23.
38 „Beliebt ist die Einteilung der Völker in kulturarme und kulturreiche, aber auch sie trifft nicht das Wesen der Erscheinung; denn trotz des schönen Wortes ‚Kultur' ist hier das entscheidende der blosse Besitz an F a h r n i s s e n, die man nach der Höhe der Technik und deren Hilfsmitteln beurteilt. Der einzige wahre Unterschied, den man gelten lassen muss, weil er geistiger Art ist, besteht in der grösseren oder geringeren Masse von naturwissenschaftlichen Erfahrungen und Kenntnissen, die ein Volk als ganzes zum Erbgut hat" (Friedrich S. Krauss: Die Volkskunde in den Jahren 1897–1902. Berichte über Neuerscheinungen. In: Romanische Forschungen, XVI. Bd. Erlangen 1904, S. 151–322; hier S. 177).
39 Vgl. ebd., S. 58.
40 Vgl. Massin 1996, S. 100.

gegen nationale oder europäische Überlegenheitsgefühle: „Mit dem Aberglauben muss der Volksforscher ein für allemal brechen, dass gerade wir Europäer auf der Höhe der Menschheit stehen".[41] Optimistisch sieht Krauss den Endeffekt einer vorurteilslos vergleichenden Volkskunde in einer globalen friedlichen Koexistenz: „Der Volksforschung winkt als Preis die Erreichung des endlichen Zieles, dass es ihr einmal gelingen wird, die noch erhaltenen Einrichtungen und Schranken einer urzeitlichen Gesellschaft niederzureissen, durch welche die Menschheit in ständig kriegsbereite, rauflustige Horden eingeteilt erscheint. Erkennt man, dass wir Menschen alle e i n e Art bilden, dass auch alle uns voneinander sondernden transzendentalen Spekulationen unnütz und abgebraucht sind, so werden die Gruppen aufhören, einander die knappe Zeit ihres Lebens zu vergällen und zu verkürzen."[42]

Krauss' universalistische Position, das sollte nicht übersehen werden, bündelte mit schwungvollem Griff Thesen und Theorien, die bei näherem Hinsehen sehr verschieden sind oder sehr verschieden ausgelegt werden können: Dass alle Menschen „eine Art bilden", muss nicht implizieren, dass „ihre Gedanken und Anschauungen einheitlich geartet" sind; dass alle Völker Kulturvölker und dies womöglich auf der gleichen Kulturhöhe seien, muss nicht heißen, dass ihre Kulturen voller Parallelen sind. Damit ist aber umgekehrt gesagt, dass der von Krauss (und ähnlich auch von etlichen anderen Volkskundlern) vertretene Universalismus sich nicht in der Suche nach einzelnen Universalien wie z.B. überall gleichen „Elementargedanken" erschöpfte, sondern mit einer Idee von gleichrangigen Kulturleistungen verknüpft war, die letztlich auch ohne den Nachweis von Detailparallelen auskam.

Die völkische Wende

Zehn Jahre später hat sich Krauss' Diagnose von den kriegsbereiten Horden bestätigt, und seine Hoffnungen auf eine pazifizierende Volkskunde sind zunächst einmal vertagt. Mit dem Ersten Weltkrieg und seinem Ausgang ver-

---

41 Krauss/Scherman 1899, S. 60.
42 Krauss 1904, S. 318f.

stärkte sich in der deutschen wie der österreichischen Volkskulturforschung eine nationalistische Ausrichtung, die in den Gründungsjahren noch nicht den Ton angegeben hatte. Im Leitorgan der deutschen Volkskunde behielten die transnationale sowie die ‚transgermanische' Perspektive zwar eine starke Position,[43] doch es mehrten sich auch hier die Stimmen, welche bei der „vergleichenden Volkskunde" den Akzent auf die ethnischen Unterschiede legten und im Übrigen eine Konzentration auf eine deutschtumsbezogene Volkskunde empfahlen. Dabei handelte es sich gewiss auch um pragmatische Überlegungen zu einer sinnvollen wissenschaftlichen Arbeitsteilung und einem schärferen Fachprofil, doch verbanden sie sich oft mit nationalistischen Programmatiken und ethnobiologischen Auffassungen. Den engeren Kontext dafür bildete eine breite Strömung im Bildungsbürgertum, unter Lehrern ebenso wie unter Geisteswissenschaftlern, die sich die Überwindung der niederdrückenden Kriegsfolgen von einer Rückbesinnung auf spezifisch deutsche Traditionen versprach. „Erst als des deutschen Reiches Herrlichkeit unter teuflischem Getöse in Scherben ging", heißt es z.B. 1922 in der neu gegründeten Zeitschrift „Muttersprache", „als die zehnfache Übermacht eines neid- und haßerfüllten Gegners uns einen in der Weltgeschichte unerhörten ‚Frieden' aufzwang und uns den Fuß auf den Nacken setzte – da quoll aus den Tiefen unseres Volksbewußtseins die Sehnsucht nach dem Besten herauf, was einem Volke gegeben werden kann: nach seiner unverfälschten eigenen Art. Von der äußeren Welt wandte sich der Blick nach der inneren."[44] Eine etwas

---

43 Der Versuch einer Quantifizierung, bei dem dreimal drei Folgejahrgänge ausgewertet und verglichen wurden, ergab für die Jahrgänge 1891 bis 1893, dass Beiträge über nicht-deutschsprachige Völker und Bevölkerungsgruppen (ohne sog. Auslandsdeutsche, deutsche Sprachinseln usw.) zusammen mit Beiträgen, bei denen der internationale Vergleich im Vordergrund steht, etwa 40% der Rubrik „Abhandlungen und größere Mitteilungen" und 32% der „Kleinen Mitteilungen" ausmachen; für 1901–1903 lauten die Zahlen 46% und 20%, für 1911–1913 45% und 25%, für 1919–1930 45% und 45%. Die Beiträge (Aufsätze, größere und kleine Mitteilungen), die sich einzelnen nichtdeutschen Ländern widmen, machen 1891–1893 sowie 1901–1903 jeweils 20%, 1911–1913 12% und 1919–1930 18% aus.
44 G. Dehning: Die Entstehung und Bedeutung der Niederdeutschen Bewegung. In: Muttersprache, 1. Jg. 1922, Nr. 2, S. 10f.; hier S. 10.

moderatere Version boten die „Richtlinien des Deutschen Philologen-Blattes" von 1925, welche dem Volkskunde-Unterricht die Aufgabe stellten, „zum psychologischen Verständnis der deutschen Art" beizutragen. „Manchmal", so heißt es dort weiter, „wird die Eigenart des Deutschen durch Vergleich mit Fremdem besonders deutlich gemacht werden können. Das oberste Ziel der Volkskunde ist, in den Schülern das Gefühl zu wecken für die in der Mannigfaltigkeit der einzelnen Stämme sich offenbarende einheitliche Volksgemeinschaft, die hinter allem Wechsel der Geschlechter und Lebensformen steht und alle Standes- und Bildungsunterschiede hinter sich läßt."[45] Kurz darauf lobte Viktor von Geramb, der erste österreichische Ordinarius für Volkskunde, dass sich das Fach in den letzten Jahren vom „Spuk" des universalistischen Paradigmas gelöst habe, dass der „vom Blitzlicht des neuen ethnologischen Erkennens geblendete geistige Sehapparat der Volkskunde allmählich wieder normal zu werden begann".[46] Sehr emotional spricht von Geramb davon, wie man zeitweise die kostbarsten Güter des deutschen Volkslebens und der deutschen Volksseele in ihre „‚internationalen' Atome" aufgelöst habe,[47] und

---

45 Zit. nach Fritz Boehm: Volkskunde und Schulreform. In: Zeitschrift des Vereins für Volkskunde, 35./36. Jg. 1925/26, S. 1–6; hier S. 2. Erfreut kommentiert Boehm, der damalige Herausgeber der Zeitschrift des Vereins für Volkskunde, dass mit dieser Aufnahme des Fachs in den Unterrichtskanon endlich „die nationale Bedeutung der Volkskunde" gewürdigt werde, einer „Wissenschaft (…), die wie wenige berufen ist mitzuarbeiten an dem inneren Wiederaufbau deutschen Wesens" (ebd., S. 6).

46 Viktor von Geramb: Zur Frage nach den Grenzen, Aufgaben und Methoden der deutschen Volkskunde. In: Zeitschrift des Vereins für Volkskunde, 37./38. Jg. 1927/28, S. 163–181; hier S. 173 und S. 174.

47 „Das deutsche Volksmärchen, das früher als eine echt romantische ‚Blüte der deutschen Volksseele' angesehen wurde, löste sich unter der, man darf ruhig sagen, vorerst zersetzenden Wirkung des neugewonnenen Weitblickes in seine ‚internationalen' Atome auf. Und ebenso erging es allen übrigen Erscheinungen des deutschen Volkslebens: das so urgermanisch anmutende Niedersachsenhaus entpuppte sich nun auf einmal als entwickeltes ‚Dachhaus', also ein Sproß jener Hausformen, die in der Primitivkultur der klimatischen Regenzonen in verschiedenen Kontinenten vorkommen; die ‚germanische' Hosentracht fand sich weit drüben im Nordosten und Südosten wieder, während der ostasiatische ‚Kimonoschnitt' des Frauenleibchens in den bronzezeitlichen germanischen Eichensärgen auftauchte.

resümiert: „(D)ass das Niedersachsenhaus eben doch etwas anderes ist als eine jakutische Dachhütte, als ein nordafrikanischer Negerpalast, als ein tibetanisches Holzhaus von Ladak und Baltistan, als ein mykenisches Megaron, aber auch schon etwas anderes als ein ostdeutsches (wenngleich auch steildachiges) Vorhallenhaus, das bedarf doch wohl keines weiteren Wortes. Und auf d i e s e s   A n d e r s s e i n kommt es eben (nicht der Ethnologie, auch nicht der Archäologie, auch nicht der Völkerpsychologie, sondern l e d i g l i c h) der deutschen Volkskunde an."[48]

Von Geramb karikierte hier natürlich den Gedanken interkultureller Verwandtschaften, indem er ihn als pure Gleichmacherei darstellt; aber ohne

---

Und selbst die so typisch germanische ‚Bandverschlingung' zeigte sich nun am entgegengesetzten Ende der Erdoberfläche in der Primitivkunst der – Maori. Ja, es war schmerzlich und es war zum Verrücktwerden. Wer sich etwa an der ‚deutschen Innigkeit' des lieben Märleins von den ‚Bremer Stadtmusikanten' kindselig erfreut, wer irgendeinen Gedanken eines deutschen Volksliedes mit sehnsuchtsvoller Liebe als ‚reinste Ausprägung deutschen Wesens' aufgenommen und ‚erlebt' hatte, der ward nun – nicht etwa nur von den bösen Ethnologen, nein, auch von den Vertretern der ‚deutschen Volkskunde' – weidlich ausgelacht, indem man ihm triumphierend ‚dasselbe Märchen' bei den – Karaiben und ‚denselben Gedanken' bei den – Bantunegern nachwies. – Mit einem Wort, der romantische Dom, dessen köstlichster Schrein die ‚deutsche Volksseele' geborgen hatte, sank allmählich in Trümmer, und jene ‚Seele' verzog sich aus dem heiligen Schrein, um in die ‚Allerweltspsyche der Primitiven schlechthin' zu verfließen" (ebd., S. 172f.).

48 Ebd., S. 175. – Ähnlich, aber noch offener die Überlegenheit der eigenen Kultur proklamierend und mit stärkerem politischem Akzent, urteilt 1931 der Prager Volkskunde-Ordinarius Gustav Jungbauer: „Die Geschichte der deutschen Volkskunde ist (…) auch eine Geschichte der deutschen Selbstbesinnung. Nach langen bangen Irrfahrten hat der Deutsche, der so gern in die weite Ferne schweift, der seine Märchen am liebsten in fremden Landen spielen läßt, während sie beim Franzosen oder Magyaren in der Heimat verankert sind, den Rückweg zur Muttererde und zum Vaterhaus gefunden und erkannt, daß im eigenen Volkstum die höchste Wissens- und Lebenskraft ruht. Und diese Erkenntnis bildet ein einigendes Band für das im Innern zerklüftete und zerrissene, tief geschwächte deutsche Volk im Inland und seine Teile und Splitter im Ausland, sie bildet zugleich die Gewähr für eine bessere Zukunft" (Gustav Jungbauer: Geschichte der deutschen Volkskunde. Prag 1931, S. 184).

Zweifel traf sein Vorwurf der „Atomisierung" die große Schwäche von Vergleichsstudien, welche weniger an der Besonderheit von Gesamtgestalten (und der ihrer sozialen Bedeutungen und Funktionen) als an der Ähnlichkeit ihrer Bauelemente interessiert waren. Und trotz des tiefen Ressentiments, das von Geramb gegen das universalistische Paradigma hegt, gesteht er dem globalisierenden „Weitblick" doch einen gewissen Erkenntnisgewinn zu.[49] Seine Gesamttendenz jedoch war genau die, die Ernst Bloch zur selben Zeit in seinem Essay „Rauhnacht in Stadt und Land" auf dem Vormarsch sah: „Die Murnauer Glasbilder (pars pro toto) sind zu Mahnmalen einer reaktionären Heimatkunst oder zu Kellerfenstern einer Erdromantik geworden, die Marcs, Kandinskys Blauer Subjekt-Reiter gewiß nicht gemeint hatte. Antiquitäten des Landes werden nicht mehr als ein Stück heimisches Tahiti gesehen, gleichsam als kollegialische Wunderländer geliebt, von Menschen in der Richtung Gauguins, sondern sie sind wieder ‚altdeutsche Weinstuben' geworden, bestenfalls Dekorationen eines finsteren Spuks."[50]

Mit der Machtübergabe wurde die Absage an die gleichsetzenden Vergleiche zwischen einheimischen und „fremdvölkischen" Traditionen gewissermaßen amtlich. Und wiederum musste Tacitus dafür herhalten, eine herausragende Besonderheit der germanischen und der deutschen „Volknatur" zu konstruieren.[51] Für die nationalsozialistischen Fachvertreter, die in der „Reichsarbeitsgemeinschaft für deutsche Volkskunde" mitarbeiteten, war es „ein Widerspruch in sich selbst (...), primitive Unterschicht und Primitivreligion auf die breiten Schichten der ‚germanischen' Völker und insbesondere des deutschen Volkes zu beziehen": „‚Arteigene Wesenhaftigkeit' konnte schlechthin nicht mit ‚kulturloser Primitivitätsschicht' übereinstimmen".[52] Matthes Ziegler, Leiter des

---

49 Vgl. ebd., S. 176, wo Geramb an Brauch- und Volkskunstbeispielen das Verhältnis von Parallelität und Eigenheit zu bestimmen sucht.
50 Ernst Bloch: Rauhnacht in Stadt und Land. In: Ders.: Erbschaft dieser Zeit. Frankfurt/M. 1962 (zuerst: 1929), S. 52–61; hier S. 53.
51 Vgl. z. B. die Tacitus-Rezeption von Eugen Fehrle (u. a.: Germania. Publius Cornelius Tacitus. Lateinischer und deutscher Text, gegenübergestellt. Hg., übersetzt und mit Bemerkungen versehen von Eugen Fehrle. München 1929; 4. Auflage München, Berlin 1944.
52 Hannjost Lixfeld: Die weltanschauliche Volkskunde des Amts Rosenberg und ihr

Amts für weltanschauliche Information im Amt Rosenberg, schimpft 1934 in seiner „Volkskunde auf rassischer Grundlage": „Die utopistische Lehre von der Gleichheit alles dessen, was Menschenantlitz trägt, hat sich in unserer Frühgeschichtsforschung und Volkskunde in gleicher Weise verhängnisvoll ausgewirkt."[53] Und der Greifswalder Volkskundler Karl Kaiser sagt 1939 über die Geschichte des Fachs: „Im 19. und 20. Jahrhundert strömt in wachsendem Maße eine Unmasse von Berichten über das Volksgut fremder Völker, insbesondere über Vorstellungen und Brauchtum primitiver Naturvölker herein. Man verglich sie mit Vorstellungen und Gütern des deutschen Volkes und folgerte die ursprüngliche Wesensgleichheit aller Völker unter völliger Leugnung der zutiefst in der Rasse gründenden Eigenart."[54]

Die Idee einer „völkisch nicht beschränkten Volkskunde"[55], wie sie 1911

Wissenschaftstheoretiker Matthes Ziegler. In: Wolfgang Jacobeit/Hannjost Lixfeld/Olaf Bockhorn (Hg.): Völkische Wissenschaft. Gestalten und Tendenzen der deutschen und österreichischen Volkskunde in der ersten Hälfte des 20. Jahrhunderts. Wien usw. 1994, S. 192–205; hier S. 200.

53 Matthes Ziegler: Volkskunde auf rassischer Grundlage. In: Nationalsozialistische Monatshefte, 5. Jg. 1934, S. 711–717; hier S. 712.

54 Karl Kaiser: Lesebuch zur Geschichte der Deutschen Volkskunde. Dresden 1939, S. 5. – Kaiser spricht in diesem Zusammenhang schaudernd davon, „welche verhängnisvolle Rolle die Juden in der Deutschen Volkskunde der Vergangenheit gespielt haben", und mahnt: „Das Auftreten von Juden in entscheidenden Zeiten der Deutschen Volkskunde ist so bezeichnend, – und es handelt sich dabei nicht nur um Juden in Deutschland, sondern auch um sehr starken jüdischen Einfluß aus dem Auslande –, daß eine künftige Geschichte der Deutschen Volkskunde ihm alle die Beachtung schenken muß, die es in den bisherigen Darstellungen noch gar nicht gefunden hat" (ebd., S. 8). Auch wenn der Nationalsozialist Kaiser heftig übertreibt: Recht hat er insoweit, als sich in der Kaiserzeit auch jüdische Deutsche, Österreicher und Schweizer zum Projekt einer wissenschaftlichen Volkskunde hingezogen fühlten und dessen damaliger Ausrichtung nach auch hingezogen fühlen konnten – unter ihnen bekannte Wissenschaftler wie Max Friedländer, Moritz Lazarus, Richard M. Meyer, Samuel Singer, Heymann Steinthal und wie schon erwähnt Friedrich Salomo Krauss. (Vgl. Bernd Jürgen Warneken: Völkisch nicht beschränkte Volkskunde. Eine Erinnerung an die Gründungsphase des Fachs vor hundert Jahren. In: Zeitschrift für Volkskunde, 95. Jg. 1999, S. 169–196.)

55 Ansprache von Max Roediger zum 20jährigen Bestehen des Berliner Vereins für

der damalige Berliner Vereinsvorsitzende Max Roediger propagiert hatte, war begraben. Nun lautete das Credo: „Die deutsche Volkskunde (...) beschäftigt sich mit der deutschen Gemeinschaftsart. Sie untersucht diese Art, wie sie aus dem Blute ihrer Träger geboren und durch die Geschichte geformt ist, und wie sie durch die Verschiedenheiten der Landschaft und durch die Unterschiede der Stammeseigentümlichkeiten ihre Gliederung erhält."[56] Die Chance auf eine transnationale „Folklore Community", die im primitivistischen Ansatz enthalten war, wurde für Jahrzehnte verspielt.

Inner-nationale Verständigung

Die interkulturell vergleichende Volkskunde, die wir im vorigen Abschnitt beschrieben haben, enthielt eine doppelte Botschaft: dass Sprache, Mythen, Normen, Bräuche der Menschheit vielfältig miteinander verwandt und verwoben, diese Parallelen und Bezüge aber nicht oder nur unzureichend bewusst seien – weshalb zu ihrer Entdeckung Wissenschaft benötigt werde. Und sie erklärte diese doppelte Tatsache mit einem evolutionären Prozess der Trennung von ursprünglich Gemeinsamem, die sich zum einen zwischen den Völkern abspielte, die eigene Kulturen mit verschiedenem Zivilisierungsgrad ausbildeten, zum andern innerhalb der einzelnen Völker oder Völkergruppen selbst vollzog. Über diese innergesellschaftliche Trennung schreibt Wilhelm Schwartz, Mitbegründer des Berliner Volkskundevereins, im ersten Heft der „Zeitschrift des Vereins für Volkskunde": „Litteratur, Wissenschaft und Kunst (haben) die Kluft erweitert (...), welche überall schon da entsteht, wo, neben einem natürlichen, den mehr ländlichen Kreisen anheimfallenden Volkstum, sich ein reicheres Kulturleben an einzelnen Centralstellen in besonderen Lebensgestaltungen zu entfalten beginnt. Zwar ist mit der politischen Entwicklung Europas seit dem Ende des vorigen Jahrhunderts in der Wissenschaft prinzipiell die Verachtung geschwunden, mit der damals die gebildete Welt

---

Volkskunde. In: Zeitschrift des Vereins für Volkskunde, 21. Jg. 1911, S. 219–222; hier S. 222.
56 Lauffer 1933, S. 69f.; hier S. 70.

in dem idealen Aufschwung, welchen sie selber zu nehmen anfing, auf die Sprache und das ganze Leben und Treiben der unteren Stände hinabzusehen sich gewöhnt hatte. Aber das Verständnis desselben wird noch vielfach behindert durch den täglich sich im Gefühl jedes Einzelnen bewusster oder unbewusster erneuenden Gegensatz zwischen einem nach idealer Schönheit ringenden Kulturleben, dem er seiner Bildung nach selbst angehört, und den beschränkten oder formlosen, ja oft in roher Natürlichkeit ihn zunächst oft unangenehm berührenden Lebensformen der seitab lebenden Massen. Und dennoch liegt in dem richtigen Erfassen des Kerns jener der Schwerpunkt der Sache und überhaupt die Möglichkeit einer wissenschaftlichen Behandlung des Volkstums. Denn das Volkstum ist nicht bloss ein lebendiges, stets sich erneuendes Reservoir der Lebenskraft einer jeden Nation, sondern auch das Prototyp und die Grundlage ihres ganzen Denkens und Empfindens, wie es auf den Höhen der Kultur und der Bildung zum vollen Ausdruck gelangt und der Nation ihren weltgeschichtlichen Charakter verleiht."[57]

Mit anderen, heutigen Worten: Die Volkskunde soll das spontane Distinktionsbedürfnis des Gebildeten überwinden, welches das „Verständnis", das „richtige Erfassen" der Massen- oder Volkskultur verhindert. Zu dieser primär auf Erkenntnisgewinn zielenden gesellte sich eine kultur- und sozialpolitische Programmatik. Exemplarisch hierfür sind die Ausführungen des Philologen und Volkskundlers Adolf Strack in den ersten beiden Jahrgängen der „Hessischen Blätter für Volkskunde", dem nach der Berliner „Zeitschrift des Vereins für Volkskunde" ambitioniertesten deutschen Fachorgan. Strack spricht mit Bezug auf Georg Simmel von einem „Prozeß der sozialen Differenzierung", der an die Stelle der „Gleichheit der Glieder einer Volksgruppe" eine „immer weiter gehende Ungleichheit, sowohl der Stände als Einzelner" gebracht habe,[58] und zitiert zustimmend aus Friedrichs Paulsens „System der Ethik": „Es scheint mir nicht zweifelhaft, dass die Lebensentfremdung zwischen der Familie eines großen Fabrikanten und der eines seiner Arbeiter

---

57　Wilhelm Schwartz: Volkstümliche Schlaglichter. In: Zeitschrift des Vereins für Volkskunde, 1. Jg. 1891, S. 17–36; hier S. 17f.
58　Adolf Strack: Der Einzelne und das Volk. In: Hessische Blätter für Volkskunde, Bd. 2, 1903, S. 64–76; hier S. 72.

viel größer ist als diejenige, welche zwischen Adel und Bürgertum im vorigen Jahrhundert, zwischen Herrn und Knecht im Mittelalter bestand."[59] Vom primitivistischen Ansatz her konsequent erscheint Strack die Kluft zwischen Bildungsbürgertum und Bauern in „seelischer" – heute würde man wohl sagen: kultureller – Hinsicht noch größer als die zwischen Bürgertum und Arbeiterschaft: „Unter den sozialen Gegensätzen (...) ist, innerlich betrachtet, der schärfste der zwischen dem Bauernstand und dem gebildeten Bürgerstand, wenn auch die Eigenart des ersteren diesen Gegensatz äußerlich nicht in der schroffen Form zum Ausdruck kommen läßt, in der sich andere soziale Gegensätze äußern. Dem seelischen Leben des Bauern steht thatsächlich der richtige Städter ziemlich verständnislos gegenüber, und das hat auf der anderen Seite Mißtrauen und wohl auch offene Feindseligkeit zur Folge. Wenn die Volkskunde nur dazu beitrüge, diese Kluft zu schließen, wenn es ihr gelänge, unseren Gebildeten Auge, Ohr und Herz für d e n Teil unserer Nation zu öffnen, in dem nach wie vor die Wurzeln unserer Kraft ruhen, so wäre das schon eine Leistung, die ihr die Teilnahme und den Dank der weitesten Kreise sichern müßte. Insbesondere für den praktischen Staatsmann, dessen Streben auf Überwindung der sozialen Gegensätze gerichtet sein muß, ist die Volkskunde eine wertvolle Bundesgenossin."[60]

Die Auffassungen von Schwartz und Strack – und viele ähnliche zeitgenössische Stimmen – konvergieren darin, dass die gesellschaftliche Entwicklung eine zunehmende Trennung der Sozialgruppen ergeben habe und dadurch das bürgerliche Alltagswissen über die Kultur der Unterschichten zurückgegangen sei, was nunmehr die Etablierung einer ‚Binnenethnologie' nötig mache. Und sie sind sich darin einig, dass dieses bürgerliche Unwissen ein offen oder latent antipathisches „Unverständnis" einschließe, das die Volkskulturforschung ebenfalls zu überwinden habe. Es geht also um ein Programm schichtübergreifenden Verstehens, ein unverzerrtes Erkennen und auch Respektieren eines innergesellschaftlichen Anderen. Was das bedeuten könnte, erläutert konkreter als Strack oder Schwartz der Altphilologe und Volkskund-

---

59 Ebd., S. 73.
60 Adolf Strack: Volkskunde. In: Hessische Blätter für Volkskunde, Bd. 1, 1902, S. 149–155; hier S. 150f.

ler Albrecht Dieterich in seinem schon zitierten Vortrag „Über Wesen und Ziele der Volkskunde": „Von gelehrten und einsichtsvollen Juristen", schreibt Dieterich, „ist mir rundweg zugegeben, daß die Zusammenhangslosigkeit, ja Gegensätzlichkeit der Gesetzgebung mit dem Rechtsbewußtsein des Volkes eine beklagenswerte Tatsache sei, und daß die Herrn der grünen Tische sich ganz bewußt um das Volk in unserm Sinne nicht kümmerten."[61] – „Der Arzt, der nicht weiß, wie das Volk über Gesundheit und Krankheit denkt und über die Hilfe des Doktors, läßt sich die wirksamsten Kräfte entgehen, die ihm zu Gebote stehen. Die ‚Volksmedizin' stößt meist nur auf die plumpe Entrüstung des gebildeten, aber einsichtslosen Arztes."[62] Dieterich setzt sich damit ab von der langen Tradition der Bekämpfung und Aberziehung einer mit bürgerlichen Standards unvereinbar erscheinenden Popularkultur. Noch 1878 hatte Wilhelm Mannhardt in „Die praktischen Folgen des Aberglaubens" schreiben können, auch dem deutschen Volk sei es „nicht erspart worden, in seiner Mitte zahlreiche Individuen, ja ganze Bevölkerungsgruppen mitzuführen, welche mit einem großen Theile ihrer geistigen Habe tief unter dem Kulturstandpunkte ihres Volkes stehen geblieben und dadurch ein schwerwiegendes Hemmniß des weiteren sittlichen und intellektuellen Fortschrittes geworden sind".[63] Zwei Jahrzehnte später herrschte in der Volkskunde ein anderer Ton. „Über die Zeit sind wir ja theoretisch wol hinaus", so Dieterich, „da der Gebildete sich bewußt verachtend trennte von allem Treiben des ungebildeten Volkes und mitleidsvoll herabsah auf Altweibergeschichten, sinnlose Bauernsitten oder den unglaublichen, der aufgeklärten Zeiten unwürdigen Aberglauben: wenigstens giebt es doch heute meist noch etwas andere Gesichtspunkte demgegenüber als den verächtlichen oder fanatischen Wunsch der Ausrottung."[64]

Mit solchen Positionen reihte sich die damalige Volkskunde in die wachsende Fortschrittsskepsis ein, mit der auch das Interesse der Epoche an phi-

---

61 Dieterich 1902, S. 174.
62 Ebd.
63 Wilhelm Mannhardt: Die praktischen Folgen des Aberglaubens, mit besonderer Berücksichtigung der Provinz Preußen. Berlin 1878, S. 3.
64 Dieterich 1902, S. 173.

losophisch-anthropologischer und psychologischer Forschung verwoben war.[65] Der forcierte Glaube, dass der „Angriff der Gegenwart auf die übrige Zeit" zum Heil führe, erzeugte zunehmend Häretiker – vor allem in bildungsbürgerlichen Gruppen, die sich von der technisch-industriellen Entwicklung zunehmend entmachtet und ihre Wissenskulturen als gefährdet empfanden. Doch wäre das ethnographische Verstehenskonzept missverstanden, wenn man es mit einem kulturdemokratischen oder kulturrelativistischen Laissez-faire gleichsetzen würde. Die volkskundlichen Programmatiker selbst inserierten das Konzept nicht als endliche Abdankung der bürgerlichen Hegemonialkultur, sondern höchstens als deren Reform oder lediglich als deren effektivere Fortsetzung. So sagt Albrecht Dieterich lapidar: „(Ü)ber das Volk herrscht doch nur, wer es kennt."[66] Kaindl zitiert zustimmend aus der Schrift „Züge deutscher Sitte und Gesittung" eines Albert Freybe: „Das Recht, das ein Volk zu beherrschen fähig ist, soll geschöpft werden aus dem tiefsten Born des Volksbewußtseins."[67] Die beliebtesten Anwendungsbeispiele sind die Arbeitsfelder derer, aus denen die Volkskundevereine ihre meisten Mitglieder rekrutieren. Die Lehrer[68], die Pfarrer und die Ärzte[69], aber auch der staatliche „Sicherheitsdienst"[70] werden als mögliche Nutznießer einer verstehenden Volkskulturforschung aufgeführt.

Die Volkskunde bot sich damit in ganz ähnlicher Weise als Agent einer nichtrepressiven Herrschaftsausübung im Innern an, wie dies die Völkerkunde für die

---

65   Vgl. dazu Helmuth Plessner: Die verspätete Nation. Über die politische Verführbarkeit bürgerlichen Geistes. Stuttgart usw. 1959, S. 90.
66   Dieterich 1902, S. 173.
67   Kaindl 1903, S. 50.
68   Vgl. z.B. Rademacher 1893.
69   „(D)er Arzt würde der heillosen Kurpfuscherei am besten dadurch begegnen, daß er Verständnis für Empfinden und Überlieferungen des Volkes gewinne, der Geistliche werde unsinnigem Aberglauben wirkungsvoller entgegentreten (usw.)" (Friedrichs Siebs, Vorsitzender der Schlesischen Gesellschaft für Volkskunde, in einem Vortrag über Ziele und Aufgaben der Volkskunde, referiert in: O. D. (= Oskar Dähnhardt): Bericht über die zweite Tagung des Verbandes deutscher Vereine für Volkskunde. In: Mitteilungen des Verbandes deutscher Vereine für Volkskunde, Nr. 8, Dezember 1908, S. 3–5; hier S. 4).
70   Kaindl 1903, S. 51.

Kolonialpolitik tat.[71] Was Thomas Achelis 1904 für die Behandlung der „Naturvölker" empfiehlt, hätte genauso ein Volkskundevertreter formulieren können: „Freilich ist die betrübende Tatsache des Aussterbens der Naturvölker, die bei der Berührung mit der höheren Zivilisation rettungslos dahinwelken (von jeder brutalen Vergewaltigung noch ganz abgesehen), jedem Zweifel entrückt. Aber umsomehr ergibt sich für eine weise Politik die Forderung von selbst, diesen Prozeß tunlichst aufzuhalten und, wenn es irgend möglich ist, eine allmähliche Überleitung einzuleiten, was selbstredend eine völlige Vertrautheit mit den in Frage kommenden Stämmen voraussetzt."[72] Es passt zu der engen Verwandtschaft von äußerer und innerer Kolonisierung, dass der Völkerkundler Adolf Bastian nicht nur Vorschläge für eine ethnologisch geläuterte, auf Fremdverstehen gegründete Kolonialpolitik machte,[73] sondern auch für den Umgang mit den Unterschichten der eigenen Gesellschaft, die er einer primordialen Horde gleichsetzte, weshalb er bei den Kolonialvölkern gewonnenes Wissen auch für die deutsche Gesellschaft verwendbar fand.[74]

---

71 Friedrich Salomo Krauss empfiehlt seine Forschungen über die Volkskultur in den südslawischen Regionen Österreich-Ungarns u.a. mit folgenden Argumenten: „Man lerne unser Volk verstehen. Unser Volk ist gutherzig, aufgeweckt, arbeitsam, strebsam, bescheiden, man kann es mit Leichtigkeit lenken, nur muß man seinen Eigentümlichkeiten gerecht werden. (…) Deutsche und Slaven sind leibliche Brüder, Kinder einer indogermanischen Mutter. Die Brüder sollen und müssen sich verstehen, schätzen und lieben lernen; wird einmal eine aufrichtige brüderliche Verständigung erzielt, und sie wird es, dann muß jenes zahlreiche Schmarotzergezücht, das sich vom Bruderzwiste mästet, zu Nichts zusammenschrumpfen" (Friedrich S. Krauss: Sagen und Märchen der Südslaven. Zum großen Teil aus ungedruckten Quellen. Bd. II, Leipzig 1884, S. XXV). Und etwas später: „Land und Leute von Bosnien waren zur Zeit der Occupation den Österreichern weniger bekannt als Tonking. Durch Waffengewalt kann wohl ein Land erobert und zeitweilig in Zaum gehalten werden, in dauernden (sic!) Besitz kann man es nur dann behalten, wenn man die Interessen der neuen Mitbürger zu den eigenen zu machen versteht" (ebd., S. XLI).
72 Thomas Achelis: Wege und Ziele der Völkerpsychologie. In: Deutschland. Monatsschrift für die gesamte Kultur. Bd. IV, Berlin 1904, S. 531–542; hier S. 540.
73 Vgl. dazu Klaus-Peter Koepping: Adolf Bastian and the Psychic Unity of Mankind. The Foundation of Anthropology in Nineteenth Century Germany. St. Lucia usw. 1983, S. 107f.
74 Vgl. Fritz W. Kramer: Empathy – Reflections on the History of Ethnology in Pre-

Allerdings: Auch ein ursprünglich nur taktisch gemeintes „taking the native's point of view" birgt die Möglichkeit eines Hinzulernens durch Naherfahrung in sich: „Auch wenn es nur darum geht, sich den anderen besser assimilieren zu können, assimiliert man sich dabei in einem ersten Schritt zumindest teilweise auch ihm."[75] Hier kommt die starke modernekritische Komponente des Faches zum Tragen. Wie für die im außenkolonialistischen Kontext operierenden Vertreter einer verstehenden Ethnographie reklamiert worden ist: dass sie selbstkritische Mitglieder der „alten Welt" waren, welchen aus den nichteuropäischen Kulturen Impulse für eine „neue Welt" zu erhalten hofften,[76] so lässt sich auch für die primitivistischen Volkskundler sagen, dass sie eine Unzufriedenheit mit der eigenen, bürgerlichen Kultur empfanden. Diese führte sie weit über ein Fremdverstehen als Voraussetzung effektiver Beherrschung und Belehrung „primitiver" Unterschichten hinaus zum Verstehen als Mittel kulturellen Lernens.

DER RE-VOLUTIONÄRE PRIMITIVISMUS

Unbehagen in der Moderne

In einem programmatischen Beitrag für das erste Heft der „Zeitschrift für österreichische Volkskunde" widmet sich der Kunst- und Volkskunsthistoriker Alois Riegl zwar sympathisierend, aber doch nicht ohne analytische Distanz dem Faible vieler Zeitgenossen für die „kindlichen Entwicklungsstadien ihres Volkes": „Die Entdeckung, dass auch das in urhergekommenen Traditionen

---

Fascist Germany: Herder, Creuzer, Bastian, Bachofen, and Frobenius. In: Dialectical Anthropology, 9. Jg. 1985, S. 337–347; v.a. S. 343. Kramer zitiert Adolf Bastian, Controversen in der Ethnologie, Berlin 1893–94, S. XI.

75 Tzvetan Todorov: Die Eroberung Amerikas. Das Problem des Anderen. Frankfurt/M. 1985, S. 260f.

76 Vgl. Heinrich Fink-Eitel: Die Philosophie und die Wilden. Über die Bedeutung des Fremden für die europäische Geistesgeschichte. Hamburg 1994, S. 112–115. Fink-Eitel ist der Ansicht, dass Todorov den Ambivalenzen der Verstehenskunst der europäischen Kolonialherren nicht gerecht werde und deren nicht-instrumentelle Anteile unterschätze.

befangene, aller Schulweisheit baare Volk eine Seele besitzt, welche die Aufmerksamkeit der ‚Gebildeten' in höchstem Maße verdient: diese Entdeckung blieb merkwürdigerweise unserer Zeit vorbehalten, – einer Zeit, in welcher sich die Kluft zwischen städtischer überhitzter Bildung und ländlicher Einfalt mehr denn je vorher verbreitert hat. Die Erscheinung ist höchst auffallend und fordert zu einer Erklärung heraus. Man könnte eine solche in dem Bedürfnisse nach Weltflucht erblicken, das den modernen Städter so häufig aus dem nervenaufregenden Allerlei seiner Berufsthätigkeit in die besänftigende Muße ländlicher Abgeschiedenheit treibt. Auf solche Weise lernt der Städter das Landvolk erst aus egoistischen Gründen schätzen, und dann allmählich auch verstehen. Aber der wahre Grund unseres jungerwachten Interesses an dem ganzen – leiblichen wie geistigen – Leben des Landvolkes liegt doch viel tiefer (...). Es wird wenige Menschen geben, deren Gemüth (...) so verhärtet wäre, dass sie in reiferen Jahren nicht mit Pietät an ihren Jugenderinnerungen – sei es freudigen, sei es selbst wehmüthigen – hängen würden. Gegenstände, deren absoluter Werth nahezu Null ist, gewinnen Bedeutung als Andenken aus der längstentschwundenen Jugendzeit. Und je mehr ein Individuum von den Stürmen des Lebens umhergeworfen wurde, je weiter und je länger es sich von der Stätte seines ersten leiblichen und geistigen Werdens entfernt hat, desto höher schätzt es, desto sorgsamer pflegt es die kümmerlichen geretteten Erinnerungen. So schafft sich der Mensch ein ideales Gut, das ihn erhebt, adelt, verklärt inmitten des Kampfes um die materiellen Güter dieser Erde. Was aber vom einzelnen Individuum, das gilt auch von ganzen Völkern in ethnographischem Sinne. Da sind es gerade die Gebildeten, die Städter, die die Härten und die gemein-egoistischen Seiten des modernen Kampfes ums Dasein so peinlich und unerträglich finden, und die sich daher sehnen nach der geistigen Anschauung eines goldenen Zeitalters, das sie genau so wie schon die Dichter des Alterthums, und mit vollem Rechte, in den kindlichen Entwicklungsstadien ihres Volkes vermuthen. Die Andenken an diese kindlichen Entwicklungsstadien aber: sie liegen vor in den Eigenthümlichkeiten unseres stadtentrückten Landvolkes, in seinen Gewohnheiten und Gebräuchen, in seiner Sprache und Kunst."[77]

---

77 Alois Riegl: Das Volksmäßige und die Gegenwart. In: Zeitschrift für österreichische Volkskunde, 1. Jg. 1895, S. 4–7; hier S. 4f.

Die Verbindung der Sehnsucht nach der verlorenen Kindheit mit der Sehnsucht nach „kindlichen Entwicklungsstadien" der Menschheit, der ontogenetischen mit einer phylogenetischen Rückwendung, findet sich häufig in jener Zeit, in der sich der Abschied von der Kindheit mehr und mehr mit dem Abschied von einer Lebensweise verband. Spott über solche zweifache Nostalgie ist nicht angesagt: Sie war angesichts der historisch beispiellosen technischen, sozialen und kulturellen Innovationen des späten 19. Jahrhunderts, des hohen Urbanisierungs- und Industrialisierungstempos und der Durchsetzung kapitalistischer Beziehungen, die nicht nur nach marxistischer Auffassung „kein anderes Band zwischen Mensch und Mensch übriggelassen, als das nackte Interesse, als die gefühllose ‚bare Zahlung'"[78], alles andere als unverständlich. Sie war auch kein speziell in der deutschen oder deutsch-österreichischen Kultur ausgeprägtes Phänomen. In anderen europäischen Ländern führten die flächendeckende Ausbreitung der Arbeitsgesellschaft mit ihrer Schul-, Industrie- und Bürodisziplin sowie wachsende Arbeitsteilung, Konkurrenz und Individualisierung ebenfalls zu einer Verherrlichung vormoderner Vergesellschaftungsformen sei's zuhause bei den Bauern, sei's draußen bei den „Naturvölkern". Diese Form der Modernekritik war keineswegs auf politisch reaktionäre Positionen beschränkt, sondern verfolgte ganz unterschiedliche kulturelle und soziale Ziele.[79] In ihr trafen sich Freunde der Volkskunst und Fans der Avantgardekunst, religiöse Erneuerungsbewegungen und libertäre Sexualreformer. Und nicht nur „Agrarromantiker", die ständestaatliche Ordnung, „alte" Bauernfrömmigkeit und „alten" Bauerngehorsam auf ihre

---

78 Karl Marx/Friedrich Engels: Manifest der Kommunistischen Partei. In: Dies.: Werke, Bd. 4. Berlin/DDR 1969, S. 459–493; hier S. 460.

79 Ernst Bloch unterscheidet die Vorkriegssehnsüchte nach dem Ländlichen strikt von der völkisch geprägten Bauerntumsideologie, die in den 1920er Jahren zunehmend den Ton angab: „(D)em Land steigt alter Saft in längst vergessene Triebe, es nährt Nationalsozialisten und völkische Mythologen, kurz, es steht auf als *Pastorale militans*. Vor dem Krieg, sagten wir, war es allem Treibenden verwandt, ganz gleich, zu welchem Ende und in welchem Stockwerk es wuchs. Die Triebkraft aus dem Boden war stark, doch gleichsam neutral; Bilder und Gedanken, obwohl sie gern auf dem Land ausgearbeitet wurden, nahmen keine Ideologie davon an" (Bloch 1962, S. 53).

Fahnen geschrieben hatten, auch viele sozialistische Theoretiker und Gruppen riefen „Vowärts, wir müssen zurück!". Der nahe liegende Vorwurf der Naivität und des Irrealismus trifft diese Bewegungen nur bedingt. Bei allem utopistischen Überschuss ging es kaum je um die Idee einer schlichten Auslöschung der Moderne, sondern zumeist um eine Teilkorrektur, eine Umorganisation der industriellen Welt. Wie sich der volkskundliche Primitivismus in diesem Feld positionierte, soll im Folgenden an drei seiner Themengebiete gezeigt werden: an Kollektivbeziehungen, kognitiven und ästhetischen Kompetenzen sowie der Sexualkultur.

Vormoderne Kollektivstrukturen

Evolutionsforscher des 19. Jahrhunderts meinten in „primitiven" Gesellschaften so etwas wie „naturally democratic attitudes"[80] zu finden: staatslose Selbstregierung, Gemeinbesitz an Grund und Boden oder genossenschaftliche Produktions- und Distributionsformen. Die Entdeckung bzw. Behauptung, dass solche Vergesellschaftungsweisen – zumal auf einheimischem Boden – funktioniert hatten oder teilweise noch funktionierten, kratzte am Normalitätsanspruch der herrschenden Wirtschafts- und Politikmuster und beflügelte die soziale Phantasie. Ein früher Beleg hierfür ist Lewis Henry Morgans einflussreiche Untersuchung „Ancient Society", welche in die Sätze mündet: „Demokratie in der Verwaltung, Brüderlichkeit in der Gesellschaft, Gleichheit der Rechte, allgemeine Erziehung werden die nächste höhere Stufe der Gesellschaft einweihen, zu der Erfahrung, Vernunft und Wissenschaft stetig hinarbeiten. Sie wird eine Wiederbelebung sein – aber in höherer Form – der Freiheit, Gleichheit und Brüderlichkeit der alten Gentes."[81] Kein Wunder, dass Friedrich Engels ebendiese Sätze ans Ende seiner Untersuchung „Der

---

80 Kucklick 1991, S. 251.
81 Lewis H. Morgan: Die Urgesellschaft. Untersuchungen über den Fortschritt der Menschheit aus der Wildheit durch die Barbarei zur Zivilisation. Stuttgart 1908, S. 475.

Ursprung der Familie, des Privateigentums und des Staats" stellt.[82] Ein späteres Beispiel ist Marcel Mauss' Studie „Die Gabe", welche die „Form und Funktion des Austauschs in archaischen Gesellschaften" untersucht. Sie endet mit moralischen, soziologischen und ökonomischen „Schlußfolgerungen", welche dem kapitalistischen und imperialistischen Gegenwartseuropa ein Modell von Schenk-, Bündnis- und Handelsbeziehungen entgegenhalten, die ein gruppenegoistisches und nur am kurzfristigen Erfolg orientiertes Gewinn- und Machtstreben ausschließen.[83]

Die Sympathien, welche die frühe Volkskunde in ihre Schilderung vormoderner Kollektivstrukturen einfließen ließ, hatten jedoch mit sozialistischen oder genossenschaftlichen Programmatiken wenig gemein; sie nahmen im Gegenteil, wo sie konkreter werden, schnell politisch reaktionäre Züge an. Dies nicht schon deshalb, weil das Kollektivleben vor allem als ländliches Kollektivleben auftauchte. Auch linke Programme und Bewegungen dieser Epoche, so wurde bereits gesagt, wollten an Elemente der „Dorfgemeinschaft" anknüpfen.[84] Problematisch war deren Lob in der Volkskunde vor allem insofern, als dabei rigide Formen der Inklusion wie der Exklusion – soziale Kontrolle, Abschottung gegen Fremde – übergangen oder gerechtfertigt wurden und nicht der Bourgeois zu sozialer Verantwortung aufgerufen, sondern der Citoyen vom „zersetzenden" Individualismus zurückgepfiffen wurde; zum andern, weil man meist gar nicht auf unterschichtliche – kleinbäuerliche,

---

82 Friedrich Engels: Der Ursprung der Familie, des Privateigentums und des Staats. In: Karl Marx/Friedrich Engels: Werke, Bd. 21. Berlin/DDR 1962, S. 25–173; hier S. 173.

83 Vgl. Marcel Mauss: Die Gabe. Form und Funktion des Austauschs in archaischen Gesellschaften. Frankfurt/M. 1999 (zuerst: 1925), S. 150.

84 In Gustav Landauers „Aufruf zum Sozialismus" heißt es u.a.: „Vieles ist da, woran wir anschließen können, was auch an äußeren Gestalten lebendigen Geistes noch Leben birgt. Dorfgemeinden mit Resten alten Gemeindebesitzes, mit den Erinnerungen der Bauern und Landarbeiter an die ursprüngliche Gemarkung, die seit Jahrhunderten in Privatbesitz gegangen ist; Einrichtungen der Gemeinschaft für Feldarbeit und Handwerk. Das Bauernblut rauscht noch in den Adern vieler Stadtproletarier; sie sollen lernen, wieder darauf zu lauschen" (Gustav Landauer: Aufruf zum Sozialismus. Köln 1923 (zuerst: 1911), S. 145).

unterbäuerliche, plebejische usw. – Kollektivstrukturen rekurrierte, sondern hierarchisch geordnete Sozialgebilde wie etwa das Dorf, aber auch die Nation zur „Gemeinschaft" erklärte. Das Lob des „primitiven Gemeinschaftslebens" stellte feudale, ständestaatliche, auf unterschiedlichem Grundbesitz usw. basierende Hierarchien als „ursprüngliche", d.h. natürliche Lebensformen dar, denen gegenüber eine auf Wahlen und Verträgen basierende Gesellschaftsordnung als sekundär, als künstlich erschien.[85]

Freilich ordnete sich die volkskundliche Forschung nicht immer so deutlich politischen Interessen zu, wie das z.B. Eugen Mogk in seiner Polemik gegen die Sozialdemokratie und in der Verherrlichung deutscher Gefolgschaftstreue tat.[86] Meist blieb es in der Volkskunde der Kaiserzeit bei der Manifestation eines Leidens an sozialer Konkurrenz und sozialer Isolation und einer unbestimmten Sehnsucht nach Integriertheit und Gemeinschaftssinn. Im Lauf der 1920er Jahre wurde das Votum für „Gemeinschaft" statt „Gesellschaft" dann jedoch zunehmend faschisiert: Es stand nun nicht im Entferntesten mehr für die ökonomische Überwindung, sondern nur noch für die Leugnung von Klassengegensätzen und für die Unterwerfung unter eine Einparteienherrschaft, die sich zum Vertreter der „Volksgemeinschaft" erklärte.[87]

Geistiges Volksvermögen

In einem Aufsatz aus dem Jahr 1900 gibt Eugen Mogk eine Definition des „Volkstümlichen": „Unter ‚Volkstümlich' fassen wir alles das zusammen, was dem Volke eigentümlich ist. Dabei verstehen wir unter Volk nicht die Gesamtheit der unter gemeinsamen Gesetzen vereinten Menge, sondern nur die Schichten der Bevölkerung, die im Gegensatz zu den Gebildeten einer

---

85 Vgl. Hermann Bausinger: Volkskunde. Von der Altertumskunde zur Kulturanalyse. Erweiterte Auflage Tübingen 1999, S. 91.
86 Vgl. Eugen Mogk: Die Volkskunde im Rahmen der Kulturentwicklung der Gegenwart. In: Hessische Blätter für Volkskunde, Bd. 3, 1904, S. 1–15; hier S. 5. Ders.: Die deutschen Sitten und Bräuche. In: Hans Meyer (Hg.): Das Deutsche Volkstum. Leipzig, Wien 1903, S. 267–324; hier v.a. S. 267–270.
87 Vgl. dazu u.a. Emmerich 1971.

wissenschaftlichen Erziehung und Ausbildung entbehren und deren ganzes Denken, Fühlen und Wollen nicht in die Zwangsjacke logischer Folgerichtigkeit und reifer Überlegung eingeengt ist. Hier herrscht nicht geschulter Verstand, sondern angeborner Mutterwitz, natürliches Gefühl und eine heilige Scheu vor dem Überlieferten. Mit diesen angeerbten Eigenschaften trifft der gemeine Mann in seinen Handlungen nicht selten das Richtige, und wenn ihn auch hier und da der Gebildete mit seinem geschulten Verstande nicht zu begreifen vermag, so spricht doch auch aus der unverstandenen Handlungsweise Herz und Gemüt (...)."[88]

Dieses Lob des geistigen Volksvermögens, das für viele damalige Auffassungen stehen kann, ist zweischneidig. Einerseits betreibt Mogk die bekannte bürgerliche Selbstüberhebung weiter, indem er im „Volk" keine sei's selbst erarbeiteten, sei's aus den Bildungsschichten übernommenen rationalen und gar modernen Denk- und Verfahrensweisen entdecken kann. Andererseits spricht er nicht von einer Minderbegabung, sondern von einer nicht vorhandenen Schulung, versteht das populare Denken auch nicht als falsches, sondern als durchaus realitätstüchtiges Bewusstsein („trifft nicht selten das Richtige") und attestiert ihm hohe kognitive und affektive Qualitäten („Mutterwitz", „Gemüt", „heilige Scheu"). In den Grundzügen entspricht dies der Sichtweise, die Lucien Lévy-Bruhl 20 Jahre später in ungleich elaborierterer Form vertrat: der Annahme einer prälogischen Mentalität der Primitiven, deren Abstinenz von diskursiven Operationen nicht aus einer „radikalen Unfähigkeit" oder „natürlichen Schwäche ihres Begriffsvermögens"[89], sondern den gegebenen Bedingungen und zu lösenden Aufgaben heraus erklärt wird[90] – wobei Lévy-Bruhl betont, dass die primitive Denkweise eine hohe Argumentationsfähigkeit, ein reiches Sprachvermögen und poetische Einbildungskraft durchaus nicht ausschließe.

---

88 Eugen Mogk: Sitten und Gebräuche im Kreislauf des Jahres. In: Robert Wuttke (Hg.): Sächsische Volkskunde. Dresden 1900, S. 274–292; hier S. 274.
89 Lucien Lévy-Bruhl: Die geistige Welt der Primitiven. München 1937, S. 5.
90 Ebd., S. 16.

Die Volkskunde sah in der primitiven Geistigkeit nicht nur eine quasi-natürliche schöpferische Kraft, sondern auch ein kommunikatives Gedächtnis, das Schöpfungen früherer Kulturstufen in ‚ruinierter' und banalisierter Form bewahrt habe. Ein Modell dieser Sichtweise lieferte Jacob Grimms Interpretation lebender Erzähltraditionen als Relikte germanischer Mythologie: „Was uns in manchen Lebensgewohnheiten kindisch und läppisch däuchte, erhielt durch Grimms Zauberstab ehrwürdig tiefen Sinn; was bisher von Schule und Geistlichkeit, Obrigkeit und Polizei als kulturfeindlicher Aberglaube war verfolgt worden, erwies sich vielfach als beziehungsvolles Überbleibsel altheidnischer Tradition."[91] Das heißt freilich, dass die Wertschätzung der Erzählerinnen und Erzähler hinter der Wertschätzung des „neugehobenen Goldhortes"[92] selbst weit zurückbleiben konnte, indem jene weniger als seine Erfinder oder Finder denn als sein bloßer Fundort erschienen. Gleichwohl bedeutete die Emergenz des volkskundlichen Interesses eine Aufwertung auch der unterschichtlichen „Gewährsleute" und „Brauchtumsträger". Schon die Sammeltätigkeit selbst war geeignet, deren Selbstbewusstsein zu heben. Besonders deutlich wird das beim Erheben populärer Erzählungen und Wissensbestände: Was Pfarrer, Lehrer, Vorgesetzte nicht selten als „dumm tüch" belächelt oder bekämpft hatten, wurde von volkskundlichen ForscherInnen nun geradezu erbettelt, wurde penibel dokumentiert und zum Kulturerbe

---

91 Kaindl 1903, S. 45. – Jacob Grimm selbst schlug in seiner „Deutschen Mythologie" denselben Ton an. Er wehrt sich dort dagegen, Volksmärchen, Volkssagen usw. „zu den ammen und spinnerinnen zu verweisen, deren bloßer name allen mit dem wesen der volksdichtung unvertrauten den tiefsten ton der verachtung anzugeben schien", statt in solchen Überlieferungen die „trümmer" einer Hochkultur, Dokumente „edelgearteter völker" zu sehen (Jacob Grimm: Deutsche Mythologie. 4. Aufl., Gütersloh 1875 (zuerst: 1835), S. V–VII). Grimm erhofft sich von der Wiedergeburt der deutschen Nation auch eine Prestigeerhöhung der deutschen Volksdichtung: „Weil ich lernte, daß seine sprache, sein recht und sein alterthum viel zu niedrig gestellt waren, wollte ich das vaterland erheben. (...) Vielleicht werden meine bücher in einer stillen, frohen zeit, die auch wiederkehren wird, mehr vermögen; sie sollten aber schon der gegenwart gehören, die ich mir nicht denken kann, ohne daß unsere vergangenheit auf sie zurückstrahlte, und an der die zukunft jede geringschätzung der vorzeit rächen würde" (ebd., S. XVI).
92 Kaindl 1903, S. 46.

erklärt. „Immer habe ich den Frauen mit voller Ueberzeugung erzählt, wie schön unser heimatliches Kulturgut sei, und sie fühlten sich im Besitz dessen reich und gehoben."[93] Diese kulturelle Anerkennung setzte sich fort in der verstärkten Aufnahme populärer Kulturgüter in der bürgerlichen Öffentlichkeit: in Sagen-, Märchen-, Volksliededitionen, in der Gründung von Museen oder Museumsabteilungen, die bäuerliche Sachkultur – Kleidung, Möbel, Arbeitsgeräte – ausstellten, in medizinischen Reformbewegungen, welche Verfahren der „Volksheilkunde" rehabilitierten, in bürgerlich angeleiteten revivals dörflicher Festbräuche, in der schulischen und laienkünstlerischen Pflege volksmusikalischer Traditionen.

Überdies fanden in der Zeit um die Jahrhundertwende viele zeitgenössische Komponisten Anregungen bei „primitiven" Traditionen, und im Bereich der bildenden Kunst griff nicht nur die Heimatkunstbewegung auf Sujets und Verfahrensweisen der Volkskunst zurück: Die Künstler um „Die Brücke" oder den „Blauen Reiter" z.B. machten neben Anleihen bei exotischen auch solche bei einheimischen „Primitiven". Und so wie Gauguins Primitivismus in der „keltischen" Bretagne und nicht auf Tahiti begann, so suchten Nolde und Pechstein das Naive, Wilde, Archaische zuerst in Deutschland auf, bevor sie in die deutschen Südseekolonien aufbrachen.[94]

Sowohl in der bildenden Kunst wie in der Literatur fand der avantgardistische Primitivismus sein Material allerdings nicht nur in der außerurbanen Welt, sondern auch im „Großstadtdschungel", in den Arbeitervororten, in der „niederen Sinnlichkeit" des Kinos, des Zirkus, des Tanzpalasts.[95] In der

---

93 Hertha Grudde: Wie ich meine „Plattdeutschen Volksmärchen aus Ostpreussen" aufschrieb. Helsinki 1932, S. 16.
94 Vgl. u.a. William Rubin: Primitivismus in der Kunst des zwanzigsten Jahrhunderts. München 1996; Colin Rhodes: Primitivism and modern art. London 1994, darin: „Primitivism within", S. 23–68; Gottfried Korff: Volkskunst und Primitivismus. In: Österreichische Zeitschrift für Volkskunde, Bd. XLVIII/97, 1994, S. 373–394.
95 Vgl. Jill Lloyd: German Expressionism. Primitivism and Modernity. New Haven, London 1991, v.a. S. 85–101 und S. 130–160; auch Joachim Schultz: Wild, irre und rein. Wörterbuch zum Primitivismus der literarischen Avantgarden in Deutschland und Frankreich zwischen 1900 und 1940. Gießen 1995.

volkskundlichen Forschung dieser Zeit spielte diese Szene eine völlig marginale Rolle. Schon gar nicht setzte sich die Volkskunde mit den avantgardistischen Anleihen bei einheimischer „primitiver" Ästhetik auseinander. Ihr Interesse an popularen Künsten und Wissensvorräten wurde durch mehrere Faktoren begrenzt und geprägt. Einer davon lässt sich als Sommerfrische-Syndrom bezeichnen. Es ist kein Zufall, dass die Suche nach dem einheimischen Primitiven mit der touristischen Erschließung bisher eher abgelegener Regionen – z.b. der Alpen – zusammenfiel. Die volkskundliche Sammelbewegung war eine Antwort auf den beginnenden Massentourismus, indem sie der von ihm – wie der Industrialisierung insgesamt – befürchteten Auslöschung traditionellen Volkslebens sammelnd und rettend zuvorzukommen suchte. Ihr Motto hieß: „Es ist die höchste Eisenbahn": Der Volkskundler musste möglichst den ersten Zug nehmen, da ihn sonst eine bereits vom Zugverkehr verwandelte Szenerie erwartete. Gleichzeitig waren die Sammler und Retter selbst Teil des modernen Fremdenverkehrs. Zum einen ganz unmittelbar, wenn zu Forschungen genutzt wurden oder sich Forschungs- an Ferienaufenthalte anschlossen. Zum andern indirekt, wenn Volkserzählungen, Volkslied, Volkskunst, auch wo sie keine Urlaubssouvenirs darstellten, doch primär nach so etwas wie ihrem Erholungswert ausgewählt wurden: Die Volkskunde war nicht zuletzt eine Gegenbewegung gegen die als moderne Krankheit schlechthin empfundene Nervosität.[96] So sehr sie also aus der Zivilisation hinauswollte, suchte die Volkskulturforschung nicht Wildnis und Gefahr, sondern das semi-rough eines ‚sanften Primitivismus'.

Dieses psychohygienische Motiv, und nicht Ideologie, war vielleicht die Hauptursache für die Bevorzugung des Erbaulichen, des Harmlosen, des Pittoresken, des Sonntags- statt des Alltagsgewands der bäuerlichen Kultur. Aber gewiss spielten auch kulturpolitische Tendenzen herein. Die volkskundliche

---

96 Vgl. Joachim Radkau: Das Zeitalter der Nervosität. Deutschland zwischen Bismarck und Hitler. München 1998. – Zum Bild und Vorbild des nervenstarken Bauern vgl. Albert L'Houet (d. i. Wilhelm Borée): Zur Psychologie des Bauerntums. Ein Beitrag. Im Anschluss an synodale Verhandlungen sowie in Verbindung mit dem ‚Ausschuss für Wohlfahrtspflege auf dem Lande'. Tübingen 1905. Auf L'Houet bezieht sich u. a. Viktor von Geramb. (Vgl. Ders.: Von Volkstum und Heimat. Gedanken zum Neuaufbau. Graz 1922, S. 58–60.)

Bewegung wurde zu einem großen Teil von Gymnasial- und Volksschullehrern getragen, d.h., dass zu bildungsbürgerlichen Norm- und Geschmacksprägungen noch spezielle pädagogische Rücksichten und Absichten hinzukamen. Es ist also kein Wunder, wenn ästhetische Zeugnisse von Volksfrömmigkeit weit mehr Aufmerksamkeit erfuhren als die antifeudale, demokratische Erzähl- und Liedkultur, ja wenn die Besinnung auf vormoderne Kunst- und Wissenstraditionen sich meist an sprachlich und literarisch Elaboriertes hielt: an das Lied, das Märchen, das Rätsel, das Passionsspiel, kurz das „poetische Element im Leben des Landvolkes"[97], während derbere Ausdrucksformen und -fähigkeiten wie z.b. die populare Pfeifkultur oder das Volkstheater der „Katzenmusik" in jener Zeit kaum Aufmerksamkeit fanden. Besonders deutlich zeigt sich diese Präferenz für das „pädagogisch Wertvolle" an einem für primitivistische Forschung an sich genuinen Themenfeld: der Sexualkultur.

Populare Sexualkultur

Das neuzeitlich-europäische Interesse an „primitiven" Völkern schloss vielfach das Interesse an deren Sexualkultur ein, die als ungezügelter als die der eigenen Gesellschaft imaginiert wurde – was bekanntlich nicht immer und nicht nur mit Abscheu, sondern oft mit der Wertschätzung eines „natürlicheren" Geschlechtslebens verbunden war. Bei den Bemühungen des späten 19. und frühen 20. Jahrhunderts um eine freiere, nicht mehr von Schuldbewusstsein geplagte Sexualität spielte der Verweis auf die scheinbar unneurotischen „Naturvölker" keine geringe Rolle. Auch Vertreter der damals entstehenden wissenschaftlichen Völkerkunde standen dieser Form der Zivilisationskritik nahe – und mitunter im Verdacht, dass ihre wissenschaftliche Neugier von sexueller Abenteuerlust begleitet werde; eine Unterstellung, die in gar nicht so wenigen Fällen zutraf.[98]

---

97 Vgl. Adolf Hauffen: Geschichte der deutschen Volkskunde (Teil 3). In: Zeitschrift des Vereins für Volkskunde, 20. Jg. 1910, S. 290–306; hier S. 296.
98 Vgl. Karl-Heinz Kohl: Abwehr und Verlangen. Zur Geschichte der Ethnologie. Frankfurt/M., New York 1987, S. 7–38.

Dem volkskundlichen Primitivismus war das Interesse an Sexualkultur ebenfalls nicht fremd. Zahlreiche programmatische Äußerungen aus den Gründungsjahren der Volkskunde pflichteten der herrschenden Meinung bei, dass die sozialen Unterschichten eine stärkere Sinnlichkeit oder geringere Triebkontrolle besäßen, und traten gleichzeitig der Abwertung popularer Sexualität als „verwerflich" oder „unmoralisch" entgegen. So spricht Wilhelm Schwartz im ersten Heft der „Zeitschrift des Vereins für Volkskunde" der Landbevölkerung ein gering entwickeltes Schamgefühl zu, das er vor allem auf deren alltäglichen Umgang mit Tieren, aber auch das Zusammenleben der Menschen in engen Räumen zurückführt, und betont dabei: „Die relativ volkstümliche Natürlichkeit, die sich der Dinge nicht weiter bewusst wird, stempelt den Repräsentanten derselben noch nicht als roh oder unsittlich."[99] Noch entschiedener äußert sich eine (wahrscheinlich von dem Arzt und Volkskundler Max Höfler stammende) Rezension in der „Zeitschrift für österreichische Volkskunde": „Die Volkssitte lässt das Natürliche, die dem Menschen angeborene Befriedigung seiner Bedürfnisse als durchaus nichts Unrechtes, Unmoralisches oder Verwerfliches annehmen. (...) Das Ausarten der natürlichen Eigenschaften erst macht diese zu Lastern, macht sie unmoralisch (...). (M)oralisch roh ist noch nicht moralisch schlecht."[100] Aber den Bekundungen, dass die Volksleben und Volksdichtung durchziehende offene bis derbe Sexualität wenn auch nicht mit Sympathie, so doch zumindest mit kulturrelativistischer Toleranz betrachtet werden müsse („Schamgefühl, Anstand und Sauberkeit sind eben zunächst zu allen Zeiten und zu allen Orten, wie angedeutet, relative Begriffe, welche sich nach den Verhältnissen entwickeln"[101]), entsprach keine ebenso mutige Publikationspraxis. Manche Autoren von Lied-, Gedicht-, Schwank-, Sprichwort- und Rätselsammlungen

---

99 Schwartz 1891, S. 34f.
100 Aus einer mit „-r" gezeichneten Rezension des Buchs von Friedrich S. Krauss: Die Zeugung in Sitte, Brauch und Glauben der Südslawen. In: Zeitschrift für österreichische Volkskunde, 5. Jg. 1899, S. 93–95; hier S. 94. Thematik und Tendenz der Rezension sowie darin enthaltene Vergleiche mit oberbayerischen Gepflogenheiten lassen auf eine Autorschaft des in Bad Tölz lebenden Höfler schließen.
101 Schwartz 1891, S. 35.

inserieren zwar, dass sie das Derbe und Anzügliche nicht ausgespart hätten;[102] andere aber bitten um Verständnis, dass der nichtwissenschaftlichen Leserschaft wegen manches unterdrückt worden sei, und häufig wurde sexuell geladenes Material schon beim Sammeln ausgeklammert.[103]

Hierbei war nicht nur die gängige Sexualfeindlichkeit im Spiel, sondern teilweise auch deren völkische Variante, welche der Phantasie einer schamfreien Primitivkultur außereuropäischer Völker die eines keuschen Germanentums hinzufügte. Als erste und erstrangige Quelle für diese Theorie diente die „Germania" des Tacitus, welche die hohe Sittlichkeit des germanischen Liebeslebens herausstellt.[104] Auf Tacitus bezieht sich z.B. Eugen Mogk, wenn er die althergebrachte Keuschheit der deutschen Jugend und der deutschen Frauen preist und schreibt: „Der Germane kennt nur die gesunde Geschlechtsliebe."[105] Dass in deutschen Dörfern der Gegenwart z.T. recht lockere Sitten herrschen, will Mogk zwar nicht leugnen, doch erklärt er dies

---

102 Vgl. z.B. Raimund Friedrich Kaindl: Lieder, Neckreime, Abzählverse, Spiele, Geheimsprachen und allerlei Kunterbunt aus der Kinderwelt. In: Zeitschrift des Vereins für Volkskunde, 7. Jg. 1897, S. 136–147; hier S. 136.
103 Krauss führte einen beständigen Kampf gegen diese purgierende Sammelpraxis. In einer Rezension von Karl Wehrhan: Kinderlied und Kinderspiel (Leipzig 1909) schreibt er: „Es ist nichts von Bedeutung ausgelassen, nur die Skatologie und Erotik im Kinderleben. Die Schuld trifft da ausschließlich die Sammler, die ständig die empfindsame Gouvernante vor Augen haben und daher alles zu vermeiden suchen, was ein keusches Gemüt verletzen könnte. Wahre Kinderfreunde wissen aber, daß sich Kinder am frühesten und eingehendsten mit den unerläßlichen Leibverrichtungen befassen und gar bald auf die Erotik verfallen. Die erotischen Eindrücke der ersten Kindjahre pflegen von Ausschlag für das ganze Leben zu sein. Das haben die neuesten Sexualforscher wohl erkannt und ihre Untersuchungen daraufhin ausgedehnt. Wie lang wird es aber dauern, bis man unseren zahlreichen tugendhaften Folkloregenossen davon etwas sagen dürfen wird?" (Anthropophyteia, Bd. VI, 1909, S. 502f.).
104 Dort heißt es u.a. in deutlicher Entgegensetzung germanischer und römischer Verhältnisse: „So leben die Frauen in wohlbehüteter Keuschheit, ohne durch die Verlockungen von Schauspielen oder die Reizungen von Gelagen verdorben zu werden" (Publius Cornelius Tacitus: Germania. Übertragen und erläutert von Arno Mauersberger. Bremen 1957 (zuerst: um 98), S. 45).
105 Mogk 1903, S. 279.

mit dem Einfluss „fremden Geistes".[106] Unumstritten war diese Auffassung jedoch auch unter Volkskundlern nicht. So distanzierte sich z.B. Richard M. Meyer von einer „gewissen chauvinistischen Art, die unserem Volk im ganzen oder mindestens dem ‚unverdorbenen Landvolk' eine für alle andern Völker oder Klassen beschämende Gloriole unberührter Tugend auf das Haupt drücken möchte"[107], und andere Fachkollegen hielten auch in Sexualfragen an ihrem universalistischen Primitivismuskonzept fest.[108]

So marginal die Erforschung populärer Sexualkultur in der damaligen deutschsprachigen Volkskunde blieb: Immerhin einer ihrer Vertreter, Friedrich Salomo Krauss, stellte sie über Jahrzehnte in den Mittelpunkt seiner

---

106 Ebd., S. 280. — Dass sich Stammesstolz nicht notwendig mit Keuschheitsmythen verband, zeigt der bayerische Volkskundler Georg Queri, der mehrere Bände mit erotischer Folklore herausgab. „Purifizierte Ausgaben" bayrischer Dialektdichtung geißelnd, schreibt Queri: „Wenn es ein Verbrechen an der altbayrischen Rasse war, ihre Vertreter für Roman und Bühne zu entmannen, so mag es zum mindesten entschuldigt sein, wenn die Folklore Äußerungen dieser Rasse aufzeichnet, die in ihrer derben Kraft sexuelles Leben, wenn nicht Volksgesundheit atmen" (Georg Queri: Bauernerotik und Bauernfehme in Oberbayern. München 1911, S. VIIf.).

107 Richard M. Meyer: Rezension von Elard Hugo Meyer: Deutsche Volkskunde (Straßburg 1897). In: Zeitschrift des Vereins für Volkskunde, 8. Jg. 1898, S. 98f.; hier S. 99. R. M. Meyer lobt E. H. Meyer dafür, dass er diese Verklärung nicht mitmache, sondern „über die Sittsamkeit der Mädchen auf dem Lande (S. 164) so skeptisch denkt, wie darüber einst Weinhold (Altnordisches Leben S. 255) geurteilt hat" (ebd., S. 98f.). In einer Besprechung von Hans Meyer (Hg.): Das deutsche Volksleben (Leipzig, Wien 1898) meldet Richard M. Meyer Widerspruch gegen Mogks Vorstellung einer besonderen germanischen und deutschen Keuschheit an. (Vgl. Richard M. Meyer: Eine Gesamtdarstellung deutschen Volkstums. In: Zeitschrift des Vereins für deutsche Volkskunde, 9. Jg. 1899, S. 18–24; hier S. 21.)

108 So z.B. der schon zitierte Autor „-r" (wohl Max Höfler, vgl. Anm. 100), der sich, Krauss zustimmend, überzeugt zeigt, dass bei den „sogenannten Wilden" vermutete „Urzustände" auch ganz in der Nähe ihre Spuren hinterlassen hätten (-r: Rezension von Friedrich S. Krauss: Die Zeugung in Sitte, Brauch und Glauben der Südslawen. In: Zeitschrift für österreichische Volkskunde, 5. Jg. 1899, S. 92–95; hier S. 93). So nennt er den „schwäbischen Füdle-Schucker" (d.i.: Hintern-Schucker, B.J.W.) „eine Art Kolo-Tanzbewegung" (ebd., S. 94; der Kolotanz gehört zur serbischen und bosnischen Folklore).

Arbeit. Der zugrunde gelegte Denkansatz war auch bei ihm primitivistisch. Die Sexualkultur unterer Schichten galt ihm wie die unzivilisierter Völker als Fenster in die frühen Evolutionsstadien des Geschlechtstriebs. Diesen stellte Krauss dabei – wie die Freud'sche Schule, der er sich eng verbunden fühlte – vom Rand ins Zentrum der Sozial- und Kulturgeschichte, indem er ihn als „allerkräftigsten Trieb" bezeichnete, der „von der Menschwerdung der Primaten an bis auf die Gegenwart hinein auf die Geschicke der einzelnen und der Völker entscheidend einwirkt".[109] Alle Rechte, um die in der Menschheitsgeschichte gekämpft worden sei, hingen mehr oder weniger mit dem „Ringen um das Recht auf die Befriedigung des Geschlechtstriebes für sich und die Nachkommenschaft" zusammen; „(D)ie bedeutsamsten Mythen der Völker, Religionen und Kulte" stünden „in innigster Beziehung zur Zeugung".[110] Dass eine Macht, die nicht nur in der Unterwelt rumort, sondern auch die Gipfel der Kultur umweht, nicht abgestraft werden darf, versteht sich von selbst: Sexualkulturelle Forschung, so Krauss, hat zu lernen und nicht zu richten.[111]

Krauss wusste, was er mit einer solchen Forschungsausrichtung wagte. In einem Geleitwort zu John Gregory Bourkes „Das Buch des Unrats", das Krauss und Hermann Ihm aus dem Amerikanischen übersetzt hatten, schrieb Sigmund Freud über die Folkloristen und Psychoanalytiker, die sich mit „verpönten Seiten des Menschenlebens", wie es „die *sexuellen* und die *exkrementellen* Funktionen" sind, beschäftigten, dass „derjenige, welcher diese Dinge studiert, als kaum weniger ‚unanständig' gilt, wie wer das Unanständige wirklich tut".[112] Es ist bezeichnend, dass Krauss sich erst zu einem Zeitpunkt auf die Sexualfolklore konzentrierte, als seine Bemühungen um eine akademische Karriere gescheitert waren. Interessiert hatte er sich für diesen Wissenszweig,

---

109 Anthropophyteia, Bd. I, 1904, S. VIII.
110 Ebd.
111 Vgl. Friedrich S. Krauss: An die löbliche Kgl. Staatsanwaltschaft in Leipzig. In: Anthropophyteia, Bd. VIII, 1911, S. 480–483; hier S. 482.
112 Sigmund Freud: Geleitwort. In: John Gregory Bourke: Das Buch des Unrats. Frankfurt/M. 1992, S. 5–8; hier S. 6. Das Buch erschien zuerst Leipzig 1913 unter dem Titel „Der Unrat in Sitte, Brauch, Glauben und Gewohnheitsrecht der Völker".

wie er sagt, schon früh. Doch in den ersten 15 Jahren seiner volkskundlichen Tätigkeit bildete Sexualkultur keinen Schwerpunkt seiner Publikationstätigkeit, und wo sie behandelt wurde, geschah dies nicht in einer die damalige volkskundliche Etikette verletzenden Weise. Erst 1898 erfolgte das Coming Out: Krauss gab sich in einer Selbstrezension als Autor der anonym erschienenen Schrift „Die Zeugung in Sitte, Brauch und Glauben der Südslaven" zu erkennen.[113] Diese unterscheidet sich prinzipiell von der Sexualfolklore, welche die Volkskunde bisher in ihre Sammlungen aufzunehmen wagte: Sie bringt Lieder, Rätsel, Sprichwörter, Märchen, welche Sexualpraktiken, auch vulgo als pervers geltende, in drastischem Vokabular beschreiben. 1901 und 1902 folgten zwei Fortsetzungen.[114] Nach zwei eher belletristischen, mit Aktfotos versehenen Werken – „Streifzüge im Reich der Frauenschönheit" im Jahr 1902, „Die Anmut des Frauenleibes" 1903 – startete Krauss 1904 den Versuch, die Volkskunde der Sexualität dauerhaft zu etablieren. Er gründete die Zeitschrift, mit der sich sein Name bis heute zu allererst verbindet: die „ΑΝΘΡΩΠΟΦΥΤΕΙΑ". Jahrbücher für Folkloristische Erhebungen und Forschungen zur Entwicklungsgeschichte der geschlechtlichen Moral".[115]

Krauss hatte mit seinem Vorstoß zunächst Erfolg. Bis 1913 erschienen acht Bände und mehrere Begleitbände der „Anthropophyteia", die weit über die Volkskunde hinaus Mitarbeiter, Leser und auch Rezensentenlob fanden. Unter den Redaktionsmitgliedern der ersten Stunde findet man mehrere schon damals berühmte oder später berühmt gewordene Namen: den Herausgeber des „Archivs für Religionswissenschaft", Thomas Achelis, den Ethnologen Franz Boas, den Nestor der italienischen Folkloreforschung, Guiseppe Pitré, den Nervenarzt und Sexualwissenschaftler Iwan Bloch. Später kamen u.a. noch Karl von den Steinen, Direktor des Berliner Völkerkundemuseums, Georg Buschan, Herausgeber des „Zentralblattes für Anthropologie", sowie Sig-

---

113 Enthalten in Band VI der (ebenfalls anonym) erschienenen erotologischen Reihe „ΚΡΥΠΤΑΔΙΑ" (Kryptadia: Verborgenes, Geheimes, B.J.W.), Paris 1899, S. 193–381.
114 ΚΡΥΠΤΑΔΙΑ, Bde. VII und VIII, Paris 1901 bzw. 1902.
115 Die „Anthropophyteia" (Menschenpflanzung, Menschenerzeugung, B.J.W.) versammelt Aufsätze und Materialien zum Sexualleben und zur erotischen Folklore (Lieder, Sprüche, Graffiti usw.) europäischer und außereuropäischer Völker.

Leitmotiv Primitivität

„*Der Folklorist ist Stammgast in den niedersten Tavernen (…). Hier fahndet er nach kecken Seemannsgeschichten, hier sucht er nach erotischen Tätowierungen.*" („*Anthropophyteia*", Bd. VI, 1909, S. 509f.).

mund Freud hinzu. Die Berliner Sexualwissenschaftler und die Wiener Psychoanalytiker, noch im ersten Kampf um Anerkennung begriffen, entdeckten Krauss als Verbündeten. Magnus Hirschfeld nahm ihn in den Redaktionsstab seiner seit 1908 erscheinenden „Zeitschrift für Sexualwissenschaft" auf. Wilhelm Stekel empfiehlt im „Zentralblatt für Psychoanalyse" das Studium der „Anthropophyteia" „wärmstens" und ruft aus: „Möge das Zusammenarbeiten von Analytikern und Folkloristen dazu beitragen, der Wahrheit zum Siege zu verhelfen!"[116] Freud konstatierte erfreut die gemeinsamen Ziele und die gegenseitige Ergänzung von Psychoanalyse und Folkloristik.[117] In den späteren „Vorlesungen zur Einführung in die Psychoanalyse" spricht er von der „Anthropophyteia" als „einem unersetzlichen Quellenwerk für alles, was das Geschlechtsleben der Völker betrifft".[118]

Auch das Echo in Krauss' eigener Disziplin war anfangs positiv. Sowohl in der Zeitschrift für deutsche wie in der Zeitschrift für österreichische Volkskunde wurden Krauss'sche Beiträge zur Sexualforschung ausführlich und lobend besprochen.[119] Doch es fällt auf, dass keiner der bekannten deutschen, österreichischen und schweizerischen Volkskundler jener Epoche zu den

---

116 Wilhelm Stekel: Rezension der „Anthropophyteia", Bd. VIII. In: Zentralblatt für Psychoanalyse, Bd. II, 1912, S. 282f.; hier S. 283.
117 Vgl. Bourke 1992.
118 Sigmund Freud: Vorlesungen zur Einführung in die Psychoanalyse. In: Ders.: Gesammelte Werke, Bd. XI. London 1947, S. 164.
119 „(E)in werthvoller Beitrag zur Anthropologie und Volksmedicin" schreibt der Rezensent „-r" (wohl Max Höfler, vgl. Anm. 100) über Krauss' „Die Zeugung in Sitte, Brauch und Glauben der Südslawen": „Wer Volkskunde betreiben will, darf sich nicht scheuen, auch im Schmutze des Volkes sein Material zu sammeln" (Zeitschrift für österreichische Volkskunde, 5. Jg. 1899, S. 93–95; hier S. 93). Georg Polívka bespricht auf anderthalb Seiten der „Zeitschrift des Vereins für Volkskunde" die ersten beiden Bände der „Anthropophyteia" und nennt darin Krauss' „Südslawische Volksüberlieferungen, die sich auf den Geschlechtsverkehr beziehen", eine „grossartige Sammlung". Allerdings versäumt er nicht hinzuzufügen, dass er sich „nur mit grosser Überwindung durch die Unmasse dieses Unflates durcharbeiten konnte" (Georg Polívka: Berichte und Buchanzeigen, 2: Südslawisch und Russisch. In: Zeitschrift des Vereins für Volkskunde, 16. Jg. 1906, S. 209–223; hier S. 212 und S. 213).

146 AutorInnen[120] gehörte, die in der „Anthropophyteia" publizierten. Allmählich wurde auch das Rezensentenecho auf Krauss' Zeitschrift und ihre Beibände kürzer und kühler. Eine der Ursachen dieser wachsenden Distanz war womöglich Krauss' Herausgeber- und Verlegerfunktion bei etlichen Erotika-Sammlungen, die auf ein breiteres, außerwissenschaftliches Publikum zielten.[121] Zudem dürfte die sich verstärkende öffentliche Kampagne gegen „Schmutz und Schund" das publizistische Eintreten für Krauss' sexualfolkloristische Publikationen erschwert haben. Diese brachte ihn mehr und mehr in juristische Schwierigkeiten. Von 1910 an – dem Jahr, in dem die Berliner „Zentralstelle für die Bekämpfung des Schmutzes in Wort und Bild" gegründet wird[122] – sah er sich mehrmals mit Anzeigen wegen Pornographie konfrontiert. Einige Male wurden Beschlagnahmungen von Krauss herausgegebener Schriften verfügt.[123] Als Gutachter fungierte dabei u.a. der damalige Herausgeber der „Zeitschrift des Vereins für Volkskunde", der Germanist und Erzählforscher Johannes Bolte, welcher sich von der Unsittlichkeit der inkriminierten Publikationen überzeugt zeigte. Immer wieder konnte Krauss jedoch die Aufhebung der Verurteilungen erreichen. 1913 kam es zu einem erneuten Prozess, bei welchem die Staatsanwaltschaft die Einziehung von mehreren Bänden und Beibänden der „Anthropophyteia" beantragte. Zu den Sachverständigen, die sich gegen eine Verurteilung aussprachen, gehörten u.a. der Homosexualitätsforscher Ferdinand Karsch und der Psychoanalytiker Karl Abraham, der darüber Freud in einem Brief berichtet;[124] als entschie-

---

120 So die Summe der bei Martischnig aufgelisteten BeiträgerInnen. (Vgl. Martischnig 1989, S. 62–82.)
121 Vgl. ebd., S. 43–46.
122 Vgl. ebd., S. 52.
123 Anzumerken ist, dass die Zeitschrift nicht im Buchhandel erhältlich war und nur von „Gelehrten" bestellt werden konnte; an Frauen – außer an Ärztinnen – durfte sie überhaupt nicht verkauft werden.
124 „Die vorhergehende Woche brachte mir ein paar unerquickliche Tage, als Sachverständigem beim Gericht im Verfahren gegen die ‚Anthropophyteia'. Was sich irgend Gutes sagen ließ, habe ich gesagt. Aber ich mußte mich leider überzeugen, daß ein Teil der Autoren wissenschaftlich sehr schlecht qualifiziert ist, und gegen Kraus (sic!) persönlich lassen sich auch ernste Einwände machen" (Sigmund

dene Befürworter eines Publikationsverbots traten der Völkerkundler Felix von Luschan, der Germanist Gustav Roethe, der Arzt und Anthropologe Richard Neuhauss und wiederum Johannes Bolte auf.[125] Die Krauss-Gegner obsiegten.[126] Das Gericht verfügte die Unbrauchbarmachung aller „Beiwerke

---

Freud/Karl Abraham: Briefe 1907–1926. Hrsg. von Hilda C. Abraham und Ernst L. Freud. Frankfurt/M. 1980, S. 141f.; Brief Abrahams vom 29.6.1913). – Schon einige Jahre vorher war im Kreis der Psychoanalytiker eine Diskussion über Krauss' Forschungsmotivation aufgekommen. Der Freudschüler Hanns Sachs berichtet in seinen Erinnerungen von einem „Folkloristen", der Gast in der „Psychoanalytischen Vereinigung" gewesen sei – zweifellos handelt es sich um Krauss: „Mit der Psychoanalyse hatte ihn sein Interesse für das Sexuelle und Obszöne, das ihn ganz ausfüllte, in Verbindung gebracht. Er sammelte dieses Material und veröffentlichte es in seiner rohesten Form, ohne es wissenschaftlich zu verarbeiten. (So schien es mir wenigstens damals. Dennoch – ich muß es zugeben – verdanken wir ihm einige sehr wertvolle Grundlagen, um die Einstellung des Volkes zu sexuellen und verwandten Fragen zu erkennen, soweit sie in Aberglauben, Witzen, Gekritzel an Wänden und Ähnlichem zum Ausdruck kommt.) An jenem Abend hatte er ein paar besonders saftige, aber nicht unmittelbar zur Sache gehörige Beiträge zu unserer Diskussion geliefert, und ich sagte mit einiger Bitterkeit, daß zwischen dem Studium von Sexualproblemen und der Liebe für Obszönitäten doch ein Unterschied bestehe. Ich deutete an, daß jemand, der unsere Arbeit kompromittiere, ausgeschlossen werden sollte, und ich fühlte mich stolz als Gerechter und als ritterlicher Verteidiger der Reinheit. Freud erwiderte in ungewöhnlich sanftem Ton: ‚Sie haben ganz recht mit dem, was Sie über N.N. sagen. In dem, was er tut, steckt eine gute Portion sexueller Monomanie. Aber bedenken Sie, es gibt eine Menge hochangesehener Professoren und Gelehrter, deren Gedanken und Handlungen voll Schäbigkeit und Niedrigkeit aller Art sind und die doch unangefochten bleiben, weil sie den Schein der Würde wahren und weil ihre offizielle Stellung sie schützt. Warum sollten wir so streng gegen den armen Teufel sein, der nicht schlimmer ist als diese Leute, nur daß er sich durch seine Aufrichtigkeit dem Hohn preisgibt?' Da war es vorbei mit meinem Stolz, ein Kämpfer gegen das Laster zu sein" (Hanns Sachs: Freud: Meister und Freund. Frankfurt/M., Berlin 1982, S. 72f.).

125 Vgl. Martischnig 1989, S. 54.
126 Krauss erhob den Vorwurf, dass bei seiner Verurteilung auch antisemitische Motive eine Rolle gespielt hätten: „Ich vermied es immer noch, in meinen Verteidigungen der Anthropophyteia auf die verwandten, ‚noch schlimmeren' Arbeiten anderer zu meiner Entlastung hinzuweisen, weil ich als Kriminalpsychologe ganz

zum Studium der Anthropophyteia". Krauss' Ruf war nachhaltig beschädigt, und er sah sich schon aus finanziellen Gründen gezwungen, die Herausgabe der „Anthropophyteia" einzustellen. Ein Nachfolgeunternehmen gab es nicht. Krauss' Versuch, eine „ethnologische Sexualforschung"[127] zu etablieren, war gescheitert. Und es lässt sich mit guten Gründen vermuten, dass die jahrzehntelang geringe Zahl volkskundlicher Forschungen zur Sexualkultur auch einem „vestigia terrent" geschuldet ist: der Furcht, dann wie Friedrich Salomo Krauss in die Nähe der Pornographie gerückt zu werden.

Primitivismus und Frauenforschung

In seinem Erinnerungsbuch „Verewigte Gefährten" schildert der österreichische Volkskundler Viktor von Geramb eine Fahrt, die ihn im Winter 1920 von Graz in ein Kärntner Bergbauerndorf führt. „Die Ausfahrt begann nicht sehr hübsch. Unsäglicher Quatsch lag in den Straßen von Graz, nasser Schmutz triefte auf den Fußböden der Köflacher Eisenbahnwagen, ein dicker braungrauer Nebel verhängte die Aussicht ins Winterbild und fröstelnde Kälte durchrieselte alle Fahrgäste in den feuchten, ungeheizten Wagen. Kurz, eine recht ungemütliche Fahrt mit all den unangenehmen Vorstellungen, die der Winter in der Großstadt auslöst: Kohlenmangel, kalte Räume, Nebel,

---

genau weiß, daß sie nur Kenntnisse vermitteln, die den Lesern unbedingt nützlich, niemals jedoch schädlich werden können, außer es gibt einer die Anthropophyteia heraus und ist von Konfession Jude" (Friedrich S. Krauss: Erotische Zauberwahnprozesse zu Berlin im Jahre 1913. Anhang in Anthropophyteia, Bd. X, 1913, S. 32). Möglich ist das Mitspielen einer antisemitischen Komponente beim Vorgehen gegen Krauss durchaus. Dass dieser an der „Anthropophyteia" nicht nur als Herausgeber und Autor, sondern auch als Verleger beteiligt war, passte ins Klischee vom skrupellosen jüdischen Krämergeist und seine Beschäftigung mit Sexualia ins Bild des frivolen Großstadtjuden. In der Presseberichterstattung, den Prozesskommentaren einiger Gutachter und auch in Krauss' eigener, ausführlicher Schilderung des Prozessverlaufs – die Prozessakten selbst sind nicht mehr auffindbar – finden sich allerdings keine Hinweise auf Antisemitismus.

127 Anthropophyteia, Bd. VIII, 1911, S. 482 und passim.

Schmutz, Grippe." Alsbald wandelt sich jedoch die Szene. Einen befreundeten Arzt begleitend, den ein Bauer zu einem Krankenbesuch geholt hat, fährt von Geramb mit einem großen Schlitten in die steirische Berglandschaft und den Abend hinein: „Im weichen Heulager des Strohkorbes befand man sich, halb liegend, halb sitzend, sehr wohl, zumal unter den warmen, dicken Kotzen, mit denen uns der Bauer zugedeckt hatte. (...) All die Hast und Unrast, all der Lärm und Streit des beruflichen, städtischen ‚Betriebes', der mich noch vor wenigen Stunden umbrandet hatte, löste sich in lindes, träumendes Wohlgefühl. Wie eine gute, weiche Mutterhand legte sich die weihevolle Stille um Stirne und Schläfen und fast zagend, traumhaft tastend, erwachte das lange verschüttet gewesene Besinnen aufs eigene innere Ich." Im Bauernhaus angekommen, erlebt von Geramb wiederum „eine Welt des Friedens": Die Stube ist warm, ein kranker Kriegsheimkehrer wird umsorgt, ein Bub liegt wohlgeborgen unter einer Bettdecke, den Gästen wird Essen gereicht, eine große Ruhe liegt über allem. Die Schwester des Kranken bringt ihm Waschwasser und frische Tücher, sein Schwager blickt „begütigend" auf ihn, der Großvater „mit unendlich freundlichen Braunaugen" schneidet Brot, die Bäuerin bringt „auf sauberem Holzteller" einen Imbiss. Alle Beteiligten, auch der „duldende Held in der Ecke", imponieren dem Betrachter durch ihre „würdevolle Ruhe": „Ich mußte denken, wie so oft bei viel geringerem Leid unsere verbrauchten Städternerven zu rasen beginnen und in welcher Unruh' wir von all den kleinen Alltagssorgen hin- und hergerissen werden. Fast wie eine leise Beschämung kam es über mich. Und wieder fühlte ich es mit zwingender Überzeugungskraft: Hier, in diesen alten Bauernstuben, da sitzt das wahre deutsche Volkstum. Da lebt die alte, herbe Volkskraft, da sind die Leute, die noch aus zäherem Holz geschnitten sind – da wohnt unsere Hoffnung!"[128]

Von Gerambs Erzählung ist ein klassisches Dokument der, wie es im kritischen Jargon heißt, Heimat- und Volkstümelei. Besieht man es ein wenig genauer, ist es ein Dokument der zeitgenössischen Neurasthenie, des Leidens in und an der Moderne, welche – noch diesseits bestimmter ideolo-

---

[128] Viktor von Geramb: Verewigte Gefährten. Ein Buch der Erinnerung. Graz 1952, S. 38–41.

gischer oder gar politischer Intentionen – als Überdosis an Lärm, Tempo, Kälte, Gefahr, Konkurrenz erlebt wird. Und von Geramb zeigt zugleich, wie volkskundliche Feldforschung als Heilmittel gegen diese Leiden benutzt und vormoderne Volkskultur als Überwindung ihrer Ursachen empfohlen wird: Es ist vor allem die „herbe Volkskraft", an der sich der nervenschwache und larmoyante Bürger ein Beispiel nehmen soll (wobei sich der Autor, der nach eigenem Bekunden immer wieder von einer „sehr quälenden Gemütskrankheit"[129] befallen wurde, durchaus mitmeint). Interessanterweise wird diese Kraft jedoch nicht mit Männlichkeit identifiziert. Sie ist vielmehr eine Kraft des Erduldens, des Glaubens, des Heilens, die nichts mit herrscherlicher oder gar kriegerischer Attitüde zu tun hat: Der Soldat, der in von Gerambs Szene auftaucht, ist nicht gestählt, sondern krank aus dem Krieg zurückgekehrt; die anderen Männer, die er schildert, blicken freundlich oder begütigend, sie beten, sie bereiten Essen zu. Die Pendants der Volkskraft, die von Geramb feiert, sind Frieden, Ruhe, Wärme, eine Atmosphäre des Helfens, Pflegens, Nährens – Attribute, die traditionell eher als weiblich konnotiert sind, hier aber auch auf Haltung und Handeln der männlichen Akteure zutreffen. Die Nacht, die von Geramb in jenem Kärntner Bergdorf verbringt – vor Anbruch des Tages kehrt er in die Stadt zurück –, hat etwas von einer Nacht im Mutterschoß.[130]

---

[129] Vgl. Ders.: Viktor von Geramb. In: Österreichische Geschichtswissenschaft der Gegenwart in Selbstdarstellungen. Geleitet von Nikolaus Grass. Bd. II, Innsbruck 1951, S. 76–92; hier S. 79.

[130] Ein Gegenstück zu von Gerambs Nachterlebnis ist der Bericht der schweizerischen Volkskundlerin Hedwig Anneler, den diese in ihrem Buch „Lötschen: das ist: Landes- und Volkskunde des Lötschentales" (Bern 1917, S. 3–6) von ihrer ersten Reise in ihr Untersuchungsfeld gibt. Auch hier ist es kalter Winter und dunkle Nacht, als sie zu Fuß hinaufsteigt, und auch Anneler setzt dem zunächst das Licht und die Wärme entgegen, die sie in dem als Erstes erreichten Dorf empfängt. Doch das Zimmer, in dem sie selbst schließlich landet, beschreibt sie als „grabesfinstere, grabeskalte Stube", das Bett darin als überhaupt nicht verlockend („Puh – ein Nest voller Mäuse ist drin"), und als Gastgeber erscheint keine tröstende Mutter- oder schützende Vatergestalt, sondern ein Schreckgespenst, dessen Zynismus noch erschreckender ist als sein Aussehen: „Es humpelt herein, setzt sich her, ganz dicht mit starren Knochengliedern, stiert aus alten Augen, kichernd: ‚Hähä! wir

Von Gerambs Erzählung steht damit in einer verbreiteten Denktradition, in der Primitivität – er selbst spricht lieber von „Urverbundenheit" – als weiblich, die Zivilisation jedoch als männlich kodiert wurde.[131] Während die patriarchalisch-paternalistische Variante dieser Tradition das Volk zum Weib erklärte, um ihm damit Irrationalität, Unberechenbarkeit und Denkschwäche zu unterstellen, und Fürsprecher des wissenschaftlich-technischen Fortschritts ihre Gegner als weibische Angsthasen bezeichneten,[132] assoziierte eine starke Strömung des volkskundlichen Primitivismus mit dieser Weiblichkeit all die positiven Werte, die sich mit „Mutterboden" und mit „Mütterlichkeit" verbinden lassen – auch wenn dies nicht immer in derselben Offenheit und Sentimentalität geschah wie in Karl Gratopps Eloge auf die volkskundliche Sammelarbeit von Richard Wossidlo: „Nun erst sehen wir unter unseren Füßen das unendliche Gewoge primitiver Stammesnatur, aus dem uns allen durch die Reihe der Generationen hindurch Kraft um Kraft zuströmte. Diese weit

---

Lötscher denken halt: Heim ist Heim, und wenn's unter der Höllplatten möchte sein!'" Christine Burckhardt-Seebass schreibt über Annelers Lötschental-Studie: „Sie gestaltete ihre ethnographischen Beobachtungen ganz bewusst auf ein ganzheitliches Lebensbild hin, sie wollte das Lötschental als Mikrokosmos, als Bild von Gemeinschaft entwerfen. Dass diese Gemeinschaft aber nicht etwa mythischer oder religiöser, sondern ganz realer Art war, nämlich eine Zwangsgemeinschaft von Menschen, die mit den knappen Ressourcen des Berggebiets und seinen permanenten Gefahren nur solidarisch zu Rande kommen konnten, sagt sie sehr deutlich" (Christine Burckhardt-Seebass: Spuren weiblicher Volkskunde. Ein Beitrag zur schweizerischen Fachgeschichte des frühen 20. Jahrhunderts. In: Schweizerisches Archiv für Volkskunde, 87. Jg. 1991, S. 209–224; hier S. 221).

131 Zur Verweiblichung des Primitiven durch zivilisationsmüde Männer am Anfang des 20. Jahrhunderts siehe Marianna Torgovnick: Primitive passions. Men, Women, and the Quest for Ecstasy. Chicago, London 1996.

132 So der Wiener Schriftsteller und Kultursoziologe Joseph August Lux, der von den „alten Tanten aus den entlegenen Provinzen" spricht, die nicht gerne Eisenbahn führen, und ausruft, dass „ein Volk, das zu viel rückwärtsschauende, retardierende alte Weiber hat, kein Volk der Zukunft sein kann" (Joseph August Lux: Ingenieurästhetik. München 1910, S. 1–3; zit. nach Renate Genth: Patriarchale Naturbeherrschung, Weiblichkeit und phallokratische Naturzerstörung. In: Christine Kulke (Hg.): Rationalität und sinnliche Vernunft. Frauen in der patriarchalen Realität. Berlin 1985, S. 129–144; hier S. 137).

vergangen geglaubte Welt ist immer noch lebendig, erreichbar, vorhanden. Sie will uns wieder mütterlich und unmittelbar umfangen, wir dürfen in ihre Tiefe versinken, wie man in seine Kindheit zurücktrachtet, um neugestärkt uns zu erheben. Warm und vertraut nimmt sie uns in sich auf und überrascht uns doch durch ihre kaum noch geahnte, unabsehbar reiche, umfassende Poesie."[133]

Doch die Verbindung, die zwischen Primitivität und Weiblichkeit gezogen wurde, bestand nicht nur in der bewussten oder unbewussten Identifikation von primitiven mit weiblichen Eigenschaften. Vielmehr nahmen viele Volkskundler wahr, dass reale Weiblichkeit, dass Frauen in vielen Bereichen der vormodernen Kultur eine Schlüsselrolle innehatten. Es ist jedenfalls unübersehbar, dass das Denken und Handeln von Frauen in der Volkskunde ungleich mehr thematisiert wurde als z.B. in Allgemeiner Geschichte, Kunstgeschichte, Literaturgeschichte oder Kulturgeschichte. Das hängt ganz allgemein damit zusammen, dass eine Hinwendung zur Volkskultur fast notwendig eine Hinwendung zur Sphäre der alltäglichen Reproduktion impliziert, aus der sich Frauentätigkeiten schwerlich eskamotieren lassen; konkret ist es damit zu erklären, dass die vormodernen Relikte, um die es der damaligen Volkskunde zu tun war, zu einem großen Teil in der Kultur und Lebensweise von Frauen aufzufinden waren. Darwins unverfrorene Feststellung: „(S)ome, at least, of those mental traits in which women may excel are traits characteristic of the lower races, and therefore of a past and lower state of civilization"[134], konnte somit in der pro-primitiven Denkungsweise der Volkskunde zum Lob der „nicht verbildeten und verzogenen Frauen"[135] werden, welche die volkskundlichen Schätze treuer gehütet hätten als die Männer.[136]

---

133 Karl Gratopp: Richard Wossidlo. Wesen und Werk. Neumünster 1935, S. 18.
134 Charles Darwin: The descent of man, and selection in relation to sex. London 1896, S. 563f.
135 Arthur Kopp: Rezension von Augusta Bender: Oberschefflenzer Volkslieder und volkstümliche Gesänge (Karlsruhe 1902). In: Zeitschrift des Vereins für Volkskunde, 13. Jg. 1903, S. 462–466; hier S. 463.
136 Vgl. z.B. Eduard Otto: Die Hüttenberger Volkstracht. In: Zeitschrift des Vereins für Volkskunde, 8. Jg. 1898, S. 361–362; hier S. 362; Julius Sahr: Anzeigen und Gedanken zur Volkskunde. In: Zeitschrift für den deutschen Unterricht, 25. Jg. 1911,

Primitivismus und Frauenforschung 71

Jacob und Wilhelm Grimm bei der Märchenerzählerin Dorothea Viehmann (Holzschnitt nach einem Gemälde von L. Katzenstein). Das Bild ist in eine Frauen- und eine Männerwelt geteilt: links bei Bett, Ofen und Esstisch zwei Frauen, ein Mädchen und ein kleines Kind, ihnen gegenüber die Grimms und ein ihnen zugesellter Junge.

Das primitivistische Erkenntnisinteresse konzentrierte sich auf die kulturellen Gestaltungsweisen der menschlichen Fortpflanzung. Es ging da um Jungfräulichkeit und Fruchtbarkeit, um Verlobung, Brautzeit, Hochzeit, um Schwangerschaft, Geburt und Wochenbett.[137] Doch erschienen Frauen nicht nur als instinktiv handelnde Geschlechtswesen, sondern auch als Wissensträgerinnen:

S. 210–256; hier S. 228; desgl. Leopold Rütimeyer: Ur-Ethnographie der Schweiz. Ihre Relikte bis zur Gegenwart mit prähistorischen und ethnographischen Parallelen. Basel 1924, S. XXI.

137 Vgl. Carola Lipp: Geschlechterforschung – Frauenforschung. In: Rolf W. Brednich (Hg.): Grundriß der Volkskunde. Einführung in die Forschungsfelder der Europäischen Ethnologie. Berlin 2001, S. 329–361; hier S. 336f.

Leitmotiv Primitivität

„Frauen waren Fragende und Gefragte bei Ehe- und Heiratsorakeln, sie waren Ausführende und Ziel von Liebes- und Fruchtbarkeitszaubern."[138] Dabei reicht das weibliche Wissen, das die Volkskunde zusammentrug, teilweise über den Bereich der biologischen Reproduktion hinaus. Es erstreckt sich zum einen auf Frauenkompetenzen in den Bereichen Ernährung, Kleidung, Wohnkultur. Zum andern spürte die Volkskunde den besonderen Fähigkeiten und Funktionen nach, welche den Frauen im geistigen und religiösen Leben vormoderner Gesellschaften zuerkannt wurden: ihrer teilweise herausgehobenen Rolle beim Totenkult, beim Vorhersagen der Zukunft, beim Ausüben weißer und schwarzer Magie, aber auch bei der Entstehung künstlerischer und dichterischer Tätigkeit.[139] D.h., die primitivistische Volkskunde erinnerte immer wieder daran, dass Frauen in der Vormoderne nicht auf innerfamiliäre Aufgaben und innerfamiliäre Machtausübung beschränkt waren. Allerdings war das Interesse primär an den Tätigkeiten interessiert, in denen sie als „Brauchträgerinnen" fungierten, und nicht an einer Rekonstruktion ihrer konkreten Lebens- und Arbeitssituation.[140]

---

138 Ebd., S. 337.
139 Einflussreich waren hier u.a. die Untersuchungen von Otis Tufton Mason: Woman's share in primitive culture (1895) und Karl Bücher: Arbeit und Rhythmus (1899). Im „Frauenarbeit und Frauendichtung" überschriebenen Schlusskapitel seines Buchs entwickelt Bücher (kein Volkskundler, sondern Volkswirtschaftler) die These, dass die Lieddichtung aus dem Arbeitsgesang hervorgegangen sei. Dieser wiederum werde in primitiven Gesellschaften vor allem von Frauen ausgeübt, denen dort ein großer Teil der produktiven Arbeit obliege: „Nicht auf den steilen Höhen der Gesellschaft ist der Dichtung Quell entsprungen, sondern aus den Tiefen der reinen und starken Volksseele ist er hervorgequollen. Frauen haben über ihm gewaltet, und wie die Kulturmenschheit ihrer Arbeit viel des Besten verdankt, was sie besitzt, so ist auch ihr Denken und Dichten eingewoben in den geistigen Schatz, der von Geschlecht zu Geschlecht überliefert wird. Es wäre eine lohnende Aufgabe, die Spuren der Frauendichtung weiter zu verfolgen in dem geistigen Leben der Völker. Sind sie auch vielfach verschüttet durch die nachfolgende Periode der Männerpoesie, die in dem Maße die Herrschaft zu erlangen scheint, als auch die materielle Produktion an die Männer übergeht, so lassen sie sich doch bei einer Reihe von Völkern bis tief in die literarische Zeit hinein verfolgen" (Karl Bücher: Arbeit und Rhythmus. Leipzig, Berlin 1909, S. 412).
140 Vgl. Lipp 2001, S. 337f.

Nun lassen sich volkskulturelle Transzendierungen der Hausmutterrolle zwar zugestehen, aber gleichzeitig als der wahren weiblichen Natur entgegengesetzt oder als sozial unzuträglich etikettieren. Das geschah z.B. bei Wilhelm Heinrich Riehl, der in fachgeschichtlichen Rückblicken gerne als typischer Vertreter des frühen volkskundlichen Frauenbilds zitiert wird. Riehl sieht, dass die Geschlechtsgegensätze früher weniger ausgeprägt waren – in den Arbeitsaufgaben ebenso wie in der körperlichen Erscheinung: „Auch die zarte Jungfrau hatte vor drei Jahrhunderten noch männlichere Züge als jetzt (...)."[141] Doch die stärkere „Scheidung der Geschlechter" gilt ihm als ein wesentlicher Fortschritt des Kulturlebens: „Bei der untersten Hefe des Bauernvolks, dazu bei Vagabunden und Zigeunern hat die Verschmelzung männlicher und weiblicher Sitte ihren wahren geschichtlichen Boden. Hier sind die Frauen emancipirt. Hier herrscht keine prüde Unterscheidung zwischen männlicher und weiblicher Decenz, und eine Zote, die den Männern zu ungewaschen ist, findet bei den Weibern immer noch eine gute Statt."[142] „Der unterschiedlose Beruf der Geschlechter ist ein trauriges Erbtheil armer und verkommener Leute, und das gliederungslose, abstracte Staatsbürgerthum wollen wir den Würmern und Mollusken nicht streitig machen."[143] Aber Riehls geschlechterkulturelle Auffassungen repräsentieren eben nicht die Position der primitivistischen Volkskunde (in der kaiserzeitlichen Volkskunde spielt Riehl insgesamt keine wesentliche Rolle). In dieser gab es zwar ebenfalls latent und offen abschätzige Bewertungen vor- und unterbürgerlicher Frauenrollen, doch auch kulturrelativistische Toleranz, ja teilweise eine deutliche Distanz zum Patriarchalismus.

---

141 Wilhelm Heinrich Riehl: Die Familie. Stuttgart, Augsburg 1855, S. 24.
142 Ebd., S. 27.
143 Ebd., S. 30.

74 Leitmotiv Primitivität

1897   *1898–1901*

1902–1908   *1909–1911*   *1912–1953*

Volkskultur als Frauenkultur: Bei den 1897 bis 1953 verwendeten Titelvignetten des Schweizerischen Archivs für Volkskunde dominieren die „Brauchträgerinnen".

Ein prägnantes Beispiel für das Letztere ist der von Bernhard Kummer verfasste Beitrag „Frau, Weib" im Handwörterbuch des deutschen Aberglaubens.[144] Kummer unterscheidet zwei Linien in der deutschen Volkskultur: zum einen eine altgermanische Wertschätzung und Vergöttlichung der Frauen, zum andern eine christlich-paulinische Linie, in der die Frau als „minderwertiges, unreines und damit zum Dienst am Heiligen weniger

---

144 Bernhard Kummer: Frau, Weib. In: Handwörterbuch des deutschen Aberglaubens, Bd. 2. Berlin, Leipzig 1930, Sp. 1732–1774.

taugliches Wesen" gelte.¹⁴⁵ Die germanischen Frauen seien „völlig gleichberechtigte" Gefährtinnen der Männer gewesen,¹⁴⁶ sie hätten gottesdienstliche Funktionen innegehabt, seien zu Festgelagen zugelassen worden.¹⁴⁷ Die Germanin sei sogar „Kampfgenossin" der Männer gewesen.¹⁴⁸ Kummer betont, dass die soziale Anerkennung der Frauen nicht nur ihren psychischen und moralischen, sondern auch ihren intellektuellen Fähigkeiten gegolten habe: „Wie häufig in der Person des ‚primitiven Medizinmannes', so ist auch in der germanischen Frau kultische und ärztliche Kenntnis vereinigt; sie besaß nicht nur ‚für Wunden zarte Sorgsamkeit', sondern übernahm als selbständige Ärztin die Pflege der Verwundeten. Und nicht nur der ‚angeborene Hang der Frau zur Mithilfe bei Leiden und körperlicher Not', sondern das religiöse ‚höhere' Wissen um des Lebens innere Zusammenhänge macht sie zur Ärztin."¹⁴⁹ Die christliche Geschlechterauffassung habe diese starke Frauenposition entscheidend geschwächt und eine generelle „Minderwertigkeit des weiblichen Geschlechts" behauptet.¹⁵⁰ Der hier manifestierte Herrschaftsanspruch des Mannes äußere sich nicht zuletzt in einer „Prügeldiktatur"¹⁵¹: „Die Zähmung der widerspenstigen, herrschsüchtigen und listigen Frauennaturen wird das

---

145 Ebd., Sp. 1733.
146 Ebd., Sp. 1734f.
147 Ebd., Sp. 1754.
148 Ebd., Sp. 1735.
149 Ebd., Sp. 1762.
150 Ebd., Sp. 1742. Kummer kritisiert diesen Prozess mit zuweilen an den 50 Jahre jüngeren Feminismus anklingenden Formulierungen: Die Frau zum unreinen Wesen machend, so schreibt er, „wälzte die mittelalterliche Männlichkeit ritterlich ihre Sündenschuld auf das weibliche Geschlecht, und benutzte den Sündenfall des Weibes als Hauptargument in dem anhebenden Kampf um die Mannesherrschaft bis ins Ehebett hinein" (Sp. 1738). Aus dem „Geschäft heilkundiger Priesterinnen" sei das „trübe Bild zaubernder Hexen" geworden: „Alle ernsthafte Heilkunst wird Sache der ‚Herren der Schöpfung'" (Sp. 1763). Man habe den Frauen verantwortliche Aufgaben entzogen und sie dann für „unwissend und schwatzhaft" (Sp. 1754) erklärt; man habe ihnen keine Gelegenheit mehr geboten, öffentlich ihre Tapferkeit zu bezeugen, und sie dann der Feigheit bezichtigt. (Vgl. Sp. 1744.)
151 Ebd., Sp. 1746.

beliebte Thema zahlreicher ‚Dichtungen' von beschämender Roheit (…)."[152] Scharf und scharfsinnig auch Kummers Parallelisierung von Hexenverfolgung und alltäglicher Frauenunterdrückung: „Die Prügelung der Ehe-Frau und die Folterung der Hexe werden durch den gleichen Aberglauben sanktioniert."[153]

Das Vergnügen an Kummers Patriarchatskritik kann freilich nur halb sein. Zum einen, weil sie mit einer völkischen Selbstfeier verbunden ist, welche den misogynen Mann zum fremden Eindringling macht: „Wer sich Frauen als Besitzobjekte hält, betet zu Allah oder Jahwe und nicht zu einer Nerthus oder Thorgerd Hölgabrud."[154] Zum andern, weil Kummers Lob der angeblichen germanischen Frauenrolle Idealen von Weisheit und Reinheit folgt, die schwerlich mit Zielen wie aufgeklärtem Denken und sexueller Emanzipation vereinbar sind. In beiden Punkten erinnert Kummers Handbuchartikel nachdrücklich daran, dass das Faible fürs Matriarchat in Deutschland zumeist in politisch und ideologisch reaktionäre Positionen eingebunden war.[155]

Gleichwohl enthielt die primitivistische Sympathie für matriarchale Strukturen, wie Kummer belegt, noch in ihrer germanophilen Spielart geschlechterpolitisch nützliche Konterbande, die nicht in kultureller Regression oder gar in purem Vorfaschismus aufgingen. Auf alle Fälle gutzuschreiben ist ihr die Bereitstellung eines – wenngleich auf das vermeintlich Vormoderne beschränkten – Quellenarsenals zu weiblicher Kultur und Lebenswelt, das auch von einer ihren primitivistischen Anfängen entsprungenen Frauenforschung genutzt werden kann.

---

152 Ebd., Sp. 1745.
153 Ebd., Sp. 1747.
154 Ebd., Sp. 1754.
155 Vgl. Hans-Jürgen Heinrichs (Hg.): Das Mutterrecht von J.J. Bachofen in der Diskussion. Frankfurt/M. 1987; Jost Hermand: Alle Macht den Frauen. Faschistische Matriarchatskonzepte. In: Das Argument, H. 146, 26. Jg. 1984, S. 539–554; Uwe Wesel: Der Mythos vom Patriarchat. Über Bachofen, Mutterrecht und die Stellung von Frauen in frühen Gesellschaften vor der Entstehung staatlicher Herrschaft. Frankfurt/M. 1999.

Gruppenbild mit Damen: Frühe Ethnographinnen

Zahlreiche Gegenstände der primitivistischen Volkskunde, so haben wir gesehen, wurden entweder metaphorisch als weiblich konnotiert oder gehören tatsächlich weiblichen Lebenszusammenhängen an. Auch die volkskundliche Programmatik und Methodik, so kann man hinzufügen, weisen etliche mit dem bürgerlichen Frauenbild harmonierende Eigenschaften auf: statt Naturbeherrschung und Neuerfindung Bewahren, Betreuen, Pflegen der überkommenen kulturellen Aussteuer, statt des Höhenflugs der Theoriebildung die fleißige, geduldige Sammelarbeit, statt Einsamkeit und Freiheit das Gespräch mit Gewährsleuten. Folgt man dieser Sichtweise, so stellt sich die Frage, ob Frauen in die damalige volkskundliche Arbeit eher einbezogen waren als in andere wissenschaftliche Disziplinen.[156] Und es lassen sich tatsächlich zahlreiche Indizien dafür finden, dass diese Frage zu bejahen ist. Allerdings unterschied sich der Partizipationsgrad von Frauen auf den verschiedenen Ebenen des Forschungsprozesses ganz erheblich.

Am häufigsten findet man Frauen in der Funktion der „Gewährsperson" oder, wie es früher oft hieß, der „Gewährsmännin". Ohne Zweifel handelte es sich hierbei nicht nur um eine passive Rolle als „Quelle", die „abgeschöpft" wurde, sondern um eigenverantwortliche Bewertungs- und Auswahlleistungen (was gilt als berichtenswert, was nicht?), um Erinnerungs- und For-

---

156 Eine andere, m.E. durchaus seriöse, aber schwer beantwortbare Frage wäre hinzuzufügen: Besaßen die volkskundlich tätigen Männer jener Epoche in überdurchschnittlichem Grad „weibliche" Charakterzüge? Bei einigen Forschern gibt es immerhin Belege für Hinweise auf eine enge Mutterbindung sowie auf mütterlichen Einfluss bei der Herausbildung ihrer volkskundlichen Interessen. (Vgl. z.B. Friedrich S. Krauss: Sagen und Märchen der Südslaven. Zum großen Teil aus ungedruckten Quellen. Bd. I, Leipzig 1883, S. XXVII; Bd. II, Leipzig 1884, S. XXI; Karl Weinhold: Altnordisches Leben. Stuttgart 1938, S. VII; Franz Eduard Hrabe: Universitätsprofessor Dr. Gustav Jungbauer, sein Wirken und Schaffen. Winterberg 1936, S. 10f.) Doch bevor nicht mehr Volkskundlerbiographien gesichtet (und d.h. zuallererst: gefunden) worden sind, muss die Hypothese vom „Volkskundler als Muttersohn" in die Fußnoten verbannt bleiben – ebenso wie Burckhardt-Seebass' einmal mündlich geäußerte Vermutung von den frühen Volkskundlerinnen als „Vatertöchtern".

mulierungsarbeit bis hin zur Umsetzung von bisher mündlich Tradiertem in eine schriftliche Form. Für zahlreiche volkskundliche Erhebungen lässt sich belegen, dass weibliche Gewährspersonen – als mündlich oder schriftlich Befragte – bei ihnen einen ganz wesentlichen Anteil hatten, wenn nicht gar in der Mehrheit waren. Ein frühes Beispiel dafür ist die Sammelarbeit der Brüder Grimm, deren wichtigste Quelle die Gastwirtstochter Dorothea Viehmann war und deren übrige Gewährsleute ebenfalls vorwiegend aus Frauen bestanden.[157] Kinderspielforschung, Kleidungsforschung und Volksliedforschung[158] weisen ebenfalls zahlreiche Beiträgerinnen auf. Wäre die Frauenquote bei den Forscherinnen höher gewesen, wäre gewiss auch die der Informantinnen gestiegen.[159] Diese Vermutung stützen z.B. die Volksliedforscherin

---

[157] Vgl. die Auflistung bei Gabriele Seitz: Die Brüder Grimm: Leben – Werk – Zeit. München 1984, S. 58–64.

[158] Einigermaßen repräsentative Zahlen zur Volksliedforschung kann man dem Einsenderkatalog des Deutschen Volksliedarchivs in Freiburg entnehmen. Eine größere, den Stand vom 2.3.2000 wiedergebende Stichprobe ergab, dass sich unter den dort unter „Sänger" aufgeführten Gewährsleuten 54% Frauen und 46% Männer befinden. Durchgezählt habe ich die ersten vier von 35 Katalogkästen (= die Buchstaben A bis Ca) der Katalogrubrik „Sänger". 488 der dort aufgeführten Gewährspersonen waren als Männer, 417 als Frauen identifizierbar. Der Katalog stammt freilich nur z.T. aus dem hier behandelten Zeitraum; er wurde wahrscheinlich 1927 angelegt (Auskunft der Bibliothekarin Barbara Boock) und wird bis heute fortgeführt, wobei auch vor 1927 erfolgte Eingänge eingefügt wurden.

[159] Belege für die objektiven und subjektiven Probleme, die männliche Forscher beim Forschungskontakt mit Frauen hatten, bietet Richard Wossidlo, der wohl aktivste volkskundliche Sammler des frühen 20. Jahrhunderts. Das Überwiegen männlicher Gewährsleute in seiner Erzählerkartei (sie machen ca. 62% aus) lässt sich u.a. damit erklären, dass er in außerhäuslichen Situationen (in Wirtshäusern, auf der Straße oder auf dem Acker) mehr Männer antraf – d.h.: Wossidlo durfte oder wollte nicht ohne weiteres Frauenräume betreten. (Vgl. Christoph Schmitt: Geschlechtstypische Aspekte in Aufnahme- und Darstellungsstrategien volkskundlicher Sammlungen am Beispiel des Wossidlo-Nachlasses. In: Christel Köhle-Hezinger/Martin Scharfe/Rolf Wilhelm Brednich (Hg.): Männlich. Weiblich. Zur Bedeutung der Kategorie Geschlecht in der Kultur. Münster 1999, S. 256–270; hier S. 266.) Wossidlo klagt zudem, dass „manche Frauen (…) zu genierlich oder unbesinnlich oder ängstlich und leicht verwirrt" seien – man sollte ergänzen: dem

M. Elizabeth Marriage[160], die Kinderliedsammlerin Gertrud Züricher[161], die Dorfforscherin Marie Rehsener[162] und die Märchenforscherin Hertha Grudde[163]: Sie alle befragten ganz überwiegend Gewährsfrauen; Grudde machte diese zudem zu Mitforscherinnen und regte sie zum eigenständigen Sammeln und Aufschreiben an.

Die zweite Rolle, in der Frauen an der volkskundlichen Forschung beteiligt waren, war die der selbständigen Feldforscherin oder Textsammlerin, welche ihr Material professionellen Kräften zur Ausstellung, Publikation und Analyse überließ. Auch ohne repräsentative Zahlen lässt sich mit Gewissheit sagen, dass hier der Frauenanteil noch geringer war als bei den Gewährspersonen.[164] In den Zeitschriften der regionalen Volkskundevereine findet sich

---

    männlichen Forscher gegenüber. (Vgl. Richard Wossidlo: Über die Technik des Sammelns volkstümlicher Überlieferung. In: Zeitschrift des Vereins für Volkskunde, 16. Jg. 1906, S. 1–24; hier S. 19.)

160 Marriage sammelte ihre Lieder hauptsächlich bei der weiblichen Landjugend, u.a. in der Spinnstube. „Von den Mädchen (…) ist es am leichtesten, die Lieder zu lernen, wenigstens für eine Frau." „Was die Burschen betrifft, – selbst, wenn sie sich nicht zieren und genieren, haben sie zu wenig Geduld alles genau und langsam vorzusagen" (Dr. M. Elizabeth Marriage: Volkslieder aus der Badischen Pfalz. Halle a.S. 1902, S. V–XI).

161 Gertrud Züricher führt in ihrem Buch „Kinderlieder der Deutschen Schweiz" (Basel 1926) als Beiträgerinnen ihre Schülerinnen sowie 45 Frauen und neun Männer auf. (Ebd., S. 8.)

162 Vgl. Marie Rehsener: Die Weber-Zenze. Eine Tiroler Dorffigur nach dem Leben. In: Zeitschrift des Vereins für Volkskunde, 5. Jg. 1895, S. 80–93.

163 Grudde befragte überwiegend Frauen aus der ländlichen Unterschicht. In einem Feldbericht schildert sie, wie sie das Misstrauen ihrer „Gewährsmänninnen" überwand. (Vgl. Grudde 1932.)

164 Von den 3000 Antworten auf eine Fragebogenumfrage zu Kinderreimen und Kinderspielen, die der Hessische Verein für Volkskunde im Jahr 1907 begann, stammen nur 49 von Frauen (es sind vor allem angehende Volksschullehrerinnen). Weit höher, nämlich bei ca. 27%, liegt die Frauenquote in der Rubrik „Einsender, Aufzeichner, Sammlungen, Korrespondenzen" im Katalog des Deutschen Volksliedarchivs, wobei die relativ häufigste Berufsangabe wiederum „Lehrerin" lautet. Hier reicht der erfasste Zeitraum allerdings bis in die Gegenwart. (Vgl. Anm. 158.) Für alle diese Angaben gilt, dass sie nur einen Teil der von Frauen tatsächlich ge-

nur ab und zu einmal der Beitrag einer Frau. In den „Hessischen Blättern für Volkskunde", dem zweitwichtigsten deutschen Fachorgan in der Kaiserzeit, sind Frauen 1901 bis 1918 im Aufsatzteil überhaupt nicht vertreten.[165] Bei der „Zeitschrift des Vereins für Volkskunde" wird es allerdings interessant: Eine Durchsicht der ersten 20 Erscheinungsjahre ergab 7,5% Autorinnen.[166] So wenig dies absolut gesehen ist, liegt das Flaggschiff der deutschen Volkskunde doch deutlich vor der Frauenquote, welche die Leitorgane der Geschichtswissenschaft und Germanistik in dieser Periode aufweisen.[167] Das hängt vor

leisteten Zuliefer- oder Sammelarbeit abbilden, da sich diese oft im Stillen, d.h. als undokumentierte Zulieferung an einen männlichen Adressaten – meist Ehemann, Sohn oder Bruder – abspielte. „Die Frauen sammelten, dokumentierten, schrieben, während Männer ihre Materialien nutzten, edierten und kommentierten" (Christel Köhle-Hezinger: Auf Spurensuche: Frauen in der Volkskunde. In: Bettina Heinrich u.a. (Hg.): Gestaltungsspielräume. Frauen in Museum und Kulturforschung. Tübingen 1992, S. 15–21; hier S. 17). Einige Autoren, die diese Zuarbeit vermerken, seien hier ehrenhalber aufgeführt: Weinhold berichtet, dass ihm seine Mutter und seine beiden Schwestern beim Sammeln von Volksüberlieferungen geholfen hätten. (Vgl. Ders.: Laura Weinhold. In: Zeitschrift des Vereins für Volkskunde, 10. Jg. 1900, S. 102.) Kaindl dankt seiner Schwester und seiner Frau für Mithilfe bei der Sammlung von Kinderfolklore (vgl. Kaindl 1897, S. 137); Paul Bartels legt offen, dass er seinen Aufsatz über Geburtsglauben und -bräuche „(n)ach Angaben von Frau Olga Bartels (…) zusammengestellt" habe (Paul Bartels: Fortpflanzung, Wochenbett und Taufe im Brauch und Glauben der weissrussischen Bevölkerung. In: Zeitschrift des Vereins für Volkskunde, 17. Jg. 1907, S. 160–171; hier S. 160). Der Siedlungshistoriker und Volkskundler Walter Kuhn schreibt, seine Frau Helene sei ihm „eine sachverständige Mitarbeiterin in allen die Heimat betreffenden Fragen geworden" (vgl. Brigitte Bönisch-Brednich: Zwischen Laienforschung und Professionalisierung. Frauen in der frühen ostdeutschen Volkskunde. In: Andrea Eichner u.a. (Red.): Fachfrauen – Frauen im Fach. Frankfurt/M. 1995, S. 61–82; hier S. 64).

165 Vgl. Anita Bagus: Marginal oder präsent? Frauen im Institutionalisierungs- und Professionalisierungsprozeß der Volkskunde. In: Fachfrauen – Frauen im Fach. Frankfurt/M. 1995, S. 83–109; hier S. 98.

166 Gezählt wurden AutorInnen von Aufsätzen und kleineren Beiträgen (ohne Rezensionen) in den Zeitschriftenjahrgängen 1891 bis 1910.

167 In den entsprechenden 20 Jahrgängen der „Historischen Zeitschrift" findet sich keine einzige, in der „Zeitschrift für deutsche Philologie" oder der „Germanisch-Romanischen Monatsschrift" nur ganz vereinzelt einmal eine Autorin.

allem damit zusammen, dass diese Fächer im Unterschied zur (damals noch nicht als Universitätsfach etablierten) Volkskunde[168] der außerakademischen Forschung keinen Platz einräumten. Allerdings liegt der Frauenanteil der „Zeitschrift des Vereins für Volkskunde" auch noch deutlich vor dem der wichtigsten Organe der Ur- und Frühgeschichte und der Völkerkunde, die sich damals ebenfalls erst zu akademischen Fächern hinentwickelten und deren Zeitschriften ebenfalls für Amateurforscher offen waren.[169] Anders verhält es sich bei einem anderen neuen Wissenschaftszweig, der Psychoanalyse. In den ersten, noch kaiserzeitlichen Jahrgängen von „Imago, Zeitschrift für Anwendung der Psychoanalyse auf die Geisteswissenschaften" (1912 bis 1917/19) stammen ca. 12%, in den ersten Bänden der „Internationalen Zeitschrift für ärztliche Psychoanalyse" (1913 bis 1916/17) ca. 7% der Aufsätze von Frauen, vor allem promovierten Medizinerinnen, im „Zentralblatt für Psychoanalyse" (1911–1914) sind es ca. 4,5%.

Bei der Erforschung der Seele und bei der Erforschung der „Volksseele", des irrationalen „Untergrunds" oder „Urgrunds" der Kultur, gelang es also einer kleinen Gruppe von Frauen, einen Fuß in die Männerdomäne Wissenschaft zu setzen. Dabei ist zumindest die Volkskunde, wie gesehen, ein anschauliches Beispiel für das verbreitete Muster, dass sich weibliche Wissensarbeit zu weit größeren Teilen auf der Hinterbühne als auf der Vorderbühne, in Form von Ämtern oder Publikationen, abspielt.[170] Ein feministisches

---

168 Ohne akademische Ausbildung waren z.B. in der damaligen Volkskunde renommierte AutorInnen wie Elisabeth Lemke, die 1895 bis 1914 dem Ausschuss des Berliner Vereins für Volkskunde angehörte, oder Marie Andree-Eysn, eine Expertin für Volksfrömmigkeit. Promovierte Volkskundlerinnen gab es zuerst in der Schweiz: Adèle Stoecklin anno 1908 und Hedwig Anneler 1912. (Vgl. Burckhardt-Seebass 1991, S. 210 und S. 212.)

169 Das „General-Register zu Band XXI–XXXIV (1889–1902)" der „Zeitschrift für Ethnologie" (erschienen Berlin 1906) führt für die genannten Jahrgänge 100 Männer, aber keine Frau auf. Eine 1938 erfolgte Zusammenstellung vor dem 1.10.1936 verstorbener Vorgeschichtsforscher listet 203 Männer und drei Frauen auf. (Vgl. Hans Gummel: Forschungsgeschichte in Deutschland (Die Urgeschichtsforschung und ihre historische Entwicklung in den Kulturstaaten der Erde. Hg. von Karl Hermann Jacob-Friesen, Bd. 1). Berlin 1938, S. 396–470.)

170 Vgl. Theresa Wobbe (Hg.): Zwischen Vorderbühne und Hinterbühne. Beiträge

Selbstbewusstsein, das diese Arbeitsteilung kritisiert, drang erst in den 1970er Jahren in die volkskundliche Öffentlichkeit vor. Dass es insgeheim schon viel früher rumorte, zeigt ein Briefwechsel von 1913 zwischen Rose Julien (1869 bis 1935) und Johannes Bolte, dem damaligen Herausgeber der „Zeitschrift des Vereins für Volkskunde". Julien wehrt sich darin gegen eine in der Zeitschrift veröffentlichte Rezension ihres Buchs „Die deutschen Volkstrachten zu Beginn des XX. Jahrhunderts" durch Karl Spieß: „Dass Frauen für Schnitt und Art weiblicher Kleidung einen guten und sicheren Blick haben, wird wohl niemand bestreiten. Die Vorurteilslosigkeit wird deshalb ohne weiteres (und sie hat es getan) zugeben, dass – entsprechende Vorbildung vorausgesetzt, die mir Spiess ja nicht ableugnet – für das Lösen einer derartigen Trachtenfrage Frauenurteil wohl massgebend sein könnte, und es wird mich sicher niemand für eine Suffragette halten, wenn ich die Forderung aufstelle: das Studium der Haube den Frauen, meine Herren! Es gibt ja so unendlich viele Gebiete, auf denen sich die Ueberlegenheit männlichen Geistes bewähren kann."[171]

---

zum Wandel der Geschlechterbeziehungen in der Wissenschaft vom 17. Jahrhundert bis zur Gegenwart. Bielefeld 2003. – Zur Frage der Frauenbeteiligung an der frühen Volkskunde auch Carola Lipp: Der „einfache Mann" in der Volkskunde. Versuch einer Bestandsaufnahme. In: Tübinger Korrespondenzblatt, H. 26, 1984, S. 1-16; Heidrun Alzheimer: Frauen in der Volkskunde. Ein Beitrag zur Wissenschaftsgeschichte. In: Dieter Harmening/Erich Wimmer (Hg.): Volkskultur – Geschichte – Region. Festschrift für Wolfgang Brückner zum 60. Geburtstag. Würzburg 1990, S. 257-285; Burckhardt-Seebass 1991; Arbeitsgemeinschaft Fachfrauen – Frauen im Fach (Hg.): Fachfrauen – Frauen im Fach. Frankfurt/M. 1995; desgl. Lipp 2001.

[171] Der Brief von Rose Julien befindet sich im Nachlass Johannes Bolte, Handschriftenabteilung der Staatsbibliothek Berlin, Kasten 26 (Ein Briefdatum fehlt).

Die primitivistische Erbschaft

Der Rückblick auf die volkskundliche Forschung Ende des 19., Anfang des 20. Jahrhunderts hat theoretische und methodische Fehler, vorsichtiger gesagt: Fragwürdigkeiten des primitivistischen Paradigmas herausgearbeitet, jedoch auch auf dessen produktive Potentiale hingewiesen, die sich z.B. in der Beachtung und der Bewertung nach herkömmlichem Maßstab „niederer", „unzivilisierter" Kulturmuster zeigten, und zugleich zu belegen versucht, dass die damalige volkskundliche Forschung diese Potentiale nur partiell genutzt hat. Als Konsequenz aus dieser Sichtung der primitivistischen Erbschaft des Fachs ergibt sich für mich das Programm eines kritischen Postprimitivismus. Dieses besteht zum einen in der Aufforderung, an den Fragestellungen des evolutionären Primitivismus – unter Kritik seiner theoretischen Prämissen – insofern anzuknüpfen, als nach dem Stellenwert vormoderner und nichtmoderner (inklusive biologischer) Faktoren in der gegenwärtigen Kultur gefragt wird – was die Auseinandersetzung mit darauf bezogenen wissenschaftlichen und Laientheorien einschließt. Zum andern impliziert es eine Beschäftigung mit den re-volutionären Seiten des Primitivismus – mit ihrer Geschichte ebenso wie mit ihren aktuellen Transformationen und Varianten. Einige Themen- und Problemfelder einer solchen postprimitivistischen Ethnographie seien im Folgenden skizziert.

Das „Elementare"

Eine gewiss nachahmungswürdige Qualität der primitivistischen Volkskunde ist ihre transnationale und internationale Ausrichtung. Über ein Drittel der kaiserzeitlichen Beiträge in der „Zeitschrift des Vereins für Volkskunde" widmet sich nichtdeutschen Kulturen oder dem interkulturellen Vergleich. Die neue, unter dem anspruchsvollen Namen Europäische Ethnologie segelnde Volkskunde muss noch viel tun, um diesen Grad an transnationaler Kompetenz wieder zu erreichen.

Das bedeutet freilich nicht, mit diesem Interesse an interkulturellen Bezügen und Beziehungen auch die primitivistische Suche nach allen Kulturen gemeinsamen „Elementargedanken" fortzuschreiben und sich nun zusammen mit einschlägig interessierten Ethologen oder gar Soziobiologen auf „Universalien im menschlichen Sozialverhalten"[172] zu kaprizieren. Denn letztlich bleibt für diese Bemühungen das über die frühere volkskundliche Parallelensuche Gesagte gültig: Bisher landete man bei der Suche nach kulturellen Universalien entweder bei „empty or near-empty categories"[173] oder riss Einzelphänomene aus ihrem Bedeutungs- und Funktionskontext.[174] Doch über dieser Kritik darf dasjenige Moment des völker- und volkskundlichen Primitivismus nicht vergessen werden, das Deutschtümler und Nationalsozialisten so auf die Palme oder besser auf die Eiche brachte: dass viele seiner Vertreter von der Gleichwertigkeit materiell und institutionell höchst ungleich entwickelter Kulturen oder zumindest vieler ihrer Einrichtungen, Produkte oder Praktiken überzeugt waren. Das Parallelen-Faible der frühen Volkskunde hat wenig heutige Nachfolger gefunden; die Bereitschaft, kultiviertes – planvolles, komplexes, reflektiertes, moralisch anspruchsvolles – Denken und Handeln nicht zuvörderst europäischen Gesellschaften und darin wiederum deren sozialen Eliten zuzuschreiben, ist mit Grund ein ethnographisches essential geblieben.

Aktuell bleiben sicherlich eine Aufmerksamkeitsrichtung, die sich mit der frühvolkskundlichen Universaliensuche verband: das Interesse am popularen Umgang mit Grundbedürfnissen wie Essen, Trinken, Sexualleben sowie mit anthropologischen Grundtatsachen wie Geburt, Krankheit und Tod. Nicht zuletzt das trotz mancher Öffnungen weiterbestehende anthropologische Defizit bei Soziologie und Historiographie spricht dafür, Geschichte wie Gegenwart körpernaher Praxen als ethnographischen Arbeitsschwerpunkt

---

172 Vgl. Irenäus Eibl-Eibesfeldt: Universalien im menschlichen Sozialverhalten. In: Hans Rössner (Hg.): Der ganze Mensch. Aspekte einer pragmatischen Anthropologie. München 1986, S. 80–91.
173 Clifford Geertz: The Impact of the Concepts of Culture on the Concept of Man. In: Ders.: The Interpretation of Cultures. Selected Essays. New York 1986, S. 33–54; hier S. 39.
174 Zur Geschichte der Universalienforschung siehe Gregor Reichelt unter Mitarbeit von Bernhard Metz: Universalien (www.uni-konstanz.de/publikationen/universalien.html, abgerufen am 17.2.2006).

beizubehalten und auszubauen. Und ohne Zweifel ist es sinnvoll, die lange Zeit gekappten Beziehungen zur physischen Anthropologie, mit der die frühe Volkskunde in Berlin wie in Wien organisatorisch und personell recht eng verbunden war, wieder aufzunehmen. Ein Kulturalismus, der die Forschungsergebnisse der anderen „Lebenswissenschaften" nur als Bedrohung und nicht auch als Bereicherung wahrzunehmen vermag, ist schließlich ebenso borniert wie ein kulturverkürzender Biologismus.

Tradition und Dauer

Einer der größten Missgriffe der frühen Volkskulturforschung war es, die Kulturgeschichte in ein evolutionistisches Schema zu pressen, das die Entwicklung von einem tiernahen, von „elementaren" Triebbedürfnissen getriebenen zu einem zivilisierten und rationalen Menschen unterstellte und alte Wildheit auch noch in „zurückgebliebenen" Unterschichtskulturen der Gegenwart repräsentiert sah – wobei freilich, wie dargestellt, nicht eine klare Dichotomie, sondern graduelle Unterschiede, d.h. statt Brüchen Brücken postuliert wurden. Sicherlich gibt es innerhalb bestimmter Kulturen und über bestimmte Zeiträume hinweg „Prozesse der Zivilisation". Fragwürdig ist jedoch z.B. die in Alltags- wie Wissenschaftsdiskursen verbreitete Assoziation von rücksichtsloser Gewaltausübung – des kollektiven Totschlags auf der Straße bis hin zum Völkermord in Konzentrationslagern – mit einem „Rückfall in die Barbarei". Sie enthält die Tendenz, den Status des Barbaren zu historisieren oder zu exterritorialisieren.[175] Wo von „entfesselter, von roher Gewalt" die Rede ist, welche die „dünne Patina der Zivilisation" durchbrochen habe, wird die Möglichkeit von Gewalt als Binnenproblem, als Resultat der Moderne – z.B. als Ausfluss eines totalitären Macht- und Gestaltungsanspruchs – beiseite geschoben. Das prinzipiell gleiche Othering findet statt, wenn rassistische und faschistische Gewalt primär mit Dumpfheit&Dummheit und im nächsten

---

175 Vgl. dazu u.a. Wolfgang Bonß: Gewalt als gesellschaftliches Problem. In: Max Miller/Hans-Georg Soeffner (Hg.): Modernität und Barbarei. Soziologische Zeitdiagnosen am Ende des 20. Jahrhunderts. Frankfurt/M. 1996, S. 68–80.

Zuge mit unteren Bildungsschichten zusammengebracht wird – und man immer wieder von neuem darüber staunt, dass im NS die Führungsgruppe von Gestapo und Sicherheitsdienst „nicht aus ungebildeten Schlägertypen und stumpfsinnigen Barbaren bestand, sondern zumeist aus jungen Akademikern, vorwiegend Juristen, Verwaltungsfachleuten, Elite- und Rasseideologen".[176] Die ethnographische Aufklärung über die selbstgerechte Illusion, die in einer solchen Primitiven-Schelte steckt, ist eine genuine Aufgabe der postprimitivistischen Ethnographie, in der die internalisierten Vorannahmen vom „primitiven Primitiven" nicht erst unter dem Druck von political correctness, sondern oft schon am ersten Abend im Forschungsfeld revidiert werden.

Eine andere Frage als die nach evolutionären Prozessen ist die nach der longue-durée, der Langzeittradierung, sei es auf struktureller, sei es auf phänomenologischer Ebene. Eine der wichtigsten methodologischen und theoretischen Leistungen der Reformvolkskunde der 1960er und 1970er Jahre war es zweifellos, fehler- oder mangelhaft belegten Archaik-Zuschreibungen für bestimmte Bräuche, Mythen, Märchen usw. sowie der Vorherrschaft der diachronistischen Perspektive entgegenzutreten, d.h. von Traditionslinien bestimmter Formen und Formeln zu deren gruppen- und situationsspezifischen Bedeutungen und Funktionen weiterzugehen. Doch mit dieser kritischen Revision des volkskundlichen Antiquarismus hat sich nicht dessen Ausgangsbeobachtung erledigt: dass in der Populärkultur – wie in der Kultur insgesamt – oft mehrere nacheinander entstandene Schichten nebeneinander liegen und zueinander in Beziehung treten.

Angesichts der fortbestehenden Neigung zur invention of archaic traditions wird die Unterschichtenethnographie auch weiterhin einschlägige ideologiekritische Aufgaben zu erfüllen haben. Doch sollte einen das abschreckende Beispiel der Zeit und Raum leichtfüßig und leichtfertig überspringenden „Deutobolde"[177] nicht zum Dogmatiker des kulturellen Kurz-

---

176 Martin Mantzke in einer Rezension von Ulrich Herbert: Best. Biographische Studien über Radikalismus, Weltanschauung und Vernunft, 1903–1989. Bonn 1996. In: Das Parlament, 11.7.1997.
177 Als „Deutobold Symbolizetti Allegoriowitsch Mystifizynski" (ein Pseudonym des Autors von „Faust. Der Tragödie dritter Teil", Friedrich Theodor Vischer) bezeich-

zeitgedächtnisses werden lassen: Neben der Dekonstruktion behaupteter Traditionslinien hat auch die ergebnisoffene Auslotung der Möglichkeit tatsächlicher und z.T. nicht mehr bewusster Langzeittraditionen ihren Platz. Das Erkenntnisinteresse solcher zeit- und raumgreifenden Explorationen muss ja nicht notwendigerweise die nostalgische Suche nach Echtem statt Reproduziertem, nach Reinem statt Amalgamiertem, nach Dauer statt Wegwurf und Innovation bedeuten; es kann ebenso auf die Kritik an der Selbstfeier der europäischen Moderne als self-made und home-made abzielen, auf die Herausarbeitung von historischen Abhängigkeiten und logischen Zusammengehörigkeiten, welche der imaginären und der realen interkulturellen Kommunikation zugute kommt. Gewiss ist immer zu beachten, dass Langzeittradierung selten zeitliche Kontinuität und nie semantische Konstanz und Wiederauffindung immer auch Neuerfindung von Tradition, Metamorphose und Metasemiose bedeutet. Doch diese Tatsache braucht nicht zu dem Paradoxon zugespitzt zu werden, dass kulturelles Erbe nur lebendig bleiben kann, indem es bis zur Unkenntlichkeit entstellt wird. Der beispielsweise in mancher Folklorismuskritik spürbare, rechthaberisch-triumphale Gestus, mit dem missverstehende oder mutwillige Kontinuitätsbehauptungen falsifiziert und auf den aktuellen Interessen- und Bedürfniskontext von Neuerfindungen verwiesen wird, vergisst gern, dass aktuelle Indienstnahme und Umformung von Überlieferungen nicht die Ersetzung von Vergangenheit durch Gegenwart bedeuten, sondern beide – wie verquer, wie fehldeutend auch immer – miteinander vermitteln. Eben weil das Pantheon in Rom zur Allerheiligenkirche wurde, überlebte es; eben weil das japanische Sumo-Ringen, so Marshall Sahlins, moderne – u.a. kommerzielle – Interessen zu bedienen vermag, blieb der Ringkampf des Gottes mit dem Erdgeist „a living tradition, precisely one that has been able to traverse history".[178]

---

nete der Volkskundler Otto Lauffer den Sinnbildforscher Friedrich Langewiesche. (Vgl. Otto Lauffer: Rezension von F. Langewiesche: Sinnbilder germanischen Glaubens in Wittekindsland. In: Zeitschrift für Volkskunde, 45. Jg. 1937, S. 179–181; hier S. 180.)

178 Vgl. Marshall Sahlins: Two Or Three Things That I Know About Culture. In: Man, N.S. 5, 1999, S. 399–421; hier S. 409.

Doch es ist sicherlich nicht nur die lange Kulturdauer, welche bei der Suche nach Ungleichzeitigkeiten in der gegenwärtigen Alltags- und Popularkultur interessiert. Es sind viel eher die zahlreichen Denk- und Handlungsmuster der jüngeren Vergangenheit, die in modernen Strukturen spontan weiterexistieren oder bewusst revitalisiert und instrumentalisiert werden. Dazu gehört z.B. das Nachleben von generationenlang zurückliegenden Armuts- und Krisenerfahrungen: „Die Menschen leiden am Hunger ihrer Vorfahren."[179] Oder es geht um Institutionen wie die Kleinfamilie und das ihr entsprechende Muster familialer Solidarität – nichtkapitalistische Beziehungsformen, auf deren zumindest partielle Weiterexistenz der Kapitalismus zu seiner eigenen Reproduktion rekurrierte und auf deren Hilfe vor allem die vom Arbeitsmarkt Ausgegrenzten auch künftig angewiesen sind. Eine solche Ungleichzeitigkeitsforschung ist also keineswegs ein Rückfall in die Fachtradition, „Relikte" aus aktuellen Kontexten herauszulösen. Die Aufgabe besteht vielmehr darin, dem sei's funktionalen, sei's dysfunktionalen Zusammenwirken von vormodernen und modernen Denk- und Handlungsmustern nachzuspüren.

Rückgriff versus Rückschritt

Fragt man nach einem angemessenen Umgang mit dem primitivistischen Erbe, so muss über die Problemebene von Arbeitsfeldern und Themenstellungen hinaus das Verhältnis zu den re-volutionären, den modernekritischen Implikaten dieses Erbes geklärt werden – auch wenn hier befriedigende und d.h. konsensfähige Antworten besonders schwierig sind. Relativ unstrittig dürfte immerhin sein, dass die volkskundliche Kulturwissenschaft ihre Facherfahrung mit kulturromantischen bis primitivistischen Sehnsüchten weiterhin zur Beschäftigung mit alltags- und popularkulturellen Ausdrucksformen des „Unbehagens in der Moderne" nutzen kann. Dabei geht es nicht nur um traditionelle Formen von Moderneflucht, etwa um das deutsche Volk-

---

179 Utz Jeggle, zit. nach Hermann Bausinger: Ungleichzeitigkeiten. Von der Volkskunde zur empirischen Kulturwissenschaft. In: Der Deutschunterricht, 39. Jg. 1987, H. VI, S. 5–16; hier S. 13.

Wald-Heimat-Syndrom, sondern gerade auch um deren modernisierte Varianten: um Primitivitäts-Anleihen auf dem esoterischen Lebensreform-Markt ebenso wie um unternehmenskulturelle Rekurse auf Stammesmythen und -rituale. Neben eher spielerischen und eher freizeitlich-luxurierenden mehren sich zudem notgeborene Rückgriffe auf vormoderne Lebensweisen: die Revitalisierung von Clans z.B., der Treueschwur gegenüber einem „Paten", die bei manchen langfristig aus dem Arbeitsmarkt ausgeschlossenen Gruppen zu beobachten sind. „Vielleicht", überlegt Thomas Hauschild am Beispiel der US-Fernsehserie „Die Sopranos", „können die Kulturen, die den Kapitalismus nicht erfunden haben, mit seinen Folgen viel besser leben als die *white Anglo-Saxon protestants*, weil sie keine verinnerlichte Moral haben, aber das Korrektiv durch die Großfamilie, eine expressive und mimetische Seelenkultur besitzen und eine Verankerung in den Lehren und Bildern der ältesten Organisation der Welt, der katholischen Kirche. Und der militärische Arm dieser Subkultur ist die Mafia."[180]

Die Erfahrungen mit sei's folkloristisch-peinlichen, sei's völkisch-aggressiven Talmi-Primitivismen haben die volkskundliche Kulturwissenschaft zu einem primär kritischen Umgang mit kulturellen Re-volutionsversuchen erzogen. Das Ausweichen vor der Scylla des Neoprimitivismus darf aber nicht heißen, sich dafür an die Charybdis des Kulturevolutionismus treiben zu lassen. Der Impuls, aus dem die Volkskunde nicht anders als die Völkerkunde entstand: der Hinweis auf die „ungeheuren Reichtümer (...), welche die Menschheit links und rechts jener Rille angehäuft hat, auf die allein (die Fortschrittsgläubigen) ihre Blicke heften"[181], ist keineswegs veraltet – sofern er nicht für komplexitätsflüchtige Einfalt, sondern für eine Vermehrung von Denk- und Handlungsmöglichkeiten steht. Wenn z.B. der Volks- und Völkerkundler Dieter Kramer an den kulturellen Faktoren früherer bäuerlicher Subsistenzwirtschaft interessiert ist, insofern diese „nicht einfach zum Überleben, sondern zur nachhaltigen Sicherung eines Generationen über-

---

180 Thomas Hauschild: Lernt von den Sopranos. Wie man eine Serie als ethnologische Studie zukünftiger Verhältnisse begreifen kann. In: DIE ZEIT, 16. Juni 2000.
181 Claude Lévi-Strauss: Traurige Tropen. Köln 1970, S. 363.

dauernden Stoffwechsels mit der Natur"[182] gedient habe, so treibt ihn nicht die Sehnsucht nach vermeintlichen Idyllen, sondern die Hoffnung, in der Diskussion über lebenserhaltende Umweltsysteme könne man „mit unseren Forschungen die Phantasie für die Entwicklung perspektivreicherer Alternativen anregen".[183]

Am leichtesten fällt ein solcher Einbau von Vergangenheit in die Zukunft sicherlich, wo es sich um einzelne Verfahrensweisen, Materialien und Produkte handelt. Bei komplexeren Elementen der vormodernen Popularkultur, bei bestimmten Solidarstrukturen, Geschlechterbeziehungen, Lebensauffassungen, wird ihre wissenschaftliche Rekonstruktion oftmals die Erkenntnis einschließen, dass sie einen gesellschaftlichen Kontext voraussetzen, dessen Wiederherstellung kaum möglich oder kaum wünschenswert wäre. Die Wertschätzung vergangener Lebensweisen fällt also nicht mit dem Wunsch nach Reenactment zusammen. In vielen Fällen kann die Rettung der Vergangenheit nur in der Bewahrung von Hinweisen auf Verlorenes bestehen.

---

182 Dieter Kramer: Die Kultur des Überlebens. Kulturelle Faktoren beim Umgang mit begrenzten Ressourcen in vorindustriellen Gesellschaften Mitteleuropas. Eine Problemskizze. In: Österreichische Zeitschrift für Volkskunde, 89. Bd. 1986, S. 209–226; hier S. 209f.
183 Ebd., S. 222.

■ Leitmotiv Kreativität

Einleitung

In ihrer berühmten Studie „Die Arbeitslosen von Marienthal" von 1933 untersuchen Marie Jahoda, Paul F. Lazarsfeld und Hans Zeisel die Folgen, welche die Schließung einer Textilfabrik für eine etwa 1500-köpfige Gemeinde bei Wien hatte. Zum Zeitpunkt der Untersuchung, die eine Feldphase von sechs Monaten einschloss, stand die Fabrik seit zwei Jahren still; außer einigen Beamten und Geschäftsleuten war das ganze Dorf arbeitslos. „Das allgemeine Forschungsergebnis", fasst Marie Jahoda später zusammen, „bestand im Nachweis, dass Arbeitslosigkeit zu einer resignativen Haltung des Individuums und seiner Familie führt und das Gemeinschaftsleben zum Erliegen bringt."[1] Das Vereinsleben, so schildert die Studie, sei drastisch zurückgegangen, das Nichtstun beherrsche den Tag, stundenlang stünden die Männer auf der Straße herum, der Ort kehre zurück zu einem „primitiven, undifferenzierteren Zeiterlebnis"[2]. Die AutorInnen unterscheiden zwar mehrere Haltungstypen (die „Resignierten", die „Ungebrochenen", die „Verzweifelten" und die „Apathischen"), vermuten in ihnen aber „nur verschiedene Stadien eines psychischen Hinabgleitens", an deren Ende „Verzweiflung und Verfall" stünden.[3] Als Beispiel für das „letzte Stadium vor der Katastrophe"[4] wird eine sonntägliche Familienszene geschildert: „Der Vater saß auf einem niedrigen Schemel, vor ihm ein Haufen zerrissener Kinderschuhe, die er mit Dachpappe zu reparieren suchte. (...) Die Wohnung macht einen äußerst

---

1 Marie Jahoda: Überlegungen zu „Marienthal". In: Dies.: Sozialpsychologie der Politik und Kultur. Ausgewählte Schriften. Hg. Christian Fleck. Graz, Wien 1994, S. 261–274; hier S. 262.
2 Marie Jahoda/Paul F. Lazarsfeld/Hans Zeisel: Die Arbeitslosen von Marienthal. Ein soziographischer Versuch mit einem Anhang zur Geschichte der Soziographie. Allensbach, Bonn 1960, S. 79.
3 Ebd., S. 89.
4 Ebd.

reinlichen und gepflegten Eindruck, die Kleidungsstücke der Frau und der Kinder sind peinlich sauber. Der Mann allerdings hat ein völlig zerrissenes Hemd an und eine vielfach geflickte Hose. Seine Röcke und Hosen sowie ein Überrock waren längst in Kinderhosen und Mäntel verwandelt worden. Er sagt: ich brauch nicht hinausgehen, aber die Kinder müssen in die Schule."[5] Auch in Haushalten, denen Jahoda u.a. noch „die Aufrechterhaltung des Budgets" attestieren, sehen sie immer wieder Belege für eine „ganz irrationale Wirtschaftsführung"[6]: „In vielen Schrebergärten werden, obwohl die Leute auf Gemüse und Kartoffeln sehr angewiesen sind, Blumen gepflanzt; da gibt es Beete, die eine Ernte von 80 kg Kartoffeln liefern könnten, mit Nelken, Tulpen, Rosen, Glockenblumen, Stiefmütterchen und Dahlien. Auf die Frage, warum das geschieht, lautet die Antwort: ‚Man kann doch nicht nur vom Essen leben, etwas muß man doch auch fürs Gemüt haben. Es ist auch so schön, wenn man zu Hause eine Vase mit Blumen hat.' Eine schon seit einem Jahr ausgesteuerte Familie, die in ihrem Haushalt aus Ersparungsrücksichten nur mehr Sacharin verwendet, deren Kinder völlig verwahrlost sind, kauft eines Tages bei einem Hausierer um 30 g ein Pappendeckelbild von Venedig. Eine andere nur auf die Notstandsunterstützung angewiesene Familie beschafft sich aus Anlaß eines Todesfalls um schweres Geld schwarze Kleidung, eine 50jährige Frau kauft sich plötzlich beim Ratenhändler eine Lockenschere."[7]

Nun lässt sich freilich darüber streiten, ob die geschilderten Verhaltensweisen tatsächlich Belege für Passivität und Irrationalität darstellen. Man könnte ja durchaus der Ansicht sein, dass der Vater, der die Kleidung seiner schulpflichtigen Kinder für wichtiger erachtet als seine eigene, da er kaum mehr aus dem Haus kommt, ebenso planvoll wie zukunftsbezogen handelt. Dass man auf ein Venedigbildchen, auf etwas Blumenschmuck und eine Lockenfrisur nicht verzichten will, lässt sich auch als Versuch, womöglich als gelungener Versuch interpretieren, sich nicht fallen zu lassen, die Selbstachtung nicht zu verlieren. Ähnliches gilt für den Kauf der teuren Trauerkleidung,

---

5   Ebd., S. 89f.
6   Ebd., S. 56.
7   Ebd., S. 56f.

der sich als zwar unökonomisch, aber sozial und kulturell durchaus sinnvoll betrachten lässt, insofern er einen weiterbestehenden Anspruch auf soziales Ansehen, den Willen zur gleichberechtigten Teilnahme am öffentlichen Leben demonstriert. Auch manche andere Daten, welche die Marienthal-AutorInnen mitteilen, passen nicht so recht ins Resignations- und Anomieschema. So berichten sie, dass in den allermeisten Fällen – selbst bei den „Verzweifelten" – der Haushalt in Ordnung gehalten wurde und die Familien intakt blieben. Und der von den AutorInnen beklagte Rückzug ins Private ist ebenfalls nicht andauernd und nicht total. Man erfährt unter anderem, dass der Ringerverein und der Arbeiterfußballklub, die unter dem Schock der Fabrikschließung aufgelöst worden waren, nach einem Jahr wieder ins Leben gerufen wurden.[8]

Dass Jahoda u.a. ihre Untersuchung primär als Darstellung von Elend verstehen, resultiert also nicht schnurstracks aus den Marienthaler Fakten. Es hat vielmehr mit der politischen Position der Forschergruppe zu tun. Diese bestand mehrheitlich aus Austromarxisten:[9] Marie Jahoda, die Hauptautorin des Buchs, war wie ihr Ehemann Paul Lazarsfeld von dem sozialistischen Theoretiker und Parteiführer Otto Bauer beeinflusst und leitete sozialistische Jugendgruppen.[10] Der Maßstab, an dem die Marienthal-Studie die dortigen Arbeitslosen misst, ist der klassenbewusste, in der sozialistischen Bewegung tätige Arbeiter – wenngleich die sich unpolitisch gebende Studie das nirgends explizit

---

8 Ebd., S. 81.
9 Vgl. Christian Fleck: Rund um „Marienthal". Von den Anfängen der Soziologie in Österreich bis zu ihrer Vertreibung. Wien 1990, S. 176. – Zu den studentischen Mitarbeitern gehörte u.a. der spätere österreichische Bundeskanzler Bruno Kreisky. (Vgl. ebd., S. 228.)
10 Jahoda betreute auch die Arbeiterbibliothek des Karl-Marx-Hofs in Wien. (Vgl. Christian Fleck: Marie Jahoda (geb. 1907). Lebensnähe der Forschung und Anwendung in der wirklichen Welt. In: Claudia Honegger/Theresa Wobbe (Hg.): Frauen in der Soziologie. Neun Porträts. München 1998, S. 258–286, 326–333 und 382–387.) In der Marienthal-Studie dient übrigens der starke Rückgang der Entleihungen aus der örtlichen Arbeiterbibliothek, der nach der Fabrikschließung zu verzeichnen ist, als einer der Indikatoren für „das Einschrumpfen der Lebensäußerungen" (vgl. Jahoda u.a. 1960, S. 39).

macht. „Arbeitslosigkeit führt zur Resignation, nicht zur Revolution"[11], so fasst Marie Jahoda später die Quintessenz der Untersuchung zusammen. Zugespitzt gesagt: Zum Handlungsbereich „Resignation" gehört damit tendenziell alles, was nicht zum Bereich Revolution oder zumindest politisches Engagement gehört. Verglichen mit organisiertem und offensivem Klassenkampf erscheinen die Fähigkeiten und die Willenskraft, welche die Betroffenen im alltäglichen Management von Arbeitslosigkeit als einer ökonomischen und sozialen Zurücksetzung mobilisieren, als marginal. Noch mehr: Viele der beobachteten Handlungsweisen erscheinen tendenziell als unüberlegt und kontraproduktiv. Neben materieller Unterstützung bedürfen die Betroffenen offenbar nicht nur einer Schulung in sozialistischer Strategie, sondern auch einer Nachhilfe in rationalem und rationellem Alltagshandeln. In dieser Überzeugung treffen sich Jahoda u.a. mit zahlreichen späteren sozialwissenschaftlichen Studien zu Arbeitslosigkeit und Verelendung, welche in der „Kultur der Armut" zugleich eine „Armut der Kultur", nämlich defizitäre oder falsche Bewältigungsstrategien ausmachen, die einer Lageverbesserung im Wege stehen.[12]

Vergleichen wir nun diesen „Marienthaler Blick" auf Arbeitslosenkultur mit einer der neueren volkskundlich-kulturwissenschaftlichen Studien zu diesem Themenbereich: Johannes Mosers Aufsatz „‚Time is what you make out of it' – Zeitwahrnehmung und Zeitpraxen von Arbeitslosen"[13]. Moser geht zunächst auf den Defizitdiskurs in der Arbeitslosenforschung ein, unter den er auch die Marienthaler Studie subsumiert: „In vielen Studien wird die Zeitwahrnehmung und Zeitverwendung von Arbeitslosen von vorneherein als problembehaftet erachtet, weil Arbeitslosigkeit selbst als abweichend oder problematisch gesehen wird. (…) Dies geschieht durchaus mit dem Verständnis vieler Forscher, auf

---

[11] Marie Jahoda: Aus den Anfängen der sozialwissenschaftlichen Forschung in Österreich: In: Zeitgeschichte, 8. Jg. 1980/81, S. 133–141; hier S. 140.

[12] Vgl. den Überblick von Dieter Goetze: „Culture of Poverty" – Eine Spurensuche. In: Stephan Leibfried/Wolfgang Voges (Hg.): Armut im modernen Wohlfahrtsstaat. Sonderheft 32 der Kölner Zeitschrift für Soziologie und Sozialpsychologie. Opladen 1992, S. 88–103.

[13] Johannes Moser: „Time is what you make out of it" – Zeitwahrnehmung und Zeitpraxen von Arbeitslosen. In: Rheinisches Jahrbuch für Volkskunde, 33. Bd. 1999/2000, S. 67–79.

die schwierige Lage von Arbeitslosen hinzuweisen und Stigmata abzubauen. Allerdings passiert es auch im Hinblick auf Zeit vor dem Hintergrund, dass die Situation der Arbeitslosigkeit für die Betroffenen immer defizitär ist."[14] Dieser Forschungsrichtung setzt Moser jedoch eine „anthropologische Perspektive" entgegen, welche es interessieren müsse, „wie die Menschen tatsächlich mit ihrer Situation umgehen, welche Strategien und Praxen sie entwickeln und welche Bedeutungen sie ihrem Handeln unterlegen".[15] Seine eigenen Recherchen – Interviews mit 20 Arbeitslosen – kommen dabei zu dem Ergebnis, dass zwar „Krisen der Zeitstrukturierung"[16] auftreten, die Mehrzahl der Betroffenen jedoch aktiv und flexibel mit dieser umzugehen lerne. Zwar gebe es vor allem ökonomische Grenzen der Zeitverwendung, doch dürfe man die Fähigkeit zu deren aktiver Gestaltung keinesfalls unterschätzen:[17] „Aus meiner Perspektive erschienen mir die Zeitpraktiken dieser Arbeitslosen weniger unkreativ als vielleicht eingeschränkt."[18]

Teilweise kann man die Differenz zwischen den Marienthaler und den Moser'schen Befunden sicherlich auf Differenzen im dargestellten Gegenstand zurückführen – auf größere materielle, soziale und kulturelle Handlungsspielräume, die vielen heutigen Arbeitslosen offen stehen. Doch diese Erklärung reicht nicht aus. Zum einen lassen sich, wie gezeigt, manche Befunde der Marienthaler Studie, die deren Autoren zufolge Passivität und Verstörtheit belegen, in anderer Weise interpretieren, zum Zweiten findet sich der Gegensatz zwischen einer eher „katastrophistischen"[19] und einer eher „kreativistischen" Darstellung ebenso innerhalb der gegenwartsbezogenen Arbeitslosenforschung. Es geht also offenbar auch um verschiedene Deutungsmuster. Die Alltagskulturforschung neigt dabei, sowohl was Arbeitslose wie was Unterschichten, Rand-

---

14 Ebd., S. 68.
15 Ebd.
16 Ebd.
17 Vgl. ebd., S. 73 und S. 76f.
18 Ebd., S. 71.
19 Ich entlehne den Begriff „Katastrophismus" der US-amerikanischen Diskussion über afroamerikanische Kultur. (Vgl. Ulf Hannerz: Research in the Black Ghetto: a Review of the Sixties. In: Roger Abrahams/John Szwed (Hg.): Discovering Afro-America. Leiden 1975, S. 5–25; v.a. S. 15f.)

gruppen usw. insgesamt angeht, mehr als der Mainstream der Sozialgeschichte und Soziologie der kreativistischen Richtung zu. Dabei kommen zwei Faktoren zusammen: generell eine Sichtweise auf Gesellschaft, die sich – bei allen internen Differenzen – mit dem Begriff „praxeologisch" fassen lässt, und speziell eine Herausarbeitung der „popular agency", der Handlungsfähigkeit, aber auch der objektiven Handlungsmöglichkeiten sozialer Unterschichten.

Die praxeologische Sichtweise hat Wolfgang Kaschuba in seinem grundlegenden Aufsatz „Mythos oder Eigensinn? ‚Volkskultur' zwischen Volkskunde und Sozialgeschichte" auf folgende Weise umrissen: „Es ist (…) eine Frage der Perspektive, ob man das gewohnte, routinisierte, eben alltägliche Leben als ‚Lage' beschreibt, als ein passives Ausgeliefertsein und Mitschwimmen im Strom von Zwängen, Pflichten, Routinen. Oder ob man darin aktive und kreative Fähigkeiten zu materiellen Produktions- und sozialen Reproduktionsleistungen ausgedrückt sieht, einen Modus der Aneignung von gesellschaftlichen Erfahrungsräumen und Erfahrungsweisen und deren Koordination in kulturellen Mustern. Ob der Alltag somit als überwiegend außengesteuerter, reflexhafter Selbstlauf begriffen wird oder als eine Handlungskette, als eine dichte Folge von Entscheidungs- und Orientierungsfragen, von Interaktions- und Kommunikationsakten, in denen sich soziales Verhalten zugleich Regeln schafft und von Regeln geprägt wird."[20] Es ist keine bestimmte, eng umrissene Sozialtheorie, die dieser ethnographischen Praxeologie zugrunde liegt. Einige Affinitäten lassen sich freilich feststellen. So klingt bei Kaschuba die marxsche Auffassung an, wonach die Gesellschaftsanalyse bei der „menschlichen Tätigkeit oder Selbstveränderung"[21] anzusetzen habe, die dabei nicht als ideelle, sondern als materielle Produktion und Reproduktion verstanden wird. Modifiziert wird dieser Ansatz durch eine – Edward P. Thompsons „Subjektmarxismus" nahe stehende – Betonung der dieser Praxis

---

20 Wolfgang Kaschuba: Mythos oder Eigensinn? ‚Volkskultur' zwischen Volkskunde und Sozialgeschichte. In: Utz Jeggle u.a. (Hg.): Volkskultur in der Moderne. Probleme und Perspektiven empirischer Kulturforschung. Reinbek 1986, S. 469–507; hier S. 479.
21 Karl Marx: Thesen über Feuerbach. In: Ders./Friedrich Engels: Werke, Bd. 3, Berlin/DDR 1983, S. 5–7; hier S. 6.

entspringenden und in sie eingehenden Erfahrungen.[22] Die Auffassung vom Alltag als „dichte Folge von Entscheidungs- und Orientierungsfragen" wiederum erinnert an den Pragmatismus von John Dewey, wonach ständig neue Realitätskonstellationen dem Handelnden das Durchbrechen von Routinen und eine auf die neue Situation zugeschnittene Veränderung von Denk- und Handlungsmustern abverlangen. Nicht nur im engeren Sinn künstlerisches Handeln, sondern das Alltagshandeln selbst ist damit „kreativ".[23]

So wie Kaschuba verbindet die ethnographische Praxeologie insgesamt unterschiedliche sozialwissenschaftliche Handlungstheorien. Ihre eigene Kreativität besteht vor allem darin, diese Theorien konsequent auf die armen, bildungsfernen und abhängig arbeitenden Sozialgruppen anzuwenden und dort Handlungsfähigkeit und sogar Handlungsspielräume zu suchen und zu entdecken. Dass Angehörige dieser Gruppen nicht nur als Objekt, sondern auch als Subjekt der Geschichte gesehen werden, bedeutet eine Forscher-Erforschten-Beziehung, in der nicht Mitleid im Vordergrund steht – so wenig dies ausgeschlossen ist –, sondern Anerkennung.[24] Der österreichische Eth-

---

22 Vgl. Edward P. Thompson: Das Elend der Theorie. Zur Produktion geschichtlicher Erfahrung. Frankfurt/M., New York 1980, S. 225: „Was wir meiner Ansicht nach entdeckt haben, liegt in einem fehlenden Begriff: der ‚menschlichen Erfahrung'. Das ist genau der Begriff, den Althusser und seine Anhänger aus dem Club des Denkens unter dem Namen des ‚Empirismus' ausbürgern möchten. Männer und Frauen kehren in diesem Begriff aber auch wieder als Subjekte – zwar nicht als autonome Subjekte, ‚freie Individuen', aber als Personen, die ihre determinierten Stellungen und Verhältnisse im Produktionsprozeß als Bedürfnisse, Interessen und Antagonismen erfahren und die dann diese Erfahrung ‚handhaben' innerhalb ihres Bewußtseins und ihrer Kultur (zwei weitere Begriffe, die die theoretische Praxis ausschließt) auf äußerst komplexe (ja, ‚relativ autonome') Weise und die dann (oft, aber nicht immer durch die entsprechenden Klassenstrukturen vermittelt) ihrerseits auf ihre determinierte Situation handelnd einwirken."
23 Vgl. Hans Joas: Die Kreativität des Handelns. Frankfurt/M. 1996.
24 Über den frühen englischen Ethnographen Henry Mayhew, den schon erwähnten Autor von „Die Armen von London", schrieb W. H. Auden: „(...) sein erster Gedanke war niemals: ‚Das ist ein unglücklicher Mensch, dem ich helfen muß, wenn ich kann', sondern immer: ‚Das ist ein Mitmensch, mit dem zu sprechen ein Vergnügen ist'" (in: Wystan H. Auden: Ein äußerst neugieriger älterer Herr. Vorwort zu: Henry

nograph Roland Girtler warnt vor der Mitleidshaltung mit einer Episode: Er schenkte einer Roma ein Buch über „Dorfzigeuner"; diese meint nach der Lektüre: „Wissen Sie, wir Zigeuner sind nicht nur Menschen, die arm und verfolgt waren, sondern wir sind auch stolze Leute. Wir haben hervorragende Musiker und gescheite Handwerker. Dies kommt in dem Buch nicht heraus."[25] Die Kulturwissenschaftlerin Kathrin Kipp, die im Jahr 2000 eine Feldforschungsstudie über Fußballfans vorlegte, erklärte dazu in der Presse: „(Ich wollte) die Fans weder als prügelnde, grölende und saufende Verrückte noch als ‚Opfer der Gesellschaft' betrachten. Versucht habe ich einen Blick, der Fußballfans als kreative Akteure einer eigenen Jugendkultur betrachtet."[26] Der knappe Satz versammelt mehrere Aspekte der ethnographischen „Politik der Wertschätzung": Das Handeln der Fußballfans wird als weder irrational („Verrückte") noch kulturell und moralisch minderwertig („prügelnd, grölend und saufend") definiert; und diese werden weder als „Opfer der Gesellschaft" beklagt oder entschuldigt noch als bloße Mitläufer der Unterhaltungs- und Konsumindustrie etikettiert, sondern als Produzenten einer eigenen Kultur gesehen.

Wesentliche Anstöße für eine neue, antielitäre Sicht auf unterschichtliches Handeln kamen von der britischen Arbeiterkulturforschung im Umkreis der dortigen New Left: von Raymond Williams z.B., welcher sich nicht nur gegen den bürgerlichen Konservatismus wandte, der die Arbeiterschaft als unkultiviert verachtete, sondern auch gegen Marxisten, welche die auf sich gestellten Massen als ignorant und hilflos, d.h. der Führung und Erziehung durch eine Arbeiterpartei bedürftig ansehen,[27] und von Edward P. Thompson, der einen von ihm als stalinistisch etikettierten linken Elitismus kritisierte, welcher die im Unterschichtenalltag ausgebildeten und praktizierten Erfahrungs- und Handlungspotentiale unterschätze und übergehe.[28] Zum gesellschaftlichen Kontext

---

Mayhew: Die Armen von London. Ein Kompendium der Lebensbedingungen und Einkünfte derjenigen, die arbeiten wollen, derjenigen, die nicht arbeiten können, und derjenigen, die nicht arbeiten wollen. Frankfurt/M. 1996, S. 9–21; hier S. 20).
25   Roland Girtler: Randkulturen. Theorie der Unanständigkeit. Wien usw. 1995, S. 23f.
26   Schwäbisches Tagblatt, 4.5.2000.
27   Vgl. Dennis Dworkin: Cultural Marxism in Postwar Britain. History, the New Left and the Origin of Cultural Studies. Durham, London 1997, S. 91.
28   Vgl. ebd., S. 231.

dieser Auffassung gehörte – in Großbritannien wie in Deutschland – eine sich nach der kapitalistischen Rekonstruktionsperiode der 1950er Jahre wieder vermehrt zu Wort meldende Arbeiterbewegung, mit der eine partielle Revitalisierung arbeiterkultureller Traditionen bis hin zu einer neuen Arbeiterliteratur einherging. Einen zweiten Schub für die kreativistische Unterschichtenforschung brachte die Herausbildung neuer Musik-, Kleidungs- und Körperstile in unterschichtlich geprägten Jugendmilieus. Seit Mitte der 1970er Jahre kündeten Studien zur Rockmusik oder zur Punkmode von der Innovationskraft und der gesamtgesellschaftlichen Attraktivität der Kulturprodukte und der Kommunikationsformen, die aus diesen Milieus hervorgegangen waren.

Diese Betonung der popular agency war allerdings von Beginn an von kritischen Stimmen – innerhalb wie außerhalb des Fachs – begleitet, welche darin die Gefahr romantischer Verklärung sahen. Diese Kritik kam außer von bildungsbürgerlichen Skeptikern von marxistischen Forschern, welche die Geschichte der Klassengesellschaft nicht nur als Geschichte ökonomischer, sondern auch umfassender kultureller Verelendung und Entmächtigung der arbeitenden Klassen verstanden. „So lange in den Produktionsverhältnissen begründete Herrschafts- und Abhängigkeitsverhältnisse bestehen", schrieb etwa Wolfgang Emmerich 1971, „wird sich die Kreativität der Unterprivilegierten nur punktuell und exemplarisch, in bescheidener subkultureller Form, verwirklichen. Zu glauben, das ‚einfache Volk' könne als realiter ausgebeutetes kulturell großartig produktiv werden, ist eine so sympathische wie naiv gefährliche Illusion, die von der gesellschaftlichen Wirklichkeit Tag für Tag falsifiziert wird."[29] Das sind scharfe Sätze, an denen zugleich die Unschärfe auffällt, dass sie die Handlungsspielräume der „Unterprivilegierten" aller Länder und Epochen gleich behandeln. Sie können jedoch in einige durchaus notwendige Fragen umgewandelt werden: Neigt das Herausstellen unterschichtlicher Kreativität tatsächlich zu einer Unterschlagung oder mindestens Unterschätzung der „Verhältnisse"? Nimmt es sich aus Marx' Schrift „Der 18. Brumaire des Louis Bonaparte" nur den Fanfarenstoß „Die Menschen machen ihre eigene Geschichte" und vernachlässigt die darauf folgende Klausel: „aber sie machen sie nicht aus freien Stücken, nicht unter selbstgewählten,

---

29 Wolfgang Emmerich: Zur Kritik der Volkstumsideologie. Frankfurt/M. 1971, S. 102.

sondern unter unmittelbar vorgefundenen, gegebenen und überlieferten Umständen"[30]? Und selbst wenn sie diese Wechselbeziehung grundsätzlich beachtet: Wie sinnvoll ist es, diesen nach einer Austariertheit von Struktur und Handeln klingenden Satz auf das Alltagshandeln ressourcenarmer Gruppen anzuwenden? Ist sich die Unterschichtenethnographie der Gefahr bewusst, dass „der Versuch, die Armen nicht nur als Opfer der Strukturen, sondern auch als Akteure ihres Lebens zu zeigen, (...) zur Verharmlosung ihrer Situation oder zur Individualisierung von sozialem Leiden führen (kann)"[31]? Und schließlich: Verbindet sich mit dem Begriff der Kreativität die Zuschreibung eines effektiven und zudem konstruktiven Handelns oder schließt dieser auch verzweifelte, erfolglose, selbst- und fremdschädigende Aktivitäten ein?

Der folgende Abriss, der das Kreativitäts-Paradigma anhand einiger ausgewählter Forschungsfelder verfolgt, wird auf diese Fragen zu antworten versuchen. Einbezogen werden dabei verschiedene Handlungsbereiche, Sozialgruppen und Epochen. Zunächst geht es um die „Kreativität des Notbehelfs", die Überlebens- und Selbstbehauptungsstrategien im unterschichtlichen Alltag, deren Helden nicht nur die populäre Unterhaltungskultur, sondern auch die Unterschichtenethnographie bevölkern. Die thematisierten Forschungen reichen dabei von der bäuerlichen und handwerklichen Kultur der frühen Neuzeit bis zu Selbsthilfepraktiken in der modernen Arbeitswelt. Der zweite Abschnitt behandelt die Ethnographie innovatorischer, die eigene Lebensweise umkrempelnder und oft auf die Gesamtgesellschaft ausstrahlender Praktiken. Dargestellt und diskutiert werden hier Untersuchungen über „Selbstmodernisierungen" in der bäuerlichen Bevölkerung, in der Industriearbeiterschaft, bei jugendlichen Subkulturen und ethnischen Minderheiten. Der dritte, der ästhetischen Kreativität gewidmete Kapitelteil greift sich zwei Beispielbereiche heraus, die populare Autobiographik und die alltagsästhetische Aktivität von Jugendlichen, und sucht an ihnen einige zentrale Befunde und Probleme der ethnographischen Erforschung symbolischer Kreativität zu verdeutlichen.

---

30 Karl Marx: Der achtzehnte Brumaire des Louis Bonaparte. In: Ders./Friedrich Engels: Werke, Bd. 8, Berlin/DDR 1969, S. 111–207; hier S. 115.
31 Michi Knecht: Von der „Kultur der Armut" zu einer „Ethnologie der Ausgrenzung". In: Dies. (Hg.): Die andere Seite der Stadt. Armut und Ausgrenzung in Berlin. Köln usw. 1999, S. 326–333; hier S. 327.

ÜBERLEBENSKRAFT UND ÜBERLEBENSKUNST

Der Herr ist aufs Feld gangen
In der Luft hat er rumgeschossen
Runterkommen ist die Graugans.
Ja ja.

Sie ist sechs Jahr gefallen
Mein Weib und dein Weib
Haben sechs Jahr dran rupfen müssen.
Ja ja.

Haben sechs Jahr dran braten müssen
Auf sein' Tisch haben sie's stellen müssen:
Die Gabel ist drin stecken blieben
Das Messer ist ihm abbrochen.
Ja ja.

Der Sau hat er's vorgeworfen
Die Sau hat's nicht fressen können
Es hat ihr das Maul zerrissen.
Ja ja.

Er hat's in die Mühl geschmissen
Gesprengt hat's den Radkasten.
Ja ja.

Wie sie z'letzt ist gesehn worden
Ostwärts ist sie losgeflogen
Hinterdrein sechs Junge
Ostwärts mit quong quong.
Ja ja ja.

Bertolt Brecht: Die haltbare Graugans

Eine Fähigkeit, welche bürgerliche Beobachter den Unterschichten immer wieder bescheinigt haben, ist die einer phänomenalen Überlebenskraft. Sie staunen darüber, mit welch geringen materiellen Ressourcen und welch großen Lebensunsicherheiten und Lebenskatastrophen sich diese Menschen physisch und psychisch arrangieren können. Die Bewunderung für Zähigkeit, Ausdauer, Durchhaltevermögen, ja Unverwüstlichkeit zieht sich als basso ostinato durch viele Schilderungen sei's von Bauern, Gesinde und Landarbeitern, sei's vom modernen Proletariat und Subproletariat. Diese Vorstellung ließ und lässt sich sowohl sozialkonservativ wie sozialrevolutionär besetzen. In Viktor von Gerambs schon zitiertem Bergbauernerlebnis wird die „tapfere Ruhe", mit der ein Kriegsversehrter und seine Familie den „harten, schmerzensvollen Griff" der Krankheit ertragen, zum Gegenbild bürgerlicher Verwöhntheit und intellektueller Neurasthenie.[32] In seiner linken Spielart ist der Verweis auf die Überlebenskraft der Unterschichten kein Hohelied auf Schicksalsergebenheit und Anspruchsverzicht, kein Mahnruf zum „Arbeiten und nicht verzweifeln", sondern – wie in Brechts Graugans-Gedicht – ein Spottlied auf diejenigen, die sich an der dicken Haut und der unversieglichen Energie der Unterschichten die Zähne ausbeißen, und zugleich sicherlich ein Trostlied für ihre mitunter von Mutlosigkeit und Pessimismus heimgesuchten bürgerlichen Mitkämpfer.

Bei beiden Varianten stellt sich jedoch nicht nur die Frage nach ihrem mythischen, sondern auch ihrem pejorativen Moment. Dieses Letztere äußert sich am deutlichsten dort, wo die angeblich stupende Überlebenskraft nicht ausdrücklich als Ensemble bestimmter sozialer Erfahrungen und Fähigkeiten dargestellt wird. Damit wird evolutionistischen Theorien über die Unterschichten als besondere, naturnähere „Rasse" die Tür geöffnet, wie sie im 19. Jahrhundert verbreitet waren, als man die zeitgenössischen Proletarier wegen ihrer körperlichen Ausdauer auf eine Entwicklungsstufe mit den als ebenfalls äußerst widerstandsfähig eingeschätzten Wilden der Steinzeit setzte[33] – was

---

32 Vgl. Viktor von Geramb: Verewigte Gefährten. Ein Buch der Erinnerung. Graz 1952, S. 40f.
33 Vgl. z.B. George Harley: Comparison between the Recuperative Bodily Power of Man in a Rude and in a Highly Civilized State; Illustrative of the Probable Recu-

natürlich die Absicht einschließen konnte, diese Strapazierbarkeit auszunutzen. Aber selbst wo die Vorstellung von popularer Überlebenskraft diese nicht mit den Eigenschaften winterharter Pflanzen oder instinktsicherer Raubtiere parallelisiert, sondern sozial definiert und soziobiographisch herleitet, d.h. sie als Ergebnis eines aufgezwungenen Härtetrainings auffasst, bleibt ihr Lob zweischneidig: Die Rede von den starken Nerven des Arbeiters, die man sich so dick wie seine Muskeln vorstellt, kann schnell in die von Stumpfsinn und Fühllosigkeit, das Vorbild eines unbedingten Überlebenswillens in das Schreckbild eines quasi-tierischen Kampfverhaltens umschlagen. Man befindet sich hier also noch im Bann des Primitivismus und seiner tiefen Ambivalenzen.

Die Tradition des bürgerlichen Unterschichtenbilds enthält freilich noch eine ganz andere Sichtweise, welche dem Volk nicht kreatürliche, sondern kreative Fähigkeiten zuschreibt: Zur Überlebenskraft kommt die Überlebenskunst. Zu denken ist dabei einmal an populäre Schwank-, Roman- und Filmhelden: den listigen „Schalk" (eigentlich: Knecht) in der Linie Nasreddin, Eulenspiegel oder Brother Rabbitt, an die dummschlauen Diener von Hanswurst über Papageno bis zu Schwejk, an den Meisterdieb des Märchens und Chaplins Tramp – Volkshelden, die ihre Karriere meist aus purer Not und nicht aus purem Übermut starten, als ausrangierte Soldaten, verarmte Bauern, gefeuerte Arbeiter.[34] Es geht aber auch um Berichte und Mythen, die sich auf realgeschichtliche Personen und Gruppen beziehen. Exemplarisch dafür ist das jahrhundertealte Fremd- und Selbstbild der neapolitanischen Unterschichten. Schriftsteller, Komponisten, Maler, Bildhauer haben den lazzari und scugnizzi, „abituati ad affrontare la fame e la miseria con l'arte dell'arrangio e con la fantasia"[35], immer wieder Denkmäler gesetzt. „Ich fin-

---

perative Capacity of Men of the Stone Age in Europe. In: Journal of the Anthropological Institute, 17. Jg. 1887/1888, S. 108–118.

34 Vgl. u.a. Alexander Schwarz/Dorothee C. Papendorff: Eulenspiegelähnliche Gestalten. In: Ulrich Müller/Werner Wunderlich (Hg.): Verführer, Schurken, Magier. St. Gallen 2001, S. 211–240; sowie Christa Tuczay: Meisterdieb. In: Ebd., S. 629–638.

35 Luisa Basile/Delia Morea: Lazzari e scugnizzi. La lunga storia die figli del popolo napoletano. Rom 1996, S. 10.

de in diesem Volk die lebhafteste und geistreichste Industrie, nicht um reich zu werden, sondern um sorgenfrei zu leben", ruft Goethe aus, nachdem er in Neapels Straßen eine Gruppe „zerlumpter Knaben" beobachtet hat, die an einem kalten Märzmorgen ihre Hände auf ein Stück Straßenpflaster legen, das kurz vorher bei Schmiedearbeiten erhitzt wurde. „Die dem Pflaster mitgetheilte Wärme benutzen sogleich die kleinen Huronen und rühren sich nicht eher von der Stelle als bis sie den letzten warmen Hauch ausgesogen haben. Beispiele solcher Genügsamkeit und aufmerksamen Benutzens dessen was sonst verloren ginge gibt es hier unzählige."[36] Oft fallen die Anekdoten über die neapolitanische Kreativität des Notbehelfs noch weit spektakulärer aus: etwa die von dem Panzerwagen der US-Armee, den handwerklich versierte Diebe binnen zweier Stunden auseinander schraubten und der zivilen Wiederverwertung zuführten;[37] oder die Geschichte vom städtischen Aquarium, das nach dem Ende des Zweiten Weltkriegs von ausgehungerten Einheimischen geplündert wurde, welche die tropischen Fische in ungewöhnliche Pizza- und Pastagerichte verwandelten.[38] Freilich ist die Folklore vom popolo neopolitano, der sich in jeder Situation zu helfen weiß, der arbeitslos, aber optimistisch, ständig vom Verhungern und vom Vesuv bedroht, aber doch sorglos und fröhlich ist, mehr und mehr von realistischeren Darstellungen gekontert worden. Erinnert sei nur an Malapartes Neapelroman „Die Haut" von 1948, der eindrücklich schildert, welch brutale Formen die Selbsthilfe der scugnizzi annehmen konnte,[39] oder an Salvatore Piscinellis Film „Baby Gang" von 1992, der deutlich macht, dass die Überlebenskünste neapolitanischer Kinder und Jugendlicher Prostitution und Auftragsmorde einschließen.

---

36 Johann Wolfgang von Goethe: Italiänische Reise II. In: Goethe's Werke. Vollständige Ausgabe letzter Hand. 28. Bd., Stuttgart, Tübingen 1829, S. 41f. Man beachte übrigens die Titulierung „Huronen" – ein Beispiel für die im Primitivismusteil behandelte verbreitete Parallelisierung von Unterschichten und wilden Völkern.
37 Vgl. Curzio Malaparte: Die Haut. Roman. Karlsruhe 1950, S. 18.
38 Vgl. Ian Thomson: Neapel und die Pizza. In: Nikko Amandonico/Eva M. Rundquist (Hg.): La Pizza. Ein Blick in die Seele von Neapel. München 2002, S. 12–32; hier S. 12.
39 Vgl. Malaparte 1950.

Die legendären Meister des Notbehelfs: Neapolitanische Lazzaroni improvisieren als Lastträger (Zeichnung von Filippo Palizzi, um 1866).

Nachteilsausgleich, Vorteilsnahme

Die ethnographische Forschung hat diese „schwarze Kreativität" ebenfalls nicht ausgespart. So ist die historische Anthropologie auch der üblen Nachrede unter Nachbarn, der heimlichen Grenzverschiebung, dem Mobbing zwischen Knechten und Mägden[40] oder dem Schadenzauber nachgegangen, auf dessen Macht die Machtlosen zurückgriffen, um Wohlstand, Einfluss, Glück ein wenig umzuverteilen.[41] Und die Gegenwartsforschung hat etwa bei der Untersuchung von Jugendcliquen nicht übergehen können, dass hier nicht selten kriminelle bis schwerkriminelle Kreativität wie Handtaschenraub, Schutzgelderpressung und Drogenhandel eine Rolle spielt. Allerdings lässt sich wohl nicht von der Hand weisen, dass die Forschung sich eher mit der List und Tücke solcher Gruppen beschäftigte, die sich – wie einst Wilderer und später Bankräuber[42] – zumindest partiell als Sozialrebellen verstehen ließen, während sie sich mit den Übervorteilungs- und Ausbeutungspraktiken, die Unterschichtler untereinander oder gegen marginalisierte Gruppen ausübten, mitunter schwer tat. Die von einer unbarmherzigen Klassengesellschaft Gebeutelten auch als unbarmherzige Täter zu schildern, fiel vielen Ethnographen vor allem deshalb nicht leicht, weil sie damit dem verbreiteten Vorurteil zuzuarbeiten fürchteten, dass soziale und moralische Inferiorität untrennbar miteinander verknüpft seien und womöglich die soziale einer moralischen Inferiorität entspringe.

Dies grundsätzliche, nicht nur das Thema Überlebenskunst betreffende Dilemma ist nicht erst in jüngeren Abrechnungen mit sozialromantischen Tendenzen der Unterschichtenethnographie reflektiert worden. Die kontroversen Stichwörter hierzu sind schon 1969 in „Current Anthropology" versammelt – in einer Diskussion über das Buch „Culture and Poverty" von Charles Valentine, an der u.a. Ulf Hannerz, Oscar Lewis und Margaret Mead

---

40   Vgl. z.B. Siegfried Becker: Der Dienst im fremden Haus. Sozialisation und kollektive Identität ehemaliger landwirtschaftlicher Dienstboten. In: Hessische Blätter für Volks- und Kulturforschung, N.F. Bd. 22, 1987, S. 241–270; hier S. 260.
41   Vgl. Thomas Hauschild: Macht und Magie in Italien. Über Frauenzauber, Kirche und Politik. Gifkendorf 2002.
42   Vgl. Klaus Schönberger (Hg.): Vabanque: Bankraub. Theorie, Praxis, Geschichte. Hamburg 2000.

teilnahmen.⁴³ Valentine stellte sich damals gegen eine US-amerikanische, vor allem protestantische Denktradition, wonach Armut ihre Ursache in sozialpathologischen Verhaltensweisen hat, und wandte sich gegen die Auffassung, dass Armut sich durch Defekte in der Lebensweise der Armen perpetuiere: „(B)eing poor is not a degradation and debasement of the potentialities of human personality. (...) I believe the poor have shown that their potentialities (and their achievements) are very great – precisely because they are not debased in spite of all oppression."⁴⁴ Margaret Mead betonte dagegen: „The poverty version of a modern culture contains many elements which require repudiation and not respect"⁴⁵, und John H. Bushnell hielt fest, dass der Verweis auf „dysfunctional and pathogenic aspects of ghetto life" ja keineswegs die Tatsache leugne, dass „diese Leute Opfer of a larger system" seien.⁴⁶

In der deutschen Ethnographie der 1970er Jahre entspann sich eine ähnliche, nur zu geringen Teilen öffentlich gewordene Diskussion um die Dorfstudien von Utz Jeggle und Albert Ilien. Diese kritisierten unter dem Einfluss von Kritischer Theorie und Psychoanalyse die „Dorfeuphorie, wie sie etwa frühere Volkskunde bevorzugte"⁴⁷, und suchten zu zeigen, dass pathologische Komponenten des kollektiven Bewusstseins und Verhaltens auch im Dorfleben der Gegenwart noch eine wesentliche Rolle spielten. Volkskundliche Kollegen bezichtigten sie deshalb der „Verachtung"⁴⁸ der Dorfbevölkerung und der „Überheblichkeit des städtischen Forschers gegenüber dem Dörfler"⁴⁹.

---

43 Culture and Poverty: Critique and Counter Proposals. In: Current Anthropology, 10. Jg. 1969, S. 181–200.
44 Ebd., S. 199.
45 Ebd., S. 194.
46 Ebd., S. 184.
47 Albert Ilien/Utz Jeggle: Zum Recht der kleinen Leute auf wissenschaftliches Verstandenwerden am Beispiel Hausens, einer Gemeinde im Urbanisierungsprozeß. In: Konrad Köstlin/Kai Detlev Sievers (Hg.): Das Recht der kleinen Leute. Beiträge zur rechtlichen Volkskunde. Festschrift für Karl-Sigismund Kramer zum 60. Geburtstag. Berlin 1976, S. 89–97; hier S. 95.
48 Mündliche Mitteilung von Utz Jeggle.
49 Max Matter u.a.: Das Projekt „Kiebingen". In: Zeitschrift für Volkskunde, 76. Jg. 1980, S. 92–100; hier S. 98.

Das ging aber an der von Jeggle und Ilien vertretenen Position haarscharf vorbei: „Kategorien wie ‚Habgier, Geiz, Kleinlichkeit, Mitleidlosigkeit'", so schreiben diese 1976, „treffen die sozialpsychologischen Phänomene und verfehlen sie dennoch durch eine ahistorische, moralisierende Semantik."⁵⁰ In seinem Psychogramm eines ehemals nationalsozialistischen Bauern mit harten bis brutalen Charakterzügen schreibt Ilien 1980: „(E)s läßt sich plausibel vermuten, daß die Bedrohung durch eigene Armut und das hautnahe Zusammenleben mit eigenen Armen im Dorfe von sich her eine wenig mitleidige, eine wenig einfühlsame Einstellung zu den Betroffenen nach sich ziehen musste – schon aus Selbstschutz. (...) Materielle Not also zwang die von ihr Bedrohten, sich gegen die ganz armen Dorfgenossen abzuschotten, vor allem ideologisch: Arme Verwandtschaften sind weniger wert, sind weniger moralisch, sind selber schuld."⁵¹

Die von Ilien und Jeggle vertretene Sozialpsychologie des Mangels ist also keineswegs denunziativ. Eher ließe sich behaupten, sie sei noch zu schonungsvoll. Denn die Erkenntnis, dass Not nicht nur erfinderisch, sondern auch hart machen kann, lässt sich ja so verstehen, dass die habitualisierte soziale Härte nur der praktischen oder psychischen Notabwehr diene. Sie würde damit die Fälle verfehlen, wo eine einst notgeborene Rücksichtslosigkeit zu luxurieren beginnt, wo sie zu Zwecken der Bereicherung und Machtvergrößerung eingesetzt wird. Zu denken ist etwa an Befunde, wie sie die neuere alltagshistorische Forschung zur Epoche des Nationalsozialismus erbracht hat: an Bauern und Handwerker, die sich den enteigneten und dann versteigerten Hausrat von Juden billig zu sichern wussten und die kaltschnäuzige Vorteilsnahme noch heute mit Standardsätzen wie „Wir haben selber leiden müssen" entschuldigen,⁵² oder deutsche Landser, die in den besetzten Ländern großes Ge-

---

50   Ilien/Jeggle 1976, S. 95.
51   Albert Karle (d.i. Albert Ilien): „Ich war ein großer Nationalsozialist". Nationalsozialismus eines Dorfbewohners. In: Johannes Beck u.a. (Hg.): Terror und Hoffnung in Deutschland 1933–1945. Leben im Faschismus. Reinbek 1980, S. 156–190; hier S. 179.
52   Vgl. Franziska Becker: Gewalt und Gedächtnis. Erinnerungen an die nationalsozialistische Verfolgung einer jüdischen Landgemeinde. Göttingen 1994, S. 46.

schick beim Aufspüren und Heimtransport fremden Eigentums bewiesen.[53] Dass solche Vorteilsnahmen, die ebenfalls zu den Ausdrucksformen popularer „Lebenskunst" gehören, vom kollektiven Gedächtnis wenig gepflegt werden, macht ihre ethnographische Erkundung schwierig, aber umso notwendiger.

So viel zur Frage der sehr unterschiedlichen sozialen Gehalte von Überlebenskunst. Im Folgenden soll der Erforschung einzelner Verfahrensweisen dieser Kunst nachgegangen werden. Weit entfernt, deren ganzes Spektrum nachzeichnen zu können, konzentriert sich die Darstellung auf Methoden der „Kreativität des Notbehelfs", die seit Lévi-Strauss unter dem Stichwort Bricolage zusammengefasst werden.

Zusammengereimtes: Die Wissensbricolage

Claude Lévi-Strauss hat mit Bricolage die Arbeitsweise des „mythischen Denkens" bezeichnet, welches anders als die neue Begriffe und damit Denkstrukturen schaffende Wissenschaft in den vorhandenen Zeichenvorräten wühle und neue Aufgaben mit einem Neuarrangement von Fertigteilen zu bewältigen suche.[54] In ähnlicher Weise lassen sich zahlreiche Praktiken popularer Wissensarbeit beschreiben. Auch hier werden Probleme oft mit Wissensbeständen angegangen, die über Erfahrung, Erzählung, Ausbildung, Medien usw. in den eigenen Wissenshaushalt eingegangen sind. Diese werden unabhängig von ihrer ursprünglichen Zwecksetzung für die aktuelle Problemlösung verwendet sowie, wenn nötig, zurechtgebogen, und fehlende „Bauteile" – Informationen, Qualifikationen – werden substituiert, was den Gebrauchswert der Lösung schmälern oder gefährden, aber auch zu besseren als den professionellen Ausgangsprodukten führen kann.

Zahlreiche Beispiele hierfür finden sich z.B. im Bereich der Heilkunst. Als deren Ausgangspunkt hat Thomas Hauschild in seiner Ethnographie „Macht und Magie in Italien" eine doppelte Mangelsituation identifiziert: „Diese Art

---

53 Vgl. Götz Aly: Hitlers Volksstaat. Raub, Rassenkrieg und nationaler Sozialismus. Frankfurt/M. 2005, v.a. S. 114–139.
54 Vgl. Claude Lévi-Strauss: Das wilde Denken. Frankfurt/M. 1968, u.a. S. 29–35.

der Medizin kommt vom Elend"⁵⁵, schreibt er. „Die Frauen, die helfen", und die Heiler, die es ihnen nachtun, sind billiger als Ärzte, und sie kommen dort zum Zug, wo die Ärzte oder die Pfarrer mit den Schultern zucken. „Selbstbewusst vergleichen sie ihre Praktiken mit denen der Mediziner. Sie stellen die lukanische Heilkunde als eine Art Notversorgung neben das Tun der Ärzte, überlebenswichtig in einer Gesellschaft, in der es nicht immer für alle zu essen gab (…)."⁵⁶ Ihre Verfahren bestehen, so Hauschild, aus einer Kombination von kirchlich-religiösen und volksreligiösen Ressourcen auf der einen, medizinischen und botanischen Kenntnissen auf der anderen Seite. Und sie beschränken sich dabei keineswegs auf traditionales und Erfahrungswissen, sondern integrieren auch, was sie von modernen und professionellen – biologischen, medizinischen, psychologischen – Diskursen in die Hände bekommen:⁵⁷ „In den 50er Jahren soll es in Ripacandida einen Mann gegeben haben, der verstand sich darauf, bestimmte Krankheitssymptome zu simulieren. Er ging damit zu den Ärzten und ließ sich behandeln. Nach und nach sammelte er medizinisches Wissen, um es dann samt der verordneten Medikamente für wenig Geld an die wirklich Kranken weiterzugeben."⁵⁸ Zu Zauberspruch und Gebetsformel kommt das auf Anamnese und Ermutigung zielende therapeutische Gespräch, zum Liebeszauber aus Mondsilber und Asche gesellen sich der Mistelzweig und das Johanniskraut, aber auch die Kopfwehtablette aus

---

55 Hauschild 2002, S. 280.
56 Ebd., S. 278f. – Zur Geschichte des Zusammenhangs zwischen Heilerwesen und Armut bzw. ärztlicher Unterbesetzung siehe auch Rudolf Schenda: Volksmedizin – was ist das heute? In: Zeitschrift für Volkskunde, 69. Jg. 1973, S. 189–210; hier S. 195.
57 Dieser Befund bestätigt einmal mehr die Fehlerhaftigkeit vieler älterer Untersuchungen zur „Volksmedizin", welche diese als in sich geschlossenes System vormodernen, womöglich „primitiven" Denkens aufzufassen neigten, die Erhebungen auf die „primitiven" Elemente der medikalen Kompetenzen fokussierten und damit die ständige Hereinnahme professionellen und wissenschaftlichen Wissens in die populare Heilkultur übergingen. (Vgl. dazu Eberhard Wolff: „Volksmedizin" – Abschied auf Raten. Vom definitorischen zum heuristischen Begriffsverständnis. In: Zeitschrift für Volkskunde, 94. Jg. 1998, S. 233–257.)
58 Hauschild 2002, S. 279.

der deutschen und die Rheumasalbe aus der britischen Pharmaproduktion:[59] eine um die innere Logik der geplünderten Teilsysteme unbekümmerte, fallbezogene Mixtur.

Zu fragen ist freilich, ob der wildernde und wilde Gebrauch, den viele Heilerinnen[60] von ihnen zu Ohren und zwischen die Finger kommenden Wissensbeständen machen, den Namen „schöpferisch" auch insofern verdient, als er tatsächlich Heilungen oder Linderungen zeitigt. Zumindest unter der Hand rumort die Kritik, dass die Ethnographie der Laienmedizin einen l'art-pour-l'art-Standpunkt einnehme und die Erfolgsfrage ausspare, ja durch empathische bis sympathisierende Darstellungen den Kredit vorwissenschaftlicher, gar abergläubischer Praktiken in fahrlässiger Weise vermehre. Beide Vorwürfe scheinen mir jedoch zumindest die aktuelle Vorgehensweise und den aktuellen Diskussionsstand in der Ethnographie zu verfehlen. Die medizinisch meist unausgebildeten EthnographInnen lassen es zwar an einer „Nachuntersuchung" von PatientInnen fehlen – mehr Kooperation mit unvoreingenommenen Ärzten wäre sicherlich sinnvoll –, erheben jedoch häufig deren Selbsteinschätzung. Dass viele KundInnen des Heilerwesens eine Gesundung oder wenigstens eine Linderung ihrer Beschwerden zurückmelden, ist zwar keine zureichende Leistungskontrolle, darf aber immerhin als Argument für die Existenzberechtigung der popularen Medizin und mithin für deren nicht-pejorative Darstellung genommen werden. Diese muss jedoch keineswegs mit Kritiklosigkeit identisch sein. Schlicht affirmativ ist die ethnographische Laienmedizinforschung denn auch keineswegs. So sehr sie sich von der Diskriminierung des „Aberglaubens" als antichristlichem Irrglauben und der Diskriminierung von naturwissenschaftlich ungedeckten Körper- und Krankheitsbildern als Aberglauben absetzt, distanziert sie sich doch immer wieder vom esoterischen wie vom exoterisch-geschäftstüchtigen Gebrauch der Rezepturen, welche die Volksmedizinkunde im Laufe ihrer Ge-

---

59 Vgl. ebd., S. 291.
60 Gewiss nicht alle. Oft sind sie auf ein ganz begrenztes Repertoire spezialisiert. Vgl. z.B. Matthias Badura: „Herr, nimm du die Warzen mit!" Laienmedizinische Praktiken in einem Dorf auf der Schwäbischen Alb. Tübingen 2004.

schichte zusammengetragen hat;⁶¹ sie verweist auf Krankheitsbilder, bei denen laienmedizinische Maßnahmen versagen müssen und warnt – u.a. am Beispiel der nationalsozialistischen Gesundheitspolitik – vom Propagieren einer Volksmedizin als einer die professionelle Versorgung ersetzende Billigmedizin.⁶² Darin ist sie sich im Übrigen mit der Klientel der popularen Heilkultur einig. Diese betreibt nämlich eine Bricolage, welche über die der HeilerInnen selbst noch hinausgeht: Sie geht ebenso zu ihrem Hakim wie zu ihrem Doktor,⁶³ kombiniert also ganz undogmatisch das Angebot der Heilkunde mit dem der Schulmedizin.⁶⁴

Die bisherige Popularethnographie hat sich vor allem für die unbekümmert eklektische Kombination von traditionellem und modernem Wissen interessiert, wie sie sich in der Laienmedizin häufig findet. Vernachlässigt wurde die Bricolage des tagtäglich neu entstehenden Wissens, das durch die heutige Ausbildungs- und Mediengesellschaft auch untere Bildungsschichten erreicht. Man denke nur an das weite Feld popularer Politik- und Gesellschaftsbilder, die durch das Zusammenbringen von Teilinformationen mit Alltagstheorien entstehen: Man „reimt sich etwas zusammen", ohne dass Wissenslücken ge-

---

61 Vgl. z.B. Christoph Daxelmüller: Vorwort zu: Hanns Bächtold-Stäubli, unter Mitarbeit von Eduard Hoffmann-Krayer: Handwörterbuch des deutschen Aberglaubens. Bd. 1, Berlin, New York 1987, S. V–XXXIV; hier S. XXXIV.
62 Vgl. Martin Beutelspacher u.a.: Volk und Gesundheit: Heilen und Vernichten im Nationalsozialismus. Begleitbuch zur gleichnamigen Ausstellung im Ludwig-Uhland-Institut der Universität Tübingen. Tübingen 1982; hier v.a. Walter Wuttke-Groneberg: Leistung, Vernichtung, Verwertung. Überlegungen zur Struktur der Nationalsozialistischen Medizin, S. 6–59. Vgl. auch Jutta Dornheim: Zum Zusammenhang zwischen gegenwarts- und vergangenheitsbezogener Medikalkulturforschung. Argumente für einen erweiterten Volksmedizinbegriff. In: Hessische Blätter für Volks- und Kulturforschung, N.F. Bd. 19, 1986, S. 25–41; hier S. 34.
63 Vgl. Mohammed Aslam/Philip H. Rack: Alternative Medicine of Pakistanis in Britain. In: Hessische Blätter für Volks- und Kulturforschung, N.F. Bd. 19, 1986, S. 101–109; hier S. 106f. „Hakim" nennen sich die Heilpraktiker des Unani-Tibb, einer in der islamischen Welt verbreiteten Medizinlehre.
64 Vgl. auch Badura 2004, S. 89–101, und Margarita Kay: Parallele, Alternative oder Zusammenarbeit: Curanderismo in Tucson (Arizona). In: Hessische Blätter für Volks- und Kulturforschung, N.F. Bd. 19, 1986, S. 89–99; hier S. 97.

zielt geschlossen und eingefleischte Erklärungsschemata jeweils neu überprüft würden (eine Methode, die natürlich nicht auf untere Bildungsschichten beschränkt ist, da die Unübersichtlichkeit komplexer Gesellschaften jedes ihrer Mitglieder, das möglichst rationale Entscheidungen zu treffen versucht, permanent mit Wissensdefiziten konfrontiert).[65] Nicht selten geht diese populare Analytik über „lebensweltliche Wissensarbeit"[66] und d.h. auch über die klassische Bricolage als ad-hoc-Nutzung von Fertigteilen hinaus und erreicht die Form der Popularwissenschaft (nicht zu verwechseln mit Populärwissenschaft): eine aus dem Alltagsleben ausgegliederte Problembearbeitung. Die Verlags-, Redaktions- und Politikerbriefkästen sind voll von laienwissenschaftlichen Texten, die mehr oder weniger elaborierte Patente zur Lösung von Wirtschafts-, Umwelt- und Kulturkrisen offerieren. Die volkskundliche Ethnographie hat diese autodidaktische Soziologie, Politologie, Philosophie und Naturwissenschaft, wie sie auch in unteren Bildungsschichten betrieben wird,[67] nur wenig zur Kenntnis genommen. Carlo Ginzburgs Buch „Der Käse und die Würmer" über die aus kirchlicher und belletristischer Literatur, mündlicher Überlieferung und eigener Alltagserfahrung zusammengebastelte Kosmogonie des friulinischen Müllers Menocchio[68] sind keine vergleichbaren Analysen heutiger Popularphilosophie zur Seite getreten. Die Forschung hat sich bisher vor allem für populare Autobiographik, nicht für populare Wissenschaft interessiert, d.h. Autoren aus den unteren Bildungsschichten eher

---

65 Beispiele für solche Wissensbricolagen liefert die Sketchfigur „Dittsche", der von Olli Dittrich dargestellte arbeitslose Kioskkunde, der ihn irritierende Medienbotschaften oder Alltagserfahrungen mit kühnen Informationsverknüpfungen und komplizierten Verschwörungstheorien zu bewältigen, mit anderen Worten „das wirklich wahre Leben" zu rekonstruieren versucht (WDR-Fernsehreihe „Dittsche. Das wirklich wahre Leben". Die erste Sendung wurde im Februar 2004 ausgestrahlt).
66 Ich entnehme diesen Begriff dem Aufsatz von Stefan Beck: Rekombinante Praxen. Wissensarbeit als Gegenstand der Europäischen Ethnologie. In: Zeitschrift für Volkskunde, 96. Jg. 2000, S. 218–246; hier S. 233.
67 Vgl. Bernd Jürgen Warneken: Die Stunde der Laien. Eine Studie über populare Apokalyptik der Gegenwart. In: Schweizerisches Archiv für Volkskunde, 94. Jg. 1998, S. 1–20.
68 Carlo Ginzburg: Der Käse und die Würmer. Die Welt eines Müllers um 1600. Berlin 1990.

als Experten ihrer eigenen Lebensgeschichte und Lebenswelt und weniger als Analytikern und Interpreten der Gesamtgesellschaft Beachtung geschenkt.[69]

Dabei darf hier, wie schon bei der popularen Medizin, die Frage nach dem Erkenntniswert dieser autodidaktischen Theoriebildung nicht ausgeklammert werden. Es wäre eher herablassend als respektvoll, es bei der Würdigung der selbständigen Bearbeitung komplexer Thematiken oder bei der Herausarbeitung der lebensweltlichen Logik, mit der rezipiertes Expertenwissen und eigenes Erfahrungswissen verknüpft werden, bewenden zu lassen. Vielmehr sind auch die Geltungsansprüche ernst zu nehmen, die unterschichtliche Autodidakten mit ihrer Wissensarbeit verbinden. Es ist etwa zu fragen, ob sie im professionellen Diskurs wenig behandelte Thematiken oder auch Widersprüche im wissenschaftlichen Mainstream aufgreifen, und zu untersuchen, wo die soziale Situation und die kulturellen Ressourcen der AutorInnen Erkenntnisse mit gesamtgesellschaftlichem Gebrauchswert fördern und wo sie diesen eher im Wege stehen. All dies hat freilich eine organisatorische Voraussetzung, die bisher nicht erfüllt ist: Archive, die sich auch für Zeugnisse popularer Wissensproduktion zuständig fühlen.

Abfälle und Einfälle: Die Materialbricolage

Wenn in der Ethnographie von Bricolage, von Bastelei, die Rede ist, geht es zumeist nicht um die „wilde" Kombination von zuhandenen Wissensbeständen, sondern den kreativen Umgang mit Produkten und Materialien: um die

---

69 Eine immer wichtiger werdende und in jüngster Zeit auch von der ethnographischen Forschung thematisierte Form der Wissensbricolage wird hier ausgeklammert, da es sich nicht um eine Kreativität des Notbehelfs handelt, sondern um die Bricolage unterschiedlicher Wissenssysteme, wie sie potentiell jedem Mitglied der heutigen Gesellschaft abverlangt wird: die Vermittlung zwischen lebensweltlich unmittelbar relevantem Expertenwissen wie z.B. innovativen medizinischen Erkenntnissen und lebensweltlichen Wissens- und Deutungssystemen. (Vgl. dazu Beck 2000 sowie Ders.: Alltage, Modernitäten, Solidaritäten. Soziale Formen und kulturelle Aneignung der Biowissenschaften – Plädoyer für eine vergleichende Perspektive. In: Zeitschrift für Volkskunde, 100. Jg. 2004, S. 1–30.)

Umarbeitung von Altprodukten und die Neuproduktion mithilfe von Altmaterial. „Der Bastler", sagt Lévi-Strauss, „ist in der Lage, eine große Anzahl verschiedenartiger Arbeiten auszuführen; doch im Unterschied zum Ingenieur macht er seine Arbeiten nicht davon abhängig, ob ihm die Rohstoffe oder die Werkzeuge erreichbar sind, die je nach Projekt geplant und beschafft werden müßten: die Welt seiner Mittel ist begrenzt, und die Regel seines Spiels besteht immer darin, jederzeit mit dem, was ihm zur Hand ist, auszukommen, d.h. mit einer stets begrenzten Auswahl an Werkzeugen und Materialien, die überdies noch heterogen sind, weil ihre Zusammensetzung in keinem Zusammenhang zu dem augenblicklichen Projekt steht, sondern das zufällige Ergebnis aller sich bietenden Gelegenheiten ist, den Vorrat zu erneuern (…)."[70] Im Zentrum der wissenschaftlichen und der medialen Aufmerksamkeit für solche Recycling-Praktiken stehen Beispiele aus der Dritten und Vierten Welt, wie sie in den 1990er Jahren auch durch große ethnologische Ausstellungen[71] bekannt gemacht wurden: die Herstellung von Haushaltswaren, Maschinen, Kinderspielzeug, Kunstwerken aus Industrieabfällen, von welcher müllabgebende Haushalte, Müllsammler, Handwerker, Transporteure, Händler und, zumindest bei den billigen Gebrauchswaren, die Kunden profitieren – sowie, ex eventu, die Umwelt. Diese Ausstellungen brachten, wie Jeremy Coote u.a. in ihrem Ausstellungskatalog „Transformations" kritisierten, „the temptation to exoticize recycling as something done by others – the poor, the marginalized, ‚primitives', the Other".[72] Recycling gehörte und gehört ja in der Tat auch hierzulande zu den alltäglich und überall gebräuchlichen Sparpraktiken: in bäuerlich-handwerklichen Kulturen, in der Industriegesellschaft des 20. Jahrhunderts vor allem in gesellschaftlichen Mangelsituationen wie Kriegs- und Nachkriegszeiten sowie natürlich in der unterschichtlichen Mangelwirtschaft. Die volks-

---

70 Lévi-Strauss 1968, S. 30.
71 U.a. „Recycled Reseen: Folk Art from the Global Scrap Heap", eine Wanderausstellung des Museums of International Folk Art in Santa Fe, 1996; „Recycling: Forms for the Next Century-Austerity for Posterity", 1996, und „Reclaimed, Acclaimed: New Works in Recycled Design", 1998, zwei von Craftspace Touring organisierte britische Wanderausstellungen.
72 Jeremy Coote/Chris Morton/Julia Nicholson (Hg.): Introduction. In: Dies.: Transformations. The Art of Recycling. Oxford 2000, S. 8–13; hier S. 8.

Tasche aus Levi's Jeans, fotografiert für das Ausstellungsprojekt „Flick-Werk".

kundliche Forschung und die volkskundlichen Museen, die für diesen Themenbereich zweifellos zuständig wären, haben sich lange Zeit allerdings wenig um diese unspektakulären Formen von Alltagskreativität gekümmert und eher auf populare Kunst und populares Kunstgewerbe im engeren Sinn kapriziert, wobei zudem der soziale Kontext wie Armut, schlecht bezahlte Heimarbeit usw. oft ausgeklammert wurde.[73] Ein wichtiger Anstoß zu einer Interessenkorrektur war die Ausstellung „Flick-Werk", 1983 von einer Projektgruppe um Gottfried Korff ausgerichtet, welche verschiedenste einheimische Praktiken des Instandhaltens und Reparierens von Gebrauchsgütern zusammenfasste: das Umschmieden von Sensenblättern zu Messern, von Mistgabeln zu Schürhaken; das Umnutzen von liegen gebliebenem Kriegsmaterial wie Stahlhelmen, Kartuschen, Fallschirmen, aus denen Haushaltsgeräte oder Kinderspielzeug wurden.[74]

---

73 Vgl. dazu Hermann Bausinger: Verbürgerlichung – Folgen eines Interpretaments. In: Günter Wiegelmann (Hg.): Kultureller Wandel im 19. Jahrhundert. Göttingen 1973, S. 24–49.

74 „Es ließe sich geradezu behaupten", so Korff im Vorwort des Katalogs, „daß die

Als Kurzwaren angebotene Flicken, fotografiert für „Flick-Werk".

Gleichzeitig machen vor allem Vertreterinnen der ethnographischen Frauenforschung deutlich, dass „Basteln" entgegen dem vorherrschenden Klischee keine Männersache ist. Es gibt nicht nur den Hobbyhandwerker, der alte Autos ausschlachtet, den Lehrling, der sich kein großes Motorrad leisten kann, dafür aber sein Moped umbaut und „frisiert"[75], den schwäbischen Tüftler, der aus „altem Kruscht" wie Blechdosen und Düngemittelsäcken Flugmaschinen zu bauen sucht.[76] Die Materialbricolage ist auch ein Grundprinzip weib-

---

Kreativität der ‚einfachen Leute' in diesem Flick-Werk deutlicher zutage tritt als in den vielen Artefakten und Zeugnissen der Volkskunst, die als ‚populare Leistungen' in den Volkskundemuseen dargeboten werden" (Gottfried Korff: Reparieren: Kreativität des Notbehelfs? In: Ludwig-Uhland-Institut für empirische Kulturwissenschaft der Universität Tübingen/Württembergisches Landesmuseum Stuttgart/Volkskundliche Sammlung: Flick-Werk. Reparieren und Umnutzen in der Alltagskultur. Stuttgart 1983, S. 13–16; hier S. 15).

75   Vgl. Ulrich Hägele: Mopeds, Choppers, Strassenwanzen. Jugendliche Gegenkulturen in den sechziger Jahren. Schorndorf 1997, S. 145f.
76   Vgl. Kerstin Hopfensitz: Gustav Mesmer – Ein Leben entlang des Jahrhunderts.

Umgebauter „Wartburg" (Baujahr 1963).

licher – bäuerlicher, kleinbürgerlicher, proletarischer – Hausarbeit. Generationen von Haushaltsbüchern widmen sich dem Idealbild der erfinderischen Hausfrau, die es versteht, „aus Nichts etwas zu machen, jede Kleinigkeit zu verwenden und mit Geschick Altes und Überflüssiges in etwas Brauchbares, Nützliches, Hübsches umzugestalten".[77] Hierher gehören die Geheimnisse der „Resteküche", der Einsatz von Tee-, Kaffee-, Kohl-, Kerzenresten als

---

Studien zur Lebens- und Bewusstseinswelt einer marginalisierten Sonderbegabung. Magisterarbeit Tübingen 1997. Siehe zu Mesmer auch: Kristin Bauer/Jolanda Bucher: Gustav Mesmers langer Traum vom Fliegen. In: Württembergisches Landesmuseum Stuttgart (Hg.): Schwäbische Tüftler. Der Tüftler ein Schwabe? Der Schwabe ein Tüftler? Stuttgart 1995, S. 176–183.

77 Von Marie von Zwiklitz: Die Haushaltung. Potsdam, Leipzig 1910, S. 58. Zit. nach Inga Wiedemann: Herrin im Hause. Durch Koch- und Haushaltsbücher zur bürgerlichen Hausfrau. Pfaffenweiler 1993, S. 118f.

Eine Bricolage aus Škoda, Opel Blitz, Multicar und ARO-Geländewagen (DDR 1988).

Reinigungsmittel[78] und natürlich das Sammeln und Wiederverwenden von Stoffresten, das Umnähen und Neukombinieren unmodisch gewordener Kleidungsstücke, wie es Karen Ellwanger in ihrer Untersuchung „Das Kleid und sein Preis" geschildert hat.[79]

Schwierig bleibt beim Thema „Kreativität des Notbehelfs" die realistische Gewichtung der Komponente „Kreativität" und der Komponente „Notbehelf". Ebenso berechtigt wie unumstritten ist die Mahnung von Norbert Schindler, man dürfe die aus der Not geborenen Tugenden nicht glorifizieren, da die Kunst der Improvisation sowohl durch ihre Mittel als auch in ihrer

---

78 Vgl. ebd., S. 119.
79 Karen Ellwanger: Das Kleid und sein Preis. Kleidung und Alltag der Frauen im Stuttgart der zwanziger und Anfang der dreißiger Jahre. Magisterarbeit Tübingen 1980.

Reichweite begrenzt sei.[80] Etwas zu pauschal ist jedoch seine – an Lévi-Strauss anknüpfende – These, die Improvisationspraxis der abhängigen Schichten sei dem „planerischen Zugriff des Ingenieurs" generell unterlegen: Viele aus Billigmaterial und mit einfacher Technologie hergestellte Recycling-Produkte sind sicherlich unpraktischer und weniger haltbar als maschinell gefertigte, manche aber haben eine höhere Gebrauchsdauer und sind besser an die Bedürfnisse ihrer Nutzer angepasst.[81]

Für die kulturwissenschaftliche Forschung stellt sich zudem die Frage nach dem Selbstbewusstsein der Behelfsbastler: ob sie sich auch selbst für so virtuos halten, wie das mancher begeisterte Beobachter tut, oder ob sie eher unter der Unzulänglichkeit ihrer Mittel und Ergebnisse leiden. Karen Ellwanger fand bei den „Umschneiderinnen", die sie interviewte, durchaus Stolz vor: „Der Schneider hat mir oft Abfall gegeben, was der Lumpensammler kriegt hat", erzählte ihr die Frau eines kleinen Handwerkers. „Und da hab ich mir die schönsten Sachen rausgesucht. Ich hab Stoffreste in Streifen geschnitten, Zöpfe geflochten und dann Bettvorleger draus gmacht. (…) Die Einfälle sind doch auch was wert, oder nicht? Die Einfälle sind auch was wert."[82] Folgt man Norbert Schindler, so hat die seitherige Entwicklung der Gebrauchsgüterindustrie solchem Bastlerinnenstolz den Boden unter den Füßen weggezogen. Die perfektionierte Warenästhetik mit ihrer „Vergötzung des Fertigen" und ihrer „Politur der Produktoberfläche", so Schindler 1992, habe für die Flickschusterei nur mehr Verachtung übrig und dafür gesorgt, dass „die Arsenale traditioneller Überlebensklugheit geräumt und die darin aufbewahrten Selbsthilfepraktiken mit dem Stigma der Armut und Unzulänglichkeit versehen worden sind".[83] Inzwischen, so scheint es, hat sich die Situation wiederum gewandelt. Die Vervielfachung der Bedarfsgüter und die Beschleunigung

---

80 Vgl. Norbert Schindler: Widerspenstige Leute. Studien zur Volkskultur in der frühen Neuzeit. Frankfurt/M. 1992, S. 45.

81 Vgl. dazu u.a. Frank Bliss: Sudan: Recycling-Handwerker und Recyclingmärkte in der Provinz Darfur. In: Jürgen M. Werobél-La Rochelle/Frank Bliss (Hg.): Einfälle statt Abfälle. Recycling-Handwerk in Afrika und Asien. Bonn 1989, S. 83–99; hier S. 94f.

82 Ellwanger 1980, S. 89.

83 Schindler 1992, S. 45.

von Stilwechseln haben die privaten Gebrauchtwarenlager, die Flohmärkte,[84] die Second-Hand-Läden und damit die Möglichkeiten zur Bricolage anschwellen lassen.[85] Zugleich werten das ökologische Recycling-Denken und das postmoderne Faible für interkulturelle oder interepochale Brückenschläge die Flickwerktechnik auf.[86] Sie repräsentiert nicht mehr nur Sparabsichten, sondern auch die Freude am Stilmix, an „wilden" Kombinationen, an kultureller Kreolisierung. Das lässt sich an dörflicher Vorgartenkunst, die aus altem Agrarwerkzeug und Kaufhausschmuck zusammengefügt ist, ebenso ablesen wie an der Discokleidung junger Großstädter. Und nicht nur, dass Avantgardekünstler neben Sozialhilfeempfängern im Sperrmüll wühlen und viele Kunstbricolagen sich von Alltagsbricolagen nur mehr durch ihren Standort im Museum unterscheiden: Das Reüssieren des Bricolageprinzips hat schon manchen Dorfhandwerker zum Flughafenkünstler und manchen Hausbesetzer, der sich einst auf Bauern- und Hinterhöfen bediente, zum Kunsthandwerker mutieren lassen. Die Grenzen zwischen kreativem Notbehelf und kreativer Ästhetik sind nicht aufgehoben, aber sie sind durchlässiger geworden.

Händlerbauern und Minijobber: Die Tätigkeitsbricolage

Zu den Künsten der Wissens- und der Materialbastelei tritt als dritte und ökonomisch bedeutsamste die not-geleitete Kombination vorhandener Qualifikationen und Tätigkeiten hinzu. Volkskundlich-anthropologisch am bes-

---

84 Zum Flohmarkt als einem Arsenal für die kreative Resteverwertung siehe Klaus Oberbeil: Kaufen und verkaufen auf dem Flohmarkt. Düsseldorf 1985, v.a. S. 103–135; desgl. Carsten Clauss u.a.: Der Marburger Flohmarkt. Bericht über ein Projekt des Instituts für Europäische Ethnologie und Kulturforschung. In: Hessische Blätter für Volks- und Kulturforschung, N.F. Bd. 26, 1990, S. 97–109.
85 Vgl. z.B. das Kapitel „Kleider selbermachen" bei Paul Willis: Jugend-Stile. Zur Ästhetik der gemeinsamen Kultur. Hamburg 1991, S. 119–122.
86 Eine ästhetische Aufwertung von Gebrauchswaren verzeichnet auch Peter Gebhardt: Der Markt gebrauchter Güter. Theoretische Fundierung und empirische Analyse. Hamburg 1986.

ten untersucht ist Tätigkeitsbricolage im agrarischen Bereich der vorindustriellen Epochen. Norbert Schindler umreißt, worum es sich dabei handelt: „Die Notbehelfswirtschaft ist in erster Linie eine *kombinierte* Ökonomie, d.h. sie beruht auf der Kombination verschiedener Erwerbsquellen, die zusammengenommen erst das Überleben sichern. Man muß alles machen, was sich einem anbietet, und man kann noch alles tun, weil in der ländlichen Produktionsweise Arbeitsteilung und Spezialisierung noch verhältnismäßig wenig entwickelt sind. Man ist nicht nur Tagelöhner oder Knecht, sondern – mit einer gewissen Rollenverteilung auf die einzelnen Familienmitglieder – dazuhin Kleinbauer, Gartenbesitzer, Saisonarbeiter, Gelegenheitshandwerker, Feierabendheimwerker, fliegender Händler usw. usf."[87] Gut untersuchte Beispiele einer solchen Beschäftigungs-Mixtur sind z.B. württembergische Händlerdörfer oder Hausierergemeinden. Die durch die Realteilung verkleinerten Betriebe können ihre Besitzer nicht mehr ernähren; zu den deshalb ausgeübten Nebentätigkeiten gehören Tagelöhnerei und Saisonarbeit. In der anstellungslosen Zeit betreibt ein Teil der Wanderarbeiter Hausierhandel, wobei er seine translokalen und oft transregionalen Erfahrungen sowie eigene handwerkliche Fertigkeiten und heimische Ressourcen nutzt. Neben fremden Waren vertreiben die „Händlerbauern" selbst verfertigte Produkte wie Rechen, Holzschüsseln, Schaufeln, und das Holz dazu stammt oft aus eigener oder verwandtschaftlicher Nebentätigkeit als Holzmacher. Die Überschreitung von Berufsgrenzen bedeutet also häufig die Überschreitung räumlicher Grenzen und damit das Nachhausebringen fremdkultureller Erfahrungen.[88]

Oft führte die Bricolage verschiedener Tätigkeitsformen auch über die Grenze zwischen materieller und künstlerischer Produktion. Populares Kunsthandwerk entstand häufig in Notsituationen, in denen die herkömmlichen Hauptberufe das Auskommen nicht mehr gewährleisteten – man denke nur an die bekannten erzgebirgischen Schnitz- und Klöppelarbeiten, mit denen sich verarmte Bergarbeiterfamilien über Wasser hielten. Alois Riegl stellt 1894 in seiner Studie „Volkskunst, Hausfleiß und Hausindustrie" den Zusammen-

---

87 Ebd., S. 40.
88 Vgl. Christian Glass: Von Haus zu Haus. Wanderhändler in Württemberg. In: Beiträge zur Volkskunde in Baden-Württemberg, Bd. 2. Stuttgart 1987, S. 133–162.

hang von Not und Kunst heraus: den Prozess, in dem die zahlreichen Handfertigkeiten der Landbevölkerung zur Herstellung volkskünstlerischer Waren genutzt wurden, deren Erlös die unzureichenden Erträge aus der landwirtschaftlichen Beschäftigung ergänzte.[89] Detailliert haben 1974 Utz Jeggle und Gottfried Korff am Beispiel des Zillertals dargestellt, wie eine u.a. durch Realteilung nicht mehr subsistenzfähige Agrarbevölkerung erst ins Vieh-, Käse-, Schmalz-, Branntwein- und Lampenölgeschäft einstieg und sich dann, die steigende städtische Volkslied- und Volksmusiknachfrage aufnehmend, auch noch als Jodler und Sänger betätigte – saisonal, z.T. im Vollberuf. In einer geradezu genialen Volte ernährten sie sich fortan von der künstlerischen Verherrlichung des einfachen und ursprünglichen Landlebens, mit dem sie aus Überlebensgründen gebrochen hatten.[90]

Dass der Notbehelf die Notüberwindung bringt, ist allerdings die Ausnahme (und dann meist, wie im Fall der Zillertaler, eine Sache von Generationen). Das gilt auch noch für die Industriegesellschaft, in der die unterschichtliche Berufsbricolage – Teilzeitbeschäftigungen, vor allem bei Frauen, Saisonarbeit, Schwarzarbeit – mutatis mutandis weiterbestand. Und es trifft sicherlich ebenso auf die „multiple jobholders" der Gegenwart zu, welche einen immer größer werdenden Teil der Berufstätigen stellen. Die meisten von ihnen arbeiten als „prekär Beschäftigte"[91] in Teilzeit-Billigjobs, von denen zwei oder mehr addiert werden müssen, bis ein für den Lebensunterhalt ausreichendes Einkommen erzielt ist. (In Deutschland waren um 2000 ca.

---

89 Vgl. Alois Riegl: Volkskunst, Hausfleiss und Hausindustrie. Mittenwald 1978, S. 59f.
90 Vgl. Utz Jeggle/Gottfried Korff: Zur Entwicklung des Zillertaler Regionalcharakters. Ein Beitrag zur Kulturökonomie. In: Zeitschrift für Volkskunde, 70. Jg. 1974, S. 39–57.
91 Als „prekär" gelten Beschäftigungsverhältnisse, deren Ertrag nicht die vollen Lebenshaltungskosten deckt und die weniger Rechte und Sicherungen gewähren, als sie bei Vollzeitarbeit üblich sind. In solchen Jobs arbeiteten in den 1960er Jahren ein Zehntel, in den 1990er Jahren schon ein Drittel der ArbeitnehmerInnen in Deutschland. (Vgl. Ulrich Beck: Schöne neue Arbeitswelt. Vision: Weltbürgergesellschaft. Frankfurt/M., New York 1999, S. 8.)

75% der „Minijobber" an mehr als einer Arbeitsstelle tätig.[92]) Trotz mancher Werbe- und Propagandaversprechen ist es kein großes Geheimnis, dass diese Form kombinierter Ökonomie nicht nur enorm auf die Knochen geht,[93] sondern auch nur selten zum Sprungbrett in besser bezahlte oder dauerhaftere Tätigkeiten wird.[94] Ähnliches gilt sicherlich für viele „multiple shopholders" aus der Unterschicht, sehr oft Migranten, die unselbständige mit selbständigen Tätigkeiten kombinieren oder an mehreren Kleinunternehmen in der Gastronomie oder im sei's stationären, sei's ambulanten Handel (z.B. in der Flohmarktbranche) beteiligt sind. Trotz der unzweifelhaften Kreativität, welche viele dieser Kleinunternehmer mit ihrem Blick für immer neue Verdienstmöglichkeiten, für Schnäppchen, für Marktlücken, für lokale Trends beweisen, können sicherlich wenige von ihnen mit dauerhafter Etablierung oder gar mit Expansion rechnen.

Es bedarf nicht der Ethnographie, um diese ökonomischen Perspektiven realistisch darzustellen, wohl aber kann und sollte sie dazu beitragen, die Innenseite dieses Geschehens zu erhellen. Werden die Bewältigung unterschiedlicher Jobs, die zeitliche Koordination der verschiedenen Arbeitsaufgaben sowie das Herausschlagen von Restzeiten für das Privatleben nur als Stress oder auch als Selbstbestätigung empfunden? Entspricht der Kreativitäts-Zuschreibung von außen ein Stolz auf die eigenen Fähigkeiten und Befriedigung über das Geleistete? Womöglich fühlen sich türkische Kleinhändler, die sich

---

92 Vgl. Mario Candeias: Prekarisierung der Arbeit und Handlungsfähigkeit. In: Das Argument, H. 256, 46. Jg. 2004, S. 398–413; hier S. 403.
93 Vgl. dazu die Erfahrungen und Beobachtungen in Barbara Ehrenreich: Arbeit poor. Unterwegs in der Dienstleistungsgesellschaft. München 2001.
94 Vgl. z.B. Johannes Giesecke/Martin Groß: Befristete Beschäftigung: Chance oder Risiko? In: Kölner Zeitschrift für Soziologie und Sozialpsychologie, 54. Jg. 2002, S. 85–108. Giesecke/Groß zufolge erhöht befristete Beschäftigung das Risiko, nach Beendigung der Beschäftigung wieder ein befristetes Beschäftigungsverhältnis zu erhalten oder arbeitslos zu werden. (Vgl. ebd., S. 85.) Siehe dazu von ethnographischer Seite Johannes Moser: Die verheißungsvollen Versprechungen der neuen Ökonomie. Arbeitsalltag in Dienstleistungsbranchen in Frankfurt am Main. In: Sabine Hess/Johannes Moser (Hg.): Kultur der Arbeit – Kultur der neuen Ökonomie. Kulturwissenschaftliche Beiträge zu neoliberalen Arbeits- und Lebenswelten. Graz 2003, S. 89–104.

als „Bürgersteigingenieure"[95] bezeichnen, angesichts ihrer bikulturellen Erfahrungen und ihrer transnationalen Netzwerke als Vettern der großen Global Players, welche ebenfalls Zeit-, Orts- und Branchenflexibilität, „nur" eben auf höherer Ebene, praktizieren. Und es wäre sicherlich voreilig, ein solches Selbstverständnis als Illusion abzuhaken, statt nach Realien oder Potentialen zu suchen, die solch eine Selbstsicht erklären und es manchmal sogar rechtfertigen, ihm vorwärtstreibende Momente zuzuerkennen.

Kreativismus und Neoliberalismus

Die Fülle an popularen Notbehelfs- und Überlebenskünsten, welche u.a. die ethnographische Forschung zutage gefördert hat, ist zweifellos geeignet, Vorurteile über eine habituelle Inflexibilität und Initiativlosigkeit von Unterschichtangehörigen zu erschüttern. Der ideologiekritische Effekt würde jedoch verspielt, wenn die Betonung dieser Fähigkeiten in die selbstberuhigende Formel überginge, dass „die gering Verdienenden ja doch ‚irgendwie' hinkommen, es ja immer einen Ausweg, ein Geheimnis der Lebenskunst gebe, von der diese Armen wissen."[96] Insbesondere ist es in der gegenwärtigen Krise der Arbeitsgesellschaft und des Sozialstaats angezeigt, den ethnographischen Respekt vor der „popular agency" nicht mit dem neoliberalen Appell an Flexibilität, Einfallsreichtum und Risikobereitschaft verwechselbar zu machen.

Nehmen wir als Beispiel das Thema flexibler Arbeitszeiten. Zunehmende Schichtarbeit, die Nacht-, Samstags- und Sonntagsarbeit einschließt, wird nicht nur von Arbeitgeberseite gern als Chance inseriert, aus dem fordistischen Massentrott auszubrechen und Tages- wie Wochenzeit individuell einzurichten. Auch in ethnographischen Studien liest man von „Zeitpionieren", welche sich mithilfe veränderter Arbeitszeiteinteilung „Spielräume zur Gestaltung der Le-

---

95 Vgl. Arnd-Michael Nohl: Jugend in der Migration. Türkische Banden und Cliquen in empirischer Analyse. Hohengehren 1996, S. 92–97.
96 So warnt Frigga Haug in einer Besprechung von Barbara Ehrenreichs Arbeit poor. Siehe Das Argument, 44. Jg. 2002, H. 245, S. 221–228; hier S. 221f.

bensführung"[97] geschaffen hätten. Doch bei genauerem Hinsehen wird deutlich, dass dabei nur von einer überschaubaren Gruppe gut qualifizierter Arbeitskräfte die Rede ist, die sich diese Spielräume meist gegen den Widerstand der Unternehmen erkämpft haben. Ganz anders sind offenbar die Situation und auch die Selbstsicht von „Kontischichtlern", welche Stefan Beck einige Jahre nach der Hörning-Studie untersucht hat.[98] Beck konstatiert bei dieser Gruppe von Arbeitnehmern, die sich – aus unterschiedlichen Gründen[99] – für ein die Normalarbeitswoche aufmischendes Schichtsystem[100] entschieden hatten, das ihnen mehr Freizeit unter der Woche einräumte, einen „Zwang zum Selbstmanagement aus einer Ohnmachtsposition heraus".[101] Einige Jüngere unter den Kontischichtlern sähen in der neuen Regelung zwar gewisse „Autonomiegewinne" und könnten ihre zeitliche Marginalisierung und Differenzerfahrung zumindest anfangs in positiv besetzte Andersheit und Distinktion ummünzen; die meisten Befragten betrachteten die flexiblere Wochenfreizeit aber vor allem wegen eines großen Planungsaufwands und einer Erschwerung von Sozialkontakten eher als Belastung.[102] Während die Hörning-Studie dem zeitautonomen Lebensstil ihrer Untersuchtengruppe „hohe Aussagekraft für den sozialen Wandel unserer Gegenwartsgesellschaft"[103] zuspricht, bezweifelt Beck, dass der Trend zur Individualisierung der Zeitplanung einen Freiheitszuwachs impliziert.[104]

---

97 Karl H. Hörning/Anette Gerhard/Matthias Michailow: Zeitpioniere. Flexible Arbeitszeiten – neuer Lebensstil. Frankfurt/M. 1990, S. 21.
98 Vgl. Stefan Beck: Nachmoderne Zeiten. Über Zeiterfahrungen und Zeitumgang bei flexibilisierter Schichtarbeit. Tübingen 1994.
99 Teils, so Beck, wegen der damit verbundenen Lohnzuschläge, teils wegen der Hoffnung auf eine Dauerstellung, teils, weil das Management Druck ausübte. (Vgl. ebd., S. 122–124.)
100 „Kontischicht, das bedeutet für den Betrieb die Möglichkeit, den Maschinenpark ohne Rücksicht auf Wochenenden und Feiertage rund um die Uhr in Bewegung zu halten. Für die Beschäftigten heißt das, ungefähr alle zwei Tage von Früh- auf Spät- und dann auf Nachtschicht zu wechseln, gefolgt von zwei- bis viertägigen Freizeitblocks, bis der nächste Schichtturnus beginnt" (ebd., S. 9).
101 Ebd., S. 180.
102 Vgl. Beck 1994, S. 176–180.
103 Hörning/Gerhard/Michailow 1990, S. 177.
104 Vergleichbare Resultate erbringt eine neuere, ebenfalls qualitative Studie über Leih-

Eine ähnliche Diskussionssituation wie beim Thema „Zeitpioniere" findet sich bei dem der „Raumpioniere", der trans- oder multinational operierenden Arbeitspendler. Es mangelt hier nicht an Wortmeldungen, welche die neue Selbstverständlichkeit eines multiple passport, den virtuosen Rückgriff auf unterschiedlich lokalisierte Ressourcen, die Verwandlung von cultural fixture in cultural mixture feiern; es fehlt aber auch nicht an Warnungen vor Illusionen. So kritisiert die US-amerikanische Kulturanthropologin Aihwa Ong ethnologische Studien, deren Darstellung des „diasporan subject" weniger auf die „'inescapebilities and particularities' of displaced peoples" als auf die freiwillige und erfolgreiche Transnationalität von Managern und Intellektuellen passe; hier handle es sich eher um eine Projektion der kosmopolitischen Absichten der Forscher als ein realistisches Abbild der Migrationswirklichkeit.[105] Ein deutschsprachiges Beispiel für eine die Zwänge und die Chancen der Transmigration gleichermaßen berücksichtigende Ethnographie sind die Untersuchungen von Sabine Hess über Au-pair-Mädchen, die zwischen Osteuropa und Deutschland pendeln. Hess grenzt sich gegen Studien ab, die den Eindruck von frei fließenden und glücklichen Mobilen vermitteln, stimmt jedoch nicht in einen Opferdiskurs ein: „Zur Mobilität gezwungen und auf die unteren Segmente der transnationalen Dienstleistungsmärkte abgedrängt, agieren (die Frauen) dennoch als selbstbewußt kalkulierende (…) Unternehmerinnen der eigenen Arbeitskraft."[106] Die ungleichen, durch Ausbeutungs-

---

     arbeiterInnen (Natalie Grimm: Flexibilität durch Leiharbeit: Zumutung oder Chance? In: SOFI-Mitteilungen Nr. 32, Dezember 2004, S. 129–139). Von 57 Interviewten erlebten nur sieben (13%) ihre Tätigkeit als positiv, u.a., weil man Abwechslung habe und mehrere Betriebe kennen lerne. Im Gegensatz zu dem „heroische(n) Idealbild des flexiblen Menschen, der risikofreudig in den unberechenbaren globalen Kapitalismus eintaucht" (ebd., S. 129), erlebe sich die Mehrheit der Befragten „auf dem Arbeitsmarkt, im Betrieb und im Arbeitsalltag als gefährdet und in verschiedener Hinsicht belastet, entwertet und stigmatisiert" (ebd., S. 138).
105 Vgl. Aihwa Ong: Flexible Citizenship. The Cultural Logics of Transnationality. Durham, London 1999, S. 13f.
106 Sabine Hess: Au pair – Sprungbrett in den Westen?! Zu einer Migrationsstrategie osteuropäischer Frauen. In: Klaus Roth (Hg.): Vom Wandergesellen zum „Green-Card"-Spezialisten. Interkulturelle Aspekte der Arbeitsmigration im östlichen Mitteleuropa. Münster usw. 2003, S. 297–314; hier S. 310.

strukturen gekennzeichneten Arbeitsverhältnisse in der Migration vermögen Hess zufolge nicht zu verhindern, dass am Ende doch subjektive Gewinne stünden: „So meinten alle Au-pair-Frauen am Ende ihres Aufenthalts, vor Selbstbewußtsein grinsend, daß sie sehr selbständig und selbstverantwortlich geworden seien und sich eine ‚normale' Frauenbiographie nun nicht mehr vorstellen könnten."[107]

Nun beleuchten Studien wie die von Beck und Hess, wie alle qualitativ vorgehende Forschung, nur einen kleinen Ausschnitt der zeitlichen und räumlichen Flexibilisierung des Arbeitskrafteinsatzes und können Erhebungen über die statistische Verteiltheit verschiedener Formen von Zeitflexibilisierung und Transmigration und deren jeweilige ökonomische, soziale, kulturelle Gewinne und Verluste für die Akteure nicht ersetzen. Was ethnographische Forschung leisten kann, ist nur die allmähliche Akkumulation von Einzelfallanalysen. Dabei hat sie freilich darauf zu achten, dass sie besonders problematische (extrem ausbeuterische, illegale usw.) Arbeitsverhältnisse nicht aus Gründen ihrer schlechteren Zugänglichkeit oder gar wegen ihrer deprimierenden Wirkung auf die Forschenden ausklammert. In diesem Punkt besteht durchaus Nachholbedarf: Bis heute gibt es keine deutschlandbezogene Ethnographie von „multiple jobholders" im Billiglohnsektor, die es mit Barbara Ehrenreichs teilnehmender Beobachtung an solchen Arbeitsplätzen aufnehmen könnte.[108] Zudem ist von ethnographischen Studien zu verlangen, dass sie die von ihr untersuchten Einzelfälle wenn nicht holistisch, so doch mehrdimensional abbilden. Das heißt einerseits, dem eigenen Abscheu oder Entzücken über den imposanten Versuch, die Beweglichkeit des Geldes zum Maßstab für die Flexibilität des Menschen zu machen,[109] systematisch zu misstrauen und aus der Akteursperspektive über die Vor- und Nachteile dieser Beweglichkeit zu informieren. Es bedeutet andererseits, diese Akteurs-

---

107 Ebd., S. 312. – Vgl. Sabine Hess: Globalisierte Hausarbeit. Au-pair als Migrationsstrategie von Frauen aus Osteuropa. Wiesbaden 2005. Auch hier ist der Tenor, dass eine „Skandalisierungsperspektive" auf die Lebens- und Arbeitsverhältnisse der Au-pairs zu kurz greife. (Vgl. ebd., S. 245–247.)
108 Vgl. Ehrenreich 2001.
109 Vgl. Christoph Deutschmann: Die Verheißung des absoluten Reichtums. Zur religiösen Natur des Kapitalismus. Frankfurt/M., New York 1998, S. 169.

sicht nicht auf Meinungsäußerungen und die Erhebungsmethode nicht auf Interviews zu reduzieren, sondern sich durch Beobachtung und Datenanalyse ein eigenes Bild von den Ursachen und Folgen – einschließlich der Langzeitfolgen – flexibilisierter Arbeits- und Lebensweisen zu machen. Nur dann ist es möglich, etwas über Situationsverklärungen und illusionäre Hoffnungen, aber auch über eventuelle unnötige Befürchtungen oder das Übersehen von Flexibilisierungschancen herauszubekommen, was dann zum Eruieren der kulturellen Hintergründe für Fehleinschätzungen oder selektive Wahrnehmung weiterführen kann. Erst die Kombination dieser Fragestellungen bietet einen vollen Ausgleich für den großen Nachteil der ethnographischen Forschung, dass ihre Ergebnisse niemals repräsentativ sein können.

Selbstinnovation und Selbstmodernisierung

„Eine große Zahl von Fähigkeiten und auch Praktiken, mit Mangelsituationen umzugehen – also Notlösungen zu finden – werden kontraproduktiv, wenn sie angesichts neuer Situationsanforderungen weiterhin praktiziert werden. Diese Einsicht ist mit schweren Kränkungen verbunden, gerade wenn man in der unverwüstlichen Findigkeit die eigene Stärke gesehen hatte."[110] Eva Senghaas-Knobloch schrieb dies 1992 den Überlebenden des Arbeiter- und Bauernstaats DDR ins Stammbuch, welche nach der Wende vielfach gehofft hätten, nun mithilfe ihrer „stark verbreiteten, ausgeprägten Improvisationsfähigkeiten (…) jene Innovationsbarrieren zu überwinden, die systembedingt so lange wirksam waren".[111] Den Unterschied von Improvisations- und Innovationsvermögen hat auch die ethnographische Herausarbeitung populärer Bricolage-Fähigkeiten prinzipiell nie verwischt. Volkskundlich-kulturwissenschaftliche ForscherInnen haben sich jedoch immer wieder dage-

---

[110] Eva Senghaas-Knobloch: Notgemeinschaft und Improvisationsgeschick. Zwei Tugenden im Transformationsprozeß. In: Martin Heidenreich (Hg.): Krisen, Kader, Kombinate. Kontinuität und Wandel in ostdeutschen Betrieben. Berlin 1992, S. 295–309; hier S. 304.
[111] Ebd.

gen gewehrt, unterschichtliche Kulturen als zwar improvisierende, aber nicht innovierende Kulturen zu definieren, die höchstens von oben und außen zu prinzipiellen Neuorientierungen gebracht werden können und diese, wenn überhaupt, dann nur widerwillig und langsam adaptieren. Diese Entdeckung von Prozessen populärer Selbstinnovation und Selbstmodernisierung[112] bedeutete einen radikalen Bruch mit primitivistischen Traditionslinien der Binnenethnologie. Zum einen, weil sie Neuerungsprozesse in der Volkskultur, welche die Volkskunde nur vom Wegsehen kannte und zum Anlass für Reliktforschung nahm, nun zu einem eigenen Fachgegenstand erklärte;[113] zum andern, weil sie diese Prozesse nicht primär als Verlust, sondern als Fortschritt bewertete. „(D)as Volk *ist modern!*"[114] – das war kein Schreckensruf, sondern ein Freudenschrei. Die zumindest partielle Affirmation der „Moderne", die sich hier zeigte, war so vielschichtig wie diese selbst. In ihr stritt oder vermischte sich von Anfang an die Befürwortung der unterschichtlichen Teilhabe an der bürgerlich-kapitalistischen Moderne mit Positionen, welche deren Errungenschaften nur sub specie ihrer Aufhebung in einer neuen, sozialistischen Gesellschaftsform begrüßten. Zugleich standen diese beiden Linien in einem Spannungsverhältnis zu den ebenfalls seit den 1970er Jahren zunehmenden Alternativbewegungen, welche an der Moderne primär natur- wie kulturzerstörende Züge wahrnahmen.

Diese Fragen werden in den folgenden Kapiteln zunächst an der Bedeutung des Selbstmodernisierungs-Theorems für die Erforschung dörflicher, d.h. als besonders traditionsverhaftet geltender Kulturen erörtert; danach wird ethnographischen Perspektiven auf die Innovationsleistungen einer genuin modernen Unterschicht, der Arbeiterschaft, nachgegangen. Hierbei werden einmal Forschungspositionen zum Verhältnis von Tradition und Innovation in der Arbeiterkultur – exemplarisch an einigen Aspekten der Arbei-

---

112 Unter „Modernisierung" werden im Folgenden Prozesse gefasst, die sich auf die Herausbildung der industriegesellschaftlichen Moderne beziehen. Mit „Innovation" dagegen werden alle Arten von technischer, sozialer oder kultureller Neuerung bezeichnet.
113 Vgl. Hermann Bausinger: Volkskultur in der technischen Welt. Stuttgart 1961.
114 Martin Scharfe: Volkskunde in den Neunzigern. In: Hessische Blätter für Volks- und Kulturforschung, N.F. Bd. 28, 1992, S. 65–76; hier S. 69.

terbewegungskultur – behandelt; sodann geht es um Modernisierungen der Lebensweise und des Habitus, entwickelt an den Themen „Selbstdisziplin" und „neue Genüsse", zuletzt um produktive und rezeptive Teilhabe an einzelnen, im engeren Sinn kulturellen Entwicklungen der Moderne.

Konservation und Innovation in der bäuerlichen Kultur

Die ethnographische Entdeckung oder Herausarbeitung populärer Selbstmodernisierung konzentrierte sich auf die Unterschichten der Industriegesellschaft, vor allem auf die Arbeiterschaft. Doch sie gab auch der Kulturgeschichte und Ethnographie der Agrargesellschaft Impulse. Ein prominentes Beispiel hierfür ist der DDR-Volkskundler Wolfgang Jacobeit, welcher sich in den 1960er Jahren gegen das u.a. von Wilhelm Heinrich Riehl gezeichnete Bild des „konservativen, traditionsbewussten, hinter der allgemeinen Entwicklung zurückgebliebenen Bauern" wandte und den „nicht zu übersehende(n) bäuerliche(n) Anteil am agrarischen Fortschritt schon vor den Reformen des 19. Jahrhunderts" betonte.[115] Bäuerliche Innovationsbereitschaft sieht Jacobeit u.a. in der eigeninitiativen Gründung bäuerlicher Hilfsgenossenschaften, die neue Intensivkulturen für den Markt anbauten, und bei frei gewordenen Bauern, die zielstrebig die Produktivität ihrer Wirtschaften hoben und manchen Ritter- und Domänengütern zum Vorbild wurden.[116] In dieselbe Richtung argumentieren einige Jahre später Gottfried Korff und Martin Scharfe in den „Grundzügen der Volkskunde".[117] Auch Korff wendet sich gegen Riehl, dessen Darstellung der „Westerwaldnot" Mitte des 19. Jahrhunderts den verarmten Bauern nur „dumpfe Resignation und Apathie" zuschreibe, sowie gegen andere zeitgenössische Beobachter, welche zähe Tra-

---

115 Wolfgang Jacobeit: „Traditionelle" Verhaltensweisen und konservative Ideologie. Marginalien aus dem Bereich der bäuerlichen Arbeit und Wirtschaft. In: Hermann Bausinger/Wolfgang Brückner (Hg.): Kontinuität? Geschichtlichkeit und Dauer als volkskundliches Problem. Berlin 1969, S. 67–75; hier S. 68f.
116 Vgl. ebd., S. 70.
117 Martin Scharfe: Geschichtlichkeit. In: Hermann Bausinger u.a.: Grundzüge der Volkskunde. Darmstadt 1978, S. 127–203.

ditionsbindung als eine der Elendsursachen diagnostizierten, und verweist auf „die Entwicklung neuer Verhaltensformen als Strategien der Lagebewältigung". Als solche führt er erstens die Etablierung eines Wandergewerbes an, welches die spätere Keramikindustrie im Westerwald mitinitiiert habe, zweitens Innovationen der bäuerlichen Wirtschaft und Lebensform selbst, die von den Wanderhändlern gefördert werden: „Düngemittel, neue Anbaumethoden und Maschinen werden von den ‚Gereisten' eingeführt, ebenso wie neue Haushaltsgegenstände und Wohnstandards – wie Tapeten oder Fenstervorhänge."[118] Bei allen genannten Autoren wird die Theorie vom bäuerlichen Konservativismus nicht einfach auf den Kopf gestellt: Scharfe spricht von der „bedingten Novationsbereitschaft" der Bauern und Dorfhandwerker,[119] Jacobeit von einer bäuerlichen „Skepsis vor ‚Neuerungen'".[120] Doch diese Resistenzen werden nicht als spontanes Festhalten am Gewohnten, sondern als Ergebnis von rationalen Abwägungen der Vor- und Nachteile von Veränderungen gewertet. Dass Bauern z.B. neuen Produktionstechniken gegenüber zurückhaltend seien, wird mit der Absicht erklärt, den Betrieb erst dann den neuen Geräten und Arbeitsweisen anzupassen, wenn dadurch die Gewähr für erhöhte Rentabilität und Produktivität gegeben sei.[121]

Eine ähnliche Argumentation findet sich in gegenwartsbezogenen Untersuchungen zur Agrarkultur. Ein Beispiel dafür ist die ebenfalls 1978 erschienene Feldforschungsstudie des Volkskundlers Max Matter über das Innovationsverhalten von Bauern bzw. Arbeiterbauern im schweizerischen Lötschental.[122] Matter kritisiert einen Zweig der agrarsoziologischen Innovationsforschung, der sich an US-amerikanischen Untersuchungen orientiere, welche der lokalen Akzeptanz, vor allem der fehlenden lokalen Akzeptanz von außen lancierter Innovationsprojekte gegolten habe. Die meisten dieser

---

118 Gottfried Korff: Kultur. In: Hermann Bausinger u.a.: Grundzüge der Volkskunde. Darmstadt 1978, S. 17–80; hier S. 68–71.
119 Scharfe 1978, S. 147.
120 Jacobeit 1969, S. 73.
121 Vgl. ebd. Siehe auch Scharfe 1978, S. 17.
122 Max Matter: Wertsystem und Innovationsverhalten. Studien zur Evaluation innovationstheoretischer Ansätze durchgeführt im Lötschental/Schweiz. Hohenschäftlarn 1978.

Studien hätten nie „die Frage gestellt, ob sich die zu verbreitende Neuerung tatsächlich für diejenigen, die sie hätten annehmen sollen, positiv ausgewirkt und welche Folgen die Übernahme überhaupt gehabt hätte".[123] Matter selbst untersucht die Geschichte einer in den 1960er Jahren versuchten Neuerung der Lötschentaler Schafzucht, der Einführung des weißen Alpenschafs anstelle des einheimischen Schwarznasenschafs. Viele Schafhalter folgten demnach zunächst dem Rat der Agronomen, die das weiße Schaf wegen seines besseren Fleisches und seiner früheren Schlachtreife als wirtschaftlicher empfahlen, kehrten jedoch zur Enttäuschung der Agrarwissenschaftler nach einigen Jahren wieder zum Schwarznasenschaf zurück. Matter stellt plausibel dar, dass dieses Verhalten durchaus nicht irrational war, sondern mit dem spezifischen lokalen Bedarf zusammenhing.[124] Auch für andere Innovationsfragen – etwa was die zögerliche Mechanisierung der Landwirtschaft angeht – plädiert Matter dafür, statt mentaler Hemmschwellen eher ökonomische und infrastrukturelle Faktoren verantwortlich zu machen.[125]

In den 1980er und 1990er Jahren kamen neue Akzente in diese Diskussion. Ethnographische Gegenwartsstudien zur Dorfkultur übten zwar immer noch Kritik am Bild ländlicher Rückständigkeit. Heinz Schilling wendet sich in seiner Studie „Neue Dörflichkeit" gegen das Klischee vom ungebildeten Dörfler und sucht nachzuweisen, dass Dörfer entgegen dem Urteil vieler Planer und Dorferneuerer in Wohnqualität, Versorgungsgrad und Freizeitmöglichkeiten durchaus mit modernen städtischen Standards mithalten können.[126] Thomas

---

123 Ebd., S. 219f.
124 Dass mit dem weißen Schaf mehr Gewinn erzielbar war, war Matter zufolge nur begrenzt relevant, da man im Lötschental primär für den Eigenbedarf züchtete; seine schönen Keulen interessierten ebenfalls wenig, da man am Ort vor allem Trockenfleisch produzierte, wofür das weiße Schaf zu fett war. Nicht zuletzt hatten die Schwarznasenschafe wegen ihrer schwarzen Flecken und der auch bei weiblichen Tieren vorhandenen Hörner größere Chancen bei den ortsüblichen Schafwettbewerben, deren Sieger prämiert wurden und teuer verkauft werden konnten. (Vgl. ebd., S. 206–209.)
125 Ebd., S. 214f.
126 Vgl. Heinz Schilling: Neue Dörflichkeit. Urbanisierung ohne Urbanität im Rhein-Main-Gebiet. Habilitationsschrift/Ms., Frankfurt/M. 1992, S. 46 und S. 389.

Flieges Feldforschung über bäuerliche Lebensstile stellt sich gegen agrarsoziologische Studien, welche den Bauern intellektuelle und organisatorische Modernisierungshemmnisse zuschreiben, und attestiert seinen ProbandInnen eine „problemadäquate" Synthese moderner und vormoderner Regulierungsmechanismen; wo an Letzteren festgehalten werde, zeige sich darin „kein innovationsfeindlicher Akt, sondern ökonomische Rationalität".[127] Doch mehr als früher ist nun von Schattenseiten oder Irrwegen der Landmodernisierung die Rede, von einem bäuerlichen Mitläufertum bei der Industrialisierung,[128] von positiven Seiten der früheren Subsistenzwirtschaft,[129] dem Vordringen einer geradlinigen, sterilen Dorfarchitektur[130] und einer kulissenhaften „Gemütlichkeitsmöblierung", welche diese Sterilität kompensieren soll.[131] Eine Rückkehr zu zivilisationsfeindlichen und sozialkonservativen Positionen findet jedoch nicht statt. Die ökologisch und, seltener, antikapitalistisch motivierte Kritik der Dorfentwicklung bleibt dem Modernisierungsideal in dem entscheidenden Punkt treu, dass sie diese Entwicklung am Ziel demokratischer Partizipation und freier Individuation misst[132] und diesem entgegenstehende Dorftraditionen – z.B. „Anpassungsbereitschaft, isolationistisches, vorurteilshaftes Denken und politische Apathie"[133] – beim Namen nennt. Heinz Schilling etwa moniert eine „Verstäd-

---

127 Thomas Fliege: Bauernfamilien zwischen Tradition und Moderne. Eine Ethnographie bäuerlicher Lebensstile. Frankfurt/M., New York 1995, S. 419.
128 Vgl. Utz Jeggle: Betrachtungen zur Dorfentwicklung. In: Eckart Frahm/Wiklef Hoops (Hg.): Dorfentwicklung. Aktuelle Probleme und Weiterbildungsbedarf. Tübingen 1987, S. 217–236.
129 Vgl. Dieter Kramer: Armut und Reichtum müssen neu definiert werden. In: Bundesvereinigung Kulturelle Jugendbildung e.V. (Hg.): Kulturarbeit und Armut. Konzepte und Ideen für die kulturelle Bildung in sozialen Brennpunkten und mit benachteiligten jungen Menschen. Remscheid 2000, S. 85–96.
130 Vgl. Ronald Lutz: Auf-Brüche im Dorf. Schneisen der Moderne. In: Helmut Burmeister/Martin Scharfe (Hg.): Stolz und Scham der Moderne. Die hessischen Dörfer 1950–1970. Erträge einer Tagung der Hessischen Vereinigung für Volkskunde e.V. in Hofgeismar 1993. Hofgeismar 1996, S. 69–80.
131 Vgl. Schilling 1992, S. 525.
132 Vgl. Albert Ilien/Utz Jeggle: Leben auf dem Dorf. Zur Sozialgeschichte des Dorfes und zur Sozialpsychologie seiner Bewohner. Opladen 1978.
133 Wolfgang Kaschuba/Carola Lipp: Dörfliches Überleben. Zur Geschichte mate-

terung ohne urbanes Leben",[134] ein gegen Neue und Neues misstrauisches Vereinsleben, ein noch immer anzutreffendes „despotisches Gemeinschaftsideal", dem – dialektisch – ein „individualistisches Rückzugsideal" korrespondiere.[135] Von der Tradition bürgerlich-bornierten Bauerntadels unterscheidet sich diese Diagnose nicht zuletzt dadurch, dass Schilling Tendenzen zu „Intoleranz, Autoritätsfixierung, Fremdenangst"[136] immer wieder mit kleinbürgerlichen Verhaltensmustern parallelisiert, welche auch den Städten die Urbanität zu rauben drohen.[137] Die nicht mehr selbstgewiss aufklärerische, sondern selbst aufgeklärte Dorfethnographie macht deutlich: Privatistische Abschottung und soziale Schließung, mit einem alten Wort: Idiotie, ist keine Spezialität des Landlebens.

Die Modernität der Arbeiterkultur

Die kreative Kraft, welche das Land der Stadt unterwarf und die meisten Bauern zu Arbeitern machte, war das Bürgertum. Der „vierte Stand" der vorindustriellen Gesellschaft war in dieser Entwicklung Mitläufer, insofern auch er überzeugt war, dass Stadtluft frei mache. Aber ebenso wusste er, dass Fabrikluft unfrei machte: Nicht eigener Fortschrittswille, sondern eine Mischung von strukturellen und angewandten Zwängen ließ ihn der Industriegesellschaft beitreten. Der Grundvorgang, dass die industrielle Lohnarbeit verarmten, oft gezielt enteigneten Bevölkerungsgruppen mit vielfältigen inner- und außerbetrieblichen Maßnahmen aufgezwungen wurde, ist von der alltagsgeschichtlich orientierten Arbeiterforschung nicht bestritten oder ausgeblendet worden. Auffällig ist jedoch, dass sie dennoch nicht das Bild in Ketten geführter Arbeitssklaven zeichnete, sondern immer wieder die eigenständigen Innovationsleistungen hervorhob, mit denen die Industrie-

---

rieller und sozialer Reproduktion ländlicher Gesellschaft im 19. und frühen 20. Jahrhundert. Tübingen 1982, S. 232.
134 Schilling 1992, S. 535.
135 Ebd., S. 553.
136 Ebd., S. 523.
137 Vgl. ebd., S. 46, S. 523, S. 531f.

arbeiterschaft auf die oktroyierte Innovation namens Industriekapitalismus antwortete.

Einflussreich war hierbei die Sichtweise, die Edward P. Thompson 1963 in „The Making of the English Working Class" entwickelte und Michael Vester 1970 in seinem Buch „Die Entstehung des Proletariats als Lernprozess" für die deutsche Arbeiterbewegungsgeschichte nutzbar machte. Doch es gab auch einen volkskundlichen Vorlauf, auf den sich diese Theorie der proletarischen Selbstmodernisierung berufen konnte und berief: Will-Erich Peuckert, der 1959 in einem Aufsatz über „Probleme einer Volkskunde des Proletariats"[138] auf die von der Arbeiterschaft entwickelten Organisations- und Kommunikationsformen hinwies, und Wolfgang Steinitz, der in denselben Jahren „die ‚innovativen Traditionen' der Arbeiterkultur am Beispiel des Arbeiterliedes"[139] darstellte. Die volkskundlich-kulturwissenschaftliche Arbeiterforschung revidierte damit seit den 1970er Jahren ältere Tendenzen, welche Arbeiterkultur, wie Peter Assion kritisch feststellt, nur als eine „im Industrialisierungsprozeß verkommene Bauern- und Handwerkerkultur"[140] oder den Proletarier als jemand beschrieben hatten, der „die Tradition leugnet, um ihr unbewußt doch zu unterliegen".[141] Die spezielle Leistung dieser Forschung bestand darin, dass sie der Traditionalismus-These dorthin nachging, wo sie ihre größte Plausibilität hat und wo überdies der ererbte Claim der volkskundlichen Forschung liegt, nämlich zur ländlichen, noch in vielfältiger Weise bäuerlich und handwerklich geprägten Arbeiterschaft, und zu scheinbar vormodernen Protestformen, Festformen und Glaubensinhalten, die sich nicht nur

---

138 Will-Erich Peuckert: Probleme einer Volkskunde des Proletariats. In: Zeitschrift für Volkskunde, 55. Jg. 1959, S. 11–23.
139 Gottfried Korff: Volkskultur und Arbeiterkultur. Überlegungen am Beispiel der sozialistischen Maifesttradition. In: Geschichte und Gesellschaft, 5. Jg. 1979, S. 83–102; hier S. 86. Vgl. auch Wolfgang Steinitz: Arbeiterlied und Volkslied. Berlin/DDR 1965; Ders.: Deutsche Volkslieder demokratischen Charakters aus sechs Jahrhunderten. Bd. I: Berlin/DDR 1955; Bd. II: Berlin/DDR 1962.
140 Peter Assion: Arbeiterforschung. In: Rolf W. Brednich (Hg.): Grundriß der Volkskunde. Einführung in die Forschungsfelder der Europäischen Ethnologie. Berlin 2001, S. 255–279; hier S. 256.
141 Richard Weiss: Volkskunde der Schweiz. Erlenbach-Zürich 1946, S. 19.

in der Alltagskultur der Arbeiterschaft, sondern auch der politischen Kultur der Arbeiterbewegung finden ließen. Dabei wurde die Herausarbeitung des Kontext- und damit Funktionswandels älterer Kulturmuster, wie sie von der reformierten Volkskunde schon vorher gegen fachverbreitete Vorstellungen von der schlichten Kontinuität bäuerlichen Handelns und Denkens eingeübt worden war, auf Arbeiterkulturfragen angewandt.

Ohne Zweifel entstammte der Großteil der Industriearbeiter aus der ländlichen Bauern- und Handwerkerschaft, und es war selbstverständlich, dass deren Bedürfnisse, Überzeugungen, Aktions- und Kommunikationsformen nicht von einer Generation auf die andere verschwinden würden.[142] Auch von der volkskundlich-kulturwissenschaftlichen Arbeiterforschung wurde keineswegs geleugnet, dass die Arbeiterbewegung sich oft gegen wirtschaftliche Dynamisierung und gesellschaftliche Innovationen wandte, welche die Bildungs- und Verwaltungseliten propagierten, wohl aber zu bedenken gegeben, ob diese Modernisierungskonflikte statt als spontane und unterschiedslose Beharrungstendenzen nicht als wohl begründete Abwehrmaßnahmen gegen Verschlechterungen von Arbeits- und Lebensweise zu verstehen seien.[143] Die Arbeiterbewegung, so wurde postuliert, sog diesen rückwärts orientierten Antikapitalismus auf und entwickelte eine Zukunftsperspektive,[144] wobei sie vor allem in den ersten Jahrzehnten gern auf vormoderne Protestformen zurückgriff, diese jedoch der neuen Situation und den neuen Zielen entsprechend verwandelte.

Diese Argumentation wird in zahlreichen Studien zur Arbeitergeschichte durchdekliniert. So sucht Gottfried Korff für die sozialistischen Maifeiern aufzuzeigen, dass diese zwar in der Linie der popularen Feiertagstradition

---

142 Vgl. z.B. Dieter Kramer: Theorien zur historischen Arbeiterkultur. Marburg 1987, S. 43.

143 Vgl. Wolfgang Kaschuba: Ritual und Fest. Das Volk auf der Straße. Figurationen und Funktionen populärer Öffentlichkeit zwischen Frühneuzeit und Moderne. In: Richard van Dülmen (Hg.): Dynamik der Tradition. Studien zur historischen Kulturforschung IV. Frankfurt/M. 1992, S. 240–267; hier S. 241 und S. 247.

144 Vgl. Kaspar Maase: „Leben einzeln und frei wie ein Baum und brüderlich wie ein Wald…" Wandel der Arbeiterkultur und Zukunft der Lebensweise. Frankfurt/M. 1985, S. 66.

und Volksfestmentalität stehen, aber letztlich nicht primär von überlieferten Denk- und Deutungsmustern ihre Richtung erhalten, sondern von politischen Intentionen der Arbeiterbewegung: Am Arbeitermai werde nicht nur Feiertag gegen Alltag gesetzt, sondern in der Tat für die Realisierung einer Alternativkultur gekämpft.[145] Ganz ähnlich zeigt Wolfgang Kaschuba an Volks- und Arbeiterprotesten der Vormärzzeit und der 1848er-Revolution, dass sie zwar vielfach an handwerkliche Rechtsvorstellungen und Aktionsformen anknüpften, diese aber für neue Zielstellungen umfunktionierten. Kaschuba spricht deshalb von einer „Dynamik der Tradition" und von Volkskultur als einer „Schleuse in die Moderne".[146]

In der Erforschung populärer Frömmigkeit geübt, widmen sich die historische Volkskunde und Anthropologie auch dem Phänomen, dass die Arbeiterbewegung vielfach an christlichen Traditionen andockt: sei es, dass nordmährische Bergleute Geld für eine 1.-Mai-Messe sammelten, bei welcher der Priester für den Achtstundentag beten sollte,[147] sei es, dass Mitglieder des Allgemeinen Deutschen Arbeitervereins im katholischen Rheinland und in Oberschlesien Ferdinand Lassalle mit Danklidern und Andachtsbildern als neuen Heiligen feierten.[148] Diese Rituale werden jedoch nicht als vormoderne Relikte interpretiert. Das religiöse Kulturerbe, so Korff, bekomme hier über neue Situationsdeutungen neue Funktionen. Ganz anders als bei der gleichzeitigen Mobilisierung kirchlicher Traditionen gegen die entstehende Arbeiterbewegung, wie z.B. der Indienstnahme des Josefskults für die Arbeitermission, werde dieses Erbe im Lassallekult „*interpretativ* eingeholt und *demonstrativ* in eine aktuelle politische Interessenkonstellation eingebaut.

Die Demonstrationsabsicht steht im Vordergrund; sie kann bis zu offensiven Protestäußerungen gehen."[149]

---

145 Vgl. Korff 1979.
146 Kaschuba 1992, S. 267.
147 Vgl. Korff 1979, S. 100.
148 Vgl. Gottfried Korff: Politischer „Heiligenkult" im 19. und 20. Jahrhundert. In: Zeitschrift für Volkskunde, 71. Jg. 1975, S. 202–220.
149 Ebd., S. 206.

Nun fügen sich nicht alle Verbindungen von Tradition und Innovation, die sich in der Arbeiterbewegung beobachten lassen, dem Schema der mehr oder minder schnellen Umschmelzung des Alten für neue Gebrauchszwecke. Es ist nicht nur, wie die Habitusforschung ja immer wieder zeigt, mit hartnäckiger „Hysteresis" zu rechnen, d.h. damit, dass Handlungskonzepte die Situationen überleben, für die sie passgenau waren, sondern auch mit Amalgamierungen. So können soziale Zwischenlagen – von Arbeiterbauern etwa oder von Pendlern zwischen städtischem Arbeits- und ländlichem Lebensumfeld – zu einem schwer entwirrbaren Ineinander vormoderner und moderner Orientierungen führen, wobei manchmal schwer zu sagen ist, welche von beiden nun die umfunktionierte und welche die umfunktionierende Kraft darstellt. Auf ein Beispiel hierfür stieß eine Tübinger Projektgruppe, die Ende der 1970er Jahre die Geschichte der Arbeiterbewegung in Mössingen, einem (1974 zur Stadt gewordenen) Dorf am Fuß der Schwäbischen Alb, untersuchte.[150] Mössingen bildete lange Zeit eine evangelische Ecke in einem katholisch dominierten Oberamtsbezirk, was zum verbreiteten Selbstbild vom immer schon rebellischen Mössinger beitrug. In den ersten Jahrzehnten des 20. Jahrhunderts war der einstige Bauern- und Rechenmacherort, der inzwischen mehrere Textilfabriken und zahlreiche nur noch als Nebenerwerbsbauern tätige Industriearbeiter beherbergte, in zwei große Lager gespalten: ein bäuerlich-pietistisches und ein kommunistisches. Die Feindseligkeit zwischen diesen Lagern konnte jedoch subkutane Verbindungslinien nicht ganz verdecken. Einer der ehemaligen Führer der örtlichen KPD, ein Handwerksmeister, vertrat einen Mössinger Marxismus, dessen radikalste Formulierungen der christlichen Tradition verpflichtet waren. Die Verwerfung des kapitalistischen Systems lautete bei ihm „Die Welt ist ein Schwindel", die Sozialdemokraten waren „die Lauen", die es auszuspucken galt; die sozialistische Revolution nannte er „die Stunde, wo sich das Unkraut vom Weizen jäten wird", wo „Gerichtstag gehalten" und „Heulen und Zähneklappern" herrschen werde. Er demonstrierte den Interviewern seine Kennerschaft des Marx'schen „Kapital", sagte

---

150 Vgl. Hans-Joachim Althaus u.a.: Da ist nirgends nichts gewesen außer hier. Das ‚rote Mössingen' im Generalstreik gegen Hitler. Geschichte eines schwäbischen Arbeiterdorfes. Berlin 1982.

zugleich aber stolz: „Ich hab die Bibel gelesen. Alleweil besser als die."[151] Man dürfte es sich zu leicht machen, wenn man hier nur einen sprachlichen Nachhall pietistischer Bibelstunden vermuten würde, an denen das spätere KPD-Mitglied in seiner Jugend teilgenommen hatte. Dazu ist die Korrespondenz zwischen der Revolutionshoffnung und der eschatologischen Naherwartung, die der schwäbische Pietismus seit dem späten 18. Jahrhundert immer wieder aktiviert hat, zu groß. Die kommunistische Überzeugung könnte sich in diesem Fall tatsächlich aus der Quelle einer alten Heilserwartung speisen, wie sie der Liberalismus jedem Marxismus angedichtet hat. Dass das Mössingen-Buch dieser Liaison von Pietismus und Dorfkommunismus nicht genauer nachgegangen ist, lässt sich als Beispiel dafür nehmen, dass die berechtigte Abwehr dagegen, Entsprungenes auf seinen Ursprung zu reduzieren, sich mitunter mit einem Gegenwartsnarzissmus verbündet, der manche Gemeinsamkeit aufgeklärter neuer mit „unaufgeklärten" alten Intentionen zu leugnen neigt.[152]

---

[151] Alle Zitate aus den Interviewtranskripten des Projektarchivs „Mössingen", Sammlung des Ludwig-Uhland-Instituts der Universität Tübingen.

[152] Eine andere interessante und seinerzeit unbehandelte Frage ist die nach Parallelen zwischen dem Ablaufmuster des Mössinger Generalstreiks und dem früherer ländlicher Aufstände. Der Werbeumzug durch die Dorfstraßen am Vorabend des Streiks, der Einsatz von Trommeln und Pfeifen – Volksinstrumente, die schon in den Bauernkriegen den „Pauken und Trompeten" der Feudalherrschaft opponieren –, das Mitführen einer eigens verfertigten „Fahne" (hier eines großen, ad hoc gemalten Transparents „Heraus zum Massenstreik"), die von der schwachen Obrigkeits- und Polizeipräsenz am Ort genährte Risikobereitschaft, das unheroische, sprich besonnene Zurückweichen beim Eintreffen einer bewaffneten Übermacht, das spätere Verhalten vor Gericht, wo viele Streikzugteilnehmer politische Motive leugneten und, massenpsychologische Stereotype nutzend, sich auf Neugier oder gar Dummheit herausredeten – all diese Handlungselemente haben lange ländliche Traditionen. Vgl. dazu Andreas Suter: Informations- und Kommunikationsweisen aufständischer Untertanen. In: Jan Peters (Hg.): Gutsherrschaftsgesellschaften im europäischen Vergleich. Berlin 1997, S. 55–68.

Selbstbeherrschung und Selbstherrschaft

Die Arbeiterbewegung als eine moderne Form kollektiver Selbstorganisation war die Antwort auf eine Modernisierung des Alltagslebens, welche zweifelsohne nicht den Unterschichten entsprungen, sondern ihnen aufgezwungen wurde: die Lohnarbeit in der Fabrik. Die volkskundliche und anthropologische Historik stellte eindringlich die vielfältigen Maßnahmen dar, mit denen Staat und Unternehmerschaft den Unterschichten die allgemeine Arbeitsamkeit, die durchgetaktete Kooperation unter fremdem Regiment, die der Bedienung einer „Großen Maschinerie" entsprechende Fabrikdisziplin beizubringen suchten. Sie tat das in Studien über Armen- und Arbeitshäuser,[153] über die Einführung von Fabrikordnungen,[154] über die Konstruktionsprinzipien von Arbeitersiedlungen.[155] Und sie beschrieb, wie staatliche Instanzen und gesellschaftliche Gruppen neben der Arbeitsweise auch die Lebensweise der Arbeiterschaft in doppeltem Sinn zu rationalisieren suchten, wie über schulische, militärische, kirchliche Erziehung, über Sozialverbände wie Krankenkassen und Stadtmissionen, über Volksbildungskurse und Massenmedien auf effektives Haushalten, körperliche und seelische „Sauberkeit", „gesunde" Ernährung und eine die Reproduktion der Arbeitskraft fördernde Freizeitgestaltung hingewirkt wurde. Sie zeichnete nach, wie sich Arbeiter

---

153 Vgl. u.a.: Lisgret Militzer-Schwenger: Armenerziehung durch Arbeit. Eine Untersuchung am Beispiel des württembergischen Schwarzwaldkreises 1806–1914. Tübingen 1979; Regina Giebel: „Es ist alles schön und gerecht hier. Wir haben sogar Eisenstäbe vor den Fenstern, daß keiner rausfallen kann. So schön, wie ich es hier habe, bekomme ich es in meinem Leben nie wieder": „Arbeitsscheue", „entmündigte Trinker" und „Land- und Ortsarme" in der hessischen Korrektions- und Landarmenanstalt Breitenau 1877–1933. Magisterarbeit Tübingen 1990.

154 Vgl. z.B. Alf Lüdtke: Arbeitsbeginn, Arbeitspausen, Arbeitsende. Skizzen zu Bedürfnisbefriedigung und Industriearbeit im 19. und 20. Jahrhundert. In: Gerhard Huck (Hg.): Sozialgeschichte der Freizeit. Untersuchungen zum Wandel der Alltagskultur in Deutschland. Wuppertal 1980, S. 95–122.

155 Vgl. z.B. Christel Köhle-Hezinger/Walter Ziegler (Hg.): „Der glorreiche Lebenslauf unserer Fabrik". Zur Geschichte von Dorf und Baumwollspinnerei Kuchen. Weißenhorn 1991; Jörg Haspel u.a. (Red.): Arbeiter. Kultur und Lebensweise im Königreich Württemberg. Tübingen 1979, S. 33–43.

gegen diese Disziplinierung sperrten, wobei sie – wie schon bei den „innovationsfeindlichen" Positionen der Arbeiterbewegung – die rationalen Momente dieses Eigensinns hervorzuheben suchte: das berechtigte Misstrauen gegen Vorschläge und Eingriffe, welche Modernisierung der Lebensführung vor allem als neue Arbeits- und Gehorsamspflichten – „Demut, Fleiß, Ordnung und Reinlichkeit"[156] – buchstabierten. Gleichzeitig jedoch bemühten sich Vertreter der ethnographischen Arbeiterforschung zu zeigen, dass die Arbeiter, Arbeiterinnen und Arbeiterfrauen dort, wo sie es als für sich sinnvoll ansahen, moderne Formen der Sozialdisziplin in die Eigenregie übernahmen. „Betroffene Besitzlose", schreibt Alf Lüdtke, „reklamierten oder praktizierten z.B. in den Formen, in denen sie sich seit dem späten 19. Jahrhundert ‚kolonisierende' Zugriffe – von der ‚Bildung' bis zur ‚Hygiene' – aneigneten, stets auch eigene Formen der Lebensführung. Nicht ausgeschlossen war dabei, die ‚progressiven' Aspekte neuer Zumutungen und Angebote durchaus zu nutzen."[157] Lüdtke erwähnt hierbei neben der Beschäftigung mit Nährwerten oder der Hygiene der Säuglingspflege die Nutzung und Umnutzung der neuen Arbeitsgesetzgebung.[158]

---

156 Vgl. Christoph Sachße/Florian Tennstedt: Sicherheit und Disziplin. Eine Skizze zur Einführung. In: Dies. (Hg.): Soziale Sicherheit und soziale Disziplinierung. Frankfurt/M. 1986, S. 11–44; hier S. 36.

157 Alf Lüdtke: Einleitung. Was ist und wer treibt Alltagsgeschichte? In: Ders. (Hg.): Alltagsgeschichte. Zur Rekonstruktion historischer Erfahrungen und Lebensweisen. Frankfurt/M., New York 1989, S. 9–47; hier S. 23f. – Siehe auch Wolfgang Kaschuba: Lebensweise und Kultur der unterbürgerlichen Schichten im 19. und 20. Jahrhundert. München 1990, S. 23–25.

158 Auch Kaspar Maase betont, dass die Ausbreitung einer industrie- und marktgesellschaftlichen Arbeiterlebensweise sich nicht als „Resultat bürgerlicher Zivilisierungsanstrengungen" verstehen lässt: „In schmerzhafter Selbsterziehung lernte man, die Anforderungen des Arbeitsmarkts und der eigenverantwortlichen Reproduktion mit Traditionen des Lebensgenusses und mit wachsenden Freizeitwünschen zu vereinen. (…) Rationeller Umgang mit Zeit und Arbeitskraft, (…), Selbstorganisation von Freizeitinteressen im Verein, Investition in Schule und Fachwissen als Aufstiegsinstrument (…) – derartige Muster erwiesen sich auch für Arbeiter als praktikabel und vorteilhaft, da das Bürgertum sie schon für industriell-kapitalistische Arbeits- und Zeitverhältnisse entwickelt hatte. Nun bedienten

Vor allem die volkskundlich-kulturwissenschaftliche Arbeiterforschung ist der Frage der Selbstdisziplin nicht zuletzt in Studien zum Protestverhalten nachgegangen. Die Studie „Als die Deutschen demonstrieren lernten"[159] sucht zu zeigen, dass es die sozialdemokratisch organisierte Arbeiterschaft war, welche dem Kulturmuster der friedlichen Massendemonstration in Deutschland zum Durchbruch verhalf. Sich in Reihen und Kolonnen zusammenfindend, betont ruhig vorwärtsschreitend, oft ostentativ eine Zigarre rauchend, den Straßenverkehr durch eigene Ordner regelnd, wollten die sozialdemokratischen Arbeiter vorführen, dass die „Selbstherrschaft der Massen"[160] möglich ist: „Wo der soziale Protest noch ein plebejisches Prinzip defensiven Aufbegehrens ‚gegen die Ordnung' verkörpert, symbolisiert die Straßendemonstration bereits das proletarische Prinzip einer ‚Gegenordnung', den szenischen Entwurf einer politisch-sozialen Gegenmacht, in der sich eine gesellschaftliche Alternative andeutet."[161]

Die Interpretation der kaiserzeitlichen Arbeiterdemonstrationen als Antizipation einer sich selbst regulierenden Zivilgesellschaft wandte sich gegen das Bild von den großstädtischen Unterschichten als classes dangereuses, deren Zusammenfinden zu einer „Auflaufmasse" mit der Entfesselung niederster Instinkte zusammenzugehen pflege – eine Vorstellung, die auch in der Gegenwart nicht aus dem politischen und nicht ganz aus dem wissenschaftlichen Diskurs verschwunden ist. So referiert Peter Sloterdijk, unter Bezug auf Elias Canettis „Masse und Macht", beifällig die Auffassung, dass „die Masse, als Auflaufmasse verstanden, nie anders als im Zustand der Pseudoemanzi-

---

sich auch Arbeiter und Arbeiterinnen, durchaus wählerisch und eigensinnig, aus diesem Musterbuch" (Kaspar Maase: Grenzenloses Vergnügen. Der Aufstieg der Massenkultur 1850–1970. Frankfurt/M. 1997, S. 72f.).
159 Bernd Jürgen Warneken (Hg.): Als die Deutschen demonstrieren lernten. Das Kulturmuster „friedliche Straßendemonstration" bei den preußischen Wahlrechtsdemonstrationen 1908–1910. Tübingen 1986.
160 Volksblatt Cassel, 11.4.1910.
161 Wolfgang Kaschuba: Von der „Rotte" zum „Block". Zur kulturellen Ikonographie der Demonstration im 19. Jahrhundert. In: Bernd Jürgen Warneken (Hg.): Massenmedium Straße. Zur Kulturgeschichte der Demonstration. Frankfurt/M., New York 1991, S. 68–96; hier S. 84.

Schwarze Masse. Sozialdemokratische Wahlrechtsdemonstranten in Frankfurt/Main (13. März 1910).

pation und der Halbsubjektivität angetroffen werden kann – als ein vages, labiles, entdifferenziertes, von Nachahmungseinflüssen und epidemischen Erregungen gesteuertes, weiblich-faunisches, präexplosives Etwas, das in seinem realen Befund große Ähnlichkeiten aufweist mit den Portraits, die die Altmeister der Massenpsychologie, Gabriel Tarde, Gustave Le Bon, Sigmund Freud von ihm gezeichnet haben".[162] Ein Symbol dieser Gefährlichkeit sieht Sloterdijk mit Canetti in dem „Block aus unauflöslicher Dunkelheit", den kopräsente Kollektive ihm zufolge bilden: der „Menschenschwärze", die für ihn den Gegenpol zum aufgeklärten Handeln, zur „vernunftromantischen Vision vom demokratischen Subjekt"[163] darstellt. In der Tat zeigen auch Pressefotos von den preußischen Wahlrechtsdemonstrationen die protestierenden Arbei-

---

162 Peter Sloterdijk: Die Verachtung der Masse. Versuch über Kulturkämpfe in der modernen Gesellschaft. Frankfurt/M. 2000, S. 14.
163 Ebd., S. 12f.

Schwarze Sonntagsanzüge, schwarze Hüte. Frankfurter Wahlrechtsdemonstranten, von nahe betrachtet (13. März 1910).

ter häufig als große schwarze „Menschen-Kleckse"[164]. Die Pointe ist jedoch, dass diese Menschenschwärze nicht von den finsteren Mächten kündet, die hier am Werke sind; sie rührt vielmehr vom schwarzen Stoff der Sonntagsanzüge her, welche viele Arbeiter auf den Demonstrationen trugen, mithin von einem Symbol der Reputierlichkeit.

Die Untersuchungen zum Kulturmuster ‚friedliche Arbeiterdemonstration' stellten sich aber nicht nur gegen die Vorstellung von Protestmassen als stets gewaltbereiter „Hetzmeute", sondern auch gegen ihr Gegenbild, in Wahrheit ihr heimliches Pendant: gegen die Auffassung, dass die manifestierte Disziplin sei's freiwillige, sei's erzwungene Unterwerfung unter eine quasi-militaristische Ordnung bedeutet habe. Zwar gingen die Demonstrationsstudien davon aus, dass zu den „Lehrstätten der Massendisziplin" neben

---

164 Ebd., S. 13.

der Fabrikarbeit die allgemeine Wehrpflicht und der von militärischen Drillidealen beeinflusste wilhelminische Schulalltag gehörten; sie wiesen aber auch – Norbert Elias' Theorien von den Verhaltenskonsequenzen zunehmender Interdependenz entsprechend – auf Übungsfelder einer egalitären Disziplin hin, auf denen sich die Arbeiter zu bewegen gelernt hatten: auf großstädtisches Leben und großstädtischen Straßenverkehr, die Einreihung und Gleichtakt und damit Geduld und Rücksicht erforderten. Vor allem aber suchten sie u.a. mithilfe von Fotos zu belegen, dass die von den demonstrierenden Massen gezeigte Selbstdisziplin durchaus nicht in der „Übernahme zeitgenössischmilitärischer Ordnungsmuster"[165] bestand. Trotz stolzer Selbstetikettierungen wie „Sozialistenheer" oder „Arbeiterbataillone", so die These, herrschte nicht Gleichschritt, sondern „Massentritt".[166]

So sehr sich die ethnographische Arbeiterforschung für das innovative Kulturmuster der friedlichen Massendemonstration interessierte,[167] hat sie

---

165 So Peter Friedemann: „Wie munter und wie ordentlich wir unsere Feste zu feiern verstehen". Gewerkschaftsfeste vor 1914. In: Dieter Düding/Peter Friedemann/Paul Münch (Hg.): Öffentliche Festkultur. Politische Feste in Deutschland von der Aufklärung bis zum Ersten Weltkrieg. Reinbek 1988, S. 373–389; hier S. 386. – Ähnlich George L. Mosse: Die Nationalisierung der Massen. Politische Symbolik und Massenbewegungen in Deutschland von den Napoleonischen Kriegen bis zum Dritten Reich. Frankfurt/M., Berlin 1976, S. 197.

166 Damit ist jedoch nicht behauptet, die damaligen Massenaufmärsche seien gesittete Sonntagsspaziergänge gewesen (auch wenn sie von den Veranstaltern, um Demonstrationsverbote zu unterlaufen, z.T. als „Wahlrechtsspaziergänge" etikettiert werden): Die Ordnung und die Ordner der Demonstration verhindern nicht, dass man Kampflieder singt und Polizisten „Bluuuthunde" entgegengerufen wird. Die Aufzüge sind friedlich, haben aber – zumal sie ihre Teilnehmer bewusst an Machtzentren wie Schloss und Parlament heranführen – doch auch Drohcharakter. Sie signalisieren, dass man „weiter gehen" könnte, wenn man nur wollte. Diese Drohung wird dabei durch die vorgeführte Massendisziplin eher verschärft als gemildert: Statt einer wilden Horde, die sich nur einmal austoben will, haben Staat und Bürgertum nun eine wohl organisierte Gegenmacht zu fürchten. (Vgl. Bernd Jürgen Warneken: „Die friedliche Gewalt des Volkswillens". Muster und Deutungsmuster von Demonstrationen im deutschen Kaiserreich. In: Ders. (Hg.) 1991, S. 97–119.)

167 Vgl. u.a. die Beiträge in Warneken (Hg.) 1991.

doch das Weiterbestehen traditioneller Formen des Unterschichtenprotests nicht ausgeklammert. Allerdings weigerte sie sich, den zusammenströmenden „Volksauflauf", die sich dahinwälzende „Rotte" als „niedere" und die geordnete Demonstration als höhere Ausdrucksform zu qualifizieren.[168] Sie folgte Edward P. Thompsons Hinweis, dass rebellische „Haufen" nicht irrational handeln, sondern „ihrer erfahrungsgesättigten Rationalität folgen".[169] Carola Lipp und Wolfgang Kaschuba z.b. arbeiteten heraus, dass es eben nicht „epidemische Regungen" sind, welche bei den tumultuösen Protestformen den Ton angeben, sondern dass hier ein Theater der Unordnung vorgeführt wird, das Einschüchterungs- und Imponiereffekte in der Regel sehr bewusst kalkuliert.[170] Die einschlägigen Studien heben zudem auf ein durchaus modernes Motiv ab, das hinter vielen unterschichtlichen Gewaltausbrüchen des 19. Jahrhunderts gestanden habe: die Empörung über eine Herrschaftsausübung, welche den Unterschichten nicht nur die demokratische Teilhabe vorenthielt, sondern ihrem Innovationsanspruch mit unzivilisierter Brutalität entgegentrat. Es ist in dieser Sichtweise weniger die von Sloterdijk behauptete Unfähigkeit oder der Unwille zur „Subjektwerdung", sondern eher deren staatlich sanktionierte Blockierung, welche städtische Unterschichten zu Anfang des 20. Jahrhunderts zum Exzess trieb. In seiner historisch-anthropologischen Untersuchung zur „Straßenpolitik" um 1900 bestätigt der Sozialhistoriker Thomas Lindenberger diese Sichtweise an den Moabiter Unruhen, die fast unmittelbar auf die – zumindest was das Wahlrecht betrifft – erfolglosen Berliner Straßendemonstrationen folgten. Dieselben Arbeiter, die im Frühjahr 1910 einer beeindruckten bürgerlichen Öffentlichkeit ihre staatsbürgerliche Reife vorführten, gehen im Herbst 1910 mit Fäusten, Steinen und Messern gegen Streikbrecher und Polizei vor. Hier äußerte sich Lindenberger zufolge

---

168 Vgl. Kaschuba 1991.
169 Lüdtke 1989, S. 28.
170 Vgl. Wolfgang Kaschuba/Carola Lipp: 1848 – Provinz und Revolution. Kultureller Wandel und soziale Bewegung im Königreich Württemberg. Tübingen 1979, S. 189–202; Carola Lipp: Katzenmusiken, Krawalle und „Weiberrevolution". Frauen im politischen Protest der Revolutionsjahre. In: Dies. (Hg.): Schimpfende Weiber und patriotische Jungfrauen. Frauen im Vormärz und in der Revolution 1848/49. Bühl-Moos 1986, S. 112–130.

„ein distinktes *Ehrgefühl*, das durch die fortwährende Diskriminierung im Straßenalltag, aber insbesondere in *explizit* politisierten Konfliktsituationen (…) herausgefordert wurde."[171] „Gerade die Revolte gegen die entehrende und diskriminierende Behandlung als ‚Pöbel'", so Lindenberger, „konnte nicht auf dessen Körpersprache verzichten, da nur diese an Ort und Stelle eine andere als die geforderte Untertanenhaltung auszudrücken ermöglichte."[172]

Die ethnographische Darstellung des Arbeiterprotests zeichnet ein Neben- und Ineinander ererbt-plebejischer und innovativer, aktueller Politikformen, Verkehrsverhältnisse und Umgangsformen. Sie wendet sich gegen die Vorstellung einer unkontrollierten, spasmodischen Triebexplosion und verweist auf ein relativ ungezwungenes Gruppen- und Individualverhalten innerhalb der geordneten Gesamtbewegung, also auf zivilgesellschaftliche Elemente der Massendemonstrationen. Mein Resümee dieser Forschung kommt also zu einem anderen Ergebnis als der Sozialhistoriker Thomas Welskopp, welcher die alltagshistorische Unterschichtenforschung eines antimodernistischen Affekts bezichtigt: „(V)iele dieser Expeditionsreportagen in die kleinräumigen Interaktionskontexte der ‚kleinen Leute' (handelten) eigentlich von den ‚guten Wilden', von Stammestraditionen inmitten von Fabrikschloten und Mietskasernen. Die mikrohistorische Arbeitergeschichte hat ihren eigenen Beitrag geleistet, die historischen Arbeiter zu exotisieren, sie mit verfremdendem Blick nicht als ‚Fremde', sondern als grundsätzlich ‚Andere' zu behandeln. Kontextverabsolutierung, Nischenperspektive, emphatischer, romantischer Bezug, das Ausspielen anthropologischer Konstanten gegenüber der ‚Systemgeschichte' – all das begünstigte die Stilisierung des ‚Arbeiters' zu einem romantischen ‚Wilden'. (…)."[173] Welskopp ist demnach

---

171 Thomas Lindenberger: Straßenpolitik. Zur Sozialgeschichte der öffentlichen Ordnung in Berlin 1900 bis 1914. Bonn 1995, S. 237.
172 Ebd., S. 396.
173 Thomas Welskopp: Mißglückte Bildungsromane, Naturgeschichten, inverse Heldenepen und Reiseberichte aus dem Land der ‚guten Wilden'. Zur „Poetik" der älteren Arbeitergeschichte. In: Jan-Otmar Hesse/Christian Kleinschmidt/Karl Lauschke (Hg.): Kulturalismus, Neue Institutionenökonomik oder Theorienvielfalt. Eine Zwischenbilanz der Unternehmensgeschichte. Essen 2002, S. 87–116; hier S. 113.

der Meinung, dass das primitivistische Paradigma – denn nichts anderes ist das, was er hier schildert – auch die ethnographische bzw. historisch-anthropologische Arbeiterforschung der letzten Jahrzehnte dominiert habe. Dieses Urteil scheint mir nur durch ein Vorurteil erklärbar, das zu einer selektiven oder zu einer verzerrenden Lektüre geführt hat: durch den Soupçon, die Rede von einer eigenen, nicht in bürgerlichen oder in parteioffiziellen Vorgaben aufgehenden Arbeiterkreativität könne gar nichts anderes bedeuten als die Verherrlichung einer vormodernen, ja außergesellschaftlichen, eben „wilden" Potenz. Die skizzierten Studien scheinen mir jedoch zu belegen, dass die Historische Anthropologie die klassisch-bürgerlichen Schreckbilder von animalischen Proleten und brutalen Arbeiterhorden[174] nicht einfach umgewertet, sondern dekonstruiert hat. Ihre Sympathie gilt keiner nichtmodernen oder antimodernistischen Arbeiterkultur, sondern dem Projekt einer demokratischen Moderne.

„Dauernde Neugier, unersättlicher Stoffhunger"

Es hat nicht oder zumindest nicht nur mit individuellen Vorlieben zu tun, dass die Frage des Unterschichtenbeitrags zur modernen Sozialdisziplin bis hierher vor allem am Beispiel der Protestkultur abgehandelt wurde. Denn tatsächlich konzentrierte sich die historisch-anthropologische Arbeiterforschung, eng mit dem politischen Aufbruch der 1968er-Jahre verknüpft, auf Arbeiterpolitik und Arbeiterbewegung. Der „authentische" Arbeiter wurde lange Zeit zumindest tendenziell mit dem klassenbewussten, kämpferischen Arbeiter identifiziert.[175] Wo die Untersuchungen über den unmittelbar politischen Bereich hinausgingen und sich der Alltagskultur widmeten, standen mit der Arbeiterbewegung verbundene Konsum- und Freizeitaktivitäten, v.a.

---

174 Vgl. Klaus-Michael Bogdal: Schaurige Bilder. Der Arbeiter im Blick des Bürgers am Beispiel des Naturalismus. Frankfurt/M. 1978.
175 Vgl. Rolf Lindner: Arbeiterkultur und Authentizität. In: Wolfgang Kaschuba/Thomas Scholze/Leonore Scholze-Irrlitz (Hg.): Alltagskultur im Umbruch. Weimar usw. 1996, S. 71–80.

das Arbeitervereinswesen, im Vordergrund. Erst allmählich erweiterte die kulturwissenschaftliche Arbeiterforschung ihr Interessenspektrum und nahm stärkeren Bezug auf die nichtorganisierte individuelle Reproduktion der Arbeiterschaft.

Auch hier kam es bald zur Entdeckung proletarischer Selbstmodernisierung. War von der historischen Volkskulturforschung bisher vor allem herausgearbeitet worden, wie die kapitalistische Industriegesellschaft mit der Ausdehnung und Intensivierung der Lohnarbeit sowie einer leistungsorientierten Reglementierung der Lebensweise traditionelle Freiräume der Popularkultur – Feste, Spiele, Schlemmereien, Besäufnisse – abzuschaffen suchte, so widmet sich nun eine Reihe von Arbeiterkulturstudien der Rolle der Unterschichten bei der Ausbreitung moderner Konsum- , Freizeit- und Unterhaltungsstile. Als Beispiele dafür wird unter anderem das Kino angeführt, dessen gesellschaftliche Verbreitung ganz wesentlich von lohnabhängigen und kleinbürgerlichen Schichten getragen wurde,[176] oder der Siegeszug des Zuschauersports – Fußball, Boxen, Radrennen, Autorennen, Flugvorführungen –, der seine Ausgangsbasis im Proletariat und Kleinbürgertum der Großstädte hatte. Viele dieser neuen Vergnügungen standen im Zeichen der Temposteigerung: Die Arbeitshetze, das Diktat der knappen Zeit schlug – so die These – um in die Lust an körperlicher, geistiger, technisch vermittelter Schnelligkeit. Was die Träger dieser Entwicklung angeht, so wurde freilich unterschieden: Der erwachsene männliche Arbeiter, so betont z.B. Kaspar Maase, taugte weniger zum „kreativen Mußepionier":[177] Er war nach der Arbeit müde und ging lieber in die ruhige Kneipe als zum Sechstagerennen; er hatte in der Regel eine Familie zu ernähren, was wenig Geld für Freizeitvergnügungen übrig ließ; zudem galten ihm manche der neuen Unterhaltungsgenres als „Gefühlsduselei" und „Firlefanz".[178] Es waren demnach vor allem die jüngeren, noch ledigen LohnarbeiterInnen, die sich die neuen Freizeitgenüsse leisten konnten, und bei vielen Unterhaltungsgenres waren es eher die Frauen als die Männer, wel-

---

176 Vgl. Maase 1997, S. 112.
177 Ebd., S. 275.
178 Ebd., S. 276.

che sie mittrugen und mitprägten.[179] Das frühe Kino z.B., so wurde erkannt, war mehr auf den Geschmack von Frauen als von Männern zugeschnitten. Mit der Hinwendung zur modernisierten Konsum- und Unterhaltungskultur der Unterschichten schwächte sich auch der Männer-Bias der früheren, auf die Arbeiterbewegungskultur zentrierten Forschung ab.

Die Studien, die sich dieser Kultur-Evolution von unten widmen, verbanden ihre Darstellung mit einer Kritik bildungsbürgerlicher wie sozialistischer Konsumkritik. Ohne sexistische, gewaltverherrlichende oder chauvinistische Implikate vieler der neuen Freizeit- und Kulturangebote zu leugnen, schlugen sie sich doch prinzipiell auf die Seite der „Vergnügungssucht" und kritisierten die Arbeiterbewegung für das Versäumnis, „den einfachen Leuten öffentlich Sprache zu verleihen, ihre Freizeitgewohnheiten und Schönheitsbedürfnisse zu verteidigen gegen die Verdammung als pöbelhaft und kulturfeindlich".[180] Sie bemühten sich jedoch gleichzeitig um den Nachweis, dass die zunehmende Teilhabe der Unterschichten an kommerzieller Massenkultur nicht mit einer Übernahme von Mittelklassewerten gleichzusetzen sei, sondern zunächst einmal nichts anderes als eine Teilhabe an der Vermehrung von weltlichen Genüssen und damit auch an Erfahrungs- und Entfaltungsmöglichkeiten der Individuen darstelle.[181]

Dass diese Apologie eines frühen proletarischen „Konsumismus", die Forschersympathie mit den kino-, auto-, radiobegeisterten, tempo-, sensations- und abwechslungssüchtigen Massen keine Abwendung von einem antikapitalistischen Projekt bedeuten musste, lässt sich durch einen Blick auf die ostdeutsche Arbeiterkulturforschung belegen: Die profilierteste Gruppe von Arbeiterkulturforschern in der DDR, die sich am Lehrstuhl Kulturtheorie der Humboldt-Universität gebildet hatte, stellte schon seit

---

179 „Immer wieder gingen sowohl Frauen als auch Kinder und Jugendliche voran beim Erproben und Durchsetzen neuer Freizeitmöglichkeiten. Seit dem späten 19. Jahrhundert gaben sie hier häufig den Ton an. Ihr vergleichsweise weniger reglementierter Tagesablauf ließ Raum für Neigungen, Alternativen, Unterhaltungen. Das beeinflußte z.B. die populäre Musik auf ihrem Weg zu Schallplatte und Radio" (Maase 1997, S. 276).
180 Maase 1997, S. 167; vgl. hierzu auch Dieter Kramer 1987, S. 295–304.
181 Vgl. Maase 1985, S. 34 und S. 44.

Ende der 1970er Jahre am Berliner Beispiel die Modernisierung großstädtischen Arbeiterlebens dar. Ihre Charakterisierung der Freizeitbedürfnisse Berliner Arbeiter als „dauernde Neugier, unersättlicher Stoffhunger, Sensationslüsternheit und (...) ein konsumtives Interesse für alles Mögliche"[182] hat nichts von Distanzierung, sondern feiert diese Haltung mit einem Marx'schen Begriff als Ausbildung einer „allgemeinen Begehrlichkeit", die freilich im Kapitalismus nur partiell befriedigt werden könne und deshalb über ihn hinaus dränge. Die Untersuchungen von Mühlberg und anderen standen ebenfalls in Opposition zu gesellschaftspolitischen Konzepten, welche an den von der kapitalistischen Modernisierung sei's befriedigten, sei's nur geweckten Unterhaltungs- und Freizeitbedürfnissen vorbeigingen, und meinten damit nicht nur die Arbeiterbewegung der Vor- und Zwischenkriegszeit, sondern auch analoge Tendenzen in der DDR-Kulturpolitik. So kritisiert Dietrich Mühlberg das in der DDR bis in die 1970er Jahre dominierende „Umerziehungskonzept" ob dessen „Vorstellung, daß die staatliche und die gewerkschaftlich/betriebliche Kulturarbeit bei gleichzeitiger Ausschaltung der ‚kommerzialisierten Popularkultur' jetzt alle Bedürfnisse abdecken könnten".[183] Der Vortrag, aus dem dieses Zitat stammt, wurde im Frühjahr 1989 gehalten; er war noch als Beitrag zu einer sozialistischen Modernisierung der Massenkultur gedacht. Als er 1991 im Druck erschien, war die DDR bereits untergegangen – nicht zuletzt an der Lust ihrer Werktätigen auf das „grenzenlose Vergnügen", das ihnen die Vereinigung mit dem Westen versprach. Ost- und westdeutsche Intellektuelle reagierten darauf mit der traditionellen Gardinenpredigt gegen die Konsumgier der Mas-

---

182 Dietrich Mühlberg u.a.: Arbeiterleben um 1900. Berlin 1983, S. 63. Siehe auch Ders. (Hg.): Proletariat. Kultur und Lebensweise im 19. Jahrhundert. Wien usw. 1986, S. 195.

183 Dietrich Mühlberg: Warum sollten wir wissen, was Arbeiter sind und was sie in der Freizeit machen? Zur Bestimmung von Arbeiterkultur in der DDR. In: Wolfgang Kaschuba/Gottfried Korff/Bernd Jürgen Warneken (Hg.): Arbeiterkultur seit 1945 – Ende oder Veränderung? 5. Tagung der Kommission „Arbeiterkultur" in der Deutschen Gesellschaft für Volkskunde vom 30.4. bis 4.5.1989 in Tübingen. Tübingen 1991, S. 71–85; hier S. 80.

sen;[184] zu denen, die dagegenhielten, gehörten auch Vertreter der Arbeiterethnographie.[185]

Freilich nicht alle. Es ist nicht zu übersehen, dass sich zum einen nur wenige volkskundliche Arbeiterkulturforscher mit der Herausbildung moderner Freizeit- und Unterhaltungspraxen beschäftigten und zum andern neben Sympathien für diese Art der „Kulturrevolution" deutliche Skepsis geäußert wurde. So einhellig die Verteidigung vorindustrieller Formen des Volksvergnügens gegen obrigkeitliche Reglementierung ausfiel, so gespalten war die Haltung gegenüber den Massenvergnügungen des entwickelten Kapitalismus. Deutlich ist z.B., wie bei einem der profiliertesten Vertreter der ethnographischen Arbeiterforschung, Dieter Kramer, die Ablehnung sowohl der klassischen, mit knappen Löhnen und langen Arbeitszeiten sympathisierenden Predigten gegen populare Vergnügungen als auch eines sozialistischen Rigorismus, der den Lebensgenuss auf die Zeit nach der Revolution vertagen will, mit der Kritik an einer durch kapitalistisches Gewinnstreben angeheizten, also potentiell unendlichen Konsumexplosion und deren sozialen und insbesondere ihren ökologischen Kosten zusammengeht. Für Kramer sind Mühlberg, Maase usw. in einem industriegesellschaftlichen Paradigma des Schneller, Weiter, Höher befangen, das sie nur politisch umgestalten, nicht jedoch überwinden wollen.[186] Ähnlich argumentierte Martin Scharfe, der – mit Hinweis auf wachsende Umweltgefährdungen – das Thema „Gewöhnung ans Moderne, ans Machbare, ans Geregelte, ans Alleskönnen, die Gewöhnung an

---

184 „Aus dem Volk, das nach Jahrzehnten Unterwürfigkeit und Flucht sich aufgerafft und sein Schicksal in die eigenen Hände genommen hatte und das soeben noch, edlen Blicks, einer verheißungsvollen Zukunft zuzustreben schien, wurde eine Horde von Wütigen, die, Rücken an Bauch gedrängt, Hertie und Bilka zustrebten auf der Jagd nach glitzerndem Tinnef" (Stefan Heym in: Der Spiegel, H. 49, 1989, S. 55).

185 Vgl. Kaspar Maase: „Der Feind, den wir am meisten hassen ..." Über gutes Leben, Intellektuelle und den Unverstand der Massen. In: Manfred Bobke-von Camen u.a.: Der Trümmerhaufen als Aussichtsturm. Historische, aktuelle und perspektivische Vermessungen einer gründlich veränderten Situation. Marburg 1991, S. 183–200.

186 Vgl. Dieter Kramer 1987, S. 182f.

die Verwöhnung"[187] auf die Tagesordnung setzte. Die ethnographische Neuentdeckung „Das Volk ist modern!" war für ihn kein Liebesmotiv, sondern ein Scheidungsgrund. Der notwendigen kritischen Wende, so Scharfe, stehe der traditionelle Populismus des Fachs entgegen: „Die Menschen als Lemminge zu sehen, die triebhaft ihrem Untergang entgegenstieren und -streben – das widerspräche doch unerträglich der gebotenen und eingebildeten Liebe zum Volke."[188]

In der unterschiedlichen Bewertung der proletarischen Selbstmodernisierung drückt sich die Spannung aus, in der die kulturwissenschaftliche Parteinahme für die sozialen Unterschichten seit jeher stand. Sie ist einmal Parteinahme für Gleichberechtigung; als solche steht sie, kulturrelativistisch, gegen alle Restriktionen sozialer, politischer und ökonomischer Entfaltung und Partizipation. Zudem enthält sie das Projekt eines Klassenbündnisses mit kulturellen Zielen, die über Fragen der Macht- und Reichtumsverteilung hinausgehen, und diese letztere Dimension ist einsichtigerweise ein ständiger Konfliktquell. Im hier verhandelten Fall ist es der Konflikt zwischen einer arbeitenden Bevölkerung, welche sich in einem mühsamen Prozess die industriegesellschaftliche Lebensweise einverleibt und deren Gratifikationen für diese Einpassung gerade erst einzustreichen begonnen hat, und einer Intelligenz, welche über diese Lebensweise hinaus will: Die fordistische Kultur, die „Errungenschaften" wie die Selbstdisziplin der arbeitsgesellschaftlichen und die universelle Begehrlichkeit der konsumgesellschaftlichen Seite des Industriekapitalismus haben mit ihren eigenen Werten und eigenen Zielen nicht mehr viel zu tun. Auch viele Sozial- und Kulturwissenschaftler entzogen seit Mitte der 1980er Jahre der noch immer größten Fraktion der einheimischen Unterschichten, der Arbeiterschaft, ihre Sympathie. Die politische Stoßrichtung der Ethnographie populärer Kulturen veränderte sich: Sie wandte sich nun mehr sozialen Randgruppen zu, verbündete sich – nicht zuletzt in der Kritik nationalistischer und rassistischer Positionen bei deutschen Unterschichtangehörigen – mit dem Kampf um Anerkennung, welchen Arbeitsmi-

---

187 Scharfe 1992(b), S. 71.
188 Martin Scharfe: Die Volkskunde und ihre narzißtische Utopie. In: Kuckuck, 6. Jg. 1992(a), H. 2, S. 33–36; hier S. 36.

grantInnen hierzulande führen, und setzte Hoffnungen in die neuen, transnationalen und transethnischen Identitäten, die im Zuge der Globalisierung entstanden.

MigrantInnen als InnovatorInnen

In den bisherigen Kapiteln wurden die Innovationsleistungen von Unterschichten aus einer binnengesellschaftlichen Perspektive betrachtet. Ausgeklammert blieb dabei die interkulturelle oder interethnische Dimension: die Frage nach dem Beitrag von Unterschichten zur „Internationalisierung von Lebenswelten".[189] Diese Frage umfasst zum einen die Rolle unterschichtlicher Produzenten und Konsumenten beim globalen Austausch von Gütern von Lebensmitteln über Industrieerzeugnisse bis hin zu Medienangeboten,[190] zum andern – und hierauf konzentrieren sich die folgenden Ausführungen – auf kulturellen Wandlungen durch Migrationsbewegungen.

Vergegenwärtigt man sich, dass die Massenauswanderungen aus Deutschland, wie sie das 19. und das frühe 20. Jahrhundert erlebt haben, mehrheitlich eine Auswanderung verarmter oder arbeitsloser Unterschichtangehöriger – Bauern, Landarbeiter, Handwerker, Industriearbeiter – war und die Zuwanderung nach Deutschland in den letzten Jahrzehnten vor allem in der Arbeitsmigration unterer Sozialschichten bestand, so wird klar, in welchem Maß die Frage nach dem dadurch bewirkten Kulturwandel eine Frage nach einem von Unterschichten getragenen Wandel ist. Und wenn man anerkennt, dass „Assimilation", „Integration", „Akkulturation", „Transkulturation", „Kreolisierung", „Hybridisierung" nicht nur erlebt und erlitten werden, sondern aktive Aneignung, Transformation und Kombination bedeuten, so wird man nicht zögern, hier von Ausdrucksformen popularer Kreativität zu sprechen.

---

189 Ich lehne mich hier an den Titel eines Aufsatzes von Burkhart Lauterbach an. (Vgl. Ders.: Kulturtransfer. Die Internationalisierung einheimischer Lebenswelten. In: Ethnologia Europaea, 32. Jg. 2002, S. 57–66.)
190 Vgl. dazu Kaspar Maase: BRAVO Amerika. Erkundungen zur Jugendkultur der Bundesrepublik in den fünfziger Jahren. Hamburg 1992, sowie Maase 1997.

Auch die deutschsprachige Ethnographie, die eine lange Forschungstradition zur Interkulturalität aufweist, sich mit deutschsprachigen Enklaven im Ausland, mit deutschen Auswanderungsbewegungen nach den USA und nach Osteuropa, mit der „Repatriierung" von Auslandsdeutschen und der älteren wie der jüngeren Arbeitsmigration nach Deutschland beschäftigt hat, ist sich dieser Tatsache zunehmend bewusst geworden. Peter Assion spricht in Bezug auf deutsche Amerikaauswanderer von den „kreative(n) Leistungen der jüngeren Auswanderungskultur";[191] Annemarie Schenk sieht die mit Migration verbundenen kulturellen Austauschprozesse als „von Kreativität geprägte soziale Handlungen".[192] Doch finden sich bis heute kaum deutschsprachige Migrationsstudien, welche die Innovationsfrage ins Zentrum stellen. Viele Untersuchungen widmen sich der Verunsicherung alter und der Herausbildung neuer, vielfältigerer ethnischer, sozialer und individueller „Identitäten", übersetzen die Fragen „Was bin ich? Was werde ich?" aber nicht konsequent in die handlungspraktische Version eines „Was tue ich?" oder „Was kann ich?".

Neue Identitäten, neue Praktiken

Bei der hier angesprochenen Thematik geht es zum einen um die Frage, in welcher Weise MigrantInnen – Saisonarbeiter, Dauerpendler, Zuwanderer – ihre eigene Lebensweise in der Aufnahmegesellschaft innovieren, zum anderen darum, inwiefern und inwieweit sie zu Innovationen in ihrem gesellschaftlichen Umfeld beitragen.[193] Zum ersteren Problembereich, dem der Selbstveränderung, gehört zunächst die Frage nach der Bereitschaft und den Fähigkeiten zu interkulturellem Handeln, die sich im Migrationsentschluss

---

191 Peter Assion: Fremdheitserwartung und Fremdheitserfahrung bei den deutschen Amerikaauswanderern im 19. Jahrhundert. In: Ina-Maria Greverus/Konrad Köstlin/Heinz Schilling (Hg.): Kulturkontakt, Kulturkonflikt. Zur Erfahrung des Fremden. Bd. 1, Frankfurt/M. 1988, S. 157–167; hier S. 161.
192 Annemarie Schenk: Interethnische Forschung. In: Rolf W. Brednich (Hg.): Grundriß der Volkskunde. Einführung in die Forschungsfelder der Europäischen Ethnologie. Berlin 2001, S. 363–390; hier S. 374.
193 Vgl. zu dieser Zweiteilung Lauterbach 2002.

und den Migrationsvorbereitungen selbst manifestieren. Für ältere Auswanderungsbewegungen hat Peter Assion sich gegen die Auffassung von den Amerikaauswanderern als „dumpfer Masse" gewandt, nur von einem „Nichts wie weg hier!" getrieben und völlig im Unklaren über ihre Aufnahmegesellschaft und ihre dortigen Chancen. Die mannigfachen Illusionen, die dabei im Spiel waren, nicht leugnend, weist Assion doch auf die Informationskanäle und Informationsbemühungen prospektiver Auswanderer hin – eine wichtige Funktion hat hier der persönliche Briefverkehr –, was ihn zusammenfassend von einer „relevanten Kulturleistung" sprechen lässt, „die dem einzelnen half, Entschlußkraft zu gewinnen und sein altes Elend hinter sich zu lassen (…)".[194] In ähnlicher Weise weisen Sabine Hess und Ramona Lenz in ihren Studien über Hausarbeiterinnen, die von Ost- nach Westeuropa pendeln, auf deren selbst organisierte Rotationssysteme hin – Netzwerke also, die u.a. als Informationsbörsen fungieren und eine Vorbereitung auf eine interkulturelle Arbeits- und Lebensweise ermöglichen.[195]

Was die nach der Ankunft im Aufnahmeland gelebte Kultur betrifft, muss sich die ethnographische Gegenwartsforschung vor allem mit der verbreiteten Meinung auseinander setzen, dass eine wachsende Zahl von Zuwanderern nach Deutschland und nach EU-Europa nicht nur vormodernen und voraufklärerischen Gesellschaften entspringen, sondern auch zu einer kulturellen Modernisierung nicht fähig oder willens seien. Verbreitet ist dieses Vorurteil nicht zuletzt deshalb, weil es an tatsächliche Gegebenheiten anknüpft. Zu ihnen gehört zum einen die Zähigkeit habitueller Prägungen, die ihre Ursprungsbedingungen ja häufig überdauern, seien es nun Ernährungsgewohnheiten, Erziehungsstile oder Regeln des Umgangs zwischen den Geschlechtern und Generationen. Zum anderen finden sich Strategien einer bewussten Integrationsvermeidung, wie sie sich vielleicht am deutlichsten in

---

194 Vgl. Assion 1988, S. 162.
195 Vgl. Sabine Hess/Ramona Lenz: Das Comeback der Dienstmädchen. Zwei ethnographische Fallstudien in Deutschland und Zypern über die neuen Arbeitgeberinnen im Privathaushalt. In: Dies. (Hg.): Geschlecht und Globalisierung. Ein kulturwissenschaftlicher Streifzug durch transnationale Räume. Königstein/Taunus 2001, S. 128–161; hier S. 141.

der bloßen „Binnenintegration"[196] in ethnisch relativ homogene Zuwandererkolonien zeigt. Diese Tendenz zur „Versäulung" bedeutet jedoch, wie die Forschung zeigen konnte, nicht immer das gemeinsame Verharren in einer mitgebrachten Kultur, sondern kann vorwärtsgewandten gemeinsamen Strategien zur Bewältigung der neuen Situation dienen.[197]

Vor allem ist es die Arbeitswelt, welche solche Selbstinnovationen unabdingbar macht. So galt für viele der seit den 1960er Jahren nach Deutschland geholten Arbeitsmigranten, dass sie mit der Übersiedlung einen Schritt vom Bauern zum Industriearbeiter zu vollziehen hatten. Sie erlebten an sich, wie Werner Schiffauer schreibt, „die Durchsetzung eines Konzeptes von Arbeit, das zweckrational, eindimensional, entsymbolisiert und vertraglich ist. Dem korrespondiert die Durchsetzung des Konzeptes von Person als gesellschaftlichem Atom, das frei seine Bindungen eingehen und lösen sollte und den anderen gesellschaftlichen Atomen prinzipiell gleichgestellt ist."[198] Geläufig sind die Schwierigkeiten und Konflikte, die diese Umstellung mit sich bringen kann, weniger jedoch die Hinweise der Migrationsforschung, dass diese nicht nur aus traditionellen, z.B. klientelären Orientierungen resultieren, sondern ebenso aus Enttäuschungen der Zuwanderer, welche statt auf versachlichte, leistungsbezogene Lohnarbeitsbeziehungen und gleiche Bürgerrechte auf ethnische Diskriminierungen stoßen.[199] Es ist dieser Sicht-

---

196 Vgl. zu diesem Begriff Georg Elwert: Probleme der Ausländerintegration – Gesellschaftliche Integration durch Binnenintegration. In: Kölner Zeitschrift für Soziologie und Sozialpsychologie, 41. Jg. 1982, S. 717–731. – Kritisch dazu: Hartmut Esser: Ethnische Kolonien: „Binnenintegration" oder gesellschaftliche Isolation? In: Jürgen H. P. Hoffmeyer-Zlotnik (Hg.): Segregation und Integration. Die Situation von Arbeitsmigranten im Aufnahmeland. Mannheim 1986, S. 106–117.

197 „Segregation hat auch soziale Vorteile: Einwandererquartiere fungieren als Brückenköpfe, die den jüngst Zugewanderten Informationen, praktische Hilfen, aber auch soziale und psychologische Unterstützung bieten, sie vor Isolation schützen und generell den Schock der Fremde mildern" (Hartmut Häußermann/Walter Siebel: Segregation und Integration. In: Kulturpolitische Mitteilungen 100, I/2003, S. 68–71; hier S. 69).

198 Werner Schiffauer: Die Migranten aus Subay. Türken in Deutschland. Eine Ethnographie. Stuttgart 1991, S. 97.

199 Vgl. ebd., S. 97–99.

weise nach also verfehlt, die Anpassung an „moderne westliche Standards" nur als Postulat an Zuwanderer aus z.T. noch vorindustriellen und voraufklärerischen Kulturzusammenhängen zu definieren. Modernisierung von Verkehrsformen ist auch eine Forderung von ArbeitsmigrantInnen an die Aufnahmegesellschaft.

Besser als in der Arbeitssphäre, die von MigrantInnen häufig ein sich Einlassen auf fremde und z.T. befremdliche Normen und Regeln erfordert, kann die Herkunftskultur in der Sphäre der individuellen Reproduktion überleben, und sicher gibt es vielfältige Versuche, diese kompensativ als Kulturreservat auszustaffieren.[200] Doch wie die Flüchtlings- und Migrationsethnographie immer wieder belegt, verändert sich bei solchen Bewahrungsversuchen die Dingbeziehung. Die mitgebrachten Güter werden allmählich von Gebrauchs- zu Museumsstücken; ihre Präsenz erleichtert eher den Prozess einer Ablösung, als dass sie ihn stoppen könnte.[201] Zudem wurde betont, dass vieles

---

200 In der volkskundlichen Forschung wurde die konservierende Tendenz teils eher den Männern, teils eher den Frauen zugeschrieben. Eine 1959 erschienene Studie von Bausinger u.a. zur Lebensweise von Flüchtlingen und Vertriebenen kommt zu dem Ergebnis, dass beim Enkulturationsprozess „leichte Unterschiede in der Haltung der Geschlechter" wahrnehmbar seien, „wobei die Frau meist konservativer erscheint als der Mann" (Hermann Bausinger/Markus Braun/Herbert Schwedt: Neue Siedlungen. Volkskundlich-soziologische Untersuchungen des Ludwig-Uhland-Instituts Tübingen. Stuttgart 1959, S. 171f.). Zu einem anderen Ergebnis kommt Ingeborg Weber-Kellermann drei Jahre später in ihrem Aufsatz „Die Rolle der Frau beim Anpassungsprozeß (Akkulturation) am Beispiel eines deutschen ‚Sprachinsel'-Dorfes in Ungarn" (in: Hessische Blätter für Volkskunde, Bd. 53, 1962, S. 47–62). Der Akzent dieser auf Feldforschungen von 1956/57 gestützten Studie liegt auf dem Anteil der Frauen an den interethnischen Beziehungen, die Weber-Kellermann zufolge „offenbar im gesamten Umkreis ihres Lebensbereiches die Anpassung in weit stärkerem Maße vollzogen haben als die Männer" (ebd., S. 48). Die Verhaltenskontexte in den untersuchten Feldern sind zu verschieden, als dass man die unterschiedlichen Ergebnisse der Studien schlicht auf die Autorenperspektive zurückführen dürfte.
201 Vgl. z.B. das Kapitel „Erinnerungsgüter" in Klaus Boll: Kulturwandel der Deutschen aus der Sowjetunion. Eine empirische Studie zur Lebenswelt russlanddeutscher Aussiedler in der Bundesrepublik. Marburg 1993, S. 193–219. – Desgl. Utz Jeggle: Kaldaunen und Elche. Kulturelle Sicherungssysteme bei Heimatvertriebe-

von dem, was Außenstehende als Konservatismus deuteten, in Wahrheit Forcierungen oder auch Neuaneignungen kultureller Traditionen sind (so wenn sich aus Istanbul stammende Kreuzberger in ländlichen Tänzen üben). Dass „die Eigenarten des Heimatlichen (...) in der Fremde oft übertrieben gepflegt (werden)",[202] darf dabei nicht nur mit Nostalgie oder gar mit Segregation zusammengebracht werden. Wie u.a. Gisela Welz zeigt, ist die Pflege mitgebrachter Kultur häufig ein erfolgreiches Mittel des ökonomischen Erfolgs und der sozialen Integration in die Aufnahmegesellschaft. Sie bedient die Marktnachfrage nach exotischen Gütern oder erntet die Gratifikationen, welche kommunale Kulturämter für folkloristische Selbstrepräsentationen bereithalten.[203] Und es bleibt nicht aus, dass die dabei eingesetzte Tradition käufer- oder öffentlichkeitsgerecht umgemodelt wird, so wie wiederum Welz es am Beispiel der „casitas" in New York demonstriert: Die bunten Holzhütten, die sich puertoricanische Einwanderer in der South Bronx bauen, gelten demnach in der New Yorker Öffentlichkeit als Relikte einer vormodernen Lebensform; dabei ist jedoch die rurale Bauform, welcher die Hütten in der South Bronx treu bleiben, in Puerto Rico selbst bereits von Wellblech, Beton oder Kunststein abgelöst worden.[204] Die puertoricanischen Einwanderer bauen, so Welz, ihre Hütten bewusst auf diesem Missverständnis: Die ohne Baugenehmigung und Pachtabkommen auf Abrissgrundstücken errichteten, u.a. wegen Alkoholausschank und Hahnenkämpfen unliebsamen casitas sind demnach dadurch vor behördlichen Eingriffen geschützt, weil sie unter dem Label Traditionspflege und d.h. „ethnische Identität" stehen. Eine solche, ihre Bewohner von ihrer Umgebung abgrenzende Identität drücken sie in der Tat

---

nen. In: Dierk Hoffmann/Marita Krauss/Michael Schwartz (Hg.): Vertriebene in Deutschland. Interdisziplinäre Ergebnisse und Forschungsperspektiven. München 2000, S. 395–407.

202 Wilhelm Brepohl: Der Aufbau des Ruhrvolkes im Zuge der Ost-West-Wanderung. Beiträge zur deutschen Sozialgeschichte des 19. und 20. Jahrhunderts. Recklinghausen 1948, S. 101. Brepohl spricht in der zitierten Passage von den Ruhrpolen.

203 Vgl. Gisela Welz (Hg.): Weltstadt Frankfurt am Main? Tübingen 1992, S. 6–17; siehe auch Dies. 1996, v.a. S. 231–311.

204 Vgl. Gisela Welz: Inszenierungen kultureller Vielfalt. Frankfurt am Main und New York City. Berlin 1996, S. 357.

aus. Aber es ist keine alt-puertoricanische Identität, sondern die von Puertoricanern in New York.[205]

Hilfreich ist der Hinweis auf die neue Qualität, die Hybridität scheinbarer „Traditionsorientierungen" von MigrantInnen vor allem im derzeitigen Diskurs über den zunehmenden „Islamismus" türkisch- und arabischstämmiger Zuwanderer. So belegt Werner Schiffauer am Beispiel von „Fatma", einer aus der türkischen Provinz stammenden Berlinerin, dass eine verstärkte Hinwendung zum „alten Glauben" durchaus mit der Übernahme neuer, „westlicher" Werte verknüpft sein kann. Fatma, so Schiffauer, hatte in ihrer Heimatgemeinde die gemeinhin den Männern vorbehaltene Moschee nur selten betreten; auch ihr Zugang zu religiösem Wissen wurde von Männermacht begrenzt und durch Männerwort geprägt. In Berlin dagegen konnte sie den Gemeindesaal uneingeschränkt besuchen; sie organisierte mit anderen Frauen zusammen einen Kurs in arabischer Schrift und schaffte es so, sich den Koran selbst anzueignen. Zwar vertrat sie nun offensiv die Meinung, dass der Islam der Ehefrau Gehorsam gegenüber ihrem Mann abverlange, aber gleichzeitig stärkten ihr religiöses Wissen und Engagement ihre Stellung in der Kindererziehung und in der Ehe. Als glaubensstrenge Muslima, die in der Öffentlichkeit – nicht allzu freudig – das Kopftuch trug, vermochte sie zudem einem Beruf nachzugehen, ohne dass der Ehemann dies als sittliche Gefährdung ablehnen konnte. „Das Erwachen der islamischen Begeisterung"[206], so zeigt Schiffauers Porträt, kann sich durchaus mit Elementen von Frauenemanzipation verbinden.

Eine Amalgamierung von traditionellen und modernen Werthaltungen trifft man aber nicht nur in der alltäglichen Lebensführung des muslimischen Mainstream an. Sie findet sich, wie eine andere Feldstudie von Schiffauer belegt, auch im Welt- und Gesellschaftsbild von Migrantengruppen, die in der communis opinio als lupenreine Traditionalisten gehandelt werden und ihrer Selbstsicht nach ebenfalls treue Erbeverwalter sind, nämlich bei radikalen Islamisten. In seinem Buch über die Gemeinde des Islamistenführers Metin Kaplan, des „Kalifen von Köln", zeigt Schiffauer, dass diese von post-

---

205 Vgl. ebd., S. 358f.
206 Vgl. Schiffauer 1991, S. 207.

modernen Hybridbildungen durchzogen ist. Nicht nur, dass in den kaplanistischen Gemeindeversammlungen keine Moscheeatmosphäre, sondern ein Agitpropstil herrschte, der sich augen- und ohrenfällig bei der linken Protestkultur der 1970er Jahre bediente. Auch die Lehrinhalte sind Schiffauer zufolge Zeugnisse einer kulturellen Assimilation: Die interviewten und beobachteten Kaplananhänger lasen den Koran, wie sie in der deutschen Schule Texte zu interpretieren gelernt haben, sie begründeten ihre Zustimmung zu den Koranlehren u.a. mit Begriffen wie „Menschenrechte" oder „Gewissensfreiheit" und ihre Ablehnung der Umgebungsgesellschaft mit Anleihen bei der marxistischen Terminologie.[207] Diese Hinweise auf die „Rezeption westlicher Konzepte durch den radikal politischen Islam" haben nichts mit Verharmlosung zu tun: Schiffauer macht ausdrücklich klar, dass in diesen Aneignungen auch die Übernahme von „totalitären Tendenzen der europäischen Moderne" enthalten ist.[208] Ein Jahr später, nachdem u.a. arabische Studenten aus Hamburg die Flugzeugattentate des 11. September durchgeführt hatten, brannte sich die Erkenntnis ins Bewusstsein, dass interkulturelles Lernen und hybride Identitäten nicht notwendig ein Beitrag zur Völkerverständigung sind, sondern auch zum Profil international tätiger Terroristen gehören.

Innovation der Aufnahmegesellschaft

Weniger entwickelt als die Forschung über die Selbstinnovation unterschichtlicher MigrantInnen ist die über ihren Beitrag zur kulturellen Innovation der Aufnahmegesellschaft. Der folgende Versuch, einige lohnende Aufgabenfelder für derartige Untersuchungen zu skizzieren, konzentriert sich auf die nach Deutschland geholten ArbeitsmigrantInnen und ihre Nachkommen.

---

207 Vgl. Werner Schiffauer: Die Gottesmänner. Türkische Islamisten in Deutschland. Eine Studie zur Herstellung religiöser Evidenz. Frankfurt/M. 2000, v.a. S. 315–331.
208 Vgl. ebd., S. 328.

Dass die „Gastarbeiter" nicht nur den materiellen Reichtum ihrer Arbeitgeber, sondern auch den kulturellen Reichtum Deutschlands vermehrt haben, bedurfte nicht erst des wissenschaftlichen Nachweises: Die Pizza, der Döner, der Ouzo sind schließlich in aller Munde, und vielen Deutschen sind der Sirtaki, die Tarantella, der Bauchtanz in die Glieder gefahren. Wenngleich bei der Verankerung solcher neuen Genüsse in der deutschen Alltagskultur Urlaubserfahrungen, Medienberichte und natürlich Importerleichterungen eine wesentliche Rolle spielen, haben doch MigrantInnen – ihre Warenangebote, ihre Dienstleistungen, ihr miterlebbares Verhalten – einen unleugbaren Anteil an ihrer internationalen Diffusion. Öffentliche und wissenschaftliche Aufmerksamkeit finden neuerdings sprachliche Kreolisierungen wie die „Kanak Sprak" oder das „Türkdeutsch", die in Migrantencliquen kreiert und von deutschen Jugendlichen übernommen wurden.[209] Was weniger sichtbar oder hörbar ist und auch von der Ethnographie bisher wenig verdeutlicht wurde, ist der Einfluss von ArbeitsmigrantInnen auf Mentalitäten und Einstellungen der einheimischen Bevölkerung. Lernen Deutsche von ihren MitschülerInnen und ArbeitskollegInnen auch in Sachen Arbeitsauffassung, Lebensführung, Gesellschaftsbild? Sind Erfahrungen einer teilweise anderen Geschlechterordnung und eines teilweise engeren Familienzusammenhalts nur Anlass zur Distanzierung oder zur Überprüfung des eigenen Verhaltens? Und wie schätzen die MigrantInnen selbst den Einfluss ein, den die von ihnen mitgebrachten oder hier entwickelten Fähigkeiten und Einstellungen auf ihre deutsche Umgebung haben? Wo sehen sie kulturelle Defizite der Aufnahmegesellschaft, die sich mit ihrer Hilfe beheben ließen, wo sehen sie sich als bereits erfolgreiche Vorbilder?

Konkretisiert seien die Forschungslage und die Forschungsdesiderate am Beispiel der bei weitem größten Einwanderergruppe der deutschen Gegenwart, der ImmigrantInnen aus der Türkei. Ihr bekanntester Beitrag zur deut-

---

[209] Vgl. Inci Dirim: Zum Gebrauch von türkischen Routinen bei Hamburger Jugendlichen nicht-türkischer Herkunft. In: Volker Hinnenkamp/Katharina Meng (Hg.): Sprachgrenzen überspringen. Sprachliche Hybridität und kulturelles Selbstverständnis. Tübingen 2005, S. 19–49; Peter Auer: „Türkenslang". Ein jugendsprachlicher Ethnolekt des Deutschen und seine Transformationen. In: Annelies Häcki Buhofer (Hg.): Spracherwerb und Lebensalter. Tübingen, Basel 2003, S. 255–264.

schen Alltagskultur ist zweifellos der Döner, dessen Erfolgsgeschichte – 2003 gab es in Deutschland ca. 13 000 Dönerstände[210] – auch von ethnographischer Seite gewürdigt wurde.[211] Hierbei wurde u.a. gezeigt, dass am Anfang dieses Siegeszugs die „Kreativität des Notbehelfs" stand: Der in Deutschland angebotene Döner wurde demnach nicht von türkischen Gastronomen importiert, sondern von deutsch-türkischen Automobilarbeitern entwickelt, die in der Rezession von 1973 arbeitslos geworden waren,[212] wobei sie das traditionelle Döner-Kebab mithilfe einer neuen Brotsorte und einer neuen Füllung hiesigen Essbedürfnissen anpassten.[213] Und folgt man Seidel-Pielen, so wälzte dieser Imbiss neben den einheimischen Essgewohnheiten die deutsch-türkischen Beziehungen um: „Mehr als kulturelle Offensiven, Freundschaftsfeste und moralische Appelle hat der Döner die interkulturelle Begegnung befördert. (…) Nicht in den Volkshochschulkursen und an den Stätten der Hochkultur, sondern an der Imbißbude kamen Hans und Mustafa ins Gespräch, reiften die Pläne für die erste Türkeireise."[214]

---

210 Vgl. Süddeutsche Zeitung, 7.7.2003. Der Imbissunternehmer Önder Tütüncübasi sprach 2003 von 15 000 Existenzgründern und rund 60 000 Arbeitsplätzen in der „Dönerindustrie" (vgl. ebd.). Schon 1995 gab es nach Seidel-Pielen in Deutschland etwa 10 000 Dönerstände, deren Umsatz mit 3600 Millionen DM weit über dem der 570 McDonalds-Betriebe lag, der damals 2600 Millionen betrug. In Berlin wurden, so schätzt Seidel-Pielen, 1995 etwa 100 Millionen Dönerportionen und nur 70 Millionen des dort früher beliebtesten Imbisses, der Currywurst, verkauft. (Vgl. Eberhard Seidel-Pielen: Aufgespießt. Wie der Döner über die Deutschen kam. Hamburg 1996, S. 11–14.)
211 Vgl. Seidel-Pielen 1996 und Ayşe Ş. Çağlar: McDöner: Dönerkebab und der Kampf der Deutsch-Türken um soziale Stellung. In: Sociologus, 48. Jg. 1998, S. 17–41.
212 Vgl. Seidel-Pielen 1996, S. 48. – Çağlar schreibt: „Die allerersten Döner-Imbisse entstanden 1975 in der unmittelbaren Nähe vom zentralen Bahnhof (Bahnhof Zoo) in Berlin, also genau zu der Zeit, in der die Arbeitslosigkeit unter den Türken zunahm" (Çağlar 1998, S. 21). Die Expansion der Dönerstände setzte Anfang der 1980er Jahre ein, als die Entlassungen in der deutschen Industrie sprunghaft anstiegen, wobei türkische Arbeitnehmer weit überproportional betroffen waren. (Vgl. Seidel-Pielen 1996, S. 53f.)
213 Vgl. Çağlar 1998, S. 22–25.
214 Seidel-Pielen 1996, S. 8f. – Seidel-Pielen sieht die Dönerverkäufer auch als Brückenbauer zwischen West- und Ostdeutschen: „(D)ie Kebapci, die Dönerverkäufer

Doch so bemerkenswert die Rolle des türkisch-deutschen Döner als interkultureller Broker sein mag: Unbestreitbar ist eben doch, dass er zwar als Billigessen beliebt, aber in der kulinarischen Hierarchie doch recht weit unten angesiedelt ist;[215] ihn, wie es oft geschieht, mit der türkischen Kultur zu identifizieren, passt also gut zu einer Verbannung von Deutschlandtürken auf die unteren Sozialränge. Es ist deshalb nicht verwunderlich, wenn türkische Immigranten den deutschen Dönerkonsum und Dönerdiskurs teilweise mit Unbehagen registrieren: „Die Deutschen beharren auf diesem Döner. Was zwar eine gute Sache ist, aber letztendlich besteht die türkische Küche eben nicht nur aus Döner" (Student türkischer Herkunft). „(Für die Deutschen) da ist nur Döner, nichts anderes" (Schneider türkischer Herkunft).[216] „Wir haben nicht nur Döner Kebab, das sollten die Deutschen mal lernen, wir haben besseres Essen" (türkischer Taxifahrer).

Das Selbstbewusstsein, das sich hier meldet, wäre unterschätzt, wenn man annähme, es bezöge sich nur auf Kulinarik, und fehleingeschätzt, wenn man glaubte, daran äußere sich primär der Stolz auf Kultur und Geschichte des Herkunftslandes. Vor allem in der zweiten und dritten Zuwanderergeneration ist in den letzten Jahren die Hervorhebung spezifischer Migrantenfähigkeiten zu bemerken. Häufige Stichwörter sind hierbei „Unternehmungsgeist", „Dynamik", „Risikobereitschaft", „Entscheidungsfreudigkeit", „Flexibilität".[217]

(...) waren die Kundschafter. Sie wagten sich, kaum daß die Mauer gefallen war, in den Wilden Osten vor. Sie und nicht die staatlich subventionierten Integrationsspezialisten bauten in der Gluthitze des Dönergrills tragfähige Brücken der Verständigung" (ebd., S. 9; vgl. auch ebd., S. 124–131).
215 Zur Verbannung vieler „Migrationsspeisen" auf die unteren Ränge der kulinarischen Hierarchie siehe Eva Barlösius: Soziologie des Essens. Eine sozial- und kulturwissenschaftliche Einführung in die Ernährungsforschung. Weinheim, München 1999, S. 156–164.
216 Die Zitate stammen aus Interviews, die Studierende der Empirischen Kulturwissenschaft im Sommer 2004 für ein Seminar „Innovation durch Immigration" durchführten.
217 „Mit viel Einsatz, Risikobereitschaft und Flexibilität suchten die türkischen Migranten ihre Perspektive in der Selbständigkeit", heißt es z.B. bei Ali Yumuşak und Lutz Hunger: Türkische Unternehmer in Deutschland. Berlin 2003, S. 43. In einem Vorwort zum selben Buch spricht der türkische Botschafter in Deutschland,

Die Realbasis dieses neuen Selbstbildes ist die zunehmende Zahl von Unternehmen, die von Deutschlandtürken gegründet werden, und deren wachsende Diversifizierung über Gastronomie und Einzelhandel hinaus: 10% der von Deutsch-Türken geführten Firmen sind Handwerks-, über 20% Dienstleistungsbetriebe.[218] Die türkischstämmigen Geschäftsleute sehen sich dabei keineswegs nur als gelehrige Schüler deutscher Tüchtigkeit, sondern z.T. durchaus als Vorbilder, an denen sich sowohl arbeitslose Deutsche als auch stagnierende deutsche Firmen ein Beispiel nehmen könnten. Und interessanterweise geht es nicht lediglich um ein Selbstbild. Das Wirtschaftsmagazin „brandeins" titelt: „Warum der türkische Einzelhandel blüht, während der deutsche taumelt" und lobt Mut, Frische, Fleiß als „Mentalität, die entsteht, wenn man als Migrant von unten in eine Gesellschaft einsteigt";[219] die „Südwestpresse" schildert unter der Schlagzeile „Türken für Deutsche als Vorbild" die konjunkturbelebende Wirkung der neuen türkischen Selbständigen;[220] die „Frankfurter Allgemeine Sonntagszeitung" preist unter der Überschrift „Warum die deutschen Türken nicht nur unsere Wirtschaft retten können, sondern auch unsere Kultur" den „Pioniergeist" und die „Energien, die die türkischen Einwanderer mitbringen", und meint emphatisch: „(Z)um ersten Mal hat das Land die Chance, Einwanderung nicht durch Assimilation zu verschwenden, sondern als Veränderung zu nutzen."[221]

Diese wirklich neuen Töne in der deutschen Einwanderungsdebatte stellen auch der Ethnographie neue Aufgaben. Dazu gehört natürlich zunächst die Recherche, wie sich deutschlandtürkische von deutschen „Ich-AGs" unterscheiden

---

Osman Korutürk, von den „türkischen Bürger(n) mit ihrer bereits bewiesenen beispiellosen Dynamik" (ebd., S. 27).
218 Vgl. Südwestpresse, 21.6.2004.
219 Vgl. Vito Avantario: Aufstand der Anständigen. Warum der türkische Einzelhandel blüht, während der deutsche taumelt: Eine Geschichte über Stolz und Mut, Frische und Freundlichkeit. In: Brandeins: www.brandeins.de/magazin/archiv/2001/ausgabe_03/schwerpunkt/artikel6.html
220 Vgl. Südwestpresse, 21.6.2004.
221 Georg Diez: Der Halbmond ist aufgegangen. Avantgarde der Widersprüche: Warum die deutschen Türken nicht nur unsere Wirtschaft retten können, sondern auch unsere Kultur. In: Frankfurter Allgemeine Sonntagszeitung, 22.6.2003.

und wie deutsch-türkische Unternehmenskultur von innen aussieht – vor allem, in welchen Punkten die hier angepriesenen Tugenden über die Forderung oder Selbstanforderung längerer Arbeitszeiten und die Hinnahme geringer Löhne und Renten hinausgehen. Es geht aber auch um die spezifisch kulturwissenschaftliche Frage, in welcher Weise bei der Risikobereitschaft und Flexibilität, die deutschlandtürkischen Unternehmensgründern zugeschrieben wird, postmoderne und prämoderne Arbeits- und Lebensweisen zusammenkommen. Also z.B., ob sich in vormodernen Situationen materieller Not und sozialer Unsicherheit antrainierte Improvisationsfähigkeiten tatsächlich in postmoderne Marktgängigkeit verwandeln lassen, so wie es ein türkischstämmiger Berufsberater behauptet: „Deutsche Charakterzüge: Bodenständigkeit und 100%iges Arbeitsergebnis. Die Zeit ist aber schnelllebig, man kann nicht auf fünf Jahre planen. Die Türken, die Mittelmeermenschen überhaupt, sind schneller, denken schneller, handeln schneller. Diese Umsetzungsgeschwindigkeit, Entscheidungsfreudigkeit (…) – eben diese südländische Mentalität entspricht heutigem Zeitgeist."[222] Auch eine andere Form traditionaler Rückendeckung wäre genauer zu beleuchten, auf welche die postmoderne Flexibilität von Deutschlandtürken angeblich zählen kann. Dass „Freundschaft, Familie, Zusammenhalt, Wärme"[223] zu den Erfolgsfaktoren türkischer Firmen gehörten, wird von vielen türkischstämmigen Unternehmern stolz und von vielen Deutschen sei's bewundernd, sei's argwöhnisch bestätigt.[224] Beiden Gefühlen wäre nachzugehen: Sind dort, wo viele Mitarbeiter aus Verwandten, Freunden und Bekannten bestehen, die Hierarchien flacher,[225] die Arbeitsbeziehungen besser als in vergleichbaren deutschen Betrieben? Inwieweit wird in klientelären Strukturen soziale Sicherheit auf Kosten persönlicher Autonomie gewährleistet? Hinzuzufügen wäre die Frage: Inwieweit beeinflusst die Unternehmenskultur der Deutschlandtürken (und anderer Immigranten) bereits deutsche Existenzgründer und Unternehmer und, wenn ja, was wird dabei übernommen und wie ist es zu bewerten?

---

222 Interview 2004, wie Anm. 216.
223 Frankfurter Allgemeine Sonntagszeitung, 22.6.2003.
224 Vgl. Diez (wie Anm. 221); vgl. Avantario 2001.
225 So Avantario 2001.

Nicht übergangen werden sollte eine andere Seite der „südländischen Mentalität", die sowohl ein Hetero- wie ein Autostereotyp darstellt: „Gastfreundschaft und Frohsinn" (Studentin türkischer Herkunft); „Freundlichkeit, Höflichkeit" (türkischer Taxifahrer); „Die Südländer nehmen es lockerer, genießen den Augenblick" (türkische Ehefrau eines Deutschen).[226] Die aktuelle ethnographische Forschung tut sich mit dieser Thematik ausgesprochen schwer. Was die Zuschreibung kollektiver Mentalitäten im Allgemeinen und „mediterraner" Lebens- und Kommunikationsfreude im Besonderen angeht, so neigt sie eher zur Dekonstruktion, zum Aufdecken der Bedürfnisse und Interessen, die hinter solchen Stereotypen stehen, als zu der Konzession, dass manche von ihnen doch eine empirische Ausgangsbasis, ja unter Umständen einen rationalen Kern haben.

Was konkret die Vorstellung angeht, die heutigen Deutschen hätten – trotz erodierender Arbeits- und expandierender Erlebnisgesellschaft – wenig Übung in Lebensfreude und Glücksfähigkeit und daher auch wenig Freundlichkeit und Gelassenheit weiterzugeben, so kann man zwar Entpauschalisierung und empirische Präzisierung einfordern, aber nicht schlichtweg von Fiktion reden. Dafür sind sich zu viele ausländische und immigrierte Beobachter deutscher Zustände, die ansonsten das „typisch Deutsche" – je nach eigenem Standort – sehr unterschiedlich fassen, in dem einen Punkt einig: dass sich im deutschen Durchschnitt mehr Daueranspannung, mehr Unzufriedenheit mit sich selbst, mehr Unhöflichkeit gegen andere fände als in vielen anderen, darunter süd- und osteuropäischen Bevölkerungen.[227] Und da die habituelle Disposition zur Lebensfreude, mancher intellektuellen Verachtung zum Trotz, ein hochrangiges kulturwissenschaftliches Thema sein sollte, ist es eine durchaus lohnende Frage, ob türkische und andere Zuwanderergruppen hier eine Nachhilfefunktion ausüben könnten. Es wäre durchaus denkbar, dass das Vorbild von MigrantInnen – sofern und solange

---

226 Interviews, wie Anm. 216.
227 Vgl. z.B. Rolf Hoffmann: Mit den Augen der anderen. Erfahrungen ausländischer Wissenschaftler in Deutschland. Bonn, Bad Godesberg 1988, u.a. S. 19, 23, 31, 34; vgl. auch die ZEIT-Serie ‚Unser Ausland!' Was ausländischen Mitbürgern hierzulande auffällt. ZEIT, 8.11.1996 bis 21.3.1997.

sie nicht assimiliert sind – dabei mehr leisten könnte und vielleicht bereits mehr leistet als das Reiseerlebnis fremder Kulturen, da es nicht das schwer erreichbare und auch meist gar nicht gewünschte Ganz Andere repräsentiert, sondern alternative Möglichkeiten zeigt, mit hiesigen Verhältnissen zurecht zu kommen.

Populare Ästhetik

Bis hierher wurden vor allem solche Formen der Kreativität diskutiert, die sich unmittelbar auf die Sicherung eines ausreichenden oder befriedigenden Lebensstandards beziehen. Ausgeklammert blieb damit der Bereich der Unterschichtenkultur, dem die volkskundlich-kulturwissenschaftliche Forschung lange Zeit eine noch höhere und bis heute eine hohe Aufmerksamkeit schenkt: die populare Ästhetik.

Die frühe Volkskulturforschung widmete sich in diesem Feld fast nur traditionellen und vornehmlich bäuerlichen Gütern und Tätigkeiten, die „volksläufig", d.h.: auch in den Unterschichten populär geworden waren. Es ging um „Volkspoesie" wie Volkslied, Märchen, Sage, Rätsel, Schwank, Witz, Redensart sowie um „Volkskunst" wie Tracht, Hausrat, Wandschmuck und Kinderspielzeug. Einigkeit bestand dabei darüber, dass die romantische Vorstellung von der Populärästhetik als einem autarken Produkt unterbürgerlicher, vor allem bäuerlicher Schichten[228] unzutreffend sei. Man zeigte auf, wie stark sich Volkskunst an höfischen, kirchlichen oder städtischen Vorbildern orientierte[229] und wie viele Volkslieder auf die Kunstlieder gebildeter Verfasser zurückgingen.[230] Der Standardsatz, dass das Volk reproduziere, nicht

---

228 Zum deutschen Vorlauf dieser Diskussion in der deutschen Früh- und Spätromantik, der mit Herders „Idee einer Volkspoesie" einsetzt, vgl. Hermann Bausinger: Formen der „Volkspoesie". Berlin 1968, S. 9–27.
229 Vgl. Wilhelm Fraenger: Deutsche Vorlagen zu russischen Volksbilderbogen des 18. Jahrhunderts. In: Jahrbuch für historische Volkskunde. Bd. 2, Berlin 1926, S. 126–173; auch Konrad Hahm: Deutsche Volkskunst. Breslau 1932.
230 Vgl. John Meier: Kunstlieder im Volksmunde. Materialien und Untersuchungen. Halle a. S. 1906. Die im (von Meier gegründeten) Deutschen Volksliedarchiv

produziere, verband sich jedoch vielfach mit Hinweisen auf eigenständige Formen dieser Reproduktion. Die These des Germanisten und Volkskundlers Hans Naumann, der Volkskunst und Volkspoesie mehr oder weniger auf „gesunkenes Kulturgut" reduzierte und ihr jeden schöpferischen Charakter absprach,[231] stieß in der zeitgenössischen Volkskunde auf breite Kritik. Adolf Spamer warnte vor einer Unterschätzung der „eigenschöpferischen Tätigkeit der Unterschicht",[232] und John Meier hielt seine Auffassung aufrecht, dass „auch das Volk nicht bloß reproduziert, sondern auch innerhalb gewisser Grenzen produziert" und dabei „eine bedeutende und hoch zu wertende geistige Tätigkeit" ausübe;[233] Viktor von Geramb sprach von Tausenden von Beispielen, die man bereits für ein „gänzliche(s) Umgestalten des oberschichtlichen Vorbilds durch das vulgus"[234] beigebracht habe, wobei er nicht hinzuzufügen vergaß, dass die popularisierte Version mitunter sogar die bessere sei.[235] Eine wirksame Unterstützung erfuhr diese Position durch die Strukturalisten Petr Grigorevich Bogatyrev und Roman Jakobson. Sie schreiben 1929 in ihrem Aufsatz „Die Folklore als eine besondere Form des Schaffens": „Für die Folklorewissenschaft ist wesentlich nicht das außerhalb der Folklore liegende Entstehen und Sein der Quellen, sondern die Funktion des Entleh-

---

    gesammelten Abstammungsreihen von Volksliedern führen fast immer zu literarischen Ursprüngen zurück. (Vgl. Bausinger 1968, S. 41.)

231 Vgl. Hans Naumann: Primitive Gemeinschaftskultur. Beiträge zur Volkskunde und Mythologie. Jena 1921, S. 17. Bei Naumann verband sich diese Diagnose mit dem Plädoyer für die „Anerkennung der Bildungsaristokratie und der schöpferischen Persönlichkeit, in deren Händen Führerschaft und Kulturentwicklung beschlossen liegen" (ebd.).

232 Adolf Spamer: Um die Prinzipien der Volkskunde. Anmerkungen zu Hans Naumanns Grundzügen der deutschen Volkskunde. In: Hessische Blätter für Volkskunde, Bd. 23, 1925, S. 67–108; hier S. 91.

233 John Meier: Wege und Ziele der deutschen Volkskundeforschung. In: Deutsche Forschung. Aus der Arbeit der Notgemeinschaft der Deutschen Wissenschaft, H. 6: Deutsche Volkskunde. Berlin 1928, S. 15–43; hier S. 24f.

234 Viktor von Geramb: Zur Frage nach den Grenzen, Aufgaben und Methoden der deutschen Volkskunde. In: Zeitschrift des Vereins für Volkskunde, 37./38. Jg. 1927/28, S. 163–181; hier S. 178.

235 Vgl. ebd.

nens, die Auswahl und die Transformation des entlehnten Stoffes. Von diesem Standpunkte aus verliert die bekannte These ‚das Volk produziert nicht, es reproduziert' ihre Schärfe, da wir nicht berechtigt sind, eine unüberwindliche Grenze zwischen der Produktion und der Reproduktion zu ziehen und letztere als gewissermaßen minderwertig zu deuten. Reproduktion bedeutet keine passive Übernahme, und in diesem Sinne besteht zwischen Molière, der die altertümlichen Schauspiele umgestaltet hat, und dem Volke, das, um den Ausdruck Naumanns zu gebrauchen, ‚ein Kunstlied zersingt', kein prinzipieller Unterschied."[236]

In der neueren volkskundlichen und ethnographischen Forschung zur popularen Ästhetik wurde mit der Orientierung an traditionellen Genres auch die Begrenzung auf populares „Gemeingut" aufgegeben.[237] In die Untersuchungen einbezogen wurde nun die nicht in den kollektiven Gebrauch übergehende individuelle (sei's privat, sei's in Vereinen, Parteien usw. geleistete) ästhetische Produktion und Betätigung unterbürgerlicher Gruppen, die sich mit der Zunahme der ihnen zur Verfügung stehenden Geld-, Zeit- und Bildungsressourcen vor allem seit etwa 1900 vervielfältigt hatte.[238] Besonde-

---

236 In: Heinz Blumensath (Hg.): Strukturalismus in der Literaturwissenschaft. Köln 1972, S. 13–24; hier S. 19.

237 Mit den individuellen Leistungen unterschichtlicher Produzenten hatte sich die frühere Volkskunde durchaus beschäftigt, doch eben fast nur mit solchen, die in populare Stile und Folkloregenres Eingang fanden. (Vgl. z.B. Eduard Hoffmann-Krayer: Individuelle Triebkräfte im Volksleben. In: Schweizerisches Archiv für Volkskunde, 30. Bd. 1930, S. 169–182.)

238 Um 1900 hatte zumindest das großstädtische Industrie- und Dienstleistungsproletariat in Deutschland bereits vielfache Formen kultureller Teilhabe entwickelt. Seine Arbeitsaufgaben erforderten und die Schulpflicht ermöglichte die Beherrschung von Lesen und Schreiben, die steigenden Reallöhne gestatteten vor allem jungen, alleinstehenden ArbeiterInnen auch einen breiteren Kulturkonsum, den Besuch populärer Varietés, Theateraufführungen, Konzerte, den Kauf von Zeitungen, Zeitschriften, Belletristik, Sachbüchern. Auf die Rolle, welche Unterschichten bei der Durchsetzung neuer Unterhaltungsmedien wie z.B. des Kinos spielten, wurde bereits hingewiesen. Zudem stiegen die ästhetischen Ansprüche an Aussehen, Kleidung, Möbel, Wandschmuck: Die Unterschichten konnten nun ebenfalls mit der Mode gehen. (Vgl. dazu Kaspar Maase: Schund und Schönheit. Ordnungen des

re Aufmerksamkeit erfuhr dabei seit den 1970er Jahren die literarische und künstlerische Betätigung im Rahmen der Arbeiterkulturbewegung: die Heranbildung von Chorsängern, Laienschauspielern, Autoren aus der Arbeiterschaft für die Kulturarbeit der Arbeitervereine und die Öffentlichkeitsarbeit der Arbeiterorganisationen, aber auch die Unterstützung laienkünstlerischer Betätigung in der Freizeit, die in Bildungsorganisationen der Arbeiterbewegung geleistet wurde.[239] Parallel dazu interessierte sich die westdeutsche Gegenwartsforschung z.B. für Gelegenheitsautoren und -künstler aus der Arbeiter- und Angestelltenschicht, die sich in der gewerkschaftlichen Kulturarbeit[240] oder in eigenen Gruppierungen wie dem „Werkkreis Literatur der Arbeitswelt"[241] betätigten. Die DDR-Ethnographie legte Untersuchungen zum individuellen und organisierten „künstlerischen Volksschaffen" vor.[242] Neben der Frage der sozialen Verbreitung künstlerischer Fähigkeiten galt die Aufmerksamkeit dabei vor allem dem politischen Gehalt und der politischen Wirkung der Laien- und Amateurkunst.

Mit der Erosion der Arbeiterbewegung und der ihr verbundenen Kulturorganisationen in den 1980er Jahren nahm das zeitweilige wissenschaftliche Interesse an Laien- oder Amateurkunst wieder ab. Einen Aufschwung erlebte dagegen die Erforschung alltagsästhetischer Betätigungen. Untersucht wurden die Verschönerung der Lebensumwelt und der alltäglichen Gebrauchsgegenstände wie Wohnung, Garten, Büro, Auto, Motorrad, Computer, die Selbststilisierung durch Szenesprachen, Kleidung, Frisur, Make-up, Tätowie-

---

Vergnügens um 1900. In: Ders./Wolfgang Kaschuba (Hg.): Schund und Schönheit. Populäre Kultur um 1900. Köln usw. 2001, S. 9–28.)

239 Vgl. dazu die Bibliographien bei Dieter Kramer 1987, S. 338–382, und bei Assion 2001, S. 283–289.

240 Vgl. Kaspar Maase: Gewerkschaftliche Kulturarbeit. Selbstverständnis – Praxisbereiche – Perspektiven. In: Massen/Kultur/Politik, Argument-Sonderband 23, Berlin 1978, S. 7–57, und die angeschlossene Bibliographie, S. 58–61.

241 Vgl. Katrin Pallowski: Neuer Anfang – Der Werkkreis Literatur der Arbeitswelt als Modell alternativer Kulturarbeit. In: Massen/Kultur/Politik, Argument-Sonderband 23, Berlin 1978, S. 115–134.

242 Vgl. Ute Mohrmann: Engagierte Freizeitkunst. Werdegang und Entwicklungsprobleme des bildnerischen Volksschaffens in der DDR. Berlin/DDR 1983.

ren oder Piercing, körperbetonende Rituale wie das Tanzen oder die Aufführungen von Fußballfans. Repräsentativ für den Tenor vieler dieser Studien war dabei die Botschaft, die Paul Willis seinem Buch „Common Culture" (in der deutschen Ausgabe: „Jugend-Stile") voranschickte: „Im allgemeinen", so Willis, „verschließt der Kulturbetrieb die Augen, um den Mythos der außergewöhnlichen, kreativen Künstlerpersönlichkeit, die sich gegen den passiven Massenkonsumismus behauptet, am Leben zu erhalten. (...) Wir wollen demgegenüber festhalten, daß es eine pulsierende symbolische Lebendigkeit und Kreativität im Alltagsleben, in den alltäglichen Aktivitäten und Ausdrucksweisen gibt – auch wenn sie manchmal unsichtbar ist, von oben betrachtet oder verunglimpft wird."[243]

Eine besondere Pointe dieser Aufwertungsstrategie war, dass die Vorstellung vom „passiven Konsumenten" weniger durch das Aufstöbern kreativer Betätigungen außerhalb des kulturindustriellen Einflussbereichs als durch den Nachweis des kreativen Konsums von Massenkulturwaren gekontert wurde. „Seit einigen Jahren", schreibt Gisela Welz 1996, „entwickelt sich eine radikale Neubewertung des Phänomenbereichs Konsum, die frühere Deutungsmuster in ihr Gegenteil verkehrt. Konsumenten werden nun als kulturelle Akteure begriffen, die keineswegs konform und passiv, sondern vielmehr selbstbestimmt die Angebote der Warenwelt aufgreifen, mit ihnen eigensinnig umgehen, in diesem Umgang immer neue kulturelle Bedeutungen kreieren und damit die Vervielfältigung von Lebensstilen vorantreiben."[244] Hier schließt sich ganz offensichtlich ein Kreis: Die in der frühen Folkloristik entwickelte Theorie der produktiven Reproduktion von ober- und mittelschichtlichen Vorbildern kehrt nun als Theorie des kreativen Konsumentenumgangs mit den industriellen und kulturindustriellen Massengütern wieder.

Die große Bandbreite der Untersuchungen zur „symbolischen Kreativität" sozialer Unterschichten lässt sich hier zwar nicht ganz ausschreiten, wohl aber dadurch andeuten, dass zwei weit auseinander liegende Beispielfelder näher be-

---

243 Willis 1991, S. 11.
244 Gisela Welz: Einkaufen: Ethnographische Skizzen. Eine Einführung. In: Dies. (Hg.): Einkaufen. Ethnographische Skizzen. Konsumentenkulturen in der Region Tübingen. Tübingen 1996, S. 7–15; hier S. 7.

trachtet werden: das autobiographische Schreiben von älteren Mitgliedern der unteren Bildungsschichten, wobei der Fokus bis in die Frühe Neuzeit zurückreicht, sowie alltagsästhetische Betätigungen von Jugendlichen in der Gegenwart.

Selbstrepräsentation I: Autobiographisches Schreiben

Der Begriff „Volksliteratur" galt lange Zeit als unmissverständlich: Er bezeichnete populäre Lesestoffe. Dass es von den unteren Bildungsschichten nicht nur gelesene, sondern geschriebene Literatur geben könne, stand außerhalb der Betrachtung. Noch 1979 schreibt der Volkskundler und Erzählforscher Albrecht Lehmann: „Wie Volkskundler und Sozialhistoriker immer wieder schmerzvoll erfahren, ist die Gepflogenheit und sind auch die bildungsmäßigen Voraussetzungen, sich mit der eigenen Person und Umwelt schriftlich auseinanderzusetzen, nur in bestimmten Teilen der Bevölkerung verbreitet. Das gilt oder galt doch zumindest in der Vergangenheit vor allem für die Minderheit der akademisch geschulten sozialen Ober- und Mittelschichten industrialisierter Gesellschaften. Angehörige unterer Sozialschichten sind dazu nur in Ausnahmefällen bereit und in der Lage."[245] Diese damals verbreitete Überzeugung von der „Beinahe-Schriftlosigkeit des Volkes" resultierte aus einer Neglektionsspirale: Da die Wissenschaft die Unterschichten für mehr oder weniger schreibunfähig oder -unlustig hielt, suchte sie gar nicht systematisch nach entsprechenden Texten; die Tatsache geringer Sammelbestände und gar Editionen verstärkte dann wiederum die Meinung von einer kaum nennens- und untersuchenswerten Schreibpraxis.

Seit Anfang der 1980er Jahre begann sich diese Situation zu wandeln. Recherchen von landeshistorischer, sprachwissenschaftlicher und volkskundlicher Seite, die sich der Geschichte der ländlichen Schriftlichkeit widmeten, entdeckten Zeugnisse einer nicht unerheblichen bäuerlichen Schreibpraxis. Marie-Luise Hopf-Droste, die im nordwestdeutschen Raum etwa 300 ländliche Anschreibe- und Tagebücher aus dem 18. und 19. Jahrhundert zusam-

---

245 Albrecht Lehmann: Autobiographische Methoden. Verfahren und Möglichkeiten. In: Ethnologia Europaea XI, 1979/80, S. 36–54; hier S. 40.

mentrug, reklamierte daraufhin eine Revision bisheriger Lehrmeinungen: „Die Erforschung der Lese-, Schreib- und Rechenfähigkeit insbesondere auf dem Land ist noch in den Anfängen, der Landmann, der seine drei Kreuzchen macht, noch immer ein feststehendes Bild (...). Es muß aber, dafür sprechen die neueren reichhaltigen Quellenfunde, eine weitaus größere Schriftkundigkeit gegeben haben, als bisher zu vermuten war (...)."[246] Die seitherige Forschung hat diese Einschätzung bestätigt und eine bis ins 16. Jahrhundert zurückreichende Schreibtradition von Bauern und Handwerkern nachgewiesen, die sich in Hofchroniken, Haushaltsbüchern, Tagebüchern und Briefen manifestiert.[247] Dabei wurde jedoch dem Mythos vom schriftfernen Land nun nicht ein Gegenmythos vom rusticus scribens entgegengesetzt, sondern dargestellt, dass diese Schreibpraxis regional ganz unterschiedlich ausgebildet war und nur von einer dörflichen Minderheit getragen wurde, die sich, wenn auch nicht ausschließlich, so doch vor allem aus Großbauern und Gewerbetreibenden rekrutierte.[248] Zugleich wurde gezeigt, dass die verbreitete Illi-

---

246 Marie-Luise Hopf-Droste: Vorbilder, Formen und Funktionen ländlicher Anschreibebücher. In: Helmut Ottenjann/Günter Wiegelmann (Hg.): Alte Tagebücher und Anschreibebücher. Quellen zum Alltag der ländlichen Bevölkerung in Nordwesteuropa. Münster 1982, S. 61–84; hier S. 61.
247 Vgl. Karl-Heinz Ziessow: Ländliche Lesekultur im 18. und 19. Jahrhundert. Das Kirchspiel Menslage und seine Lesegesellschaft 1790–1840. Cloppenburg 1988; Ders.: Kirchspielverwaltung und ländliche Lese- und Schreibkultur. Rahmenüberlegungen für eine Untersuchung des Zusammenhangs von kommunaler Tradition und Verschriftlichung. In: Volkskunde in Niedersachsen, 6. Jg. 1989, S. 43–60; Jan Peters/Hartmut Harnisch/Lieselott Enders: Märkische Bauerntagebücher des 18. und 19. Jahrhunderts. Weimar 1989; Marie-Luise Hopf-Droste: Katalog ländlicher Anschreibebücher aus Nordwestdeutschland. Münster 1989; Utz Maas: Ländliche Schriftkultur in der Frühen Neuzeit. In: Andrea Gardt/Klaus J. Mattheier/Oskar Reichmann (Hg.): Sprachgeschichte des Neuhochdeutschen. Tübingen 1995, S. 249–277; Jan Peters: Bäuerliches Schreiben und schriftkulturelles Umfeld. Austauschverhältnisse im 17. Jahrhundert. In: Alfred Messerli/Roger Chartier (Hg.): Lesen und Schreiben in Europa. Vergleichende Perspektiven. Basel 2000, S. 87–106; Alfred Messerli: Lesen und Schreiben 1700 bis 1900. Untersuchung zur Durchsetzung der Literalität in der Schweiz. Tübingen 2002; Jan Peters: Mit Pflug und Gänsekiel. Selbstzeugnisse schreibender Bauern. Eine Anthologie. Köln usw. 2003.
248 Vgl. Messerli 2002, S. 608. Auch Kleinbauern, die über eine Nebengewerbstätig-

teralität nicht notwendigerweise der Lebensweise und den Bedürfnissen der Betroffenen entsprach. Das von vielen an ihrer Einflusslosigkeit verzweifelnden zeitgenössischen Aufklärern[249] gepflegte Bild einer am Schreiben und Lesen desinteressierten Landbevölkerung übergeht demnach die Tatsache, dass die Obrigkeit selbst bis ins frühe 19. Jahrhundert hinein die Schreibfähigkeit breiter Schichten für unnötig, ja schädlich zu erachten neigte.[250] Die populare Schreibpraxis entsprang so oft einem Druck von unten.[251] Ein Großteil der AutorInnen von Hausbüchern, Tagebüchern, Briefen und Autobiographien, so zeigt Alfred Messerli für die frühneuzeitliche Schweiz, hat sich seine Schreibfähigkeit bei den Eltern oder ganz autodidaktisch erworben.[252]

Auch der Gehalt der Texte hat der Forschung zufolge durchaus eigenschöpferische Elemente. Die bäuerlichen Anschreibe-, Haus- oder Tagebücher – die Terminologie ist ebenso fließend wie die Textgattungen selbst – enthalten oft nur knappe Notizen über wirtschaftliche Abläufe und familiäre Ereignisse; nicht selten aber integrieren sie Lesefrüchte, Lebensmaximen

---

keit Marktbeziehungen unterhielten, mussten eine rudimentäre Buchführung entwickeln, die zum Anlass für weitergehende Niederschriften werden konnte. Und auch Tagelöhner und Landarbeiter führten z.T. Tagebücher, in denen sie ihre – oft erst am Jahresende entlohnten – Dienstleistungen festhielten. (Vgl. Maas 1995, S. 257f.) Peters erwähnt neben bäuerlichen Autoren Handwerker und Kleinhändler. (Vgl. Jan Peters: Wegweiser zum Innenleben? Möglichkeiten und Grenzen der Untersuchung popularer Selbstzeugnisse der Frühen Neuzeit. In: Historische Anthropologie, 1. Jg. 1993, S. 235–249; hier S. 237.)

249 „Gerade in der ‚Aufklärung' spiegelt das stereotype Bild vom ungebildeten Landmann viel von der Frustration der zeitgenössischen Intellektuellen, die gemessen an ihrem Führungsanspruch mit ihren Schriften erfolglos blieben und damit blind für pragmatische Formen von Bildung, die auf unmittelbare Bedürfnisse ebenso wie auf globale Verunsicherungen reagieren (vom Lesen in Kalendern und Zeitungen bis zur Niederschrift von Tagebüchern) (…)" (Maas 1995, S. 251).

250 Vgl. Messerli 2002, S. 500f.; vgl. Utz Maas: Schriftlichkeit und das ganz Andere: Mündlichkeit als verkehrte Welt der Intellektuellen – Schriftlichkeit als Zuflucht der Nicht-Intellektuellen. In: Aleida Assmann/Dietrich Harth (Hg.): Kultur als Lebenswelt und Monument. Frankfurt/M. 1991, S. 212–232.

251 Vgl. Messerli 2002, S. 501–503.

252 Ebd., S. 503.

oder Reflexionen zu den Zeitläuften.[253] Jan Peters betrachtet sie als Zeugnisse einer „Eigenkultur" der Verfasser, in der nicht bloß die Stimme ihrer geistigen und weltlichen Herren widerhalle.[254] Und diese Eigenkultur werde nicht nur durch Tradition bestimmt: So, wie die Entstehung ländlicher Schriftlichkeit vor allem mit der Durchsetzung der Geld- und Marktwirtschaft verbunden sei, zeigten die in ihr manifestierten Gesellschafts- und Weltbilder die Auseinandersetzung mit lebensweltlichen Umbrüchen, die freilich oft mit althergebrachtem religiösem Instrumentarium geführt wird.[255] In vielen Fällen demonstrierten die Texte zudem die Fähigkeit zu anschaulicher (etwa: unterhaltsamer oder spannender) Darstellung und oft auch zu sprachlicher Raffinesse, „zur Ironie, zur Mehrdeutigkeit und zur geschickten Konstruktion von kritischer Distanz".[256] Resümierend schreibt Jan Peters über von ihm edierte „Selbstzeugnisse schreibender Bauern" aus dem 16. bis 19. Jahrhundert: „Es wäre schon viel gewonnen (…), wenn diese Texte das zählebige Bild vom stumpfsinnigen, geistig uninteressierten, alles Neue ablehnenden und im übrigen in seiner individuellen Wesensart kaum vom Nachbarn unterscheidbaren Bauern aufbrechen würden."[257]

Die zeithistorische Forschung, die sich für die Erfahrungen noch lebender Unterschichtangehöriger interessierte, griff – neben Fotos, Souvenirs usw. – vor allem auf eine von ihr selbst hergestellte Quelle zurück: das Interview. Sehr viel seltener ist die Auswertung von schriftlichen Lebenszeugnissen wie Briefen, Tagebüchern und Lebenserinnerungen. Dabei spielte neben der Überzeugung von den Vorteilen der Interviewmethode[258] die Annahme eine

---

253 Vgl. z.B. Silke Göttsch: „… zum Zeitvertreib" – Anmerkungen zu den Tagebüchern des Peter Hansen Breckenfeld aus Gintoft in Angeln um 1830. In: Kieler Blätter zur Volkskunde, Bd. XIV, 1982, S. 115–135.
254 Vgl. Peters 2000, S. 93.
255 Vgl. Maas 1995, S. 254.
256 Peters 2003, S. 322.
257 Ebd., S. 13.
258 Zu den Vor- und Nachteilen schriftlicher gegenüber mündlichen Selbstzeugnissen für die Biographie- und Alltagsforschung vgl. Bernd Jürgen Warneken: Populare Autobiographik. Empirische Studien zu einer Quellengattung der Alltagsgeschichtsforschung. Tübingen 1985, S. 27–79.

Rolle, Fähigkeit und/oder Wille zum autobiographischen Schreiben seien in den unteren Bildungsschichten noch immer so selten anzutreffen, dass eine auf diese Quellen gestützte Forschung über Einzelfallanalysen nicht hinauskommen könne. Recherchen über die TeilnehmerInnen mehrerer öffentlicher Aufrufe der 1970er Jahre, die ältere Mitbürger zur Einsendung von Lebenserinnerungen aufforderten, ergaben jedoch ein anderes Bild. AutorInnen mit Volksschulabschluss waren zwar um fast das Dreifache unterrepräsentiert, stellten aber immerhin ca. ein Drittel der EinsenderInnen.[259] Etwa die Hälfte der AutorInnen mit Volksschulabschluss und über die Hälfte derer mit Mittelschulabschluss waren Frauen[260] – die These, dass autobiographisches Schreiben „für fast alle nichtintellektuellen Frauen (…) eine völlig unbekannte Möglichkeit"[261] sei, wurde damit deutlich konterkariert.

Von der Alltagskulturforschung wenig behandelt wurde der ästhetische Wert dieser Texte – was zugleich heißt, dass sie Mängel an Formulierfähigkeit, Stilsicherheit, Kompositionsgeschick auch nicht leugnete oder als originell verklärte.[262] Zurückgewiesen wurde aber immer wieder der Verdacht, dass populare Erinnerungstexte zumeist unter einer „Unterkomplexität" litten, die durch Vergangenheitsverklärung und Problemverdrängung geprägt sei. So ergab die Analyse der Kindheitspassagen in Lebenserinnerungen ba-

---

259 Vgl. Bernd Jürgen Warneken: „Populare Autobiographik". Ein Bericht aus dem Tübinger Ludwig-Uhland-Institut. In: BIOS, 6. Jg. 1993, H. 1, S. 119–125; hier S. 120.
260 Vgl. Warneken 1985, S. 34 und S. 130.
261 Cornelia Giebeler: „Dem eigenen Spiegelbild ins Gesicht sehen." Biographieerarbeitung mit fotografischem Material in der Frauenbildungsarbeit. In: beiträge 7 zur feministischen theorie und praxis. München 1982, S. 121–127; hier S. 121. – Es sei hinzugefügt, dass die befragten Gelegenheitsautorinnen durch alle Bildungsgruppen hindurch eine intensivere Tagebuchpraxis auswiesen als die Männer. (Vgl. Warneken 1985, S. 185.) Unter den 1469 SeniorInnen, die 1976/1977 an einem baden-württembergischen Schreibwettbewerb „Ältere Menschen schreiben Geschichte" teilnahmen, waren 811 (= 55%) Frauen.
262 Freilich gibt es auch produktive Fehler: Etwa wenn von einer „mieslichen Lage" die Rede ist, wenn es heißt, dass Deutschland 1918 „kaputuliert" habe oder dass jemand „wie ein Fürst über Land und Leuten drohnte" (vgl. Warneken 1985, S. 99).

den-württembergischer Senioren, dass diese in 38 Fällen eine primär positive, in 23 eine widersprüchliche und in 18 eine vorwiegend negative Bilanz der „guten alten Zeit" zogen.²⁶³ Gleichzeitig wurde aufgezeigt, dass es gar nicht selten Eingriffe professioneller Herausgeber in unterschichtliche Lebenserinnerungen sind, welche zum Eindruck von deren Harmlosigkeit und Banalität beitragen: In einem Sammelband von Lebenserinnerungen aus Baden-Württemberg z.B. reduzierte der Herausgeber manche Kommentare auf zeit- und zahnlose Sinnsprüche, indem er die Lebenssituation, auf die sie sich bezogen, wegkürzte. Häufiger noch beschnitt er, was man den „Evaluationshorizont" der Erinnerungen nennen könnte: Er strich kritische Bilanzierungen, historische Einordnungen, aktuelle Folgerungen. Ereignisschilderungen, die als Exempel innerhalb eines übergreifenden Argumentationsgangs fungiert hatten, wurden so zu bloßen Erinnerungsbildchen.²⁶⁴ Diese depotenzierende Behandlung hat Tradition: Als der Arbeiter Carl Fischer sich 1903 an die Niederschrift seiner Memoiren machte, riet ihm sein Mentor Paul Göhre, weniger Reflexionen als vielmehr „Erfahrungen, Erlebnisse und Bilder" zu liefern.²⁶⁵ Und als 1975 die New York Times autobiographische Berichte zur Arbeitslosigkeit in Buffalo publizierte, kürzte sie die Passagen, die über die Beschreibung der eigenen Arbeitslosigkeit hinausgingen und „über die Lage in Buffalo sprachen und diese analysierten oder allgemein über ihre persönliche und gesellschaftliche Situation reflektierten".²⁶⁶ Michael Frisch und Dorothy L. Watts kritisieren diese Editorenhaltung treffend als die Maxime „Erzählt uns, was geschah und wie ihr euch fühlt (...), unsere Leser werden sich dann schon darum kümmern, was es zu bedeuten hat und was davon

---

263 Diese Texte stammen von GelegenheitsautorInnen aus allen Bildungsschichten. (Vgl. Warneken 1985, S. 54.)
264 Vgl. ebd., S. 111–116.
265 Vgl. Georg Bollenbeck: Zur Theorie und Geschichte der frühen Arbeiterlebenserinnerungen. Kronberg/Taunus 1976, S. 111.
266 Michael Frisch/Dorothy L. Watts: Oral History und die Darstellung von Klassenbewußtsein. Die „New York Times" und die Arbeitslosen von Buffalo. In: Lutz Niethammer (Hg.): Lebenserfahrung und kollektives Gedächtnis. Die Praxis der ‚Oral History'. Frankfurt/M. 1980, S. 162–186; hier S. 170.

zu halten ist."²⁶⁷ Dem Nachweis, dass der Themenhorizont populärer Literatur und auch populärer Autobiographik sich keineswegs auf den engsten Lebensumkreis beschränkt, ist freilich eine Mangelanzeige hinzuzufügen. Die Auswertungen unterschichtlicher Lebenserinnerungen trafen sich immer wieder in dem Befund, dass die introspektive Dimension in ihnen äußerst kurz kommt. So wurde über Bauerntagebücher des 17. bis 19. Jahrhunderts vermerkt, dass in ihnen selten explizite Wertungen getroffen würden und selten über Emotionen berichtet werde: Sie schlössen den Leser aus der Gefühlswelt des Schreibers aus.²⁶⁸ Isa Schikorsky, die Tagebücher, Briefe, Lebenserinnerungen und Chroniken von Handwerkern, Bauern und Kleinbürgern aus dem 19. Jahrhundert untersucht hat, stellte auch hier einen starken „Außenbezug" fest: „Von geringerer Bedeutung waren reflexive semantische Bezüge, in denen sich die Autoren als Handlungsbetroffene darstellten oder Auskunft über mentale Vorstellungen, innere Zustände, körperliche und seelische Eigenschaften oder Befindlichkeiten gaben."²⁶⁹ Bemerkenswert ist, dass Untersuchungen von populären Lebenserinnerungen der 1970er und 1980er Jahre einen ähnlichen Befund ergeben. Bei AutorInnen mit Volksschulbildung herrscht demnach ein Chronistenstil vor, bei dem die eigene psychische Verfassung als ereignisauslösende oder Ereignisse verarbeitende Instanz nahezu

---

267 Ebd., S. 175. – Die Beispiele ließen sich vermehren – auch durch eigene Erfahrungen. Ich erinnere mich an einen Abend, an dem eine Arbeitsgruppe des Ludwig-Uhland-Instituts ihr Projektvorhaben zum Mössinger Generalstreik von 1933 im dortigen Gemeindesaal vorstellte. (Vgl. Althaus u.a. 1982.) Sie hatte auch einen Zeugen dieses Streiks eingeladen, einen Arbeiter, von dem sie wusste, dass er gerade an seinen Lebenserinnerungen schrieb, und bat ihn, aus diesen Erinnerungen vorzutragen. Er beschränkte sich dann jedoch nicht auf eine Schilderung seiner Erlebnisse, sondern stellte den Mössinger Streik in den Zusammenhang der deutschen Arbeiter- und Faschismusgeschichte und hob damit die vorgesehene Arbeitsteilung zwischen rahmensetzenden „Profis" und illustrierenden „Amateuren" auf.
268 Vgl. Jan Peters: Zum Ergebnis. In: Peters/Harnisch/Enders 1989, S. 290–303; hier S. 297f. Vgl. auch Peters 1993, S. 240.
269 Isa Schikorsky: Private Schriftlichkeit im 19. Jahrhundert. Untersuchungen zur Geschichte des alltäglichen Sprachverhaltens ‚kleiner Leute'. Tübingen 1990, S. 311.

unerörtert bleibt, wogegen bei mittelschichtlichen AutobiographInnen[270] die psychische und auch die intellektuelle Entwicklung sowie der Widerhall von Lebensereignissen in der eigenen Gefühls- und Gedankenwelt ein wesentliches Erinnerungsthema sind.[271]

Wie ist dieses longue-durée-Phänomen zu erklären? Man könnte das tendenzielle Fehlen einer introspektiven Darstellungsebene unter dem Motto „Was nicht ist, kann nicht beschrieben werden" einfach zum Abbild vorindividueller Lebens-, Denk- und Empfindungsweisen erklären.[272] Die sozialhistorischen wie die volkskundlichen Deutungen haben, wie zu erwarten, diese Annahme eines reflexionslosen Kollektivlebens zurückgewiesen – vielleicht einem antielitären Dispositiv folgend, dies aber nicht ohne ernst zu nehmende Argumente. So interpretiert Jan Peters die bestenfalls lakonischen Selbstreflexionen im Tagebuch eines Neuholländer Bauern aus dem frühen 19. Jahrhundert zum einen als gehemmten Umgang mit inneren Regungen und bringt die nüchterne Form der Erwähnung von Todesfällen in der Familie mit der anerzogenen Hinnahme eines göttlichen Willens zusammen. Zum andern weist er auf spezifisch schreibkulturelle Faktoren hin: Neben einem Unvermögen, Gefühle schriftsprachlich auszudrücken, könne auch mitspielen, dass der Bauer Caließ sich als Autor Caließ am Stil seiner Lektüre, nämlich öffentlichen Bekanntmachungen, Kalendern und Wochenblättern, orientiert habe, wozu als weiteres Moment das Genre „Schreibebuch" gekommen sein könnte, das primär der wirtschaftlichen Bilanzierung diente und damit einen ebenso sachlichen Stil nahe gelegt haben könnte.[273]

---

270 Bei beiden Gruppen geht es um Gelegenheits-, nicht um BerufsautorInnen.
271 Vgl. Christa Hämmerle: Formen des individuellen und kollektiven Selbstbezugs in der popularen Autobiographik. In: Hermann Heidrich (Hg.): Biographieforschung. Gesammelte Aufsätze einer Tagung des Fränkischen Freilichtmuseums am 12. und 13. Oktober 1990. Bad Windsheim 1991, S. 36–60; auch Bernd Jürgen Warneken: Social Differences in the Autobiographic Representation of the Self. In: Christa Hämmerle (Hg.): Plurality and Individuality. Autobiographical Cultures in Europe. Proceedings of an International Workshop at IFK Vienna, 21st–22nd October 1994. Wien 1995, S. 7–14.
272 Vgl. Peters 1993, S. 246f.
273 Vgl. Hartmut Harnisch: Das Schreibebuch Caließ. In: Peters/Harnisch/Enders

Weit weniger noch als für den bäuerlichen Tagebuchschreiber Caließ wird man für zeitgenössische populare Autobiographik primär mangelnde Individuierung und mangelndes Schreibvermögen für die Knappheit selbstreflexiver Introspektion verantwortlich machen können. So lässt sich vermuten, dass die Sozialisationsinstanzen von Unterschichtangehörigen – zumindest noch bis Mitte des 20. Jahrhunderts – an innerindividuellen Konsequenzen und Verarbeitungsweisen äußerer Anforderungen einigermaßen desinteressiert waren und die Ausdrucksfähigkeit in diesem Bereich daher wenig entwickelt wurde. Vor allem, aber nicht nur bei Erinnerungstexten, die auf öffentliche Schreibaufrufe hin geschrieben werden, kommt die Frage hinzu, welche „Äußerungsrechte" sich die VerfasserInnen zumessen. Manche vermeiden die Thematisierung ihres Innenlebens ganz offensichtlich mit Rücksicht auf den mutmaßlichen Erwartungshorizont ihrer Leserschaft. Sie unterstellen, dass sie in der Öffentlichkeit am ehesten als Zeugen, manchmal auch als Geschichtszeugen gefragt sind, wogegen die Subjektivität, die sie zu bieten haben, als weniger interessant gehandelt wird.

Die Frage der internalisierten Schreibrestriktionen, welchen Unterschichtangehörige unterliegen, ist nicht nur auf bestimmte Schreibthemen beziehbar. Sie betrifft die Entscheidung zur Niederschrift von Lebenserinnerungen überhaupt. Diese hängt neben subjektiven und objektiven Produktionsbedingungen (Fähigkeit, Lust, Zeit, a room of one's own ...) in hohem Maß von den Konsumtionsbedingungen, der Nachfrage nach solchen Erinnerungen ab. Und es ist nicht sehr gewagt zu postulieren, dass diese Nachfrage im näheren und weiteren sozialen Umfeld bei Unterschichtangehörigen geringer ist als in bürgerlichen Kreisen. Ein deutliches Indiz dafür ist das Ergebnis einer Umfrage unter TeilnehmerInnen autobiographischer Schreibwettbewerbe, wonach 94% der EinsenderInnen mit Volksschulbildung, aber nur 76% der Befragten insgesamt angaben, sie hätten ihren Text erst auf den öffentlichen Aufruf hin geschrieben.[274] Das bedeutet, dass die 30-%-Quote, die AutorInnen mit Volksschulabschluss in den erwähnten Wettbewerben erzielten,

---

1989, S. 81–153; hier S. 146–153; vgl. auch Jan Peters in: Peters/Harnisch/Enders 1989, S. 298–303.
274 Vgl. Warneken 1985, S. 26.

die alltägliche, ohne Schreibaufrufe zustande kommende Autobiographiepraxis nach oben hin verzerrt, und es zeigt zugleich, dass sich der Archivbestand an nichtprofessioneller und vor allem popularer Autobiographik vermehren lässt, wenn man sich nicht auf das Sammeln des Vorhandenen beschränkt, sondern zum Mittel des Schreibaufrufs greift.

Wie erfolgreich eine solche Strategie sein kann, hat im deutschsprachigen Raum die unter Leitung von Michael Mitterauer 1983 in Wien eingerichtete „Dokumentation lebensgeschichtlicher Aufzeichnungen" bewiesen. Diese geht über öffentliche, über Radio und Zeitschriften lancierte Schreibaufrufe hinaus und organisiert zusammen mit Institutionen der Erwachsenenbildung Schreibwerkstätten. Sie schult die KursleiterInnen und entwickelt Leitfäden für lebensgeschichtliches Erzählen und Schreiben; gleichzeitig betreut sie über intensive Briefkontakte zahlreiche prospektive Verfasser. Die Animations- und Sammelarbeit der Wiener Dokumentationsstelle ergab bis 2004 einen Bestand von nunmehr über 2600 Erinnerungstexten; ArbeiterInnen, HandwerkerInnen, Bauern und Bäuerinnen, ländliche und städtische Dienstboten sowie Angestellte aus unteren Bildungsschichten stellen eine deutliche Mehrheit der AutorInnen.[275] Dabei zeichnet sich ab, dass die z.T. praktizierte „individuelle Schreibbegleitung" manchmal die freiwillige Selbstzensur zu lockern vermochte und „eine merklich offenere, unverblümte Wiedergabe von persönlichen Erfahrungen"[276] erreichte. Gewiss bilden so entstandene Texte keine autonome populare Kreativität ab, sondern sind das Ergebnis einer Interaktion zwischen Forschenden und Erforschten. Sie stellen jedoch, solange diese Entstehungsweise – die bei lebensgeschichtlichen Interviews ja prinzipiell dieselbe ist – offen gelegt und mitreflektiert wird, keine Verfälschung dar, sondern einen Hebammendienst an Schreibfähigkeiten, die unter normalen Alltagsumständen nicht das Licht der Welt erblicken würden.

---

275 Briefliche Mitteilung von Günter Müller, Dokumentation lebensgeschichtlicher Aufzeichnungen, Institut für Wirtschafts- und Sozialgeschichte der Universität Wien.
276 Günter Müller: Lebensgeschichtliches Schreiben im Dialog. Sammlung und Auswertung autobiographischer Texte am Beispiel der „Dokumentation lebensgeschichtlicher Aufzeichnungen" an der Universität Wien. Unveröff. Vortrag, 2004.

Selbstrepräsentation II: Symbolische Kreativität von Jugendlichen

Dass Jugendliche, quer durch alle Schichten, nicht einfach mit der Mode gehen, sondern diese nach eigenem Geschmack abwandeln, und dass viele neue Jugendmoden bottom-up entstehen, gehört heute zum Allgemeinwissen. Zu diesem Wissen hat die ethnographische Forschung erheblich beigetragen. Seit den 1970er Jahren karrten die Jugendstudien des Center of Contemporary Cultural Studies in Birmingham die Belege dafür heran, dass auch das Leben unterschichtlicher Jugendlicher „voll von Ausdrucksweisen, Zeichen und Symbolen" sei, durch die „Individuen und Gruppen auf kreative Weise ihre Präsenz, ihre Identität und ihre Bedeutung herzustellen versuchen".[277] Die alltagsästhetischen Praktiken, die hiermit gemeint waren, lassen sich grob in drei Rubriken fassen: in eine konsumtive, eine produktive und eine kommunikative Kreativität.

Konsumtive Kreativität, die Neukombination oder die Umgestaltung von Massenwaren, wurde z.B. am jugendlichen Kleidungsumgang demonstriert. „Sich stylen" erhielt in den letzten Jahrzehnten gerade bei Jugendlichen aus den unteren Bildungsschichten höchste Relevanz[278] (wobei sich hierzulande offenbar deutsch-türkische und deutsch-italienische Cliquen durch besondere Gepflegtheit auszeichnen).[279] Mit dieser Entwicklung verbinden sich, wie Jugendkulturstudien zeigen, gestiegene Originalitätsansprüche. In den 1960er Jahren, so Gabriele Klein, genügten ein Paar Jeans, um sich auffällig zu machen; seit den 1980er Jahren jedoch ließ sich ein gutes Outfit nicht mehr von der Stange kaufen, sondern erforderte die individuelle Mixtur von Kleidungsstücken und Kleidungsstilen.[280] Und da neuwertige Stücke, vor allem was die begehrten Markenwaren angeht, vielfach unerschwinglich waren, bediente man sich zunehmend aus Second-Hand-Shops und machte aus der Not des

---

277 Willis 1991, S. 11.
278 Vgl. Deutsche Shell (Hg.): Jugend 2002. Zwischen pragmatischem Idealismus und robustem Materialismus. Frankfurt/M. 2002, S. 77f.
279 Vgl. Ronald Hitzler/Thomas Bucher/Arne Niederbacher: Leben in Szenen: Formen jugendlicher Vergemeinschaftung heute. Opladen 2001, S. 45.
280 Vgl. Gabriele Klein: Electronic Vibration. Pop Kultur Theorie. Hamburg 1999, S. 188.

Zusammenstückelns die Tugend der individuellen und möglichst schrillen Rekombination.[281] Ähnliche Praktiken der Originalisierung von Fertigangeboten wurden auch bei anderen Formen des Körperstylings wie etwa der Tätowierung festgestellt. So hängt die Beliebtheit der so genannten „tribals" nicht zuletzt damit zusammen, dass die einschlägigen Tattoovorlagen ob ihrer Abstraktheit gut modifizierbar sind und so dem Kundenwunsch nach Neuheit und Einzigartigkeit entgegenkommen.[282]

Konsumentenkreativität, so wurde ebenfalls gezeigt, geht vielfach in Produzentenkreativität über. Das betrifft etwa das Abändern von Kleidern, wobei viele junge Unterschichtfrauen sich nicht weniger geschickt zeigen als ihre Mütter und Großmütter,[283] oder auch das Musikmachen: Man holt sich Popmusikstücke aus dem Radio, dem Fernsehen oder dem Internet, schneidet sie nach eigenem Gusto zusammen und unterlegt sie mithilfe eines Samplers mit für passend befundenen Rhythmen. Das spart Anschaffungskosten und ergibt – mehr oder wenig elaborierte – Kompositionen: „Die aufgezeichnete Musik", so Willis, „wird zum Ausgangsmaterial für die Erzeugung eines völlig neuen Stücks, das eigenen Wert beanspruchen kann. Junge Diskjockeys oder ‚Mixer' werden auf diese Weise eigenständige ‚Künstler', was die konventionellen Vorstellungen von musikalischem Können in Frage stellt und die etablierten Regeln der musikalischen Komposition und Autorschaft untergräbt."[284]

Öfters thematisiert wurde der Übergang von der Reproduktion zur Neugestaltung auch anhand der Tanzkultur.[285] In vielen Jugendszenen, so der Befund, bildet das Experimentieren mit Tanzstilen eine wesentliche Form der Selbstdarstellung, wobei die Standards der Körperbewegungskunst seit den 1970er Jahren deutlich hinaufgeschraubt wurden. In Techno-Clubs waren individuelle, aus mehreren Tanzstilen zusammengesetzte „moves" gefragt;

---

281 Vgl. Willis 1991, S. 108–112.
282 Vgl. Oliver Kummer: „Tribals" – Analyse eines Tätowierstils. Magisterarbeit Tübingen 1999, v.a. S. 64–70.
283 Vgl. Willis, ebd.
284 Ebd., S. 100.
285 Vgl. u.a. Willis 1991, S. 87–90; Ute Bechdolf (Hg.): Tanzlust: Empirische Untersuchungen zu Formen alltäglichen Tanzvergnügens. Tübingen 1998; Klein 1999.

der Breakdance vollends, der in den 1990er Jahren zum festen „Lehrangebot" großstädtischer Jugendzentren gehörte,[286] verlangt bei den „power moves" („headspin", „backspin", „windmill" usw.) Stärke, Ausdauer und Mut, bei den „style moves" („footwork" und „freezes") auch choreographisches Talent.[287] Häufig investieren Jugendliche, zumal solche aus Migrantengruppen, in ihre Figurenbeherrschung und Figurenarrangements erhebliche Trainingszeit und Trainingsanstrengungen, und oft bringen sie es in ihrem Metier zur Professionalität. So berichtet Franz-Xaver Baur über eine Gruppe von Stuttgarter Hiphoppern – Arbeiterjugendliche mit schlechten oder gar keinen Schulabschlüssen –, dass sie sich in ihrer Freizeit fast nur mit ihrem Hobby beschäftigten, sich dazu Lektüre beschafften, im Internet nach Informationen suchten – und im Übrigen selbst Lyrics verfassten.[288]

Ein weiteres, mehr als von professionellen Ethnographen von Soziolinguisten behandeltes Gebiet war die kommunikative Kompetenz von Jugendlichen. Kulturkritische Thesen vom Sprachzerfall im Mund jugendlicher Cliquen als „Abwertungen der jugendlichen Alterskultur" zurückweisend, hoben Studien zur Jugendsprache nun deren „ästhetischen Reiz" und „sprachschöpferisches Niveau"[289] hervor und bescheinigten ihr „Kreativität, Ausdrucksvermögen und Innovationspotential".[290] Belegt wurde dies zunächst vor allem durch Sammlungen von Wörtern und Wendungen, durch „Sprüche aus der

---

286 Vgl. Ayşe Ş. Çağlar: Management kultureller Vielfalt. Deutsch-türkischer Hip-Hop, Rap und Türkpop. In: Sabine Hess/Ramona Lenz (Hg.): Geschlecht und Globalisierung. Ein kulturwissenschaftlicher Streifzug durch transnationale Räume. Königstein/Taunus 2001, S. 221–241.
287 Vgl. Franz-Xaver Baur: „,Step in the Arena' – HipHop, Performance, Klasse und Ethnizität. Eine ethnografische Forschung im ,Jugendhaus' Neugereut". Magisterarbeit Tübingen 2003.
288 Vgl. ebd., S. 81.
289 Jürgen Zinnecker: Die Gesellschaft der Altersgleichen. In: Jugend '81. Lebensentwürfe Alltagskulturen Zukunftsbilder. Bd. 1, Opladen 1982, S. 422–671; hier S. 430f.
290 Arnulf Deppermann/Axel Schmidt: Hauptsache Spaß – Zur Eigenart der Unterhaltungskultur Jugendlicher. In: Der Deutschunterricht, 53. Jg. 2001, H. 6, S. 27–37; hier S. 27.

Jugendkultur"[291]. Doch hat man hier alsbald Relativierungen angemahnt: Zum einen wurde darauf hingewiesen, dass die gern zitierten „originellen" Wendungen in aller Regel nicht ad hoc erfunden, sondern lediglich abgerufen würden;[292] zum andern ergaben Aufzeichnungen gesprochener Sprache, dass nicht-gemeinsprachliche Formulierungen selbst in der insider-Kommunikation von Jugendlichen nur alle paar Minuten vorkamen.[293] Gleichzeitig wandte sich die Forschung jedoch Kommunikationsgenres zu, denen sich unabhängig von der Benutzung origineller Wortschöpfungen Kreativität zusprechen ließ. Hermann Bausinger machte auf die „Kunst des Schimpfens" aufmerksam, bei der es nicht primär um die Erfindung neuer Schimpfwörter gehe, sondern um „die Wahl des richtigen Ausdrucks im richtigen Augenblick gegenüber dem richtigen Gegner",[294] und etliche Studien widmeten sich speziell der Scherzkommunikation von Kindern und Jugendlichen, wobei allerdings Gender- und nicht Schichtdifferenzen im Vordergrund standen.[295] Auf soziale

---

291 Vgl. u.a. Zinnecker 1982.
292 Vgl. Hermann Bausinger: Ironisch-witzige Elemente in der heutigen Alltagskommunikation. In: Jahrbuch für internationale Germanistik, 19. Jg. 1987, S. 58–74; hier S. 71; siehe auch Ders.: Jugendsprache. In: neue praxis, 17. Jg. 1987, S. 170–176.
293 Vgl. Gabi Willenberg: Wie gräbt man eine Schnecke an? Bemerkungen zu Müller-Thuraus Buch zur Sprache der Jugendszene. In: Muttersprache, 94. Jg. 1983/1984, S. 371–374; siehe auch Franz Januschek: Redensarten und Sprüche der ‚Jugendsprache': Was besagen sie wirklich? In: Herbert E. Brekle/Utz Maas (Hg.): Sprachwissenschaft und Volkskunde. Perspektiven einer kulturanalytischen Sprachbetrachtung. Opladen 1986, S. 90–103; hier S. 93. Januschek weist auch darauf hin, dass die viel gelobte „Bildlichkeit" vieler jugendsprachlicher Ausdrücke meist nur für außenstehende Zuhörer, nicht aber für die jugendlichen Sprecher selbst existiere. (Vgl. ebd., S. 94.)
294 Hermann Bausinger: Schimpfen. Anmerkungen zu einem vernachlässigten Kommunikationsakt. In: Brigitte Narr/Hartwig Wittje (Hg.): Spracherwerb und Mehrsprachigkeit. Language Acquisition and Multilingualism. Festschrift für Els Oksaar zum 60. Geburtstag. Tübingen 1986, S. 353–362; hier S. 358.
295 Vgl. Christine Bierbach: „Chi non caca un kilo – zahlt 20 Mark Strafe!" Witze von Kindern zwischen zwei Kulturen. In: Helga Kotthoff (Hg.): Das Gelächter der Geschlechter. Humor und Macht in Gesprächen von Frauen und Männern. Konstanz 1996, S. 247–273; Rebecca Branner: Scherzkommunikation unter Mäd-

Unterschichten bezogen sich jedoch einige Untersuchungen über spielerische Sprachduelle von Jugendlichen, v.a. von jungen Männern.[296] Hermann Tertilt schrieb über die Beleidigungsrituale in einer türkischstämmigen Clique,[297] Arnulf Deppermann und Axel Schmidt untersuchten das „Dissen" (abgeleitet von: disrespect) bei Jugendhausbesuchern in einer deutschen Kleinstadt;[298] Gabriele Birken-Silverman widmete sich dem Frotzeln unter jungen Deutsch-Italienern, wobei sie auch das zwischen Jungen und Mädchen einbezog.[299] Tertilt stellt bei den in türkischer Tradition stehenden Duellen, denen es vor allem um die sexuelle Demütigung des anderen zu tun ist, eine hohe Regelabhängigkeit, aber auch die Notwendigkeit situationsangepasster Auswahl und die Möglichkeit individueller Variation der stets reimförmigen Anwürfe fest; Deppermann/Schmidt heben darauf ab, dass das Dissen bei der von ihnen untersuchten Gruppe „nicht ritualisiert und routinisiert" sei und

---

chen. Eine ethnographisch-gesprächsanalytische Untersuchung. Frankfurt/M. usw. 2003.

296 In der US-amerikanischen Linguistik und Folkloristik haben Forschungen zum „verbal duelling" schon eine längere Tradition. (Vgl. Alan Dundes/Jerry W. Leads/Bora Özkök: The Strategy of Turkish Boys' Verbal Duelling Rhymes. In: John J. Gumperz/Dell Hymes (Hg.): Directions in Sociolinguistics. The Ethnography of Communication. New York, Chicago 1972, S. 130–160; William Labov: Rules of ritual insults. In: David Sudnow (Hg.): Studies in Social Interaction. New York 1972, S. 120–169 (Deutsche Übersetzung: William Labov: Regeln für rituelle Beschimpfungen. In: Ders.: Sprache im sozialen Kontext. Bd. 2, Königstein/Ts. 1978, S. 2–57); Alan Dundes (Hg.): Mother Wit from the Laughing Barrel: Readings in the Interpretation of Afro-American Folklore. Englewood Cliffs 1973; Gary H. Gossen: Verbal Dueling in Chamula. In: Barbara Kirshenblatt-Gimblett (Hg.): Speech Play. Research and Resources for Studying Linguistic Creativity. Philadelphia 1976, S. 121–146.)

297 Vgl. Hermann Tertilt: Turkish Power Boys. Ethnographie einer Jugendbande. Frankfurt/M. 1996, S. 198–206.

298 Vgl. Arnulf Deppermann/Axel Schmidt: ‚Dissen': Eine interaktive Praktik zur Verhandlung von Charakter und Status in Peer-Groups männlicher Jugendlicher. In: Osnabrücker Beiträge zur Sprachtheorie, H. 62, März 2001, S. 79–98.

299 Vgl. Gabriele Birken-Silverman: Code-Switching in der Kommunikation italienischer Migrantenjugendlicher: Frotzelaktivitäten. In: Hinnenkamp/Meng (Hg.) 2005, S. 105–144.

gar nicht wenige Kompetenzen beinhalte: Es brauche „neben rhetorischen Fähigkeiten wie prägnanter Formulierung, sprachlicher Kreativität und der virtuosen Retroflexion gegnerischer Angriffe die Entwicklung eines ‚psychologischen Blicks'. Er besteht darin, dass die Jugendlichen in ‚Diss'-Sequenzen das Handeln anderer auf Indikatoren für Inauthentizität und auf Hinweise auf deren ‚eigentliche' Motive, Absichten. Emotionen etc. abtasten."[300] Und nicht die gemeinste Beleidigung und das höchste Drohpotential, so betonen die Autoren, sondern die größere Schlagfertigkeit und Originalität entschieden darüber, wen die Zuhörer als Duellsieger ansähen.[301]

Die Rede von der vielfältigen „symbolischen Kreativität", die auch unterschichtliche Jugendliche in ihrem Alltag entwickelten, ist in der kulturwissenschaftlichen Diskussion immer wieder als populistische Bauchpinselei, als Missachtung der qualitativen Unterschiede zwischen „komplexen", „tiefsinnigen", „geglückten"[302] Kunstwerken hier, netten Einfällen und laienhaften Basteleien dort kritisiert worden. So schreibt z.B. David Harris über Paul Willis' „Jugend-Stile", dort werde „uncritically populist material" präsentiert:

---

300 Ebd., S. 95.
301 Vgl. ebd., S. 82. Zu einem analogen Ergebnis kommt Kathrin Kipp bei ihrer Studie über jugendliche Fußballfans: Dem Selbstanspruch der Stehplatzbesucher genüge es eben nicht, dass die Schmähungen des Gegners und des Schiedsrichters deftig ausfielen; sie müssten auch originell sein. (Vgl. Schwäbisches Tagblatt, 4.5.2000. Siehe auch: Kathrin Kipp: ‚Wer nicht hüpft, der ist ein Ulmer!' Zu den kulturellen Praktiken von Fußballfans in der Regionalliga am Beispiel der Fans des SSV Reutlingen 05. Magisterarbeit Tübingen 1998; Michael Prosser: Stadt und Stadion. Aspekte der Entwicklung des Zuschauerfestes „Fußballveranstaltung" in Deutschland. In: Olaf Bockhorn u.a. (Hg.): Urbane Welten. Referate der Österreichischen Volkskundetagung 1998 in Linz. Wien 1999, S. 435–449; hier S. 437.)
302 Ich entnehme diese Epitheta einem Artikel von Jochen Hörisch über die „Cultural Studies", denen Hörisch vorwirft, den Kulturbegriff zu „inflationieren und enthierarchisieren" und dabei nicht zu beachten, dass „die großen Werke (…) einfach komplexer, tiefsinniger und geglückter (sind) als all die vielen weiteren Artikulationen und Dokumente, die der inflationierte Kulturbegriff als Analysematerial zuläßt" (Jochen Hörisch: Theorie-Apotheke. Eine Handreichung zu den humanwissenschaftlichen Theorien der letzten fünfzig Jahre, einschließlich ihrer Risiken und Nebenwirkungen. Frankfurt/M. 2004, S. 69f.).

„Everyone is their own artist or semiotician, and meaning can be found everywhere. We are invited to admire the ways in which young people make their own cultures from what is provided, and Willis tries to persuade us to blur the distinctions between high art and popular artistry."[303]

Nun gibt es durchaus Vertreter der Alltagskulturforschung, welche die Frage nach Qualitäts- und Fähigkeitsunterschieden konsequent ausklammern oder explizit die Meinung vertreten, dass die Feststellung solcher Unterschiede niemals sachhaltig, sondern immer nur ein Distinktionsmanöver sei. Doch diese Form des Kulturrelativismus ist nicht die Ratio aller einschlägigen Forschungen, und die in ihnen oft mitschwingende Bewunderung für das ästhetische Kapital von Jugendlichen muss nicht mit deren Erhöhung in den Künstlerrang einhergehen. Das zeigt gerade auch die von Harris angegriffene Studie von Paul Willis. Dieser stellt (einen Einwand von Simon Frith entgegnend) zum einen klar, dass er die Frage von qualitativen Unterschieden in Texten und Gebilden keineswegs ausgeschlossen habe: Zwar könne es durchaus sein, dass ästhetische Wirkungen von „minderwertigen" Gebilden ausgehen, doch gebe es Grund zu der Annahme, dass bestimmte Artefakte eher dazu imstande seien, kreative Antworten zu produzieren und zu unterstützen.[304] Willis insistiert lediglich darauf, dass die Dichotomisierung zwischen kreativem Kunstbetrieb und repetitivem Massenkonsum verfehlt sei, dass „das Außergewöhnliche im Gewöhnlichen"[305] nicht übersehen werden sollte. Einen „umgekehrten Elitismus" lehnt er ausdrücklich ab. „Wir verfolgen keinen Kulturpopulismus, der sich bemüht, das ‚Künstlerische' in populären Texten zu würdigen."[306] Auch wo er das Kenner- und Könnertum betont, das Jugendliche auf bestimmten Feldern entwickeln, geht es weniger um ein kunstwissenschaftliches als um ein sozialanthropologisches Urteil: Dass um Musik, Tanz, Kleidung, Wohnungsdekoration usw. kreisende Be-

---

303 David Harris: From class struggle to the politics of pleasure. The effects of gramscianism on cultural studies. London, New York 1992, S. 168.
304 Vgl. Willis 1991, S. 191.
305 Ebd., S. 12.
306 Ebd., S. 17.

schäftigungen von Jugendlichen „weder trivial noch belanglos"[307] seien, begründet er damit, dass sie „entscheidend sein (können) für die Schaffung und Erhaltung individueller und gruppenspezifischer Identität, ja sogar für das kulturelle Überleben von Identität als solcher. Es steckt Arbeit, sogar verzweifelte Arbeit, in ihrem Spiel."[308] In ethnographischer Perspektive interessiert in der Tat weniger der Beitrag, den die „Jugend-Stile" zur gesamtgesellschaftlichen Kunst-, Gebrauchskunst- und Designentwicklung leisten, sondern deren Leistung, die eigene Lebenssituation zu kultivieren, d.h. ihr Ausdruck zu geben, sie mit selbst gewählten Symbolen zu laden, zu perspektivieren und sich zumindest in diesem Akt der Ausdrucksfindung als handlungsmächtig zu erleben.

Doch diese Klarstellung lässt noch viele Fragen offen. Man kann sicherlich nicht bei dem Befund stehen bleiben: „Schöpferische Tätigkeit, Reflexion und Ausdruckskraft sind im Leben aller Jugendlichen stets und ständig anzutreffen, wenn auch unter verschiedenen Namen."[309] Zum einen muss, wie schon beim Thema Jugendsprache gesehen, die ausschließliche Beschäftigung mit besonders elaborierten oder spektakulären Formen von Jugendästhetik vermieden werden – auch wenn Modellschauen von best practice ihren pädagogischen Sinn haben. Zum andern sollten die kreativen Momente und Elemente der Alltagskultur nicht isoliert betrachtet werden. Dies schon deshalb, weil die kreativen Akte und Artefakte selbst im Dialog mit den bleiernen Tätigkeiten und den bleiernen Tagen in diesem Alltag stehen und nur in diesem Zusammenhang ausreichend verstehbar und angemessen bewertbar sind. Das heißt zugleich, dass die soziobiographische Einbettung der „symbolischen Kreativität" mitzuerforschen ist. Viele Studien zur Jugendästhetik lassen es aber an einer solchen konkreten sozialen Verortung mangeln, ja manche enthalten nicht einmal Basisdaten zu Herkunft, Bildung, Beruf und Lebensform der untersuchten Personen und Gruppen. (Auch Willis informiert nur darüber, dass die ethnographischen Materialien der „Jugend-Stile" „in der Hauptsache aus den Erfahrungen der Arbeiterklasse" stammten, und konzediert,

---

307 Ebd., S. 12.
308 Ebd.
309 Ebd., S. 18.

dass die Forschergruppe „die Klassenunterschiede selbst nicht systematisch erforscht habe"[310].) Diese Laxheit ist wohl zu einem guten Teil mit der Vorstellung einer weithin nivellierten Massen- und also auch Jugendkultur zu erklären. Und tatsächlich schafft die Konsumgüter- und Kulturwarenproduktion, welche selbst eigensinnigster Alltagsästhetik zumindest das Rohmaterial bereitstellt, gewisse klassenübergreifende Standards, und die Nutzungsweisen dieser Güter hängen ebenfalls mit gesamtgesellschaftlich, ja global wirksamen Moden zusammen. Gleichwohl finden sich schichtspezifische Eigenarten, die zudem – wie schon die Alltagserfahrung zeigt – hierarchisch geordnet sind: Man denke nur das verächtliche Wort „Bauern", mit dem Gymnasiasten sich in Discos oder bei Sportveranstaltungen über Outfit und Körpersprache ebenfalls anwesender Realschüler oder Lehrlinge mokieren. Es fehlt jedoch an genauerem Wissen darüber, welche Form der Selbststilisierung sich unter heutigen Jugendlichen zur Markierung sozialer Grenzen eignet und wo diese Grenzen vor allem verlaufen, wo man im Zeichen gemeinsamen Geschmacks Grenzen aufhebt, aber auch, wo „shared trends" denn doch durch „specific meanings" variiert werden.

Eine bessere Beachtung der sozialen Substruktur von Jugendästhetiken würde zudem sicherlich erkennen lassen, dass mancher als „jugendkulturell" gehandelte Trend im Wesentlichen ein Mittelschichtphänomen geblieben ist. So dürfte etwa das Spiel mit der sexuellen Identität, das bei jugendlicher Kleidung und Körperkultur in den 1990er Jahren immer wieder beobachtet wurde, deutliche Sozialgrenzen aufweisen; die (wenigen) Daten, die wir zur Schichtspezifik der Sexualkultur haben, verweisen jedenfalls darauf, dass traditionelle Geschlechterverhältnisse und d.h. auch bipolare Geschlechterkulturen bei Mädchen und vor allem Jungen mit niedrigeren Schulabschlüssen eher akzeptiert werden.[311] Kurzum: Der „Sozialatlas" der symbolischen Kreativität im heutigen Jugendalltag hat noch viele weiße Flecken.

---

310 Willis 1991, S. 19.
311 Vgl. Lothar Böhnisch: Die Entgrenzung der Männlichkeit. Verstörungen und Formierungen des Mannseins im gesellschaftlichen Übergang. Opladen 2003, v.a. S. 45; Gunter Schmidt: Jugendsexualität. Sozialer Wandel, Gruppenunterschiede, Konfliktfelder. Stuttgart 1993, S. 121.

Über interpretatorisches Lifting

Eine konsequent ethnographische Betrachtung alltagsästhetischer Trends, die nach deren jeweiligem sozialen Ort und ihren damit vermittelten Funktionen fragt, stellt eine notwendige Ergänzung primär semiologisch sowie symbol- und stilgeschichtlich angelegter Untersuchungen dar, die insbesondere in klassischen geistes- und kulturwissenschaftlichen Fächern vorzufinden sind. Notwendig nicht zuletzt deshalb, weil ein solches ethno- und d.h. immer auch soziographisches Vorgehen vor Interpretationen zu schützen vermag, die alltagskulturelle Symbole und Rituale allzu schnell und allzu nahtlos in hochkulturelle Ahnenreihen einordnen oder mit Manifestationen der hohen, „legitimen" Kultur parallelisieren.

Sehr beliebt sind z.B. Analysen popularer und populärer Ästhetik, die diese in christliche Symbol- und Ritualtraditionen einzuordnen suchen. Hans-Georg Soeffners bekannter Essay über die Punkkultur etwa setzt mit der – bezweifelbaren – Behauptung ein, dass im Outfit der Punks die Farbe schwarz dominiere; diese Farbe wird sodann in eine lange europäische Bedeutungstradition gestellt: „(Das Schwarz) ist und war die Farbe der Meditation und Konzentration – sichtbares Zeichen der Ablehnung von sinnlicher Weltzugewandtheit und sinnlichem Genuß", woraus schließlich gefolgert wird: „Punk ist *eine* der gegenwärtigen konkreten Erscheinungsformen der von Plessner analysierten ‚Weltfrömmigkeit' und des in ihr sich artikulierenden innerweltlichen Erlösungswunsches. Im Stil und Symbolsystem der Punks (...) verschafft sich eine, nun wahrhaft postlutherische und post-liberal-katholische innerweltliche Religiosität ihren weltanschaulichen Ausdruck."[312] Ähnliche Konstruktionen gibt es für die jugendkulturelle Tanzszene. Die Literaturwissenschaftlerin Hannelore Schlaffer parallelisiert das Geschehen in einer Stuttgarter Diskothek mit an-

---

312 Hans-Georg Soeffner: Stil und Stilisierung. Punk oder die Überhöhung des Alltags. In: Ders.: Die Ordnung der Rituale. Die Auslegung des Alltags 2. Frankfurt/M. 1992, S. 76–101; hier S. 86 und S. 93. (Vgl. dazu Bernd Jürgen Warneken: Ver-Dichtungen. Zur kulturwissenschaftlichen Konstruktion von „Schlüsselsymbolen". In: Rolf Wilhelm Brednich/Heinz Schmitt (Hg.): Symbole. Zur Bedeutung der Zeichen in der Kultur. Münster usw. 1997, S. 549–562.)

tiken Mysterienkulten;[313] Theologen vergleichen die totale Verausgabung im Technotanz mit der „unio mystica", sehen Rockstars in einer Messias-, den DJ in einer Priesterfunktion und konstatieren deshalb hoffnungsvoll eine „*strukturelle* Nähe von Rockmusik und Religion".[314] Besonders gern wird dem Fußballsport attestiert, dass hier „das Profane vom Heiligen überlagert"[315] werde, das „scheinbar oberflächliche Geschehen einen ernsten und vermutlich religiösen Kern"[316] habe. Jener Ruhrgebietspfarrer, der Rolf Lindner zufolge einst ausrief: „Kein Mensch redet hier in Sodingen von Gott, alle reden hier nur von Adamik!"[317] (einem einheimischen Fußballer), hätte sich demnach ganz voreilig erregt: Sieht der Musikpsychologe Reinhard Kopiez doch in Fangesängen Merkmale von Kirchenchorälen, den Siegespokal als „Monstranz", das Fußballstadion als „locus theologicus", an dem sich „das Bedürfnis des Menschen nach religiösen Erfahrungen in einer säkularisierten Gesellschaft" zeige.[318] Ähnlich der Theologe Thorsten Leißer, der konstatiert: „Durch solche Emotionen, wie sie beim Fußball erlebt werden, können christliche Begriffe wie ‚Verdammnis' und ‚Gnade' neu mit Leben gefüllt werden."[319]

---

313 Als Argument dafür dient ihr u.a.: „Die Zerstückelung des Leibes ist eine alte kultische Tradition, die Lichtregie der Diskotheken perfektioniert nur das symbolische Ritual" (Hannelore Schlaffer in der Frankfurter Allgemeinen Zeitung vom 7.1.1995, zit. nach Hubert Treml: Spiritualität und Rockmusik. Spurensuche nach einer Spiritualität der Subjekte. Anregungen für die Religionspädagogik aus dem Bereich der Rockmusik. Ostfildern 1997, S. 223).
314 Vgl. Treml 1997, S. 220.
315 Gunter Gebauer: Fernseh- und Stadionfußball als religiöses Phänomen. Idole, Heilige und Ikonen am ‚Himmel' von Fangemeinden. In: Markwart Herzog (Hg.): Fußball als Kulturphänomen. Kunst – Kult – Kommerz. Stuttgart 2002, S. 305–314; hier S. 314.
316 Reinhard Kopiez: Alles nur Gegröle? Kultische Elemente in Fußball-Fangesängen. In: Herzog 2002, S. 293–303; hier S. 293.
317 Rolf Lindner/Heinrich Th. Breuer: Der Fußballspieler als Repräsentant der Arbeiterklasse. In: Wilhelm Hopf (Hg.): Fußball. Soziologie und Sozialgeschichte einer populären Sportart. Bensheim 1979, S. 139–142; hier S. 139.
318 Kopiez 2002, S. 293 und S. 302f.
319 Thorsten Leißer: Fußballfans und Heiligenkult. Begegnung mit einer anderen Wirklichkeit. In: Peter Noss (Hg.): fußball verrückt: Gefühl, Vernunft und Religi-

Es geht nicht darum, solche Interpretationen a limine abzuweisen. Ohne Zweifel lassen sich in der hiesigen Unterhaltungskultur Ähnlichkeiten mit und Anleihen bei der christlichen Tradition entdecken; schließlich hat diese zwei Jahrtausende lang das europäische Leben mitgeprägt. Die These aber, dass christliche oder auch nur allgemein-religiöse Erfahrungen den Kern dieser Unterhaltungen ausmachten, ist denn doch sehr gewagt. Sie lebt einerseits von einer recht freien Methodik, bei der gern Assoziationen der Autoren mit the actor's point of view gleichgesetzt werden,[320] andererseits von einer Überdehnung des Religionsbegriffs, der Religion nicht als Sonderform, sondern als Grundform allen menschlichen Glaubens, Liebens und Hoffens unterstellt.

„Die Tatsache", schreibt der Theo- und Soziologe Matthias Sellmann, „dass sich jede Woche mehrere Millionen Menschen zu einem Fußballfest einladen lassen, dessen Kern mit den Kategorien des Heiligen beschreibbar ist (…), lässt den Fußball zu einem hoch bedeutsamen kulturwissenschaftlichen Analysegegenstand heranwachsen."[321] Man kann daraus den Umkehrschluss ziehen: Würde die Fußballkultur solcher Bezüge entbehren, wäre sie profan, so wäre sie ernsthafter wissenschaftlicher Bemühung nicht würdig. Die Neigung zum interpretatorischen Lifting alltagskultureller Gegebenheiten lässt sich als Indiz dafür nehmen, dass die Unterscheidung in legitime und illegitime Kulturäußerungen noch immer eine gewisse Gültigkeit besitzt. Eben dies wird allerdings von vielen Beobachtern bestritten: In den letzten Jahrzehnten, so heißt es, sei das hierarchische Verhältnis von Hoch- und Populärkultur aufgehoben worden: „Populär" sei kein Schimpfwort mehr.[322] Die These stützt sich

---

on im Fußball. Annäherungen an eine besondere Welt. Münster 2004, S. 79–92; hier S. 91.
320 Etwa wenn es heißt, dass Fansongs wie „Leuchte auf mein Stern Borussia" „eher an den Stern von Bethlehem als an ein Fußballspiel erinnern" und das Herumtragen von Pokalkopien „(u)nweigerlich (…) Assoziationen an Fronleichnamsprozessionen" hervorrufe. (Vgl. Kopiez 2002, S. 297.)
321 Matthias Sellmann: Die Gruppe – Der Ball – Das Fest. Die Erfahrung des Heiligen im Fußballsport. In: Peter Noss (Hg.): fußball verrückt: Gefühl, Vernunft und Religion im Fußball. Annäherungen an eine besondere Welt. Münster 2004, S. 35–57; hier S. 57.
322 Vgl. z.B. Hans-Otto Hügel: Zugangsweisen zur Populären Kultur. Zu ihrer ästhe-

auf zwei tatsächlich unübersehbare Tendenzen. Die eine besteht in der zunehmenden Aufnahme populärer und auch speziell popularer Ästhetik in die professionelle Kunstszene. Graffiti, zunächst Ausdrucksformen jugendlicher Subkulturen, drangen erst in die Werbung und dann in die Kunstmuseen vor; Haim Steinbach oder Jeff Koons brachten Motive der Kaufhauskunst in die Plastik und Malerei ein;[323] das Crossover von E-Musik und U-Musik wurde bis hin zu den Berliner Philharmonikern praktiziert.[324] Die zweite Veränderung betrifft die konsumtive Teilhabe von Mittel- und Oberschichtangehörigen an Angeboten und Veranstaltungen der populären Kultur. Nicht, dass sie an diesen früher kein Vergnügen gefunden hätten; seit den 1960er Jahren aber begann selbst die Intelligenz, diese Hingezogenheit nicht mehr zu leugnen, „triviale" Massenunterhaltungen wie Fußballspielen, Flippern, Vorstadtkino demonstrativ zu praktizieren und ihre einschlägigen Kompetenzen auszubauen. Neben und in dieser „Kulturrevolution" vollzog sich eine Erosion des klassisch-bürgerlichen, religiös überformten Arbeits- und Anstandsethos, welche sich von dem Schreckensruf „Werden wir alle Proletarier?"[325] nicht beeindrucken ließ, sondern die massenkulturellen Genres ins Feld der legitimen Genussmöglichkeiten einbezog.[326] Gleichwohl, so scheint mir, bleibt die Beobachtung einer „Angleichung" der oberen und der unteren, der ernsten und der unterhaltenden Kultur oberflächlich. Ähnlich wie die künstlerische Avantgarde die von ihr aufgegriffenen Elemente der popularen und populären Ästhetik verfremdet, umdeutet, in neue Zusammenhänge inte-

---

tischen Begründung und zu ihrer Erforschung. In: Udo Göttlich/Clemens Albrecht/Winfried Gebhardt (Hg.): Populäre Kultur als repräsentative Kultur. Die Herausforderung der Cultural Studies. Köln 2002, S. 52–78.
323 Vgl. Gregory Fuller: Kitsch-Art. Wie Kitsch zu Kunst wurde. Köln 1992.
324 Vgl. dazu auch Hügel 2002.
325 Elisabeth Noelle-Neumann: Werden wir alle Proletarier? Wertewandel in unserer Gesellschaft. Zürich 1979.
326 Vgl. Maase 1997, S. 18f. Siehe auch von musiksoziologischer Seite Andreas Gebesmair: Grundzüge einer Soziologie des Musikgeschmacks. Opladen 2001, v.a. S. 183–215, sowie Ders.: Renditen der Grenzüberschreitung. Zur Relevanz der Bourdieuschen Kapitaltheorie für die Analyse sozialer Ungleichheiten. In: Soziale Welt, 55. Jg. 2004, S. 181–204.

griert, so unterscheidet sich auch der Alltagsgebrauch, den untere und obere Bildungsschichten von den massenkulturellen Genres machen. Es bedeutet gewiss einen historischen Einschnitt, dass sich Oben und Unten nun öfter als im bürgerlichen Zeitalter an den Schauplätzen der Populärkultur begegnen: im Fußballstadion, in der Disco, im Erlebnispark. Doch abgesehen davon, dass hierbei die räumliche Distanz, das alte Schema „Parkett versus Olymp", oft erhalten bleibt, setzt sich das bildungsbürgerliche Publikum nach wie vor durch die ostentative Bemühung um eine „sophisticated consumtion" von anderen Gruppen ab.[327]

Austausch und Verknüpfung zwischen „hoher" und „niederer" Ästhetik, so lässt sich resümieren, haben sowohl auf der Produktions- wie der Konsumtionsseite zugenommen. Um die Kulturhoheit im Land zu erlangen, ist die Beherrschung eines engen, klassischen Künstekanons nicht mehr ausreichend.[328] Doch der intellektuelle Gebrauch der populären Künste ist nicht

---

327 Vgl. Kaspar Maase: Spiel ohne Grenzen. Von der „Massenkultur" zur „Erlebnisgesellschaft": Wandel im Umgang mit populärer Unterhaltung. In: Udo Göttlich/ Rainer Winter (Hg.): Politik des Vergnügens. Zur Diskussion der Populärkultur in den Cultural Studies. Köln 2000, S. 75–102; hier S. 88f. – Zudem unterscheidet sich das Bildungspublikum von seinen unterschichtlichen Ko-Konsumenten dadurch, dass es sowohl in Disneyland wie im Historischen Museum, im Cinemaxx wie im Opernhaus, im Tattooing und Piercing und in den Bildenden Künsten zuhause ist: Die oberen Bildungsschichten sind, wie Richard A. Peterson das genannt hat, „omnivores", Allesfresser. (Vgl. Ders.: The Production of Culture. A Prolegomenon. In: American Behavioral Scientist, 19. Bd. 1976, S. 669–684.) Ihr Interesse an popularen und populären Ästhetiken bedeutet nicht, wie Kulturpessimisten meinen, dass sie ein reiches Kulturerbe für ein Linsengericht hergegeben, sondern dass sie ihre Vielseitigkeit gesteigert haben.

328 Eine andere Frage ist, ob dessen Nichtbeherrschung in der postmodernen Gesellschaft legitim geworden ist oder ob in bestimmten Gruppen und bestimmten Situationen „hochkulturelle" Kompetenzen nach wie vor (bzw. wieder) die Bedingung für soziale und u.U. auch ökonomische Anerkennung sind. Damit verbindet sich die Frage, ob die sozialen Unterschichten ihre relative Inkompetenz in den klassischen Kunstgenres – man kann wohl sagen: noch immer – als beschämendes oder zumindest bedauerliches Manko empfinden. Dies ist z.B. für die USA des Öfteren verneint worden. (Vgl. Herbert J. Gans: Popular&High Culture. An Analysis and Evaluation of Taste. New York 1999, S. 142.) Ob es in gleicher Weise

mit deren popularem Gebrauch identisch, und dieser Letztere ist in den höheren Bildungsschichten nach wie vor mit negativen Konnotationen behaftet. Und solange dies so ist, ist der Nachweis der Nichttrivialität des Trivialen noch nicht trivial geworden.

Desiderate

Die Betonung einer eigenschöpferischen populären Ästhetik begleitet die Ethnographie und Folkloristik seit ihren Anfängen. Sie geht keineswegs im postmodernen „Cult of Creativity" auf, den Orvar Löfgren in der jüngeren Europäischen Ethnologie vorfindet, ist aber seit den späten 1980er Jahren von dieser wahrscheinlich „kurzen Welle" beflügelt und beeinflusst worden, die Kreativität zum einen als originelle Mixtur von Stilen und Identitäten, zum andern als Bereitschaft und Fähigkeit zur Flexibilisierung von Arbeits- und Lebensweise buchstabierte.

Mit dieser Form des Kreativitätsinteresses verband sich eine Bevorzugung besonders auffälliger bzw. besonders attraktiver Praktiken. Löfgren spricht in seinem kritischen Resümee von einer „concentration to youth culture settings, and their constant experimentation with identities and reworking of mass media and mass consumption styles, images and commodities".[329] Und ohne diese Forschungen zu desavouieren, mahnt er doch dazu, in Zukunft die Perspektive zu erweitern: „How would a study of cultural creativity among old-age pensioneers or rural labourers look, what kinds of creativity do welfare families develop in their everyday skills of economizing? What if we looked at more mundane forms of creative consumtion, or focused more on the trivialities and routines of everyday life?"[330] An diese Aufforderung

---

auch für Deutschland und Europa zutrifft (vgl. Hügel 2002, S. 83), bedarf m.E. noch der genaueren Prüfung.
329 Orvar Löfgren: The Cult of Creativity. In: Institut für Europäische Ethnologie der Universität Wien (Hg.): Volkskultur und Moderne. Europäische Ethnologie zur Jahrtausendwende. Festschrift für Konrad Köstlin zum 60. Geburtstag am 8. Mai 2000. Wien 2000, S. 157–167; hier S. 164.
330 Ebd.

anknüpfend, seien hier abschließend einige Desiderate formuliert, welche die sozialen Felder, die Gegenstände und die Zielsetzungen einer ethnographischen Erforschung von Alltagskreativität in der Popularkultur betreffen. Ich beschränke mich dabei, um konkret bleiben zu können, auf die in den drei vorausgegangenen Abschnitten behandelten Bereiche der „symbolischen Kreativität".

Das erste, basale Erfordernis ist die von Löfgren angesprochene Erweiterung des Forschungsfokus über die Avantgardegruppen der Alltagsästhetik hinaus. Das impliziert eine stärkere Zuwendung zu populären Praktiken, über die bisher trotz mancher Pionierstudien recht wenig bekannt ist. Ein Beispiel dafür ist die ja eigentlich gar nicht so wenig, da sowohl von Linguisten wie Pädagogen, Soziologen und Ethnographen behandelte Kreativität in der Alltagskommunikation: Witzeerzählen, Scherzen, Blödeln, Frotzeln sind v.a. seit den 1990er Jahren des Öfteren untersucht worden, doch es ging dabei – mit der erwähnten Ausnahme des „Dissens" – nur selten um soziale Unterschichten. So gibt es inzwischen zwar etliche Studien über die Scherzkommunikation in der Arbeitswelt, hier jedoch in aller Regel nicht um den Shop Floor, sondern um Gespräche in Orchestern, in Fakultäten und Ministerien.[331] Helga Kotthoff, die wohl beste deutsche Kennerin der alltäglichen „Lachkultur", konzediert zwar, dass schichten- und altersspezifische Unterschiede auch auf diesem Gebiet eine große Rolle spielen, muss aber gleichzeitig feststellen, dass diese bislang wenig erforscht wurden.[332] Ein anderes, ebenfalls nur sehr partiell ausgeleuchtetes Terrain sind die Hobbytätigkeiten unterer Bildungsschichten. So gut man verstehen kann, dass es junge FeldforscherInnen eher zu Hiphop-Freaks als zu den Dauercampern, eher

---

331 Vgl. Helga Kotthoff: Lachkultur heute. Humor in Gesprächen. In: Walter Klingler/Gunnar Roters/Maria Gerhards (Hg.): Humor in den Medien. Baden-Baden 2003, S. 45–73.
332 Vgl. Kotthoff 2003, S. 67. – Zu den wenigen eingehenderen Untersuchungen über die Scherzkommunikation von Erwachsenen aus unteren Sozialschichten gehört Inken Keim: Kommunikative Stilistik einer sozialen Welt „kleiner Leute" in der Mannheimer Innenstadt (Kommunikation in der Stadt, Bd. 3). Berlin, New York 1995. Keim analysiert u.a. Frotzeleien zwischen Frauen aus Arbeiter- und Handwerkerfamilien.

zu Tattoo- und Piercingstudios als in Sozialwohnungen zieht: Eine Alltagskulturforschung, die diesen Namen verdient, sollte mehr über das heimische Musizieren von Facharbeitern, die Modelleisenbahnanlagen von Handwerkern, das Zeichnen und Malen von RentnerInnen, die Gelegenheitsdichtung für Familien- und Vereinsfeste wissen. Sicherlich wird man bei diesen Hobbytätigkeiten auf viele der von Löfgren apostrophierten „trivialities and routines" stoßen. Doch selbst auf Sektoren, die gemeinhin eher als Oasen des Konformismus und Phantasielosigkeit „kleiner Leute" dienen, lohnt sich ein genaueres Hinsehen: Vorgärten von Arbeiter- und Angestelltensiedlungen z.B., so belegt es der 1986 von einer Projektgruppe um Gottfried Korff vorgelegte Ausstellungskatalog „Volkskunst heute?", sind keineswegs Manifestationen von „Serienfertigung" oder „Einheitsgeschmack", sondern voll von Arrangements, bei denen recycelte Gebrauchsgegenstände und neu gekaufte Konfektionsware, Gartenzwerg und Mickey Mouse durchaus eigenschöpferische Verbindungen eingehen.[333]

Die Beschäftigung mit Sprachwitz und Laienkunst folgt einer langen volkskundlichen Tradition, die es für eine gegenwartsorientierte Kreativitätsforschung zu renovieren gilt. Es gibt aber natürlich auch alltagsästhetische Betätigungsformen, welche die Ethnographie erst noch für sich entdecken muss. Erwähnt sei hier ein scheinbar marginales, in Wirklichkeit lediglich unsichtbares und unhörbares, aber ubiquitäres Genre: der Tagtraum. Er besitzt auch im unterschichtlichen Alltag einen nicht zu unterschätzenden Stellenwert. Tagträumen ist eine verbreitete Phantasiehilfe bei der Bewältigung von mo-

---

333 Vgl. Gottfried Korff (Hg.): Volkskunst heute? Vogelscheuchen, Hobby-Künstler, Vorgarten-Kunst, Fronleichnamsteppiche, Krippen, Graffiti, Motorrad-Tanks, Autobemalungen, Tätowierungen, Punk-Ästhetik. Tübingen 1986.

notoner Arbeit.[334] Eine triste Wohnung,[335] schmale Kost[336] oder das arbeitslose, einsame Zuhausesitzen[337] lassen sich ebenfalls durch Einbildungskraft verwandeln. Den wenigen Arbeiten zum Tag- oder Wachträumen allgemein lässt sich entnehmen, dass solche Phantasien selten utopische Dimension besitzen, sondern sich zumeist in konventionellen Bahnen bewegen.[338] Das muss jedoch nicht bedeuten, dass Tagträume eher regressiv als kreativ sind. Vielmehr besitzen sie oft Planungs- und Vorübungsfunktion.[339] Aber wie diese Träume

---

334 Vgl. die (kurzen) Hinweise bei William McDougall: Psychopathologie funktioneller Störungen. Leipzig 1931, S. 130; Georges Friedmann: Die Zukunft der Arbeit. Köln 1953, S. 195; Heinrich Popitz u.a.: Technik und Industriearbeit. Soziologische Untersuchungen in der Hüttenindustrie. Tübingen 1957, S. 164; Marianne Herzog: Von der Hand in den Mund. Frauen im Akkord. Berlin 1976, S. 20f.
335 „Ich stelle die Möbel in der Küche um und tue so, als ob es eine Diskothek ist", zitiert Paul Willis in „Common culture" eine arbeitslose Jugendliche. (Vgl. Willis 1991, S. 155.)
336 In meiner Familie wurde von einem früher praktizierten Essritual erzählt: Die Mutter oder die Großmutter holt zur Vesperzeit ein Brot heraus und fragt die Kinder der Reihe nach: „Was willst Du?" Diese rufen: „Eine Kirschtorte! Einen Marmorkuchen!", und erhalten dann ihre Brotscheibe mit dem Kommentar überreicht: „Hier deine Kirschtorte! Hier dein Marmorkuchen!" Das ist, zumindest wenn es das zweite Mal geschieht, kein billiger Betrug, sondern ein offenbar funktionierender Versuch der Verzauberung.
337 Willis erwähnt unter den „gewöhnlichen Themen der ans Haus gefesselten Tagträumerei": „‚Ich stelle mir vor, daß ich eine Freundin habe'; ‚Ich stelle mir vor, daß ich jemand habe, für den ich kochen kann'" (Willis 1991, S. 155).
338 Vgl. Willis 1991, S. 155; siehe auch Frigga Haug: Tagträume. Dimensionen weiblichen Widerstands. In: Das Argument 147, 26. Jg. 1984, S. 681–698. Stimmig zu diesem Befund der von Marianne Herzog berichtete Tagtraum einer Akkordarbeiterin: „Frau Winterfeld träumt von einem Eiscafé, in dem sie Besitzerin ist. Sie denkt sich Torten aus und Eisbecher und Namen für die Eisbecher. Einmal, als sie eine gute Kollegin neben sich hatte, hat sie der von ihrem Eiscafé erzählt, sie haben sich das Café geteilt und es zusammen weitergeträumt" (Herzog 1976, S. 21).
339 Vgl. Christiane Gohl: Liebe, Lust und Abenteuer. Tagträume von Frauen und Mädchen. Pfaffenweiler 1991, S. 22–45; auch Leonard M. Giambra: Tagträume – „Nachbrenner" des menschlichen Verstandes. In: Psychologie Heute, 3. Jg. 1976, H. 11, S. 28–30. „Bekannt ist, daß berufstätige Hausfrauen während einer gleichförmigen Fabrikarbeit sich oft die zusammengedrängte Hausarbeit, die sie nach

auch immer aussehen mögen: Es gibt keinen stichhaltigen Grund dafür, diese Form alltäglicher und von Alltagsmaterial gespeister Phantasietätigkeit aus der ethnographischen Analyse auszuklammern.[340]

Die zweite Anforderung an künftige Arbeiten zur popularen Kreativität ist im Kapitel zur Jugendästhetik bereits angesprochen worden: die konsequente Sozialverortung der untersuchten Phänomene. Das heißt zunächst, dass es hier nicht nur um die Ästhetik des Alltags und um Ästhetik im Alltag zu tun ist, sondern auch um deren Einbettung in die Lebenspraxis insgesamt. Hierbei handelt es sich zum einen um semantische Bezüge. So muss eine Untersuchung von Scherzkommunikation, die über eine Analyse allgemeiner Textsortenmerkmale hinausgeht, die von den Gesprächspartnern geteilten Wissensbestände und Werthorizonte kennen, um die Sprechakte verstehen und einschätzen zu können. „Oftmals", schreiben Deppermann/Schmidt über das „Dissen", „bedarf es einer sehr genauen Detailanalyse und profunder ethnographischer Kenntnisse (z.B. über Beziehungsgeschichten der Beteiligten, den Stellenwert der mit bestimmten Beleidigungen angesprochenen Werte und Zuschreibungen und über die Langzeitfolgen der Duellsequenzen), um aufklären zu können, in welcher Hinsicht es sich um Spaß handelt, inwiefern mit verbaler Aggression ernsthafte Probleme verhandelt werden und ob sie soziale Konsequenzen für die Beteiligten nach sich zie-

---

Feierabend erwartet, in ihrem Ablauf so genau vergegenwärtigen, daß sie hinterher wie am Schnürchen abläuft" (Heinrich Popitz u.a.: Technik und Industriearbeit. Soziologische Untersuchungen in der Hüttenindustrie. Tübingen 1957, S. 163).

340 Ähnliches gilt für den Nachttraum. Auch er führt noch immer ein kulturwissenschaftliches Schattendasein. Da dürfte es einigermaßen lohnend sein, sich nicht mit der psychoanalytischen Auskunft zu begnügen, dass der Zeppelin ein Phallussymbol sei, sondern zu fragen, zu welchen Zeiten und bei welchen Personen der Phallus sich als Zeppelin verkleidet. Vielleicht stellt es sich nicht nur heraus, dass einzelne Traummotive Schichtspezifika aufweisen, sondern dass die Traumkomposition als Ganzes mit Habitusformen vermittelt ist. (Vgl. zum Nachttraum als kulturwissenschaftlichem Gegenstand auch Utz Jeggle: Inseln hinter dem Winde. Studien zum „Unbewussten" in der volkskundlichen Kulturwissenschaft. In: Kaspar Maase/Bernd Jürgen Warneken (Hg.): Unterwelten der Kultur. Themen und Theorien volkskundlicher Kulturwissenschaft. Köln usw. 2003, S. 25–44; hier S. 28–31.)

hen."³⁴¹ Zum andern geht es um sozialpraktische Alltagsbezüge. So kann eine Ethnographie unterschichtlicher Jugendkreativität nicht an dem Zusammenhang zwischen alltagsästhetischer Virtuosität und wachsender Arbeitslosigkeit vorbeigehen. Popmusikalisches Expertentum, sorgfältiges Styling, exzessives Tanztraining sind nicht zuletzt Rettungsinseln für Fähigkeiten, die auf dem Arbeitsmarkt zumindest nicht massenhaft gebraucht werden, und sie sind ein Versuch, soziale Exklusion durch die Demonstration ästhetischen Mithaltenkönnens zu kontern. Die Investitionen in dies Dabeibleiben sind jedenfalls hoch: „Street-Fashion" wird von Unterschichtjugendlichen oft mit Verschuldung und Beschaffungskriminalität bezahlt,³⁴² und es ist unsicher, ob diese Form von symbolischem Kapital sich auch in sozialen Erfolg konvertieren lässt oder eher Illusionen des „Irgendwie-Dabeiseins" bedient, welche sich Bemühungen um eine effektive Problembewältigung eher entgegenstellen.³⁴³

Doch die Kontextualisierung muss prinzipiell noch weiter getrieben werden. Zu fragen ist auch nach der Bedeutung, die populare Alltagskreativität über den individuellen Alltag der Akteure hinaus besitzt. Dabei geht es erstens um deren Stellung *in* der kulturellen und sozialen Ordnung einer Gesellschaft: Über welche Ressourcen kann diese Kreativität verfügen, was sind ihre Herstellungs- und ihre Wirkungsbedingungen? Welche schichtspezifischen Nach- und möglicherweise Vorteile zeichnen diese Bedingungen aus?

---

341 Deppermann/Schmidt 2001, S. 81. Ähnlich Susanne Günthner: Zwischen Scherz und Schmerz: Frotzelaktivitäten in Alltagsinteraktionen. In: Helga Kotthoff (Hg.): Scherzkommunikation. Beiträge aus der empirischen Gesprächsforschung. Opladen 1996, S. 81–108; hier S. 98f.; ähnlich schon früher Johannes Schwitalla: Jugendliche ‚hetzen' über Passanten. Drei Thesen zur ethnographischen Gesprächsanalyse. In: Wolfdietrich Hartung (Hg.): Untersuchungen zur Kommunikation – Ergebnisse und Perspektiven. Internationale Arbeitstagung in Bad Stuer, Dezember 1985. Berlin/DDR 1986, S. 248–261.

342 Vgl. u.a. Naomi Klein: No Logo! Der Kampf der Global Players um Marktmacht. Ein Spiel mit vielen Verlierern und wenigen Gewinnern. München 2005, S. 277–279.

343 Vgl. Werner Lindner: Jugendliche in der Stadt: Im Spannungsfeld von Devianz-Phantasien und urbaner Kompetenz. In: Wolf-Dietrich Bukow/Erol Yildiz (Hg.): Der Umgang mit der Stadtgesellschaft. Ist die multikulturelle Stadt gescheitert oder wird sie zu einem Erfolgsmodell? Opladen 2002, S. 217–239; hier S. 234.

Was sind die Erfolgsfaktoren bei solchen Gruppen, die sich durch eine sei's besonders elaborierte, sei's sozial besonders anerkannte symbolische Kreativität auszeichnen? Zweitens interessiert die Position, die eine alltagsästhetische Praxis *zur* sozialen und kulturellen Ordnung einnimmt: Welche Gruppen (Männer/Frauen, Inländer/Ausländer usw.) inkludiert und welche exkludiert sie? Wo ahmt sie – auf gelungene, missglückte oder missverstehende Weise – „legitime", d.h. von den gesellschaftlichen Führungsschichten anerkannte Ästhetiken nach, wo steht sie ihnen entgegen? Wobei zum einen zu klären ist, von welchen Aspekten der legitimen Alltagskultur sich eine solche Opposition distanziert, zum andern, auf welche eigenen Fähigkeiten sie setzt, wo sie die Chance sozialer Durchsetzung und Anerkennung sieht und vor allem, ob sie ihre Ziele erreicht: Inwieweit, z.b., sind die aggressiven und obszönen Gehalte des Blödelns, Frotzelns oder Dissens befreiend und stärkend, inwieweit drückt sich in ihnen Selbstverachtung aus, inwieweit sind sie auch dort, wo sie selbstbewusst und offensiv eingesetzt werden, im Effekt doch eher Instrumente des sozialen Selbstausschlusses als der sozialen Ermächtigung?

Will die Beschäftigung mit populärer Ästhetik soziale Relevanz haben, so muss sie auf all diese Fragen eine Antwort suchen. Das bedeutet aber, dass sie sich nicht auf eine ‚respektvolle Beschreibung' beschränken kann. Wo die Ethnographie vor allem der antielitären Zielsetzung gehorcht, unterschichtliche Kulturäußerungen gegen Unverständnis und Missachtung von oben in Schutz zu nehmen, bleibt ihr sozialer Gebrauchswert begrenzt. Die ethnologische Wahrheit, dass kulturelle Ungleichheit nicht nur mit unterschiedlichen Ressourcen, sondern auch mit unterschiedlichen Optionen zu tun hat, die für die Akteure „Sinn machen", darf nicht gegen die sozialwissenschaftliche Wahrheit ausgespielt werden, dass es im Elternhaus, in den Kindergärten, den Schulen, der städtischen Öffentlichkeit an Möglichkeiten mangelt, diesen eigenen Sinn zu elaborieren und sozialwirksam zu repräsentieren.[344] Paul Willis, der gern als rückhaltloser Bewunderer populärer Kreativität gehandelt wird, spricht im Schlusskapitel seines Buchs von der „gefesselten" Kreativität von Jugendlichen, vom „fehlenden Zugang zu einem größtmöglichen Spektrum von verwendbaren symbolischen Ressourcen und adäquaten Benutzungs-

---

344 Vgl. Willis 1991, S. 181 und S. 185.

möglichkeiten" und macht Vorschläge zur „Entwicklungshilfe". Und eine solche Hilfe bliebe halb, wenn EthnographInnen nicht auch – in ihrer Weise – von Qualitätsfragen sprechen, wenn sie vor der Diskussion über uninspirierte, brutale, illusionäre Anteile der popularen Alltagskultur zurückscheuen würden. Mit Grund hat sich die Ethnographie, die auf die innere Logik unterschichtlicher Kulturen zu achten gelernt hat, mit pädagogischen und politischen Eingriffen von außen und oben immer schwer getan. Das muss aber nicht heißen, dass sie die von ihr propagierte und entwickelte Fähigkeit, auf die eigenen kulturellen Borniertheiten zu reflektieren, wie weithin üblich in Selbstzurücknahme münden lässt, sondern sollte das Forschungsziel einschließen, die Selbstreflexion auch bei den Untersuchten zu fördern und zu fordern.

▪ Leitmotiv Widerständigkeit

Einleitung

Die Formen unterschichtlicher Kreativität, welche die Ethnographie der letzten Jahrzehnte besonders interessiert haben, waren Formen des Widerstands oder der Widerständigkeit. Es bedarf keines detektivischen Scharfsinns, um den Boom von Forschungen über bäuerliche Widersetzlichkeiten, proletarische Massenbewegungen und rebellische Jugendgruppen, der in den 1970er Jahren einsetzte, mit den politischen Impulsen der New Left der 1960er Jahre, in Deutschland „die 1968er" genannt, zusammenzubringen. Freilich sollte nicht vergessen werden, dass das ethnographisch-kulturwissenschaftliche Interesse an unterschichtlicher Widerständigkeit seine Vorläufer schon in der primitivistischen Phase der Volkskunde hatte. Diese schrieb den bäuerlichen Unterschichten, denen ihr Hauptinteresse gilt, da hier archaisches Erbe noch am ehesten greifbar geblieben sei, nicht nur den „mütterlichen" Habitus der Pflege und Bewahrung, sondern auch die eigensinnige Beharrung und die zuweilen aggressive Verteidigung des Primitiven gegen soziale und kulturelle Neuerungen. Was die jüngere Forschung von dieser älteren trennte, war einmal der Bruch mit einer naturalistischen Konzeption, bei welcher der Widerständige quasi als Arbeitstier gesehen wurde, das sich halsstarrig und bockig gegen seine Unterjochung wehrt und instinktiv einem Zustand ursprünglicher Freiheit zustrebt. Dieser Naturalismus spielt unterschwellig sicherlich noch heute eine Rolle, wurde aber doch im Wesentlichen von der Vorstellung einer innergesellschaftlichen Dynamik, eines Gegeneinander von sozial und kulturell geformten Bedürfnissen und Interessen abgelöst. Überdies rückten nun historisch vorwärtsweisende Unterschichtsbewegungen wie die Interessenorganisationen der Industriearbeiterschaft in den Vordergrund.

Definitionsfragen

Die Bandbreite des widerständigen Handelns, für das sich historische Anthropologie und zeitgenössische Ethnographie interessierten, war groß. Sie umfasste zum einen den *Widerstand als oppositionelle Bewegung*: den kollektiven Protest von der spontanen oder organisierten Ein-Punkt-Aktion (Brotpreistumult, Lohnstreik) bis hin zu großen sozialen Bewegungen und Parteien mit einem ausgefächerten Programm. Zum andern – und hier insbesondere liegt die Leistung der historischen Anthropologie und Ethnographie – ging es um *Widerstand als Widerständigkeit*: um im Alltagsleben verstreute, oft darin versteckte Regungen und Handlungen, mit denen sich Mitglieder unterer Sozialschichten ihnen oktroyierten Normen, ihnen übergeordneten Gruppen oder gesellschaftlich herrschenden Strukturen entgegenstellen oder entziehen.

Diese Definitionen lassen natürlich noch etliche Fragen offen, die z.T. uneinheitlich beantwortet und oft erst gar nicht angegangen wurden. So ist z.B. umstritten, ob nur kollektive Aktionen als „soziale Widerständigkeit" gelten sollen[1] oder ob man gehäuft auftretende individuelle Fälle ebenfalls darunter fassen darf.[2] Unterschiedlich sind überdies die Meinungen darüber, ob man nur gezielte, intentionale Opposition als Widerstand oder Widerständigkeit bezeichnen kann oder unbewusste Dispositionen und spontane Reaktionen einbeziehen soll.[3] Ein weiteres Problem ergibt sich daraus, dass die Widerstandsabsicht bei bestimmten Handlungen anderen Zwecken bei-,

---

1 Vgl. Göttsch 1991, S. 28 und S. 33.
2 Vgl. Claudia Honegger/Bettina Heintz (Hg.): Listen der Ohnmacht. Zur Sozialgeschichte weiblicher Widerstandsformen. Frankfurt/M. 1981, S. 10; siehe auch James C. Scott: Weapons of the Weak. Everyday Forms of Peasant Resistance. New Haven, London 1985, S. 290.
3 Vgl. u.a. Brian Fegan: Tenants' Non-Violent Resistance to Landowner Claims in a Central Luzon Village. In: Journal of Peasant Studies, 13. Jg. 1986, H. 2, S. 87–106; Ian Kershaw: „Widerstand ohne Volk?" Dissens und Widerstand im Dritten Reich. In: Jürgen Schmädeke/Peter Steinbach (Hg.): Der Widerstand gegen den Nationalsozialismus. Die deutsche Gesellschaft und der Widerstand gegen Hitler. München, Zürich 1985, S. 779–798; hier S. 785.

ja untergeordnet sein kann: „The English poacher in the eighteenth century *may* have been resisting gentry's claim to property in wild game, but he was just as surely interested in rabbit stew."[4] Hierbei kann es allerdings nur darum gehen, sich unmittelbar-egoistischer Beimischungen in widerständigem Handeln bewusst zu sein; es wäre jedoch unsinnig, nur selbstlosen Handlungen das Epitheton widerständig verleihen zu wollen.[5] Stiehlt der Knecht seinem Bauern ein Huhn, so ist das per se sicherlich kein Akt der Widerständigkeit, wohl aber, wenn er das Stillen seines Fleischhungers zugleich als Korrektur einer ungerechtfertigten Ungleichbehandlung versteht.

Neben der Existenz einer Widerstandsabsicht muss deren Essenz geklärt werden. Oppositionelle Bewegungen zielen auf eine Veränderung gesellschaftlicher Regeln und Strukturen; alltägliche Widerständigkeit begnügt sich oft damit, diese zu unterlaufen. Der populare Habitus der passiven oder verdeckten Resistenz gegenüber herrschaftlichen Zumutungen wird in der historischen Anthropologie und der Volkskunde gern als „Eigensinn" oder „Eigen-Sinn" bezeichnet. Alf Lüdtke, der diesen aus dem pädagogischen Vokabular des 18. Jahrhunderts stammenden Begriff Anfang der 1980er Jahre in die Alltagshistorik einbrachte,[6] greift bei dessen Definition auf Hegel zurück: Dieser bezeichnet in seinen Überlegungen zu „Herr und Knecht" den Eigensinn als „eine Freiheit, welche noch innerhalb der Knechtschaft stehen bleibt".[7] Mit seiner Fokussierung popularen Eigensinns verbindet Lüdtke eine Kritik an Auffassungen, welche jedwede geistige Distanzierung oder praktische Absetzung von herrschenden Verhältnissen als Ausdruck einer umfassenden Herrschaftskritik und als Vorform der offenen kollektiven Auflehnung zu sehen neigten.[8] Diese Warnung zu beachten bedeutet freilich nicht, nun zwischen dem kleinen, politisch harmlosen Alltagseigensinn und dem Erträumen oder Erhoffen eines anderen Lebens und einer anderen Sozialordnung eine Mauer

---

4   Scott 1985, S. 291.
5   Vgl. ebd., S. 295.
6   Vgl. Alf Lüdtke: Eigen-Sinn: Fabrikalltag, Arbeitererfahrungen und Politik vom Kaiserreich bis in den Faschismus. Hamburg 1993, S. 9.
7   Vgl. Georg Wilhelm Hegel: Phänomenologie des Geistes. Hg. von Johannes Hoffmeister. Hamburg o.J., S. 150.
8   Vgl. Lüdtke 1993, S. 11.

zu errichten. Passive Resistenz kann Ausdruck relativer Genügsamkeit, aber auch Ergebnis mangelnder Handlungsalternativen sein, z.b. bei Sklaven und Leibeigenen, die des Öfteren bewiesen, dass sie ihre Subalternität nicht oder nur partiell internalisiert hatten, indem sie bei der ersten Gelegenheit zum Kriegsgegner ihrer Herren überliefen.[9] Eine lebhafte Diskussion, was unter Widerstand zu fassen sei, entwickelte sich seit Ende der 1970er Jahre bei der Erforschung der nationalsozialistischen Diktatur. Martin Broszat u.a. legten ihren Untersuchungen zu „Bayern in der NS-Zeit" einen vom „Legitimationsbegriff ‚Widerstand'" abgesetzten Begriff der „Resistenz" zugrunde.[10] Der Resistenz zugeordnet wurden einerseits „Erscheinungsformen der – wirksamen – Herrschaftsbegrenzung des NS" wie etwa Akte zivilen Ungehorsams oder die Aufrechterhaltung nicht-nazistischer Gesinnungsgemeinschaften, andererseits „die nur in individuellem Bewusstsein latent vorhandene, nicht in Handlungen oder kommunikative Wirkungen umgesetzte gegnerische Einstellung".[11] Einen etwas anderen Akzent setzte 1985 der britische Historiker Ian Kershaw, der vorschlug, bestimmte Formen der Distanzierung vom Nationalsozialismus nicht als Widerstand, sondern als „Dissens" zu bezeichnen. Widerstand sollten demnach nur politisch bewusste Verhaltensformen genannt werden, die sich fundamental gegen das NS-Regime richteten, wogegen partielles und zeitweises Zuwiderhandeln gegen nationalsozialistische Strukturen und Bestrebungen, das durchaus mit prinzipieller Systemtreue zusammengehen konnte, unter „Dissens" zu fassen sei.[12]

Der zweifellos über die NS-Historik hinaus sinnvolle Dissens-Begriff überschneidet sich mit dem des „Eigensinns", insofern beide Male keine umfas-

---

9   Vgl. James C. Scott: Domination and the Arts of Resistance. Hidden Transcripts. New Haven, London 1990, S. 219.
10 Vgl. Martin Broszat: Vorwort. In: Ders./Elke Fröhlich/Falk Wiesemann (Hg.): Bayern in der NS-Zeit. Soziale Lage und politisches Verhalten der Bevölkerung im Spiegel vertraulicher Berichte. München, Wien 1977, S. 11–19; hier S. 11f.
11 Vgl. Ders.: Resistenz und Widerstand. Eine Zwischenbilanz des Forschungsprojekts. In: Ders./Elke Fröhlich/Falk Wiesemann (Hg.): Bayern in der NS-Zeit. Bd. IV: Herrschaft und Gesellschaft im Konflikt. Teil C. München, Wien 1981, S. 691–709.
12 Vgl. Kershaw 1985.

sende Systemablehnung vorliegt, unterscheidet sich jedoch insofern von ihm, als er nicht nur auf das heimliche Unterlaufen oder die passiv-bockige Verweigerung abstellt, sondern artikulierte Kritik und Veränderungsvorschläge einschließt. Im Übrigen sollte auch der Unterschied von „Widerstand" und „Dissens" nicht hypostasiert werden: Handlungserfolge auf einem Teilgebiet können Appetit auf mehr wecken, ungeschickte Unterdrückungsmaßnahmen aus der Mücke einen Elefanten und damit die Zitadelle zum Porzellanladen machen – wir werden darauf zurückkommen.

Wandel der Forschungsfelder

Die Formen, Ebenen und Träger des populären Widerstands bzw. dessen, was die Forschung als solchen interpretierte, haben sich in den letzten Jahrzehnten erheblich geändert. Eine strikte Periodisierung der verschiedenen Aufmerksamkeitsrichtungen wäre zwar einigermaßen willkürlich, da sie fließende Übergänge ebenso wie das Nebeneinander von ungleichzeitig Entstandenem überginge, doch einige mit gesamtgesellschaftlichen Entwicklungen zusammenhängende Verschiebungen des Forschungsinteresses und der Forschungsgegenstände lassen sich ohne Zweifel festmachen. Von Mitte der 1970er bis Mitte der 1980er Jahre nehmen öffentliche soziale Proteste und öffentliche politische Kämpfe auch in der alltagshistorischen Forschung über populären Widerstand einen zentralen Platz ein. Mehrere größere Untersuchungen beschäftigen sich mit der Beteiligung unterbürgerlicher Schichten an den demokratischen Bewegungen des Vormärz und der Revolution von 1848/49; vor allem jedoch widmete man sich der sozialistischen und kommunistischen Arbeiterbewegung zwischen Reichsgründung und Nationalsozialismus. Im Zentrum stand dabei die „Arbeiterbewegungskultur": deren Symboliken und Rituale, der 1. Mai als Protest- und Feiertag der sozialistischen Arbeiterschaft, die Arbeitervereine als politisch oppositionelle und z.T. kulturell alternative Organisationen, dazu die in der Arbeiterbewegung kursierende sowie die von ArbeiterInnen hervorgebrachte Literatur und Kunst. Zumindest bei einem Teil der ForscherInnen hatte diese Interessenrichtung mit dem Bemühen der studentischen Protestbewegung der späten 1960er Jahre zu tun, programmatische und praktische Verbindungen zur Arbeiterschaft und zu Arbeiterorganisationen der Gegenwart herzustellen. Die politischen und kulturpolitischen Hoffnungen, die sich an ein solches Bündnis knüpften, konnten sich auf eine partielle Revitalisierung der Arbeiterbewegung stützen, die sich vor allem in einer offensiveren Gewerkschaftspolitik äußerte. Hierzu gehörte ein Aufschwung der gewerkschaftlichen Bildungseinrichtungen und gewerkschaftlicher Kulturorganisationen, mit denen viele Arbeiterhistoriker und -ethnographen stellenweise kooperierten.[13]

Diese Zusammenarbeit war freilich nicht konfliktfrei. In den Arbeitnehmerorganisationen galten die akademischen Partner vielfach als unsichere Kantonisten, die einem sei's linksradikal, sei's linksliberal ausgelegten Individualismus huldigten. Das war nicht aus der Luft gegriffen. Die neue Arbeiterforschung schaute nicht wie die alte „auf die Geschichte der Streiks, der Organisationen und ihrer Führer", sondern auch auf „andere, nichtorganisierte, ausgegrenzte Arbeitergruppen".[14] Sie wertete Aktionen, Denkweisen, Bedürfnisse auf, die nicht auf der Linie eines in Partei- und Gewerkschaftsschulungen klassenbewussten, disziplinierten, an Beschlusslagen orientierten Handelns lagen, betonte also beim Thema Widerstand und Widerständigkeit die Kompetenzen und die Kreativität der „Basis", der „Massen". Die deutsche Entwicklung folgt hier der in Großbritannien, wo Edward P. Thompsons „The Making of the English Working Class" – so Dennis Dworkin – durch seine „celebration of working people's spontaneous forms of protest" besonders eine junge Forschergeneration ansprach, „whose sympathies lay with the grassroots, student, and countercultural movements of the sixties".[15] Seit Mit-

---

13   Ein Beleg unter vielen: Die erste Tagung der 1979 gegründeten Kommission „Arbeiterkultur" in der Deutschen Gesellschaft für Volkskunde fand 1980 im Wiener Bildungsheim des Österreichischen Gewerkschaftsbundes statt.
14   Thomas Welskopp: Mißglückte Bildungsromane, Naturgeschichten, inverse Heldenepen und Reiseberichte aus dem Land der „guten Wilden". Zur „Poetik" der älteren Arbeitergeschichte. In: Jan-Otmar Hesse/Christian Kleinschmidt/Karl Lauschke (Hg.): Kulturalismus, Neue Institutionenökonomik oder Theorienvielfalt. Eine Zwischenbilanz der Unternehmensgeschichte. Essen 2002, S. 87–116; hier S. 104.
15   Dennis Dworkin: Cultural Marxism in Postwar Britain. History, the New Left, and the Origins of Cultural Studies. Durham, London 1997, S. 183.

te der 1980er Jahre verlor die Arbeiterbewegungskultur erst schleichend, dann galoppierend an wissenschaftlicher Zuwendung. Das hing damit zusammen, dass traditionelle Milieus und Fraktionen der Arbeiterschaft immer wieder zusammenschmolzen und die Zahl der Angestellten inzwischen die der Arbeiter überstieg, lag aber auch daran, dass Arbeiterkultur und Arbeiterbewegung der ethnographischen (wie der gesamten) Intelligenz immer weniger als attraktive Alternativkultur erschienen. Die ArbeiterInnen waren zwar nicht als „Realsubjekt" verschwunden – 1999 stellten sie in der BRD immerhin noch 35,2% der deutschen Erwerbstätigen –, wohl aber als „Symbolsubjekt".[16] Ihre schwindende Anziehungskraft hatte nicht nur damit zu tun, dass die Programmatiken der historischen wie der gegenwärtigen Arbeiterbewegung zu vielen aktuellen Fragen – Geschlechtergleichstellung, Atomtechnik, Umweltschutz – keine angemessenen Antworten mehr zu bieten schienen, sondern schlicht auch mit deren abnehmendem politischen und kulturellen Einfluss. Damit war zugleich die von manchen Forschern still oder offen gehegte Hoffnung, in einem Bündnis mit Arbeiterparteien und -gewerkschaften die eigene Marginalität zu überwinden, geschrumpft. Die Erfahrung der frühen 1990er Jahre, dass der osteuropäische Arbeiter- und Bauernsozialismus nicht reformiert wurde, sondern von der Bildfläche verschwand, tat ein Übriges. Das Ende des realen Sozialismus beschädigte – ein politikpsychologisch noch unzureichend aufgeklärter Vorgang – auch das Selbstbewusstsein der seit jeher oder seit längerem antidogmatischen europäischen Linken, was sich deutlich auf die ethnographische Arbeiterkulturforschung auswirkte.[17] Nach der deutschen Wiedervereinigung wurden die einschlägigen Forschungsarbeiten immer weniger; die dramatisch geschrumpfte Kommission „Arbeiterkultur" in der Deutschen Gesellschaft für Volkskunde z.B. benannte sich nach längeren Diskussionen 1998 in „Kommission Arbeitskulturen" um.[18]

---

16 Vgl. Rolf Lindner: Arbeiterkultur und Authentizität. In: Wolfgang Kaschuba/Thomas Scholze/Leonore Scholze-Irrlitz (Hg.): Alltagskultur im Umbruch. Weimar usw. 1996, S. 71–80; hier S. 76.

17 Vgl. Bernd Jürgen Warneken: Zur Motivationskrise der ethnographischen Arbeiterforschung. In: Vorwärts und nicht vergessen – nach dem Ende der Gewißheit. 56 Texte für Dietrich Mühlberg zum Sechzigsten. Berlin 1996, S. 121–129.

18 Geschildert wird hier die westdeutsche Entwicklung. Eine Aufarbeitung der ost-

Die abnehmende Aufmerksamkeit für Arbeiter- und Arbeiterbewegungskultur bedeutet freilich kein Ende der Forschungen zu unterschichtlichem Widerstand. Schon seit den späten 1970er Jahren hatten sich EthnographInnen den Widerstandspotentialen außerhalb der Arbeiterschaft und der Arbeiterbewegung sowie Protestaktivitäten außerhalb der politischen und der öffentlichen Kampfarenen zugewandt. Richard van Dülmen vertrat dazu die plausible These: „In dem Maße, wie das Interesse am Nachweis des politischen Ausdruckswillens und revolutionären Potentials nachließ, die ‚abstrakten' Programme mehr im Kontext sozialen Handelns gelesen wurden, erschlossen sich Handlungsräume des einfachen Volkes von besonderem Eigensinn, wodurch Wege zur Erschließung der ‚ganzen' Volkskultur eröffnet wurden."[19] Genauer zu klären wäre freilich, inwieweit sich die Hinwendung zum „kleinen Widerstand" eher als Alternative zur Erforschung großer politischer Bewegungen oder eher als deren Ergänzung verstand – immerhin wurde beides nicht selten von denselben ForscherInnen verfolgt.

Die Widerstandsforschung diesseits oder jenseits der Arbeiterbewegungsforschung war breit ausdifferenziert und hatte ihrerseits verschiedene Phasen. Was historische Studien betrifft, so taten hier seit Beginn der 1980er Jahre feministische Positionen ihre Wirkung. Die Arbeiterkulturforschung war weitgehend Forschung von Männern über Männer; Frauen erschienen hier nur in Randkapiteln.[20] Nun zeigten vor allem Wissenschaftlerinnen die Bedeutung frauengetragener Protestformen wie Brotkrawallen und Milchboykotts auf,

---

    deutschen Arbeiterkulturforschung und ihrer Abwicklung nach 1990 steht noch aus.

19 Richard van Dülmen: Historische Anthropologie. Entwicklung Probleme Aufgaben. Köln usw. 2000, S. 67f.; vgl. auch Todd Gitlin: Opium fürs Akademikervolk? Der antipolitische Populismus der „Cultural Studies". In: Blätter für deutsche und internationale Politik, 44. Jg. 1999, S. 344–353.

20 Zwei Beispiele: Das kleine Kapitel „Treue Gehilfinnen ihrer Männer" in Hartmut Boger u.a.: Arbeitertübingen. Zur Geschichte der Arbeiterbewegung in einer Universitätsstadt. Tübingen 1980, S. 186–190, und das Kapitel „Genossinnen oder Gehilfinnen. Wo waren die Frauen?" in Hans-Joachim Althaus u.a.: Da ist nirgends nichts gewesen außer hier. Das ‚rote Mössingen' im Generalstreik gegen Hitler. Geschichte eines schwäbischen Arbeiterdorfes. Berlin 1982, S. 204–221.

entdeckten die vielfältige Beteiligung von Dienstmädchen, Handwerkerfrauen, Näherinnen, Textilarbeiterinnen an politischen Bewegungen wie der 1848er-Revolution, brachten bisher unbeachtete Taktiken der Selbstbehauptung von Prostituierten und Vagantinnen ans Licht.[21] Gleichzeitig wurde der Untersuchungsbereich über das 19. und 20. Jahrhundert hinaus erweitert: Erforscht wurden bäuerlicher und unterbäuerlicher Protest seit der frühen Neuzeit, die Arbeitsverweigerung von Gesinde, Tagelöhnern, Leibeigenen, sozialrebellische Tendenzen bei Gaunern, Schmugglern, Wilderern, aber auch das systematische „Unterleben"[22] der Anstaltsdisziplin in Arbeitshäusern und Gefängnissen.

Was die Gegenwartsforschung betrifft, so stand schon seit Mitte der 1970er Jahre das Widerstandspotential jugendlicher Subkulturen im Zentrum der Aufmerksamkeit. Einflussreich waren hier die Untersuchungen des Center for Contemporary Cultural Studies (CCCS) in Birmingham. Diese widmeten sich u.a. der Delinquenz, die unterschichtliche Jugendcliquen ausübten. Sie fragten z.B., ob das verbreitete „mugging", der flinke Straßenraub, eher als „reaktionäre Anpassung an den Kapitalismus" oder – wenngleich verquere – Form des Sozialprotests zu werten sei.[23] Doch das Untersuchungsinteresse ging über einzelne widerständige Handlungen hinaus: Buchtitel wie „Jugendkultur als Widerstand"[24] stehen für eine Interpretation von (nicht nur, aber auch von unterschicht-getragenen) Subkulturen wie Rockern oder Punks als

---

21 Vgl. u.a. Carola Lipp (Hg.): Schimpfende Weiber und patriotische Jungfrauen. Frauen im Vormärz und in der Revolution 1848/49. Moos, Baden-Baden 1986; Sabine Kienitz: Unterwegs. Frauen zwischen Not und Normen. Lebensweise und Mentalität vagierender Frauen um 1800 in Württemberg. Tübingen 1989; Dies.: Sexualität, Macht und Moral. Prostitution und Geschlechterbeziehungen Anfang des 19. Jahrhunderts in Württemberg. Ein Beitrag zur Mentalitätsgeschichte. Berlin 1995.
22 Zum Begriff des „Unterlebens" („underlife") vgl. Erving Goffman: Asyle. Über die soziale Situation psychiatrischer Patienten und anderer Insassen. Frankfurt/M. 1973, S. 171–201.
23 Vgl. David Harris: From class struggle to the politics of pleasure. The effects of gramscianism on cultural studies. London, New York 1992, S. 86–104.
24 John Clarke (Mitverf.)/Axel Honneth (Hg.): Jugendkultur als Widerstand. Milieus, Rituale, Provokationen. Frankfurt/M. 1979.

Gegenkulturen, bei denen sich sozialer Protest in symbolischer Provokation äußere: „The challenge to hegemony which subcultures represent", schreibt Dick Hebdige 1979, „is not issued directly by them. Rather it is expressed obliquely, in style."[25] In Deutschland machte diese Sichtweise schnell Schule.[26] Während der 1980er Jahre wurde der Fokus der Widerstandsforschung nochmals erweitert. Einer der Stichwortgeber hierfür ist Michel de Certeaus Buch „Kunst des Handelns" (französisch 1980, deutsch 1988). De Certeau plädiert dafür, „die kulturelle *Differenz* nicht bei den Gruppierungen zu suchen, die das Banner der ‚Gegenkultur' hochhalten", sondern sich den vielfältigen Alltagspraktiken zuzuwenden, mithilfe derer die Verbraucher das Warenangebot nach eigenem Gusto zu nutzen und umzunutzen verstünden.[27] Der von Foucault betonten „Mikrophysik der Macht", die in die kleinsten Ritzen sozialer Strukturen und sozialen Verhaltens eindringe, wird hier eine Mikrophysik populärer Taktiken gegenübergestellt, die diese Macht unterliefen: „Wohnen, Umhergehen, Sprechen, Lesen, Einkaufen oder Kochen – all diese Aktivitäten scheinen den Merkmalen der Finten und taktischen Überraschungen zu entsprechen: gelungene Tricks des ‚Schwachen' in der vom ‚Starken' etablierten Ordnung, die Kunst, im Bereich des Anderen ‚Coups' zu landen (...)."[28]

Vor allem in den britischen und US-amerikanischen Cultural Studies, in deren Schlepptau jedoch auch in der deutschen Kulturwissenschaft und Ethnographie, wurde Massenkonsumtion nicht mehr als massenhaftes Oktroi „falscher Bedürfnisse" betrachtet, sondern als Schauplatz einer „popular resistance", die nicht im Kaufboykott, sondern in eigensinnigen bis subversiven Nutzungsweisen bestand.[29] Diese Forschung zielte zwar nur teilweise auf unterschichtliche Lebensweisen; aber wo diese nicht speziell angepeilt wurde, war sie doch häufig in die empirischen Studien einbezogen und in den einschlägigen Diskussionen mitgemeint. Durchdekliniert wurde die Auffassung

---

25 Dick Hebdige: Subculture. The Meaning of Style. London, New York 1989, S. 17.
26 Vgl. Rolf Lindner: Editorial. In: Clarke/Honneth (Hg.) 1979, S. 7–14.
27 Vgl. Michel de Certeau: Kunst des Handelns. Berlin 1988, S. 12 und S. 15.
28 Ebd., S. 203f.
29 Vgl. u.a. John Fiske: Understanding Popular Culture. London, New York 1989(b); sowie Ders.: Reading the Popular. Boston 1989(a).

von der eigensinnigen Konsumtion insbesondere an den Massenmedien, deren Zuschauern und Zuhörern die „active audience theory" eine je nach eigenen Bedürfnissen und Überzeugungen gemodelte Rezeption von Nachrichtensendungen, Liebesromanen, Seifenopern, Spielfilmen, Musikvideos attestiert. Manche kritischen Beobachter interpretierten dies so, dass nach dem Ende linker Klassenkampfträume eine letzte Hoffnung in die individuelle, ja innerliche Resistenz des einsamen Zappers gesetzt werde. 1986 schreibt die US-amerikanische Medienforscherin Tania Modleski: „(I)f it can be shown that the consumers of mass culture are not wholly taken in by the promises of the 'consciousness industry', but are actively and creatively appropriating its slogans, images, and artifacts, then there is reason to suppose that all revolutionary hope is not dead – the masses have not been utterly brainwashed."[30]

Modleskis spöttische Bemerkung war nur eine der vielen, von konservativer wie orthodox-marxistischer Seite laut gewordenen Kritiken an ethnographischen Arbeiten, dass ihnen „eine verklärende Perspektive auf die Widerständigkeit von Unterschicht- und Arbeiterkultur"[31] eigne. Wer sich ein wenig mit der Sozialgeschichte der Intelligenz befasst hat, wird eine solche Kritik ernst nehmen und zumindest zum Anlass einer Selbstprüfung machen müssen. Neben der Verzweiflung über die Unaufgeklärtheit, die Passivität, die „verdammte Bedürfnislosigkeit" der Unterschichten gab es immer die komplementäre Neigung, sich einen unterschichtlichen Bruder im Geiste zu-

---

30 Tania Modleski: Introduction. In: Dies. (Hg.): Studies in Entertainment. Critical Approaches to Mass Culture. Bloomington, Indianapolis 1986, S. IX–XIX; hier S. Xf. „Some have argued", so der schwedische Kulturanthropologe Orvar Löfgren, „that the interest in consumption studies was a way for disillusioned Marxists to develop new approaches to the study of hegemony and counter-hegemony, and above all a way to bring agency rather than structure back into cultural theory" (Orvar Löfgren: The Cult of Creativity. In: Institut für Europäische Ethnologie der Universität Wien (Hg.): Volkskultur und Moderne. Europäische Ethnologie zur Jahrtausendwende. Festschrift für Konrad Köstlin zum 60. Geburtstag am 8. Mai 2000. Wien 2000, S. 157–167; hier S. 159).
31 So Carola Lipp über die volkskundliche Arbeiterkulturforschung. Vgl. Dies.: Alltagskulturforschung im Grenzbereich von Volkskunde, Soziologie und Geschichte. In: Zeitschrift für Volkskunde, 89. Jg. 1993, S. 1–33; hier S. 22.

recht zu träumen. Pierre Bourdieu, dem öfters vorgeworfen wurde, dass er „den Widerstand der Beherrschten nicht gebührend anerkenne", spricht von einer „populistischen Mythologie (...), die unter den Intellektuellen im Schwange ist, die es nötig haben, zu glauben, daß die Beherrschten immer in Alarmstimmung sind und jederzeit bereit, sich in Bewegung zu setzen, zu revoltieren und der Unterdrückung, deren Opfer sie sind, ein Ende zu bereiten".[32]

Neben der schlichten Projektion des eigenen Oppositionsgeistes gibt es die Möglichkeit verzerrter Deutungen und damit verbundener unkritischer Bewertungen unterschichtlichen Widerstands. Die hier drohende Romantisierung kann die von Widerstandshandlungen erzielten Effekte, die Reichweite der Veränderungsabsichten, die verwendeten Methoden und auch den humanitären Gehalt und den Rationalitätsgrad, die Vernünftigkeit der Ziele selbst betreffen. Über diese auf parteiische Fehleinschätzungen zielenden Fragen hinaus ist zu klären, von welchem Bild gesellschaftlicher Kräfte- und Konfliktverhältnisse die Widerstandsuntersuchungen überhaupt ausgehen: z.B., wieweit sie Konflikte berücksichtigen, die quer zu einem klassentheoretischen oben/unten-Schema liegen, und welchen Stellenwert unten/unten-Konflikte in ihrem Szenario einnehmen.

Wir werden solchen Fragen an historisch-anthropologischen und ethnographischen Forschungen über verschiedene Epochen und Handlungsbereiche nachgehen. Am Beginn stehen Studien zum bäuerlichen und ländlichen Sozialprotest, zum Subsistenzkampf ländlicher Unterschichten und zur Verteidigung der eigenen Lebensweise gegen Reglementierung und Reform. Es folgen Forschungen zu Arbeiterschaft und Arbeitswelt in der Industriegesellschaft: Zwei Kapitel gelten der Kultur der Arbeiterbewegung im 19. und frühen 20. Jahrhundert und dem Thema Arbeiteranpassung/Arbeiterwiderstand im Nationalsozialismus, zwei weitere behandeln Arbeiten über Regelverletzungen in Fabrik und Büro. Den Abschluss bildet die Diskussion ethnographischer Studien zu rebellischen Jugendkulturen seit den 1960er Jahren sowie zu widerständigen Momenten im Umgang mit populären Unterhaltungsangeboten.

---

32   Pierre Bourdieu: Die Intellektuellen und die Macht. Hg. von Irene Dölling. Hamburg 1991, S. 91f.

Die Widersetzlichkeit ländlicher Unterschichten

Am Anfang der ethnographischen Widerstandsforschung in Deutschland stand die Absicht, eine extinctio memoriae zu revidieren: dem kulturellen Gedächtnis die herrschaftskritischen Traditionen unterschichtlicher Kultur sei's zurückzugeben, sei's hinzuzufügen, welche nicht zuletzt die Wissenschaft selbst aus diesem Gedächtnis verbannt oder ausgeschlossen hatte. Ein Feld, auf dem diese Restitution vergleichsweise früh erfolgte, waren das Volkslied und die Volkserzählung, und es sind Folkloristen der DDR, welche lange vor der sozialkritischen Wende der westdeutschen Volkskunde hier die Pionierarbeit leisteten. 1954 gab Wolfgang Steinitz die Sammlung „Deutsche Volkslieder demokratischen Charakters aus sechs Jahrhunderten" heraus, worunter er von Bauern, Handwerkern, Plebejern, Arbeitern gesungene Lieder verstand, die „den sozialen und politischen Interessen der durch Feudalismus, Kapitalismus und Militarismus unterdrückten Werktätigen einen *klaren Ausdruck*"[33] geben. Steinitz wandte sich mit seiner Sammlung gegen die „bisherige deutsche Volkskunde (...), die ihren Forschungsgegenstand, das werktätige Volk, im Wesentlichen als ein in feste Traditionen gebundenes, konservatives, daher auch Obrigkeit und Kirche treu ergebenes Wesen gesehen (hat)".[34] Im Bereich des Volkslieds machte er für dieses seiner Meinung nach verzerrte Bild eine mehrfache Zensurpraxis verantwortlich: die Selbstzensur der Gewährsleute selbst, welche den Sammlern nicht unbedingt die unbotmäßigen unter ihren Liedern preisgegeben hätten; die Zensur der Sammler, welche zumeist an solchen Liedern gar nicht interessiert gewesen seien; und zuletzt eine Selektion bei der Veröffentlichung von Liedsammlungen, welche die Unterschlagung oppositioneller Lieder perfekt gemacht habe.[35] Eine ähnliche Arbeit wie Steinitz für das Volkslied[36] leisteten einige Jah-

---

33 Wolfgang Steinitz: Deutsche Volkslieder demokratischen Charakters aus sechs Jahrhunderten. Bd. I, Berlin/DDR 1954, S. XXII.
34 Ebd., S. XXVIII.
35 Vgl. ebd., S. XXIV. Steinitz gibt mehrere Beispiele für dieses einseitige Sammeln und Herausgeben (vgl. ebd. S. XXI und S. XXXIVf.).
36 Vgl. neben Steinitz auch: Hermann Strobach: Bauernklagen. Untersuchungen zum sozialkritischen deutschen Volkslied. Berlin/DDR 1961.

re später Gisela Schneidewind für die Sage[37] und Siegfried Neumann für den Volksschwank,[38] wobei beide sich auf das umfangreiche Archiv des mecklenburgischen Volkskundlers Richard Wossidlo (1859–1939) stützten. Schneidewind findet bei Wossidlo „über 600 sozialkritische, größtenteils von Tagelöhnern, Gutsarbeitern, Handwerkern und Knechten erzählte Sagen",[39] wovon manche bloße Schilderungen des „Ausgebeutetseins" enthielten, die meisten aber „Sagen der Anklage und der Rache" seien, mit „scharfe(r) Anprangerung des erlittenen Unrechts, dem notwendig eine wenn auch meist irreale Strafe und Vergeltung folgt."[40] Neumann kommt zu dem Ergebnis, dass der listenreiche Geselle oder Knecht, der seinen Herrn in Worten und Taten zu besiegen weiß – „trickster figures" wie Till Eulenspiegel also –, zumindest in der Schwankliteratur kein Außenseiter ist: In keiner anderen Gattung der sprachlichen Volksüberlieferung werde ein so breiter Ausschnitt der gesellschaftlichen Verhältnisse kritisch erfasst wie im Schwank.[41]

Freilich sagt die Existenz anklagender Lieder und frecher Schwänke, selbst wenn sie bei unterschichtlichen Gewährsleuten aufgesammelt wurden, noch nichts über ihre tatsächliche Verbreitung und ihren Stellenwert im Kulturhaushalt der Unterschichten aus;[42] noch weniger lässt sich von ihnen auf generelle soziale und politische Haltungen oder gar auf das Ausmaß wider-

---

37　Gisela Schneidewind (Hg.): Herr und Knecht. Antifeudale Sagen aus Mecklenburg. Berlin/DDR 1960.
38　Volksschwänke aus Mecklenburg. Aus der Sammlung Richard Wossidlos hg. von Siegfried Neumann. Berlin/DDR 1963; Siegfried Neumann: Der mecklenburgische Volksschwank. Sein sozialer Gehalt und seine soziale Funktion. Berlin 1964.
39　Schneidewind 1960, S. VIII.
40　Ebd., S. XXI. – Dass in frühere Editionen nur ein Bruchteil dieser Texte aufgenommen worden sei, führt Schneidewind nicht auf unmittelbar politische Motive, sondern auf das primitivistische, an Elementarformen interessierte Paradigma zurück: „Die häufig stark zeit- und milieugebundene antifeudale Sage erschien jenen Sammlern wohl zu bedingt und wenig typisch" (ebd., S. VIII).
41　Vgl. Neumann 1964, S. 61.
42　Eine breitere Rezeption darf in den Fällen angenommen werden, wo mehrere Liedvarianten überliefert sind oder Gewährsleute aus verschiedenen Regionen als Quelle genannt werden.

ständigen Handelns schließen. Was die Industriearbeiterschaft anlangt, so war immerhin klar, dass deren sozialkritische Folklore mit einer bewegten Protestgeschichte zusammenhing, welche in die großen Arbeiterorganisationen des späten 19. Jahrhunderts mündete. Ganz anders lag der Fall bei den ländlichen Unterschichten. Hier herrschte bis tief in die 1970er Jahre hinein die Vorstellung einer im Wesentlichen politisch passiven, obrigkeitstreuen Bauernschaft[43] und eines mit ihr familiär zusammenlebenden, treuen Gesindes – ein Bild, das von konservativer Seite mit Genugtuung, von linker Seite mit nachträglicher Verzweiflung kolportiert wurde: „Jahrzehnte- und jahrhundertelang", so beklagt z.B. Karl Otto Hondrich in seiner „Theorie der Herrschaft" von 1973, „haben sich große Kollektive von Menschen ohne aufzumucken und ohne ein Problem anzumelden unter ein Herrschaftsjoch gebeugt, das, von heute aus gesehen, menschenunwürdig erscheint."[44] Es war, was den deutschsprachigen Raum betrifft, wiederum zuerst die DDR-Forschung, welche diesem Bild entgegentrat, die Landbevölkerung der Frühen Neuzeit nicht mehr als „veränderungsunwillige, revolutions-untaugliche, in dörflicher Dumpfheit brütende Masse"[45] betrachtete und neben dem Bauernkrieg von 1525 auch andere bäuerliche Aufstände und Proteste in den Blick nahm.[46] Die westdeutsche Historik zog allmählich nach und machte weitere Entdeckungen. Peter Bierbrauers Forschungsüberblick von 1980 weist 125 größere und kleinere bäuerliche Revolten aus, die zwischen 1300 und 1789 im Alten Reich und der Eidgenossenschaft stattfanden.[47] Deren Ziele reichten

---

43 Vgl. dazu Winfried Helm: Obrigkeit und Volk. Herrschaft im frühneuzeitlichen Alltag Niederbayerns, untersucht anhand archivalischer Quellen. Passau 1993(b), S. 285.
44 Karl Otto Hondrich: Theorie der Herrschaft. Frankfurt/M. 1973, S. 9.
45 So – die angesprochene Auffassung kritisierend – Peter Feldbauer: Einleitung. Bauernrevolten in der Dritten Welt. In: Peter Feldbauer/Hans-Jürgen Puhle (Hg.): Bauern im Widerstand. Agrarrebellionen und Revolutionen in Ländern der Dritten Welt und im vorindustriellen Europa. Wien usw. 1992, S. 9–17; hier S. 14.
46 Vgl. Peter Bierbrauer: Bäuerliche Revolten im Alten Reich. Ein Forschungsbericht. In: Peter Blickle u.a.: Aufruhr und Empörung? Studien zum bäuerlichen Widerstand im Alten Reich. München 1980, S. 1–68; hier S. 5 und S. 10.
47 Vgl. Bierbrauer 1980, S. 62–68. – Siehe auch Ernst Bruckmüller: Europäische Bau-

von der Verteidigung vorhandener Rechte und Regelungen – etwa gegen die Erweiterung von Frondiensten, die Erhöhung von Abgaben oder die Minderung kommunaler Autonomie – bis zu einer grundlegenden politischen und sozialen Neuordnung. Nicht selten, so wurde gezeigt, ging im Verlauf eines Konflikts das Erstere in das Letztere über. Vor allem die zahlreichen Kämpfe gegen die Leibeigenschaft, bei denen offenbar die stadtbürgerlichen Freiheitsrechte Pate standen, korrigierten die verbreitete These von einer nur-konservativen Stoßrichtung des bäuerlichen Widerstands. Peter Blickle zufolge formulierten rebellierende Bauern durchaus „Vorstellungen von *persönlichen, individuellen Rechten*. Das Faktum als solches ist faszinierend und der Forschung bisher entgangen. Wenn der Bauer auf seine menschliche Würde reflektiert und einen dieser Würde angemessenen Platz in der gesellschaftlichen Ordnung reklamiert, erweisen sich sowohl die These vom Bauern als Objekt der Geschichte als auch die Vorstellung vom beengten bäuerlichen Interessen- und Denkhorizont als unbrauchbare Klischees."[48]

Nun hat sich die volkskundlich-anthropologische Forschung weniger mit Bauernkriegen und -rebellionen als mit den langen Alltagen dazwischen beschäftigt. In der Kritik harmonistischer Sichtweisen auf die „Dorfgemeinschaft" und das „ganze Haus", in dem Herr und Knecht familiär zusammengelebt hätten, entdeckte auch die volkskundliche Forschung – an vorderer Stelle Hans Moser und Karl-Sigismund Kramer – allmählich die Konfliktlinien, welche diesen Alltag durchzogen, und interessierte sich im Gefolge v.a. britischer und französischer Untersuchungen zunehmend für die Formen unterschichtlichen Eigensinns und Widerstands, die sich in diesem Alltag

---

ernaufstände. Zur Phänomenologie der europäischen Bauernaufstände des Spätmittelalters und der frühen Neuzeit. In: Peter Feldbauer/Hans-Jürgen Puhle (Hg.): Bauern im Widerstand. Agrarrebellionen und Revolutionen in Ländern der Dritten Welt und im vorindustriellen Europa. Wien usw. 1992, S. 45–78. – Bruckmüller notiert allein in der Provence für die Zeit zwischen 1596 und 1715 mindestens 374 lokale Aufstände, in Oberösterreich zwischen 1356 und 1849 62 Konflikte, in Slowenien für denselben Zeitraum sechs größere Aufstände, 15 überlokale und 180 lokale Unruhen. (Vgl. ebd., S. 45.)

48   Peter Blickle: Auf dem Weg zu einem Modell der bäuerlichen Rebellion – Zusammenfassung. In: Ders. u.a. 1980, S. 296–308; hier S. 301.

zeigten. Unter anderem das Studium von Akten lokaler Gerichtsbarkeit (z.B. „Schultheißenamtsprotokolle") und obrigkeitlicher Inspektionstätigkeit (z.B. „Rentmeisterumrittsprotokolle") öffnete den Blick auf die Vielfalt von Strategien und Taktiken, mit denen sich Kleinbauern und kleine Handwerker, Hintersassen, Knechte und Mägde, Tagelöhner und Landarbeiter gegen ihre Dienstherrschaft und andere Obrigkeiten zur Wehr setzten. Schwieriger war es, Aussagen über das Ausmaß, die Reichweite und den Erfolg dieser Widerständigkeit zu treffen. Dies nicht nur der hohen Dunkelziffer wegen, mit der bei allen Formen heimlichen Unterlaufens herrschaftlicher Zumutungen zu rechnen ist, sondern auch wegen der Mehrdeutigkeit vieler Handlungen, die diesseits der offenen Rebellion liegen. Die Deutungsbeiträge der Beteiligten selbst sind hier nicht unbedingt hilfreich. Der Argwohn der Dienstherrschaft kann das Ungeschick eines Untergebenen als böswillige Sabotage erscheinen lassen, ihr Standesdünkel wiederum kann eine langsame Ausführung von Anordnungen als Beweis angeborener, womöglich rassebedingter Lethargie werten. Auf Seiten der Unterschichten ist, was z.B. Gerichtsakten angeht, mit dem Leugnen jedweder bösen Absichten zu rechnen, in der popularen Folklore jedoch mitunter mit Prahlereien, in denen man sich Unbeugsamkeit und Aufmüpfigkeit attestiert.[49] Es bleibt also ein großer Spielraum für

---

49 Ein Beispiel dafür ist die Deutung der Pfeifsprachen, wie sie u.a. auf Gomera, in der Nordtürkei und den französischen Pyrenäen entwickelt wurden. Alle diese Regionen weisen tief zerklüftete Gebirge auf und sind v.a. von einer Hirtenbevölkerung bewohnt. Der primäre Zweck einer Pfeifsprache war, so lässt sich vermuten, die alltägliche Verständigung über große Entfernungen. In der einheimischen Überlieferung ist jedoch häufig von subversiven Funktionen die Rede. Auf Gomera wird gern erzählt, die dortige Pfeifsprache „El Silbo" sei beim Widerstand der Inselbewohner gegen die Spanier von Bedeutung gewesen. (Vgl. Antonio Almeida: Vom Pfeifen und Trommeln. In: Zeitschrift für Dialektologie und Linguistik, 51. Jg. 1984, S. 53–78; hier S. 75.) Einwohner aus der Berggegend von Kusköy in der Nordtürkei, die sich ebenfalls pfeifend verständigten, erzählten, dass man die Ankunft von staatlichen Kontrolleuren, die den Holzeinschlag und die Zahl der zu versteuernden Schafe ermitteln wollten, durch Pfiffe von Dorf zu Dorf ankündige, ja dass ihre Pfeifsprache überhaupt als Geheimsprache erfunden worden sei, die fremde Besucher ausschließen solle. (Vgl. C. Leroy: An Ecological Study. In: Thomas A. Seebeok/Donna Jean Umiker-Seebeok (Hg.):

sozialromantische Überschätzungen wie für elitäre oder retro-pessimistische Unterschätzungen der Eigenmächtigkeiten und damit der Geschichtsmächtigkeit der ländlichen Unterschichten überhaupt.

Nähern wir uns den skizzierten Fragen am Beispiel zweier Aktionsfelder, die in den Quellen und der Forschungsliteratur immer wieder auftauchen: dem Alltagswiderstand gegen als unzumutbar erfahrene Arbeitsverhältnisse und der Auflehnung gegen Steuer- und Eigentumsregeln, die als ungerecht und bedrohlich erlebt wurden.

Langsam arbeiten, schnell davonlaufen

Zu den alltäglichen Eigenmächtigkeiten der ländlichen Unterschichten, welche die Forschung seit Ende der 1970er Jahre breiter thematisierte, gehörten Formen der Arbeitsverweigerung. Hierzu zählt etwa das Davonlaufen vom Wehrdienst vor allem bei Angehörigen unterer Schichten, die sich davon nicht freikaufen konnten. Aus dem 18. Jahrhundert ist bekannt, dass die Zahl der im Lauf ihrer Dienstzeit desertierten Infanteristen schon in Friedenszeiten zweistellige Prozentzahlen aufwies, ganz zu schweigen vom massenhaften Davonlaufen vor und bei Kampfhandlungen.[50] Häufig war zudem das Umgehen von Frondiensten, das durchaus kollektiv und verabredet sein konnte;[51] die Steigerung war die Flucht aus der Leibeigenschaft, wie sie Jan Klußmann als zeit- und ortsweise massenhaftes Phänomen im Schleswig-Holstein des

---

Speech Surrogates: Drum and Whistle Systems. Paris 1976, Bd. 2, S. 1031–1039; hier S. 1038.)

50 Den Recherchen von Michael Sikora zufolge wurde in Preußen zwischen 1713 und 1740 mehr als jeder sechste Infanterist fahnenflüchtig. In Kursachsen desertierte zwischen 1717 und 1728 etwa die Hälfte der Infanterie. (Vgl. Michael Sikora: Disziplin und Desertion. Strukturprobleme militärischer Organisation im 18. Jahrhundert. Berlin 1996, S. 74 und S. 76.) Während einer Belagerung oder während eines Feldzugs, so Sikora, war die Flucht eines Drittels der Soldaten keine Seltenheit. (Vgl. ebd., S. 78–89.)

51 Vgl. Helm 1993(b), S. 254.

18. Jahrhunderts belegt,[52] oder das Ausbüxen vertragsgebundener Knechte, Mägde oder LandarbeiterInnen, wie es Hainer Plaul[53] für die Magdeburger Börde und Martin Scharfe für den württembergischen Raum beschrieben.[54] Klußmann arbeitete heraus, dass das Davonlaufen von leibeigenem Gesinde nicht nur eine Augenblicksreaktion auf herrschaftliche Zumutungen wie z.B. verschärfte Arbeitsanforderungen war, sondern auch „die aktive und (…) bewusste Suche nach besseren Lebensumständen" und die „Nichtanerkennung der Legitimität von Gutsherrschaft und Leibeigenschaft"[55] konstatierbar sind – so dass sich hier durchaus von einem, wenngleich oft nur individuellen sozialrebellischen Akt sprechen lässt.

Neben der Flucht zu anderen Herrn oder in eine formell freie Existenz sei's in der benachbarten Stadt, sei's in Übersee gab es freilich viele kleine Auswege und Ausflüchte, denen sich die historisch-anthropologische und volkskundliche Forschung widmete: sich verspäten, heimliches Pausemachen, langsames Arbeiten, sich krank stellen. Freilich können solche Praktiken nicht per se als Protest gegen verschlechterte Arbeitsbedingungen oder als ungerecht empfundene Behandlung durch Vorgesetzte gewertet werden; sie können auch einen habituellen oder momentanen Widerwillen gegen Arbeit ausdrücken. Schon die zeitgenössischen Beobachter waren sich in der Interpretation solcher Vorkommnisse oft nicht einig. Das eine, herrschaftskonforme Stereotyp

---

52 Vgl. Jan Klußmann: „Wo sie frey seyn, und einen besseren Dienst haben sollte". Flucht aus der Leibeigenschaft in Schleswig-Holstein in der zweiten Hälfte des 18. Jahrhunderts. In: Jan Peters (Hg.): Konflikt und Kontrolle in Gutsherrschaftsgesellschaften. Über Resistenz- und Herrschaftsverhalten in ländlichen Sozialgebilden der Frühen Neuzeit. Göttingen 1995, S. 118–152.
53 Vgl. Hainer Plaul: Landarbeiterleben im 19. Jahrhundert. Eine volkskundliche Untersuchung über Veränderungen in der Lebensweise der einheimischen Landarbeiterschaft in den Dörfern der Magdeburger Börde unter den Bedingungen der Herausbildung und Konsolidierung des Kapitalismus in der Landwirtschaft. Tendenzen und Triebkräfte. Berlin/DDR 1979, S. 320.
54 Vgl. Martin Scharfe: Bäuerliches Gesinde im Württemberg des 19. Jahrhunderts: Lebensweise und Lebensperspektiven. Erste Annäherung an das Problem. In: Heiko Haumann (Hg.): Arbeiteralltag in Stadt und Land. Neue Wege der Geschichtsschreibung. Berlin 1982, S. 40–60; hier S. 52.
55 Klußmann 1995, S. 150f.

lautete, dass unter Sklaven, Landarbeitern, Dienstboten eine angeborene Antriebs- und Geistesschwäche, Verantwortungslosigkeit und Asozialität verbreitet seien.[56] Die andere Deutung war eher, wie man heute sagen würde, konflikttheoretisch. So beklagt der schweizerische Schriftsteller Jeremias Gotthelf 1841, dass „die meisten Dienste (= Dienstboten, B.J.W.) dieses Dienen als ein Unglück betrachteten und ihre Meisterleute als ihre Feinde oder wenigstens als ihre Unterdrücker; daß sie es als einen Vorteil betrachteten, im Dienst sowenig als möglich zu machen, soviel Zeit als möglich verklappern, verlaufen, verschlafen zu können; daß sie untreu würden; denn sie entzögen auf diese Weise dem Meister das, was sie verliehen, verkauft hätten, die Zeit".[57] In eher schlichtender als tadelnder Absicht, aber ebenfalls Widerständigkeit diagnostizierend beschreibt Christian Garve zwei Generationen vorher die den Leibeigenen zugeschriebene Trägheit: Er unterscheidet „natürliche" Faulheit von einer durch zu viele Abgabeforderungen entstehenden „erzwungenen" Faulheit[58] und erklärt das den Bauern zugeschriebene Stereotyp des Tückischen aus dem Feudalverhältnis.[59] Garve verwendet in diesem Kontext den Begriff

---

56 Vgl. z.B. James Oakes: The Ruling Race. A History of American Slaveholders. London, New York 1988, S. 183.

57 Jeremias Gotthelf: Wie Uli der Knecht glücklich wird. Eine Gabe für Dienstboten und Meisterleute. Erlenbach-Zürich 1955 (zuerst 1841). Zit. nach Martin Scharfe: „Gemüthliches Knechtschaftsverhältnis?" Landarbeitserfahrungen 1750–1900. In: Klaus Tenfelde (Hg.): Arbeit und Arbeitserfahrung in der Geschichte. Göttingen 1986, S. 32–50; hier S. 34f.

58 Christian Garve: Ueber den Charakter der Bauern und ihr Verhältniß gegen die Gutsherrn und gegen die Regierung. Breslau 1786, S. 22–26; hier S. 26.

59 „Der Bauer hat eine einzige Person vor Augen, die ihm durch die Macht welche sie ausübt, fürchterlich, durch die Abgaben und Dienste, die sie von ihm fordert, oft verhaßt ist. Er sieht oder bildet sich ein, daß seine Vortheile mit den Vortheilen dieser Person in beständigem Widerspruche stehn. Und doch kan er sich der Verbindung mit derselben nicht entziehn; und doch kan er in den Vertragspunkten mit ihr nichts ändern. In dieser Lage, wenn nicht Religion und ein natürlich guter Charakter dem Menschen zu Hülfe kommt, erlangt Haß, Bitterkeit, Widerwillen, die Herrschaft der Seele. Und da der Bauer zu ohnmächtig ist diese Leidenschaften durch offenbaren Widerstand auszulassen, so nimmt er zum Betruge, zur List, zu heimlichen Ränken seine Zuflucht" (ebd., S. 50f.).

„Eigensinn" – verstanden als Intransigenz gegenüber Anweisungen und Erklärungen durch Vorgesetzte, die sich auch in einer Versteifung der Körperglieder und der Mimik ausdrücke.[60]

Die volkskundliche und sozialhistorische Unterschichtenforschung ist der Deutung, dass es sich bei der viel beklagten „Dummheit" und „Trägheit" bäuerlicher und unterbäuerlicher Schichten vielfach um habitualisierte oder bewusste Widerständigkeit handle, vielfach beigetreten.[61] Als Belege dienten ihr dabei neben (schlechten) Zeugnissen von Arbeitgebern und deren juristischen und literarischen Interessenvertretern autobiographische Erzählungen wie die von Franz Rehbein[62] und Franz Innerhofer[63] oder Interviews ehemaliger Knechte und Mägde, von denen Siegfried Becker sagt: „Diese kleinen durchgesetzten Forderungen, die offen oder hinter dem Rücken der Herrschaft unternommenen Akte der Auflehnung nehmen in den Erinne-

---

60 Ebd., S. 55f. – Zu Garves Darstellung vgl. Alf Lüdtke: Protest – oder: Die Faszination des Spektakulären. Zur Analyse alltäglicher Widersetzlichkeit. In: Heinrich Volkmann/Jürgen Bergmann (Hg.): Sozialer Protest. Studien zu traditioneller Resistenz und kollektiver Gewalt in Deutschland vom Vormärz bis zur Reichsgründung. Opladen 1984, S. 324–341; hier S. 333–335.
61 Vgl. Göttsch 1991, S. 213. Siehe auch Ulrich Bentzien: Haken und Pflug. Eine volkskundliche Untersuchung zur Geschichte der Produktionsinstrumente im Gebiet zwischen unterer Elbe und Oder. Berlin/DDR 1969, S. 185–187; desgl. Scott 1990, S. 133. Der britische Historiker Eric Hobsbawm formulierte lapidar: „The refusal to understand is a form of class struggle" (Eric Hobsbawm: Peasants and Politics. In: The Journal of Peasant Studies, 1. Jg. 1973, H. 1, S. 3–22; hier S. 13). – Erwähnenswert ist in diesem Zusammenhang auch der Perspektivwechsel in der Forschung über den US-amerikanischen Sklavenalltag des 19. Jahrhunderts. Ulf Hannerz schreibt dazu: „Where not so long ago Stanley Elkins could depict an almost total dependence of the slave on his master (…), there is now an emphasis on the ‚under-life' of the plantation, the community life particularly of the field slaves, which had a certain degree of autonomy and was well hidden from the view of owners and overseers" (Ulf Hannerz: Research in the Black Ghetto: A Review of the Sixties. In: Roger Abrahams/John Szwed (Hg.): Discovering Afro-America. Leiden 1975, S. 5–25; hier S. 19). Vgl. hierzu auch Oakes 1988, S. 23.
62 Franz Rehbein: Das Leben eines Landarbeiters. Hg. von Paul Göhre. Leipzig, Jena 1911.
63 Franz Innerhofer: Schöne Tage. Roman. Frankfurt/M. 1980.

rungen der ehemaligen Dienstboten einen hohen Stellenwert ein."[64] Aber natürlich ist hier Vorsicht geboten: Das zeitlose Klagen von Dienstherren und -herrinnen über das arbeitsunwillige, hinterlistige, unehrliche Personal darf nicht einfach „vom Kopf auf die Füße gestellt", d.h. als verzerrte Interpretation einer richtigen Beobachtung genommen, sondern muss als stereotype Übertreibung verdächtigt werden. Und die stolzen Berichte von kleinen Siegen, die man von Dienstboten zu hören bekommen kann,[65] künden wohl weniger von einem durch und durch widerspenstigen Leben als von dem Bemühen, Selbstachtung zu kommunizieren.

Die Forschung hat die vielen objektiven und subjektiven Hindernisse für eine Gegenwehr des Gesindes gegen seine Arbeitsverhältnisse durchaus nicht unterschätzt. Sie wies darauf hin, wie klein der Spielraum für Widerspenstigkeit oder gar Protest in den – überwiegenden – Fällen war, wo ein Hof nur ein bis zwei Knechte und Mägde hatte; und sie stellte den doppelten Unterwerfungszwang in Rechnung, der in den häufigen Fällen entstand, wo Tagelöhner ihre Kinder zum Dienst beim Bauern gegeben hatten: Unbotmäßigkeit hieß hier, sich auch gegen die eigenen Eltern zu stellen.[66] Doch gleichzeitig wurde gezeigt, dass die Schwierigkeit, sich ostentativ gegen schlechte Behandlung, Bezahlung, Verpflegung usw. zu wehren, immer wieder zu verdeckten Racheakten führte. Dazu gehörte zum Beispiel das mutwillige Zerstören von Arbeitswerkzeugen.[67] Was Marx über den Sklaven sagt: dass er, den man zum bloßen Arbeitsmittel herabsetze, seine Werkzeuge misshandle, um „sich das Selbstgefühl seines Unterschieds von ihnen"[68] zu verschaffen, gilt demnach ähnlich auch für Knechte und Landarbeiter. Selbst schwerwiegende Attentate wie Brandstiftung – darunter das Anzünden des bäuerlichen Anwesens – wa-

---

64 Siegfried Becker: Der Dienst im fremden Haus. Sozialisation und kollektive Identität ehemaliger landwirtschaftlicher Dienstboten. In: Hessische Blätter für Volks- und Kulturforschung, Bd. 22, 1987, S. 241–270; hier S. 260.
65 Vgl. ebd.
66 Vgl. ebd., S. 247.
67 Vgl. Göttsch 1991, S. 214f.; Gyula Illyés: Pußtavolk. Soziographie einer Landschaft. Stuttgart 1969, S. 226; Innerhofer 1980, S. 34.
68 Karl Marx: Das Kapital. Kritik der politischen Ökonomie. In: Ders./Friedrich Engels: Werke, Bd. 23, Berlin/DDR 1969, S. 210.

ren gar nicht so selten. „Als ein Mittel der Drohung, der Einschüchterung und der Rache gegen die Vertreter und Sympathisanten der herrschenden Klasse ist Feuerlegen auch auf dem Lande noch im 19. Jh. allgemein verbreitet gewesen", schreibt Plaul in seiner Landarbeiterstudie.[69] Etwa die Hälfte der 114 Brandstiftungen in oberbayerischen Dörfern des 19. Jahrhunderts, die Regina Schulte auswertete, wurde von bäuerlichem Gesinde verübt, und in vielen Fällen ließ sich zeigen, dass das Gefühl schlechter Entlohnung, unehrenhafter Behandlung oder unberechtigter Entlassung die Tat auslöste.[70] Gerichtsprotokolle berichten überdies von Vorfällen, in denen Knechte, die sich bei der Arbeit drangsaliert oder beleidigt fühlten, mit offener Gewalt reagierten. Die Grundbesitzer und vor allem ihre Vögte, die teilweise noch bis ins 20. Jahrhundert hinein ein Recht auf körperliche Züchtigung von Leibeigenen und Gesinde hatten, mussten gewärtig sein, dass die Knechte ab und an zurückschlugen, was mitunter bis zum Totschlag ging.[71]

Überhaupt hatten Vertreter der Obrigkeit noch bis ins 19. Jahrhundert hinein mit einer verbreiteten Gewaltbereitschaft zu rechnen: „Tätliche Injurien" einfacher Leute gegen Steuer- und Zolleinnehmer, Feld- und Waldhüter, Justizbeamte, Gerichtsvollzieher, Polizeidiener, Bauverwalter, Amtsboten, auch gegen Pfarrer werden von allen Untersuchungen über dörfliche Konflikte als häufige Praktiken verzeichnet.[72] Hier zeigt sich, über einen gerin-

---

69 Plaul 1979, S. 313.
70 Vgl. Regina Schulte: Das Dorf im Verhör. Brandstifter, Kindsmörderinnen und Wilderer vor den Schranken des bürgerlichen Gerichts. Oberbayern 1848–1910. Reinbek 1989, S. 42–51.
71 Vgl. Göttsch 1991, S. 147, S. 178, S. 180f., S. 209; siehe auch Winfried Helm: Konflikt in der ländlichen Gesellschaft. Eine Auswertung frühneuzeitlicher Gerichtsprotokolle. Passau 1993(a), S. 86f., und Scharfe 1982, S. 51.
72 Vgl. Dirk Blasius: Kriminalität und Alltag. Zur Konfliktgeschichte des Alltagslebens im 19. Jahrhundert. Göttingen 1978, S. 59–62; Ders.: „Diebshandwerk" und „Widerspruchsgeist". Motive des Verbrechens im 19. Jahrhundert. In: Richard van Dülmen (Hg.): Verbrechen, Strafen und soziale Kontrolle. Studien zur historischen Kulturforschung III. Frankfurt/M. 1990, S. 215–237; hier S. 230–233; Josef Mooser: „Furcht bewahrt das Holz". Holzdiebstahl und sozialer Konflikt in der ländlichen Gesellschaft 1800–1850 an westfälischen Beispielen. In: Heinz Reif (Hg.): Räuber, Volk und Obrigkeit. Studien zur Geschichte der Kriminalität in Deutschland seit

gen Zivilisierungsgrad des alltäglichen Umgangs hinaus, ein gerütteltes Maß an Respektlosigkeit gegenüber den lokalen Vertretern von Staat und Kirche überhaupt.[73] Dies festzustellen, heißt nicht, ein Bild permanenter Konflikthandlungen zu zeichnen, aber doch, dass das zweifellos alltagsdominierende Anpassungs- und Gehorsamsmuster in geringerem Maße auf internalisierten Überzeugungen beruhte, als die dörfliche Obrigkeit dies hoffen mochte.

Illegale Selbstversorgung

Das Umgehen von Steuerpflichten und Übergriffe auf herrschaftliches Eigentum sind neben den alltäglichen Arbeitskämpfen das zweite große Feld „volkstümlicher Gesetzwidrigkeiten", das die historische Alltagsforschung in den letzten Jahrzehnten beackert hat, wobei sie sich immer wieder die Frage zu stellen hatte, inwieweit diese Gesetzwidrigkeiten unter soziale oder unter politische Widerständigkeit zu fassen seien. Handelte es sich hier um illegale Formen der Subsistenzsicherung, welche auch im unterschichtlichen common sense als verwerflich galten, oder betrachtete man sie dort als legitime Korrektur einer unsozialen Legalität? Und waren, wenn Letzteres der Fall ist, nur die Täter selbst dieser Überzeugung, oder konnten sie sich auf einen breiten Konsens der Dorfgesellschaft stützen?

Die historische Alltagsforschung hat insgesamt überzeugende Belege dafür beigebracht, dass zahlreiche Vergehen an Herren- und Staatseigentum die Doppeleigenschaft von „praktischer Notmaßnahme" und „demonstrativer Regelverletzung"[74] besaßen. Das gilt für viele Formen des Verweigerns, Ver-

---

dem 18. Jahrhundert. Frankfurt/M. 1984, S. 43–99; hier S. 75; Karen Krumrei: Protokolle alltäglicher Kriminalität. Rottenburger Schultheißenamtsprotokolle 1840–1860 unter kulturwissenschaftlichem Blickwinkel. Magisterarbeit Tübingen 1992, S. 43–45; Helm 1993(b), u.a. S. 169f., S. 191, S. 193, S. 271, S. 282; Uta Kanis-Seyfried: Konflikte in der dörflichen Lebenswelt. Das Ehrgefühl in der Langenargener Streitkultur im 19. und 20. Jahrhundert. Konstanz 2000, S. 200–207.

73 Vgl. Helm 1993(b), u.a. S. 169 und S. 180.
74 Wolfgang Kaschuba: Lebenswelt und Kultur der unterbürgerlichen Schichten im 19. und 20. Jahrhundert. München 1990, S. 17.

minderns, Verschleppens von Abgaben (wobei insbesondere landesherrliche Anforderungen für Kriegszwecke als ungerechtfertigt abgelehnt werden),[75] für Entwendungen aus der Speisekammer des Bauern[76] und Felddiebstähle[77] wie z.B. das meist verbotene, aber von vielen Landarbeitern als selbstverständlich praktizierte „Nachstoppeln".[78] Eine verbreitete Form popularer Steuerhinterziehung war natürlich auch das Schmuggeln.[79] Vor allem ist hier jedoch die beliebteste Spielart von Subsistenzdiebstahl zu nennen: das Holzstehlen in gutsherrlichen oder staatlichen Wäldern, wegen dessen es um die Mitte des 19. Jahrhunderts in den deutschen Staaten jährlich zu Hunderttausenden von Verfahren kam.[80] Das Bewusstsein vieler Holzdiebe, kein Unrecht zu tun, speiste sich nicht zuletzt aus der kollektiven Erinnerung daran, dass viel Herrschaftswald einst Gemeinbesitz gewesen war, weshalb die Holzentnahme durch Waldanrainer als Restitution alter Rechte gelten konnte.[81] Ent-

---

75 Vgl. Helm 1993(b), S. 265.
76 Vgl. Scharfe 1982, S. 48.
77 Vgl. Plaul 1979, S. 281; siehe auch Blasius 1978, S. 55.
78 „Solche Handlungen, die vom quasi nicht ahndbaren Stehenlassen gerade der schlechtesten Halme im Felde zur Zehenteinnahme oder vom Verstecken gewisser Vermögensgegenstände bei der Inventur bis zu ausgedehnten Widerstandsaktivitäten reichten, hatten ihre soziale Legitimation in der popularen Mentalität und entwickelten sich nicht selten zu ausgeklügelten Strategien, die auch weitervermittelt wurden" (Helm 1993(b), S. 286).
79 Vgl. Edith Saurer: Strasse, Schmuggel, Lottospiel. Materielle Kultur und Staat in Niederösterreich, Böhmen und Lombardo-Venetien im frühen 19. Jahrhundert. Göttingen 1989, S. 383–477; Roland Girtler: Schmuggler. Von Grenzen und ihren Überwindern. Linz 1992; Bernhard Tschofen: Berg Kultur Moderne. Volkskundliches aus den Alpen. Wien 1999, S. 280–302.
80 In Preußen wurden 1836 über 120 000, 1865 über 370 000 Untersuchungen wegen „Waldfrevels" eingeleitet (vgl. Blasius 1978, S. 21); in Baden kam 1842 auf vier Einwohner eine Verurteilung wegen Holzdiebstahls (vgl. Scott 1990, S. 195). Siehe auch die Zahlen bei Krumrei 1992, S. 30; in ihrem Untersuchungsgebiet Rottenburg/Neckar entfielen übrigens 40% der Verurteilungen wegen Wald- und Holzvergehen auf Frauen.
81 Vgl. Blasius 1978, S. 53–56; vgl. Mooser 1984, S. 44f. – Erinnert sei an die berühmte Passage in Annette von Droste-Hülshoffs „Westfälische Schilderungen", wo es über „den Paderborner" heißt, er betrachte „den Gutsherrn (…) gern als

sprechend offensiv waren manchmal die Formen dieser Wiederaneignung, die teilweise in Gruppenstärke vor sich und mit Drohungen, ja Gewalt gegen Forstaufseher zusammen ging.[82] Ähnliches galt für das Wildern, die Usurpation des Herrenrechts auf Jagd, das bis zum Ende des Mittelalters oft ebenfalls noch ein Bauernrecht gewesen war.[83] Für die alpine Bauernkultur des 18. Jahrhunderts hat Norbert Schindler festgestellt, dass die illegale Jagd im Herrenwald zur „kollektiven Selbstverständlichkeit des ‚abweichenden' Handelns"[84] gehört habe. Bisweilen steigerte sich die Wilddieberei von Bauern, Knechten, Taglöhnern zur massenhaften Rebellion gegen den waldbesitzenden Adel und seine auf die Übergriffe antwortenden Repressionsmaßnahmen, so etwa in den 1790er Jahren,[85] im Vormärz und während

---

einen Erbfeind oder Usurpator des eigentlich ihm zuständigen Bodens (…), dem ein echtes Landkind nur aus List, um der guten Sache willen, schmeichle, und übrigens Abbruch tun müsse, wo es immer könne" (in: Annette von Droste-Hülshoff: Sämtliche Werke in zwei Bänden, Bd. 1. München 1989, S. 529–562; hier S. 541).

82 Vgl. Blasius 1978, S. 57; siehe auch Mooser 1984, S. 60 und S. 74.

83 Vgl. Schulte 1989; Roland Girtler: Wilderer. Rebellen in den Bergen. Wien usw. 1998; Schindler 2001; Olaf Bockhorn: Vom Wildern. Anmerkungen zu Recht, Not, Leidenschaft und Tod. In: Vida Obid (Red.): Die Wilderei in den Karawanken. Klagenfurt 1997, S. 53–62. – Etliche volkskundliche Studien widmen sich der Wilderer-Folklore. Vgl. z.B. Klaus Hoffmann: Volkstümliche Literatur über den Wildschützen. In: Sächsische Heimatblätter, 20. Jg. 1974, S. 241–267; Krista Ruehs: Auch „böse" Menschen haben ihre Lieder. Zur Rezeption von Wilderern in österreichischen Volksliedern des 18. bis 20. Jahrhunderts. In: Jahrbuch für Volksliedforschung, 29. Jg. 1984, S. 32–57; Manfred Seifert: Wildschützenlieder. In: Jahrbuch des Österreichischen Volksliedwerkes, 36./37. Jg. 1987/1988, S. 129–141.

84 Vgl. Schindler 2001, S. 324. – Für das Oberbayern des 19. Jahrhunderts galt nach Regina Schulte dasselbe: Wilderei war auf den Dörfern nicht nur verbreitet, sondern auch keineswegs verfemt, was die Dunkelziffern erheblich erhöhte. Selbst Dorfbürgermeister weigerten sich, gegen Verdächtige auszusagen. (Vgl. Schulte 1989, S. 179–224.)

85 Schindler zieht aus diesen Auseinandersetzungen die Folgerung: „Die bäuerliche Kultur des Gebirgslands bedurfte der bürgerlich-jakobinischen Freiheitsparolen nicht, um sich gegen unzeitgemäß gewordene Herrschaftsverhältnisse aufzulehnen" (Schindler 2001, S. 324).

Die Widersetzlichkeit ländlicher Unterschichten 233

Der Räuber als Revolutionär, der Revolutionär als Räuber:

Eine frappante Ähnlichkeit verbindet das Titelbild von Schillers „Räubern" (1781) und eine populäre Zeichnung (1848/49), die den badischen Revolutionsführer Friedrich Hecker als Volksbeschützer zeigt.

der 1848er-Revolution.[86] Die Übergänge zwischen der kleinen alltäglichen Widerständigkeit und der offenen, mit politischen Zielen versehenen Rebellion – sie existieren mithin nicht bloß in den Angstphantasien der Obrigkeit und den Hoffnungsphantasien intellektueller Volksfreunde.

Rechtswege

„Virtuosität der Trägheit",[87] Sabotage, Desertion, nächtliche Diebeszüge in Feld und Wald: Diese Praktiken lassen sich zwar nicht mit sozialharmonistischen, wohl aber mit pejorativen Stereotypen vereinbaren, welche den Unterschichten außer Fleiß, Moralität und Intelligenz rein alles zutrauen; aber auch mit einer Unterhaltungs- und Abenteuerliteratur, welche das widerständige Volk als frechen Lausbuben, ausgebufften Schalksnarr, Meisterdieb, als alle Konventionen abwerfenden Outcast, Vagabunden, Freibeuter identifiziert. So ist denn auch der sozialhistorischen und volkskundlichen Forschung der 1970er und 1980er Jahre die Stilisierung der Unterschichten zum „guten Wilden" vorgeworfen worden,[88] zumindest die Feier „subjektiver Selbstbehauptung gegenüber Systemanforderungen", was letztlich eine antizivilisa-

---

86   Für 1837–1843 zählt Schulte in den von ihr untersuchten oberbayerischen Gebieten pro Jahr 16 Wilderer oder Jäger, die bei diesen Auseinandersetzungen zu Tode kamen; 1843–1846 sind es pro Jahr 29 Tote, 1848 gingen dann ganze Dörfer in Rotten zum Wildern und nahmen häufig den offenen Kampf mit Jagdaufsehern auf. (Vgl. Schulte 1989, S. 258.) – Siehe auch Michel Foucault, der über die französischen Verhältnisse sagt: „Nun erhebt sich aber an der Wende vom 18. zum 19. Jahrhundert (…) die Gefahr einer neuen volkstümlichen Gesetzwidrigkeit. Genauer gesagt: die volkstümlichen Gesetzwidrigkeiten erreichen neue Dimensionen, nämlich diejenigen, die von 1789 bis 1848 die gesellschaftlichen Konflikte, die Kämpfe gegen politische Regime, den Widerstand gegen die Industrialisierung, die Auswirkungen der wirtschaftlichen Krisen bestimmen" (Michel Foucault: Überwachen und Strafen. Die Geburt des Gefängnisses. Frankfurt/M. 1977, S. 350f.).
87   So Heinrich Christian Kiesewetter in einem Reisebericht von 1807, zit. nach Göttsch 1991, S. 213.
88   Vgl. Welskopp 2002, S. 113.

torische Trennung in ein schlechtes Innerhalb und ein gutes Außerhalb der Gesellschaftsordnung bedeute.[89]

Man sollte Untertöne, in denen eine solche romaneske Sichtweise anklingt, nicht leugnen. Sie jedoch zum Leitmotiv zu erklären, wäre schon deshalb verfehlt, weil die mit populärer Widerständigkeit befasste historische Ethnographie neben den gesetzwidrigen auch die rechtsförmigen Formen dokumentiert hat, in denen Untertanen sich gegen ihre Obrigkeit zur Wehr setzten. So gab es Rügebräuche, bei denen Gesinde und Landarbeiter Lohnansprüche gegenüber Bauern und Gutsherrschaft geltend machten,[90] vor allem aber den Rechtsweg, den nicht nur der berühmte Müller von Sanssouci seinem Feudalherrn androhte.

Winfried Helm zählt eine Fülle von Fällen auf, in denen „der gemeine Mann", Dienstboten und Hirten eingeschlossen, sein Recht bei juristischen Instanzen suchte – um vermehrte Fronpflichten oder Abgaben abzuwehren, um ausstehende Löhne oder eine würdigere Behandlung einzuklagen. Er bekräftigt damit die Auffassung, dass seit dem 16. Jahrhundert der Rechtsstreit das hauptsächliche Mittel war, mit dem ländliche Untertanen Konflikte mit ihrer Herrschaft austrugen, wobei sie oft große Hartnäckigkeit zeigten, etwa indem sie abschlägige Gerichtsurteile unterer Instanzen nicht akzeptierten und in die Revision gingen.[91] Silke Göttsch z.B. konnte zeigen, dass leibeigene Bauern oder Knechte im Schleswig-Holstein des 18. Jahrhunderts vielfach mit Beschwerden oder mit Anzeigen gegen Dienstherren wie Vögte oder die Gutsherren selbst vorgingen. Wenngleich sie oft die Klageschriften nicht selbst verfassen konnten, bewiesen sie damit doch ein Wissen um Rechte und Rechtswege sowie den Anspruch auf eine Herren und Knechte umfassende Rechtsgemeinschaft. Allerdings lässt sich nicht sagen, dass Rechtsverfahren

---

89 Ebd., S. 109.
90 Bei einem dieser Bräuche forderten die Schnitter einen Lohnnachschlag, indem sie im bäuerlichen Garten Kohlköpfe abzuschneiden begannen. Wilhelm Mannhardt interpretiert, dass diese Kohlköpfe „augenscheinlich die Häupter der Familienmitglieder" symbolisierten. (Vgl. Ingeborg Weber-Kellermann: Erntebrauch in der ländlichen Arbeitswelt des 19. Jahrhunderts aufgrund der Mannhardtbefragung in Deutschland von 1865. Marburg 1965, S. 135.)
91 Vgl. Helm 1993(b), u.a. S. 186, S. 233, S. 241.

an die Stelle anderer Formen der Gegenwehr traten. So konstatiert Göttsch für ihren Untersuchungsbereich, dass die juristischen Streitigkeiten zwischen Bauern und Grundherrschaft im Lauf des 18. Jahrhunderts zu-, direkte Aktionen auf den Höfen aber nicht abnehmen.[92] Oft leisteten dieselben Klageführer abwechselnd legalen und illegalen Widerstand: Hufner schritten zum gewalttätigen Protest, wenn der Gutsherr ihnen einen schriftlichen Vertrag über ihre Rechte und Pflichten verweigerte;[93] Heuerlinge reichten gegen ihre Herabstufung zu kündbaren Einliegern bis hinauf zum preußischen Hof Beschwerden ein, griffen aber nach der Abweisung ihrer Klage zur Gewalt.[94] Solche Doppelstrategien ändern jedoch nichts an dem Gesamtbefund über deutsche Gutsherrngesellschaften der Frühen Neuzeit, dass „der rechtliche Austrag das Konfliktverhalten der Bauern in entscheidendem Maße mitbestimmt".[95]

Gegen Opfertheorien und Kampfmythen

Was die Forschung der 1980er und 1990er Jahre zur agrarpopularen Widerständigkeit zusammengetragen hat, entzieht dichotomischen Vorstellungen vom fromm-folgsamen Bauern auf der einen und dem gefährlichen Verbrecher oder Rebellen auf der anderen Seite den Boden. Passive und aktive Gegenwehr gegen die Zumutungen der Feudalgesellschaft waren vielmehr tief im Alltagsleben verankert. Der Aufweis der Vielzahl und Vielfalt dieser Eigenmächtigkeiten bedeutete aber keineswegs, dass das Bild der Unterschichten nun nach dem der Seeräuber-Jenny in Brechts „Dreigroschenoper" gemodelt wurde, die beim Gläserabwaschen immer nur an das eine denkt: den Tag der Rache, an dem sie den Daumen über die Bagage senken wird,

---

92 Vgl. Göttsch 1991, S. 223f.
93 Vgl. ebd., S. 219.
94 Vgl. Mooser 1984, S. 58f.
95 Barbara Krug-Richter: „Eß gehet die bauren ahn und nicht die herren". Die Auseinandersetzungen um die Einführung neuer Dienste in der westfälischen Herrschaft Canstein 1710 bis 1719. In: Peters (Hg.) 1995, S. 153–200; hier S. 198.

die sie heute kujoniert. Die Alltagsforschung war vielmehr in aller Regel darum bemüht, sich vom Phantasiebild der allzeit rebellionsbereiten Massen zu distanzieren. Sie grenzte ihre Konfliktbefunde immer wieder von einem „populistischen Dogma" ab, das Unterschichtenkultur mit Widerstandskultur gleichsetze,[96] und warnte davor, dass „kühles Desinteresse oder warmherzige Opfertheorien einfach abgelöst werden durch die Überhöhung einer zweifelhaften Handlungstheorie in einen einzigen wilden Kampfmythos, der wenig mit der Einsicht in Zwänge der Historie, aber viel mit Sehnsüchten nach Identifikationsfiguren zu tun hat (...)".[97] Moderat formuliert Jan Peters, dass es „(d)ie zählebigen Vorstellungen (...) von monopolisierter Geschichtsmächtigkeit ‚oben' und passiver Hinnahme ‚unten', von einseitiger Handlungskompetenz also"[98] zu konterkarieren gelte. In dieselbe Richtung geht das Resümee von Helms Studie „Obrigkeit und Volk": „Die Personen, die uns im frühneuzeitlichen Niederbayern in ihrer Interaktion mit Herrschaftsträgern begegnen, sind alles andere als brave und gehorsame Untertanen, die die auf sie einwirkenden mannigfaltigen herrschaftlichen Maßnahmen geduldig und schweigend ertragen. Die Herrschaftsbeziehungen erweisen sich nicht als einseitige Repressions-, Ausbeutungs-, Beeinflussungs- oder Dirigiermechanismen an reaktionslosem ‚Material'. Es handelt sich im Gegenteil eben um <u>Interaktionen</u> zwischen verschiedenen Kräften, denen eine empfindliche Balance zugrunde lag. Herrscher und Beherrschte waren beide ständig darum bemüht herauszufinden, wie weit sie gehen konnten."[99]

---

96 Vgl. Norbert Schindler: Widerspenstige Leute. Studien zur Volkskultur in der frühen Neuzeit. Frankfurt/M. 1992, S. 40.
97 Claudia Honegger/Bettina Heintz: Zum Strukturwandel weiblicher Widerstandsformen im 19. Jahrhundert. In: Dies. (Hg.) 1981, S. 7–68; hier S. 7.
98 Jan Peters: Einleitung. In: Ders. (Hg.) 1995, S. 9–12; hier S. 9.
99 Helm 1993(b), S. 285.

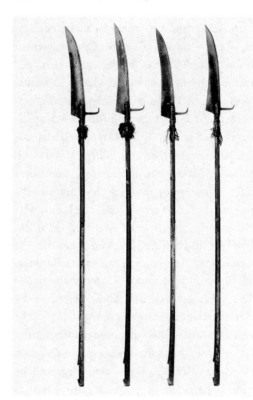

Nur Volkstheater?

Geradegeschmiedete Sensen dienten jahrhundertelang als Volkswaffe. Hier vier von etwa 100 solcher Sensen, die sich unter dem Rathausdach in Göppingen/Württemberg fanden. Bis vor einigen Jahren wurde angenommen, dass es sich um Requisiten eines Freilichttheaters handle. Ein genauerer Blick auf Material und Verarbeitung ergab jedoch, dass man es doch mit historischen Waffen zu tun hat: Sie gehörten offenbar zur Ausrüstung des „Corps der Sensenmänner", einer Abteilung der Göppinger Bürgerwehr von 1848.

Man kann nun einem solchen Befund über vertikale Sozialkonflikte durchaus zustimmen, zugleich aber fragen, ob die Forschung zur popularen Widerständigkeit nicht dazu neigte und neigt, horizontale Konflikte in den Unterschichten zu unterschätzen oder wenigstens auszublenden. Eine solche Tendenz ist – nicht nur für die deutschsprachige Forschung – immer wieder behauptet worden[100] und soll hier nicht a limine zurückgewiesen werden. Es

---

100 Vgl. etwa Dworkins Kritik an E. P. Thompson (vgl. Dworkin 1997, S. 217 und S. 237). Vgl. auch den Befund von Ortner: „It is the absence of analysis of these forms of internal conflict in many resistance studies that gives them an air of romanticism, of which they are often accused" (Sherry B. Ortner: Resistance and the Problem of Ethnographic Refusal. In: Comparative Studies in Society and History, 37. Jg. 1995, S. 173–193; hier S. 177).

lohnt sicherlich nachzusehen, ob in Untersuchungen zur unterschichtlichen Widerständigkeit die inneren Interessen- und Meinungsverschiedenheiten immer ausreichend dargestellt werden: die Taktiken und Motive derer, die sich aus Auseinandersetzungen herauszuhalten suchten und sich auf die Seite der Obrigkeit stellten; die Denunziationen von Wilderern, Schmugglern und Holzdiebinnen durch Nachbarn; der Druck, ja die Gewalt, welche Protestentschlossene gegen noch Unentschiedene oder „Verräter" ausübten. Von einer generellen Ausklammerung dieser Konfliktlinien kann jedoch nicht die Rede sein.[101] Auch zu Unten-unten-Konflikten im dörflichen Alltag liegen Untersuchungen vor: über die Beschimpfungen, Handgreiflichkeiten, Grenzsteinverrückungen, die unter Nachbarbauern vorfielen, über Güter- und Ehrenkonflikte unter Verwandten, oft zwischen Eltern und Kindern und nicht zuletzt Eheleuten (wobei deutlich wird, wie häufig Bäuerinnen und Handwerkerfrauen tätlichen Übergriffen ihrer Männer ausgesetzt waren, aber auch, dass sie sich nicht selten gerichtlich dagegen wehrten und zumeist Recht bekamen).[102]

Allerdings gibt es durchaus innerfachliche Akzentunterschiede bei der Einschätzung der Volkssolidarität. So kritisiert Winfried Helm die Formulierung von Wolfgang Kaschuba, die Volkskultur bilde einen „einenden Gegensatz zum gesellschaftlichen ‚Oben'": Hier werde die Tatsache übergangen, dass sich das „Volk" aus verschiedenen Kräften zusammensetze, die durchaus gegeneinander ausgespielt werden könnten.[103] Kaschuba hatte freilich seiner

---

101 Hier nur zwei Beispiele: Regina Schulte weist darauf hin, dass der weitgehenden Duldung, ja Unterstützung, derer sich Holzdiebinnen und Wilderer in der Dorfbevölkerung häufig erfreuten, eine breite Ablehnung von Rachebrandstiftungen gegenüberstand, die als im präzisen Sinn gemeingefährlich nicht toleriert wurden. (Vgl. Schulte 1989, S. 89f.) Helm unterstreicht, dass die obrigkeitliche Verfolgung und Bestrafung von aufdringlichen Bettlern oder von Dieben von der communis opinio des Dorfes durchaus unterstützt wurde. (Vgl. Helm 1993(b), S. 224.)
102 Vgl. Kanis-Seyfried 2000, S. 184–200; siehe auch Hans Medick: Biedermänner und Biederfrauen im alten Laichingen. Lebensweisen in einem schwäbischen Ort an der Schwelle der Moderne. In: Journal Geschichte, H. 1, 1991(a), S. 46–61; hier S. 55f., und Krumrei 1992, S. 48f.
103 Helm 1993(b), S. 286f.

These die Präzisierung hinzugefügt, er postuliere lediglich „einen gemeinsamen Bezugsrahmen von kollektiven Haltungen und Gruppenüberzeugungen", nämlich „mehr im kulturellen Abstand als im politischen Widerspruch zu den Eliten gelebte Verhaltensweisen: von der Arbeitstätigkeit bis zu den Geselligkeitsformen, vom Kommunikationsstil bis zu den generativen Verhaltensmustern, jedoch nicht eine „fugenlose innere Einheit" der Volkskultur oder gar des „Volks" als eines „gesellschaftlich handlungsfähigen Kollektivsubjekts".[104]

Der Forschung über populare Widerständigkeit ist nicht allein die Überschätzung von deren historischer Häufigkeit und sozialen Verbreitung vorgeworfen worden, sondern auch die Vernachlässigung der Frage nach ihrer Wirksamkeit. Letztlich lautet der Vorwurf, die Darstellung der Widerständigkeit huldige einem l'art-pour-l'art-Prinzip, sie ergötze sich an der rebellischen Geste als solcher, ohne Rücksicht darauf, ob diese ihr Ziel erreicht, ob sie den Akteuren und ihrem sozialen Umfeld eher genützt oder eher geschadet habe. Hinter dieser Kritik steht natürlich der Verdacht, dass dieser Nutzen tatsächlich gering gewesen sei und die Gegenwehr am Gang der Geschichte nichts Wesentliches habe ändern können. Aber ebendiese Annahme wird von der Widerstands- und Widerständigkeitsforschung ins Wanken gebracht. Was die offene, kollektive und gewaltsame Auflehnung angeht, so ist gewiss festzuhalten, dass sie militärisch fast immer in Niederlagen endete.[105] Doch anschließende Verträge oder Schiedssprüche brachten auch hier des Öfteren Teilerfolge, etwa in Fragen der Leibeigenschaft, des Erbrechts, der Verfassung; zumindest erschwerten sie die weitere Ausübung von Willkürherrschaft.[106]

---

104 Wolfgang Kaschuba: Volkskultur zwischen feudaler und bürgerlicher Gesellschaft. Zur Geschichte eines Begriffs und seiner gesellschaftlichen Wirklichkeit. Frankfurt/M. usw. 1988, S. 35.
105 Vgl. z.B. Scott 1985, S. 29.
106 Vgl. Blickle 1980, S. 306f.; Bierbrauer 1980, S. 61f.; Bruckmüller 1992, S. 65–69. Ein eher skeptisches Resümee zieht allerdings (auch die außereuropäische Geschichte einbeziehend) James C. Scott: „To be sure, even a failed revolt may achieve something: a few concessions from the state or landlords, a brief respite from new and painful relations of production and, not least, a memory of resistance and courage that may lie in wait for the future. Such gains, however, are uncertain,

Für die juristische Gegenwehr gegen Vermehrungen von Frondiensten, Steuern, Abgaben und die juristische Verteidigung des Besitzes, der Freiheiten, der Ehre von Unterschichtangehörigen wiederum gilt, dass dieser Rechtsweg keineswegs immer ein Holzweg war. Insofern es sich bei den Eingaben oder Klagen nicht ums Prinzip Feudalismus, sondern ums Detail von Abgaben, Pflichten und Ansprüchen handelte, gingen unterschichtlicher Kläger keineswegs immer leer aus.[107] Wären sie bei gerichtlichen Auseinandersetzungen mit der Obrigkeit in der Regel leer ausgegangen, wäre die Dorfbevölkerung auch wohl kaum so häufig vor Gericht gezogen. Schon gar nicht lässt sich von den in das Alltagsleben eingelassenen „volkstümlichen Gesetzwidrigkeiten" sagen, dass sie mehr oder minder erfolglos geblieben seien. Die Menschenleben, die durch Desertionen gerettet wurden, die Zugewinne an Lebensqualität, die das Verlangsamen des Arbeitstaktes, das Herausschinden von Pausen, das Hinterziehen von Abgaben und das illegale Organisieren von Lebensmitteln, Baustoffen und Heizmaterial erbrachten, waren zweifellos beträchtlich. Zudem, so sahen wir, endete die „Geschichtsmächtigkeit" der ländlichen Unterschichten eben nicht am Dorfrand, sondern schloss die Mitgestaltung der staatlichen, rechtlichen, wirtschaftlichen Rahmenbedingungen des eigenen Alltagslebens ein.

---

    while the carnage, the repression, and the demoralization of defeat are all too certain and real" (Scott 1985, S. 29).
107 Vgl. z.B. Helm 1993(b), S. 240–242. Siehe auch Kaaks Darstellung dreier Brandenburger Fälle, in denen leibeigene Bauern und Gutsherren wegen der Erhöhung bäuerlicher Dienstpflichten vor Gericht gehen – wobei einmal ein Kompromiss, zweimal ein langfristig wirksamer Erfolg für die Bauern herauskommt. (Vgl. Heinrich Kaak: Vermittelte, selbsttätige und maternale Herrschaft. Formen gutsherrlicher Durchsetzung, Behauptung und Gestaltung in Quilitz-Friedland (Lebus-Oberbarnim) im 18. Jahrhundert. In: Peters (Hg.) 1995, S. 54–117.) Auch Krug-Richter schildert, wie leibeigene Bauern, die sowohl gegen eine Erhöhung von Frondiensten als auch gegen tyrannisches Verhalten herrschaftlicher Beamter Klage führen, schließlich bei der obersten landesherrlichen Behörde in wesentlichen Punkten Recht bekommen. (Vgl. Krug-Richter 1995.)

Selbstbehauptung und Selbstjustiz

Die These von der Geschichtsmächtigkeit der Unterschichten gewinnt noch an Plausibilität, wenn man sich vergegenwärtigt, dass die hier erörterten Beispiele für Widerständigkeit sich im Wesentlichen auf die Arbeits- und Besitzverhältnisse bezogen. Einzubeziehen sind aber überdies Auseinandersetzungen um das kulturelle Leben im engeren Sinn: der Kampf gegen obrigkeitliche Reglementierungen popularer Brauch- und Feiertraditionen, der Kleidung, der Trink- und Essgewohnheiten. Auch in diesem Bereich, so hat die Alltagsforschung belegt, war populare Resistenz keineswegs erfolglos: Aufwandsbeschränkungen für Feste liefen immer wieder ins Leere,[108] Fastengebote wurden übertreten,[109] das Verbot als besonders derb oder maßlos erscheinender Bräuche ließ sich vielfach nicht nachhaltig durchsetzen.[110] Ebenso wurden – für die Lebenslust besonders bedeutsam – Restriktionen des Liebeslebens, z.B. des Zueinanderkommens von Knechten und Mägden, beständig unterlaufen. Hans Medick schildert die „Zähigkeit und Widerstandskraft", mit der die Dorfjugend ihre „Spinnstuben" oder „Lichtstuben" verteidigte, wo junge Männer abends die mit Spinnen beschäftigten jungen Frauen besuchten.[111] Vieles spricht für die Auffassung von Winfried Helm, dass das Konzept der

---

108 Vgl. z.B. Helm 1993(b), S. 194.
109 Vgl. ebd., S. 206.
110 Vgl. u.a. Robert W. Malcolmson: Volkskultur im Kreuzfeuer. Der Kampf um Abschaffung des Bullenrennens in Stamford im 18. und 19. Jahrhundert. In: Richard van Dülmen/Norbert Schindler (Hg.): Volkskultur. Zur Wiederentdeckung des vergessenen Alltags (16.–20. Jahrhundert). Frankfurt/M. 1984, S. 282–298. – Vgl. auch Ulrike Gleixner: Die ‚Ordnung des Saufens' und ‚das Sündliche erkennen'. Pfingst- und Hütebiere als gemeindliche Rechtskultur und Gegenstand pietistischer Mission (Altmark 17. und 18. Jahrhundert). In: Peters (Hg.) 1995, S. 13–53. – Gleixners Fallstudie kommt zu dem Schluss: „Die aufklärerischen Bemühungen, durch den pietistischen Frömmigkeitsentwurf auf die bäuerliche Mentalität Einfluß zu nehmen, endeten mit einem Fehlschlag. (...) Die Dämonisierung des Pfingst- und Hütebier-Saufens prallte an der Logik des Dorfes ab" (ebd., S. 53).
111 Vgl. Hans Medick: Spinnstuben auf dem Dorf. Jugendliche Sexualkultur und Feierabendbrauch in der ländlichen Gesellschaft der Frühen Neuzeit. In: Martin Scharfe (Hg.): Brauchforschung. Darmstadt 1991(b), S. 380–417.

Sozialdisziplinierung für die Frühe Neuzeit zwar auf Zuchthäuser, Manufakturen oder Militär zutreffe, sich jedoch in anderen Alltagsbereichen damals noch keine „Kulturrevolution von oben" vollziehe, sondern deutliche „Grenzen der dirigistischen Maßnahmen" abzeichneten.[112]

Mit dem Beginn des 19. Jahrhunderts freilich änderte sich das Bild: Staatliche Einschränkungen volkstümlicher Feste wie etwa der Fasnacht, der Kirchweih, von Hochzeitsfeiern oder Einstandsfeiern bei Handwerkern, Verbote oder Reglementierungen alltäglicher „Volksfreuden", des Wirtshausbesuches, des öffentlichen Tanzens, des Wettspiels[113] oder als ungesittet geltender Sportarten wie Stier- oder Hahnenkampf und bäuerlicher Ringkämpfe wie Raufen, Robeln und Ranggeln[114] wurden entschiedener betrieben und erzielten mehr Effekt als früher. Allerdings weist die Forschung darauf hin, dass das allmähliche Verschwinden bzw. die Transformation als brutal, ausschweifend, heidnisch kritisierter Volkskultur nicht einfach auf die letztlich obsiegende Übermacht von Staat und Kirche zurückgeführt werden könne. Sie habe eher mit sozialem Wandel zu tun: mit dem Ende genossenschaftlichen Wirtschaftens,[115] der Auflösung bisher brauchtragender Sozialgruppen,[116] der Individualisierung und Privatisierung der Lebensformen und der Zuwendung zu attraktiven Angeboten der expandierenden Freizeit- und Unterhaltungsindustrie.

Bemerkenswert ist, dass auch die reliktfreundlichen Volkskundler im späten 19. Jahrhundert der Zurückdrängung bestimmter, als roh oder als un-

---

112 Helm 1993(b), S. 281.
113 Für Württemberg vgl. Wolfgang Kaschuba: Aufbruch in die Moderne – Bruch der Tradition? Volkskultur und Staatsdisziplin in Württemberg während der napoleonischen Ära. In: Württembergisches Landesmuseum Stuttgart (Hg.): Baden und Württemberg im Zeitalter Napoleons. Bd. 2: Aufsätze. Stuttgart 1987, S. 669–689.
114 Vgl. Reinhard Johler: In der Zwischenwelt der Kulturen. Volkskunde, Volksspiele und Sport. In: Kaspar Maase/Bernd Jürgen Warneken (Hg.): Unterwelten der Kultur. Themen und Theorien volkskundlicher Kulturwissenschaft. Weimar usw. 2003, S. 179–201.
115 Vgl. Gleixner 1995, S. 53.
116 Vgl. Johler 2003, S. 194.

sittlich bewerteter Bräuche nicht durchweg kritisch gegenüberstanden, was sich mit ihrem Primitivismus-Faible am besten dadurch vereinbaren ließ, dass man diese zu Verfallsformen älterer und edlerer Volksbräuche herabstufte.[117] Die Forschung der letzten Jahrzehnte hatte bei der Beurteilung mancher unterschichtlichen Bräuche, die der Staat damals zu verbieten suchte, ebenfalls einige Schwierigkeiten. Am deutlichsten zeigt sich das in der Forschung zu Rügebräuchen wie dem Charivari (deutsch: Katzenmusik, englisch: rough music), dem lärmenden und spottenden Auflauf vor der Wohnung missliebiger Personen. Spontane Sympathien mit solchen Formen „direkter Demokratie" kämpften hier mit der Erkenntnis, dass sich die Charivaris nicht nur gegen Steuereintreiber, Polizisten, Armeewerber, Wildhüter, Pfarrer, sondern häufig auch gegen soziale Außenseiter und abweichendes Verhalten richteten, wobei frauenfeindliche Tendenzen eine große Rolle spielten.[118] Schon Edward P. Thompson, dessen 1972 erschienene Studie „Rough music" wesentliche Anstöße für die deutschsprachige Rügebrauchforschung gab, hebt den militant-konformistischen Anteil an diesen Ritualen hervor – und spricht für einen Wissenschaftler ungewöhnlich offen von einem inneren Zwiespalt, in den ihn dieser Befund gestürzt habe: „Rough music'", schreibt Thompson, „legitimierte auch die Aggressionen von Knaben und Jugendlichen, und die Jugend ist (wenn man dies im Flüsterton sagen darf) nicht immer, nicht in jedem historischen Kontext, Protagonist von Rationalität oder Wandel. Ich betone diese Gesichtspunkte stark und streite in einem gewissen Sinn dabei mit einem Teil von mir selbst. Denn ich finde viel in der ‚rough music', das mich anzieht. Wo sie sich gegen einen offensichtlichen Übeltäter – irgendeine übereifrige Persönlichkeit des öffentlichen Lebens oder einen brutalen Frauenschläger – richtet, ist man bereit, das Verschwinden der Rituale zu beklagen. Aber die Opfer waren nicht alle von dieser Art. Es konnte genauso gut

---

117 Vgl. ebd., S. 186f. und S. 190f.
118 Vgl. Helmut Paul Fielhauer: Allerheiligenstriezel aus Stroh – Ein Burschenbrauch im Weinviertel, Niederösterreich. In: Scharfe (Hg.) 1991, S. 418–429; siehe auch Ernst Hinrichs: „Charivari" und Rügebrauchtum in Deutschland. Forschungsstand und Forschungsaufgaben. In: Scharfe (Hg.) 1991, S. 430–463; sowie Martin Scharfe: Einleitung. In: Ders. (Hg.) 1991, S. 1–26.

irgendein einsamer sexueller Nonkonformist oder ein Paar sein, das nicht im heiligen Stand der Ehe lebte. (...) Man denkt auch über das Recht nach. Der Gedanke ist dem philosophischen Anarchisten vertraut, aber andere denken vielleicht zu selten darüber nach. Eine der extremsten Formen der Entfremdung in kapitalistischen und bürokratischen Gesellschaften ist die Entfremdung des Rechts. Ein Recht hört auf, eine Funktion von Menschen zu sein, die ihre eigenen Gemeinwesen regieren; es wird delegiert, weggenommen und von anderen Leuten (den Beamten des Staates) gegen sie verwendet. (...) ‚Rough music' gehört indes zu einer Lebensweise, in der das Recht noch nicht ganz und gar entfremdet ist; zumindest ein Teil davon gehört noch der Gemeinschaft und ist ihr zur Durchsetzung überlassen. Dem mag man zustimmen. Aber wenn wir uns die Gesellschaften ansehen, die wir untersucht haben, bedarf es eines Zusatzes. *Weil* das Recht dem Volk gehört und nicht entfremdet ist, ist es deswegen nicht notwendigerweise ‚netter' und toleranter, anheimelnder und volkstümlicher. Es ist nur so ‚nett' und so tolerant, wie es die Vorurteile und das Wertesystem des Volkes erlauben."[119]

Dass sich mit dem Versuch, eigene Wertvorstellungen gegen Minderheiten und Außenseiter durchzusetzen, handfeste Interessenvertretung verbinden konnte, zeigen überdeutlich die antijüdischen Katzenmusiken, welche in manchen Regionen Deutschlands einen beträchtlichen Teil der kollektiven Rügemaßnahmen darstellten. Besonders massiert finden sie sich im Vormärz und während der 1848er-Revolution, wo die Missfallenskundgebung manchmal in die Plünderung jüdischer Läden und Wohnungen ausartet. Zum Kontext gehören einerseits Versorgungskrisen z.B. durch erhöhte Brot- und Lebensmittelpreise, wobei dann jüdische Kaufleute als „Kornwucherer" attackiert werden, andererseits staatliche Reformmaßnahmen zur bürgerlichen Gleichstellung der Juden, welche diesen größere Rechte bei der Berufswahl, der Wohnungswahl usw. gewährten, was bei Bauern, Handwerkern, Ladenbesitzern zu Verärgerung über die neue Konkurrenz führte. Die volkskund-

---

119 Edward P. Thompson: „Rough Music" oder englische Katzenmusik. In: Ders.: Plebeische Kultur und moralische Ökonomie. Aufsätze zur englischen Sozialgeschichte des 18. und 19. Jahrhunderts. Frankfurt/M. usw. 1980(a), S. 131–168; hier S. 167f.

liche und die alltags- und sozialhistorische Forschung insgesamt haben dieser antisemitischen Seite der popularen Protestkultur lange Zeit wenig Aufmerksamkeit gewidmet – eine der seltenen Ausnahmen ist Utz Jeggles Dissertation „Judendörfer in Württemberg" von 1969.[120] Stefan Rohrbacher macht in seiner Studie „Gewalt im Biedermeier" von 1993 dafür vor allem zwei Ursachen verantwortlich: Zum einen sei die historische Protestforschung in Deutschland oft von einem marxistischen Geschichtsbild bestimmt, das der Geschichte der deutschen Juden und der Judenfeindschaft keinen eigenen systematischen Ort zubillige, sondern in ihr lediglich Funktionen gesamtgesellschaftlicher Entwicklungen sehe. Zum anderen habe sich die deutsche Protestforschung an Studien über das ländliche England des 18. und frühen 19. Jahrhunderts angelehnt; dort aber hätten antijüdische Ausschreitungen schon mangels jüdischer Präsenz keine Rolle gespielt. Ohne denunziatorische Zuspitzung, sondern mit der angemessenen Vorsicht bringt Rohrbacher noch eine dritte Überlegung ins Spiel: „Inwieweit schließlich bei einzelnen Autoren auch eine gewisse Tendenz zur sympathetischen Betrachtung der ‚Volksmassen' und ihrer Aktionen dazu führt, dass antijüdische ‚Proteste' nicht beachtet oder marginalisiert werden, mag dahingestellt bleiben."[121]

Das Problem besteht nicht darin, dass die deutsche Brauch- und Protestforschung die vor- und nachmärzlichen Ausschreitungen gegen jüdische Bürger totgeschwiegen hätte. Schon eine der ersten größeren Studien zum popularen Protest in Deutschland, Rainer Wirtz' 1981 erschienenes Buch über badische Unruhen zwischen 1815 und 1848, enthält mehrere Kapitel über die so genannten „Hep-Hep-Krawalle" und andere kollektive Belästigungen von Juden in jenem Zeitraum. Allerdings werden diese primär mit ökonomischen Notlagen zusammengebracht. So führt Wirtz die Krawalle von 1819 insbesondere auf „konjunkturelle Schwierigkeiten"[122] zurück; „religiös tradierte

---

120 Utz Jeggle: Judendörfer in Württemberg. Tübingen 1969 (2., erweiterte Auflage 1999).
121 Stefan Rohrbacher: Gewalt im Biedermeier. Antijüdische Ausschreitungen in Vormärz und Revolution (1815–1848/49). Frankfurt/M., New York 1993, S. 23.
122 Rainer Wirtz: ‚Widersetzlichkeiten, Excesse, Crawalle, Tumulte und Skandale'. Soziale Bewegung und gewalthafter sozialer Protest in Baden 1815–1848. Frankfurt/M. usw. 1981, S. 77.

Einstellungen gegen Juden" seien möglicherweise hinzugekommen, doch ein „ideologisch fundierter Antisemitismus" sei nur in der zeitgenössischen bürgerlichen Diskussion nachzuweisen.[123] Die zunehmende antisemitische Stimmung in der bürgerlichen Öffentlichkeit habe allerdings z.B. Handwerker, welche jüdische Konkurrenz fürchteten, zu einem aggressiven Vorgehen ermutigt.[124] Diese Ermutigung hatte Wirtz zufolge teilweise sehr handfesten Charakter: Vielfach randalierten neben den Handwerksburschen Bürgersöhne, und es finden sich Hinweise darauf, dass Tumultuanten von bürgerlichen Honoratioren bestellt und bezahlt wurden.[125]

Auch Rohrbacher bestätigt, dass die antijüdischen Krawalle keineswegs bloße Sache der „Plebs" waren, sondern des Öfteren wohl situierte Bürger Volkes Stimme verstärkten oder sogar dirigierten.[126] Er wendet sich jedoch gegen den Versuch, die unterschichtliche Beteiligung – im Gegenzug gegen deren zeitgenössische Übertreibung – zu marginalisieren, sowie gegen die Tendenz, diese Beteiligung in erster Linie auf Verarmung oder Verarmungsangst zurückzuführen. Vergegenwärtigt man sich, dass sich die Charivaris und ähnliche Krawalle, die 1830 in Baden und Franken stattfanden, fast alle gegen Juden richteten, und nimmt man zur Kenntnis, dass die Ausschreitungen sich häufig gegen die Benutzung der Kaffeehäuser oder der städtischen Promenade durch nunmehr bürgerrechtlich gleichgestellte Juden wendeten, so ist ihre Subsumtion unter „Sozialprotest" in der Tat unbefriedigend. Vielmehr muss hier die Wirkkraft antijüdischer und eventuell antisemitischer Traditionen auch in den Unterschichten angenommen und eigens untersucht werden. Eine Forschung, welche immer wieder auf den Eigensinn populärer Kulturen hinweist, auf ihre Fähigkeit, soziale Strukturen und äußere Einflüsse auf ihre Weise zu nutzen, muss eine Zweiteilung in „bürgerliche antisemitische Ideologie" und unterschichtliche „Proteste ‚ohne Idee'"[127] als unbefriedigend empfinden. „Verführte Massen" können

---

123 Vgl. ebd., S. 74.
124 Vgl. ebd., S. 76.
125 Vgl. ebd., S. 60–65 und S. 78–84.
126 Vgl. Rohrbacher 1993, S. 270–275.
127 Wirtz 1981, S. 80.

nur dort auf Freispruch plädieren, wo sie durch Fehlinformationen getäuscht wurden, nicht dort, wo sie sich aufgrund eigener Interessen und Ressentiments hinreißen lassen.

Arbeiterkultur und Arbeiterwiderstand

Mit der Ausbreitung „freier" Lohnarbeit, dem Koalitionsrecht für Lohnabhängige und der Durchsetzung des allgemeinen Wahlrechts erreichten die Kämpfe um Arbeitsbedingungen und Arbeitslohn der Unterschichten, um Sicherung ihrer materiellen Existenz oder, weiter gehend, um ihren „gerechten" Anteil am gesellschaftlichen Reichtum eine neue Ebene: Sie wurden nun von großen nationalen Gewerkschaften und Arbeiterparteien artikuliert. Allein schon die Ausbreitung und die Schlagkraft dieser Organisationen sowie ihr hoher humanistischer Anspruch – ausgedrückt z.B. in der viel zitierten Marx'schen Zielstellung, „alle Verhältnisse umzuwerfen, in denen der Mensch ein erniedrigtes, ein geknechtetes, ein verlassenes, ein verächtliches Wesen ist"[128] – machen es verständlich, dass die von der 1968er-Bewegung beeinflusste Unterschichtenforschung sich über viele Jahre hinweg besonders für die Arbeiterbewegung interessierte. Alltagsorientierte Studien bemühten sich dabei zum einen um eine kulturanthropologische Blickerweiterung. Über die verbale Artikulation und den organisatorischen Rahmen hinaus galt ihre Aufmerksamkeit der symbolischen, der sinnlich-seelischen, der körperlichen Seite der Arbeiterpolitik:[129] der roten Fahne und der geballten Faust,[130]

---

128 Karl Marx: Zur Kritik der Hegelschen Rechtsphilosophie. Einleitung. In: Ders./Friedrich Engels: Werke, Bd. 1. Berlin/DDR 1970, S. 378–391; hier S. 385.

129 Zur Bedeutung solcher expressiver Äußerungen vgl. Alf Lüdtke: Erfahrung von Industriearbeitern – Thesen zu einer vernachlässigten Dimension der Arbeitergeschichte. In: Werner Conze/Ulrich Engelhardt (Hg.): Arbeiter im Industrialisierungsprozeß. Herkunft, Lage und Verhalten. Stuttgart 1979, S. 494–512.

130 Vgl. Gottfried Korff: Rote Fahnen und Tableaux Vivants. Zum Symbolverständnis der deutschen Arbeiterbewegung im 19. Jahrhundert. In: Albrecht Lehmann (Hg.): Studien zur Arbeiterkultur. Münster 1984, S. 103–140; Ders.: Rote Fahne und geballte Faust – Zur Symbolik der Arbeiterbewegung in der Weimarer Repu-

der Körpersprache des Arbeiterprotests[131] und der Formensprache von Arbeiterfesten.[132] Zum andern verfolgte man Verbindungen von der Arbeiterbewegungs- zur Arbeiteralltagskultur: die sich im Umfeld gewerkschaftlicher und parteipolitischer Organisationen entwickelnden Spar- und Konsumgenossenschaften, die Literatur-, Theater-, Musik-, Gesangs-, Sport- und Wandervereine, die Bedeutung, welche die Zugehörigkeit zum sozialistischen Lager für die Freizeitgestaltung, die sozialen Beziehungen, den Wertehorizont des Einzelnen besaß. Von den zahlreichen Diskussionen, die diese Arbeiterkulturforschung führte und auslöste,[133] sollen hier zwei Fragen aufgegriffen werden, die im Kontext Widerständigkeit besonderes Interesse verdienen: inwiefern und worin diese Forschung die spezifische Alltagskultur, welche die Arbeiterorganisationen vor 1933 ermöglichten, als proletarische oder sozialistische Gegenkultur betrachtete und wie sie hierbei mit widersprüchlichen Befunden umging; sodann, welche Bedeutung sie der sozialdemokratisch, später auch kommunistisch geprägten Lagerkultur innerhalb der gesamten Arbeiterkultur (und letztlich in der Gesamtgesellschaft) zumaß, deutlicher gesagt: ob sie deren Prägekraft, Attraktivität und Diffusion nicht überschätzte. Das erstere

---

blik. In: Peter Assion (Hg.): Transformationen der Arbeiterkultur. Ein Tagungsbericht. Marburg 1986, S. 86–107.
131 Vgl. Wolfgang Kaschuba: Protest und Gewalt – Körpersprache und Gruppenrituale von Arbeitern im Vormärz und 1848. In: Assion (Hg.) 1986, S. 30–48; siehe auch Bernd Jürgen Warneken: „Massentritt" – Zur Körpersprache von Demonstranten im Kaiserreich. In: Assion (Hg.) 1986, S. 64–79.
132 Vgl. u.a. Gottfried Korff: Volkskultur und Arbeiterkultur. Überlegungen am Beispiel der sozialistischen Maifesttradition. In: Geschichte und Gesellschaft, 5. Jg. 1979, S. 83–102; Ders.: „Heraus zum 1. Mai". Maibrauch zwischen Volkskultur, bürgerlicher Folklore und Arbeiterbewegung. In: Van Dülmen/Schindler (Hg.) 1984, S. 246–281; Reinhard Johler: „Froh und frei, all herbei, dreimal hoch der erste Mai!" Die sozialistischen Maifeiern in Vorarlberg zwischen Volks- und Arbeiterkultur. In: Österreichische Zeitschrift für Volkskunde, 89. Bd. 1986, S. 97–124; Helga Stachow: Rituale der Erinnerung. Die Maifeiern der Hamburger Arbeiterbewegung zwischen 1890 und 1914. Marburg 1995.
133 Vgl. die Überblicksdarstellungen von Peter Assion: Arbeiterforschung. In: Rolf W. Brednich (Hg.): Grundriß der Volkskunde. Einführung in die Forschungsfelder der Europäischen Ethnologie. Berlin 2001, S. 255–279, und Dieter Kramer 1987.

Problemfeld soll im Folgenden am Beispiel der Arbeitervereinsforschung, das letztere anhand von alltagshistorischen Studien zum Arbeiterwiderstand im Nationalsozialismus behandelt werden.

Nachahmungs- oder Alternativkultur? Die Arbeitervereine

So vielstimmig die Alltagsstudien zur deutschen Arbeitervereinskultur vor 1933 sind und so deutlich es ist, dass bei einigen Studien sozialdemokratische, bei anderen kommunistische Milieus größere Aufmerksamkeit und u.U. größere Wertschätzung genießen,[134] zeigen sich doch in einigen wesentlichen Punkten Konvergenzen. Zuallererst ist hier der gemeinsame Befund zu nennen, dass sich weit mehr ArbeiterInnen an Veranstaltungen von Arbeitervereinen beteiligten als an solchen der Arbeiterparteien.[135] Während es sich bei diesen vor allem um Männerorganisationen handelte, waren bei den Sportwettkämpfen, den Liederabenden, den Sommer- und Weihnachtsfesten der Vereine zahlreiche Frauen und Kinder dabei. Gleichzeitig war sich die Forschung weitgehend einig darüber, dass diese Massenwirksamkeit nicht mit einem weithin unpolitischen Charakter der Vereinstätigkeit einhergehe. Entgegen zeitgenössischen Stimmen aus Parteien und Gewerkschaften, die Bildungs- und Kulturvereine seien „Klimbimvereine" und die „Vereinsmeierei" halte von der weit wichtigeren Parteiarbeit ab,[136] wurde betont, dass nicht nur Lesevereine oder Theatergruppen, sondern auch Gesangs- und Sportvereine politische Inhalte transportierten.[137] Wolfgang Kaschuba z.B. sah die Arbei-

---

134 Entsprechend differierten und differieren auch die Meinungen darüber, inwieweit die Ziele der Arbeiterkulturbewegung in der heutigen deutschen Gesellschaft realisiert sind.
135 Vgl. Dieter Kramer 1987, S. 292.
136 Vgl. Horst Groschopp: Zwischen Bierabend und Bildungsverein. Zur Kulturarbeit in der deutschen Arbeiterbewegung vor 1914. Berlin/DDR 1985.
137 Vgl. Assion 2001, S. 267; desgl. Dieter Kramer 1987, S. 293. Siehe auch Kramers Darstellung des Arbeiterwandervereins „Naturfreunde" in: Ders.: Der sanfte Tourismus. Umwelt- und sozialverträglicher Tourismus in den Alpen. Wien 1983, S. 56–79.

tervereine in einer „doppelte(n) Mittlerrolle zwischen Alltag und Politik": „Zum einen verbinden sich in der Vereinsform soziale Versorgungszwecke und Formen der Freizeitgestaltung mit kultureller und politischer Bildungsarbeit; sie ermöglichen so vielfach überhaupt erst eine politische Betätigung unter den Bedingungen obrigkeitsstaatlicher Verbote und Überwachung. Zum andern werden auch die Familien mit einbezogen in jenes Netzwerk geselliger und politischer Beziehungen, das sich rings um Parteilokale, um Gewerkschaftshäuser und um andere feste Treffpunkte knüpft."[138]

Mehr Diskussionen als um die politische Dimension der Arbeitervereine gab es um ihre kulturelle Ausrichtung: Wurde hier eine arbeitersozialistische Gegenkultur etabliert oder doch eher die Verbürgerlichung der Arbeiterschaft betrieben? Die meisten Antworten liefen auf eine Ablehnung dieser Alternative hinaus. Gewiss, so wurde argumentiert, spielte in der sozialdemokratischen Arbeiterbildung vor dem Ersten Weltkrieg das „bürgerliche Kulturerbe" eine herausragende Rolle. Ihre Mitglieder wollten zeigen, dass man „selbst in der Gipfelluft der Kultur keine, aber auch gar keine Atemnot bekomme".[139] Das habe jedoch nicht bedeutet, dass man sich „am bürgerlichen Vorbild orientierte"; die Aneignung sei vielmehr von einem eigenen, neuen Standpunkt aus erfolgt. Dass man Goethegedichte rezitiert und Schillerdramen aufgeführt habe, lasse sich „keineswegs nur als Anpassung an ein bürgerliches Richtmaß verstehen, sondern als „durchaus konkurrenzhaft" interpretieren. Das Arbeiterpublikum habe sich „seinen" Schiller und „seinen" Goethe konstruiert und darin „Gegenwerte gegen Obrigkeitsstaat und Untertanenmentalität wie gegen den Nationalismus in seiner spezifisch wilhelminischen Prägung" repräsentiert gesehen; gleichwohl zeige sich in der Klassikerrezeption auch eine doppelte Loyalität – zur Klasse und zur Nation.[140]

Eine ähnlich abwägende Einschätzung erfuhr die in den Arbeitersportvereinen praktizierte Körperkultur. So zeigt Klaus Schönberger in der ein-

---

138 Kaschuba 1990, S. 31.
139 Hermann Bausinger: Verbürgerlichung – Folgen eines Interpretaments. In: Günter Wiegelmann (Hg.): Kultureller Wandel im 19. Jahrhundert. Göttingen 1973, S. 24–49; hier S. 33.
140 Kaschuba 1990, S. 32; siehe auch Dieter Kramer 1987, S. 69–71.

gehendsten volkskundlich-kulturwissenschaftlichen Untersuchung zur Arbeitersportbewegung,[141] dass diese zumindest auf dem Land nicht aus alternativen Vorstellungen von Sporttreiben und Sportbetrieb, sondern aus der Ausgrenzung von (zumal sozialdemokratisch gesonnenen) Arbeitern aus bürgerlichen Vereinen resultierte.[142] Auch in der Folgezeit habe die gegen das Wettkampf- und das Leistungsprinzip, das Schneller, Weiter, Höher gerichtete Programmatik des Arbeitersportbundes in der Arbeiterprovinz nur bedingt Eingang gefunden.[143] Gleichwohl, so Schönberger, sei die Verbürgerlichungsthese für den Arbeitersport unzutreffend. Einmal sei, wenn zwei dasselbe tun, dies eben nicht notwendig dasselbe: Die Orientierung von Arbeitersportlern an Spitzenleistungen z.b. lasse sich statt als bürgerliches Leistungs- und Konkurrenzdenken auch als Ausdruck männlich-proletarischen Körpereinsatzes gegen soziale Abwertung und Ausgrenzung verstehen.[144] Überdies habe der dörfliche und kleinstädtische Arbeitersport durchaus innovative und progressive Züge enthalten. Als Beispiel nennt Schönberger die Geschlechterfrage. Zwar hätten die Arbeitervereine, was die ausgeübten Sportarten betraf, nicht mit der traditionellen Geschlechterpolarisierung gebrochen, doch seien sie mehr als die örtlichen bürgerlichen Vereine an Zielen von Gleichberechtigung und Selbstbestimmung orientiert und bei der Frage der „für Frauen schicklichen" Sportarten und Sportbekleidung liberaler gewesen.[145] Eine entschieden emanzipatorische Geschlechterpolitik und prinzipielle Differenzen zum bürgerlichen Frauensport entdeckt Schönberger im Arbeitervereinsalltag jedoch nicht. Seine lokalgeschichtliche Perspektive zeigt keine proletarische oder sozialistische Gegenkultur, sondern eine Gemengelage, in der „neben den Unterschieden auch die vielfältigen Verknüpfungen, Überschneidungen, Ähnlichkeiten und Berührungspunkte zwischen Arbeitersportbund und bürgerlichem Sport"[146] gesehen werden müssten.

---

141 Vgl. Klaus Schönberger: Arbeitersportbewegung in Dorf und Kleinstadt. Zur Arbeiterbewegungskultur im Oberamt Marbach 1909–1933. Tübingen 1995.
142 Vgl. ebd., S. 384.
143 Vgl. ebd., S. 386.
144 Vgl. ebd., S. 252 und S. 386.
145 Vgl. ebd., S. 285f.
146 Ebd., S. 176.

Betonenswert ist, dass Schönbergers Buch und viele andere alltagsorientierte Arbeiterkulturstudien solche Befunde nicht als Enttäuschung, sondern als Ent-Täuschung verbuchen. Wenngleich ihre AutorInnen wie gesagt vielfach von der 1968er-Bewegung und aus ihr hervorgegangenen linksradikalen Strömungen beeinflusst waren, maßen sie die Kultur und Lebensweise organisierter Arbeiter nicht am Maßstab „Kulturrevolution". Vorwürfe des Reformismus, Opportunismus, des kleinbürgerlichen Spießertums werden selten unterstützt und oft ausdrücklich kritisiert. Entgegen der über die ethnographische Arbeiterforschung umgehenden Fama, sie habe „das möglichst Pittoreske, das verwegen Proletarische, das extremste Unbürgerliche in der Arbeiterexistenz" privilegiert, ein „abgerissener Prolet" erscheine bei ihr „authentischer als ein auf seine Umgangsformen bedachter, bildungsstolzer und rhetorisch versierter Schneidergeselle, der sich in der sozialdemokratischen Szene bewegte",[147] wurden proletarische Bemühungen um Respektabilität keineswegs denunziert, sondern als verständlicher und berechtigter Kampf um soziale Anerkennung dargestellt.[148] Was linksradikale Vorstellungen angeht, die Arbeiterkulturbewegung habe der bürgerlichen Gesellschaft auf deren eigenem Boden etwas völlig Neues entgegenstellen sollen, so spricht Dieter Kramer von einem „relativ krude(n) Voluntarismus",[149] Schönberger kritisiert die „Identifikationssucher" unter den Arbeiterforschern, welche der Arbeiterbewegungskultur nur noch Verrat, Anpassung, Imitation vorwürfen, und gibt ihnen zu bedenken, „was möglich und was zu erwarten (war)";[150] und Peter Assions Darstellung der volkskundlichen Arbeiterforschung durchzieht ebenfalls die Kritik „überzogene(r) Ansprüche gegenüber der historischen Arbeiterkultur".[151]

---

147 Welskopp 2002, S. 113.
148 Vgl. z.B. Dieter Kramer 1987, S. 63–65; Kaschuba 1988, S. 11; Schönberger 1995, S. 252; siehe auch Bernd Jürgen Warneken: Kleine Schritte der sozialen Emanzipation. Ein Versuch über den unterschichtlichen Spaziergang um 1900. In: Historische Anthropologie, 2. Jg. 1994, S. 423–441.
149 Dieter Kramer 1987, S. 64f.
150 Schönberger 1995, S. 176.
151 Assion 2001, S. 260.

Man kann diese ‚tolerante' Haltung gegenüber der realen Arbeiterbewegungskultur so interpretieren, dass die Liebe zum Volk in der ethnographischen Szene derart habitualisiert gewesen sei, dass sie sich selbst bei linksorientierten Forschern im Konfliktfall gegen die Liebe zum Sozialismus behauptet habe. Man sollte aber auch der eher wissenschafts-optimistischen Deutung eine Chance geben, dass der permanente Umgang mit alltagsnahen Quellen doch einiges gegen Projektionen ausrichten kann.

Widerstand und Loyalität im nationalsozialistischen Staat

Ein wichtiger, vielleicht der wichtigste Grund für den Respekt, den viele Arbeiterforscher der Arbeiterschaft zollen, ist deren Rolle in der Entstehungs- und Herrschaftszeit des Nationalsozialismus. Man kann darauf verweisen, dass die Arbeiterparteien SPD und KPD sowie deren Unterorganisationen wie die „Eiserne Front" und der „Rote Frontkämpferbund"[152] sich vor 1933 am entschiedensten der NSDAP und der SA entgegenstellten – und die Arbeiterschaft bei Reichstagswahlen der Hitlerpartei 10 bis 20% weniger Stimmen gab als andere Sozialschichten.[153] Und auch nach 1933 sticht das Ausmaß des Arbeiterwiderstands gegen die nationalsozialistische Herrschaft hervor: Nachdem dieser im öffentlichen und im wissenschaftlichen Bewusstsein lange Zeit im Schatten des „20. Juli" stand, ist sich die Forschung inzwischen weitgehend einig, dass „aus keiner anderen sozialen Gruppe der Gesellschaft heraus in einem ähnlichen Maße Formen kollektiver Verweigerung praktiziert und organisierter Widerstand geleistet worden sind wie aus der Arbeiterschaft".[154] Zu dieser Erkenntnis trug wesentlich die stärkere Berücksichtigung

---

152 Vgl. Korff 1986.
153 Vgl. Klaus Tenfelde: Soziale Grundlagen von Resistenz und Widerstand. In: Schmädeke/Steinbach (Hg.) 1985, S. 799–812; hier S. 807.
154 Detlef Schmiechen-Ackermann: Nationalsozialismus und Arbeitermilieus. Der nationalsozialistische Angriff auf die proletarischen Wohnquartiere und die Reaktion in den sozialistischen Vereinen. Bonn 1996, S. 717f. Siehe auch Tim Mason: Nazism, fascism and the working class. Cambridge/Mass. 1995, S. 234f.; sowie Kershaw 1985, S. 779–798; hier S. 794.

lokaler und alltagsnaher Quellen bei: Man entdeckte die Vielfalt kollektiver Resistenz, die fernab der Arbeiterbewegungszentren in der „proletarischen Provinz" geübt wurde,[155] das Weiterleben oppositioneller Milieus nach der Zerschlagung der Arbeiterparteien und Gewerkschaften, das sich u.a. auf die von der Arbeitervereinsbewegung geschaffenen Kommunikationskreise stützen konnte,[156] sowie eine parteiunabhängige, autonome Gegenkultur, die Cliquen von Arbeiterjugendlichen entwickelt hatten.[157]

Freilich erhoben sich schon seit den frühen 1980er Jahren unter Arbeiterforschern selbst ebenfalls Stimmen, die vor Schönfärberei warnten. Insbesondere regional- und lokalbezogene Studien wurden einer Mythologisierung des aus der Arbeiterbewegung heraus geleisteten Widerstands geziehen: Diese übergingen gern ihre vernichtende Niederlage von 1933 und redeten wenig von den Fehleinschätzungen und dem Dogmatismus, dem insbesondere der kommunistische Widerstand nach 1933 vielfach erlegen sei. Zudem drohe eine auf Widerständler und Widerstandsakte kaprizierte Forschung die Tatsache auszublenden, dass oppositionelle Gruppen minoritär geblieben seien und es in der Arbeiterschaft massive Tendenzen zur Einpassung in den Nationalsozialismus gegeben habe. In einem viel diskutierten Aufsatz „Schwierigkeiten mit dem Alltag" forderte Klaus Tenfelde 1984 die Alltags- und Arbeiteralltagsforschung zu einer Kurskorrektur auf: „Müßte ein generelles Bild vom Alltagsverhalten in der NS-Zeit, etwa in den Jahren 1936 bis 1940, nicht notwendig über die Untersuchung ‚abweichenden' Verhaltens hinausgelangen und die Ursachen für die Massenloyalität in den Vordergrund stellen, ja wäre dies nicht der eigentliche, gerade auch durch gelegentlich auftretende Disloyalität zu deutende Erkenntnisgegenstand?"[158] Eine der Lokalstudien zum Arbeiterwiderstand, die Tenfelde in diesem Zusammenhang kritisierte,

---

155 Vgl. Klaus Tenfelde: Proletarische Provinz. Radikalisierung und Widerstand in Penzberg/Oberbayern 1900 bis 1945. In: Broszat/Fröhlich/Wiesemann (Hg.) 1981, S. 1–382.
156 Vgl. Schmiechen-Ackermann 1996.
157 Vgl. Detlev Peukert: Die Edelweißpiraten. Protestbewegungen jugendlicher Arbeiter im Dritten Reich. Köln 1980.
158 Klaus Tenfelde: Schwierigkeiten mit dem Alltag. In: Geschichte und Gesellschaft, 10. Jg. 1984, S. 376–394; hier S. 389.

war das schon erwähnte Mössingen-Buch „Da ist nirgends nichts gewesen außer hier".[159] Es dürfte lohnend sein, diesen Hinweis aufzugreifen und an der Mössingen-Studie, an der mehrere Lehrende und Doktoranden des Tübinger Ludwig-Uhland-Instituts beteiligt waren,[160] einige generelle Probleme der damaligen alltags- und lokalbezogenen Widerstandsforschung zu diskutieren.

Ausgangs- und Mittelpunkt der Mössingen-Studie war der „Mössinger Aufstand" gegen die Ernennung Hitlers zum Reichskanzler. Das damals etwa 4000 Einwohner zählende Mössingen bei Tübingen, in dem erst sozialdemokratische, später kommunistische Arbeiterbauern und Handwerker ein ausgefächertes und lebendiges rotes „Lager" bildeten und sich erfolgreich in der Gemeindepolitik engagierten, war wohl der einzige Ort Deutschlands, in dem bei der Machtübernahme der Nazis ein größerer Proteststreik stattfand. Im Glauben, der Generalstreikaufruf der KPD werde andernorts ebenfalls befolgt, und teilweise in der Überzeugung, man stehe in einer revolutionären Situation, zogen Mössinger Arbeiter am 31. Januar 1933 singend, „Heil Moskau!" und „Hitler verrecke!" rufend durch den Ort, legten zwei große Industriebetriebe still und holten die Arbeiter und Arbeiterinnen heraus. Als sich dem etwa 800-köpfigen Protestzug plötzlich 40 bewaffnete Schutzpolizisten aus dem nahen Reutlingen entgegenstellten, wurde den Demonstranten schlagartig klar, dass der Streikaufruf in der Industriestadt Reutlingen gar nicht befolgt worden war und sie zumindest in der Nahumgebung alleine dastanden. Die Demonstration löste sich überstürzt auf. Es folgte eine Verhaftungswelle. Schließlich wurden 80 Personen wegen schweren Landfriedensbruchs oder Hochverrats zu Gefängnisstrafen zwischen drei Monaten und viereinhalb Jahren verurteilt.

Es war ein mit Illusionen und Fehlinformationen verbundenes, fehlgeschlagenes und verlustreiches Unternehmen, welches die Mössinger Kommunisten durchzogen. Man darf sich also durchaus fragen, ob hier nicht

---

159 Vgl. Althaus u.a. 1982. Vgl. dazu Tenfelde 1984, S. 389, sowie Ders. 1985, S. 799–812; hier S. 800.
160 Die AutorInnen waren Hans-Joachim Althaus, Friedrich Bross, Gertrud Döffinger, Hubert Flaig, Karlheinz Geppert, Wolfgang Kaschuba, Carola Lipp, Karl-Heinz Rueß, Martin Scharfe und Bernd Jürgen Warneken.

jener fahrlässige Fanatismus am Werk war, der manchen opferreichen Widerstandsaktionen der KPD vorgeworfen wird,[161] und man sich hüten sollte, den „Mössinger Aufstand" als beispielhafte Tat herauszustellen, wie das in der Tübinger Studie anklingt. Doch bei genauerem Hinsehen zeigt sich, dass eine solche Form der Kritik im Mössinger Fall wenn nicht ganz daneben, so doch zu kurz griffe. Zum einen lässt sich beim Mössinger Generalstreik kaum von Leichtfertigkeit reden: Die schnelle Etablierung der NS-Herrschaft und damit die massenhafte und teilweise harte Bestrafung von Streikteilnehmern war an jenem 31. Januar nicht absehbar. Zum andern kann man nicht behaupten, dass die Streikniederlage die örtliche Linke fortan lahmgelegt oder gar entmutigt hätte. Der Verhaftungswelle folgte kein erschrecktes Verstummen der Mössinger Linken, sondern lebhafter Protest;[162] die Versuche der Nazis, angeklagte Streikteilnehmer zu Reuebekundungen zu überreden, blieben im Wesentlichen erfolglos,[163] und bei der Reichstagswahl im März 1933 nahm die örtliche KPD-Wählerschaft – obwohl ihre Protagonisten im Gefängnis saßen – weniger ab als im Durchschnitt der Nachbarorte.[164] Auch von einer Sinnlosigkeit des Streiks lässt sich nur bedingt reden, denn ohne Zweifel trug der Widerstandsversuch von 1933 dazu bei, dass der Anführer des Streiks nach Kriegsende zum kommissarischen Bürgermeister ernannt wurde und die Mössinger Kommunisten bei der ersten Nachkriegswahl das beste Ergebnis ihrer Geschichte einfuhren.[165]

Eine ganz andere Frage ist es, wie im Mössingenbuch mit den Bauern, Handwerkern und Arbeitern umgegangen wird, die sich nicht am Streik beteiligten, und insbesondere mit jenen, die sich schon vor 1933 der SA oder NSDAP anschlossen oder nach 1933 vom roten ins braune Lager wechselten. Hier werden dann in der Tat Schwächen deutlich. Zwar hat Tenfelde wohl kaum Recht damit, dass das Mössingenbuch sich derart auf den Widerstands-

---

161 Vgl. Broszat 1981, S. 705f.
162 Vgl. Althaus u.a. 1982, S. 169–172.
163 Vgl. ebd., S. 175.
164 Vgl. ebd., S. 46.
165 Bei den Kreistagswahlen im Oktober 1946 erzielten die Mössinger KPD 34,1%, die SPD 16,4%, die CDU 39,9%. (Vgl. Gertrud Döffinger/Hans-Joachim Althaus: Mössingen – Arbeiterpolitik nach 1945. Tübingen 1990, S. 153.)

akt vom 31. Januar 1933 kapriziere, dass darüber „die längst resignierte oder passive Haltung der Bevölkerungsmehrheit vergessen wird".¹⁶⁶ Das Buch erwähnt durchaus die vielen Erwerbslosen, die zur SA gingen, die Nachbarn, welche Streikteilnehmer denunzierten, die Arbeitersportler, die nach dem Verbot ihrer Vereine in gleichgeschaltete Organisationen hinüberwechselten. Das Problem ist jedoch, dass keine dieser Gruppen oder Personen aus der Nähe betrachtet wird. Hierbei spielten, wie ich begründet vermute, soziale Nähe und soziale Ferne eine Rolle: der Wunsch der interviewten „roten Mössinger", ihren braunen Kontrahenten von früher nicht zu viel Platz einzuräumen, der sich mit dem Unwillen der ForscherInnen traf, mit ihnen unsympathischen Personen biographische Interviews zu führen. Diese Distanzwahrung diente jedoch interessanterweise nicht dazu, Verurteilungen zu erleichtern. Die Tendenz war eher, die Überläufer ins nationalsozialistische Lager als verzweifelte Arbeitsuchende wahrzunehmen, die nur einen Job wollten, als Sportbegeisterte, die sich den Verein nach 1933 nicht aussuchen konnten, als nur äußerlich angepasste Teilnehmer an der nationalsozialistischen Maikundgebung, die nicht „aus innerer Überzeugung" handelten.¹⁶⁷ Der überzeugte Arbeiternazi kommt im Mössingenbuch nicht vor.

Nun mag es sein, dass dieser Typus in der untersuchten Gemeinde zwar vorhanden, aber selten war. In der gesamten deutschen Arbeiterschaft war er das nicht. Jedoch dauerte es einige Zeit, bis sich die alltagsorientierte Arbeiterforschung häufiger und ausführlicher mit angepassten oder gar mit faschistischen Teilen der Arbeiterschaft beschäftigte. Zu den Alltagshistorikern, die sich früh dieser Thematik stellten, gehörten Alf Lüdtke,¹⁶⁸ Detlef Peukert,¹⁶⁹

---

166 Tenfelde 1985, S. 800; siehe auch Ders. 1984, S. 389.
167 Vgl. Althaus u.a. 1982, S. 145, S. 187, S. 189.
168 Vgl. Alf Lüdtke: Faschismus-Potentiale und faschistische Herrschaft oder Theorie-Defizite und antifaschistische Strategie. In: Hans-Georg Backhaus u.a.: Gesellschaft. Beiträge zur Marxschen Theorie 6. Frankfurt/M. 1976, S. 194–241.
169 Vgl. Detlev Peukert: Volksgenossen und Gemeinschaftsfremde. Anpassung, Ausmerze und Aufbegehren unter dem Nationalsozialismus. Köln 1982.

Lutz Niethammer[170] und Michael Zimmermann.[171] Man wies nun auf die Mehrheit der Arbeiterschaft hin, die unter dem nationalsozialistischen Regime unauffällig geblieben sei und sich apathisch bis resigniert ins Private und die im NS erblühende Massenkultur zurückgezogen habe;[172] man konstatierte ein „Einsickern der nationalsozialistischen Politik auch in die Arbeitermilieus",[173] eine erhebliche Arbeiterbewunderung für Hitler[174] und die nationalsozialistische Außenpolitik[175] sowie eine „stillschweigende, manchmal auch billigende Hinnahme von Zwang und Terror gegen Regimegegner und aus rassistischen Gründen Verfolgte"[176] auch in der Arbeiterschaft. Als Grün-

---

170 Lutz Niethammer: Heimat und Front. Versuch, zehn Kriegserinnerungen aus der Arbeiterklasse des Ruhrgebietes zu verstehen. In: Ders. (Hg.): „Die Jahre weiß man nicht, wo man die heute hinsetzen soll". Faschismuserfahrungen im Ruhrgebiet. Lebensgeschichte und Sozialkultur im Ruhrgebiet 1930 bis 1960, Bd. 1. Berlin, Bonn 1983, S. 163–232.
171 Michael Zimmermann: Ausbruchshoffnungen. Junge Bergleute in den dreißiger Jahren. In: Niethammer (Hg.) 1983, S. 97–132.
172 Vgl. z.B. Michael Schneider: Unterm Hakenkreuz. Arbeiter und Arbeiterbewegung 1933 bis 1939. Bonn 1999, S. 760, S. 1086.
173 Vgl. Kaschuba 1990, S. 47.
174 Vgl. Schneider 1999, S. 755.
175 Vgl. ebd.; siehe auch Gerd R. Ueberschär: Für ein anderes Deutschland. Der deutsche Widerstand gegen den NS-Staat 1933–1945. Frankfurt/M. 2005, S. 89. – Über nationalistische Dispositionen von Arbeitern auch Ulrich Herbert: Arbeiterschaft im ‚Dritten Reich'. Zwischenbilanz und offene Fragen. In: Geschichte und Gesellschaft, 15. Jg. 1989, S. 320–360. Zum Verhalten von Arbeitern in Militärdienst bzw. Krieg siehe neben Niethammer 1983 auch Hans Joachim Schröder: Kasernenzeit. Arbeiter erzählen von der Militärausbildung im Dritten Reich. Frankfurt, New York 1985; vgl. zudem die Überlegungen in Lüdtke 1993, S. 406–410.
176 Schneider 1999, S. 17f. – Zum Umgang der deutschen Arbeiterschaft mit ausländischen Zwangsarbeitern resümiert Ulrich Herbert: „Kennzeichnend für die Haltung der deutschen Arbeiter wie generell der Deutschen gegenüber Ausländern waren insgesamt (…) weder Hilfsbereitschaft noch aktive Beteiligung an Mißhandlungen, sondern eher Desinteresse und eine Art gleichgültiger Selbstverständlichkeit, und zwar umso mehr, je länger der Krieg dauerte und je größer die eigenen Sorgen der Deutschen wurden" (Herbert 1989, S. 352). Francis L. Carsten geht ebenfalls von einer mehrheitlichen Indifferenz gegenüber Zwangsarbeitern aus, weist jedoch auch auf die vielen Fälle hin, in denen deutsche Arbeiter und

de für partiell positive Einstellungen zum NS-Regime wurden dabei zumeist „Verführung" durch soziale Versprechungen und „Bestechung" durch reale Veränderungen wie z.b. mehr Arbeitsplätze, einen höheren Konsumstandard und attraktive Freizeitangebote angeführt.[177] Eher vereinzelt wurde auf Affinitäten von proletarischer und faschistischer Kultur hingewiesen: Michael Zimmermann sah im Machismo junger Bergarbeiter eine Brücke zum faschistischen Kriegerideal,[178] Wolfgang Kaschuba sprach, auf Arbeiterbauern bezogen, von „undemokratischen Traditionen und Mentalitäten (…) – Hang zu sozialer Kontrolle, zu bäuerlich-hierarchischem Statusdenken, zu moralischem Rigorismus",[179] die eine Brücke zum NS-Ordnung hergestellt hätten.

Durch diese Blickschärfung wurde jedoch das Bild einer weitgehend NS-resistenten nicht durch das einer neutralisierten bis mitläuferischen Arbeiterschaft ersetzt. Zwar kamen alltagshistorische Studien der 1990er Jahre ebenfalls zu dem Schluss, dass „in einzelnen sozialistischen (und katholischen) Milieukernen ein hohes Maß an Nonkonformität, oppositioneller Gesinnung und punktueller Verweigerung erhalten blieb",[180] und betonten, dass „der verbliebene ‚Handlungsraum' von einer in die Hunderttausende gehenden Zahl von Arbeitern und Arbeiterinnen ebenso einfallsreich wie mutig genutzt (wurde), ihren ‚Dissens' zu äußern".[181] Allerdings wurde nun energischer als

---

vor allem Arbeiterinnen diesen hilfreich zur Seite gesprungen seien. (Vgl. Francis L. Carsten: Widerstand gegen Hitler. Die deutschen Arbeiter und die Nazis. Frankfurt/M., Leipzig 1996, S. 239f.) Relativ gering sind die Kenntnisse über das Verhältnis der Arbeiterschaft zur nationalsozialistischen Judenverfolgung. (Vgl. Mason 1995, S. 252 und S. 258.) Michael Schneider spricht von einer verbreiteten Ablehnung „wilder Aktionen" gegen die Juden, nicht jedoch der Rassengesetzgebung. (Vgl. Schneider 1999, S. 732.)
177 Vgl. Kaschuba 1990, S. 47–50.
178 Vgl. Zimmermann 1983, S. 127–129.
179 Kaschuba 1990, S. 47f.
180 Schmiechen-Ackermann 1996, S. 712.
181 Schneider 1999, S. 1089. Siehe auch die Lokalstudien von Philipp Koch/Joachim Meynert: Ein Volk, ein Reich, ein Führer? Opportunismus und Widerstand proletarischer Milieus im Raum Minden 1933–1945. Bielefeld 1998, sowie von Ludwig Eiber: Arbeiter und Arbeiterbewegung in der Hansestadt Hamburg in den Jahren

früher davor gewarnt, einzelne Unbotmäßigkeiten (vom frechen Spruch über „NS-Bonzen" bis hin zu Bummelei bei der Fabrikarbeit) als kleine Münze einer durch den NS-Terror verhinderten großen Widerstands- und Umsturzbemühung zu bewerten, und auf das häufige Nebeneinander von Dissens und Konsens hingewiesen. Ian Kershaw schrieb 1985 über das NS-Verhältnis der deutschen Bevölkerung allgemein: „Das Ausmaß von Dissens ist vielfach frappierend, aber seine Vereinbarkeit mit einer grundsätzlichen Übereinstimmung mit den Hauptlinien der NS-Politik ist noch frappierender."[182] Ähnliches wurde nun für die Arbeiterschaft herausgearbeitet. Alf Lüdtke betonte, dass auch hier oft Momente politischer Widerständigkeit, individuellen Eigensinns, notgedrungener Akzeptanz und freudiger Bejahung sich verbanden oder abwechselten.[183] Michael Schneider spricht in Anlehnung an Lüdtke von einer potentiellen „Gemengelage" bei ein und derselben Person, „in der überzeugte Mitarbeit, Verführung, Anpassung und Integration einerseits sowie die Bewahrung eigener Wertmaßstäbe und eines selbstbestimmten Lebens andererseits nebeneinander und miteinander verflochten bestanden".[184]

Schneider, der die bisher umfangreichste Untersuchung über die deutsche Arbeiterschaft in den Jahren 1933 bis 1939 vorgelegt hat, erklärt es denn auch für unmöglich, das „Gewicht" ihrer NS-Zustimmung oder -Ablehnung genau zu messen, und bescheidet sich bei dem Resümee, dass die „Grautöne" überwogen hätten und sich die Haltung der Arbeitermehrheit wohl am besten als „widerwillige Loyalität" bezeichnen lasse.[185] Wo sich Kritik oder Widersetzlichkeit bemerkbar machte, hatte das Schneider zufolge meist mit der realen oder vermeintlichen Verschlechterung der eigenen ökonomischen Situation zu tun.[186] Diese aber ist zweifellos ein beschränkter Maßstab: Einerseits

---

    1929 bis 1939. Werftarbeiter, Hafenarbeiter und Seeleute: Konformität, Opposition, Widerstand. Frankfurt/M. usw. 2000.
182 Kershaw 1985, S. 793.
183 Vgl. Alf Lüdtke: Wo blieb die „rote Glut"? Arbeitererfahrungen und deutscher Faschismus. In: Ders. (Hg.): Alltagsgeschichte. Zur Rekonstruktion historischer Erfahrungen und Lebensweisen. Frankfurt/M., New York 1989, S. 224–282.
184 Schneider 1999, S. 15.
185 Vgl. ebd., S. 763f.
186 Vgl. ebd., S. 1082.

impliziert er nicht den Kampf gegen die diktatorische Entziehung politischer Rechte und Freiheiten, andererseits schließt er den Versuch nicht aus, die eigene Position durch systemkonforme Machenschaften zu stärken: durch die Denunziation des tatsächlich oder angeblich NS-kritischen Chefs,[187] durch das Ausspielen der neu gewonnenen deutschen Herrenrechte gegenüber ausländischen ArbeiterInnen,[188] durch das Bemühen, bei der Ausplünderung besetzter Länder ebenfalls seinen Schnitt zu machen.[189]

So lückenhaft sie sein mögen, enthalten die Ergebnisse der alltagsbezogenen Forschung zur Arbeiterschaft im Nationalsozialismus doch mehrere nützliche Hinweise. Vor allem zwei zwiespältige Botschaften, die für die Erforschung unterschichtlicher Widerständigkeit von genereller Bedeutung sind, seien hier nochmals unterstrichen. Zum einen zeigen auch die neueren Untersuchungen, dass der NS in der Arbeiterschaft einen entschlosseneren Gegner fand als im Bürgertum, das sich damals weder als Hüter der Demokratie noch der Zivilisation bewies; zum andern bestätigen sie, dass entschlossener und eindeutiger Widerstand hier ebenfalls nur die Sache einer Minderheit war. Zum andern hat die alltagshistorische Mikroperspektive vor allem in den lange Zeit sozialistisch geprägten sowie in den katholischen Arbeitermilieus eine große Bandbreite aktiver und passiver Resistenz zutage gefördert. Gleichzeitig wurde die Bedeutung dieser alltäglichen Widerständigkeit deutlich relativiert: Schließlich waren diese oppositionellen Manifestationen zu keiner Zeit imstande, den Weiterbestand des NS-Regimes zu gefährden, den Krieg zu verhindern und die Judenvernichtung aufzuhalten. Dennoch sind ihre Effekte keine quantité négligeable – sowohl was die Begrenzung der Produktions- und später der Kampfeffizienz durch mangelnden Fanatismus,

---

187 Vgl. Gisela Diewald-Kerkmann: Politische Denunziation im NS-Regime – oder Die kleine Macht der „Volksgenossen". Bonn 1995.
188 Vgl. Ulrich Herbert: Apartheid nebenan. Erinnerungen an die Fremdarbeiter im Ruhrgebiet. In: Lutz Niethammer (Hg.): „Die Jahre weiß man nicht, wo man die heute hinsetzen soll". Faschismuserfahrungen im Ruhrgebiet. Lebensgeschichte und Sozialkultur im Ruhrgebiet 1930 bis 1960, Bd. 1. Berlin, Bonn 1983, S. 233–266.
189 Vgl. Götz Aly: Hitlers Volksstaat. Raub, Rassenkrieg und nationaler Sozialismus. Frankfurt/M. 2005, v.a. S. 114–139.

durch stumme Verweigerung und „zersetzende" Mund-zu-Mund-Propaganda als auch was lebenserleichternde, manchmal lebensrettende Hilfestellungen für „Gemeinschaftsfremde" wie jüdische Mitbürger, Zwangsarbeiter oder Kriegsgefangene angeht. Und nicht zuletzt, wir sahen es am Mössingen-Beispiel, erzeugten auch ohnmächtige Gesten des Nichteinverständnisses ein moralisches Kapital, das nach Zusammenbruch und Befreiung seine Wirkung tun konnte.

POPULARER EIGENSINN IN DER MODERNEN ARBEITSWELT

Gegenkultur in der Fabrik

Zur Diskussion um den Arbeiterwiderstand im deutschen Faschismus gehört auch die Frage, inwiefern die häufigen Berichte über Leistungsverweigerung in den Betrieben als Belege für einen verbreiteten politischen Dissens genommen werden können. Die Bewertungen sind hierbei unterschiedlich: Einige Autoren möchten solche innerbetrieblichen Konflikte in der Regel nicht als Auflehnung gegen die NS-Herrschaft werten,[190] andere sehen einen gleitenden Übergang zwischen antifaschistischem „Gesinnungswiderstand" und der Reaktion auf Überbelastung oder veränderte Arbeitsanforderungen.[191] Richtig ist auf alle Fälle, dass mehr oder weniger massive Verstöße gegen Arbeitsdisziplin zum industriegesellschaftlichen Alltag gehörten. Wenngleich es natürlich schwer ist, dieses meist verdeckte Zuwiderhandeln zu quantifizieren, und die Forschung sich relativ wenig mit diesem Themenfeld befasst hat, so lässt sich doch mit ziemlicher Sicherheit feststellen, dass der Kleinkrieg gegen die Arbeits-, Lohn- und Eigentumsverhältnisse, den wir für die vormoderne

---

190 So z.B. Herbert 1989, S. 342.
191 So z.B. Martin Broszat: Einführung. In: Ders./Elke Fröhlich/Falk Wiesemann (Hg.): Bayern in der NS-Zeit. Soziale Lage und politisches Verhalten der Bevölkerung im Spiegel vertraulicher Berichte. Teil II: Lage der Arbeiterschaft, Arbeiteropposition, Aktivität und Verfolgung der illegalen Arbeiterbewegung 1933–1945. München, Wien 1977, S. 193–206; hier S. 201. Ähnlich auch Tenfelde für die Verhältnisse in Penzberg/Oberbayern. (Vgl. Tenfelde 1981, S. 335.)

Arbeitswelt registriert haben, durch die legale oder zumindest die organisierte Interessenvertretung in modernen Industriegesellschaften keineswegs abgelöst oder auch nur zu einer vernachlässigbaren Größe wurde.

Lothar Machtans Untersuchung „Zum Innenleben deutscher Fabriken im 19. Jahrhundert" zeigt, dass sich mit gutem Recht von einer industriellen „Metamorphose des Holzfrevels" sprechen lässt. Bergleute nahmen bei Arbeitsschluss Grubenholz und Kohlebrocken nachhause, was ihnen „keineswegs als Unrechtshandlung" galt.[192] Textilarbeiter ließen Wolle, Stoffe, Öl, Seife aus der Fabrik mitgehen, wozu es eingeführte Bezeichnungen wie „Metzen" oder „Paschen" gab. Metallarbeiter klauten Eisenteile und Werkzeug – und sie „pfuschten", d.h. sie fertigten in Arbeitspausen mit Fabrikwerkzeug und Materialien Gebrauchsgegenstände für daheim.[193] Bei Hamburger Hafenarbeitern, so fand Michael Grüttner für die Jahre 1888 bis 1923, war es durchaus üblich, sich einen Teil seiner Lebensmittel über Warendiebstahl am Arbeitsplatz zu beschaffen. Die Gewerkschaften lehnten diese Praktiken zwar ab, doch die Diebe kamen durchaus auch aus ihrer Mitgliedschaft und nicht bloß aus dem so genannten „Lumpenproletariat".[194]

---

192 Vgl. Lothar Machtan: Zum Innenleben deutscher Fabriken im 19. Jahrhundert. Die formelle und informelle Verfassung von Industriebetrieben, anhand von Beispielen aus dem Bereich der Textil- und Maschinenbauproduktion (1869–1891). In: Archiv für Sozialgeschichte, XXI. Bd. 1981, S. 179–236; hier S. 222 und S. 219.
193 Vgl. ebd., S. 219–223.
194 Vgl. Michael Grüttner: Unterklassenkriminalität und Arbeiterbewegung. Güterberaubungen im Hamburger Hafen 1888–1923. In: Heinz Reif (Hg.): Räuber, Volk und Obrigkeit. Studien zur Geschichte der Kriminalität in Deutschland seit dem 18. Jahrhundert. Frankfurt/M. 1984(a), S. 153–184. Siehe auch Ders.: Arbeiterkultur versus Arbeiterbewegungskultur. Überlegungen am Beispiel der Hamburger Hafenarbeiter 1888–1933. In: Albrecht Lehmann (Hg.): Studien zur Arbeiterkultur. Münster 1984(b), S. 244–282.

Unterlaufene Fabrikdisziplin in einer Illustration aus den 1860er Jahren: Ein Arbeiter lenkt den Pförtner ab, während der andere die Registriernummer eines schwänzenden Kollegen in den Sammelkasten wirft.

In Ausbreitung und vor allem Wirkung weit bedeutsamer als die „(Rück-) Aneignung von Subsistenzmitteln" (Machtan) waren freilich Taktiken der „Rückaneignung von Zeit". E. P. Thompson hat für Großbritannien beschrieben, wie lange es brauchte, bis überhaupt die Grundprinzipien industriekapitalistischer Zeitdisziplin befolgt und pünktliches Kommen und Gehen zur Regel wurden. Doch sein Befund, dass die Arbeiter dann „nicht mehr gegen, sondern um die Zeit" kämpften,[195] kann nicht so verstanden werden, dass später nur noch ein gewerkschaftlicher Kampf um Arbeitszeitverkürzung stattgefunden hätte. Horst Steffen hat dargestellt, wie sich Bergleute in der zweiten Hälfte des 19. Jahrhunderts gegen die zunehmende Normierung von Arbeitszeit und Arbeitsvorgängen wehrten: Der Bergmann jener Zeit, so resümiert er, „war findig in der Suche nach Nischen und Freiräumen, hartnäckig in der Verteidigung von Gewohnheiten, disziplinlos im Umgang mit Vorschriften".[196] Alf Lüdtke stellt das Wettrennen zwischen immer detaillierteren Reglements zur Sicherung des „Durcharbeitens" und immer neuen Methoden der unerlaubten Arbeitsunterbrechung und -verkürzung in der Fabrikproduktion dar.[197] Gestützt unter anderem auf die zeitgenössische Feldforschungsstudie von Paul Göhre[198] führt er die vielfältigen Tricks auf, mit denen die Arbeiter auf Eigenzeitgewinn spielten: „Zuspätkommen, Säubern und Aufräumen des Arbeitsplatzes vor Ende der offiziellen Arbeitszeit, ausgedehnte und wiederholte Klogänge, Essen und Trinken außerhalb der offiziellen Pausen, Gespräche und vor allem Körperkontakte (,Necken', ,Anpflaumen') während der Arbeit."[199] Als nach 1900 die Fließfertigung in vielen Fabriken Einzug hielt, wurde das illegale Pausieren schwieriger. Doch überall dort, wo nicht für Stücklohn gearbeitet wurde, blieben der „Bummelstreik", die informelle Verabredung zum Unterlaufen der Tempovorgaben oder der sabotierende technische Eingriff, der das Band zumindest für kurze Zeit zum Stehen brachte.[200]

---

195 Vgl. Edward P. Thompson: Zeit, Arbeitszeit und Industriekapitalismus. In: Ders. 1980(b), S. 34–66; hier S. 54.
196 Horst Steffen: Arbeitstag, Arbeitszumutungen und Widerstand. Bergmännische Arbeitserfahrungen an der Saar in der zweiten Hälfte des 19. Jahrhunderts. In: Archiv für Sozialgeschichte, XXI. Bd. 1981, S. 1–54; hier S. 54.
197 Vgl. Alf Lüdtke: Arbeitsbeginn, Arbeitspausen, Arbeitsende. Skizzen zu Bedürfnisbefriedigung und Industriearbeit im 19. und 20. Jahrhundert. In: Gerhard Huck (Hg.): Sozialgeschichte der Freizeit. Untersuchungen zum Wandel der Alltagskultur in Deutschland. Wuppertal 1980, S. 95–122.
198 Vgl. Paul Göhre: Drei Monate Fabrikarbeiter und Handwerksbursche. Eine praktische Studie. Leipzig 1891.
199 Lüdtke 1984, S. 340.
200 Den Ausgangspunkt von Taylors epochemachender Studie „The Principles of Scientific Management" (1911) bildete die (zwischen illusionsloser Diagnose und

Aus der Kontinuität der Klagen über Drückebergerei und Bummelei von Industriearbeitern sowie der Kontrollmaßnahmen, die Zeitdisziplin und Arbeitsfluss garantieren sollten, lässt sich schließen, dass verdeckte Arbeitsverweigerung das ganze 20. Jahrhundert über eine relevante Größe bleibt. Dies übrigens nicht nur in kapitalistischen Gesellschaften, sondern auch im „realen Sozialismus". Was der jugoslawische Schriftsteller und Politiker Milovan Djilas 1957 in seinem Buch „Die neue Klasse" behauptete, war nicht nur eine Dissidentenmeinung: „Die langsame, unproduktive Arbeit von desinteressierten Millionen, zusammen mit der Verhinderung aller Arbeit, die nicht als ‚sozialistisch‘ angesehen wird, selbst wenn sie keine kapitalistische Ausbeutung bedeutet, stellt eine unberechenbare, unsichtbare und die gigantischste Vergeudung dar, die kein kommunistisches Regime vermeiden konnte."[201]

Bei illegalen Pausen, bei heimlichem Bummelstreik geht es nun aber nicht nur um den Schaden für die Betriebe und die Volkswirtschaft, den Arbeitszurückhaltung anrichtet, und nicht nur um den praktischen Nutzen, den sie für die Arbeitenden oder besser Nicht-immer-Arbeitenden bedeuten kann, insofern sie z.B. die Verausgabung von Arbeitskraft mindert. Die Verweigerungen haben auch eine kulturale Dimension. Am prägnantesten hat das Alf Lüdtke herausgearbeitet – einer der wenigen historischen Anthropologen in Deutschland, die Arbeiteralltagskultur innerhalb der Fabrik aufgesucht haben. Lüdtke fragt danach, was in die illegalen Freiräume einschießt, die sich

---

    eigenwerbender Zuspitzung anzusiedelnde) Behauptung: „Das stillschweigende oder offene Übereinkommen der Arbeiter, sich um die Arbeit zu drücken, d.h. absichtlich so langsam zu arbeiten, daß ja nicht eine wirklich ehrliche Tagesleistung zustande kommt (‚soldiering‘ nennt es der Amerikaner, ‚hanging it out‘ der Engländer, ‚ca canae‘ der Schotte), ist in industriellen Unternehmungen fast allgemein gang und gäbe und besonders im Bauhandwerk recht üblich. Ich glaube mit der Behauptung, daß dieses ‚Sich um die Arbeit-Drücken‘, wie es bei uns meistens genannt wird, das größte Übel darstelle, an dem gegenwärtig die arbeitende Bevölkerung in Amerika und England krankt, keinen Widerspruch fürchten zu müssen" (Frederick W. Taylor: Die Grundsätze wissenschaftlicher Betriebsführung. Weinheim, Basel 1977, S. 12).
201 Milovan Djilas: Die neue Klasse. Eine Analyse des kommunistischen Systems. München 1957, S. 167.

die Industriearbeiter verschafften, und sucht dies mit Georges Batailles Begriff der „dépense", der „Verausgabung", zu fassen. „Their chatting with each other, their walking around, the repeated horseplay – these were illegal breaks. (...) Resistance to the foreman or boss could be and was practiced during these intervals. But simultaneously, even more intensely, these moments involved taking distance, not only from domination at the work place but also from fighting or resisting the imposed and experienced restrictions of one's own needs and interests – a kind of immediate joyful *dépense*, taken without any calculation of ‚effects' or ‚outcomes'."[202] Lüdtke exemplifiziert diese Überlegungen an einem unscheinbaren Beispiel, das er bei Paul Göhre gefunden hat: dem „Bartwichsen", einer die Arbeit unterbrechenden Neckerei, bei der Arbeiter einem Kollegen mit dreckigen und verölten Händen den Schnurrbart auseinander streichen. Doch Lüdtkes Befund hat Bedeutung über solche Spielchen sowie über die Thematik der illegalen Arbeitspausen hinaus. Die kulturale Dimension, auf die er aufmerksam macht, ist ohne Zweifel ein Bestandteil aller Widerstands- und Protesthandlungen: Sie alle sind nicht nur funktionale, auf ein bestimmtes Ziel wie weniger Arbeitszeit oder mehr Lohn orientierte Handlungen, sondern enthalten Momente des Selbstausdrucks

---

202 Alf Lüdtke: Organizational Order or Eigensinn? Worker's Privacy and Worker's Politics in Imperial Germany. In: Sean Wilentz (Hg.): Rites of Power: Symbolism, Ritual, and Politics Since the Middle Ages. Philadelphia 1985, S. 303–333; hier S. 311. Zum Begriff der „Verausgabung" vgl. Georges Bataille: Der Begriff der Verausgabung. In: Ders.: Das theoretische Werk. München 1975, Bd. 1, S. 9–31. – Lüdtkes Darlegungen sind als Antwort auf die Kritik Detlev Peukerts an einem früheren Lüdtke-Aufsatz zu verstehen. In dieser hieß es: „Was (...) kann eine Glorifizierung des Austretens während der Arbeitszeit oder des ‚Bartwichsens' als eine Art ‚alltagspolitischer' Widerstand an Erkenntnis zuwege bringen, außer jener, zu signalisieren, daß dem zeitlich, sozial und räumlich entfernten Forscher dies aus der Distanz irgendwie sympathisch vorkommt?" (Detlev Peukert: Glanz und Elend der Bartwichserei. Eine Replik auf Alf Lüdtke. In: Das Argument, H. 140, 25. Jg. 1983, S. 542–549; hier S. 543). Vgl. auch Alf Lüdtke: „Kolonisierung der Lebenswelten" – oder Geschichte als Einbahnstraße? Zu Peukerts „Arbeiter-Alltag – Mode oder Methode?" In: Ebd., S. 536–541. (Vgl. auch Detlev Peukert: Arbeiter-Alltag – Mode oder Methode? In: Heiko Haumann (Hg.): Arbeiteralltag in Stadt und Land. Neue Wege der Geschichtsschreibung. Berlin 1982, S. 8–39.)

und des Selbstgenusses, eines „Kraftgefühls", das sich nicht nur auf Durchsetzungsfähigkeit bezieht, sondern auch das freie Spiel, das selbstzweckhafte Sich-Verausgaben meint.

Der populare Eigensinn, der sich in Widersetzlichkeiten wie selbstgenehmigten Arbeitspausen äußert, enthält demnach genauer besehen gleich mehrere Dimensionen. Die erste ist durch ihr Gegenüber bestimmt: Sie ist die eigensinnige Negation eines fremden Willens. Die zweite besteht in der eigenen geistigen und körperlichen Aktivität, die sich an die Stelle der fremdbestimmten setzt; für sie lässt sich das Paradox formulieren, dass sie gerade ob ihrer Selbstzweckhaftigkeit folgenreich sein kann: „By (inter-)acting and expressing themselves on their own terms, workers could keep at a distance the constraints of the factory as well as those of the daily struggle for survival before and after work; in this way, capacities for individual or collective action could be developed."[203] Eine dritte Dimension kommt dann ins Spiel, wenn diese Eigenaktivität sich aus Werten und Verhaltensweisen einer Gruppen- oder Klassenkultur speist, die sich von der hegemonialen Kultur absetzt. Diese Gegenkultur muss keineswegs emanzipativen Charakter haben. Im Fall des Bartwichsens handelt es sich z.B. um die Betätigung und Bestätigung von grober und agonaler Männlichkeit. Man muss nicht der worst-case-Unterstellung von Detlev Peukert folgen, dass sich hier nichts anderes als „Männlichkeitswahn" ausdrücke, „eine Hack- und Pick-Ordnung, der die Schwachen unterliegen, ‚gesundes Volksempfinden', das durch formalistische und rationalistische Interventionen des Rechtssystems nur mühsam von der Selbstjustiz abgehalten wird"; aber Peukerts allgemeiner These, dass proletarische Kultur von „Aggressivität, Machismo, Betonung der körperlichen Überlegenheit gegenüber dem Schwachen oder Fremden" durchzogen sei, ist natürlich ebenso zuzustimmen wie seiner Folgerung „Das Humanisierungspotential liegt nicht nur auf Seiten der ‚Volkskultur'."[204] Es gilt demnach festzuhalten: Man kann Widerstandsakte von ihren inhaltlichen Forderungen her (etwa: Arbeitserleichterung) als berechtigt anerkennen und zugleich in ihnen ausgedrückte Kulturmuster infrage stellen.

---

203 Lüdtke 1985, S. 312.
204 Peukert 1983, S. 547.

Nimmt die „Boshaftigkeit" der Arbeiter ab?

Die deutschsprachige Forschung zur Arbeiterkultur des späten 20. Jahrhunderts hat Lüdtkes Überlegungen zu früheren Formen proletarischer Gegenkultur am Arbeitsplatz keine aktuelleren Studien hinzugefügt. Anders die US-amerikanische und die britische Kulturanthropologie, wo sich in den 1970er und 1980er Jahren eine ganze Reihe von Arbeiten der „workplace sabotage" widmete. Gerald Mars zeigt in einer Feldforschungsstudie über kanadische Hafenarbeiter das Weiterbestehen eines kollektiv unternommenen oder zumindest kollektiv gedeckten „Güterklaus" auf, wie ihn Grüttner für das kaiserzeitliche Hamburg beschrieben hatte.[205] Einige kleinere ethnographische Untersuchungen berichten u.a. aus der Bau-, der Auto-, der Chemie-, der Lebensmittelbranche über Praktiken individuellen und gemeinsamen „Zeitklaus", verdeckte Obstruktion und mutwilliges Schrottmachen.[206] Diese Studien betonen wie Lüdtke die kulturelle Dimension dieses Handelns: Sie suchen zu zeigen, dass es beim Verlangsamen und Unterbrechen der Arbeit nicht zuletzt um symbolische Effekte, bei willkürlichen Pausen also nicht immer um Arbeitserleichterung, sondern auch um Autonomie, um das momentane Zurückgewinnen von Situationskontrolle gehe. In einem zeitgleich mit Alf Lüdtkes Aufsatz „Organizational Order or Eigensinn?" erschienenen Aufsatz „Breaking the Purity Rule" beschreibt Steve Linstead Praktiken der

---

205 Gerald Mars: An anthropological study of longshoremen and of industrial relations in the port of St. John's, Newfoundland, Canada. PhD Thesis, University of London 1972.
206 Vgl. Bill Watson: Counter-Planning on the Shop Floor. In: Radical America, 5. Jg. 1971, H. 3, S. 77–85; Dodee Fennell: Beneath the Surface: The Life of a Factory. In: Radical America, 10. Jg. 1976, H. 5, S. 21–41; Paul K. Edwards/Hugh Scullion: The Social Organization of Industrial Conflict: Control and Resistance in the Workplace. Oxford 1982; Shoshana Zuboff: In the Age of the Smart Machine. The Future of Work and Power. London 1988. Siehe auch Gerald Mars (Hg.): Workplace Sabotage. Aldershot usw. 2001, und hierin insbesondere die Reprints zweier anthropologischer Studien: Steve Linstead: Breaking the „purity rule": Industrial Sabotage and the Symbolic Process (zuerst 1985), S. 47–54, und John M. Jermier: Sabotage at Work. The Rational View (zuerst 1988), S. 57–88.

„sabotage as fun", die der 1895 von Göhre geschilderten Bartwichserei verblüffend ähnlich sind: Arbeitswerkzeuge und Arbeitsmaterial werden zu Spielsachen, der disziplinierte Arbeitskörper gewinnt in kleinen Wettkämpfen, in sexuellen, komischen, „männlichen" Gesten seine Expressivität zurück.[207] „These games (...) were creating another bracketed-off world where the physical values of the organisation could be reversed and resisted, an alternative symbolic order which permitted waste, flair and physical expression. This rendered the sabotage both meaningful *and* exhilarating, beyond the effect of the act itself."[208] Offen bleibt bedauerlicher- und erklärlicherweise auch in der angelsächsischen Forschung,[209] wie verbreitet die in den untersuchten Betrieben vorgefundenen Widersetzlichkeiten insgesamt sind und wie sie sich auf einzelne Branchen verteilen.[210]

Die eben zitierten Studien stammen aus den 1980er Jahren, und die objektiven und subjektiven Voraussetzungen für die kleine Sabotage am Arbeitsplatz haben sich seither weiter verändert. Der Einsatz neuer Informa-

---

207 Vgl. Linstead 2001, S. 51f. Linstead kommt dabei auch auf Schmutzspiele wie die von Lüdtke behandelte „Bartwichserei" zu sprechen. Er interpretiert diese als Obstruktion gegen die von Mary Douglas so genannte „Purity Rule" (vgl. Mary Douglas: Natural Symbols: Explorations in Cosmology. Harmondsworth 1978, S. 100f.).
208 Linstead 2001, S. 53. – Zur „Spielkultur" in selbst genommenen Arbeitspausen vgl. auch Watson 1971 sowie Clark Molstad: Choosing and Coping with Boring Work. In: Urban Life, 15. Jg. 1986, H. 2, S. 215–236.
209 Vgl. Mars 2001, S. XIf. Er äußert freilich die Überzeugung: „Yet sabotage is latent in any organization and its threat is always a potent, if unspoken, factor in the balance of work place power" (ebd., S. XI). Dass die Forschung zu diesem Thema gleichwohl gering ist, schreibt Mars u.a. einer nur an repräsentativen Ergebnissen interessierten Haltung zu, die bis zum Extrem „If you can't measure it, it doesn't exist" gehe. (Vgl. ebd., S. XII.)
210 Gerald Mars hat zwar eine Typologie vorgelegt, in der er verschiedene Arbeitsformen (u.a. unterschiedliche Formalisierungsgrade und Kooperationsweisen) mit verschiedenen Methoden des „fiddling" korreliert, entwickelt diese jedoch an empirischen Beispielen, die keinen Anspruch auf Repräsentativität erheben. (Vgl. Gerald Mars: Cheats at Work: An Anthropology of Workplace Crime. London usw. 1982.)

tions- und Kommunikationstechnik macht Dauer und Kontinuität der Arbeitsleistung in vielen Fällen leichter abprüfbar; wo die Abläufe selbst nicht kontrolliert werden können, werden Termine gesetzt und ökonomische Kennziffern vereinbart, die erfüllt werden müssen. An die Stelle des Taylorismus ist mehr und mehr die Kontextsteuerung getreten, die in der Regel über Lohnsysteme vermittelt ist. Zudem hat sich die Belegschaftskultur gewandelt: Die Kollektivstrukturen, welche der individuellen Resistenz am Arbeitsplatz Schutz boten, ja gemeinsame Obstruktion ermöglichten, sind vielerorts erodiert. Stéphane Beaud und Michel Pialoux haben einen solchen Wandel in ihrer sozioethnographischen Studie „Die verlorene Zukunft der Arbeiter"[211] dargestellt – bezogen auf eine französische Automobilfabrik, aber der Tendenz nach sicherlich nicht nur für diese zutreffend. Sie schildern das Unverständnis vieler jüngerer Arbeiter für ältere Kollegen, welche „ihre Zeit damit verbringen, ‚rumzumeckern', ‚zu saufen', und ihren Spaß daran haben, mit dem ‚Chef' Katz und Maus zu spielen, oder womöglich gar die Arbeit zu sabotieren".[212] Zumeist nur mit Zeitverträgen ausgestattet, zeigten die Jüngeren lieber, was sie können, und weigerten sich, den traditionellen Kleinkrieg gegen die unteren Meister, die Zeitnehmer, die Arbeitsplaner mitzumachen. Sie seien der Meinung, dass man mit den Arbeitsbedingungen besser klarkomme, wenn man ein Klima der „Boshaftigkeit" und des Kampfes ablehne und Formen der Beteiligung und der Kooperation anstrebe.[213] Interessant wäre zu sehen, inwieweit eine solche Leistungsbereitschaft auch nach enttäuschten Aufstiegshoffnungen oder über Entlassungserfahrungen hinweg durchgehalten wird – wie überhaupt das gesamte Problemfeld heutiger Fabrikdisziplin auf ethnographische Feld- und Feinarbeit wartet.

---

211 Stéphane Beaud/Michel Pialoux: Die verlorene Zukunft der Arbeiter. Die Peugeot-Werke von Sochaux-Montbéliard. Konstanz 2004.
212 Ebd., S. 278.
213 Vgl. ebd., S. 269–272.

Regelverletzungen im Büro

Aus Alltagserzählungen wie aus Pressemeldungen ist bekannt, dass Verstöße gegen die Arbeitsdisziplin und Übergriffe auf Firmeneigentum auch im Angestelltenbereich verbreitet sind und die Palette der Regelverletzungen äußerst vielfarbig ist. Traditionelle Praktiken wie Krankfeiern, Pausenüberdehnung, überhöhte Spesenrechnungen, Mitlaufenlassen von Büromaterial, aber auch Missachtung von Qualitätsrichtlinien werden ganz offenbar ergänzt durch unerlaubte Gebrauchsweisen der neuen IuK-Technologien: Immer wieder liest man vom Kampf der Firmenleitungen gegen privaten E-Mail-Verkehr, gegen arbeitsfernes Surfen im Internet, gegen das einsame oder gemeinsame Videospiel am Arbeitsplatz.

Es gibt allerdings nur wenige ethnographische Studien, die sich mit Ausmaß, Motiven, Stoßrichtungen und Wirkungen dieser stummen Vorteilnahmen im modernen Büro beschäftigen. Und diese zeichnen ein komplexes und zudem uneinheitliches Bild. So kommt Andreas Wittel in seiner Feldforschungsstudie über eine süddeutsche Computerfirma zu dem Ergebnis, dass Angestellte das von de Certeau als „faire de la perruque" beschriebene Verhalten, z.b. als Arbeit maskierte Nichtarbeit, zuweilen durchaus praktizierten, hebt aber darauf ab, dass diese Maske nicht nur der Vorgesetzten, sondern auch der Kollegen wegen angelegt worden sei, die auf offene Arbeitsunterbrechungen mit Spott bis Unmut reagierten.[214] Nicht sanktioniert gewesen seien dagegen Bekundungen von Arbeitsunlust, wie sie u.a. aus Uli Kutters Arbeiten zur „Bürofolklore" oder „Xeroxlore" bekannt sind. Doch während Kutter von den gedruckten und gezeichneten Spöttereien und Motzereien über Arbeit, Vorgesetzte und Kollegen etwas zu geradlinig auf die „frustrierten und wütenden Menschen am Arbeitsplatz" schließt, die hier „Dampf ablassen"[215],

---

214 Andreas Wittel: Belegschaftskultur im Schatten der Firmenideologie. Eine ethnographische Fallstudie. Berlin 1997, S. 225f.
215 Uli Kutter: Xeroxlore: Ausdrucksformen aus der Welt der Arbeit. In: Siegfried Müller (Hg.): Graffiti. Tätowierte Wände. Bielefeld 1985, S. 225–236; hier S. 228. – Vgl. Ders.: „Ich kündige". Zu einer Volkskunde der Imponderabilien. In: Zeitschrift für Volkskunde, 77. Jg. 1981, S. 243–261.

nimmt der teilnehmende Beobachter Wittel solche Äußerungen keineswegs à la lettre: „Unlustbekundungen sind (...) ein wesentliches und wirkungsvolles Mittel, um die allgemein hohe Motivationsbereitschaft nicht auf eine unangenehme Art sichtbar werden zu lassen. Es ist ein wenig wie in der Schule: Der offene Streber wird von den übrigen verachtet."[216]
Ebenfalls doppelbödig ist Wittel zufolge manche eigenmächtige Ausdehnung von Arbeitspausen: Die Angestellte, die sich „am Kaffeepott eine halbe Stunde verschwätz(t)", weil ihr ein Kollege „seine ganze Krankheitsgeschichte" erzählt, handle zwar „leicht subversiv", jedoch: „Das Zuhören dient ja dem Betriebsklima, es ist integrativ für denjenigen, der (...) längere Zeit krank war. Insofern halten sich die subversiven Anteile in deutlichen Grenzen."[217] Als ebenfalls mehrdeutig bewerten Ethnographen eine der meistgenannten Disziplinverletzungen im heutigen Büro, den privaten Gebrauch des Computers.[218] „Die Spieler im Betrieb", schreibt Hermann Bausinger über die anno 2000 in Büros grassierende „Moorhuhnjagd", „entgehen der betrieblichen Leistungsanforderung, aber nur, um sich ihren ganz persönlichen Leistungs- und Rekordanstrengungen zu überlassen."[219] Und manche dieser Anstrengungen, so lässt sich ergänzen, führen möglicherweise zu einer Kompetenzerweiterung, die der Firma letztlich wieder zugute kommen kann.

Dramatischer als diese Einschätzungen klingen die Ergebnisse einer 2005 veröffentlichten, repräsentativen Gallup-Umfrage unter deutschen Beschäf-

---

216 Wittel 1997, S. 221.
217 Ebd., S. 192. Wittel hat überdies beobachtet, dass Angestellte überdehnte Pausen durch einen späteren Arbeitsschluss ausglichen. (Vgl. ebd., S. 192.) Hier lässt sich also gar nicht von „Zeitklau", sondern nur von unautorisierter Zeiteinteilung reden.
218 Vgl. dazu Klaus Schönberger: „Ab Montag wird nicht mehr gearbeitet!" Selbstverwertung und Selbstkontrolle im Prozess der Subjektivierung von Arbeit. In: Gunther Hirschfelder/Birgit Huber (Hg.): Die Virtualisierung der Arbeit. Zur Ethnographie neuer Arbeits- und Organisationsformen. Frankfurt/M., New York 2004, S. 239–266; v.a. S. 244–254.
219 Hermann Bausinger: Vom Jagdrecht auf Moorhühner. Anmerkungen zur kulturwissenschaftlichen Medienforschung. In: Zeitschrift für Volkskunde, 97. Jg. 2001, S. 1–14; hier S. 2.

tigten: „Nur 12% der Mitarbeiter sind emotional an ihre Unternehmen gebunden, 70% machen Dienst nach Vorschrift und 18% haben bereits innerlich gekündigt."[220] Addiert man dazu Meldungen über einen hohen, angeblich zunehmenden Grad innerer Emigration und Leistungsverweigerung bei Büroangestellten[221] oder gar warnende Berichte über die USA, wonach dem dortigen Einzelhandel durch „diebisches Personal" allein im Jahr 2004 20 Mrd. Dollar verloren gegangen seien,[222] so darf man daraus schließen, dass hier ein sowohl volkswirtschaftlich relevantes als auch kulturwissenschaftlich lohnendes Themenfeld liegt. Wieweit, so wäre beispielsweise zu fragen, liegt solchen Regelverletzungen ein Gefühl oder Bewusstsein von kollektiver Unterprivilegierung, von Ausbeutung zugrunde, wo handelt es sich um von solchen Überzeugungen unbeleckte persönliche Vorteilsnahmen? Damit verbindet sich die Frage, inwiefern Unbotmäßigkeiten primär darauf abzielen, das eigene Zeit- und Geldbudget zu erhöhen, oder ob sie der Schädigung von Vorgesetzten oder generell der Sabotage an Firmenzielen dienen sollen. Hierbei interessiert dann auch, wo das Unterlaufen von Regeln und Anforderungen eine verdeckte und individuelle Angelegenheit und wo es Teil einer kollektiven, verabredeten Belegschafts- oder Abteilungskultur ist. Über die Formen, Motive und Ziele von Widersetzlichkeit hinaus sind aber auch Handlungskontexte und -folgen auf der Arbeitnehmerseite zu eruieren: Wann stehen Leistungszurückhaltung und Obstruktionsakte für mangelnde Hoffnungen auf eine legale Verbesserung der Arbeitssituation, wann gehen sie mit organisierter Interessenvertretung zusammen? Wo fördern sie tatsächlich die Lebensqualität in der Arbeitswelt und wo führen sie zu einer lose-lose-Situation, in welcher die „Boshaftigkeit" der Arbeitnehmer außer dem Betrieb auch sie selbst, z.B. ihre Fortkommenschancen und ihr Selbstwertgefühl, schädigt?

Die Feldforschungssituation, die eine Untersuchung dieses Fragenkomplexes erzeugt, ist gewiss schwierig. Sie zu meistern ist jedoch durchaus möglich[223] – und notwendig, wenn die Ethnographie sich der Analyse moderner

---

220 „Seele auf Eis", Süddeutsche Zeitung, 4.3.2005.
221 Vgl. „Klimawandel im Büro", Süddeutsche Zeitung, 29.8.2005.
222 Vgl. „Radikale Demotivation", Süddeutsche Zeitung, 16.8.2005.
223 Dieser Optimismus speist sich nicht zuletzt aus einem laufenden Forschungspro-

Gesellschaften gewachsen zeigen will, wozu es gehört, nicht nur zum Innenleben von Individuen, sondern auch zum oft noch besser gehüteten Innenleben komplexer Organisationen vorzudringen.

Wandlungen des Jugendprotests

Der Aufstand der Zeichen

Weit mehr als mit der Arbeitswelt der industriellen und postindustriellen Epoche hat sich die ethnographische Forschung mit der unterschichtlichen Lebenswelt außerhalb der Fabriktore und Bürotüren beschäftigt. Zunächst standen dabei, wie erwähnt, Aspekte der Arbeiterbewegungskultur im Vordergrund, die vielfältigen Formen der Selbstorganisation in Gewerkschaften, Genossenschaften, Parteien und Vereinen. Später weitete sich die Perspektive zunehmend auf Familienleben, Wohnweisen, Konsumgewohnheiten, auf informelle Gesellungsformen und private Freizeittätigkeiten aus. Es wurde herausgearbeitet, dass dieser Bereich der individuellen Reproduktion von Kulturkämpfen durchzogen war: von Kämpfen um die Legitimität und z.T. die Legalität unterschichtlicher Lebensformen, von Konflikten zwischen staatlichen, kirchlichen, zivilen Kontroll- und Erziehungsinstanzen und popularer Eigenmächtigkeit. Der langwierige Prozess der „Zivilisierung", sprich der Fremd- und Selbstdisziplinierung von Mentalität und Verhalten, hatte traditionelle volkskulturelle Freiräume und Freizügigkeiten vielfach verschwinden lassen. Doch die Industriegesellschaft brachte neue Entfaltungs- und Selbstbehauptungsbedürfnisse sowie Chancen für deren Durchsetzung hervor. Zum einen in Gestalt der Arbeiterbewegung, die nicht nur soziale und politische Rechte reklamierte, sondern auch eigene, der aktuellen Gestalt bürgerlicher Kultur opponierende Lebensformen, Bildungsinhalte und Unterhaltungspraxen anbot. Zum andern in den Handlungsmöglichkeiten, welche der Industriekapitalismus selbst offerierte. Man denke an die Wahl-

---

jekt, das mithilfe langfristiger teilnehmender Beobachtung Regeln und Regelverletzungen in einem großen Dienstleistungsunternehmen nachgeht.

freiheiten, welche der Geldlohn beim Kauf der dafür erhältlichen Güter und Dienste ließ, an die Verhaltensfreiheiten, welche das teilweise anonyme Großstadtleben gestattete, und an die wachsende Unterhaltungsindustrie, welche die Bedürfnisse der Massenkundschaft bis zur Gesetzesgrenze und oft darüber hinaus berücksichtigte. Die Lichtstube, der elternfreie Treffort der Dorfjugend, wurde durch das Lichtspielhaus, in dem sich nicht zuletzt Arbeitertöchter und -söhne drängten, mehr als ersetzt.

Die Frage ist freilich, was durch Siege über Filmzensoren und Kinoverbote für die kulturelle Ermächtigung der Unterschichten überhaupt und was durch eine solche Ermächtigung für die Durchsetzung sozialer Chancengleichheit gewonnen wurde. Die Diskussion über solche Fragen, d.h. über Wert und Stellenwert unterschichtlicher Selbstbehauptung in der kapitalistischen Freizeit- und Konsumkultur, wurde in den letzten Jahrzehnten weniger anhand der historischen als der Gegenwartsforschung geführt. Im Zentrum dieser Diskussion standen die einschlägige empirische und theoretische Arbeit, die seit Anfang der 1970er Jahre vom Centre for Contemporary Cultural Studies in Birmingham geleistet wurde, und von ihr beeinflusste Untersuchungen im Rahmen der international reüssierenden Disziplin „Cultural Studies". Wir werden uns im Folgenden auf die in diesem Zusammenhang entstandenen Arbeiten und die auf sie bezogenen Wortmeldungen konzentrieren und den Akzent dabei nicht auf – durchaus vorhandene – nationale Abschattierungen, sondern auf transnationale Positionen legen. Allerdings wird insbesondere auf ins Deutsche übersetzte Texte bzw. in der deutschsprachigen Ethnographie aufgegriffene Themen rekurriert werden.

Viele frühe Arbeiten des CCCS gelten Subkulturen, die vor allem von Arbeiterjugendlichen getragen wurden. Die Analysen gehen von einem grundlegenden Gesellschaftswandel in der Nachkriegszeit aus. In ihrem einflussreichen Aufsatz „Working Class Youth Cultures" von 1973 beschreiben John Clarke und Tony Jefferson die Situation der 1950er Jahre als „advent of affluence": als Periode der Reallohnsteigerung und des Sozialstaatsausbaus, welche große Teile der Arbeiterschaft am wachsenden Konsumangebot teilhaben ließ. Damit einher ging Clarke/Jefferson zufolge die Zerstörung des „communal space", in dem sich die traditionelle Arbeiterkultur einst entfaltet hatte, des Arbeiterviertels mit seinen Treffmöglichkeiten. Freizeitorte lägen nun zunehmend außerhalb des eigenen Territoriums, und die Freizeitangebote selbst erhielten vergleichsweise klassenübergreifenden Charakter.[224] Allerdings sind die Forscher nicht der Ansicht, dass damit klassen- oder schichtspezifische Habitusformen sowie ein dichotomisches Gesellschaftsbewusstsein verschwunden seien. Eines der Felder, auf denen sie dieses Bewusstsein offensiv ausgedrückt finden, sind hauptsächlich von männlichen Arbeiterjugendlichen gebildete Subkulturen wie die „Yobs" der späten 1950er oder die „Mods" und die „Skins" der 1960er Jahre. In diesen Gruppen sieht man Widerstand nicht nur gegen die Elterngeneration, sondern auch gegen die dominante bürgerliche Kultur repräsentiert. Es gehe hier um „klassenspezifische Probleme, die generationsspezifisch erfahren werden",[225] schrieb Rolf Lindner 1979 in einer deutschen Edition von CCCS-Texten. Den Stil der Mods – die langen Haare etwa – interpretierte man als Parodie auf die Anstandsgebote der Eltern, Lehrer und Arbeitgeber[226] sowie auf den Musik- und Kleidungsgeschmack des wohlhabenden Konsumenten.[227] Bei den Skinheads sah man eine andere, statt auf Parodie auf Imitation setzende Oppositionsstrategie: Ihre schweren Arbeitsschuhe, ihre kahlen Schädel, ihre Betonung von Männerkraft und Männergemeinschaft erschienen als Bekenntnis zur traditionellen working class culture, obwohl und weil sich diese in der Nachkriegszeit mehr und mehr aufgelöst hatte.

Die CCCS-Forscher und ihre deutschen Nachfolger waren sich durchaus bewusst, dass sich nur eine Minderheit der Unterschichtjugend in halbwegs kohärenten Subkulturen zusammenfand.[228] Man sah sie aber als „gesellschaftlichen Seismographen" an, „der anzeigt, daß etwas in Bewegung geraten

---

224 Vgl. John Clarke/Tony Jefferson: Working Class Youth Cultures (Stencilled Occasional Paper, Centre for Contemporary Cultural Studies). Birmingham 1973.
225 Lindner 1979, S. 11.
226 Vgl. Dick Hebdige: Die Bedeutung des Mod-Phänomens. In: Clarke/Honneth (Hg.) 1979, S. 158–170; hier S. 166f.
227 Vgl. Clarke/Jefferson 1973.
228 Vgl. ebd., S. 1; siehe auch Lindner 1979, S. 12, und John Clarke u.a.: Kulturen und Klasse. In: Ders./Axel Honneth (Hg.): Jugendkultur als Widerstand. Milieus, Rituale, Provokationen. Frankfurt/M. 1979, S. 39–131; hier S. 50f.

ist".[229] Und zweifellos gab die Subkulturforschung weniger einen warnenden als einen hoffnungsvollen Bewegungsmelder ab:[230] Die Aufmerksamkeit für unkonventionelle, laut und frech in den öffentlichen Raum drängende Jugendgruppen hatte auch mit der Suche der akademischen 68er-Generation nach politischen Partnern zu tun. Hinzuzufügen ist, dass diese Generation Anfang der 1970er Jahre bereits etliche politische Niederlagen erlebt und es vor allem nicht vermocht hatte, für ihre antikapitalistische Rebellion breite Massen zu mobilisieren. Kritiker der CCCS-Schule sehen in den Jugendkultur-Studien daher eine auf Trostsuche basierende Illusionsbildung: Man habe „die wütend antibourgeoise Straßenkultur" als Indiz dafür genommen, dass „der Klassenkampf noch am Leben"[231] sei – und dabei deren gesellschaftsveränderndes Potential deutlich überschätzt.

Hier müssen freilich zumindest drei Problemebenen unterschieden werden. Zum Ersten geht es um die Frage der weiteren sozialen Ausbreitung der untersuchten Subkulturen, zum Zweiten um deren Transformation zu einer kapitalismuskritischen sozialen Bewegung. Beide Entwicklungen hätten wahrscheinlich viele damalige Jugendkulturforscher begrüßt; jedoch wurden sie von ihnen in aller Regel nicht prognostiziert. Es kann also wohl von Hoffnungen, jedoch kaum von Illusionen die Rede sein. Ein anderes Problem ist es, ob die ForscherInnen den untersuchten Jugendgruppen selbst Veränderungsintentionen oder Veränderungseffekte zuschrieben, die diese in Wirklichkeit nicht besaßen. Prüft man die (britische und deutsche) Forschung der 1970er Jahre in diesem Punkt, so stößt man auf unterschiedliche Einschätzungen des Widerstandscharakters der untersuchten Subkulturen; von einer Revolutionseuphorie kann jedoch keine Rede sein. Weitgehend repräsentativ für die Jugendstudien der 1970er Jahre scheint mir vielmehr die Position, die

---

229 Rolf Lindner: Jugendkultur – stilisierte Widerstände. In: Deutsches Jugendinstitut (Hg.): Immer diese Jugend! Ein zeitgeschichtliches Mosaik. 1945 bis heute. München 1985, S. 13–24; hier S. 24.
230 Das heißt nicht, dass sie nicht zu Justiz- und Polizeizwecken nutzbar ist und genutzt wurde. Wer an der Tübinger Universität nach den CCCS-Jugendstudien der 1970er und 1980er Jahre sucht, wird in der Kriminologischen Abteilung des Juristischen Seminars öfter fündig als im Institut für Empirische Kulturwissenschaft.
231 Gitlin 1999, S. 347.

John Clarke in einem frühen Hooligan-Aufsatz formuliert: „(T)he styles of the mods and the skinheads (...), though deviant, remain ‚negotiated' and not ‚oppositional' because they operate in only one area of life: the leisure area. (...) Nevertheless we do feel that these styles offer a symbolic critique of the established order and, in so doing, represent a <u>latent</u> form of ‚non-ideological politics'. Whilst there are no fully ‚oppositional' working class adolescent groups, we feel the deviant youth cultural styles come nearest to being such."[232] Diese symbolische Kritik der Klassengesellschaft, so wurde immer wieder betont, könne nur zu symbolischen oder „magischen"[233] Lösungen führen, da sie die sozialen Widersprüche nicht dort angehe, wo sie entstanden seien: „Das Problem der Selbsterfahrung als untergeordnete Klasse kann bloß ‚durchlebt', verarbeitet oder abgelehnt werden; aber sie kann nicht auf dieser Ebene oder mit diesen Mitteln *gelöst* werden. Es gibt keine ‚subkulturelle Karriere' für den jugendlichen Arbeiter; im subkulturellen Milieu gibt es keine ‚Lösung' für Probleme, die durch die großen strukturierenden Erfahrungen der Klasse aufgeworfen werden."[234]

Statt einer Überschätzung könnte man aus diesen Bestimmungen eher eine doppelte Geringschätzung jugendkultureller Widerständigkeit herauslesen: zum einen die Auffassung, dass alle Problemlösungen, die nicht die Grundstruktur der Produktionsverhältnisse selbst verändern, mehr oder weniger scheinhafter Natur seien; zum andern, dass die betreffenden Jugendgruppen ein letztlich idealistisches Konzept verfolgten, indem sie sich durch ihren eigensinnigen Stil nur neu definierten, jedoch keine Veränderung ihrer Lebensbedingungen versuchten. Doch beide Lesarten entpuppen sich bei näherem Hinsehen als Missverständnis der CCCS-Position. Wenngleich die Jugendstudien immer wieder die integrale Bedeutung von Lohnarbeit oder Arbeitslosigkeit für die Lebenslage der untersuchten Gruppen darstellten, gingen sie doch zugleich von einer relativen Eigendynamik, d.h. von erheblichen Handlungsspielräumen in der alltäglichen Lebensführung der Jugendlichen aus

---

232 John Clarke: Football Hooliganism and the Skinheads (Stencilled Occasional Paper, Centre for Contemporary Cultural Studies). Birmingham 1973(a), S. 10.
233 John Clarke: Stil. In: Ders./Honneth (Hg.) 1979, S. 133–157; hier S. 153.
234 Clarke u.a. 1979, S. 95.

– sonst wäre das große Forschungsinteresse am Freizeit- und Konsumbereich auch kaum verständlich. Und die Rede vom (nur) symbolischen Charakter der Widerständigkeit darf nicht mit der Auffassung gleichgesetzt werden, dass diese die Welt nur anders interpretiert und das Selbst nur anders kostümiert, aber beide nicht verändert habe. Die Studien betonten vielmehr, dass die subkulturellen Stile „life style" seien und nicht nur „style of consumption"[235] (zu denen sie allerdings oft mutierten, wenn sie von anderen Gesellschaftsgruppen und der Musik-, der Kleidungs- und anderen Industrien aufgegriffen würden). Und sie zeichnen nach, dass ihre symbolische Auseinandersetzung mit der Klassengesellschaft zwar nicht system-, so doch lebensverändernde Praktiken einschließt: ein (zumindest ansatzweise) solidarisches, Erziehungspersonen aussperrendes Cliquenleben, das Praktizieren vielleicht nicht freier, so doch freierer Liebe, als es der „normgerechten geschlechtlichen Sittlichkeit"[236] entsprach, die selbstbewusste Besetzung städtischen Verkehrsraums für die eigene Selbstdarstellung und dessen Umnutzung zu Theaterbühnen der Zeit- und Geldverschwendung: durch Herumfahren,[237] Herumsitzen, Musikhören, Tanzen, Trinken. Es war demnach vor allem die Behelligung durch eine un-verschämte, sich nicht auf Hinterhöfe zurückziehende Gegenkultur, welche nicht nur – wie der juristische Fachausdruck lautet – öffent-

---

235 John Clarke: The Skinheads and the Study of Youth Culture (Stencilled Occasional Paper, Centre for Contemporary Cultural Studies). Birmingham 1973(b), S. 8.
236 Formulierung der Kommission des Strafrechtsentwurfs 1962. Zit. nach K. Friedrich: Kriminalität der Sittlichkeitsjustiz. In: Notizen, Tübinger Studentenzeitung, Nr. 66/67 vom Januar/Februar 1966, S. 18.
237 1956 forderte der bayerische Innenminister (allerdings vergeblich) ein Gesetz gegen „das Herumfahren von Mopeds (…) aus purer Lust" (zit. nach Ulrich Hägele: Mopeds, Choppers, Strassenwanzen. Jugendliche Gegenkultur in den sechziger Jahren. Schorndorf 1997, S. 13). – Zu deutschen Motorradcliquen der 1970er und 1980er Jahre siehe auch: Peter Ege/Sven Kunze: Little Honda. Zur Gebrauchswertbestimmung des Motorrads. In: Jürgen Alberts u.a.: Segmente der Unterhaltungsindustrie. Frankfurt/M. 1974, S. 215–243; Sabine Künsting: Meine Ehre heißt Treue. Ethnologische Untersuchung eines Callasclubs in der Bundesrepublik. Köln 1986; Gabriele Steckmeister: Born to be wild. Zur Modell-Freiheit und Sozius-Freiheit von Motorrad Rockern und ihren Frauen. In: Zeitschrift für Volkskunde, 80. Jg. 1984, S. 183–206.

liches Ärgernis erregte, sondern auch alte Ängste vor den unberechenbaren „classes dangereuses" wachrief.

Die Pointe, so zeigt es nicht zuletzt die ethnographische Forschung, besteht dabei darin, dass aus solchen Befürchtungen resultierende Verbots- und Ordnungsmaßnahmen mitunter erst hervorrufen, was sie verhindern wollen – dass also, wie Karl Kraus es einmal sagte, der Skandal erst dann beginnt, wenn die Polizei ihm ein Ende macht: „Oft wird erst aufgrund der Reaktion der Öffentlichkeit, der Eltern, Erzieher und Politiker (…) ‚Spaß-haben-Wollen' zum Katalysator einer rebellischen Attitüde."[238] Das gilt nicht nur für westliche Gesellschaften. Meister einer solchen Zuspitzungsarbeit waren die Behörden der DDR, welche in den 1960er Jahren Arbeiterjugendliche, die sich von der westlichen Rockszene anregen ließen, als unsozialistisch, ja systemfeindlich denunzierten und Jagd auf junge Männer machten, die mit Kofferradios auf Straßen und Plätzen herumhingen. Als die DDR-Führung in den 1970er Jahren auf Duldung umstellte, wurde deutlich, dass sich die Sympathie für westliche Jugendstile durchaus mit Loyalität zum „sozialistischen Vaterland" vereinbaren ließ.[239] Die Überschätzung der politischen Reichweite und der systemsprengenden Kraft populärer Widerständigkeit fand sich weit eher bei ihren Gegnern als bei ihren ethnographischen Sympathisanten.

Widerständigkeit als Anpassung

Die Jugendrebellion der 1950er und 1960er Jahre endete nicht tragisch wie James Dean in „Rebels without a cause". Sie war vielmehr doppelt erfolgreich: Die von den „Halbstarken" und „Rockern" gelebten Freizeitstile überlebten die gegen sie gerichteten Bedenken und Verbote und hatten nachhaltigen Einfluss auf spätere Jugendkulturen sowie auf das kulturelle Klima insgesamt. Autonome Freizeiträume für Jugendliche wurden zum Standard, der expres-

---

[238] Lindner 1985, S. 20.
[239] Vgl. Kaspar Maase: Körper, Konsum, Genuss – Jugendkultur und mentaler Wandel. In: Aus Politik und Zeitgeschichte, Beilage zu Das Parlament 45/2003, 3.11.2003, S. 9–16.

sive und oft aggressive Stil, wie ihn der Rock'n Roll pflegte, fand – meist gemäßigt, manchmal gesteigert – Eingang in die Körperkultur anderer sozialer Gruppen. Die freudige Miterregung, die viele ethnographische Schilderungen dieser Jugendrebellion spüren lassen, hat also ihre guten Gründe. Man kann durchaus sagen, dass Unterschichtjugendliche hier die kulturelle Ordnung zu ihren Gunsten verändert haben. Doch so plausibel diese These ist, ist sie doch ergänzungsbedürftig. Sie sagt noch wenig über das Verhältnis der kulturellen Unordnung, welche die rebellischen Cliquen erzeugten, zu der sozialen Ordnung, der sie unterworfen waren. Hierzu muss man entschiedener, als das in vielen Jugendkulturstudien geschieht, über die Darstellung einzelner Widerstandsgesten sowie über den Freizeitbereich, in dem diese sich öffentlichkeitswirksam präsentieren, hinausgehen und mehr über den synchronen wie den diachronen Lebenszusammenhang der Akteure herauszubekommen suchen.

Eine Untersuchung, die sich diese Aufgabe stellte, ist Paul Willis' „Learning to labour" von 1977, das 1982 auf Deutsch erschien und hier zu einem jugendethnographischen Standardwerk wurde.[240] Willis kommt zu dem Ergebnis, dass in den Jahren, in denen die Nonkonformisten unter den Arbeiterjugendlichen ihre Rebellion leben, alle wichtigen Statusentscheidungen gegen sie gefallen sind; und seine ernüchternde Diagnose lautet, dass diese Jugendlichen sich eben durch ihren Widerstand für diese Niederlage qualifizierten. Willis recherchierte Mitte der 1970er Jahre mithilfe von Interviews und teilnehmender Beobachtung das Freizeit- und vor allem das Schulverhalten einer, wie er sagt, „nonkonformistischen" Gruppe von männlichen Berufsschülern aus Arbeiterfamilien. Dieser Nonkonformismus äußerte sich nicht nur im Stil – in Kleidung, Frisur, Körpersprache, Musikvorlieben –, sondern auch in einem den Schulregeln strikt opponierenden Verhalten: Die „lads" rauchen, trinken, poussieren, blödeln, stören, laufen unter irgendwelchen Vorwänden ständig im Klassenraum herum oder verlassen ihn für einige Zeit. Willis sieht dieses Verhalten nicht einfach als klassenübergreifendes Schülerverhalten, das sich gegen autoritäre Lehrstile und als langweilig empfundene Lehrinhalte wendet, sondern eingebunden in eine bestimmte Gesellschaftsicht und eine

---

240 Paul Willis: Spaß am Widerstand. Gegenkultur in der Arbeiterschule. Frankfurt/M. 1982.

Lebensplanung, in denen Willis sowohl realistische wie illusionäre Komponenten ausmacht. Auf der einen Seite drücke sich in der Gegen-Schulkultur eine berechtigte Skepsis gegenüber dem „sozialdemokratischen Glauben an die Erziehung" und den „individualistischen Versprechungen der herrschenden Ideologie" aus. Die Jungs sähen sehr richtig, dass ihre Chancen auf dem Arbeitsmarkt durch gute Schulleistungen höchstens geringfügig verbessert würden, sich ihre Defizite an kulturellem und sozialem Kapital dadurch nicht wirklich ausbügeln ließen.[241] Auf der anderen Seite fielen sie aber einer Mythisierung des Arbeitslebens anheim, das auf sie warte. Geistige Arbeit mit Fremdkontrolle assoziierend, sähen sie physische Arbeit als Domäne der Maskulinität und der Opposition gegen Autorität an.[242] Der rebellische Verhaltensstil, den die „lads" in Schule und Freizeit pflegten, werde in ihr künftiges Leben als an- oder ungelernte Arbeiter projiziert. Was sie und ihre Widersacher als Rebellion erlebten, stelle also objektiv eine Vorbereitung auf ein erst einige Jahre später als macht- und freiheitsarm erkanntes Hilfsarbeiterleben dar. Da sich, so resümiert Willis, niemand finde, der das „potentielle Material für die kritische Analyse der Gesellschaft" weiterentwickle, das diese Gegenkultur berge, und da diese – nicht zuletzt in ihrer Abwehr gegen geistige Arbeit – auch innere Gegenkräfte gegen eine Politisierung enthalte, werde „die halbe Ablehnung und kulturelle Durchdringung der gegenwärtigen Gesellschaftsorganisation durch die Gegen-Schulkultur stets eine provisorische, leere, skeptische und letztlich doch akzeptierende Anpassung an den Status quo sein".[243]

---

241 Willis zufolge unterscheidet sich der Antiautoritarismus proletarischer Subkulturen von dem mittelschichtlicher Jugendstile u.a. dadurch, dass er Lehrerautorität – gleich, ob sie der Form nach autoritär oder liberal agiert – ablehnt, weil abstraktes Wissen als irrelevant empfunden wird, während rebellische Mittelschichtschüler und auch Studenten eher auf alternative Inhalte solchen Wissens und auf andere Formen der Wissensvermittlung abzielten.
242 „Sie drückt Aggressivität aus, ferner ein gewisses Maß an Scharfsinn und Schläue; eine Unehrerbietigkeit, die in Worten nicht auszudrücken ist; eine spürbare Solidarität. Sie bietet das nötige Kleingeld zur Befriedigung von Erwachsenen-Bedürfnissen und demonstriert potentielle Herrschaft über Frauen, wie auch eine unmittelbare Anziehung auf diese: eine Art Machismo" (Willis 1982, S. 162).
243 Ebd., S. 215.

Dass die Herausgeber der deutschen Übersetzung das Buch „Spaß am Widerstand" und nicht, vorlagengetreuer, „Einübung in die Fabrikarbeit" tauften, könnte darauf hindeuten, dass sie entweder Willis' Punkt nicht ganz begriffen oder ihrem Kundenkreis eine frohere Botschaft übermitteln wollten. Der Herausgeberkommentar im Innenumschlag und ebenso die Rezensionen, die das Werk erfuhr, zeigen freilich, dass man die Pointe seiner Analyse in der deutschen Ethnographie durchaus verstand und aufgriff: dass rebellische Verhaltensstile von Arbeiterjugendlichen nicht einfach als unentwickelter, sondern als in Widersprüche verwickelter Widerstand begriffen wurden.[244]

Taking the Nazi's point of view

Was Willis beschreibt, ist nur eine Variante der vielen Widersprüchlichkeiten, die unterschichtliche Widerständigkeit – alltagskulturelle ebenso wie politische – aufweisen kann. Zu beachten sind hier zunächst subjektive Unentschiedenheiten des Handelns: das Abwechseln von Auflehnung und Anpassung, das Nebeneinander von offizieller Unterwerfung und heimlicher Opposition, das Ineinander von Abgestoßensein und Hingezogensein, was Manifestationen der herrschenden Kultur betrifft.[245] Diese Inkonsistenzen sind freilich vermittelt mit objektiven Eigenschaften der Gesellschafts- und Herrschaftsstrukturen. Manche dieser Strukturen sind der unterschichtlichen Alltagserfahrung nur partiell zugänglich, oder diese Erfahrung entwickelt sich erst in biographischen Etappen – wie beim Erwachsen- und Arbeiterwerden der von Willis geschilderten „lads". Vor allem aber sind in aller Regel weder herrschende Verhältnisse noch herrschende Gruppen unilateral und

---

244 Vgl. u.a. Johannes Moser: Kulturanthropologische Jugendforschung. In: Ders. (Hg.): Jugendkulturen. Recherchen in Frankfurt am Main und London. Frankfurt/M. 2000, S. 11–57; hier S. 20f.; ebenso Winter 2001(a), S. 107–113.
245 Vgl. hierzu von historisch-anthropologischer Seite Alf Lüdtke: Arbeiten und Dabeisein. Wie Alltagsgeschichte den Nationalsozialismus erklärt. In: Axel Lubinski/Thomas Rudert/Martina Schattkowsky (Hg.): Historie und Eigen-Sinn. Festschrift für Jan Peters zum 65. Geburtstag. Weimar usw. 1997, S. 75–86.

univok. So sind z.B. die Verhaltensanforderungen, welche die kapitalistische Wirtschaft an Lohnabhängige stellt, schlicht janusgesichtig: Als Käuferin von Arbeitskraft fordert sie Sparmoral und Arbeitsdisziplin, als Verkäuferin von Massenkonsumgütern fördert sie Kauflust und Genussfreude.[246] Die Motorradclique, die bierselig und ausgelassen ihre Runden dreht, schlägt zwar den bürgerlichen Fleiß-, Ordnungs-, Ruhe- und Sicherheitsidealen ins Gesicht, gibt aber ein alltagstaugliches Vorbild für Technikbegeisterung, Modebewusstsein und einen Kraftstoff- und Bölkstoffverbrauch, der weder Kosten noch – individuelle und gesellschaftliche – Folgekosten scheut.

Aber nicht nur, dass die herrschenden Normen plural bis widersprüchlich sein können; auch die Machtbeziehungen in allen Gegenwartsgesellschaften sind mehrlinig, und das heißt: „If the systems of power are multiple, the resisting at one level may catch people up at other levels."[247] In den Unter-

---

[246] Vgl. Michael Vester: Was dem Bürger sein Goethe, ist dem Arbeiter seine Solidarität. Zur Diskussion der Arbeiterkultur. In: Ästhetik und Kommunikation H. 24, 1976, S. 62–72; hier S. 67. – Zur Logik des gleichzeitigen Spar- und Ausgabenappells heißt es bei Marx treffend: „Übrigens (…) verlangt jeder Kapitalist zwar, daß seine Arbeiter sparen sollen, aber nur s e i n e, weil sie ihm als Arbeiter gegenüberstehn; beileibe nicht die übrige W e l t d e r A r b e i t e r, denn sie stehn ihm als Konsumenten gegenüber. In spite aller ‚frommen' Redensarten sucht er daher alle Mittel auf, um sie zum Konsum anzuspornen, neue Reize seinen Waren zu geben, neue Bedürfnisse ihnen anzuschwatzen etc. Es ist grade diese Seite des Verhältnisses von Kapital und Arbeit, die ein wesentliches Zivilisationsmoment ist, und worauf die historische Berechtigung, aber auch die gegenwärtige Macht des Kapitals beruht" (Karl Marx: Grundrisse der Kritik der politischen Ökonomie. Berlin/DDR 1953, S. 198).

[247] Lila Abu-Lughod: The romance of resistance: Tracing transformations of power through Bedouin women. In: american ethnologist, 17. Jg. 1990, S. 41–55; hier S. 53. Abu-Lughod analysiert in ihrem Aufsatz die Konflikte junger Ägypterinnen, die zwischen Beduinentradition, modernistischer Mittelschichtkultur und Islamismus stehen. – Vgl. zu den Machtverwicklungen von Widerständigkeit vor allem auch Sherry B. Ortner (Ortner 1995). Diese fordert für die ethnologische Forschung eine stärkere Beachtung der „ambivalences and ambiguities of resistance itself", z.B. des „mixture of hegemony and authenticity involved in relationships of power". Paul Willis' „Learning to Labour" nennt Ortner als eine Studie, die diesen Widersprüchen Rechnung trage. (Vgl. Ortner 1995, S. 190 und S. 183.)

schichtcliquen der 1960er und 1970er Jahre äußerte sich die Komplexität von Machtbeziehungen u.a. im Sexismus männlicher Gruppenmitglieder. Sie nutzten zu ihrer Machtvergrößerung oder Ohnmachtsverkleinerung die „patriarchale Dividende", von der Männer der Unterschicht ebenfalls profitieren. Die Mädchen, die autoritären Eltern und Lehrern zu entkommen suchten, indem sie sich Rockergruppen oder Skinheadgruppen anschlossen, kamen vom Regen in die Traufe. Zur Mobilisierung der Ressource Männlichkeit, die andere Vermögensmängel ausgleichen sollte, gehörte der Kult der körperlichen Gewalt – und die Machtdemonstration gegen Schwule, die als Verräter an der proletarischen Männerkultur galten. Ein ebenso ausgeprägtes Moment der Selbstermächtigung war das Ausspielen ethnischer Mehrheitsmacht gegen ethnische Minderheiten: „Ausländer klatschen" ist keine Erfindung deutscher Skinheads der 1990er, sondern wurde als „Paki bashing" schon von den Londoner Skins der 1960er Jahre praktiziert.

Man kann nicht behaupten, dass die ethnographische Forschung diese Verwerfungen und Verwerflichkeiten des Jugendwiderstands ausgespart habe. Paul Willis' „Learning to labour" etwa enthält eigene Kapitel über „Sexismus", „Rassismus" sowie „Rassismus und Arbeitskraft". John Clarkes Aufsätze über die frühe britische Skinszene, die der kulturwissenschaftlichen Skinheaddiskussion über Jahre hinweg die Stichwörter lieferten, widmen sich eingehend dem dort verbreiteten Chauvinismus gegenüber Mädchen,[248] der „intensive violence connected with the style"[249] und dem „attacking of scapegoated outsiders"[250] wie etwa dem „queer bashing" und „paki bashing". Allein schon Clarkes Wortwahl spricht gegen den Vorwurf von Dennis Dworkin, hier würden Rassismus und Sexismus der untersuchten Gruppen „entschuldigt".[251] Richtig ist allerdings, dass Clarke – ebenso wie andere Jugendkultur-

---

248 Vgl. Clarke 1979, S. 155.
249 John Clarke: The Skinheads and the magical recovery of community. In: Stuart Hall/Tony Jefferson (Hg.): Resistance through rituals. Youth subcultures in postwar Britain. London 1976, S. 99–102; hier S. 102.
250 Ebd., S. 100.
251 Dworkin schreibt über Clarke: „As a result of his sympathetic recovery of skinhead practices, he failed to critically examine their hatred of Asians and homosexuals and their violent treatment of women, and thus implicitly he ended up condoning

forscher im CCCS-Umfeld – nicht die Aufgabe der Alarmierung übernimmt, sondern auf seiner Meinung nach fehlleitende Darstellungen der rebellischen Jugendszenen in Politik und Massenmedien reagiert. Auch sein Hooligan-Aufsatz von 1973 attackiert die Presse, die diese Jugendlichen als hirnlosen Mob etikettiere, der nur Gewalt im Sinn habe,[252] und die Skinhead-Studie von Clarke/Jefferson aus demselben Jahr wendet sich gegen den pauschalen Rassismusvorwurf, den die britische Öffentlichkeit diesen Gruppen gemacht habe. Die Aggressionen der Skins, so argumentieren die Autoren, richteten sich nicht gegen Ausländer schlechthin; sie gälten weniger Migranten aus Westindien, welche dem eigenen arbeiterkulturellen Habitus näher stünden, als Jugendlichen asiatischer Herkunft, die eher familienzentriert und aufstiegsorientiert seien und sich zum Mittelklassenstil hingezogen fühlten.[253]

Viele deutsche Studien über Skins, Punks, Hooligans, Motorradrocker usw. waren ebenfalls als Antwort auf einen öffentlichen Diskurs konzipiert, welcher diese Gruppen als „prügelnde, grölende und saufende Verrückte"[254] darstelle und sie pauschal als rassistisch und rechtsradikal betrachte.[255] Bei aller Kritik an falschen Verallgemeinerungen und vorschnellen Verurteilungen übergingen die ethnographischen Naherkundungen durchaus nicht die gewalttätigen, frauenfeindlichen, ausländerfeindlichen Tendenzen, die auch in den deutschen Jugendcliquen der 1980er Jahre vorhanden waren. Allerdings finden sich hierbei unterschiedliche Akzentsetzungen, wobei die Medien- und Politikschelte z.T. schonungsloser ausfällt als die Darstellung

---

  practices such as racism and sexism to which he was opposed" (Dworkin 1997, S. 159).
252 Vgl. Clarke 1973(a), S. 9.
253 Vgl. Clarke/Jefferson 1973, S. 17–19.
254 Kathrin Kipp in einem Interview zu ihrer Studie: ‚Wer nicht hüpft, der ist ein Ulmer!' Zu den kulturellen Praktiken von Fußballfans in der Regionalliga am Beispiel der Fans des SSV Reutlingen. In: Schwäbisches Tagblatt, 4.5.2000.
255 Vgl. z.B. Künsting 1986, S. 202f.; Klaus Farin/Eberhard Seidel-Pielen: Krieg in den Städten. Jugendgangs in Deutschland. Berlin 1991, S. 98; Alexandra Wetzel/Martin Fabriz: Mein Freund ist Offenbacher. In: Johannes Moser (Hg.): Jugendkulturen. Recherchen in Frankfurt am Main und London. Frankfurt/M. 2000, S. 243–281; hier S. 243.

der vorgefundenen Hassmentalität und Gewaltbereitschaft. Dass vieles an den untersuchten Cliquenkulturen kritikwürdig sei, wird nie bestritten, doch manchmal addieren sich im Einzelnen durchaus berechtigte oder zumindest bedenkenswerte Deutungen und Erklärungen zu einem apologetisch klingenden Gesamtmuster.

Sabine Künstings Studie über Motorradrocker etwa lässt keinen Zweifel daran, dass die Jungs sexistisch, dass sie Waffennarren und Ausländerfeinde sind, sieht als die Grundtendenz der Cliquenkultur jedoch ein umfassendes Freiheitsbedürfnis, „die Abkehr von der bürgerlichen Welt" als „Ablehnung ihres disziplinierenden Trainingsangebotes", ein Unbehagen an einer komplexen Gesellschaft, vor allem am „Mangel an einem Wert, der ‚Freiheit' genannt wird".[256] Das Problem sei, dass die Clique die Formen für diesen Ausbruch aus ihrer Umwelt, ja aus belasteten Ideologien ausgewählt habe.[257] Als exemplarisch für die Abwehr als selbstgerecht und empathiefrei empfundener Verurteilungen von Punks, Hooligans und Skinheads kann ein 1993 veröffentlichter Aufsatz von Ronald Lutz gelten.[258] Lutz beginnt mit einer Inschutznahme der sozialen Unterschichten: Hooligans z.B. stammten „entgegen anderslautenden Ansichten nicht nur aus der Unterschicht", ihre „aktivsten Gruppen" kämen „nicht selten aus der oberen Mittelschicht". Sodann relativiert der Autor (gestützt auf Zahlen der Kriminalitätsstatistik) die Gewalttätigkeit der Szene: Ein von Krieg, Arbeitslosigkeit, Umweltzerstörung bedrohtes Publikum, das die von solchen strukturellen Gefahren hervorgerufenen Ängste auf fassbarere, anschaulichere Objekte zu verschieben neige, übertreibe die Aggressivität von Jugendcliquen. In Berlin z.B. falle auf sie nur

---

256 Künsting 1986, S. ii und S. 202.
257 Vgl. ebd., S. 202. – Eher eine Minderheitsposition in der damaligen Diskussion vertritt Gabi Steckmeister, die energisch betont, dass Rockergruppen nicht nur Stilelemente, sondern – deutlich z.B. in deren Frauenbild – „hegemoniale politische und kulturelle Mechanismen" übernähmen. (Vgl. Steckmeister 1984, S. 204.) Sie erntet hierfür auch alsbald Widerspruch. (Vgl. Sabine Künsting: Die rauhe Höflichkeit der Andersdenkenden. Ein Kommentar zu Gabriele Steckmeister: Born to be Wild. In: Zeitschrift für Volkskunde, 81. Jg. 1985, S. 255–259.)
258 Ronald Lutz: Punk, Randale, Prügelei: Zur Gewalt der Jugendlichen. In: Zeitschrift für Volkskunde, 89. Jg. 1993, S. 34–48.

1% der registrierten Gewalttaten. Und sofern diese Gruppen auffällig würden, müsse das als Ergebnis sozialer Ausgrenzung und als – allerdings verfehlter und selbstschädigender – Protest gegen die auf Unterschichten ausgeübte strukturelle Gewalt bewertet werden. Die Ausländerfeindlichkeit mancher Skinheads, so Lutz, zeige in der Tat schreckliche Auswüchse. Doch zum einen ruhe sie auf der unmenschlichen deutschen Asylpolitik auf, zum andern verfolgten die Jugendlichen keine rechtsradikale Strategie, sondern handelten aus dem Bauch heraus: „Die Suche nach Abenteuern führt die Jugendlichen an einen gefährlichen Abgrund heran, dessen Tiefe sie aber kaum einzuschätzen wissen. Sie denken dabei kaum politisch, sie empfinden körperlich und wollen das berühmte Kribbeln spüren."[259]

So plausibel oder zumindest diskutabel die einzelnen Argumente von Lutz auch sind: Summiert man sie, so bleibt wenig von der Akteursperspektive übrig, welche in der Unterschichtenethnographie sonst hochgehalten wird. Die Rede von Strukturen und Einflüssen überwiegt, die Aktionen der Jugendlichen werden zu bloßen Reaktionen, und die bekannte Mahnung, unterschichtliche Aggressions- und Protesthandlungen nicht als nur-emotional, als unreif und unbedacht abzutun, wird hier fast in ihr Gegenteil verkehrt. Mit solchen Mitteln lässt sich bestenfalls ein Pyrrhussieg erkämpfen, denn über die Strafmündigkeit einzelner Täter hinaus wird hier die Mündigkeit ganzer Sozialgruppen bestritten.

Vor Pauschalisierungen und Simplifizierungen warnten ethnographische Jugenduntersuchungen auch in den Fällen, wo sich Cliquen mit NS-Symbolen schmückten. Man diagnostizierte, dass es hier in vielen Fällen „kaum um inhaltlich-politische Identifikationen, sondern um Identifikation mit Gewaltsymbolen"[260] gehe oder aber um den Versuch größtmöglichen „Ätzens" durch Verletzung des stärksten Symboltabus der Nachkriegszeit.[261] Selbst

---

259 Ebd., S. 39.
260 Steckmeister 1984, S. 189.
261 Vgl. Künsting 1986, S. 70. Siehe auch: Uwe Degreif: Das Hakenkreuz nach 1945: Zur Geschichte eines tabuisierten Symbols. Magisterarbeit am Ludwig-Uhland-Institut für Empirische Kulturwissenschaft der Universität Tübingen, 1991; Werner Thole: Familie Szene Jugendhaus. Alltag und Subjektivität einer Jugendgruppe. Opladen 1991, S. 16; Farin/Seidel-Pielen 1991, S. 9 und S. 50; Klaus Farin/Eberhard

wo die Verwendung von SS-Runen oder Hakenkreuzen sich mit nationalistischen und ausländerfeindlichen Äußerungen paarte, mochte man daraus nicht unbedingt auf ein gefestigtes rechtsradikales Weltbild schließen. So schreiben z.B. die Frankfurter KulturanthropologInnen Wetzel und Fabriz, welche feldforschend mit Offenbacher Fußballfans herumzogen, über deren teilweise rassistische Sprüche und Lieder: „Dabei schwingt vor allem außerhalb des direkten Spielgeschehens ein humoristischer Unterton mit, als wolle man zeigen, daß es nicht zu ernst genommen werde. Wir hatten manchmal das Gefühl, als ob das Ganze für sie den Charakter eines Spiels hat. Man probiert aus, wie weit man gehen kann und wie die Umgebung darauf reagiert."[262] Freilich kam die Unterschichtenethnographie in den 1990er Jahren mehr und mehr zu der Einsicht, dass es auch tödliche Spiele gibt, ja dass die Nazimasken sich oft nicht mehr von den Gesichtern ablösen ließen. Ein Tübinger Kulturwissenschaftler, der in seiner Magisterarbeit die Uneigentlichkeit der NS-Symbolik in vielen Jugendkontexten der 1980er Jahre überzeugend herausgearbeitet hatte, verzichtete angesichts der Radikalisierung in der Skinheadszene Anfang der 1990er auf die schon eingeleitete Drucklegung seiner Untersuchung, um Missverständnisse auszuschließen.

Mehr als das genauere Hinsehen, das Feindbilder in Feinbilder auflöst, war es der Versuch des Hineinsehens, der die ethnographische Forschung über rassismus- und gewaltanfällige Jugendcliquen in den Verdacht falscher Toleranz brachte. Das Interesse dieser Forschung galt ja nicht nur den sozialen Ursachen devianten oder rebellischen Verhaltens, sondern auch der Frage, warum dieses aus der Sicht der Jugendlichen „Sinn machte". Man wollte Vandalismus im Kiez oder Hassausbrüche gegen andere Gruppen eben nicht als „sinnlose Gewalt", als anomisch und pathologisch gewertet wissen, sondern als eine aus kollektiven Erfahrungen gespeiste Option: als Versuch, die wenigen Stärken, über die sozial Schwache verfügen, an solchen Punkten einzusetzen, an denen ein tatsächlicher oder vorgeblicher Widerpart (der Staat, die Ausländer) strukturell oder momentan unterlegen war, und damit kleine

---

Seidel-Pielen: „Ohne Gewalt läuft nichts!" Jugend und Gewalt in Deutschland. Köln 1993(a), S. 201–203; Wetzel/Fabriz 2000, S. 271f.
262 Wetzel/Fabriz 2000, ebd.

Widerstands-Symbolik von rechts (Internet, 2006).

Gewinne zu erzielen – vor allem ein größeres Selbstwertgefühl. Eine solche Verstehensarbeit sah sich mit der zunehmenden Brutalisierung und Faschisierung der Skinheadszene immer mehr Zweifeln und Selbstzweifeln ausgesetzt. Der Gedanke, das „taking the native's point of view" zu einem „taking the nazi's point of view" zu machen, löste Unbehagen aus, zumal diese Methode einschloss, rechtsradikalen Äußerungen zuzuhören, ohne nach der Polizei zu rufen, und sie anschließend einer interessierten Leserschaft zur Verfügung zu stellen, diesen Parolen mithin ein Forum zu bieten. Nicht nur Regisseure wie Winfried Bonengel, der 1993 in seinem Dokumentarfilm „Beruf Neonazi" einen Rechtsextremisten ausführlich zu Wort kommen ließ, sondern auch WissenschaftlerInnen hatten mit dem Verdacht zu kämpfen, dass hinter dem „den Nazi verstehen" ein „sich mit dem Nazi verstehen" stecke. Solveigh Disselkamp-Niewiarra, die 1992 für eine Diplomarbeit „gewaltbereite Jugendliche" in Ostberlin aufsuchte, berichtet von den Irritationen, die sie damit bei einem Teil ihrer Kollegen, Dozenten und Freunde auslöste: „Dadurch, daß ich mit ‚denen' sprach und nach ihrer Sicht und Erklärung für eben diese Gewalttaten fragte, wurde ich verdächtigt, ihre Taten zu billigen. Mir wurde der Vorwurf gemacht, mit meiner Untersuchung die gewaltbereiten Jugendlichen in ihrem Handeln zu entschuldigen."[263]

---

263 Solveigh Disselkamp-Niewiarra: Angst, Neugier und Geltungsstreben. Erfah-

Allerdings stellte sich die Frage, ob WissenschaftlerInnen mit gewalttätigen Skins bei ihrer Forschung allzu intim geworden sind, bis Anfang der 1990er Jahre verhältnismäßig selten. Weder die sozial- und kulturwissenschaftliche Jugendforschung allgemein noch die an unterschichtlich dominierten Kulturen und Widerständigkeiten interessierte Ethnographie[264] widmeten der rechtsradikalen Szene eine mit dieser wachsende Aufmerksamkeit. Die bei weitem intensivste Arbeit auf diesem Gebiet leisteten zunächst Journalisten,

---

rungen bei der psychologischen Forschung zum Thema Gewalt. In: Klaus Farin (Hg.): Die Skins. Mythos und Realität. Bad Tölz 2001, S. 322–331; hier S. 329. Sie berichtet aber auch von anderen Reaktionen, nämlich von kollegialer Bewunderung für ihren Mut, sich in diese gefährliche Szene begeben zu haben. (Vgl. ebd., S. 330.)

264 Dass die deutsche Hooligan- wie die Skinhead-Szene der 1990er Jahre nicht, wie häufig vermutet wird, primär von Angehörigen unterer Bildungsschichten, von Arbeitslosen und drop outs bevölkert waren, kann inzwischen als gesichert gelten. Der z.T. bewusst proletarische Habitus und das oft zu hörende Bekenntnis zur „Arbeiterkultur" dürfen nicht über die gemischte soziale Herkunft der Beteiligten hinwegtäuschen. Dennoch gab es viele örtliche Szenen, in denen Hauptschulabsolventen, Schulabbrecher und Arbeitslose dominierten, und es lässt sich vermuten, dass Jugendliche mit Haupt- und Realschulabschluss in der Mehrzahl dieser Szenen überrepräsentiert waren. Bei einer schriftlichen Umfrage von Farin/Seidel-Pielen aus dem Jahr 1992, an der sich 265 Skinheads beteiligten, bezeichneten sich 27,5% als Arbeiter, 20,1% als Auszubildende, 15,4% als Schüler, 7,3% als Studenten, 6,9% als Angestellte und 4,7% als Arbeitslose. (Vgl. Klaus Farin/Eberhard Seidel-Pielen: Skinheads. München 1993(b), S. 185.) Eine Umfrage aus dem Jahre 1995, bei der 406 Skinheads antworteten, ergab einen Hauptschul-Abschluss bei 23,1%, Mittlere Reife o.Ä. bei 50,5% und Abitur bei 24,9%. (Vgl. Helmut Heitmann: Die Skinhead-Studie. In: Klaus Farin (Hg.): Die Skins. Mythos und Realität. Bad Tölz 2001, S. 66–92; hier S. 72f.) Zum Vergleich: Nach der deutschen Schulstatistik absolvierten von den Schulabgängern des Jahres 2000/2001 28,15% die Hauptschule, 44,96% die Realschule und 26,88% das Abitur. (Vgl. Statistisches Jahrbuch 2003 für die Bundesrepublik Deutschland. Wiesbaden 2003, S. 303.) Bei den beiden zitierten Skinhead-Umfragen ist in Rechnung zu stellen, dass sie nicht nur Rechtsradikale, sondern auch Oi-Skins, SHARP- und Redskins erfassten und dass Angehörige unterer Bildungsschichten möglicherweise seltener bereit sind, freiwillig Fragebögen auszufüllen.

allen voran Klaus Farin und Eberhard Seidel-Pielen.[265] In ihrem Buch „Skinheads" von 1993 schreiben sie zur damaligen Forschungslage: „Die Zeichensprache der Skins, ihre Kleidung, Musikstile, die verschiedenen Fraktionen, ihr Verhältnis zu Freundschaft, Liebe und Sexualität, ihre Gesellschaftskritik: kein Thema von größerem Wissenschaftsinteresse. Die Szene blieb das Steckenpferd einiger weniger, die sich damit auch noch der Kritik ausgesetzt sahen, rechtes Gedankengut zu verharmlosen oder gar zu propagieren."[266] In den Jahren darauf veränderte sich die Situation insofern, als nach der Zunahme brutaler fremdenfeindlicher Akte neben den Medien auch die Forschung dem Skin-Thema größere Aufmerksamkeit widmete. Ethnographische Arbeiten jedoch blieben rar. In der 2002 erschienenen 5. Auflage von „Skinheads" konstatieren Farin und Seidel-Pielen, dass „die Hauptquelle für die meisten Autoren (…) der Verfassungsschutz" sei: „Selbst Autoren, die sich ausführlich mit ‚Rechtsrock', der Musik der rechten Skinheadkultur, befassten, besuchten kein einziges Konzert, sprachen nicht mit den Fans, besorgten sich häufig nicht einmal die Tonträger der Bands, über die sie schrieben, sondern begnügten sich mit Pressezitaten oder ihnen von Verfassungsschutz oder Bundesprüfstelle für jugendgefährdende Schriften zur Verfügung gestellten Textauszügen."[267] Der hier zu Recht beklagte Mangel an empirischer Nahsicht trug sicherlich dazu bei, das Klischee von den Skinheads usw. als uniformen, unreflektierten, auf die Existenzform der Hetzmeute beschränkten „Dummprolls" am Leben zu erhalten.[268]

Die geringe Zahl an einschlägigen Feldstudien, an Interviews und vollends an teilnehmender Beobachtung ist natürlich in erheblichem Maß objektiven Schwierigkeiten geschuldet. Zum Beispiel lehnten Skinheads oftmals den Kontakt mit Wissenschaftlern ab – unter anderem deshalb, weil sie diese verdächtigen, verkappte Verfassungsschützer zu sein. Dennoch ist der Hinweis

---

265 Vgl. Farin/Seidel-Pielen 1991; Farin/Seidel-Pielen 1993(b); Farin/Seidel-Pielen 1993(a); Farin (Hg.) 2001.
266 Farin/Seidel-Pielen 1993(b), S. 205.
267 Klaus Farin/Eberhard Seidel-Pielen: Skinheads. 5. Aufl., München 2002, S. 222.
268 Vgl. Farin/Seidel-Pielen 1993(b), S. 205.

auf „fehlende Zugangsmöglichkeiten"[269] zu pauschal: Die Abschottung der Szene war, wie inzwischen mehrere Studien belegen, nicht undurchdringlich, ja es gibt Belege für ein ausgeprägtes Interviewinteresse von Szenemitgliedern. Anne Claire Groffmann z.B., die in mehreren westdeutschen Städten rechtsorientierte Skinheads interviewte, berichtet von deren „erstaunliche(r) Offenheit, die vor allem durch ihren Drang zur Selbstdarstellung getragen war".[270] Dass ForscherInnen selten in direkten Kontakt zu Skinheads traten und treten, hat nicht zuletzt mit eigener Abwehr zu tun: mit der Angst, Prügel zu beziehen,[271] oder der Befürchtung, bei teilnehmender Beobachtung zum Komplizen zu werden,[272] vor allem aber mit heftigem Abscheu. Von solchen Gefühlen sind auch die nicht frei, die vor dem tête-à-bête nicht zurückschrecken. Besonders drastisch beschreibt Christine Tramitz, die zu Schwerverbrechern, teilweise Mördern gewordene rechtsextreme Skins interviewte, wie sie die Erhebungsphase durchlitt: die Augenblicke „unbeschreiblicher Angst" beim Zusammensein mit Skingruppen, die nächtlichen Alpträume, in der sich vom Klo aufsteigender „brauner Dreck" über ihr Gesicht schmierte, die Fieberanfälle, die sie über Wochen nicht los wurde.[273] Deutlich wird bei Tramitz, dass neben und in der moralischen Ablehnung auch Ekel rumort – vor ungewaschenen Männern in Unterhemd und Trainingshose, mit dreckigen Händen, die zudem penetrant aus dem Mund riechen.[274] Gleichwohl berichtet sie von Annäherungen: etwa davon, dass viele anfangs verschlossene bis

---

269 Vgl. dazu Heitmann 2001, S. 71.
270 Anne Claire Groffmann: Das unvollendete Drama. Jugend- und Skinheadgruppen im Vereinigungsprozess. Opladen 2001, S. 18.
271 Die Angst ist keineswegs unberechtigt. Klaus Farin z.B. wurde 1991 in Mecklenburg-Vorpommern von mehreren Skins überfallen und trug dabei einen Nasenbeinbruch davon. (Vgl. Holger Bredel: Skinheads – Gefahr von rechts? Berlin 2002, S. 15.)
272 Moser erwähnt „Aufnahmeprüfungen", denen sich die FeldforscherInnen hätten unterziehen müssen: „Eine Projektteilnehmerin konnte sich nur mit Glück und Geschick vor einer illegalen Handlung drücken" (Moser 2000, S. 50).
273 Christine Tramitz: Unter Glatzen. Meine Begegnungen mit Skinheads. München 2001.
274 Vgl. ebd., S. 58–66.

aggressive Interviewte sie am Ende sympathisch fanden, dass einige von ihnen nachdenklich wurden und sie diesen im Gegenzug private Telefonanrufe bei ihr erlaubte. Offenbar lag es nicht zuletzt an diesen Kontakten, dass einer ihrer Interviewpartner aus der rechtsradikalen Szene ausstieg.[275]

Wahrscheinlich wurde die partielle Entspannung und Annäherung dadurch erleichtert, dass den betreffenden Skinheads eine Frau gegenübersaß, und es ist wohl kein Zufall, dass es – trotz Farin/Seidel-Pielen – mehrheitlich Frauen sind, die in den letzten Jahren Feldforschungsstudien über die (ja meist männlichen) Skinheads vorgelegt haben. Möglicherweise hat das damit zu tun, dass Frauen traditionellerweise eher zur Empathie, auch und gerade zur Empathie mit schwierigen Männern erzogen wurden und es Männern wohl schwerer fällt, in jugendlichen Gewalttätern etwas anderes als den politischen Feind zu sehen. Die verbreitete Unlust, sich auf Erfahrungen mit der Skinkultur einzulassen, offenbart nachträglich, wie sehr das Ethnographeninteresse an früheren Jugendrebellionen von der Möglichkeit der Identifikation abhing. Die Punks, so spitzen Farin und Seidel-Pielen polemisch zu, habe die alternde Professorengeneration der 1968er „nach dem ersten Schreck" doch noch als fortschrittlich, antikapitalistisch und innovativ interpretieren können. Die neue Skinkultur hingegen sei für die Zwecke einer „spätpubertären Frischzellenkur" nicht mehr geeignet gewesen.[276]

Man sollte jedoch nicht davon ausgehen, dass zwischen antifaschistischen Ethnographen und faschistischen Skins keinerlei innere Beziehung bestehe. Es gibt da durchaus Verbindungstunnel. Marian Horsky, der sich für seine Erkundungen in der rechtsradikalen Skinheadszene ein entsprechendes Outfit zulegte, berichtet, wie die hierbei entstandene „Melange aus ‚militärischer toughness' und ‚Adrettheit'" sein Selbstwertgefühl gehoben habe. Er sei nahe daran gewesen, anderen Jugendlichen auf der Straße ein „Get a haircut, wanker!" entgegenzuschleudern, und als ihn Arbeitskollegen wegen seiner äußeren Verwandlung auf die Schippe nahmen, habe ihn das so gereizt, dass er sie ganz unironisch als „feige Zecke" und „Autonomengesocks" beschimpft und fast verprügelt habe. Dabei, so Horsky, habe er sich „zu keiner Sekunde (...)

---

[275] Vgl. ebd., S. 134 und S. 269.
[276] Vgl. Farin/Seidel-Pielen 1993(b), S. 206.

mit der Skinbewegung identifiziert".[277] Was er erlebte, war die ihm selbst bis dahin verborgen gebliebene Lust am Notwehrexzess, an der Demütigung des Gegners und ungebremstem Krafteinsatz. Das die Feldforschung in anderen Kulturen seit jeher begleitende Versprechen, die Annäherung an das Fremde könne eine Wiederannäherung an brachliegende und verdeckte Seiten des Eigenen mit sich bringen, wurde hier in unangenehmster Weise eingelöst. Das Ausweichen vor ungeliebten Untersuchungsgruppen bedeutet auch ein Ausweichen vor solchen Erfahrungen.

Zur Überwindung rationaler wie irrationaler Ängste des Forschers vor dem Feld kann die Überlegung beitragen, dass diese Ängste nicht nur ein Signal für äußere und innere Risiken, sondern ebenso für die Dringlichkeit eines Problems und demnach für die Chance auf lohnenswerte Erkenntnisse sein können. Und diese Dringlichkeit ist in der Tat gegeben: Eine nicht dem Lustprinzip, sondern dem Realitätsprinzip folgende Ethnographie kommt nicht darum herum, dass eine zunehmende Zahl von unterschichtlichen Jugendlichen – deutscher wie ausländischer Abstammung – den „Spaß am Widerstand" nicht mehr in der linken und alternativen Szene findet, sondern in rechtsradikalen oder fundamentalistischen Gruppen. Will man nicht einer bloßen Repressionspolitik den Platz überlassen, die nur begrenzten Erfolg hat, wo sie nötig ist, und Unheil anrichtet, wo sie aus der Vogel- und Bomberperspektive heraus exploriert und exekutiert, so müssen auch hier die Vorteile ethnographischer Nah- und Innensicht genutzt werden. Das erfordert allerdings die Bereitschaft zu einer Forschungsbeziehung, die subjektive Missverständnisse und objektive Zweideutigkeiten nicht scheut; zu einem Forschungspakt, der die gegenseitige Beziehung als Kommunikation zwischen Gleichberechtigten bestimmt und den Untersuchten, so schwer es manchmal fallen mag, sanktionslose Ermittlungen garantiert. Verlangt ist überdies eine Innervation der Zwänge, der Motive, der Gratifikationen, die im Handeln des Gegenübers enthalten sind, eine Einfühlung, die über eine wissenschaft-

---

277 Vgl. Marian Horsky: Die kulturelle Praxis der nationalsozialistischen ‚Blood and Honour'-Skinhead-Musikvereinigung unter besonderer Berücksichtigung des deutschen Ablegers ‚Blut und Ehre'. Magisterarbeit Tübingen 1997, S. 36f. und S. 40.

liche Technik weit hinausgeht und Momente der Zuneigung und des Vertrauens einschließt. Wobei am Ende klar sein muss, dass diese Zuneigung und dieses Vertrauen nicht überführten oder potentiellen Gewalttätern gelten, sondern dem, was sie sonst noch sind – und was sie sein könnten, wenn sie sich anders zu helfen wüssten.

Unterhaltung als Gegenkultur?

Die Entdeckung des widerspenstigen Rezipienten

Ein gemeinsamer Nenner der Studien über Rockergruppen der 1970er und über rechtsradikale Skinheads der 1990er Jahre ist das Interesse an Subkulturen, die sich in drastischer Weise nicht nur von der gesamtgesellschaftlich dominanten, sondern auch von der vorherrschenden Unterschichtenkultur absetzten. Von dieser hatten die rebellischen Jugendlichen ein ähnliches Bild wie manche vom Niedergang der kämpferischen Arbeiterkultur frustrierte Intellektuelle: das Bild einer im Wesentlichen konformistischen und konsumistischen Masse, die ihre Kultur als Fertigware der Güter- und Bewusstseinsindustrie beziehe. Diese Sichtweise wurde seit den 1980er Jahren von Konsum- und Medienstudien infrage gestellt, die vor allem im Umkreis der britischen und US-amerikanischen Cultural Studies entstanden und bald auch in die deutschsprachige Ethnographie hineinwirkten. Sie suchten zu zeigen, dass eigensinnige, ja widerständige Umgangsweisen mit massenkulturellen Angeboten außer bei subkulturellen Gruppen auch bei Normalverbrauchern zu finden seien.[278] Einen der Denkanstöße lieferte Michel de Certeau, der, wie schon erwähnt, von den „Taktiken" der Konsumenten spricht, welche diese den „Strategien" der Anbieter entgegensetzten. Er geht davon aus, dass „die Verbraucher, so wie die Indianer, mit und in der herrschenden Kulturökonomie die zahlreichen und unendlichen Metamorphosen des Gesetzes dieser Ökonomie in die Ökonomie ihrer eigenen Interessen und Regeln

---

[278] Vgl. Lawrence Grossberg: What's going on? Cultural Studies und Popularkultur. Wien 2000, S. 52f.

‚umfrisieren'".²⁷⁹ De Certeau bezieht sich nicht speziell auf unterschichtliches Handeln, aber auf Traditionen der „culture populaire",²⁸⁰ und auch seine Definition der „Taktik", die „nur den Ort des Anderen", aber „keine Basis (hat), wo sie ihre Gewinne kapitalisieren, ihre Expansionen vorbereiten und sich Unabhängigkeit gegenüber den Umständen bewahren kann",²⁸¹ verweist eher auf die Welt der Mieter als auf die der Vermieter.

Bei den britischen und amerikanischen Konsum- und Rezeptionsforschungen allerdings findet meist keine Fokussierung auf Unterschichten statt, doch sind sie in den untersuchten Gruppen häufig mitenthalten (was die Behandlung dieser Studien in unserem Zusammenhang rechtfertigt). Stärker als der schicht- ist der geschlechtsspezifische Akzent. Hatte die Untersuchung rebellischer Jugendszenen sich vor allem auf Männer bezogen, so traten mit dem Thema Konsum Frauen in den Vordergrund: als Kundinnen von Bedarfsgütern ebenso wie als Rezipientinnen des massenmedialen Unterhaltungsangebots.²⁸² Wir werden uns auf den Mediensektor konzentrieren, da Studien hierzu im Zentrum der kulturwissenschaftlichen Konsumtionsdiskussion standen.

In Janice Radways Untersuchung „Reading the Romance" finden sich exemplarische Formulierungen der in den 1980er Jahren reüssierenden Auffassung von Medienrezeption. Radway verwirft eine Theorie der Massenkultur, in der „ideological control is thought to be all-pervasive and complete as a consequence of the ubiquity of mass-culture itself".²⁸³ In dieser Auffassung werde das Lesen oder Sehen fälschlich mit dem Hinunterschlucken von Speisen gleichgesetzt. Da das „Lesen" von „Texten" (eine Begrifflichkeit, in der das Deuten von Bildern und Tönen meist mitgemeint ist) ein Vorgang sei,

---

279 De Certeau 1988, S. 15.
280 „Populaire" ist in der deutschen Ausgabe irreführend mit „populär" statt mit „popular" übersetzt.
281 Ebd., S. 23.
282 Eine Einführung in den „new consumerism" der Cultural Studies bietet Mica Nava: Consumerism reconsidered: buying and power. In: Cultural Studies, 5. Jg. 1991, S. 157–173.
283 Janice Radway: Reading the Romance. Women, Patriarchy, and Popular Literature. Chapel Hill, London 1984, S. 6.

bei dem die Rezipienten mithilfe eigener Dekodiermuster Bedeutungsträgern Bedeutungen verliehen, hätten diese die Chance, „to resist, alter, and reappropriate the materials designed elsewhere for their purchase".[284] Die Medienkonsumenten, so wurde von Rezeptionsstudien immer wieder betont, filterten sich aus Liebesromanen, Fernsehserien, Spielfilmen das heraus, was ihnen bei der Bewältigung ihres Alltags weiterhelfe,[285] ja manche

---

284 Ebd., S. 17. Die Auffassung vom aktiven, Bedeutungen nicht nur reproduzierenden, sondern generierenden Leser lässt natürlich noch eine große Bandbreite von Rezeptionsauffassungen zu. Einige (m.E. wenige) MedienforscherInnen im Cultural-Studies-Bereich vertreten eine „Reader-as-Writer"-Position, wollen also gar nicht von enkodierten Textbedeutungen, sondern nur von Lesarten reden. Eine größere Anzahl von AutorInnen folgt dem von Stuart Hall entwickelten Konzept der in Texten enkodierten „Vorzugslesart", wobei aber nicht immer hinreichend verdeutlicht wird, dass die Rezeptionsfreiheit sowohl je nach Genre – z. B.: Nachrichtensendung versus Spielfilm – als auch nach individueller Machart von Medienprodukten sehr unterschiedlich ausfällt. (Es gibt ja Texte und Bilder von so hohen Unbestimmtheitsgraden, dass sie weniger zur Rezeption als produktiver Aneignung als zur Produktion freier Assoziationen einladen.) Auch der in der Tat immer wieder auf die Rezipientenmacht abhebende John Fiske vertritt keinen Produktrelativismus. In „Postmodernism and Television" z.B. argumentiert er gegen Baudrillard, dass auch Fernsehbilder keine bedeutungslosen Oberflächen, keine „freien Zeichen" seien, sondern Botschaften mit sich führten und damit durchaus Instrumente von Machtausübung sein könnten. (Vgl. John Fiske: Postmodernism and Television. In: James Curran/Michael Gurevitch (Hg.): Mass Media and Society. London usw. 1991, S. 55–67.) – Siehe zu dieser Debatte auch David Morley: Medienpublika aus der Sicht der Cultural Studies. In: Uwe Hasenbrink/Friedrich Krotz (Hg.): Die Zuschauer als Fernsehregisseure? Baden-Baden 1996(a), S. 37–51; Ann Gray: Audience and Reception Research in Retrospect. The Trouble with Audiences. In: Pertti Alasuutari (Hg.): Rethinking the Media Audience: The new agenda. London 1999, S. 22–37; Michael Jäckel/Jochen Peter: Cultural Studies aus kommunikationswissenschaftlicher Perspektive. Grundlagen und grundlegende Probleme. In: Rundfunk und Fernsehen, 45. Jg. 1997/1, S. 46–68; Hans-Otto Hügel: Zugangsweisen zur populären Kultur. Zu ihrer ästhetischen Begründung und zu ihrer Erforschung. In: Udo Göttlich/Winfried Gebhardt/Clemens Albrecht (Hg.): Populäre Kultur als repräsentative Kultur. Die Herausforderung der Cultural Studies. Köln 2002, S. 52–78.
285 Vgl. Angela McRobbie: What is happening in cultural studies? Kulturanalyse im

– vor allem benachteiligte Gruppen – läsen das massenmediale Angebot sogar konsequent gegen den Strich.[286] Attestiert wurde hier also eine Haltung, die man „distanznehmende Zuwendung" nennen könnte. Produktkritische oder nicht-identifikatorische Haltungen äußern sich demnach nicht in einem Einmal und nie wieder, sondern können mit der Treue zu einem Fortsetzungsroman oder einer Fernsehserie zusammengehen. So lesen z.B. Paul Willis zufolge junge Frauen aufmerksam die „Ratgeberseiten" von Zeitschriften, um sie jedoch im gleichen Moment zu vergackeiern; und sie genießen schnulzige Liebesgeschichten, ohne sich deren Auffassung von Liebes- und Lebensglück unbedingt zu Eigen zu machen.[287]

Die Rede von der widerspenstigen, das Medienpublikum in seiner Alltagspraxis „ermächtigenden" Leseweise spricht mehrere Vorgänge an, die oft nicht genau genug gegeneinander abgegrenzt werden. Eine der Formen dieser Distanzwahrung könnte man als *spielerische oder gebrochene Identifikation* bezeichnen. Ihr widmeten sich z.b. Angela Keppler und Martin Seel in ihrem Aufsatz „Zwischen Vereinnahmung und Distanzierung". Die Inszeniertheit von happy ends in Fernsehserien, die Substanzlosigkeit von Glücksversprechen in Popsongs ist Keppler/Seel zufolge deren Konsumenten mehr oder weniger bewusst; spielerisches sich Einlassen auf eigentlich durchschaute Fiktionen oder die Halbdistanz der ironischen Hinnahme fänden sich nicht nur bei Intellektuellen.[288] Allerdings rekurrieren Keppler/Seel auf Fälle, in denen Signale des Unernstes schon in den Medienprodukten „enkodiert" sind, womit „kritische" Rezeption hier nur heißt, dass auf der konnotativen Ebene angebotene Möglichkeiten zur Distanzierung von der manifesten Botschaft von den Rezipienten entdeckt und genutzt werden.

Postmarxismus. In: Wolfgang Kaschuba (Hg.): Kulturen – Identitäten – Diskurse. Perspektiven Europäischer Ethnologie. Berlin 1995, S. 100–113; hier S. 109.
286 Vgl. Rainer Winter: Die kleinen Siege der Schwachen. In: Frankfurter Rundschau online 14.5.2001(b).
287 Vgl. Paul Willis: Jugend-Stile. Zur Ästhetik der gemeinsamen Kultur. Hamburg 1991, S. 76f.
288 Vgl. Angela Keppler/Martin Seel: Zwischen Vereinnahmung und Distanzierung. Vier Fallstudien zur Massenkultur. In: Merkur, 45. Jg. 1991, S. 877–889.

Von der spielerischen Identifikation unterschieden werden sollte die *partielle Identifikation*, welche auch an immer wieder aufgelegten Songs oder gern gesehenen Fernsehserien inakzeptable Merkmale ausmacht. Auf verschiedene Produktebenen bezogene Fälle einer solchen kritisch-unterscheidenden Rezeption finden sich u.a. in einer Studie der AmerikanistInnen Seiter, Borchers, Kreutzner und Warth.[289] Von ihnen interviewte Zuschauer von Fernsehserien hatten zum einen Probleme mit dem Erzählniveau der Serien: Sie sahen ihre Auffassungsgabe von den SerienautorInnen unterschätzt, da Handlungen zuweilen unnötig verlangsamt würden.[290] Zum Zweiten hatte die Identifikation mit den SerienheldInnen deutliche Grenzen. Vor allem unterschichtliche Frauen brachten für die dargestellten Lebensweisen und Konflikte offenbar wenig Verständnis auf: „The experience of working-class women clearly conflicts in substantial ways with the soap opera's representation of a woman's problems, problems some women identified as upper or middle-class."[291]

Zum Dritten registriert die Untersuchung *Umwertungen*, d.h. Figuren- und Handlungsbewertungen, die sich der enkodierten „Vorzugslesart" entgegenstellten: „The relationship between viewer and character more typically involved hostility – in the case of some of the presumably sympathetic characters – as well as fond admiration – for the supposedly despised villainesses."[292] Zum Beispiel sympathisierten Zuschauerinnen mit Frauen, die einen (nach Ansicht der Befragten) unmöglichen Ehemann betrogen, und setzten sich damit bewusst in Gegensatz zu der in der Sendung selbst angelegten Verurteilung des Ehebruchs.[293] Dass Angehörige subalterner Gruppen

---

289 Vgl. Ellen Seiter u.a.: „Don't treat us like we're so stupid and naive". In: Dies. (Hg.): Remote Control. Television, Audiences, and Cultural Power. London, New York 1991, S. 223–247. – Die AutorInnen interviewten in Eugene/Oregon 64 Personen, davon 49 Frauen, zu ihrem Umgang mit soap operas.
290 Vgl. ebd., S. 240.
291 Ebd., S. 241.
292 Ebd., S. 237.
293 Vgl. Mary Ellen Brown: Soap Opera and Women's Talk. The Pleasure of Resistance. Thousand Oaks usw. 1994. Sie schreibt über Zuschauerinnen, bei denen sie ein „resistive reading" feststellte: „(T)he saintly characters are disliked by this group of fans. However, those characters, who exhibit socially aberrant behavior,

negative oft zu positiven Helden umdeuteten, ist immer wieder konstatiert worden. Bekannt ist John Fiskes Fallbeispiel von den Obdachlosen, die in einer Herberge alte Westernfilme ansehen und sich königlich amüsieren, wenn die Indianer ein Farmhaus oder einen Eisenbahnwaggon erobern.²⁹⁴ Solche Rezeptionsweisen wurden übrigens nicht erst von den Cultural Studies entdeckt. Der US-amerikanische Soziologe und Unterschichtenforscher Herbert J. Gans notierte schon 1962, dass dem Arbeitermilieu angehörige Zuschauer von Detektivserien die Integrität der Protagonisten anzweifelten und sich bei Fernsehsendungen generell gern über Mittelklassehelden lustig machten.²⁹⁵

Zu den vielen Formen der Umwertung von Medienbotschaften kommen die noch einschneidenderen der *Umdeutung*. Während bei der Umwertung dargestellte Handlungen und Haltungen eine andere Beurteilung erfahren, als sie der Text selbst nahe legt, unterläuft oder verfehlt die Umdeutung die im Text sei's denotativ, sei's konnotativ enkodierten Wertungen. Sie ist sich dabei des oppositionellen Charakters ihrer Rezeption nicht oder nur teilweise bewusst. Auch diese Rezeptionsweise ist freilich nicht einfach verblendet oder projektiv. Sie nutzt vielmehr in aller Regel Vagheiten, Lücken, Untertöne, Widersprüche in der Rezeptionsvorlage, geht aber an wesentlichen Momenten der enkodierten Botschaft vorbei. Man kann eine solche Umdeutung

---

or who at least behave or act defiantly, are admired" (ebd., S. 158). Brown betont, dass diese Frauen durchaus mitbekommen hätten, wie diese Figuren in den Soaps ‚gemeint' waren, und die nahe gelegte Rezeptionsweise (Identifikation hier, Ablehnung da) bewusst verweigerten. (Vgl. ebd., S. 159.)

294 Vgl. Fiske 1991, S. 63. – Andere Beispiele in: Ders.: Populäre Urteilskraft. In: Udo Göttlich/Rainer Winter (Hg.): Politik des Vergnügens. Zur Diskussion der Populärkultur in den Cultural Studies. Köln 2000, S. 53–74. Fiske berichtet hier u. a. über australische Aborigines, die Rambo zu ihrem Helden gemacht hätten, wobei sie ihn aber nicht als Vertreter des freien Westens, sondern als Kämpfer gegen eine weiße Offiziersklasse interpretierten, und von der Beliebtheit der Serie „Miami Vice" in Südamerika, wo die Zuschauer Latinos zu ihren Helden machten, die in der Serie als „niederträchtige Rauschgifthändler" und Ähnliches dargestellt würden. (Vgl. ebd., S. 56.)

295 Vgl. Herbert J. Gans: The Urban Villagers. New York 1962, Kap. 3 und 11; sowie Ders.: Popular Culture&High Culture. An Analysis and Evaluation of Taste. New York 1999, S. 117.

– die subjektiv einverständig, objektiv aber oppositionell ist – als allodoxe Heterodoxie bezeichnen.[296] Der historischen Volkskulturforschung ist dieses Phänomen wohl bekannt: Fastnächtliche „Parodien" auf kirchliche Rituale stellten oft nur ungewollt umdeutende Nachahmungen dar[297] und als „ketzerisch" verfolgte Elemente der popularen Frömmigkeit oft treuherzige Missverständnisse der offiziellen Lehre.[298]

In seinem Aufsatz „The Cult of Creativity" würdigt Orvar Löfgren die Verdienste, die sich die Suche nach widerständigen Aneignungsweisen der Kulturwarenindustrie erworben habe: „The resistance scenario must be seen as a reaction against an earlier discourse on the seduction of mindless consumers: locked up in the iron cage held together by market forces."[299] Zugleich jedoch verabschiedet er sich von Vorstellungen einer Konsumtion als „kollektivem Widerstand" und dem „grand narrative of cultural resistance, with military (and masculine) metaphors of guerrilla warfare, raids, appropriations, seizing territories, etc.".[300] Löfgrens Kritik ist durchaus repräsentativ für die kritische und selbstkritische Beurteilung, die das Widerständigkeitsparadigma in der Konsum- und Medienforschung seit den 1990er Jahren erfahren hat. Zwar wollte niemand zurück zu einer Auffassung von passiver Medienrezeption und kaum jemand revitalisierte den apodiktischen Satz aus Adornos und Horkheimers „Dialektik der Aufklärung": „Unbeirrbar bestehen (die betrogenen Massen) auf der Ideologie, durch die man sie versklavt."[301]

---

296 Was allodox ist, bestimmt natürlich nicht die Medienwissenschaft, sondern die Mehrheit der wohl informierten Leser.
297 Vgl. Peter Burke: Helden, Schurken und Narren. Europäische Volkskultur in der frühen Neuzeit. Stuttgart 1981, S. 215–218.
298 Vgl. van Dülmen 2000, S. 41.
299 Löfgren 2000, S. 159.
300 Ebd., S. 159.
301 Theodor W. Adorno/Max Horkheimer: Dialektik der Aufklärung. Amsterdam 1947, S. 159. Es sollte allerdings angemerkt werden, dass die Autoren trotz vieler markant-pessimistischer Sätze wie dem zitierten auch immer wieder zugestehen, dass Medienkonsumenten, wie Vertreter der Cultural Studies es formulieren würden, weder „dupes" noch „dopes" sind. So heißt es in der „Dialektik der Aufklärung": „Der Fortschritt der Verdummung darf hinter dem gleichzeitigen Fortschritt der Intelligenz nicht zurückbleiben. Im Zeitalter der Statistik sind die

Doch häuften sich die Vorwürfe, dass in vielen Rezeptionsstudien Quantität und Qualität widerständigen Medienkonsums in den Cultural Studies enorm überschätzt worden sei. Oppositionelle Lesarten und Gebrauchsweisen von Medienangeboten seien zum Normalfall erklärt worden, stellten aber eher eine Ausnahme dar.[302] Viele der Studien seien voll von Projektionen: Die ironische Distanz, die Rituale der Entlarvung und Verspottung, die Intellektuelle beim Ansehen von Hollywoodfilmen und Familienserien pflegten, würden in die Rezeptionsweise anderer Gruppen hineingelesen, die Forscher sprächen „as a kind of people's ventriloquist dummy".[303] Und tragischerwei-

---

Massen zu gewitzigt, um sich mit dem Millionär auf der Leinwand zu identifizieren und zu stumpfsinnig, um vom Gesetz der großen Zahl auch nur abzuschweifen" (ebd., S. 172). 20 Jahre später schreibt Adorno: „Man darf annehmen, daß das Bewußtsein der Konsumenten selbst gespalten ist zwischen dem vorschriftsmäßigen Spaß, den ihnen die Kulturindustrie verabreicht, und einem nicht einmal sehr verborgenen Zweifel an ihren Segnungen." Nicht die schiere Dummheit, sondern Selbstverachtung führe zur Akzeptanz der kulturindustriell verbreiteten Ideologie: „Der Satz, die Welt wolle betrogen sein, ist wahrer geworden, als wohl je damit gemeint war. (...) (Die Menschen) wollen bereits einen Betrug, den sie selbst durchschauen; sperren krampfhaft die Augen zu und bejahen in einer Art Selbstverachtung, was ihnen widerfährt, und wovon sie wissen, warum es fabriziert wird" (Theodor W. Adorno: Resumé über Kulturindustrie. In: Ders.: Ohne Leitbild. Parva Aesthetica. Frankfurt/M. 1967, S. 60–70; hier S. 66).

302 Vgl. u.a. Nicholas Garnham: Political Economy and the Practice of Cultural Studies: Reconciliation or Divorce? In: Critical Studies in Mass Communication, 12. Jg. 1995, S. 62–71; hier S. 69; Mike Budd/Robert M. Entman/Clay Steinman: The Affirmative Character of U.S. Cultural Studies. In: Critical Studies in Mass Communication, 7. Jg. 1990, S. 169–184; John Corner: Meaning, Genre and Context: The Problematics of ‚Public Knowledge' in the New Audience Studies. In: James Curran/Michael Gurevitch (Hg.): Mass Media and Society. London usw. 1991, S. 267–284.

303 Harris 1992, S. 170; ähnlich James Cull: The Audience as Nuisance. In: Critical Studies in Mass Communication, 5. Jg. 1988, S. 239–242. Siehe auch William A. Evans: The interpretative turn in media research. In: Critical Studies in Mass Communication, 7. Jg. 1990, S. 147–168, und Meaghan Morris: Banality in cultural studies. In: John Storey (Hg.): What is Cultural Studies? A Reader. London usw. 1996, S. 147–167.

se laufe diese Unterstellung einer schleichenden kulturellen Subversion auf kulturpolitische Affirmation hinaus: Die Vorstellung von einem nicht manipulierten, sondern selbst erfolgreich an Medienbotschaften herummanipulierenden Publikum sei nahtlos anschlussfähig an die neoliberale Ideologie vom souveränen Käufer, der auf dem freien Markt alles finde, was er brauche.[304]

Diese Kritik kam nicht nur von marxistischen WissenschaftlerInnen, die von den Cultural Studies mehr als deren Rezeptionsauffassung trennt. Aber selbst ForscherInnen, die diese einst aus der Taufe hoben, warnten später vor Einseitigkeiten und Fehlentwicklungen. Die britische Kulturwissenschaftlerin Angela McRobbie z.B. konstatierte 1995, dass das Interesse am aktiven Rezipienten neben hochintelligenten Studien auch höchst problematische Arbeiten hervorgebracht habe, die alles Mögliche und Unmögliche, das Abschalten des Fernsehers ebenso wie das Einschlafen bei laufendem Programm, zu Ausdrucksformen von Konsumentenwiderstand erklärten.[305] Und der durch seine Studie „The *Nationwide* Audience"[306] bekannt gewordene britische Medien- und Medienrezeptionsforscher David Morley sprach 1996 von einer besorgniserregenden Tendenz, Publika von Medien als „semiologische Guerilleros"[307] zu romantisieren. Eine

---

304 „(C)ultural populism has a close affinity with the ideal of the sovereign consumer in neo-classical economics, the philosophy of the free market" (Jim McGuigan: Cultural Populism Revisited. In: Marjorie Ferguson/Peter Golding (Hg.): Cultural Studies in Question. London usw. 1997, S. 138–153; hier S. 139). Siehe auch Modleski 1986, S. XII, und Jan Engelmann: Die kleinen Unterschiede. Der cultural-studies-reader. Frankfurt/M. 1999, S. 14f. und S. 16.
305 Vgl. McRobbie 1995, S. 100–113; hier S. 109.
306 David Morley: The *Nationwide* Audience. Structure and Decoding. London 1980.
307 Der Begriff der „semiologischen Guerilla" stammt aus einem 1967 gehaltenen Vortrag von Umberto Eco. Dieser erklärt allerdings nicht die Medienrezipienten zu Guerilleros, sondern wünscht sich eine Guerilla, die zu den Rezipienten nachhause kommt: „Es kommt darauf an, überall in der Welt den ersten Platz vor jedem Fernsehapparat zu besetzen (und natürlich den Platz des Opinionleaders vor jeder Kinoleinwand, vor jedem Transistorgerät und vor jeder Zeitungsseite). Weniger zugespitzt formuliert: Die Schlacht ums Überleben des Menschen als verantwortlichem Wesen im Zeitalter der Massenkommunikation gewinnt man nicht am Ausgangspunkt dieser Kommunikation, sondern an ihrem Ziel. (…) Eine erzieherische Organisation, der es gelänge, ein bestimmtes Publikum zu veranlassen,

gewohnheitsmäßige Uminterpretation dominanter Botschaften zu unterstellen, sei allzu optimistisch und ignoriere die textuellen, historischen und materiellen Einflüsse auf die Interaktion des Publikums mit den Medien.³⁰⁸

Freilich verwahrt sich Morley zugleich gegen die seiner Meinung nach häufige Tendenz bei Cultural-Studies-Kritikern, einzelne Studien, welche unkritisch die Publikumsaktivität feierten, als typisch zu unterstellen.³⁰⁹ Und in der Tat ist die u.a. von dem britischen Kommunikationswissenschaftler Nicholas Garnham vertretene Behauptung einer „tendency of cultural studies to validate all and every popular cultural practice as resistance"³¹⁰ übermäßig polemisch. Selbst John Fiske, der allenthalben als entschiedener Vertreter des

---

über die empfangene Botschaft zu diskutieren, könnte die Bedeutung dieser Botschaft umdrehen. Oder jedenfalls zeigen, daß sich die Botschaft verschieden interpretieren läßt" (Umberto Eco: Für eine semiologische Guerilla. In: Ders.: Über Gott und die Welt. Essays und Glossen. München, Wien 1985, S. 146–156; hier S. 155f.).

308 Vgl. Morley 1996(a), S. 49. Siehe auch Ders.: Populism, Revisionism and the ,New' Audience Research. In: James Curran/David Morley/Valerie Walkerdine (Hg.): Cultural Studies and Communications. London usw. 1996(b), S. 279–293. Auch der US-amerikanische Kommunikationswissenschaftler Lawrence Grossberg konzediert: „Certainly, some people in cultural studies have overemphasized the capacity for resistance in popular cultural practices" (Grossberg 2000, S. 75).

309 Vgl. David Morley: So-Called Cultural: Dead Ends and Reinvented Wheels. In: Cultural Studies, 12. Jg. 1998, Special Issue: The Institutionalization of Cultural Studies, hg. von Ted Striphas, S. 476–497; hier S. 488. An anderer Stelle meint Morley, dass der Vorwurf der Übertreibung widerständiger Rezeption weit weniger auf britische als auf US-amerikanische Autoren wie z.B. John Fiske zutreffe (vgl. Morley 1996(b), S. 286 und S. 289). Auch der britische Kulturwissenschaftler John Storey moniert, dass Fiske oft fälschlich „als Inbegriff der Cultural Studies präsentiert" werde. Dabei stamme die fundierteste Kritik an ihm aus deren Umkreis – Storey verweist auf Ien Ang, Martin Barker, Lawrence Grossberg, David Morley und Meaghan Morris. (Vgl. John Storey: Cultural Studies und Populärkultur. Oder: Warum sind Cultural Studies keine Politische Ökonomie? In: Andreas Hepp/Carsten Winter (Hg.): Die Cultural Studies Kontroverse. Lüneberg 2003, S. 166–180; hier S. 168.) Vgl. zur Position von Fiske ausführlich Winter 2001(a), v. a. S. 203–228 und S. 247–281.

310 Garnham 1995, S. 69.

resistance-Paradigmas gehandelt wird, konstatiert in „Television Culture", dass die Fernsehrezeption selten „oppositional" und mehrheitlich „negotiated" sei.[311] Auch Janice Radway, deren „Reading the Romance" immer wieder als Beispiel für einen allzu großen Widerständigkeitsglauben zitiert wird, geht in Wahrheit sehr abwägend vor und lässt letztlich offen, ob die Lektüre der Liebesromane eher zur Entmächtigung oder zur Ermächtigung der Frauen beiträgt.[312] Radway und Brown machen zudem deutlich, dass ein kritischer Gebrauch von Medienbotschaften sich vor allem in bestimmten Situationen entwickelt, etwa dort, wo mehrere Frauen zusammen und unter sich sind.[313] In anderen Rezeptionsstudien wird ebenfalls betont, dass selbst noch so kritische Lesarten einer Fernsehserie oder eines Popsongs wenig von Empowerment haben, wenn sie lediglich als innere Vorgänge in einsam fernsehenden oder musikhörenden Personen ablaufen.[314] Und die Hausfrauen, die miteinander über männliche Serienhelden lachen, werden deshalb nicht zu Rebellinnen hypostasiert; es wird lediglich davon gesprochen, dass Frauengespräche über Fernsehserien zu einem selbstbewussteren Alltagsverhalten beitragen könnten.[315] Insgesamt spürt die große Mehrzahl der Medienstudien lediglich widerspenstige Lesarten von kleiner Reichweite oder großer Vagheit auf: das Vergnügen an der Bloßstellung von Alltagsdespoten und an der Verletzung

---

311 Vgl. John Fiske: Television culture. London, New York 1990, S. 64. „Negotiated reading" – ein von Stuart Hall geprägter Begriff – meint eine Rezeption, welche im Wesentlichen den im Text dominanten Bedeutungen folgt und diese nur in manchen Punkten modifiziert oder abweist.
312 Vgl. Radway 1984, S. 221. Dazu auch Gray 1999, S. 29.
313 Vgl. Radway 1984, S. 212, und Brown 1994, S. 133–152. Siehe auch Andreas Hepp: Fernsehaneignung und Alltagsgespräche. Fernsehnutzung aus der Perspektive der Cultural Studies. Opladen/Wiesbaden 1998, S. 44.
314 Vgl. Radway 1984, S. 212.
315 Vgl. ebd., S. 216–218. Auch Mary Ellen Brown, deren Zuschauerinnenbild durchaus zum ‚Feminoptimismus' neigt (z.B. in der relativierend gemeinten Formulierung „Not all woman's talk is resistive", ebd., S. 170), drückt sich in diesem Punkt sehr vorsichtig aus: „In specific (!) group situations, women or other subordinate groups may (!) speak in a contrary way by speaking illegitimately. Within a social context (!), such talk can (!) begin the process of awareness that must precede (!) change" (Brown 1994, S. 113; Ausrufungszeichen von B.J.W.).

angemaßter Vorrechte, den Traum von größerer sozialer Anerkennung und freierer Entfaltung – verachtenswerte Petitessen aber nur für den, der unter- und außerhalb von „kämpferischem Klassenbewusstsein" einzig Borniertheit oder Anpassung erkennen kann.

Freilich sollte man sich bei alledem stets bewusst machen, dass eigensinnige oder heterodoxe Lesarten nicht mit ideologie- oder herrschaftskritischen, also emanzipativen Haltungen gleichzusetzen sind. Hat Fiske Recht, wenn er die Rezeption des Bruce-Willis-Films „Die Hard" durch eine Gruppe von Obdachlosen, die sich mit den Gegnern der Ordnungsmacht identifizieren, als gesellschaftskritisch bewertet, oder ist Douglas Kellner zuzustimmen, der diese Umbewertung als recht konventionelle Verherrlichung von Gewalt betrachtet?[316] Auch der richtige Hinweis, dass Alltagserfahrungen des Publikums sich gegen Medienbilder von diesem Alltag durchsetzen können, darf nicht einfach als gute Nachricht verstanden werden. Denn es schließt ein, dass nicht in das eigene Weltbild passende Botschaften gern überhört und übersehen werden (ähnlich der Abwehr unwillkommener Deutungen des eigenen Innenlebens, welche die Psychoanalyse als „Widerstand" bezeichnet) – oder man sie so zurechtbiegt, dass sie mit den eigenen Vorannahmen und Vorurteilen harmonieren (eine Operation, welche in der Kognitionspsychologie als „Auflösung kognitiver Dissonanzen" firmiert). In ihrer Studie über Musikvideos und deren Rezeption durch Jugendliche hat Ute Bechdolf solche Vorgänge dokumentiert. Manche männlichen Zuschauer übersahen es schlichtweg, wenn Videos den Dualismus von männlichem und weiblichem Körper auflösten, oder sie leugneten, dass manche der dargestellten Männer verkleidete Frauen waren.[317] Dies Beispiel ist nicht willkürlich gewählt: In Fragen der „Identitätspolitik", also etwa beim Thema der sexuellen Ausrichtung oder der ethnischen Zugehörigkeit, vertreten Mainstream-Produktionen häufig liberalere Positionen als die Mehrheit ihres Publikums.

---

316 Vgl. Douglas Kellner: Media culture: Cultural Studies, identity and politics between the modern and the postmodern. London usw. 1995, S. 37f.
317 Vgl. Ute Bechdolf: Puzzling Gender. Re- und Dekonstruktionen von Geschlechterverhältnissen im und beim Musikfernsehen. Weinheim 1999, S. 202f.

Eine weitere, letzte Kautel: Alles, was hier zu einer kreativ-abweichenden Medienrezeption gesagt wurde, gilt idealtypisch nur für fiktionale und andere künstlerisch-unterhaltende Genres. Bei Mediengattungen, die sich als Informationsvermittler inserieren wie z.B. Nachrichtensendungen, Reportagen oder docu-soaps, ist die ‚Gegenmacht der eigenen Lesart' ungleich begrenzter. Sicherlich können eigene Erfahrung und eigenes Wissen auch hier dazu helfen, den übermittelten Informationen, den in ihre Darbietung verwobenen Perspektivierungen und den mit ihnen verknüpften Expertenmeinungen zu misstrauen oder sie gegen den Strich zu lesen. Doch zum einen erfordert eine Informationskritik, die über pauschale Urteile vom Typ „Die lügen doch alle" hinausgeht, mehr Kompetenzen, als sie sich aus der eigenen Alltagserfahrung und der Selbstreflexion der eigenen Lebenssituation gewinnen lassen: nämlich einschlägige Sachkenntnis, die u.a. vom erworbenen Bildungsgrad und vom Zugang zu den jeweils relevanten Informationsquellen abhängt. Zum andern sind Fehlinformationen und – was in der Regel weit bedeutsamer ist – fehlende Informationen mitunter selbst von einem sachkundigen und medienkritischen Publikum nicht kompensierbar, zumal dann, wenn bestimmte Nachrichten- und Wissensmängel nicht nur bei einzelnen Anbietern auftreten, sondern endemischen Charakter haben.

Führt man sich die Rezeptionssituation auf dem Informationssektor vor Augen und bedenkt zudem, dass die fiktionalen und unterhaltenden Gattungen ebenfalls Informationsgehalte transportieren und damit auch Desinformation erzeugen können, so verringert sich die Kluft zwischen einer (vorsichtig gehandhabten) Theorie widerständiger Medienrezeption und einer (vorsichtig gehandhabten) Theorie der Manipulation.[318] Welcher die-

---

318 Von Seiten der Manipulationstheorie hat Pierre Bourdieu diese Kluft in einer Philippika von 1997 noch einmal verdeutlicht: „Man muß schon ein sehr zähes Vertrauen in die unbestreitbaren, wenn auch begrenzten ‚Widerstands'-Fähigkeiten des Volkes haben, um mit einer bestimmten, sogenannten ‚postmodernen' Kulturkritik' davon auszugehen, daß der berufliche Zynismus der Fernsehproduzenten (…) im aktiven Zynismus der Zuschauer (für den besonders das Zappen bezeichnend sei) seine Grenze oder sein Gegengift finden könnte. Wenn man, wie einige ‚postmoderne' Hermeneutiker, die Fähigkeit für universell hält, in höchst reflexiver Weise eine ‚Lektüre' dritten oder vierten Grades dieser ‚ironischen und

ser Theorien in der heutigen Medienlandschaft der größere Realitätsgehalt zukommt, lässt sich nur durch eine Rezeptionsforschung klären, die konkret auf bestimmte Genres, auf die jeweilige Angebotssituation und die jeweiligen Rezipientenfähigkeiten eingeht und sich darüber hinaus der schwierigen Aufgabe widmet, von der Untersuchung der Medienrezeption zum Studium des „whole way of life" der Medienrezipienten weiterzugehen.

Moments of freedom, movements for freedom

So vielfältig die Rezeptionsweisen populärer Medien sind, die bisher diskutiert wurden, so decken sie doch nur einen Teil der Vorgänge ab, die den Medienumgang ausmachen. Denn dieser besteht ja nicht nur in Verstehensarbeit, sondern auch in emotionalen und körperlichen Tätigkeiten. Schon bei einer recht asketischen Form der ästhetischen Betätigung, beim stummen Lesen, geht es außer um Sinn um Sinnlichkeit. Zur Leselust gehören neben der Lust des Erkennens und Verstehens das Herzklopfen der Spannung, die feuchten Augen der Rührung und die roten Ohren der angestachelten Neugierde. Bei anderen Genres treten diese über die Re- und Neuproduktion von Bedeutung hinausgehenden Momente noch stärker in den Vordergrund, so etwa bei musikalischen Darbietungen, die Empfindungen und Phantasien evozieren und darüber hinaus zum Mitmachen animieren können. In der popularen Kultur fällt die körperliche Expressivität des Publikums zudem meist heftiger, lauter, derber aus als in den klassisch-bürgerlichen Künsten, und sie wird oft noch ergänzt und gesteigert durch Kollektivität: durch das Gemeinsamkeit suchende und herstellende Lachen, Schreien, Singen, Schunkeln, Tanzen.

metatextuellen' Botschaften zu betreiben, die der manipulatorische Zynismus der Fernsehproduzenten und Werbeleute auf den Weg bringt, fällt man in Wirklichkeit einer der perversesten Formen der scholastischen Illusion in populistischem Gewande anheim" (Pierre Bourdieu: Gegenfeuer. Wortmeldungen im Dienst des Widerstands gegen die neoliberale Invasion. Konstanz 1998, S. 84).

In der klassisch-bürgerlichen Ästhetik waren die sinnlichen Anteile der Kunstaneignung durchaus nicht übersehen, jedoch gern als unkultiviert abgewertet worden. Kant nannte einst sogar die Musik „mehr Genuß als Kultur"[319] und den Geschmack „jederzeit noch barbarisch, wo er die Beimischung der R e i z e und R ü h r u n g e n zum Wohlgefallen bedarf".[320] Auch die roten Bildungsbürger, die in der deutschen Arbeiterbewegung den Ton angaben, hatten Probleme mit dem Rausch, der Verzückung, der Ekstase, zu denen Unterhaltungskünste wie Kinofilm, Schlager oder Liebesroman „verführen" konnten. Vertreter der Cultural Studies und der Ethnographie der Popularkultur dagegen betonten, dass sinnliches Begehren und sinnliche Befriedigung als selbstverständliche und legitime Komponenten jeder ästhetischen Erfahrung zu gelten hätten,[321] und der hohe Stellenwert, den solche Vergnügen in der Massenkultur besitzen, bedeutete für sie keineswegs ein beklagenswertes Defizit, sondern ein besonders wertvolles Potential dieser Kultur.

Als Vordenker nennen Cultural-Studies-Autoren dabei gern Roland Barthes, der in einem Essay von 1974 die „Lust am Text" zum Gütekriterium für die Leseerfahrung erklärt hatte.[322] Barthes freilich behandelt vor allem die Lust an Werken der Weltliteratur. Für das Lob des Amüsements, das populäre Künste zu entfesseln vermögen, lassen sich zwei andere Stichwortgeber nennen: Theodor W. Adorno und Max Horkheimer nämlich, die – entgegen einer verbreiteten Unterstellung – die Kulturindustrie ihrer Zeit eben nicht dafür tadelten, dass sie sich der intellektuellen Anstrengung versage und auf sinnliche Vergnügen regrediere, sondern dass sie das „reine Amusement"

---

319 Immanuel Kant: Kritik der ästhetischen Urteilskraft. In: Ders.: Werke, Bd. X. Frankfurt/M. 1957, S. 431.
320 Ebd., S. 302.
321 „Wir können annehmen, daß Kunst seit den Höhlenmalereien, Jagdtänzen und Arbeitsgesängen nie in ihrer Deutungsleistung aufging. Spaß und Genuß sensueller und emotionaler Reize bildeten nicht nur die Grundlage der Sinnvermittlung, sie wurden von den Menschen auch als solche geschätzt" (Kaspar Maase: Grenzenloses Vergnügen. Der Aufstieg der Massenkultur 1850–1970. Frankfurt/M. 1997, S. 32).
322 Vgl. Roland Barthes: Die Lust am Text. Frankfurt/M. 1974, S. 71.

aus ideologischen Gründen beschneide.[323] Adorno und Horkheimer nahmen auch die in den Cultural Studies verbreitete Tendenz vorweg, der „entfesselten" populären Unterhaltung – diesseits aller inhaltlichen Botschaften – Momente sozialer Widerständigkeit zuzusprechen. Der Unterschied ist freilich, dass sie das „ungebärdig Widerstehende" der leichten oder niederen Künste in der damaligen Kulturindustrie (also der der 1940er Jahre) als fast gänzlich gebändigt betrachteten, während Cultural-Studies-Vertreter sich auf die Populärkultur der 1970er und 1980er Jahre bezogen, in der sie eine ungleich stärkere Lustfreiheit realisiert sahen.

Diese Befreiung wurde auf verschiedenen Ebenen angesiedelt. Einmal ging es schlicht um den Hinweis auf raumzeitliche Freiräume, die sich die Unterhaltungswilligen schüfen, was dann widerständigen Charakter annehmen könne, wenn dabei Arbeitspflichten vernachlässigt würden. So schreibt Janice Radway in ihrer schon mehrmals angesprochenen Studie über Leserinnen populärer Liebesromane: „(T)he act of romance reading is oppositional because it allows the women to refuse momentarily their self-abnegating social role."[324] „In picking up a book (...), they refuse temporarily their family's otherwise constant demand that they attend to the wants of

---

323 „Leichte' Kunst als solche, Zerstreuung, ist keine Verfallsform", heißt es in der „Dialektik der Aufklärung" (Horkheimer/Adorno 1947, S. 161). „Amusement, ganz entfesselt, wäre nicht bloß der Gegensatz zur Kunst, sondern auch das Extrem, das sie berührt. (...) Je ernster diese es mit dem Widerspruch zum Dasein meint, um so mehr ähnelt sie dem Ernst des Daseins, ihrem Gegensatz; je mehr Arbeit sie darauf verwendet, aus dem eigenen Formgesetz rein sich zu entfalten, um so mehr verlangt sie vom Verständnis wiederum Arbeit, während sie deren Last gerade negieren wollte. In manchen Revuefilmen, vor allem aber in der Groteske und den Funnies blitzt für Augenblicke die Möglichkeit dieser Negation selber auf. Zu ihrer Verwirklichung darf es freilich nicht kommen. Das reine Amusement in seiner Konsequenz, das entspannte sich Überlassen an bunte Assoziation und glücklichen Unsinn wird vom gängigen Amusement beschnitten: es wird durch das Surrogat eines zusammenhängenden Sinns gestört (...)." Als Beispiel für entfesseltes Vergnügen dient den so gern als ebenso amerika- wie massenfeindlich etikettierten Autoren der bis dahin erfolgreichste Unterhaltungsschriftsteller der USA, Mark Twain. (Vgl. ebd., S. 169.)
324 Radway 1984, S. 209f.

others even as they act deliberately to do something for their own private pleasure."[325] Analog dazu wurden in der feministischen Fernsehforschung Hausfrauen geschildert, die sich tagsüber soap operas ansehen, dies als verdiente Unterbrechung der Hausarbeit verstehen und diese Freizeit gegen die Bedienungsansprüche von Ehemann und Kindern verteidigen.[326] Man mag zögern, ein solches evasives Verhalten tatsächlich mit dem Stempel „oppositionell" zu versehen, sollte sich aber doch an den beständigen Kampf erinnern, den kirchliche und weltliche Erziehungsinstanzen seit dem Entstehen eines literarischen Massenpublikums gegen die Romanlektüre von Frauen führten, welche schon deshalb als Gefahr für Sitte und Sittlichkeit gesehen wurde, weil sie gegen das Gebot der nimmermüden Frauenhände verstieß. Insbesondere für Frauen aus mittleren und unteren Sozialschichten war Lust auf Unterhaltung statt Sorge um den Unterhalt über lange Epochen und in vielen Situationen tatsächlich ein objektiver und oft auch subjektiver Akt der Widerständigkeit. Wo und wann dies heute noch der Fall ist, muss natürlich ebenso geprüft werden, wie der soziale Nutzen solcher kleinen Fluchten jeweils neu abzuschätzen ist, was sofort einsichtig wird, wenn man von fernsehenden Hausfrauen zu Berufsschülern weitergeht, die statt der Schule die Flipperkneipe besuchen und damit möglicherweise einen Pyrrhussieg über ihre Erzieher erringen.

Neben der temporären Befreiung von Fremdkontrolle unterstrich die Popularkulturforschung vor allem die Befreiung von Selbstkontrolle, die mithilfe von Unterhaltungsmedien stattfinde. Gemeint war hierbei einmal das entspannte Spiel mit Denk- und Wahrnehmungsfähigkeiten, die Erlaubnis zu blödeln, zu träumen, zu assoziieren; zum andern die zweck- oder zumindest arbeitsfreie Betätigung und Wahrnehmung des eigenen Körpers.[327] Beispiele

---

325 Ebd., S. 211.
326 Vgl. z.B. Seiter u.a. 1991, S. 230f. – Diese temporäre Freiheit beim Medienkonsum wird übrigens schon von Adorno und Horkheimer gewürdigt: „Der Hausfrau gewährt das Dunkel des Kinos trotz der Filme, die sie weiter integrieren sollen, ein Asyl, wo sie ein paar Stunden unkontrolliert dabeisitzen kann, wie sie einmal, als es noch Wohnungen und Feierabend gab, zum Fenster hinausblickte" (Adorno/Horkheimer 1947, S. 165f.).
327 Fiske spricht von „(t)he body's momentary release from its social definition and

dafür waren u.a. der spielerische Gebrauch von Unterhaltungsapparaten in Vergnügungsparks, der die übliche Unterordnung des Menschen unter die Maschine in der Arbeitswelt sprenge,[328] und vor allem die Popmusik, bei welcher Rhythmus, Lautstärke, Lichterspiel den Körper auch ohne weitere Drogen-Hilfe von der „tyranny of the subject"[329] befreiten. Für Fiske repräsentierte die ekstatische Körperlichkeit solcher Massenvergnügungen eine „popular, vulgar energy, a force consistently threatening to burst out of control".[330] „Vulgarität" bedeutet dabei nicht, dass hier nur der vulgus aktiv sei: Die Popkulturforschung wies vielmehr darauf hin, dass die Körperbetontheit von Unterhaltung und der Bruch mit jeweils herrschenden Schönheits- und Anstandsidealen, also das Spiel mit dem Grotesken, dem „Hässlichen" und dem „Peinlichen", zumindest bei den Jugendlichen in die Mittelschichten aufgestiegen seien.

Voreilig wäre es jedoch anzunehmen, dass die Schichtdifferenzen bei der Körperinszenierung völlig eingeebnet seien.[331] In einem Aufsatz „Wie Kultur repräsentativ wird. Die Politik der Cultural Studies" rätselt Clemens Albrecht über die Bereitschaft von Kulturwissenschaftlern, den Spaß an soap operas, der Leipziger Gothic-Messe oder Heavy-Metal-Konzerten als widerständig zu bewerten, und deutet sie schließlich als den Versuch linker Vernunft, sich den intellektuellen Ekel vor diesen Vergnügungen auszureden. Wenn man

---

control, and from the tyranny of the subject who normally inhabits it" (Fiske 1989(b), S. 83).
328 Vgl. Tony Bennett: A Thousand and One Pleasures: Blackpool Pleasure Beach. In: Ders. u.a. (Hg.): Formations of Pleasure. London 1983, S. 138–145. – Als Beispiel für die entgegengesetzte These, nämlich dass Automatenspiele usw. in die Unterwerfung unter industrielle Arbeitsformen einüben, vgl. meinen (sich ambivalenten und gegenläufigen Gehalten des untersuchten Spiels weitgehend verschließenden) Aufsatz: Der Flipperautomat. Ein Versuch über Zerstreuungskultur. In: Jürgen Alberts u.a.: Segmente der Unterhaltungsindustrie. Frankfurt/M. 1974, S. 66–129.
329 Vgl. Fiske 1989(b), S. 83.
330 Ebd., S. 54.
331 Vgl. Kaspar Maase: Spiel ohne Grenzen. Von der ‚Massenkultur' zur ‚Erlebnisgesellschaft': Wandel im Umgang mit populärer Unterhaltung. In: Udo Göttlich/Rainer Winter (Hg.): Politik des Vergnügens. Zur Diskussion der Populärkultur in den Cultural Studies. Köln 2000, S. 75–102; v.a. S. 87–91.

über die Love Parade lese, „dass im Akt des basal rhythmischen Tanzes der Mensch sich von den letzten verinnerlichten Zwängen der Zivilisation befreie (etwa von der Kleidung) und somit ein emotionales Widerstandspotenzial gegen alle Herrschaftsansprüche mobilisiere", so folge dies dem Imperativ, die Zuckungen des Ravers als Ausübung eines demokratischen Rechts auf individuelles sich Ausleben zu unterstützen. Albrecht nennt dies eine „Politik des Vergnügens": „Denn über Politik konstruieren wir das intellektuelle Interesse an den verschiedenen Formen des Vergnügens, die uns eigentlich kein Vergnügen bereiten. Und nur eine bestimmte Politik macht uns das Vergnügen zur Pflicht (…)."[332] Albrechts Diagnose klammert freilich die Riege derjenigen Popkulturforscher aus, die – wie z.B. John Fiske – glaubhaft versichern, dass sie selbst Soaps, Rockmusik, Fußballspiele nicht nur dienstlich rezipieren, sondern auch privat erleben und genießen.[333] Bei ihnen wäre nicht zu fragen, ob die These vom Widerstand den eigenen Widerwillen bekämpft, sondern ob sie dazu dient, dem eigenen intellektuellen Gewissen die eigene Regressionslust als politisch und akademisch korrekt zu verkaufen.

Beide Interpretationen würden der Glaubwürdigkeit der ForscherInnen nur dann gefährlich, wenn diese dem popularen Lustprinzip wirklich umstandslos Befreiungscharakter zusprechen würden. Doch sie lassen hier in aller Regel Vorsicht walten. Einmal wird beständig auf die ideologische oder politische Vieldeutigkeit und Vielfunktionalität von Spaßhaben hingewiesen,[334] auf konformistische Vergnügungen bzw. das Vergnügen am Konformismus,[335] auf die ungebrochene populare Tradition des Verlachens von Außenseitern und Schwächeren, von Frauen, Fremden, Schwulen, auf den häufigen Übergang körperlicher Selbstbefreiung in die körperliche Behelligung von anderen.[336] Überdies wird immer wieder – auf eine Unterscheidung von Roland

---

332 Clemens Albrecht: Wie Kultur repräsentativ wird. Die Politik der Cultural Studies. In: Göttlich/Gebhardt/Albrecht (Hg.) 2002, S. 16–32; hier S. 29.
333 Vgl. Fiske 2000, S. 69f.
334 Vgl. Colin Mercer: Complicit Pleasures. In: Tony Bennett/Colin Mercer/Janet Woollacott (Hg.): Popular Culture and Social Relations. Milton Keynes, Philadelphia 1986, S. 50–68.
335 Vgl. Fiske 1989(b), S. 49.
336 Vgl. Lawrence Grossberg: Cultural Studies vs. Political Economy: Is Anybody Else

Barthes rekurrierend – bekräftigt, dass der Spaß an populären Medien meist nur harmloses „plaisir" und nicht gewohnheits- und normensprengende „jouissance" darstelle. Dennoch zeigen manche Analysen – u.a. bei Fiske – eine Neigung, jedes offensiv genuss- und nicht pflichtenorientierte Verhalten per se als subversiv, als Ausbüchsen vor sozialer Kontrolle und Auflösung herrschender Ordnungen zu interpretieren. Aber wir leben nun einmal nicht in einer Gesellschaftsformation, in der sich Schul-, Kirchen-, Industrie- und Militärdisziplin die Hand reichen, in der die Leitkultur aus asketischer Moral, klaglosem Gehorsam und aufrechter Sitzhaltung besteht, sondern – das wurde oben bereits angesprochen – zwar immer noch in einer von einem bürokratischen Staat verwalteten Arbeitsgesellschaft, zugleich aber in einer Konsum-, Freizeit- und Erlebnisgesellschaft, in der sich bei allen Schichten – wiewohl unterschiedlich stark – sowohl die Genussmöglichkeiten wie auch die Lizenz zum individuellen Lebensstil enorm erweitert haben.

Freilich existieren trotz des Mentalitätswandels, in dessen Verlauf immer mehr soziale Gruppen „von der Pflicht zur Pflicht zum Genuß"[337] übergegangen sind, alte und neue soziale Gruppen, bei denen exzessive Freizeitvergnügungen die seltene Unterbrechung einer keineswegs lustvollen Arbeit darstellen und deshalb als normen- und gewohnheitserschütternde Befreiung erlebt werden, und es gibt nach wie vor Vergnügungsformen, die kulturelle Sprengkraft besitzen. Zu ihnen gehört die Lust an der symbolischen oder symbolunterstützten Überschreitung von Gender-Grenzen, denen die Cultural Studies zu Recht besondere Aufmerksamkeit gewidmet haben, dazuhin das demonstrative Bekenntnis zu „unfeinen" und „unschönen" Körperinszenierungen, wie sie u.a. bei unterschichtlichen Jugendlichen zu finden sind.[338] Fiske weist hierbei darauf hin, dass Vergnügungen je nachdem als legitim oder illegitim, ja illegal angesehen werden, wer sie jeweils praktiziert: „Excessive pleasures

---

Bored with this Debate? In: Critical Studies in Mass Communication, 12. Jg. 1995, S. 72–81; hier S. 75.
337 So Pierre Bourdieu: Die feinen Unterschiede. Kritik der gesellschaftlichen Urteilskraft. Frankfurt/M. 1982, S. 573, bezogen allerdings nur auf das damalige „neue Kleinbürgertum".
338 Vgl. z.B. Karl Homuth: Von der Krise der Kultur zur Kultur der Krise. In: Ästhetik und Kommunikation, 18. Jg. 1988, H. 70/71, S. 57–70.

always threaten social control, but when these pleasures are those of subordinated groups (whether the subordination is by class, gender, race, or whatever) the threat is particularly stark, and disciplinary, if not repressive, action is almost inevitable."[339] Solche Effekte treten natürlich nur dann auf, wenn die Vergnügungssüchtigen keine „einsame Masse", sondern eine versammelte Masse bilden, in der neben inneren Körperketten die äußeren Körpergrenzen gesprengt werden und Individuen und Gruppen, welche sonst „der Mode Schwert geteilt", einen schönen Augenblick lang miteinander verschmelzen.

Kollektive Ekstase, derbe Komik, exzessive Körperlichkeit, lustvolle Un- oder Umordnung: Das sind allesamt Attribute, die eine Verwandtschaft der modernen Popkultur mit dem traditionellen Karneval nahe legen könnten. Dieser Bezug ist in der Medien- und Jugendkulturforschung oft hergestellt worden – allerdings mit unterschiedlichen Intentionen. Einmal wurde dabei auf gemeinsame subversive Qualitäten hingewiesen, wobei man vor allem auf Michael Bachtins Studien zum karnevalesken Vergnügen rekurrierte, welche dieses als permanente volkskulturelle Revolte gegen von oben verordnete Triebsublimierung und Triebunterdrückung, als materialistische Parteinahme für die Bedürfnisse des Bauches und des Geschlechtslebens interpretierten.[340] Andere Autoren, etwa Colin Mercer, fanden den Vergleich mit dem Karneval ebenfalls fruchtbar, jedoch aus dem ganz anderen Grund, dass sich hier wie dort die Vieldeutigkeit von populären Vergnügungen zeige, die keineswegs per se oppositionell oder gar radikal seien.[341] Eine dritte Auffassung attestierte dem Karneval – zumindest dem vormodernen – durchaus spektakuläre Norm- und Regelbrüche, doch wurden diese als „Umkehrrituale" interpretiert, in denen die herrschende Ordnung mit herrscherlicher Einwilligung zeit- und teilweise außer Kraft gesetzt wird.[342] Im karnevalesken Lachen träfen sich demnach, so könnte man sagen, ein aggressives Verlachen von Ordnungen und ein heiteres Lachen, das den Unernst dieses Angriffs

---

339 Fiske 1989(b), S. 75.
340 Vgl. Michael Bachtin: Rabelais und seine Welt. Volkskultur als Gegenkultur. Frankfurt/M. 1987.
341 Vgl. Mercer 1986, S. 60.
342 Vgl. u.a. Burke 1981, S. 215–218.

signalisiert. Eine vergleichbare Rolle wurde den ekstatischen und widerständigen Gehalten popularer Unterhaltungen zugesprochen. Zwar sah man sie nicht unbedingt in den strengen Rahmen einer „Ventilsitte" gefasst, wohl aber schrieb man ihnen eine sozialpsychische „Ventilfunktion" zu. Damit verband sich z.T. eine Kritik an der heutigen Spaß- und Eventkultur, auch wo sie unkonventionelle Masken trägt und ordnungswidrige Spiele betreibt: die Kritik, dass man sich hier mit ‚moments of freedom' begnüge, ohne diese in ein ‚movement for freedom' einzubinden – und die Popkulturforschung diese Kultur des Disengagement dennoch als widerständig feiere.[343]

---

343 Vgl. z.B. Gitlin 1999. – Wenn es um die Entgegensetzung von „moments of freedom" und „movements for freedom" geht, sollten wenigstens am Rande die Position von Hakim Bey sowie die von Johannes Fabian angeführt werden, auch wenn sich Bey nicht auf den Zusammenhang von Popkultur und popularen Kulturen und Fabian nicht auf westliche Gesellschaften bezieht. In seinem 1991 veröffentlichten Manifest „T.A.Z. Die Temporäre Autonome Zone" (Berlin, Amsterdam 1994) vertritt der US-amerikanische Autor Hakim Bey einen hedonistischen Anarchismus, der insofern mehr als einen anarchistischen Hedonismus darstellt, als er auf politische Erfahrungen rekurriert und sich in einem Feld politischer Optionen verortet. Zum einen beurteilt Bey bisherige Revolutionen, zumindest was die Ziele Freiheit und Gleichheit angehe, als gescheitert: Stets sei der Revolution die Reaktion gefolgt. Zum andern argumentiert er, dass heutige Revolutionsversuche, die eine direkte Konfrontation mit dem Staat suchten, sowieso einigermaßen aussichtslos seien. Beide Diagnosen münden in eine Polemik gegen „die Bagage des revolutionären Masochismus oder der idealistischen Selbstaufopferung" (ebd., S. 82) und die Propaganda für „temporäre autonome Zonen". Diese findet Bey in politischen Raumzeitfenstern wie d'Annunzios „Republik von Fiume" oder der Münchner Räterepublik, aber auch im Modell der konvivialen „Dinner Party" verkörpert, wie sie einst der amerikanische Philosoph und Anarchist Stephen Pearl Andrews als „höchste Form menschlicher Gesellschaft in der existierenden Ordnung" feierte (vgl. Stephen Pearl Andrews: The science of society. Part I: The true constitution of government in the sovereignty of the individual as the final development of protestantism, democracy and socialism. New York 1851). Auch Veranstaltungen der Popkultur werden als Momente der realisierten Republik angesehen, in der alle Gruppen und alle Bedürfnisse die gleiche Freiheit genießen. Bey, so das Vorwort zur deutschen Ausgabe der „T.A.Z.", habe erkannt, dass „alle linken und rechten Dogmen lediglich bezwecken, den Drang zum Feiern in vorgeschriebene Bahnen, auf ein vorgefasstes Ziel hin zu lenken, was ein Spitzenfest

Die Frage ist allerdings, wieweit bei populären und im engeren Sinn popkulturellen Unterhaltungen die angestrebten „moments of freedom" tatsächlich gegen Idee und Praxis des „movement for freedom" abgeschottet sind. Zu Recht wies Lawrence Grossberg darauf hin, dass unpolitisch nicht eskapistisch heißen muss: Die Gefühle, die Popkultur wachrufe, könnten gewiss dem Ausweichen vor der Realität dienen, doch seien „affektive Zusammenhänge (...) die Bedingung der Möglichkeit von Optimismus, Lebendigkeit und Leidenschaft – Attribute, ohne die es keinen Kampf um die Veränderung der Welt geben kann".[344] Gegen eine Verabsolutierung der Ventil-Theorie spricht zudem die Tatsache, dass die Vergnügungen der Popularkultur keineswegs Sinnlichkeit ohne Sinn repräsentieren, wobei dieser Sinn nicht nur

---

überhaupt nicht nötig hat. Ohne Perspektive gibt es mehr zu erleben" (Bey 1994, S. 7). – In manchem ähnlich argumentiert der US-amerikanische, in Amsterdam lehrende Ethnologe Johannes Fabian in seinem Buch „Moments of Freedom. Anthropology and Popular Culture" (Charlottesville, London 1998), wobei aber sein empirischer Ausgangspunkt ein ganz anderer ist, nämlich die Situation in zentralafrikanischen Großstädten. Die dortige Popkultur wird von Fabian den „weapons of the weak" zugerechnet: Fabian fügt James C. Scotts Waffenverzeichnis („foot dragging, dissimulation, desertion, false compliance, pilfering, feigned ignorance, slander, arson, sabotage, and so on") religiöse und künstlerische Tätigkeiten hinzu („religious dissent and innovation, pop music, theater, genre painting, historiography, ,and so on'"; ebd., S. 38f.) und sieht in der populären Kultur die Erkenntnis der Temporalität von Freiheit umgesetzt: „The political vision behind popular culture as ,moments of freedom' is decidedly not one of revolution and liberation, once and forever. (...) Moments of freedom do away with grand visions that have always depended on liberators: persons, doctrines, or political systems. That freedom comes in moments makes it impossible to distinguish, as a matter of uncontested principle, between societies that have it and others that do not. Commitment to such an idea (no matter how many rational choices or expedient compromises one makes when preferring to live in one society or state rather than another) requires thought capable of transcending received distinctions. Such thought may have to be more radical than the ideas that have moved either the missionaries of democracy or the prophets of revolution" (ebd., S. 139f.).

344 Lawrence Grossberg: Zur Verortung der Populärkultur. In: Roger Bromley/Udo Göttlich/Rainer Winter (Hg.): Cultural studies. Grundlagentexte zur Einführung. Lüneburg 1999, S. 215–236; hier S. 235.

in Songtexten, Filmdialogen und Filmplots ausgedrückt ist, sondern ebenso in den Assoziationen stecken kann, die sich mit bestimmten Musikgenres und Musikstücken verbinden. Und es ist wohl kaum behauptbar, dass dieser Sinn, sofern er überhaupt nonkonformistisch ist, in einem rituellen Umkehrmuster befangen bleibt. Von traditionellen Volksfesten wie dem Karneval kann man wohl mit einigem Recht sagen, dass die verkehrte Welt hier im doppelten Sinne „vorgeführt", nämlich sowohl praktiziert wie ausgelacht wird (wenngleich der Umschlag von Brauch in Rebellion durchaus möglich ist[345]). Wenn sich auf heutigen Popfesten Männer als Frauen verkleiden, so hat das oft nicht mehr Ulk-, sondern Versuchscharakter, und dabei zu lachen drückt möglicherweise nicht bloßen Spott, sondern Freude über die Grenzüberschreitung aus. Und es ist durchaus nicht so, dass oppositioneller Sinn in Opposition zu Sinnlichkeit stehen muss. Wenn Gabriele Klein die deutsche Popszene der 1990er Jahre dadurch charakterisiert, dass sich Widerstand hier „nicht mehr dogmatisch, verbissen, diszipliniert und provokant, sondern als verspielte, spaßgeladene Demonstration des Lebensgefühls"[346] zeige, so besteht die Gefahr, dass die von ihr bekämpfte Neigung linker Intellektueller, Lust als politisch unvernünftig zu denunzieren, nun in die ebenso falsche Umkehrung mündet, dass politisches Engagement per se lustfeindlich sei. Ein liberaler Populismus, der sich auf die Seite des Nichts-als-Spaß-Habens schlägt, dürfte die Klientel, der er damit nach dem Munde zu reden meint, ein wenig unterschätzen.

Dem Soziologen Ronald Hitzler zufolge haben die Kinder der Protestgeneration „irgendwann in den achtziger Jahren damit begonnen, das bessere Leben nicht mehr theoretisch zu begründen und ideologisch einzufordern, sondern einfach praktisch zu genießen".[347] Ihre Eltern hätten Spaß noch instrumentalisiert und mit ihm die Verhältnisse zum Tanzen bringen wollen; die neue Spaßgeneration dagegen tanze auf den Verhältnissen.[348] Doch diese

---

345 Vgl. etwa Burke 1981, S. 216–218.
346 Gabriele Klein: Electronic Vibration. Pop Kultur Theorie. Hamburg 1999, S. 125.
347 Ronald Hitzler: Trivialhedonismus? Eine Gesellschaft auf dem Weg in die Spaßkultur. In: Göttlich/Gebhardt/Albrecht (Hg.) 2002, S. 244–258; hier S. 248.
348 Vgl. ebd., S. 252.

Entgegensetzung ist womöglich zu schroff. Glaubt man Umfragen aus den 1990ern, so hieß die Parole nicht Entpolitisierung, sondern „Engagement muss Spaß machen".[349] Die neuen sozialen Bewegungen haben diesem Bedürfnis seit den 1990er Jahren zunehmend Rechnung getragen. Das Problem ist freilich, dass arbeitende und arbeitslose Jugendliche aus unteren Bildungsschichten an ihnen sehr unterdurchschnittlich beteiligt sind. Es wäre genauer – und das heißt ethnographisch – zu untersuchen, inwieweit hieran Interessenunterschiede und inwieweit kultureller Ausschluss und Selbstausschluss beteiligt sind und welche Themen und Aktivitätsformen am ehesten geeignet sind oder sein könnten, um politische Kooperation über die Unterschiede verschiedener ‚Jugendsozialkulturen' hinweg zu ermöglichen.

Zukünftige Widerständigkeitsforschung

In einem Aufsatz über Vergangenheit und Zukunft der Cultural Studies beschreibt der Kulturwissenschaftler Winfried Fluck deren Geschichte als „die

---

349 Vgl. Roland Roth/Dieter Rucht: Jugendliche heute: Hoffnungsträger im Zukunftsloch? In: Dies. (Hg.): Jugendkulturen, Politik und Protest. Vom Widerstand zum Kommerz? Opladen 2000, S. 9–34; hier S. 29. – In der IBM-Jugendstudie von 1995 bezeichneten sich 67% der Befragten als gesellschaftlich engagiert: 83,8% im Umweltschutz, 61,9% im sozialen Bereich, 55,8% im Kampf gegen Rechtsradikalismus und Fremdenfeindlichkeit. (Vgl. Roth/Rucht 2000, S. 28.) Der Shell-Jugendstudie von 1997 zufolge erklärten sich 68% der deutschen Jugendlichen für ökologische Protestbewegungen, 61% für Menschenrechtsgruppen und 54% für Dritte-Welt-Initiativen. (Vgl. Jugendwerk der Deutschen Shell (Hg.): Jugend '97. Opladen 1997, S. 370.) In einer EMNID-Umfrage von 1999 wurden Jugendliche gefragt: „Wogegen lohnt es sich zu kämpfen?". 56% antworteten: „gegen die Spaßfeindlichkeit der Gesellschaft", 95% kreuzten „Umweltzerstörung" und 90% „soziale Ungerechtigkeit" an. (Vgl. „Der Spiegel", Jg. 1999, H. 28, S. 95.) Die Zahl der in den genannten Bereichen ab und zu oder dauerhaft Aktiven liegt natürlich weit unter der Quote dieser Interessebekundungen. Immerhin resümiert das Jugendpanel des Deutschen Jugendinstituts im selben Jahr, die Themen und die Formen der neuen sozialen Bewegungen hätten in der Palette der politischen Partizipation wenig eingebüßt. (Vgl. Roth/Rucht 2000, S. 29.)

Geschichte der wechselnden Antworten auf die Frage nach den Möglichkeiten einer oppositionellen Perspektive"[350] und konstatiert zugleich: „Die Suche der *Cultural Studies* nach Widerstandskulturen ist (...) eine des ständigen Rückzugs."[351] Am Anfang sei die Arbeiterschaft noch der Hoffnungsträger gewesen, doch diese habe sich in ihrer Reaktion auf die Gegenkulturbewegungen der 1960er Jahre als hoffnungslos konservativ erwiesen. Danach habe sich die Kulturwissenschaft auf „jugendliche Subkulturen mit rebellischem Gestus"[352] kapriziert, deren Widerstand jedoch nur freizeitkulturell, auf die oppositionelle Umdeutung von Konsumartikeln bezogen und zudem von der Kulturindustrie selbst zunehmend integriert worden sei. Inzwischen seien die Cultural Studies an einem „logischen Endpunkt" angelangt, an dem Widerstand nicht mehr von einer Gruppe oder sozialen Formation getragen werde und nicht mehr mit einem bestimmten Medium oder einer bestimmten semiotischen Praxis verbunden werden könne, sondern nur „in der kurzzeitigen performativen Befreiung aus diskursiver Vereinnahmung gesehen wird"[353]. Von der klassischen Kulturkritik an der Zweckrationalität der Moderne unterscheide die Cultural Studies nur mehr, dass sie dieser einengenden Rationalität entgegenstehende Praktiken nicht nur in individualisierter und avantgardistischer Ästhetik, sondern auch in populären und alltagsweltlichen Formen fänden oder zu finden suchten. Fluck zufolge ist diese Rückentwicklung durchaus logisch: „Wenn man fragt, wogegen eigentlich Widerstand geleistet werden soll, dann gibt es keine konkreten Adressaten mehr wie ehemals den Kapitalismus oder die Bourgeoisie, sondern nur noch eine zunehmend diffuse Form von Herrschaft, die von einer radikalisierten Herrschafts- und Kulturkritik als distinktes Merkmal moderner Gesellschaften beschrieben wird."[354] Überdies habe die Suche nach Widerstandskultur ein normatives Problem: In einer hochgradig pluralisierten Gesellschaft, in der ganz verschie-

---

350 Winfried Fluck: Widerstand leisten? Wo ist der Ausgangspunkt der Kulturwissenschaft und wie umkehrbar ist die Blickrichtung? In: Ästhetik und Kommunikation, 35. Jg. 2004, H. 126, S. 17–21; hier S. 18.
351 Ebd.
352 Ebd.
353 Ebd., S. 17.
354 Ebd., S. 19.

dene Subkulturen, Gruppen und Individuen gegen ihre mangelnde Anerkennung und deren oft gravierende ökonomische und soziale Konsequenzen kämpften, besitze keine dieser Widerständigkeiten einen übergreifenden Geltungsanspruch, woraus sich für die Forschung „das Problem der (unvermeidlichen) Selektivität in der Gegenstandswahl und ihrer Begründung"[355] ergebe. Fluck plädiert aus diesen Erwägungen heraus für ein „neues, nicht widerstands-fixiertes Fachverständnis"[356] oder zumindest für eine Reflexion darüber, „ob die Frage nach den Möglichkeiten von Widerstand (…) wirklich noch leitend bleiben kann".[357]

Die Interessenkurve, die Fluck für die Cultural Studies zeichnet, hat durchaus Ähnlichkeit mit dem Bild, das in den vorangegangenen Kapiteln von der Entwicklung der alltags- und kulturwissenschaftlichen Widerständigkeitsforschung entworfen wurde. Hier wie dort werden die schwindende Aufmerksamkeit für Arbeiterbewegung und Arbeiterkultur konstatiert, das zunehmende Interesse für widerständige oder eigensinnige Nutzung von Massengütern und Massenmedien, die Betonung der „moments of freedom", welche nicht nur die avantgardistische, sondern auch die populäre Kultur bereithalte. Andere Akzente würde ich jedoch bei der Krisendiagnose setzen, die Fluck dem Widerstands-Paradigma der Cultural Studies und implizit jeder gegenwartsbezogenen Beschäftigung mit Widerstand und Widerständigkeit stellt.

Was zunächst Flucks Hinweis auf die normativen Probleme der Widerstandsforschung angeht, so gelten diese in voller Schärfe nur für eine identifikatorische Forschung, die der einigermaßen naiven Überzeugung ist, dass die Widerstandsregungen in ein und derselben Gesellschaft in ein und dieselbe Richtung zeigen, und die sich selbst als Teil eines solchen einheitlichen oder konvergenten Widerstands betrachtet. Ganz sicherlich ist – nicht erst für die „hochgradig pluralisierte" Gegenwartsgesellschaft – von unterschiedlichen, ja konfligierenden Gruppeninteressen und zudem verschiedenen, sich teilweise widerstreitenden Bedürfnissen in jedem Individuum auszugehen;

---

355 Ebd., S. 21.
356 Ebd., S. 20.
357 Ebd.

auch subalterne Schichten verhalten sich bei ihrem Kampf um Anerkennung gewöhnlich nicht nach dem Schema „the people against the power block". Doch aus diesem Befund ergibt sich nicht automatisch das Normen- oder Parteilichkeitsdilemma, das Fluck an die Wand malt. Dies entstünde dann, wenn das gesellschaftliche Feld der Widerständigkeiten nur aus den Egoismen konkurrierender Gruppen zusammengesetzt wäre. Geht man jedoch von der Berechtigung konkurrenzbegrenzender Regeln sowie der Existenz ungleichheitserzeugender Rahmenbedingungen dieser Konkurrenz aus, kann man den verschiedenen und teilweise konfligierenden Widerständigkeiten durchaus unterschiedliche Geltungsansprüche zumessen. Damit ist denn auch eine parteilich-unterstützende Widerstandsforschung möglich und legitim (die sich freilich vor der immer mit Projektionen verbundenen identifikatorischen Haltung hüten muss). Das heißt jedoch nicht, dass diese die beherrschende Position einnehmen sollte, die sie bisher innehatte. Es wäre eine sträfliche Sicht- und Aufgabenbegrenzung, wenn sich die Ethnographie ihr Gegenüber primär nach dem Prinzip der Seelenverwandtschaft aussuchen und die Wonnen der Verbrüderung dem ethnographischen Auftrag des Fremdverstehens vorziehen würde. Dringend notwendig ist z.B. die unbequeme, das Überwinden von Angst und Abscheu erfordernde physische und psychische Annäherung an anomische oder ideologische, zu Fundamentalismus und rassistischer Gewalt greifende Widerständigkeit unterprivilegierter Gruppen. Es ist leider wahrscheinlich, dass diese Thematik der Ethnologie und Volkskunde nicht – wie viele andere Forschungsfelder zuvor – wegbrechen, sondern an Bedeutung gewinnen wird.

Diskussionsbedürftig scheint mir auch Flucks Bemerkung, dass die heutigen Cultural Studies „keine konkreten Adressaten mehr wie ehemals den Kapitalismus oder die Bourgeoisie" benennen könnten, gegen die Widerstand geleistet werden solle. Richtiger fände ich die Formulierung, dass manche der untersuchten Protestformen (z.B. jugendkulturelle Stilexzentrik) diffuse Ziele und nicht immer einen bestimmten Adressaten hatten und dass bei anderen dargestellten Widerständigkeiten, bei denen Ziel und Adressat recht genau benennbar waren, die Gegner nicht Kapitalismus und Bourgeoisie hießen: An die Stelle des Interesses an Klassenkonflikten und der Sympathien für die Arbeiterbewegung traten ja zunehmend Engagements für den Gleichberechtigungskampf ethnischer Minderheiten, für den Feminismus und die Schwulen- und Lesbenbewegung, für Umweltschützer und Atomgegner, für Regionalisten, die gegen die rücksichtslose Indienstnahme oder die Vernachlässigung der Peripherie durch die Zentren aufstanden. Die geringe Aufmerksamkeit für Konflikte in der und um die Arbeitswelt, die auch die jüngere deutschsprachige Ethnographie kennzeichnet, kann freilich nicht – wie man Flucks Formulierung lesen könnte – damit erklärt werden, dass die klassischen Auseinandersetzungen zwischen Arbeitnehmern und Unternehmern um Arbeitsplätze, Löhne, Arbeitszeit, Mitbestimmung in der Realität zur quantité négligeable geworden seien. Der kollektive öffentliche Protest ist ebenfalls keineswegs zu einer Domäne von Alternativbewegungen geworden. Gestützt auf statistische Erhebungen, stellen Friedhelm Neidhardt und Dieter Rucht in ihrer „Protestgeschichte der Bundesrepublik Deutschland 1950–1994" fest: „Entgegen dem Eindruck, der sich in den letzten Jahrzehnten aus der Wirksamkeit sog. Neuer Sozialer Bewegungen und deren Mobilisierung ‚neuer', häufig als ‚postmaterialistisch' etikettierter Themen ergab (…), zeigt sich in unserem Material die anhaltende Aktualität jener klassischen Konfliktlinie, die sich aus den Spannungsverhältnissen von Kapital und Arbeit ergibt."[358]

Dass der auch seitdem nicht erlahmte Sozialprotest von Arbeitnehmern und Arbeitslosen – man denke nur an die seit 2004 durchgeführten „Montagsdemonstrationen" – in der ethnographischen Forschung einen so kleinen Stellenwert hat, hängt sicher mit der schon eingangs erwähnten Tatsache zusammen, dass die Arbeitnehmerschaft und vor allem die Arbeiterschaft (die heute noch immerhin etwa 30% der Erwerbstätigen stellt) als „Symbolsubjekt" entwertet ist, dass sie in den Augen der Intelligenz keinen Machtfaktor mehr darstellt, der als Bündnispartner attraktiv wäre, und über keine Agenda verfügt, die anderen gesellschaftlichen Gruppen als innovativ und wegweisend erscheint.[359] Steigt man jedoch aus der großen Schaukel aus, die nur die

---

[358] Friedhelm Neidhardt/Dieter Rucht: Protestgeschichte der Bundesrepublik Deutschland 1950–1994: Ereignisse, Themen, Akteure. In: Dieter Rucht (Hg.): Protest in der Bundesrepublik. Strukturen und Entwicklungen. Frankfurt, New York 2001, S. 27–70; hier S. 38.
[359] Vgl. zu diesem Attraktivitätsverlust der Arbeiterkultur die Beobachtungen von

Varianten Himmelssturm und Höllensturz bietet, wird der Weg frei für eine ethnographische Neuentdeckung der Arbeitswelt, für die nicht verschwundenen, sondern nur gewandelten Formen alltäglicher Arbeitskonflikte und die kollektiven Bemühungen um eine den Herausforderungen der Globalisierung und der abnehmenden Arbeit gerecht werdende Definition von Arbeitnehmerinteressen und eine transnationale Neuformierung von Arbeitnehmerorganisationen. Eines der Themen, für welche die Unterschichtenethnographie besondere Kompetenz besitzen dürfte, wären übrigens genau die kulturellen Differenzen zwischen den Neuen Sozialbewegungen und den Neuen Alten Sozialbewegungen,[360] die das derzeit mäßige Interesse an Arbeitnehmer- und Arbeitskampfforschung mitbedingen. Reziprok dazu wären aber auch Organisations- und Aktivitätsmodelle zu studieren, in denen – wie z.B. bei der Zusammenarbeit von Attac und IG Metall – an der Überwindung oder der kooperativen Nutzung dieser Differenzen gearbeitet wird.

Um einem Missverständnis vorzubeugen: Auf fortexistierende Arbeitskonflikte und periodisch auftretende Großproteste von Arbeitern und Angestellten hinzuweisen, bedeutet nicht, Belegschaftskultur als Widerstandskultur zu imaginieren (wir haben das in den vorangegangenen Kapiteln hoffentlich hinreichend klar gemacht) oder daran vorbeizusehen, dass die Mitgliederstärke und damit die Kampfkraft der Gewerkschaften in Deutschland wie in Europa erheblich zurückgegangen sind, ohne dass eine alternative Interessenartikulation sie ersetzt hätte. Das heißt, dass die Ethnographie arbeitsbezogener Konflikte die Ursachen und Motive abnehmender Widerständigkeit oder zumindest abnehmenden Widerstands einzubeziehen hat. Relativ bekannt sind die Faktoren, welche die Konfrontationen vielerorts unnötig gemacht oder gemildert haben: institutionalisierte Formen des Interessenausgleichs und den Arbeitnehmern entgegenkommende Veränderungen der Arbeitsverhältnisse und Arbeitsbeziehungen. Weniger klar sind die Antworten

---

Zygmunt Bauman: Legislators and interpreters. On modernity, post-modernity and intellectuals. Oxford 1987, v.a. S. 177–179.

360 Ein Dokument dieser Unterschiede und Gegensätze ist Marc Amann (Hg.): go.stop.act! Die Kunst des kreativen Straßenprotests. Geschichte – Aktionen – Ideen. Grafenau 2005.

auf die Frage, warum Widerstand oft trotz erheblicher Mehrbelastungen oder Schlechterstellungen und sogar trotz starker Arbeitsunzufriedenheit ausbleibt. Einer der möglichen Faktoren ist im Diskussionsbeitrag von Fluck angesprochen worden: die zunehmende Schwierigkeit, konkrete Beschwerdeadressaten oder konkrete Gegner auszumachen. Viele Beobachter sind sich einig, dass hier ein genereller Trend zur Entinstitutionalisierung der gesellschaftlichen Reproduktion mitspiele. „Der Aufseher, der Vorarbeiter, der Lehrer, sie alle verschwinden", schreibt Zygmunt Bauman; was früher das „Regime der Reglementierung" geleistet habe, sei nun „Sache der Selbstüberwachung, der Selbstprüfung und Selbstanleitung". Und diese Anstrengungen, „sich selbst zu formen und zu behaupten", erzeugten einen ständigen „Schmerz der Unzulänglichkeit".[361] Nicht Widerstand also, sondern Autoaggression: So wie Arbeitslose sich selbst oft die Schuld an ihrer Situation geben,[362] reagieren offenbar viele Arbeitnehmer auf vermehrte Arbeitsbelastung und ansteigende Entlassungswellen mit Versagensängsten und Depressionen.[363]

Doch gewiss steht nicht nur die vermehrte, reale oder empfundene Selbst-

---

361 Zygmunt Bauman: Flaneure, Spieler und Touristen. Essays zu postmodernen Lebensformen. Hamburg 1997, S. 181, S. 183 und S. 184.
362 Zur seiner Ansicht nach zumindest in den alten Bundesländern geringen Gegenwehr gegen „Hartz IV" schreibt Ulrich Beck: „Viele Menschen mögen dasselbe Geschick teilen, aber es gibt keine einheitliche Erklärung für ihr Leiden, keinen sichtbaren Gegner, der zum Nachgeben gezwungen werden kann. Schlimmer noch ist, dass die wirklich Benachteiligten schlicht nicht mehr gebraucht werden, sie müssen nicht einmal ausgebeutet werden. (…) Menschen, die vom Absturz in die Armut betroffen oder bedroht sind, zermartern sich mit Selbstschuldzuweisungen, und das ist nicht günstig für die Verfassung der Freiheit" (Ulrich Beck: Die Gesellschaft des Weniger. In: Süddeutsche Zeitung, 3.2.2005). Zur Schwierigkeit der Mobilisierung von Arbeitslosen vgl. auch Andreas Gallas: Politische Interessenvertretung von Arbeitslosen. Eine theoretische und empirische Analyse. Köln 1994.
363 Laut der Deutschen Angestellten-Krankenkasse ist die Zahl der Krankmeldungen wegen psychischer Störungen in den letzten Jahren erheblich gestiegen (in Bayern von 1997 bis 2005 um 55%). Das Berliner Institut für Gesundheits- und Sozialforschung macht dafür u.a. die Zunahme von Depressionen verantwortlich, die auf belastende Arbeitsverhältnisse zurückgingen. (Vgl. „Depressives Bayern", Süddeutsche Zeitung, 29.4.2005.)

verantwortlichkeit einer auf Arbeitsverhältnisse und Vorgesetztenverhalten gerichteten Kritik entgegen. Wie vielfältig die hindernden Faktoren sein können, blättert die schon erwähnte Reportage von Barbara Ehrenreich über Billigjobber in den USA auf (die, wie Berichte über hiesige Großhandelsbetriebe zeigen,[364] nicht nur US-spezifische Problemlagen zur Sprache bringt). Ehrenreich, die u.a. bei einem Putzunternehmen und dem Handelsunternehmen Wal-Mart als Billiglohnarbeiterin anheuerte und dabei verdeckt recherchierte, berichtet von empörenden Arbeitsverhältnissen und darüber keineswegs empörten KollegInnen. Ihr Bericht ist ein Bericht vom ausbleibenden Widerstand, ihre Leitfrage wird mehr und mehr die nach den Gründen dieses Ausbleibens. Warum so wenig Kampf für bessere Löhne, warum keine Suche nach besser bezahlten Jobs? Warum kein einziges freches Plakat im Pausenraum, kein verschlucktes Hohnlachen bei der Mitarbeiterversammlung? An Ursachen listet Ehrenreich u.a. auf: das Aussieben rebellischer Bewerber durch Tests und Befragungen; minuziöse Verhaltensgebote und ständige Rügen, welche zur Einschüchterung, zur Hinnahme des geringen Lohns und zur Dankbarkeit für die kleinste Anerkennung führen; zudem das Bewusstsein sofortiger Entlassbarkeit und Ersetzbarkeit, aber auch durch viele Misserfolge gedrosselte Ansprüche an Arbeit und Einkommen.[365]

Ehrenreichs Eintauchen in die Unterwelten der Lohnarbeit ist nicht nur deshalb von Interesse, weil eine ähnlich investigative Untersuchung hierzulande fehlt, sondern auch, weil ihr Engagement über eine parteinehmende Schilderung hinausgeht: Sie versucht nämlich, ihre KollegInnen zur Gegenwehr, u.a. zum Eintritt in eine Gewerkschaft, zu bewegen.[366] Das wirft

---

364 Vgl. z.B. Heiner Köhnen: Das System Wal-Mart: Strategien, Personalpolitik und Unternehmenskultur eines Einzelhandelsgiganten. Düsseldorf 2000; Andreas Hamann/Gudrun Giese: Schwarzbuch Lidl. Billig auf Kosten der Beschäftigten. Berlin 2004.
365 Barbara Ehrenreich: Arbeit poor. Unterwegs in der Dienstleistungsgesellschaft. München 2001, S. 209, S. 183, S. 214–216, S. 189 und S. 123.
366 Allerdings vergeblich. Ehrenreich rettet sich am Ende in eine Zukunftsvision: „Aber diese Menschen müssen es irgendwann (…) einfach satt haben, daß ihre Arbeit so wenig einbringt. Und dann werden sie einen Lohn verlangen, der ihren Leistungen gerecht wird. Wenn es so weit ist, werden wir ihre Wut zu spüren be-

grundsätzliche Fragen nach anzustrebenden und möglichen Effekten von Unterschichtenethnographie auf. Wir werden im Schlusskapitel auf sie zurückkommen.

---

kommen, werden Streiks und eine soziale Zerreißprobe erleben. Aber der Himmel wird nicht einstürzen. Und am Ende wird diese Wut gut für uns alle sein" (ebd., S. 226).

▪ Forschungsperspektiven

Alte und neue Ungleichheiten

Die vorangegangene Darstellung der Leistungen, Probleme und Aufgaben der Ethnographie popularer Kulturen hat sich in allen drei Kapiteln über die historische Forschung hinaus mit Fragen der Gegenwart beschäftigt. Sie hat dabei neben und in den Veränderungen von Fragestellungen und Forschungsgegenständen auch immer wieder den Wandel und Wechsel der Akteursgruppen, der Träger popularer Kultur, abgebildet, aber über diese Umbrüche hinweg am Begriff des „Popularen" sowie am Begriff der „Unterschichten" festgehalten. Das ist keine Selbstverständlichkeit: Insbesondere angesichts der sozialen Umbrüche der letzten 30 Jahre bedarf es durchaus der genauen Rechenschaft darüber, inwieweit heute von sozialen Unterschichten und popularen Kulturen gesprochen werden kann und wie sich demnach das Untersuchungsfeld einer gegenwartsbezogenen „Ethnographie popularer Kulturen" umreißen lässt.

Geht man von den deutschen Verhältnissen[1] aus, deren Ethnographie im Mittelpunkt dieses Buchs steht, so hat sich in den letzten Jahrzehnten das Sozialprofil der Gesellschaft rapid gewandelt. Stellte die Arbeiterschaft 1991 noch 38,9% der deutschen Erwerbstätigen, so waren es 2003 nur noch 30,9%. Die stärkste Beschäftigtengruppe sind schon lange die Angestellten, im Jahr 2003 betrug ihr Anteil 51,5%.[2] Stark verändert hat sich in diesem Zeitraum auch die Lebenssituation der unteren Einkommens- und Bildungsschichten. Erhebliche Reallohn- und Realgehaltssteigerungen, verkürzte Arbeitszeiten und Verbesserungen der sozialen Sicherung machten sie zu Teilhabern der Freizeit- und Konsumgesellschaft. Zugleich erhöhte sich der Bildungs- und

---

1 Ich klammere hier die sozialstrukturelle Entwicklung in der DDR aus.
2 Vgl. Mikrozensus des Statistischen Bundesamts, Stand 10/2004. >www.bpb.de\wissen\QVC1EN,0,Erwerbstätige_nach_Beschäftigungsverhältnis (abgerufen 05.10.05).

Qualifikationsstandard: 1952 besuchten in Westdeutschland 79% lediglich die Volksschule, 1999 waren nur noch 22% der Jugendlichen der siebten Schulklasse auf keiner weiterführenden Schule.[3] 1964/65 stellten Ungelernte noch ca. 63% der westdeutschen und ca. 54% der ostdeutschen Erwerbstätigen, im Jahr 2000 betrug ihr Anteil in den alten Bundesländern nur mehr 18% und in den neuen 10%.[4] Einfach weggefallen ist die gering qualifizierte Arbeit jedoch nicht: Teilweise ist sie in Länder mit niedrigerem Lohnniveau ausgelagert, teilweise von Zuwanderern übernommen worden, welche die einheimischen Unterschichten ihrerseits „unterschichtet" haben.

Die Abnahme proletarisierter im Sinne von materiell verelendeten Schichten, die Stärkung von Arbeitnehmerrechten in den Betrieben, die Anerkennung der Gewerkschaften als Tarifpartner und die damit verbundene Erosion eines arbeitersozialistischen Klassenbewusstseins ließen viele Beobachter folgern, dass nicht nur der „Klassenkampf", sondern auch die Klassenstruktur der deutschen Gesellschaft sich aufgelöst habe. In den Sozialwissenschaften wie in der breiten Öffentlichkeit nahm die Meinung zu, dass die nach Klassen oder Schichten geordnete Ungleichheit der Einkommens- und der Herrschaftsverteilung wenn nicht verschwunden, so doch dramatisch geschrumpft sei.

Wenngleich dieser Eindruck keineswegs die pure Ideologie war, so war er doch nicht wirklich zutreffend. Es fand lediglich statt, was Ulrich Beck den „Fahrstuhl-Effekt" genannt hat: „Die ‚Klassengesellschaft' wird *insgesamt* eine Etage höher gefahren",[5] d.h. die soziale Ungleichheit nahm alles in allem nicht ab, bewegte sich aber auf höherem Niveau. Seit den 1990er Jahren haben sich – u.a. aufgrund sinkender Reallöhne – die Einkommens- und Vermögensunterschiede sogar wieder vergrößert.[6] Diese Entwicklung hängt eng

---

3   Vgl. Rainer Geißler: Die Sozialstruktur Deutschlands. Opladen 2002, S. 335.
4   Vgl. ebd., S. 339.
5   Vgl. Ulrich Beck: Risikogesellschaft. Auf dem Weg in eine andere Moderne. Frankfurt/M. 1986, S. 122.
6   Zwischen 1990 und 2002 stiegen die Nettoeinkommen der abhängig Beschäftigten kaum mehr an, während die Bezieher von Gewinn- und Vermögenseinkommen um etwa die Hälfte zulegen konnten. (Vgl. Zweiter Armuts- und Reichtumsbericht der Bundesregierung, zit. nach Südwestpresse, 15.2.2005.) Das Geldvermö-

mit der Abnahme von Vollzeitbeschäftigung und dem Anstieg der Erwerbslosigkeit zusammen, wobei auch die Langzeitarbeitslosigkeit zunahm.[7]

Der Leidensdruck, der sich mit unterprivilegierten und untergeordneten Positionen in der gesellschaftlichen Hierarchie verbindet, hat sich beim Gros der abhängig Beschäftigten trotz absolut gesehen steigendem Lebensstandard und der Demokratisierung des öffentlichen Lebens gemildert, aber nicht verflüchtigt. Un- und angelernte ArbeiterInnen, so zeigt eine international angelegte Untersuchung von 2005, klagen am meisten über Geldprobleme, schlechte Wohnungen, lang anhaltende Krankheiten und sind mit ihrem Leben weitaus unzufriedener als in Einkommen, Bildung und Beruf besser gestellte Gruppen.[8] Und Einkommensungleichheit sowie Konflikte zwischen Arbeitern und Arbeitgebern oder Unter- und Mittelschichten werden von Angehörigen unterer Einkommens- und Bildungsgruppen mehr wahrgenommen als von anderen.[9] Ganz zu schweigen von Arbeitslosen und insbesondere Langzeitarbeitslosen, die sich samt ihren Familien in vielfältiger Weise sozial ausgegrenzt sehen.[10]

Nun darf soziale Ungleichheit nicht einfach mit Klassenunterschieden

---

gen des ärmsten Viertels der westdeutschen Haushalte wurde von 1993 bis 2003 halbiert, das des wohlhabendsten Viertels stieg im selben Zeitraum um 25% (Statistisches Bundesamt, zit. nach Süddeutsche Zeitung, 12.8.2004).

7   1991 waren 7,3%, 2004 11,7% der deutschen Erwerbstätigen arbeitslos gemeldet (Statistisches Bundesamt, zit. nach Wikipedia „Arbeitslosigkeit in Deutschland", abgerufen am 31.1.2006). Der Anteil der Langzeitarbeitslosen, also der über ein Jahr lang Unbeschäftigten, betrug 2003 50%. (Vgl. OECD Factbook 2005, zit. nach www.crosswater-systems.com/ej_news_2005_12i.htm, abgerufen am 5.2.2006.)

8   Vgl. Ulrich Kohler: Statusinkonsistenz und Entstrukturierung von Lebenslagen. Empirische Untersuchung zweier Individualisierungshypothesen mit Querschnittsdaten aus 28 Ländern. In: Kölner Zeitschrift für Soziologie und Sozialpsychologie, 57. Jg. 2005, S. 230–253; hier S. 248.

9   Vgl. Markus Hadler: Ist der Klassenkonflikt obsolet? Die Wahrnehmung von vertikalen Konflikten im internationalen Vergleich. In: Soziale Welt, 54. Jg. 2003, S. 175–200.

10 Vgl. Michael Mehlich: Langzeitarbeitslosigkeit. Individuelle Bewältigung im gesellschaftlichen Kontext. Baden-Baden 2005.

gleichgesetzt werden. Schon immer spielten bei ungleichen Lebenschancen auch Faktoren wie Geschlecht, Alter, regionale und ethnische Zugehörigkeit herein. Und es ist nicht von der Hand zu weisen, dass die Bedeutung solcher horizontaler Disparitäten zugenommen hat.[11] Ulrich Beck meinte schon 1986, dass viele sei's neue, sei's gewichtiger gewordene Lebensrisiken „demokratisiert" worden seien: Umweltgefahren wie Smog oder atomare Verstrahlung und tendenziell auch soziale Risiken wie die Arbeitslosigkeit.[12] Empirische Armutsstudien kamen ebenfalls zu dem Schluss, dass Armsein immer weniger an eine spezifische Klassenherkunft und Klassenlage gebunden sei: Es sei zumeist zeitlich begrenzt und sozial in erheblichem Maß entgrenzt, d.h. in seinen Ursachen individualisiert.[13]

Inzwischen jedoch mehren sich Gegenmeinungen und Gegenbelege gegen die Vorstellungen von einer durchschlagenden Horizontalisierung oder gar Individualisierung von Ungleichheit. Olaf Groh-Samberg etwa kommt zu dem Schluss, dass das Bild der transitorischen Armut nur dann zutreffe, wenn man als Armutskriterium vor allem den Sozialhilfebezug nehme; beachte man dazuhin Dimensionen wie Arbeitslosigkeit, Wohnungsgröße, Wohnungsausstattung und Rücklagenbildung, so komme man zu einem anderen Ergebnis: Die dauerhafte, multiple Armut erweise sich als „hochgradig klassenspezifisch strukturiert".[14] Ein klassenunabhängiges Armutsrisiko sieht Groh-Samberg nur, aber immerhin bei Alleinerziehenden und bei ausländischen Familien.[15] Für andere Aspekte der Lebenslage wird ebenfalls auf das Weiterbestehen „alter" Hierarchien hingewiesen. Rainer Geißler betont, dass Bildungschancen, Aufstiegsmöglichkeiten und politische Teilhabe nach wie vor von „krassen

---

11 Vgl. dazu ausführlich Stefan Hradil: Sozialstrukturanalyse in einer fortgeschrittenen Gesellschaft. Opladen 1987.
12 Vgl. Ulrich Beck 1986, v.a. S. 48–58 und S. 143–151.
13 Vgl. Stephan Leibfried u.a.: Zeit der Armut. Lebensläufe im Sozialstaat. Frankfurt/M. 1995, S. 9.
14 Olaf Groh-Samberg: Armut und Klassenstruktur. Zur Kritik der Entgrenzungsthese aus einer multidimensionalen Perspektive. In: Kölner Zeitschrift für Soziologie und Sozialpsychologie, 56. Jg. 2004, S. 653–682; hier S. 670.
15 Vgl. ebd., S. 671.

vertikalen Ungleichheiten"[16] gekennzeichnet seien; Walter Müller kommt zu dem Ergebnis, dass die Schichten-Disparität bei der Bildungsbeteiligung trotz deutlicher Verringerungen, von denen z.b. Kinder von ungelernten Arbeitern und noch mehr von Facharbeitern profitiert hätten, nach wie vor erheblich sei.[17] In der Tat ist das deutsche Gymnasium noch immer eine Domäne des Bildungs- und Besitzbürgertums; ein Universitätsstudium begannen anno 2000 nur 7% der Arbeiterkinder gegenüber 53% der Beamten-, 41% der Selbständigen- und 26% der Angestelltenkinder.[18] Und da die in der Ausbildung erworbenen Titel deutlich mit dem Arbeitslosigkeitsrisiko korrelieren,[19] erweist sich auch dieses als in hohem Maße schichtabhängig.

Was heißt das nun aber für die Alltagskultur der nach wie vor „unteren" Schichten? Folgt man dem soziologischen Mainstream der 1990er Jahre, so vollzog sich mit dem verbesserten Einkommens-, Freizeit- und Bildungsstandard infolge der damit verbundenen größeren Wahlfreiheiten eine zunehmende Entkoppelung von Lebenslage und Lebensstil, zwischen Einkommenshöhe und Berufssparte auf der einen und Freizeitverhalten, Geschmack, Weltanschauung auf der anderen Seite. An die Stelle kollektiver Vorlieben, die mit niedrigem Sozialstatus konvergierten, seien auch in unteren Schichten mehr und mehr ein individualisierter Habitus und individualisierte kulturelle Praktiken getreten. Demnach sei es nicht mehr

---

16 Rainer Geißler: Das mehrfache Ende der Klassengesellschaft. Diagnosen sozialstrukturellen Wandels. In: Jürgen Friedrichs u.a. (Hg.): Die Diagnosefähigkeit der Soziologie. Sonderheft 38 der Kölner Zeitschrift für Soziologie und Sozialpsychologie. Opladen 1998, S. 207–233; hier S. 223.

17 Vgl. Walter Müller: Erwartete und unerwartete Folgen der Bildungsexpansion. In: Jürgen Friedrichs u.a. 1998, S. 81–112; hier S. 90.

18 Vgl. Michael Vester: Die Illusion der Bildungsexpansion. Bildungsöffnungen und soziale Segregation in der Bundesrepublik Deutschland. In: Steffani Engler/Beate Krais (Hg.): Das kulturelle Kapital und die Macht der Klassenstrukturen. Sozialstrukturelle Verschiebungen und Wandlungsprozesse des Habitus. Weinheim, München 2004, S. 13–53; hier S. 20f.

19 Ein besonders krasses Beispiel: Laut dem Nürnberger Institut für Arbeitsmarkt- und Berufsforschung waren 2005 in Ostdeutschland etwa sechs Prozent der Akademiker und 51,2% der Personen ohne Berufsabschluss arbeitslos. (Vgl. Süddeutsche Zeitung, 19.8.2005.)

realistisch, von kollektiv geteilten und einigermaßen konsistenten popularen Kulturen zu sprechen.

Dem standen und stehen Auffassungen gegenüber, die – wie die gegenwartsbezogenen Kapitel dieses Buchs – von signifikanten Schichtspezifika der Habitusformen und Lebensstile, der Freizeitaktivitäten und des Kulturkonsums ausgehen. Diese Annahme wird in den letzten Jahren zunehmend durch empirische Erhebungen gestützt. Diese zeigen, dass die sozialen Rahmenbedingungen die Wahl des Lebensstils insbesondere in den unteren Sozial- und Bildungsgruppen begrenzen und dass in allen sozialen Gruppen die Lebensbedingungen und die gelebte Alltagskultur stark korrelieren. Vom Heiratsverhalten und dem Erziehungsstil über die Wohnweise und die Freizeitgestaltung bis hin zu den bevorzugten Unterhaltungs- und Informationsgenres lassen sich deutliche Schichtdifferenzen feststellen.[20] Gewiss sind die „groben Unterschiede" in den letzten Jahrzehnten erheblich geschrumpft und die Kulturüberschneidungen zwischen den Sozialgruppen erheblich angewachsen; doch sobald man statt dünner Umfrageergebnisse dichte Beschreibungen liefert, relativiert sich der Angleichungsbefund. Man entdeckt dann die unterschiedliche Deutung und Realisierung, die gleich lautende Grundmaximen (z.B.: Erlebnisorientierung) bei verschiedenen Sozialgruppen und die häufig schichtdifferente Aneignung von schichtübergreifend genutzten Massenangeboten wie Markenkleidung, Fernsehsendungen, Sportveranstaltungen und selbst Reisen nach Mallorca. Allerdings kann unterstellt werden, dass die Schichtmuster der Kulturpraxis in vielen Aspekten hochgradig fluktuierend und transitorisch sind und sich zudem die konkreten Trägergruppen ständig neu bilden. Das schließt aber die relative Konstanz sowohl bestimmter habitueller Dispositionen (z.B.: Stolz auf Körperkraft) wie von einzelnen

---

20   Vgl. u.a. Sven Buth/Harald Johannsen: Determinieren soziale Strukturen Lebensstile? In: Claudia Honegger/Stefan Hradil/Franz Traxler (Hg.): Grenzenlose Gesellschaft. Teil I, Opladen 1998, S. 576–589; Martina Reichenwallner: Lebensstile zwischen Struktur und Entkopplung. Beziehungen zwischen Lebensweisen und sozialen Lagen. Wiesbaden 2000; Bettina Isengard: Freizeitverhalten als Ausdruck sozialer Ungleichheiten oder Ergebnis individualisierter Lebensführung? Zur Bedeutung von Einkommen und Bildung im Zeitverlauf. In: Kölner Zeitschrift für Soziologie und Sozialpsychologie, 57. Jg. 2005, S. 254–277.

Figurationen (z.B.: Fußballinteresse) nicht aus: Zum einen überleben kulturelle Prägungen und Praxisformen oft ihre Entstehungsbedingungen, sofern sie flexibel genug sind, um auch veränderten Zwecksetzungen zu dienen; zum andern drückt sich in der Fortexistenz bestimmter unterschichtlicher Kulturmuster (wie etwa der Disposition zum „popularen Eigensinn") die Fortexistenz der Problemlagen aus, die soziale Unterprivilegierung mit sich bringt.

Für eine Ethnographie popularer Kulturen als deutsche und europäische Binnenethnologie bedeutet diese soziale Entwicklung, dass sie ihren Gegenstand anders als die historische Unterschichtenforschung definieren muss. Die populare Kultur wird nun nicht mehr von körperlich schwer arbeitenden und dennoch bzw. gerade deshalb von absoluter Verelendung bedrohten sowie durch Klassenrecht niedergehaltenen Gruppen getragen, sondern von unterprivilegierten Schichten innerhalb einer demokratisch verfassten Wohlstandsgesellschaft. Als unterprivilegiert können hierbei nicht nur die Menschen gelten, die im englischsprachigen Sozialdiskurs der „underclass" zugerechnet werden, d.h. unter der Armutsgrenze leben, sondern prinzipiell alle Gruppen, die in relevanten Teilen ihrer Ressourcen unterhalb des gesellschaftlichen Durchschnitts liegen, wobei diese Ressourcen neben ökonomischem, kulturellem und sozialem Kapital das Ansehen bei anderen Sozialgruppen einschließen.[21] Die so definierten sozialen Unterschichten umfassen also sowohl, was Michael Vester „respektable Volks- und Arbeitnehmermilieus" nennt, in denen sich ein meist deutlich über dem Existenzminimum liegendes Einkommen mit relativ geringem kulturellem Kapital verbindet,[22] als auch Personen mit überdurchschnittlichen Bildungstiteln, die arbeitslos oder prekär beschäftigt sind.

---

21 Zu den Bestimmungsfaktoren sozialen Ansehens zählt inzwischen auch die Zugehörigkeit oder Nichtzugehörigkeit zu Gruppen, bei denen die medizinische Forschung eine Häufung genetisch bedingter Krankheiten festgestellt hat. (Vgl. hierzu Paul Rabinow: Artificiality and Enlightenment: From Sociobiology to Biosociality. In: Jonathan Crary (Hg.): Incorporations. New York 1992, S. 234–252.)
22 Vgl. Vester 2004, S. 13–53; hier S. 42f.

Dabei ist das Feld der Unterschichten-Forschung natürlich nicht nur das unterschichtliche Feld selbst. Soziale Milieus sind schließlich keine Monaden, sondern mit gesamtgesellschaftlichen Strukturen und Prozessen vermittelt, die in ihre ethnographische Beschreibung einzublenden sind, und Milieuangehörige interagieren nicht nur untereinander, sondern leben in Kooperation und Konkurrenz, in Güter- und Gedankenaustausch mit anderen Gruppen und suchen sich ihre Identität, indem sie deren Kulturpraktiken nachahmen, integrieren, verwerfen. Populare Kulturen lassen sich also nur als Ergebnisse schichtübergreifenden Handelns und Denkens beschreiben und nur im Vergleich mit anderen Schichten begreifen. Um Georg Christoph Lichtenberg abzuwandeln: Wer nur etwas von popularer Kultur versteht, versteht auch von dieser nichts. Weshalb es auch nicht sehr sinnvoll wäre, Unterschichtenethnographie zu einer eigenen akademischen Disziplin machen zu wollen, statt sie lediglich als Arbeitsschwerpunkt innerhalb der allgemeinen Europäischen Ethnologie, Kulturanthropologie oder Volkskunde zu betreiben.

Was und wie nützt Ethnographie?

Eine Forschungsrichtung, in der Empathie, ja Sympathie für soziale Unterschichten eine prägende Rolle spielen, muss sich natürlich fragen lassen: Was haben die Untersuchten von diesen Untersuchungen? Oder allgemeiner: Wem nützt die Ethnographie popularer Kulturen[23] – außer denen, die dabei ihr persönliches Vergnügen finden, damit ihren Lebensunterhalt verdienen oder sich, wenn es gut läuft, einen Namen machen? Auf diese so simple wie gewichtige Frage, deren Beantwortung – zumal, wenn sie die Fachgeschichte einbezöge – ein eigenes Buch verdienen würde, soll abschließend wenigstens mit einer knappen Skizze bereits genutzter wie potentieller Gebrauchswerte gegenwartsbezogener Unterschichtenethnographie eingegangen werden.

---

23 Die Formulierung knüpft an einen damals viel diskutierten Aufsatz von Dieter Kramer an: Wem nützt Volkskunde? In: Zeitschrift für Volkskunde. 66. Jg. 1970, S. 1–16.

Die praktische Nützlichkeit der Ethnographie beginnt, fern von sozialer und politischer Intervention, mit dem *Sammeln und Deponieren* von Zeugnissen popularer Kultur. Die Meinung, die massenhafte Produktion alltagskultureller Materialien garantiere deren Überleben auch ohne besondere Sammelanstrengungen, ist bei zahlreichen Genres der popularen Kultur die pure Illusion. Es hat lange gedauert, bis der Respekt vor Sachzeugnissen, die mit unterbürgerlichem Leben und Geschmack verbunden waren, so weit entwickelt war, dass wenigstens einige bescheidene Sammelinstitutionen entstanden. Die Geschichte des 1889 gegründeten Museums für deutsche Volkskunde in Berlin, lange Zeit mit der symbolhaften Adresse „Im Winkel 6" behaftet, ist ein beredtes Beispiel für einen solchen ständigen Kampf gegen Marginalisierung. Die populäre Unterhaltungskultur hat es ebenfalls schwer, ins institutionalisierte „kulturelle Gedächtnis" aufgenommen zu werden: „Unterhaltsames", schreibt Kaspar Maase, „hat bis heute ein tausendfach höheres Risiko, in der Unterwelt des Verschwindens zu enden, als irgendein Quark, der sich als E-Kultur ausgibt. Die in den letzten Jahrzehnten ein wenig belächelte Aufgabe des Sammelns und Bewahrens ist für Populärkulturforschung höchst aktuell."[24] Nicht anders steht es mit Laienliteratur wie der popularen Autobiographik: Es ist bezeichnend, dass die größte deutsche Sammlung von Tagebüchern, Briefen und Lebenserinnerungen nichtprominenter Autoren von einem Privatmann, nämlich Walter Kempowski, angelegt wurde.[25] Eine solche Archivierungsarbeit ist nicht nur die Bedingung für die spätere Re-Animation durch Erinnerung, sondern dient auch der aktuellen Animation: Allein schon die Suche nach Zeugnissen popularer Kultur vor Ort trägt zu vermehrten produktiven Anstrengungen bei: *Sammel*aufrufe für populare Lebenserinnerungen etwa wirken, so haben wir gesehen, als *Schreib*aufrufe. Das

---

24 Kaspar Maase: Selbstfeier und Kompensation. Zum Studium der Unterhaltung. In: Ders./Bernd Jürgen Warneken (Hg.): Unterwelten der Kultur. Themen und Theorien der volkskundlichen Kulturwissenschaft. Köln usw. 2003, S. 219–242; hier S. 228.
25 Das „Kempowski Archiv für europäische Tagebücher", 1980 gegründet, befindet sich im Wohnhaus des Autors. Das nach Schlagwörtern erschlossene Archiv umfasst über 7000 Positionen. Ein daneben geführtes Fotoarchiv beinhaltet zur Zeit etwa 300 000 Fotografien.

öffentliche Interesse an solchen Geschichtsquellen hilft dem Bewusstsein der Vielen auf, dass sie ebenfalls etwas zu sagen haben, und stimuliert die Hoffnung, dass sich die Mühe des Aufschreibens lohnt.

Wissenschaftliches Sammeln populärer Kultur zeichnet sich dadurch aus, dass es nicht nur dem persönlichen Interesse und Geschmack der Sammler dient, sondern einen Zugang zur Denk- und Lebensweise unterer Sozialschichten vermitteln will. Schon in die Wahl der Sammelstücke spielt deshalb die wohl wichtigste Zielsetzung der Ethnologie wie der Binnenethnologie herein: das *Dolmetschen*. Fremdes verstehen zu lernen und verstehen zu lehren ist ja neben einer internationalen auch eine innernationale Aufgabe. Die soziale Zerklüftung erfordert ähnlich wie der zunehmende interethnische Austausch „specialists of translation".[26] Das Alltagswissen, das die Klassen und Schichten komplexer Gesellschaften voneinander haben, ist in aller Regel begrenzt.[27] Eher sind es noch die Unterschichten, die sei's über ihre Dienstleistungstätigkeiten, sei's durch Medienberichte Einblicke in die Privatsphäre der Funktionseliten bekommen, während Mittel- und Oberschichten Unterschichtangehörige zwar in der Arbeitswelt und im öffentlichen Raum erleben, von ihrer Kultur als einem „whole way of life" jedoch nur ein eingeschränktes Bild erhalten. Perspektiviert und ergänzt werden die lückenhaften Informationen nicht zuletzt durch Vorurteile, durch Überlegenheitsphantasien ebenso wie Wunschprojektionen, welche alle nicht zuletzt durch die Massenmedien genährt werden: Boulevardpresse, docu-soaps, Reality-TV zeigen unterschichtliches Leben nicht als grauen Alltag, sondern als Tummelplatz sehenswerter Anomie und Anomalie.

Der Versuch, hier mit ethnographischen Mitteln gegenzuhalten, beginnt mit der ebenso oft zitierten wie in ihrer Schwierigkeit unterschätzten „dichten Beschreibung". Zu Recht kritisiert Rolf Lindner die Rede von der „bloßen

---

26 Zygmunt Bauman: Legislators and interpreters. On modernity, postmodernity and intellectuals. Oxford 1987, S. 143.

27 Eine der vielen Ursachen hierfür ist das Schulsystem: In Deutschland trennen sich die Wege von Unterschicht- und Mittelschichtkindern häufig schon ab dem 10. Lebensjahr, wenn die einen mehrheitlich auf der Hauptschule verbleiben, die anderen mehrheitlich zum Gymnasium hinüberwechseln.

Deskription": Ethnographisches Beschreiben sei eine anspruchsvolle Angelegenheit, die erfordere, „sich mit dem Gegenstand einzulassen, statt ihn durch normative Filter und kulturelle Selbstverständlichkeiten der Herkunftskultur von vornherein zu denaturieren".[28] Dieses sorgfältige Annäherung fängt schon damit an, dass man im Feldprotokoll nicht vermerkt: „Er wendet sich verärgert ab", sondern: „Er wendet sich abrupt ab", und setzt sich in dem Bemühen fort, empirisch der Botschaft nachzuspüren, die in dieser Abruptheit steckt. Fremdverstehen hat dabei per se nichts mit Identifikation oder mit Solidarisierung zu tun, mit „Gutmenschentum", wie das neoliberale Wort für „Humanitätsduselei" heißt. Es kann sogar das Gegenteil, nämlich die ethnographische Spielart von „Feindaufklärung", von Spionage sein, die klar macht, wie der soziale Gegner tickt, oder aber, ziviler gesagt und getan, kulturologische Assistenz bei der Ausübung von Herrschaft leistet, wie sie nicht nur ethnologische Kolonialhelfer, sondern auch Volkskundler immer wieder angeboten haben.[29] Doch das Programm intersozialen Dolmetschens geht eben nicht in Hilfsdiensten für Partikularinteressen auf. Seine raison d'être ist die Einsicht in die intersoziale Kommunikationsfähigkeit als Voraussetzung für die Kooperation oder, wo diese nicht erforderlich ist, die friedliche Koexistenz der verschiedenen Sozialgruppen. Dass diese Kommunikation nicht in einem herrschafts- und konkurrenzfreien Raum stattfindet, schließt keineswegs aus, dass sie in einem beider- oder mehrseitigen Interesse liegen kann. Ein Beispiel für den potentiell bilateralen Nutzen solchen Übersetzens ist die Vermittlung zwischen Expertenwissen auf der einen, Alltagswissen und Alltagserfahrung auf der anderen Seite, wie sie die gegenwärtige Ethnographie der „Genetisierung" betreibt:[30] z.B. die Korrektur popularer und populärer

---

28 Rolf Lindner: Die Entdeckung der Stadtkultur. Soziologie aus der Erfahrung der Reportage. Frankfurt/M. 1990, S. 265.
29 Siehe das Kapitel „Inner-nationale Verständigung", S. 40ff.
30 Vgl. Stefan Beck: Reflexible Körper. Anmerkungen zur Transformation von Gesundheitsverständnissen und Verwandtschaftsverhältnissen durch humangenetisches Wissen. In: Rolf Wilhelm Brednich (Hg.): Natur – Kultur. Volkskundliche Perspektiven auf Mensch und Umwelt. Münster 2001, S. 31–45; siehe auch Barbara Duden/Silja Samerski: Das aufgeschwatzte Risiko – Genetische Beratung als Sprach-Ritual. In: Elmar Brähler/Ive Stöbel-Richter/Ulrike Hauffe (Hg.): Vom

Kommunikation nach innen und nach außen: Der an einem italienischen Heiligenfest teilnehmende Ethnologe Thomas Hauschild im Blickkontakt mit einem ihn beobachtenden Kollegen.

Fehlannahmen von werdenden Eltern über die Fähigkeiten und Intentionen der Genmedizin oder die Aufklärung medizinischer Fachleute über die Laienvorstellungen von moderner Genetik sowie die habituellen Dispositionen und lebensweltlichen Kontexte, welche diese Vorstellungen stützen. Wobei auch hier oft – nicht als Prämisse, sondern als Resultat – ethnologischer Respekt vor popularen Kulturen kommuniziert wird, wenn sich nämlich wieder einmal herausstellt, dass nicht primär kognitive Defizite, sondern eigen-sinnige Wertmaßstäbe und Handlungsprioritäten dem Wissenschaftsgehorsam entgegenstehen.

> Stammbaum zur Stammzelle. Reproduktionsmedizin, Pränataldiagnostik und menschlicher Rohstoff. Gießen 2002, S. 223–238; Silja Samerski: Die verrechnete Hoffnung: Von der selbstbestimmten Entscheidung durch genetische Beratung. Münster 2002.

Über das Dolmetschen als Eingriff in die Kommunikation zwischen Sozialkulturen hinaus geht das wissenschaftliche Eingreifen in die einzelnen Kulturen selbst, die Beteiligung an Kulturpolitik und Kulturarbeit. Diese kann zum einen dem Transfer von Kompetenzen und Qualitäten der Popularkultur in andere Sozialgruppen und Sozialbereiche gelten, d.h., dass z.B. die – oben besprochenen – Techniken der Materialbricolage und andere Methoden ressourcen-sparenden Wirtschaftens nicht nur „ausgegraben", sondern auch gezielt in aktuelle Diskussionen eingespeist werden. Zum andern geht es um den unterstützenden oder korrigierenden Eingriff in die Unterschichtenkulturen selbst. An diesem Weg stehen freilich zahlreiche Warntafeln, die von Volkskundlern wie Ethnologen errichtet worden sind und zu einer selbstreflexiven Form kulturpraktischen Engagements zwingen.

Was dabei die Seite der Förderung und Unterstützung betrifft, so war es lange Zeit das Schreckbeispiel der „Volkstumspflege" im Nationalsozialismus, das gegen praktische Kulturarbeit ins Feld geführt wurde.[31] Hinzu kam und kommt die Scheu, sich mit dem sei's vereinsmäßig, sei's kulturindustriell betriebenen Folklorismus zusammenspannen zu lassen, mag dieser jetzt als echt-bajuwarisch oder als echt-balinesisch firmieren. Doch sicherlich gibt es sowohl auf dem Feld traditioneller Popularkultur wie bei modernen Genres laienkultureller Betätigung genügend Felder, auf denen ein kulturwissenschaftliches Eintreten für mehr gesellschaftliche Anerkennung, wirksamere Selbstdarstellung, effektivere Organisationsformen oder mehr öffentliche Förderung nicht nur vertretbar, sondern dringlich ist.

Noch lauter tönt die Alarmglocke bei der Frage nach korrigierenden Eingriffen in die populare Kultur. Der österreichische Ethnograph Roland Girtler spricht für viele Binnenethnologen, wenn er in seinem Buch über „Randkulturen" schreibt: „Die Aufgabe des Wissenschaftlers ist, so meine ich, die eines Dolmetsch. Das Wort Dolmetsch kommt aus dem Türkischen und heißt eigentlich soviel wie Fürsprecher. Und als Fürsprecher für degradierte Gruppen sehe ich mich auch in dem Sinne, dass ich Zeuge ihres kulturellen

---

31   Vgl. zu dieser Frage Hermann Bausinger: Volkskunde und Volkstumsarbeit im Nationalsozialismus. In: Helge Gerndt (Hg.): Volkskunde und Nationalsozialismus. Referate und Diskussionen einer Tagung. München 1987, S. 131–141.

Lebens bin und darüber redlich berichte. Nicht jedoch steht es mir zu, mich als Richter oder Sozialarbeiter aufzuspielen."[32] Die Absicht, die Rolle des „interpreters" und nicht des „legislators"[33] einzunehmen, speist sich aus den negativen Erfahrungen mit einem Binnenkolonialismus, der die sozialen Unterschichten auf autoritäre Weise die eigenen bürgerlichen mores lehrte, aber auch mit doktrinären linken Konzepten, die aus Arbeitern und Bauern partout „neue" oder genauer gesagt mit den eigenen Werthaltungen und Zielen übereinstimmende Menschen machen wollten. Doch ebenso wichtig wie die Kritik einer angemaßten Herrscher-, Richter- und Erzieherrolle ist das Insistieren darauf, dass die Idee einer kritisch-eingreifenden Unterschichtenethnographie mit diesen autoritären und ethnozentrischen Interventionsformen noch nicht erledigt ist. Dies schon deshalb, weil populare Kulturen nicht nur einen faszinierenden Beitrag zur kulturellen Vielfalt darstellen, sondern – wie im Kapitel „Kreativität" einige Male exemplifiziert – auch Ausdrucksformen einer sozialen Ungleichheit sind, die mit zumindest relativem Freiheits- und Gütermangel, d.h. beschnittenen Entfaltungsmöglichkeiten einhergeht.

Der Respekt vor popularen Bedürfnissen, Fähigkeiten und Leistungen muss also stets mit der Kritik äußerer und innerer Einschränkungen popularer Kulturäußerungen austariert werden. Zum andern lässt sich, eben dieser Begrenzungen wegen, nicht einfach davon ausgehen, dass die Selbsthilfe- und Selbstheilungskräfte der Unterschichten ausreichen, um deprivierende soziale und kulturelle Ungleichheiten abzuschaffen. Dass von außen und oben erfolgte Eingriffe in die populare Kultur häufig respekt- und verständnislos waren und in der Folge geringe oder aber absichtswidrige Wirkungen hatten, muss nicht zur Konsequenz haben, dass sich die Ethnographie auf die „melancholische Haltung eines bloßen Beobachters spontaner sozialer Selbstorganisation"[34] zurückzieht. Wenngleich die Geschichte

---

32 Roland Girtler: Randkulturen. Theorie der Unanständigkeit. Wien usw. 1995, S. 18.
33 Vgl. Bauman 1987.
34 Ich beziehe mich hier auf eine Formulierung von Heinz Bude, der 2003 mit dem auf die aktuelle deutsche Soziologie gemünzten Satz zitiert wurde: „Wo die einen das fragmentierte Ganze vom Mischpult der Apparate regulieren wollen, haben sich die anderen auf die melancholische Haltung eines bloßen Beobachters spon-

ethnologischen und psychologischen Verstehens eng mit der allmählichen Ernüchterung des Fortschrittsglaubens verbunden ist,[35] so heißt das nicht, dass das Verstehensprogramm einem Interventionsprogramm notwendigerweise widerspricht. Es geht nur darum, dass abgesehen von ethischen auch Effizienzkriterien es verlangen, die verstehensbasierte als kooperative Kulturveränderung anzulegen, welche die Akteure der zur Debatte stehenden Kulturpraxen nicht nur als „Betroffene" sieht, sondern als Experten ihres Alltags einbezieht.

Der Versuch, an dieser Stelle die Felder und Fragestellungen einer solchen „eingreifenden Ethnographie" zu benennen, wäre nicht wirklich sinnvoll: Eine Gesamtliste möglicher Forschungsthemen wäre mit einer Aufzählung aller Bereiche popularen Arbeitens, Lebens und Denkens identisch; eine Dringlichkeitsliste, die auf soziale und kulturelle Brennpunkte hinwiese, drohte allzu subjektiv zu werden und vor allem rasch zu veralten. Sinnvoll dagegen erscheinen mir einige abschließende Bemerkungen über *Mittel und Wege ethnographischer Intervention* in ihrem Untersuchungsfeld. Die wichtigste Erkenntnis lautet hier, dass solche Interventionen nicht dort beginnen, wo Wissenschaft aufhört, sondern innerwissenschaftlich ansetzen: mit der Bemühung um ein „eingreifendes Denken" (Bertolt Brecht), dem Theorie und Empirie Hilfsmittel zur Aufklärung und Bewältigung lebenspraktischer Problemstellungen darstellen (wobei dann durchaus entschieden werden kann, dass in bestimmten Feldern die grundlagenforschende Aufklärung einstweilen den Vorrang vor der Formulierung möglicher Bewältigungsstrategien haben muss). Und der Wille, so entstandene Forschungsergebnisse in außerwissenschaftliches Denken und Handeln zu überführen, impliziert nicht automatisch, dass WissenschaftlerInnen ihren Kompetenzbereich verlassen und sich als Verwaltungsfachleute oder SozialarbeiterInnen versuchen müssten. In William Foote Whytes „Street Corner Society", der berühmten Ethnographie von Bostons Italienerviertel, findet sich ein Dialog zwischen

---

taner sozialer Selbstorganisation zurückgezogen" („Revisionen der Denkweise", Süddeutsche Zeitung, 2.12.2003).
35 Vgl. Helmuth Plessner: Die verspätete Nation. Über die politische Verführbarkeit bürgerlichen Geistes. Stuttgart usw. 1959, S. 90.

dem Feldforscher und dem corner boy „Doc", seinem Türöffner und wichtigsten Informanten:

Doc: „You want to write something about this?"

„Yes, eventually."

„Do you want to change things?"

„Well – yes. I don't see how anybody could come down here where it is so crowded, people haven't got any money or any work to do, and not want to have some things changed. But I think a fellow should do the thing he is best fitted for. I don't want to be a reformer, and I'm not cut out to be a politician. I just want to understand these things as best I can and write them up, and if that has any influence …"

„I think you can change things that way. Mostly that is the way things are changed, by writing about them."[36]

Doc's Glaube an die Macht des geschriebenen Worts läuft einem Wissenschaftler natürlich hinunter wie Öl. Er wäre jedoch ein blinder Glaube, wenn er sich nicht darum scheren würde, an wen die Worte gerichtet werden und ob sie auf den Adressaten abgestimmt sind. Whyte selbst war das sehr wohl bewusst: „I was determined", berichtet er, „to write *Street Corner Society* so that it would be read beyond the academic world."[37] Dieses Bemühen, nicht zuletzt den interessierten Laien anzusprechen, findet sich bei vielen EthnographInnen und liegt bei der Beschäftigung mit populärer Kultur ja auch nahe: „(G)erade eine Studie über Kultur des Volkes", sagt z.B. der britische Kulturhistoriker Peter Burke, „sollte kein esoterisches Buch sein."[38] Die Suche nach wirksamen Verbreitungsmedien führt natürlich auch über den Buch- und Zeitschriftensektor hinaus. Hier profitiert die ethnographische Forschung schon seit ihren Anfängen von ihrer engen Verbindung mit dem Museums- und Ausstellungswesen. Diese traditionelle Verbindung, die oft eine museologische Ausbildung von KulturwissenschaftlerInnen einschließt, reduziert

---

36 William Foote Whyte: Street Corner Society. The Social Structure of an Italian Slum. Chicago, London 1981, S. 292f. (Zuerst 1943).
37 Ebd., S. 354.
38 Peter Burke: Helden, Schurken und Narren. Europäische Volkskultur in der frühen Neuzeit. Stuttgart 1981, S. 13.

die Gefahr der „Fehlkommunikation", die bei der Zubereitung wissenschaftlichen Wissens durch Publikumsmedien lauert,[39] da hier die Forscher ihre Ergebnisse nicht einfach an Spezialisten für Edutainment und Infotainment weitergeben, sondern sich selbst an der Präsentationsarbeit beteiligen (wobei sich Ethnographen und Designer gewiss nicht immer in den Armen, sondern oft auch in den Haaren liegen). Ein besserer Einbau wissenschaftsjournalistischer Qualifizierung in kulturwissenschaftliche Studiengänge könnte diese ethnographische Vermittlungskompetenz um neue Medien und Genres erweitern.

Zu unterscheiden ist freilich eine Programmatik des „public understanding of science and humanities", die sich wissenschaftswerbend an eine breite Öffentlichkeit wendet, und eine zielgruppenorientierte Kommunikation ethnographischer Befunde und Kompetenzen. Solche einschlägigen Adressaten sind einmal die für das jeweilige Forschungsfeld relevanten wirtschaftlichen und politischen Entscheidungsträger, dann die im Feld tätigen Interessenverbände und Dienstleister (Kulturschaffende, Lehrer, Pfarrer, Verwaltungsfachleute, Polizisten, Politiker, Unternehmer, Gewerkschafter, Bürgerinitiativen, NGOs) – und nicht zuletzt die jeweils untersuchten Alltagsakteure selbst. Gerade für diesen unmittelbaren Kontakt bringen Ethnographen, ex professo mit popularem Denken befasst und zum Verstehen erzogen, nicht die schlechtesten Fähigkeiten mit. Und diese sind in der Fachhistorie auch immer wieder genutzt worden, was in der Fachhistorik freilich nur ganz unzureichend dokumentiert wurde: in Arbeiterunterrichtskursen, in Volkshochschulen, in gewerkschaftlicher Bildungsarbeit, in dörflichen Vereinen und städtischen Soziokulturzentren. Ein Problem dieser unmittelbar entscheider- und akteursbezogenen Wissenskommunikation war freilich bisher, dass sie meist auf individueller Basis und in sporadischer Form geschah und selten durch Kooperationsvereinbarungen verbindlicht und verstetigt wurde.

---

39 Vgl. Peter Weingart: Welche Öffentlichkeit für die Wissenschaft? In: Ders.: Die Wissenschaft der Öffentlichkeit. Essays zum Verhältnis von Wissenschaft, Medien und Öffentlichkeit. Weilerswist 2005, S. 148–158; hier S. 152.

Solche Kommunikations- und Kooperationsbeziehungen haben, wie die gesellschaftliche Nachfrage nach ethnographischem Wissen überhaupt, zur Voraussetzung, dass die außerwissenschaftlichen Partner dieses Wissen als für sie bedeutsam und nützlich einschätzen. Diese Überzeugung stellt sich leichter ein, wenn die Zusammenarbeit nicht erst bei der Weitergabe und Umsetzung von Forschungsergebnissen, sondern bereits bei der Fokussierung von Problemfeldern und der Formulierung der Fragestellung beginnt. Der erwartbare Einwurf, damit würde die Wissenschaftsfreiheit beschnitten, hat in all denjenigen Fällen seine Berechtigung, in denen die Forschung Themenstellungen von Auftrag- und Geldgebern auch dann übernimmt, wenn diese nicht mit den eigenen Zielsetzungen und Standards konvergieren. Eine solche willfährige Auftragsforschung wäre keine eingreifende, sondern eine eingesetzte Wissenschaft. Wo aber über Themen, Theorien und Methoden Konsens besteht oder hergestellt werden kann, bedeutet die Kooperation mit interessierten gesellschaftlichen Partnern einen Zuwachs an Wirkkraft ohne Verlust an Autonomie.

Dies gilt jedoch nur dann, wenn die Kooperationspartner sich davon überzeugen lassen, dass Ethnographie als vorwiegend qualitativ orientierte und mit ihrem Feld interagierende Wissenschaft besonderer Freiheitsspielräume bedarf: bei der Wahl ihres konkreten Untersuchungsfelds ebenso wie bei ihren Verfahrensformen, die mit sehr persönlichen Prägungen der ForscherInnen kompatibel sein müssen. Wer diese individuellen Momente ethnographischen Vorgehens als Störfaktor ausschalten wollte, würde nicht in den vollen Genuss ihrer Fähigkeiten kommen. Ebenso aber gilt, dass die ForscherInnen nichts von ihrer Individualität, sondern nur von ihrem Individualismus opfern müssten, wenn sie sich bei Problemdefinition und Forschungsdesign mehr als bisher üblich mit den in ihren Forschungsfeldern angesiedelten und tätigen Akteuren absprechen würden. Eine deutliche Öffnung der ethnographischen Forschung für außerfachliche Mitrede könnte ein geeignetes Mittel dafür sein, ihren gesellschaftlichen Einfluss zu verstärken.

Literaturverzeichnis

Einleitung

Bausinger, Hermann: Volkskunde. Von der Altertumsforschung zur Kulturanalyse. Erweiterte Auflage. Tübingen 1999.
Boisserée, Sulpiz: Briefwechsel mit Goethe. Stuttgart 1862.
Bourdieu, Pierre: Der Begriff „Volk" und sein Gebrauch. In: Ders.: Rede und Antwort. Frankfurt/M. 1992, S. 167–173.
Brednich, Rolf W. (Hg.): Grundriß der Volkskunde. Einführung in die Forschungsfelder der Europäischen Ethnologie. Berlin 2001.
Dülmen, Richard van: Historische Anthropologie. Entwicklung, Probleme, Aufgaben. Köln usw. 2001.
Geramb, Viktor von: Die Volkskunde als Wissenschaft. In: Zeitschrift für Deutschkunde, 38. Jg. 1924, S. 324–341.
Gerndt, Helge: Kulturwissenschaft im Zeitalter der Globalisierung. Volkskundliche Markierungen. Münster usw. 2002.
Göttsch, Silke/Lehmann, Albrecht (Hg.): Methoden der Volkskunde. Positionen, Quellen, Arbeitsweisen der Europäischen Ethnologie. Berlin 2001.
Harris, David: From class struggle to the politics of pleasure. The effects of gramscianism on cultural studies. London, New York 1992.
Kaindl, Raimund Friedrich: Die Volkskunde. Ihre Bedeutung, ihre Ziele und ihre Methode. Mit besonderer Berücksichtigung ihres Verhältnisses zu den historischen Wissenschaften. Leipzig, Wien 1903.
Kaschuba, Wolfgang: Einführung in die Europäische Ethnologie. München 1999.
Kohl, Karl-Heinz: Homöophobie und Allopathie als Dilemma der deutschsprachigen Völkerkunde. In: Zeitschrift für Ethnologie, 122. Bd. 1997, S. 101–110.
Lauffer, Otto: Niederdeutsche Volkskunde. Leipzig 1917.
Lévi-Strauss, Claude: Traurige Tropen. Köln, Berlin 1970.
Lévi-Strauss, Claude: „Primitive" und „Zivilisierte". Zürich 1972.
Lindner, Rolf: Wer wird Ethnograph? Biographische Aspekte der Feldforschung. In: Ina-Maria Greverus/Konrad Köstlin/Heinz Schilling (Hg.): Kulturkontakt Kulturkonflikt. Zur Erfahrung des Fremden. Teil I, Frankfurt/M. 1988, S. 99–107.
McGuigan, Jim: Cultural Populism. London 1992.
Mogk, Eugen: Zur Geschichte unseres Vereines. In: Mitteilungen des Vereins für sächsische Volkskunde, 1. Bd. 1897–1899, S. 11–13.

Scharfe, Martin: Die Volkskunde und ihre narzißtische Utopie. In: Kuckuck, 6. Jg. 1991, S. 33–36.

Scharfe, Martin: Volkskunde in den Neunzigern. In: Hessische Blätter für Volkskunde und Kulturforschung, N.F. Bd. 28, 1992, S. 65–76.

Stagl, Justin: Kulturanthropologie und Gesellschaft. Wege zu einer Wissenschaft. München 1974.

Tanner, Jakob: Historische Anthropologie zur Einführung. Hamburg 2004.

Warneken, Bernd Jürgen: Volkskundliche Kulturwissenschaft als postprimitivistisches Fach. In: Kaspar Maase/Bernd Jürgen Warneken (Hg.): Unterwelten der Kultur. Themen und Theorien volkskundlicher Kulturwissenschaft. Weimar usw. 2003, S. 119–141.

Warneken, Bernd Jürgen: Das primitivistische Erbe der Volkskunde. In: Österreichische Zeitschrift für Volkskunde, Bd. LIX/108, Wien 2005, S. 133–150.

Leitmotiv Primitivität

Achelis, Thomas: Wege und Ziele der Völkerpsychologie. In: Deutschland. Monatsschrift für die gesamte Kultur. Bd. IV, Berlin 1904, S. 531–542.

Alzheimer, Heidrun: Frauen in der Volkskunde. Ein Beitrag zur Wissenschaftsgeschichte. In: Dieter Harmening/Erich Wimmer (Hg.): Volkskultur – Geschichte – Region. Festschrift für Wolfgang Brückner zum 60. Geburtstag. Würzburg 1990, S. 257–285.

Ammon, Otto: Die Gesellschaftsordnung und ihre natürlichen Grundlagen. Entwurf einer Sozial-Anthropologie zum Gebrauch für alle Gebildeten, die sich mit sozialen Fragen befassen. Jena 1900.

Andree, Richard: Braunschweiger Volkskunde. Braunschweig 1901.

Anneler, Hedwig: Lötschen: das ist: Landes- und Volkskunde des Lötschentales. Bern 1917.

Bagus, Anita: Marginal oder präsent? Frauen im Institutionalisierungs- und Professionalisierungsprozeß der Volkskunde. In: Fachfrauen – Frauen im Fach. Frankfurt/M. 1995, S. 83–109.

Bartels, Max: Märkische Spinnstuben-Erinnerungen. In: Zeitschrift des Vereins für Volkskunde, 12. Jg. 1902, S. 73–80.

Bartels, Paul: Fortpflanzung, Wochenbett und Taufe im Brauch und Glauben der weissrussischen Bevölkerung. In: Zeitschrift des Vereins für Volkskunde, 17. Jg. 1907, S. 160–171.

Bausinger, Hermann: Ungleichzeitigkeiten. Von der Volkskunde zur empirischen Kulturwissenschaft. In: Der Deutschunterricht, 39. Jg. 1987, H. VI, S. 5–16; hier S. 13.

Bausinger, Hermann: Volkskunde. Von der Altertumskunde zur Kulturanalyse. Erweiterte Auflage. Tübingen 1999.

Bloch, Ernst: Rauhnacht in Stadt und Land (1929). In: Ders.: Erbschaft dieser Zeit. Frankfurt/M. 1962, S. 52–61.

Bockhorn, Olaf: Zur Geschichte der Volkskunde an der Universität Wien. Von den Anfängen bis 1939. In: Albrecht Lehmann/Andreas Kuntz (Hg.): Sichtweisen der Volkskunde. Zur Geschichte und Forschungspraxis einer Disziplin. Berlin, Hamburg 1988, S. 63–83.

Boehm, Fritz: Volkskunde und Schulreform. In: Zeitschrift des Vereins für Volkskunde, 35./36. Jg. 1925/26, S. 1–6.

Bölsche, Wilhelm: Aus der Schneegrube. Gedanken zur Naturforschung. Dresden 1904.

Bönisch-Brednich, Brigitte: Zwischen Laienforschung und Professionalisierung. Frauen in der frühen ostdeutschen Volkskunde. In: Andrea Eichner u.a. (Red.): Fachfrauen – Frauen im Fach. Frankfurt/M. 1995, S. 61–82.

Bonß, Wolfgang: Gewalt als gesellschaftliches Problem. In: Max Miller/Hans-Georg Soeffner (Hg.): Modernität und Barbarei. Soziologische Zeitdiagnosen am Ende des 20. Jahrhunderts. Frankfurt/M. 1996, S. 68–80.

Bourke, John Gregory: Das Buch des Unrats. Mit einem Geleitwort von Sigmund Freud. Aus dem Amerikanischen von Friedrich S. Krauss und Hermann Ihm. Frankfurt/M. 1992.

Bücher, Karl: Arbeit und Rhythmus. Leipzig, Berlin 1909.

Burckhardt-Seebass, Christine: Spuren weiblicher Volkskunde. Ein Beitrag zur schweizerischen Fachgeschichte des frühen 20. Jahrhunderts. In: Schweizerisches Archiv für Volkskunde, 87. Jg. 1991, S. 209–224.

Burkholz, Roland: Reflexe der Darwinismus-Debatte in der Theorie Freuds. Jahrbuch der Psychoanalyse, Beiheft 19. Stuttgart-Bad Cannstatt 1995.

Burt, Raymond L.: Friedrich Salomo Krauss (1859–1938). Selbstzeugnisse und Materialien zur Biobibliographie des Volkskundlers, Literaten und Sexualforschers mit einem Nachlaßverzeichnis. Mit dem Beitrag von Michael Martischnig: „Zum 50. Todestag von Friedrich Salomo Krauss (Salomon Friedrich Krauss). Eine Nachlese." Wien 1990.

Burt, Raymond L./Eppensteiner, Barbara/Reichmayr, Johannes: Sexualforschung und Psychoanalyse: Friedrich Salomon Krauss und Sigmund Freud – gelehrte Zuhörer nach unten. In: Josef Aigner/Rolf Gindorf (Hg.): Von der Last der Lust. Sexualität zwischen Liberalisierung und Entfremdung. Wien 1986, S. 47–75.

Dähnhardt, Oskar: Bericht über die zweite Tagung des Verbandes deutscher Vereine für Volkskunde. In: Mitteilungen des Verbandes deutscher Vereine für Volkskunde, Nr. 8, Dezember 1908, S. 3–5.

Darwin, Charles: The descent of man, and selection in relation to sex. London 1896.

Daxelmüller, Christoph: Friedrich Salomo Krauss (Salomon Friedrich Kraus(s) (1859–1938). In: Wolfgang Jacobeit u.a. (Hg.): Völkische Wissenschaft. Wien usw. 1994, S. 463–476.

Dehning, G.: Die Entstehung und Bedeutung der Niederdeutschen Bewegung. In: Muttersprache, 1. Jg. 1922, Nr. 2, S. 10f.

Dieterich, Albrecht: Über Wesen und Ziele der Volkskunde. In: Hessische Blätter für Volkskunde, Bd. 1, 1902, S. 169–194.

Driesmans, Heinrich: Rasse und Milieu. Leipzig 1909.

Duerr, Hans-Peter: Der Mythos vom Zivilisationsprozeß. Fünf Bände, Frankfurt/M. 1988ff.

Eberhart, Helmut: „Die Volkskunde nährt durchaus keinen Gegensatz gegen andere Völker, sie ist vielmehr im besten Sinn kosmopolitisch." Zur Rezeption der Werke Raimund Friedrich Kaindls. In: Siegfried Becker u.a. (Hg.): Volkskundliche Tableaus. Eine Festschrift für Martin Scharfe zum 65. Geburtstag von Weggefährten, Freunden und Schülern. Münster, New York 2001, S. 357–374.

Ehringhaus, Sibylle: Germanenmythos und deutsche Identität. Die Frühmittelalter-Rezeption in Deutschland 1842–1933. Weimar 1996.

Eibl-Eibesfeldt, Irenäus: Universalien im menschlichen Sozialverhalten. In: Hans Rössner (Hg.): Der ganze Mensch. Aspekte einer pragmatischen Anthropologie. München 1986.

Emmerich, Wolfgang: Zur Kritik der Volkstumsideologie. Frankfurt/M. 1971.

Engels, Friedrich: Der Ursprung der Familie, des Privateigentums und des Staats. In: Karl Marx/Friedrich Engels: Werke, Bd. 21. Berlin/DDR 1962, S. 25–173.

Fehrle, Eugen (Hg.): Germania. Publius Cornelius Tacitus. Lateinischer und deutscher Text, gegenübergestellt. München 1929.

Fink-Eitel, Heinrich: Die Philosophie und die Wilden. Über die Bedeutung des Fremden für die europäische Geistesgeschichte. Hamburg 1994.

Freud, Sigmund: Totem und Tabu. In: Ders.: Gesammelte Werke, Bd. IX. London 1940.

Freud, Sigmund: Nachtrag. In: Ders.: Gesammelte Werke, Bd. VIII. London 1943, S. 317–320.

Freud, Sigmund: Vorlesungen zur Einführung in die Psychoanalyse. In: Ders.: Gesammelte Werke, Bd. XI. London 1947.

Freud, Sigmund: Der Mann Moses und die monotheistische Religion. In: Ders.: Gesammelte Werke, Bd. XVI. London 1950, S. 101–246.

Freud, Sigmund: Geleitwort. In: John Gregory Bourke: Das Buch des Unrats. Frankfurt/M. 1992, S. 5–8.
Freud, Sigmund/Abraham, Karl: Briefe 1907–1926. Hg. von Hilda C. Abraham und Ernst L. Freud. Frankfurt/M. 1980.
Geertz, Clifford: The Impact of the Concepts of Culture on the Concept of Man. In: Ders.: The Interpretation of Cultures. Selected Essays. New York 1986, S. 33–54.
Genth, Renate: Patriarchale Naturbeherrschung, Weiblichkeit und phallokratische Naturzerstörung. In: Christine Kulke (Hg.): Rationalität und sinnliche Vernunft. Frauen in der patriarchalen Realität. Berlin 1985, S. 129–144.
Geramb, Viktor: Von Volkstum und Heimat. Gedanken zum Neuaufbau. Graz 1922.
Geramb, Viktor von: Zur Frage nach den Grenzen, Aufgaben und Methoden der deutschen Volkskunde. In: Zeitschrift des Vereins für Volkskunde, 37./38. Jg. 1927/28, S. 163–181.
Geramb, Viktor von: Viktor von Geramb. In: Österreichische Geschichtswissenschaft der Gegenwart in Selbstdarstellungen. Geleitet von Nikolaus Grass. Bd. II, Innsbruck 1951, S. 76–82.
Geramb, Viktor von: Verewigte Gefährten. Ein Buch der Erinnerung. Graz 1952.
Gomme, George Laurence: Ethnology in Folklore. London 1892.
Gratopp, Karl: Richard Wossidlo. Wesen und Werk. Neumünster 1935.
Grimm, Jacob: Deutsche Mythologie. 4. Aufl., Gütersloh 1875.
Grudde, Hertha: Wie ich meine „Plattdeutschen Volksmärchen aus Ostpreussen" aufschrieb. Helsinki 1932.
Gummel, Hans: Forschungsgeschichte in Deutschland. (Die Urgeschichtsforschung und ihre historische Entwicklung in den Kulturstaaten der Erde. Hg. von Karl Hermann Jacob-Friesen, Bd. 1). Berlin 1938, S. 396–470.
Haberlandt, Michael: Zum Beginn! In: Zeitschrift für österreichische Volkskunde, 1. Jg. 1895, S. 1–7.
Hahn, Eduard: Die Erkenntnis des heutigen Volkslebens als Aufgabe der Volkskunde. Vortrag zur Feier des 20jährigen Bestehens des Vereins für Volkskunde. In: Zeitschrift des Vereins für Volkskunde, 21. Jg. 1911, S. 225–233.
Hauffen, Adolf: Geschichte der deutschen Volkskunde (Teil 3). In: Zeitschrift des Vereins für Volkskunde, 20. Jg. 1910, S. 290–306.
Hauschild, Thomas: Lernt von den Sopranos. Wie man eine Serie als ethnologische Studie zukünftiger Verhältnisse begreifen kann. In: DIE ZEIT, 16. Juni 2000.
Heinrichs, Hans-Jürgen (Hg.): Das Mutterrecht von J.J. Bachofen in der Diskussion. Frankfurt/M. 1987.
Hermand, Jost: Alle Macht den Frauen. Faschistische Matriarchatskonzepte. In: Das Argument, H. 146, 26. Jg. 1984, S. 539–554.

Hoffmann-Krayer, Eduard: Die Volkskunde als Wissenschaft. In: Paul Geiger (Hg.): Kleine Schriften zur Volkskunde von Eduard Hoffmann-Krayer. Basel 1946, S. 1–23.

Hrabe, Franz Eduard: Universitätsprofessor Dr. Gustav Jungbauer, sein Wirken und Schaffen. Winterberg 1936.

Jacobeit, Wolfgang/Lixfeld, Hannjost/Bockhorn, Olaf (Hg.): Völkische Wissenschaft. Gestalten und Tendenzen der deutschen und österreichischen Volkskunde in der ersten Hälfte des 20. Jahrhunderts. Wien usw. 1994.

Joas, Hans: Die Kreativität des Handelns. Frankfurt/M. 1996.

Jungbauer, Gustav: Geschichte der deutschen Volkskunde. Prag 1931.

Kaindl, Raimund Friedrich: Lieder, Neckreime, Abzählverse, Spiele, Geheimsprachen und allerlei Kunterbunt aus der Kinderwelt. In: Zeitschrift des Vereins für Volkskunde, 7. Jg. 1897, S. 136–147.

Kaindl, Raimund Friedrich: Die Volkskunde. Ihre Bedeutung, ihre Ziele und ihre Methode. Mit besonderer Berücksichtigung ihres Verhältnisses zu den historischen Wissenschaften. Leipzig, Wien 1903.

Kaiser, Karl: Lesebuch zur Geschichte der Deutschen Volkskunde. Dresden 1939.

Köhle-Hezinger, Christel: Auf Spurensuche: Frauen in der Volkskunde. In: Bettina Heinrich u.a. (Hg.): Gestaltungsspielräume. Frauen in Museum und Kulturforschung. Tübingen 1992, S. 15–21.

Köhler-Zülch, Ines: Krauss, Friedrich Salomo. In: Enzyklopädie des Märchens, Bd. 8. Berlin, New York 1996, Sp. 352–358.

Koepping, Klaus-Peter: Adolf Bastian and the Psychic Unity of Mankind. The Foundation of Anthropology in Nineteenth Century Germany. St. Lucia usw. 1983.

Kohl, Karl-Heinz: Abwehr und Verlangen. Zur Geschichte der Ethnologie. Frankfurt/M., New York 1987.

Kopp, Arthur: Rezension von Augusta Bender: Oberschefflenzer Volkslieder und volkstümliche Gesänge (Karlsruhe 1902). In: Zeitschrift des Vereins für Volkskunde, 13. Jg. 1903, S. 462–466.

Korff, Gottfried: Volkskunst und Primitivismus. In: Österreichische Zeitschrift für Volkskunde, 97. Bd. 1994, S. 373–394.

Kramer, Dieter: Die Kultur des Überlebens. Kulturelle Faktoren beim Umgang mit begrenzten Ressourcen in vorindustriellen Gesellschaften Mitteleuropas. Eine Problemskizze. In: Österreichische Zeitschrift für Volkskunde, 89. Bd. 1986, S. 209–226.

Kramer, Fritz W.: Empathy – Reflections on the History of Ethnology in Pre-Fascist Germany: Herder, Creuzer, Bastian, Bachofen, and Frobenius. In: Dialectical Anthropology, 9. Jg. 1985, S. 337–347.

Krauss, Friedrich S.: Sagen und Märchen der Südslaven. Zum großen Teil aus ungedruckten Quellen. Bd. I, Leipzig 1883.

Krauss, Friedrich S.: Sagen und Märchen der Südslaven. Zum großen Teil aus ungedruckten Quellen. Bd. II, Leipzig 1884.
Krauss, Friedrich S.: Die Zeugung in Sitte, Brauch und Glauben der Südslawen. In: Zeitschrift für österreichische Volkskunde, 5. Jg. 1899, S. 93–95.
Krauss, Friedrich S.: Die Volkskunde in den Jahren 1897–1902. Berichte über Neuerscheinungen. In: Romanische Forschungen, XVI. Bd., Erlangen 1904, S. 151–322.
Krauss, Friedrich S.: Vorwort. In: Anthropophyteia, Bd. I, 1904, S. VII–XXI.
Krauss, Friedrich S.: An die löbliche Kgl. Staatsanwaltschaft in Leipzig. In: Anthropophyteia, Bd. VIII, Leipzig 1911, S. 480–483.
Krauss, Friedrich S.: Erotische Zauberwahnprozesse zu Berlin im Jahre 1913. Anhang zu Bd. X der Anthropophyteia. Leipzig 1913.
Krauss, Friedrich S./Scherman, Lucien: Allgemeine Methodik der Volkskunde. Berichte über Erscheinungen in den Jahren 1890–1897. In: Kritischer Jahresbericht über die Fortschritte der romanischen Philologie, Bd. IV, H. 3, Erlangen 1899, S. 1–134.
Kucklick, Henrika: The Savage Within. The Social History of British Anthropology, 1885–1945. Cambridge/Mass. 1991.
Kummer, Bernhard: Frau, Weib. In: Handwörterbuch des deutschen Aberglaubens. Bd. 2, Berlin, Leipzig 1930, Sp. 1732–1774.
Kuper, Adam: The Invention of Primitive Society. Transformations of an Illusion. London, New York 1988.
Landauer, Gustav: Aufruf zum Sozialismus. Köln 1923.
Lauffer, Otto: Was heißt „Deutsche Volkskunde"? In: Zeitschrift für Volkskunde, N.F. Bd. IV, 42. Jg. (o.J.), erschienen 1933, S. 69f.
Lauffer, Otto: Rezension von F. Langewiesche: Sinnbilder germanischen Glaubens in Wittekindsland. In: Zeitschrift für Volkskunde, 45. Jg. 1937, S. 179–181.
Lévi-Strauss, Claude: Traurige Tropen. Köln 1970.
Lévi-Strauss, Claude: Die archaische Illusion. In: Ders.: Die elementaren Strukturen der Verwandtschaft. Frankfurt/M. 1981, S. 148–165.
Lévy-Bruhl, Lucien: Die geistige Welt der Primitiven. München 1937.
L'Houet, Albert (d.i. Wilhelm Borée): Zur Psychologie des Bauerntums. Ein Beitrag. Im Anschluss an synodale Verhandlungen sowie in Verbindung mit dem ‚Ausschuss für Wohlfahrtspflege auf dem Lande'. Tübingen 1905.
Lipp, Carola: Der „einfache Mann" in der Volkskunde. Versuch einer Bestandsaufnahme. In: Tübinger Korrespondenzblatt, H. 26, 1984, S. 1–16.
Lipp, Carola: Geschlechterforschung – Frauenforschung. In: Rolf W. Brednich (Hg.): Grundriß der Volkskunde. Einführung in die Forschungsfelder der Europäischen Ethnologie. Berlin 2001, S. 329–361.

Lixfeld, Hannjost: Soldatenlied. In: Rolf Wilhelm Brednich/Lutz Röhrich/Wolfgang Suppan: Handbuch des Volksliedes, Bd. I, München 1973, S. 833–862.

Lixfeld, Hannjost: Die weltanschauliche Volkskunde des Amts Rosenberg und ihr Wissenschaftstheoretiker Matthes Ziegler. In: Wolfgang Jacobeit/Hannjost Lixfeld/Olaf Bockhorn (Hg.): Völkische Wissenschaft. Gestalten und Tendenzen der deutschen und österreichischen Volkskunde in der ersten Hälfte des 20. Jahrhunderts. Wien usw. 1994, S. 192–205.

Lloyd, Jill: German Expressionism. Primitivism and Modernity. New Haven, London 1991.

Loo, Hans van der/Reijen, Willem van: Modernisierung. Projekt und Paradox. München 1992.

Lux, Joseph August: Ingenieurästhetik. München 1910.

Mannhardt, Wilhelm: Die praktischen Folgen des Aberglaubens, mit besonderer Berücksichtigung der Provinz Preußen. Berlin 1878.

Mantzke, Martin: Rezension von Ulrich Herbert: Best. Biographische Studien über Radikalismus, Weltanschauung und Vernunft, 1903–1989. Bonn 1996. In: Das Parlament, 11.7.1997.

Marriage, M. Elizabeth: Volkslieder aus der Badischen Pfalz. Halle a.S. 1902.

Martischnig, Michael: Erotik und Sexualität der unteren Volksschichten. Zum 50. Todestag von Friedrich Salomo Krauss (Salomon Friedrich Krauss) (1859–1938). In: Sabine Drexel/Klaus Heinzle/Angela Koch (Hg.): InterAKTion 2, Das Nackte – Der Hintergrund. Wien 1989, S. 23–83.

Marx, Karl/Engels, Friedrich: Manifest der Kommunistischen Partei. In: Dies.: Werke, Bd. 4. Berlin/DDR 1969, S. 459–493.

Mason, Otis Tufton: Woman's Share in Primitive Culture. New York 1984.

Massin, Benoît: From Virchow to Fischer. Physical Anthropology and „Modern Race Theories" in Wilhelmine Germany. In: George W. Stocking (Hg.): Volksgeist as method and ethic. Essays on Boasian ethnography and the German anthropological tradition. Madison 1996, S. 79–154.

Mauss, Marcel: Die Gabe. Form und Funktion des Austauschs in archaischen Gesellschaften. Frankfurt/M. 1999.

Mayhew, Henry: Die Armen von London. Ein Kompendium der Lebensbedingungen und Einkünfte derjenigen, die arbeiten wollen, derjenigen, die nicht arbeiten können, und derjenigen, die nicht arbeiten wollen. Frankfurt/M. 1996.

Meyer, Richard M.: Rezension von Elard Hugo Meyer: Deutsche Volkskunde (Straßburg 1897). In: Zeitschrift des Vereins für Volkskunde, 8. Jg. 1898, S. 98f.

Meyer, Richard M.: Eine Gesamtdarstellung deutschen Volkstums. In: Zeitschrift des Vereins für deutsche Volkskunde, 9. Jg. 1899, S. 18–24.

Mogk, Eugen: Sitten und Gebräuche im Kreislauf des Jahres. In: Robert Wuttke (Hg.): Sächsische Volkskunde. Dresden 1900, S. 274–292.
Mogk, Eugen: Die deutschen Sitten und Bräuche. In: Hans Meyer (Hg.): Das Deutsche Volkstum. Leipzig, Wien 1903, S. 267–324.
Mogk, Eugen: Die Volkskunde im Rahmen der Kulturentwicklung der Gegenwart. In: Hessische Blätter für Volkskunde, Bd. 3, 1904, S. 1–15.
Mogk, Eugen: Wesen und Aufgaben der Volkskunde. In: Mitteilungen des Verbandes deutscher Vereine für Volkskunde, Nr. 6, November 1907, S. 1–9.
Morad, Mirjam: Friedrich Salomo Krauss. Ein biographischer Entwurf. Diplomarbeit (Ms.) am Institut für Volkskunde der Universität Wien 1987.
Morgan, Lewis H.: Die Urgesellschaft. Untersuchungen über den Fortschritt der Menschheit aus der Wildheit durch die Barbarei zur Zivilisation. Stuttgart 1908.
Negelein, Julius von: Die Reise der Seele ins Jenseits. In: Zeitschrift des Vereins für Volkskunde, 11. Jg. 1901, S. 16–28.
Otto, Eduard: Die Hüttenberger Volkstracht. In: Zeitschrift des Vereins für Volkskunde, 8. Jg. 1898, S. 361–379.
Penny, H. Glenn: Objects of Culture. Ethnology and Ethnographic Museums in Imperial Germany. Chapel Hill/London 2002.
Plessner, Helmuth: Die verspätete Nation. Über die politische Verführbarkeit bürgerlichen Geistes. Stuttgart usw. 1959.
Polívka, Georg: Berichte und Buchanzeigen, Teil 2: Südslawisch und Russisch. In: Zeitschrift des Vereins für Volkskunde, 16. Jg. 1906, S. 209–223.
Post, Albert Hermann: Studien zur Entwicklungsgeschichte des Familienrechts. Ein Beitrag zu einer allgemeinen vergleichenden Rechtswissenschaft auf ethnologischer Basis. Oldenburg, Leipzig 1889.
Queri, Georg: Bauernerotik und Bauernfehme in Oberbayern. München 1911.
-r: (wohl Max Höfler): Rezension von Friedrich S. Krauss: Die Zeugung in Sitte, Brauch und Glauben der Südslawen. In: Zeitschrift für österreichische Volkskunde, 5. Jg. 1899, S. 93–95.
Rademacher, Carl: Lehrerschaft und Volkskunde. In: Sammlung pädagogischer Vorträge VI/6, Bielefeld 1893, S. 1–16.
Rademacher, Carl: Die Volkskunde als Wissenschaft. In: Paul Geiger (Hg.): Kleine Schriften zur Volkskunde von Eduard Hoffmann-Krayer. Basel 1946, S. 1–23.
Radkau, Joachim: Das Zeitalter der Nervosität. Deutschland zwischen Bismarck und Hitler. München 1998.
Rehsener, Marie: Die Weber-Zenze. Eine Tiroler Dorffigur nach dem Leben. In: Zeitschrift des Vereins für Volkskunde, 5. Jg. 1895, S. 80–93.
Reichelt, Gregor, unter Mitarbeit von Bernhard Metz: Universalien. (www.uni-konstanz.de/FuF/sfb511/publikationen/universalien.html)

Reichmayr, Johannes: Friedrich Salomon Krauss und Sigmund Freud – Begegnung unorthodoxer Gelehrter. In: Luzifer-Amor. Zeitschrift zur Geschichte der Psychoanalyse, 1. Jg. 1988, H. 1, S. 133–155.
Reuschel, Karl: Volkskundliche Streifzüge. Zwölf Vorträge über Fragen der deutschen Volkskunde. Dresden, Leipzig 1903.
Rhodes, Colin: Primitivism and modern art. London 1994.
Riegl, Alois: Das Volksmäßige und die Gegenwart. In: Zeitschrift für österreichische Volkskunde, 1. Jg. 1895, S. 4–7.
Riehl, Wilhelm Heinrich: Die Familie. Stuttgart, Augsburg 1855.
Roediger, Max: Ansprache zum 20jährigen Bestehen des Berliner Vereins für Volkskunde. In: Zeitschrift des Vereins für Volkskunde, 21. Jg. 1911, S. 219–222.
Rubin, William: Primitivismus in der Kunst des zwanzigsten Jahrhunderts. München 1996.
Rüdiger, Ludwig: Ueber Nationalität. In: Zeitschrift für Völkerpsychologie und Sprachwissenschaft, 3. Bd. 1865, S. 95–130.
Rütimeyer, Leopold: Ur-Ethnographie der Schweiz. Ihre Relikte bis zur Gegenwart mit prähistorischen und ethnographischen Parallelen. Basel 1924.
Sachs, Hanns: Freud: Meister und Freund. Frankfurt/M., Berlin 1982.
Sahlins, Marshall: Two Or Three Things That I Know About Culture. In: Man, N.S. 5, 1999, S. 399–421.
Sahr, Julius: Anzeigen und Gedanken zur Volkskunde. In: Zeitschrift für den deutschen Unterricht, 25. Jg. 1911, S. 210–257.
Schmitt, Christoph: Geschlechtstypische Aspekte in Aufnahme- und Darstellungsstrategien volkskundlicher Sammlungen am Beispiel des Wossidlo-Nachlasses. In: Christel Köhle-Hezinger/Martin Scharfe/Rolf Wilhelm Brednich (Hg.): Männlich. Weiblich. Zur Bedeutung der Kategorie Geschlecht in der Kultur. Münster 1999, S. 256–270.
Schultz, Joachim: Wild, irre und rein. Wörterbuch zum Primitivismus der literarischen Avantgarden in Deutschland und Frankreich zwischen 1900 und 1940. Gießen 1995.
Schwartz, Wilhelm: Volkstümliche Schlaglichter. In: Zeitschrift des Vereins für Volkskunde, 1. Jg. 1891, S. 17–36.
See, Klaus von: Barbar, Germane, Arier. Die Suche nach der Identität der Deutschen. Heidelberg 1994.
Seitz, Gabriele: Die Brüder Grimm: Leben – Werk – Zeit. München 1984.
Steinen, Karl von den: Gedächtnisrede auf Adolf Bastian. In: Zeitschrift für Ethnologie, 37. Jg. 1905, S. 236–249.
Stekel, Wilhelm: Rezension der „Anthropophyteia", Bd. VIII. In: Zentralblatt für Psychoanalyse, Bd. II, 1912, S. 282f.

Strack, Adolf: Volkskunde. In: Hessische Blätter für Volkskunde, Bd. 1, 1902, S. 149–155.
Strack, Adolf: Der Einzelne und das Volk. In: Hessische Blätter für Volkskunde, Bd. 2, 1903, S. 64–76.
Tacitus, Publius Cornelius: Germania. Übertragen und erläutert von Arno Mauersberger. Bremen 1957.
Todorov, Tzvetan: Die Eroberung Amerikas. Das Problem des Anderen. Frankfurt/M. 1985.
Torgovnick, Marianna: Primitive passions. Men, Women, and the Quest for Ecstasy. Chicago, London 1996.
Virchow, Rudolf: Verwaltungsbericht für das Jahr 1890. In: Zeitschrift für Ethnologie, 22. Bd. 1890, S. (585)–(593).
Warneken, Bernd Jürgen: Völkisch nicht beschränkte Volkskunde. Eine Erinnerung an die Gründungsphase des Fachs vor hundert Jahren. In: Zeitschrift für Volkskunde, 95. Jg. 1999, S. 169–196.
Warneken, Bernd Jürgen: Negative Assimilation. Der Volkskundler und Ethnologe Friedrich Salomo Krauss. In: Freddy Raphael (Hg.): ‚… das Flüstern eines leisen Wehens …' Beiträge zu Kultur und Lebenswelt europäischer Juden. Konstanz 2001, S. 149–171.
Weinhold, Karl: Rezension von Friedrich Ratzels „Völkerkunde". In: Zeitschrift des Vereins für Volkskunde, 5. Jg. 1895, S. 108f.
Weinhold, Karl: Zur Geschichte des heidnischen Ritus. Berlin 1896.
Weinhold, Karl: Wilhelm Schwartz†. In: Zeitschrift des Vereins für Volkskunde, 9. Jg. 1899, S. 328–330.
Weinhold, Karl: Laura Weinhold. In: Zeitschrift des Vereins für Volkskunde, 10. Jg. 1900, S. 102.
Weinhold, Karl: Altnordisches Leben. Stuttgart 1938.
Wesel, Uwe: Der Mythos vom Patriarchat. Über Bachofen, Mutterrecht und die Stellung von Frauen in frühen Gesellschaften vor der Entstehung staatlicher Herrschaft. Frankfurt/M. 1999.
Wobbe, Theresa (Hg.): Zwischen Vorderbühne und Hinterbühne. Beiträge zum Wandel der Geschlechterbeziehungen in der Wissenschaft vom 17. Jahrhundert bis zur Gegenwart. Bielefeld 2003.
Wossidlo, Richard: Über die Technik des Sammelns volkstümlicher Überlieferung. In: Zeitschrift des Vereins für Volkskunde, 16. Jg. 1906, S. 1–24.
Ziegler, Matthes: Volkskunde auf rassischer Grundlage. In: Nationalsozialistische Monatshefte, 5. Jg. 1934, H. 53, S. 711–717.
Züricher, Gertrud: Kinderlieder der Deutschen Schweiz. Basel 1926.

Leitmotiv Kreativität

Althaus, Hans-Joachim u.a.: Da ist nirgends nichts gewesen außer hier. Das ‚rote Mössingen' im Generalstreik gegen Hitler. Geschichte eines schwäbischen Arbeiterdorfes. Berlin 1982.

Aly, Götz: Hitlers Volksstaat. Raub, Rassenkrieg und nationaler Sozialismus. Frankfurt/M. 2005.

Aslam, Mohammed/Rack, Philip H.: Alternative Medicine of Pakistanis in Britain. In: Hessische Blätter für Volks- und Kulturforschung, N.F. 19, 1986, S. 101–109.

Assion, Peter: Fremdheitserwartung und Fremdheitserfahrung bei den deutschen Amerikaauswanderern im 19. Jahrhundert. In: Ina-Maria Greverus/Konrad Köstlin/Heinz Schilling (Hg.): Kulturkontakt, Kulturkonflikt. Zur Erfahrung des Fremden. 2 Bde., Frankfurt/M. 1988, S. 157–167.

Assion, Peter: Arbeiterforschung. In: Rolf W. Brednich (Hg.): Grundriß der Volkskunde. Einführung in die Forschungsfelder der Europäischen Ethnologie. Berlin 2001, S. 255–279.

Auden, Wystan H.: Ein äußerst neugieriger älterer Herr. Vorwort zu: Henry Mayhew: Die Armen von London. Ein Kompendium der Lebensbedingungen und Einkünfte derjenigen, die arbeiten wollen, derjenigen, die nicht arbeiten können, und derjenigen, die nicht arbeiten wollen. Frankfurt/M. 1996, S. 9–21.

Auer, Peter: „Türkenslang". Ein jugendsprachlicher Ethnolekt des Deutschen und seine Transformationen. In: Annelies Häcki Buhofer (Hg.): Spracherwerb und Lebensalter. Tübingen, Basel 2003, S. 255–264.

Avantario, Vito: Aufstand der Anständigen. Warum der türkische Einzelhandel blüht, während der deutsche taumelt: Eine Geschichte über Stolz und Mut, Frische und Freundlichkeit. In: Brandeins: www.brandeins.de/magazin/archiv/2001/ausgabe_03/schwerpunkt/artikel6.html

Badura, Matthias: „Herr, nimm du die Warzen mit!" Laienmedizinische Praktiken in einem Dorf auf der Schwäbischen Alb. Tübingen 2004.

Barlösius, Eva: Soziologie des Essens. Eine sozial- und kulturwissenschaftliche Einführung in die Ernährungsforschung. Weinheim, München 1999.

Basile, Luisa/Morea, Delia: Lazarri e scugnizzi. La lunga storia die figli del popolo napoletano. Rom 1996.

Bauer, Kristin/Bucher, Yolanda: Gustav Mesmers langer Traum vom Fliegen. In: Württembergisches Landesmuseum Stuttgart (Hg.): Schwäbische Tüftler. Der Tüftler ein Schwabe? Der Schwabe ein Tüftler? Stuttgart 1995, S. 176–183.

Baur, Franz-Xaver: „‚Step in the Arena' – HipHop, Performance, Klasse und Ethnizität. Eine ethnografische Forschung im ‚Jugendhaus' Neugereut". Magisterarbeit Tübingen 2003.

Bausinger, Hermann/Braun, Markus/Schwedt, Herbert: Neue Siedlungen. Volkskundlich-soziologische Untersuchungen des Ludwig-Uhland-Instituts Tübingen. Stuttgart 1959.
Bausinger, Hermann: Volkskultur in der technischen Welt. Stuttgart 1961.
Bausinger, Hermann: Formen der „Volkspoesie". Berlin 1968.
Bausinger, Hermann: Verbürgerlichung – Folgen eines Interpretaments. In: Günter Wiegelmann (Hg.): Kultureller Wandel im 19. Jahrhundert. Göttingen 1973, S. 24–49.
Bausinger, Hermann: Schimpfen. Anmerkungen zu einem vernachlässigten Kommunikationsakt. In: Brigitte Narr/Hartwig Wittje (Hg.): Spracherwerb und Mehrsprachigkeit. Language Acquisition and Multilingualism. Festschrift für Els Oksaar zum 60. Geburtstag. Tübingen 1986, S. 353–362.
Bausinger, Hermann: Ironisch-witzige Elemente in der heutigen Alltagskommunikation. In: Jahrbuch für internationale Germanistik, 19. Jg. 1987, S. 58–74.
Bechdolf, Ute (Hg.): Tanzlust: Empirische Untersuchungen zu Formen alltäglichen Tanzvergnügens. Tübingen 1998.
Beck, Stefan: Nachmoderne Zeiten. Über Zeiterfahrungen und Zeitumgang bei flexibilisierter Schichtarbeit. Tübingen 1994.
Beck, Stefan: Rekombinante Praxen. Wissensarbeit als Gegenstand der Europäischen Ethnologie. In: Zeitschrift für Volkskunde, 96. Jg. 2000, S. 218–246.
Beck, Stefan: Alltage, Modernitäten, Solidaritäten. Soziale Formen und kulturelle Aneignung der Biowissenschaften – Plädoyer für eine vergleichende Perspektive. In: Zeitschrift für Volkskunde, 100. Jg. 2004, S. 1–30.
Beck, Ulrich: Schöne neue Arbeitswelt. Vision: Weltbürgergesellschaft. Frankfurt/M., New York 1999.
Becker, Franziska: Gewalt und Gedächtnis. Erinnerungen an die nationalsozialistische Verfolgung einer jüdischen Landgemeinde. Göttingen 1994.
Becker, Siegfried: Der Dienst im fremden Haus. Sozialisation und kollektive Identität ehemaliger landwirtschaftlicher Dienstboten. In: Hessische Blätter, Bd. 22, Marburg 1987, S. 241–270.
Beutelspacher, Martin, u.a.: Volk und Gesundheit: Heilen und Vernichten im Nationalsozialismus. Begleitbuch zur gleichnamigen Ausstellung im Ludwig-Uhland-Institut der Universität Tübingen. Tübingen 1982.
Bierbach, Christine: „Chi non caca un kilo – zahlt 20 Mark Strafe!" Witze von Kindern zwischen zwei Kulturen. In: Helga Kotthoff (Hg.): Das Gelächter der Geschlechter. Humor und Macht in Gesprächen von Frauen und Männern. Konstanz 1996, S. 247–273.
Birken-Silverman, Gabriele: Code-Switching in der Kommunikation italienischer Migrantenjugendlicher: Frotzelaktivitäten. In: Volker Hinnenkamp/Katharina

Meng (Hg.): Sprachgrenzen überspringen. Sprachliche Hybridität und kulturelles Selbstverständnis. Tübingen 2005, S. 105–144.

Bliss, Frank: Sudan: Recycling-Handwerker und Recyclingmärkte in der Provinz Darfur. In: Jürgen M. Werobél-La Rochelle/Frank Bliss (Hg.): Einfälle statt Abfälle. Recycling-Handwerk in Afrika und Asien. Bonn 1989, S. 83–99.

Blumensath, Heinz (Hg.): Strukturalismus in der Literaturwissenschaft. Köln 1972.

Böhnisch, Lothar: Die Entgrenzung der Männlichkeit. Verstörungen und Formierungen des Mannseins im gesellschaftlichen Übergang. Opladen 2003.

Bogdal, Klaus-Michael: Schaurige Bilder. Der Arbeiter im Blick des Bürgers am Beispiel des Naturalismus. Frankfurt/M. 1978.

Boll, Klaus: Kulturwandel der Deutschen aus der Sowjetunion. Eine empirische Studie zur Lebenswelt russlanddeutscher Aussiedler in der Bundesrepublik. Marburg 1993.

Bollenbeck, Georg: Zur Theorie und Geschichte der frühen Arbeiterlebenserinnerungen. Kronberg/Taunus 1976.

Branner, Rebecca: Scherzkommunikation unter Mädchen. Eine ethnographisch-gesprächsanalytische Untersuchung. Frankfurt/M. usw. 2003.

Brecht, Bertolt: Die haltbare Graugans. In: Ders.: Gesammelte Werke, Bd. 10. Frankfurt/M. 1967, S. 1081f.

Brepohl, Wilhelm: Der Aufbau des Ruhrvolkes im Zuge der Ost-West-Wanderung. Beiträge zur deutschen Sozialgeschichte des 19. und 20. Jahrhunderts. Recklinghausen 1948.

Bücher, Karl: Arbeit und Rhythmus. Leipzig, Berlin 1896.

Burke, Peter: Helden, Schurken und Narren. Europäische Volkskultur in der frühen Neuzeit. Stuttgart 1981.

Candeias, Mario: Prekarisierung der Arbeit und Handlungsfähigkeit. In: Das Argument, H. 256, 46. Jg. 2004, S. 398–413.

Clauss, Carsten, u.a.: Der Marburger Flohmarkt. Bericht über ein Projekt des Instituts für Europäische Ethnologie und Kulturforschung. In: Hessische Blätter für Volks- und Kulturforschung, N.F. Bd. 26, 1990, S. 97–109.

Coote, Jeremy/Morton, Chris/Nicholson, Julia (Hg.): Introduction. In: Dies.: Transformations. The Art of Recycling. Oxford 2000, S. 8–13.

Culture and Poverty: Critique and Counter Proposals. In: Current Anthropology, 10. Jg. 1969, S. 181–200.

Çağlar, Ayşe Ş.: McDöner: Dönerkebab und der Kampf der Deutsch-Türken um soziale Stellung. In: Sociologus, 48. Jg. 1998, S. 17–41.

Çağlar, Ayşe Ş.: Management kultureller Vielfalt. Deutsch-türkischer Hip-Hop, Rap und Türkpop. In: Sabine Hess/Ramona Lenz (Hg.): Geschlecht und Globalisierung. Ein kulturwissenschaftlicher Streifzug durch transnationale Räume. Königstein/Taunus 2001, S. 221–241.

Daxelmüller, Christoph: Vorwort zu: Hanns Bächtold-Stäubli, unter Mitarbeit von Eduard Hoffmann-Krayer: Handwörterbuch des deutschen Aberglaubens. Bd. 1, Berlin, New York 1987, S. V–XXXIV.

Deppermann, Arnulf/Schmidt, Axel: ‚Dissen': Eine interaktive Praktik zur Verhandlung von Charakter und Status in Peer-Groups männlicher Jugendlicher. In: Osnabrücker Beiträge zur Sprachtheorie, H. 62, März 2001, S. 79–98.

Deppermann, Arnulf/Schmidt, Axel: Hauptsache Spaß – Zur Eigenart der Unterhaltungskultur Jugendlicher. In: Der Deutschunterricht, 53. Jg. 2001, H. 6, S. 27–37.

Deutsche Shell (Hg.): Jugend 2002. Zwischen pragmatischem Idealismus und robustem Materialismus. Frankfurt/M. 2002.

Deutschmann, Christoph: Die Verheißung des absoluten Reichtums. Zur religiösen Natur des Kapitalismus. Frankfurt/M., New York 1998.

Diez, Georg: Der Halbmond ist aufgegangen. Avantgarde der Widersprüche: Warum die deutschen Türken nicht nur unsere Wirtschaft retten können, sondern auch unsere Kultur. In: Frankfurter Allgemeine Sonntagszeitung, 22.06.2003.

Dirim, Inci: Zum Gebrauch von türkischen Routinen bei Hamburger Jugendlichen nicht-türkischer Herkunft. In: Volker Hinnenkamp/Katharina Meng (Hg.): Sprachgrenzen überspringen. Sprachliche Hybridität und polykulturelles Selbstverständnis. Tübingen 2005, S. 19–49.

Dornheim, Jutta: Zum Zusammenhang zwischen gegenwarts- und vergangenheitsbezogener Medikalkulturforschung. Argumente für einen erweiterten Volksmedizinbegriff. In: Hessische Blätter für Volks- und Kulturforschung, N.F. 19, 1986, S. 25–41.

Dundes, Alan/Leads, Jerry W./Özkök, Bora: The Strategy of Turkish Boys' Verbal Duelling Rhymes. In: John J. Gumperz/Dell Hymes (Hg.): Directions in Sociolinguistics. The Ethnography of Communication. New York, Chicago 1972, S. 130–160.

Dundes, Alan (Hg.): Mother Wit from the Laughing Barrel: Readings in the Interpretation of Afro-American Folklore. Englewood Cliffs 1973.

Dworkin, Dennis: Cultural Marxism in Postwar Britain. History, the New Left, and the Origin of Cultural Studies. Durham, London 1997.

Ehrenreich, Barbara: Arbeit poor. Unterwegs in der Dienstleistungsgesellschaft. München 2001.

Ellwanger, Karen: Das Kleid und sein Preis. Kleidung und Alltag der Frauen im Stuttgart der zwanziger und Anfang der dreißiger Jahre. Magisterarbeit Tübingen 1980.

Elwert, Georg: Probleme der Ausländerintegration – Gesellschaftliche Integration durch Binnenintegration. In: Kölner Zeitschrift für Soziologie und Sozialpsychologie, 41. Jg. 1982, S. 717–731.

Emmerich, Wolfgang: Zur Kritik der Volkstumsideologie. Frankfurt/Main 1971.

Esser, Hartmut: Ethnische Kolonien: „Binnenintegration" oder gesellschaftliche Isolation? In: Jürgen H. P. Hoffmeyer-Zlotnik (Hg.): Segregation und Integration. Die Situation von Arbeitsmigranten im Aufnahmeland. Mannheim 1986, S. 106–117.

Fleck, Christian: Rund um „Marienthal". Von den Anfängen der Soziologie in Österreich bis zu ihrer Vertreibung. Wien 1990.

Fleck, Christian: Marie Jahoda (geb. 1907). Lebensnähe der Forschung und Anwendung in der wirklichen Welt. In: Claudia Honegger/Theresa Wobbe (Hg.): Frauen in der Soziologie. Neun Porträts. München 1998, S. 258–286, S. 326–333 und S. 382–387.

Fliege, Thomas: Bauernfamilien zwischen Tradition und Moderne. Eine Ethnographie bäuerlicher Lebensstile. Frankfurt/M., New York 1995.

Fraenger, Wilhelm: Deutsche Vorlagen zu russischen Volksbilderbogen des 18. Jahrhunderts. In: Jahrbuch für historische Volkskunde. Bd. 2, Berlin 1926, S. 126–173.

Friedemann, Peter: „Wie munter und wie ordentlich wir unsere Feste zu feiern verstehen". Gewerkschaftsfeste vor 1914. In: Dieter Düding/Peter Friedemann/Paul Münch (Hg.): Öffentliche Festkultur. Politische Feste in Deutschland von der Aufklärung bis zum Ersten Weltkrieg. Reinbek 1988, S. 373–389.

Friedmann, Georges: Die Zukunft der Arbeit. Köln 1953.

Frisch, Michael/Watts, Dorothy L.: Oral History und die Darstellung von Klassenbewußtsein. Die „New York Times" und die Arbeitslosen von Buffalo. In: Lutz Niethammer (Hg.): Lebenserfahrung und kollektives Gedächtnis. Die Praxis der ‚Oral History'. Frankfurt/M. 1980, S. 162–186.

Fuller, Gregory: Kitsch-Art. Wie Kitsch zu Kunst wurde. Köln 1992.

Gans, Herbert J.: Popular&High Culture. An Analysis and Evaluation of Taste. New York 1999.

Gebauer, Gunter: Fernseh- und Stadionfußball als religiöses Phänomen. Idole, Heilige und Ikonen am ‚Himmel' von Fangemeinden. In: Markwart Herzog (Hg.): Fußball als Kulturphänomen. Kunst – Kult – Kommerz. Stuttgart 2002, S. 305–314.

Gebesmair, Andreas: Grundzüge einer Soziologie des Musikgeschmacks. Opladen 2001.

Gebesmair, Andreas: Renditen der Grenzüberschreitung. Zur Relevanz der Bourdieuschen Kapitaltheorie für die Analyse sozialer Ungleichheiten. In: Soziale Welt, 55. Jg. 2004, S. 181–204.

Gebhardt, Peter: Der Markt gebrauchter Güter. Theoretische Fundierung und empirische Analyse. Hamburg 1986.

Geramb, Viktor von: Zur Frage nach den Grenzen, Aufgaben und Methoden der deutschen Volkskunde. In: Zeitschrift des Vereins für Volkskunde, 37./38. Jg. 1927/28, S. 163–181.

Geramb, Viktor von: Verewigte Gefährten. Ein Buch der Erinnerung. Graz 1952.

Giambra, Leonard M.: Tagträume – „Nachbrenner" des menschlichen Verstandes. In: Psychologie Heute, 3. Jg. 1976, H. 11, S. 28–30.

Giebel, Regina: „Es ist alles schön und gerecht hier. Wir haben sogar Eisenstäbe vor den Fenstern, daß keiner rausfallen kann. So schön, wie ich es hier habe, bekomme ich es in meinem Leben nie wieder": „Arbeitsscheue", „entmündigte Trinker" und „Land- und Ortsarme" in der hessischen Korrektions- und Landarmenanstalt Breitenau 1877–1933. Magisterarbeit Tübingen 1990.

Giebeler, Cornelia: „Dem eigenen Spiegelbild ins Gesicht sehen." Biographieerarbeitung mit fotografischem Material in der Frauenbildungsarbeit. In: beiträge 7 zur feministischen theorie und praxis. München 1982, S. 121–127.

Giesecke, Johannes/Groß, Martin: Befristete Beschäftigung: Chance oder Risiko? In: Kölner Zeitschrift für Soziologie und Sozialpsychologie, 54. Jg. 2002, S. 85–108.

Ginzburg, Carlo: Der Käse und die Würmer. Die Welt eines Müllers um 1600. Berlin 1990.

Girtler, Roland: Der Strich. Erkundungen in Wien. Wien 1985.

Girtler, Roland: Randkulturen. Theorie der Unanständigkeit. Wien usw. 1995.

Glass, Christian: Von Haus zu Haus. Wanderhändler in Württemberg. In: Beiträge zur Volkskunde in Baden-Württemberg, Bd. 2, Stuttgart 1987, S. 133–162.

Goethe, Johann Wolfgang von: Italiänische Reise. In: Goethe's Werke. Vollständige Ausgabe letzter Hand. 27. Bd., Stuttgart, Tübingen 1829.

Göttsch, Silke: „… zum Zeitvertreib" – Anmerkungen zu den Tagebüchern des Peter Hansen Breckenfeld aus Gintoft in Angeln um 1830. In: Kieler Blätter zur Volkskunde, Bd. XIV, 1982, S. 115–135.

Goetze, Dieter: „Culture of Poverty" – Eine Spurensuche. In: Stephan Leibfried/Wolfgang Voges (Hg.): Armut im modernen Wohlfahrtsstaat. Sonderheft 32 der Kölner Zeitschrift für Soziologie und Sozialpsychologie. Opladen 1992, S. 88–103.

Gohl, Christiane: Liebe, Lust und Abenteuer. Tagträume von Frauen und Mädchen. Pfaffenweiler 1991.

Gossen, Gary H.: Verbal Dueling in Chamula. In: Barbara Kirshenblatt-Gimblett (Hg.): Speech Play. Research and Resources for Studying Linguistic Creativity. Philadelphia 1976, S. 121–146.

Günthner, Susanne: Zwischen Scherz und Schmerz: Frotzelaktivitäten in Alltagsinteraktionen. In: Helga Kotthoff (Hg.): Scherzkommunikation. Beiträge aus der empirischen Gesprächsforschung. Opladen 1996, S. 81–108.

Hägele, Ulrich: Mopeds, Choppers, Strassenwanzen. Jugendliche Gegenkulturen in den sechziger Jahren. Schorndorf 1997.

Hämmerle, Christa: Formen des individuellen und kollektiven Selbstbezugs in der popularen Autobiographik. In: Hermann Heidrich (Hg.): Biographieforschung. Gesammelte Aufsätze einer Tagung des Fränkischen Freilichtmuseums am 12. und 13. Oktober 1990. Bad Windsheim 1991, S. 36–60.

Häußermann, Hartmut/Siebel, Walter: Segregation und Integration. In: Kulturpolitische Mitteilungen 100, I/2003, S. 68–71.

Hahm, Konrad: Deutsche Volkskunst. Breslau 1932.

Hannerz, Ulf: Research in the Black Ghetto: a Review of the Sixties. In: Roger Abrahams/John Szwed (Hg.): Discovering Afro-America. Leiden 1975, S. 5–25.

Harley, George: Comparison between the Recuperative Bodily Power of Man in a Rude and in a Highly Civilized State; Illustrative of the Probable Recuperative Capacity of Men of the Stone Age in Europe. In: Journal of the Anthropological Institute, 17. Jg. 1887/1888, S. 108–118.

Harris, David: From class struggle to the politics of pleasure. The effects of gramscianism on cultural studies. London, New York 1992.

Haspel, Jörg, u.a. (Red.): Arbeiter. Kultur und Lebensweise im Königreich Württemberg. Tübingen 1979.

Haug, Frigga: Tagträume. Dimensionen weiblichen Widerstands. In: Das Argument, H. 147, 26. Jg. 1984, S. 681–698.

Haug, Frigga: Unterwegs in der Niedriglohnarbeit. Zu Barbara Ehrenreichs *Arbeit poor*. In: Das Argument, H. 245, 44. Jg. 2002, S. 221–228.

Hauschild, Thomas: Macht und Magie in Italien. Über Frauenzauber, Kirche und Politik. Gifkendorf 2002.

Herzog, Marianne: Von der Hand in den Mund. Frauen im Akkord. Berlin 1976.

Hess, Sabine: Au pair – Sprungbrett in den Westen?! Zu einer Migrationsstrategie osteuropäischer Frauen. In: Klaus Roth (Hg.): Vom Wandergesellen zum „Green-Card"-Spezialisten. Interkulturelle Aspekte der Arbeitsmigration im östlichen Mitteleuropa. Münster usw. 2003, S. 297–314.

Hess, Sabine: Globalisierte Hausarbeit. Au-pair als Migrationsstrategie von Frauen aus Osteuropa. Wiesbaden 2005.

Hess, Sabine/Lenz, Ramona: Das Comeback der Dienstmädchen. Zwei ethnographische Fallstudien in Deutschland und Zypern über die neuen Arbeitgeberinnen im Privathaushalt. In: Dies. (Hg.): Geschlecht und Globalisierung. Ein kulturwissenschaftlicher Streifzug durch transnationale Räume. Königstein/Ts. 2001, S. 128–161.

Hitzler, Ronald/Bucher, Thomas/Niederbacher, Arne: Leben in Szenen: Formen jugendlicher Vergemeinschaftung heute. Opladen 2001.

Hörning, Karl H./Gerhard, Anett/Michailow, Matthias: Zeitpioniere. Flexible Arbeitszeiten – neuer Lebensstil. Frankfurt/M. 1990.

Hoffmann, Rolf: Mit den Augen der anderen. Erfahrungen ausländischer Wissenschaftler in Deutschland. Bonn, Bad-Godesberg 1988.

Hoffmann-Krayer, Eduard: Individuelle Triebkräfte im Volksleben. In: Schweizerisches Archiv für Volkskunde, 30. Bd. 1930, S. 169–182.

Honneth, Axel (Hg.): „Befreiung aus der Mündigkeit". Paradoxien des gegenwärtigen Kapitalismus. Frankfurt/M. 2002.
Hopf-Droste, Marie-Luise: Vorbilder, Formen und Funktionen ländlicher Anschreibebücher. In: Helmut Ottenjann/Günter Wiegelmann (Hg.): Alte Tagebücher und Anschreibebücher. Quellen zum Alltag der ländlichen Bevölkerung in Nordwesteuropa. Münster 1982, S. 61–84.
Hopf-Droste, Marie-Luise: Katalog ländlicher Anschreibebücher aus Nordwestdeutschland. Münster 1989.
Hopfensitz, Kerstin: Gustav Mesmer – Ein Leben entlang des Jahrhunderts. Studien zur Lebens- und Bewusstseinswelt einer marginalisierten Sonderbegabung. Magisterarbeit Tübingen 1997.
Hügel, Hans-Otto: Zugangsweisen zur Populären Kultur. Zu ihrer ästhetischen Begründung und zu ihrer Erforschung. In: Udo Göttlich/Clemens Albrecht/Winfried Gebhardt (Hg.): Populäre Kultur als repräsentative Kultur. Die Herausforderung der Cultural Studies. Köln 2002, S. 52–78.
Ilien, Albert/Jeggle, Utz: Zum Recht der kleinen Leute auf wissenschaftliches Verstandenwerden am Beispiel Hausens, einer Gemeinde im Urbanisierungsprozeß. In: Konrad Köstlin/Kai Detlev Sievers (Hg.): Das Recht der kleinen Leute. Beiträge zur rechtlichen Volkskunde. Festschrift für Karl-Sigismund Kramer zum 60. Geburtstag. Berlin 1976, S. 89–97.
Ilien, Albert/Jeggle, Utz: Leben auf dem Dorf. Zur Sozialgeschichte des Dorfes und zur Sozialpsychologie seiner Bewohner. Opladen 1978.
Jacobeit, Wolfgang: „Traditionelle" Verhaltensweisen und konservative Ideologie. Marginalien aus dem Bereich der bäuerlichen Arbeit und Wirtschaft. In: Hermann Bausinger/Wolfgang Brückner (Hg.): Kontinuität? Geschichtlichkeit und Dauer als volkskundliches Problem. Berlin 1969, S. 67–75.
Jahoda, Marie: Aus den Anfängen der sozialwissenschaftlichen Forschung in Österreich: In: Zeitgeschichte, 8. Jg. 1980/81, S. 133–141.
Jahoda, Marie: Überlegungen zu „Marienthal". In: Dies.: Sozialpsychologie der Politik und Kultur. Ausgewählte Schriften. Hg. von Christian Fleck. Graz, Wien 1994, S. 261–274.
Jahoda, Marie/Lazarsfeld, Paul F./Zeisel, Hans: Die Arbeitslosen von Marienthal. Ein soziographischer Versuch mit einem Anhang zur Geschichte der Soziographie. 2., unveränderte Auflage, Allensbach und Bonn 1960.
Januschek, Franz: Redensarten und Sprüche der ‚Jugendsprache': Was besagen sie wirklich? In: Herbert E. Brekle/Utz Maas (Hg.): Sprachwissenschaft und Volkskunde. Perspektiven einer kulturanalytischen Sprachbetrachtung. Opladen 1986, S. 90–103.

Jeggle, Utz: Betrachtungen zur Dorfentwicklung. In: Eckart Frahm/Wiklef Hoops (Hg.): Dorfentwicklung. Aktuelle Probleme und Weiterbildungsbedarf. Tübingen 1987, S. 217–236.

Jeggle, Utz: Kaldaunen und Elche. Kulturelle Sicherungssysteme bei Heimatvertriebenen. In: Dierk Hoffmann/Marita Krauss/Michael Schwartz (Hg.): Vertriebene in Deutschland. Interdisziplinäre Ergebnisse und Forschungsperspektiven. München 2000, S. 395–407.

Jeggle, Utz: Inseln hinter dem Winde. Studien zum „Unbewussten" in der volkskundlichen Kulturwissenschaft. In: Kaspar Maase/Bernd Jürgen Warneken (Hg.): Unterwelten der Kultur. Themen und Theorien volkskundlicher Kulturwissenschaft. Köln usw. 2003, S. 25–44.

Jeggle, Utz/Korff, Gottfried: Zur Entwicklung des Zillertaler Regionalcharakters. Ein Beitrag zur Kulturökonomie. In: Zeitschrift für Volkskunde, 70. Jg. 1974, S. 39–57.

Joas, Hans: Die Kreativität des Handelns. Frankfurt/M. 1996.

Karle, Albert: „Ich war ein großer Nationalsozialist". Nationalsozialismus eines Dorfbewohners. In: Johannes Beck u.a. (Hg.): Terror und Hoffnung in Deutschland 1933–1945. Leben im Faschismus. Reinbek 1980, S. 156–190.

Kaschuba, Wolfgang: Mythos oder Eigensinn? ‚Volkskultur' zwischen Volkskunde und Sozialgeschichte. In: Utz Jeggle u.a. (Hg.): Volkskultur in der Moderne. Probleme und Perspektiven empirischer Kulturforschung. Reinbek 1986, S. 469–507.

Kaschuba, Wolfgang: Lebensweise und Kultur der unterbürgerlichen Schichten im 19. und 20. Jahrhundert. München 1990.

Kaschuba, Wolfgang: Von der „Rotte" zum „Block". Zur kulturellen Ikonographie der Demonstration im 19. Jahrhundert. In: Bernd Jürgen Warneken (Hg.): Massenmedium Straße. Zur Kulturgeschichte der Demonstration. Frankfurt/M., New York 1991, S. 68–96.

Kaschuba, Wolfgang: Ritual und Fest. Das Volk auf der Straße. Figurationen und Funktionen populärer Öffentlichkeit zwischen Frühneuzeit und Moderne. In: Richard van Dülmen (Hg.): Dynamik der Traditionen. Studien zur historischen Kulturforschung IV. Frankfurt/M. 1992, S. 240–267.

Kaschuba, Wolfgang/Lipp, Carola: 1848 – Provinz und Revolution. Kultureller Wandel und soziale Bewegung im Königreich Württemberg. Tübingen 1979.

Kaschuba, Wolfgang/Lipp, Carola: Dörfliches Überleben. Zur Geschichte materieller und sozialer Reproduktion ländlicher Gesellschaft im 19. und frühen 20. Jahrhundert. Tübingen 1982.

Kay, Margarita: Parallele, Alternative oder Zusammenarbeit: Curanderismo in Tucson (Arizona). In: Hessische Blätter für Volks- und Kulturforschung, N.F. 19, 1986, S. 89–99.

Keim, Inken: Kommunikative Stilistik einer sozialen Welt „kleiner Leute" in der Mannheimer Innenstadt (Kommunikation in der Stadt, Bd. 3). Berlin, New York 1995.

Kipp, Kathrin: ‚Wer nicht hüpft, der ist ein Ulmer!' Zu den kulturellen Praktiken von Fußballfans in der Regionalliga am Beispiel der Fans des SSV Reutlingen 05. Magisterarbeit Tübingen 1998.

Kirshenblatt-Gimblett, Barbara (Hg.): Speech Play. Research and Resources for Studying Linguistic Creativity. Philadelphia 1976.

Klein, Gabriele: Electronic Vibration. Pop Kultur Theorie. Hamburg 1999.

Klein, Naomi: No Logo! Der Kampf der Global Players um Marktmacht. Ein Spiel mit vielen Verlierern und wenigen Gewinnern. München 2005.

Knecht, Michi: Von der „Kultur der Armut" zu einer „Ethnologie der Ausgrenzung". In: Dies. (Hg.): Die andere Seite der Stadt. Armut und Ausgrenzung in Berlin. Köln usw. 1999, S. 326–333.

Köhle-Hezinger, Christel/Ziegler, Walter (Hg.): „Der glorreiche Lebenslauf unserer Fabrik". Zur Geschichte von Dorf und Baumwollspinnerei Kuchen. Weißenhorn 1991.

Kopiez, Reinhard: Alles nur Gegröle? Kultische Elemente in Fußball-Fangesängen. In: Markwart Herzog (Hg.): Fußball als Kulturphänomen. Kunst – Kult – Kommerz. Stuttgart 2002, S. 293–303.

Korff, Gottfried: Politischer „Heiligenkult" im 19. und 20. Jahrhundert. In: Zeitschrift für Volkskunde, 71. Jg. 1975, S. 202–220.

Korff, Gottfried: Kultur. In: Hermann Bausinger u.a. (Hg.): Grundzüge der Volkskunde. Darmstadt 1978, S. 17–80.

Korff, Gottfried: Volkskultur und Arbeiterkultur. Überlegungen am Beispiel der sozialistischen Maifesttradition. In: Geschichte und Gesellschaft, 5. Jg. 1979, S. 83–102.

Korff, Gottfried: Reparieren: Kreativität des Notbehelfs? In: Ludwig-Uhland-Institut für empirische Kulturwissenschaft der Universität Tübingen/Württembergisches Landesmuseum Stuttgart/Volkskundliche Sammlung: Flick-Werk. Reparieren und Umnutzen in der Alltagskultur. Stuttgart 1983, S. 13–16.

Korff, Gottfried (Hg.): Volkskunst heute? Vogelscheuchen, Hobby-Künstler, Vorgarten-Kunst, Fronleichnamsteppiche, Krippen, Graffiti, Motorrad-Tanks, Autobemalungen, Tätowierungen, Punk-Ästhetik. Tübingen 1986.

Kotthoff, Helga: Lachkultur heute. Humor in Gesprächen. In: Walter Klingler/Gunnar Roters/Maria Gerhards (Hg.): Humor in den Medien. Baden-Baden 2003, S. 45–73.

Kramer, Dieter: Theorien zur historischen Arbeiterkultur. Marburg 1987.

Kramer, Dieter: Armut und Reichtum müssen neu definiert werden. In: Bundesvereinigung Kulturelle Jugendbildung e.V. (Hg.): Kulturarbeit und Armut. Konzepte und Ideen für die kulturelle Bildung in sozialen Brennpunkten und mit benachteiligten jungen Menschen. Remscheid 2000, S. 85–96.

Kummer, Oliver: „Tribals" – Analyse eines Tätowierstils. Magisterarbeit Tübingen 1999.

Labov, William: Rules of ritual insults. In: David Sudnow (Hg.): Studies in Social Interaction. New York 1972, S. 120–169.

Lauterbach, Burkhart: Kulturtransfer. Die Internationalisierung einheimischer Lebenswelten. In: Ethnologia Europaea, 32. Jg. 2002, H. 1, S. 57–66.

Lehmann, Albrecht: Autobiographische Methoden. Verfahren und Möglichkeiten. In: Ethnologia Europaea, 11. Jg. 1979/80, H. 1, S. 36–54.

Leißer, Thorsten: Fußballfans und Heiligenkult. Begegnung mit einer anderen Wirklichkeit. In: Peter Noss (Hg.): fußball verrückt: Gefühl, Vernunft und Religion im Fußball. Annäherungen an eine besondere Welt. Münster 2004, S. 79–92.

Lévi-Strauss, Claude: Das wilde Denken. Frankfurt/M. 1968.

Lindenberger, Thomas: Straßenpolitik. Zur Sozialgeschichte der öffentlichen Ordnung in Berlin 1900 bis 1914. Bonn 1995.

Lindner, Rolf: Arbeiterkultur und Authentizität. In: Wolfgang Kaschuba/Thomas Scholze/Leonore Scholze-Irrlitz (Hg.): Alltagskultur im Umbruch. Weimar usw. 1996, S. 71–80.

Lindner, Rolf/Breuer, Heinrich Th.: Der Fußballspieler als Repräsentant der Arbeiterklasse. In: Wilhelm Hopf (Hg.): Fußball. Soziologie und Sozialgeschichte einer populären Sportart. Bensheim 1979, S. 139–142.

Lindner, Werner: Jugendliche in der Stadt: Im Spannungsfeld von Devianz-Phantasien und urbaner Kompetenz. In: Wolf-Dietrich Bukow/Erol Yildiz (Hg.): Der Umgang mit der Stadtgesellschaft. Ist die multikulturelle Stadt gescheitert oder wird sie zu einem Erfolgsmodell? Opladen 2002, S. 217–239.

Lipp, Carola: Katzenmusiken, Krawalle und „Weiberrevolution". Frauen im politischen Protest der Revolutionsjahre. In: Dies. (Hg.): Schimpfende Weiber und patriotische Jungfrauen. Frauen im Vormärz und in der Revolution 1848/49. Bühl-Moos 1986, S. 112–130.

Löfgren, Orvar: The Cult of Creativity. In: Institut für Europäische Ethnologie der Universität Wien (Hg.): Volkskultur und Moderne. Europäische Ethnologie zur Jahrtausendwende. Festschrift für Konrad Köstlin zum 60. Geburtstag am 8. Mai 2000. Wien 2000, S. 157–167.

Lüdtke, Alf: Arbeitsbeginn, Arbeitspausen, Arbeitsende. Skizzen zu Bedürfnisbefriedigung und Industriearbeit im 19. und 20. Jahrhundert. In: Gerhard Huck (Hg.): Sozialgeschichte der Freizeit. Untersuchungen zum Wandel der Alltagskultur in Deutschland. Wuppertal 1980, S. 95–122.

Lüdtke, Alf: Einleitung. Was ist und wer treibt Alltagsgeschichte? In: Ders. (Hg.): Alltagsgeschichte. Zur Rekonstruktion historischer Erfahrungen und Lebensweisen. Frankfurt/M., New York 1989, S. 9–47.

Lutz, Ronald: Auf-Brüche im Dorf. Schneisen der Moderne. In: Helmut Burmeister/Martin Scharfe (Hg.): Stolz und Scham der Moderne. Die hessischen Dörfer 1950–1970. Erträge einer Tagung der Hessischen Vereinigung für Volkskunde e.V. in Hofgeismar 1993. Hofgeismar 1996, S. 69–80.

Maas, Utz: Schriftlichkeit und das ganz Andere: Mündlichkeit als verkehrte Welt der Intellektuellen – Schriftlichkeit als Zuflucht der Nicht-Intellektuellen. In: Aleida Assmann/Dietrich Harth (Hg.): Kultur als Lebenswelt und Monument. Frankfurt/M. 1991, S. 212–232.

Maas, Utz: Ländliche Schriftkultur in der Frühen Neuzeit. In: Andrea Gardt/Klaus J. Mattheier/Oskar Reichmann (Hg.): Sprachgeschichte des Neuhochdeutschen. Tübingen 1995, S. 249–277.

Maase, Kaspar: Gewerkschaftliche Kulturarbeit. Selbstverständnis – Praxisbereiche – Perspektiven. In: Massen/Kultur/Politik, Argument-Sonderband 23, Berlin 1978, S. 7–61.

Maase, Kaspar: „Leben einzeln und frei wie ein Baum und brüderlich wie ein Wald …" Wandel der Arbeiterkultur und Zukunft der Lebensweise. Frankfurt/M. 1985.

Maase, Kaspar: „Der Feind, den wir am meisten hassen…" Über gutes Leben, Intellektuelle und den Unverstand der Massen. In: Manfred Bobke-von Camen u.a.: Der Trümmerhaufen als Aussichtsturm. Historische, aktuelle und perspektivische Vermessungen einer gründlich veränderten Situation. Marburg 1991, S. 183–200.

Maase, Kaspar: BRAVO Amerika. Erkundungen zur Jugendkultur der Bundesrepublik in den fünfziger Jahren. Hamburg 1992.

Maase, Kaspar: Grenzenloses Vergnügen. Der Aufstieg der Massenkultur 1850–1970. Frankfurt/M. 1997.

Maase, Kaspar: Spiel ohne Grenzen. Von der „Massenkultur" zur „Erlebnisgesellschaft": Wandel im Umgang mit populärer Unterhaltung. In: Udo Göttlich/Rainer Winter (Hg.): Politik des Vergnügens. Zur Diskussion der Populärkultur in den Cultural Studies. Köln 2000, S. 75–102.

Maase, Kaspar: Schund und Schönheit. Ordnungen des Vergnügens um 1900. In: Ders./Wolfgang Kaschuba (Hg.): Schund und Schönheit. Populäre Kultur um 1900. Köln usw. 2001, S. 9–28.

Malaparte, Curzio: Die Haut. Roman. Karlsruhe 1950.

Marx, Karl: Der achtzehnte Brumaire des Louis Bonaparte. In: Karl Marx/Friedrich Engels: Werke, Bd. 8. Berlin/DDR 1969, S. 111–207.

Marx, Karl: Thesen über Feuerbach. In: Karl Marx/Friedrich Engels: Werke, Bd. 3. Berlin/DDR 1983, S. 5–7.

Matter, Max: Wertsystem und Innovationsverhalten. Studien zur Evaluation innovationstheoretischer Ansätze, durchgeführt im Lötschental/Schweiz. Hohenschäftlarn 1978.
Matter, Max, u.a.: Das Projekt „Kiebingen". In: Zeitschrift für Volkskunde, 76. Jg. 1980, S. 92–100.
McDougall, William: Psychopathologie funktioneller Störungen. Leipzig 1931.
Meier, John: Kunstlieder im Volksmunde. Materialien und Untersuchungen. Halle a.S. 1906.
Meier, John: Wege und Ziele der deutschen Volkskundeforschung. In: Deutsche Forschung. Aus der Arbeit der Notgemeinschaft der Deutschen Wissenschaft, H. 6: Deutsche Volkskunde. Berlin 1928, S. 15–43.
Messerli, Alfred: Lesen und Schreiben 1700 bis 1900. Untersuchung zur Durchsetzung der Literalität in der Schweiz. Tübingen 2002.
Militzer-Schwenger, Lisgret: Armenerziehung durch Arbeit. Eine Untersuchung am Beispiel des württembergischen Schwarzwaldkreises 1806–1914. Tübingen 1979.
Mohrmann, Ute: Engagierte Freizeitkunst. Werdegang und Entwicklungsprobleme des bildnerischen Volksschaffens in der DDR. Berlin/DDR 1983.
Moser, Johannes: „Time is what you make out of it" – Zeitwahrnehmung und Zeitpraxen von Arbeitslosen. In: Rheinisches Jahrbuch für Volkskunde, 33. Bd. 1999/2000, S. 67–79.
Moser, Johannes: Die verheißungsvollen Versprechungen der neuen Ökonomie. Arbeitsalltag in Dienstleistungsbranchen in Frankfurt am Main. In: Sabine Hess/ Johannes Moser (Hg.): Kultur der Arbeit – Kultur der neuen Ökonomie. Kulturwissenschaftliche Beiträge zu neoliberalen Arbeits- und Lebenswelten. Graz 2003, S. 89–104.
Mosse, George L.: Die Nationalisierung der Massen. Politische Symbolik und Massenbewegungen in Deutschland von den Napoleonischen Kriegen bis zum Dritten Reich. Frankfurt/M., Berlin 1976.
Mühlberg, Dietrich: Warum sollten wir wissen, was Arbeiter sind und was sie in der Freizeit machen? Zur Bestimmung von Arbeiterkultur in der DDR. In: Wolfgang Kaschuba/Gottfried Korff/Bernd Jürgen Warneken (Hg.): Arbeiterkultur seit 1945 – Ende oder Veränderung? 5. Tagung der Kommission „Arbeiterkultur" in der Deutschen Gesellschaft für Volkskunde vom 30.4. bis 4.5.1989 in Tübingen. Tübingen 1991, S. 71–85.
Mühlberg, Dietrich, u.a.: Arbeiterleben um 1900. Berlin 1983.
Mühlberg, Dietrich, u.a.: Proletariat. Kultur und Lebensweise im 19. Jahrhundert. Wien usw. 1986.
Müller, Günter: Lebensgeschichtliches Schreiben im Dialog. Sammlung und Auswertung autobiographischer Texte am Beispiel der „Dokumentation lebensgeschicht-

licher Aufzeichnungen" an der Universität Basel. Unveröffentlichter Vortrag, 2004.

Nadig, Maya: Die verborgene Kultur der Frau. Ethnopsychoanalytische Gespräche mit Bäuerinnen in Mexiko. Frankfurt/M. 1997.

Naumann, Hans: Primitive Gemeinschaftskultur. Beiträge zur Volkskunde und Mythologie. Jena 1921.

Noelle-Neumann, Elisabeth: Werden wir alle Proletarier? Wertewandel in unserer Gesellschaft. Zürich 1979.

Nohl, Arnd-Michael: Jugend in der Migration. Türkische Banden und Cliquen in empirischer Analyse. Hohengehren 1996.

Oberbeil, Klaus: Kaufen und verkaufen auf dem Flohmarkt. Düsseldorf 1985.

Ong, Aihwa: Flexible Citizenship. The Cultural Logics of Transnationality. Durham, London 1999.

Pallowski, Katrin: Neuer Anfang – Der Werkkreis Literatur der Arbeitswelt als Modell alternativer Kulturarbeit. In: Massen/Kultur/Politik, Argument-Sonderband 23, Berlin 1978, S. 115–134.

Peters, Jan: Wegweiser zum Innenleben? Möglichkeiten und Grenzen der Untersuchung populärer Selbstzeugnisse der Frühen Neuzeit. In: Historische Anthropologie, 1. Jg. 1993, S. 235–249.

Peters, Jan: Bäuerliches Schreiben und schriftkulturelles Umfeld. Austauschverhältnisse im 17. Jahrhundert. In: Alfred Messerli/Roger Chartier (Hg.): Lesen und Schreiben in Europa. Vergleichende Perspektiven. Basel 2000, S. 87–106.

Peters, Jan: Mit Pflug und Gänsekiel. Selbstzeugnisse schreibender Bauern. Eine Anthologie. Köln usw. 2003.

Peters, Jan/Harnisch, Hartmut/Enders, Lieselott: Märkische Bauerntagebücher des 18. und 19. Jahrhunderts. Selbstzeugnisse von Milchviehbauern aus Neuholland. Weimar 1989.

Peterson, Richard A.: The Production of Culture. A Prolegomenon. In: American Behavioral Scientist, 19. Bd. 1976, S. 669–684.

Peuckert, Will-Erich: Probleme einer Volkskunde des Proletariats. In: Zeitschrift für Volkskunde, 55. Jg. 1959, S. 11–23.

Popitz, Heinrich, u.a.: Technik und Industriearbeit. Soziologische Untersuchungen in der Hüttenindustrie. Tübingen 1957.

Prosser, Michael: Stadt und Stadion. Aspekte der Entwicklung des Zuschauerfestes „Fußballveranstaltung" in Deutschland. In: Olaf Bockhorn u.a. (Hg.): Urbane Welten. Referate der Österreichischen Volkskundetagung 1998 in Linz. Wien 1999, S. 435–449.

Riegl, Alois: Volkskunst, Hausfleiss und Hausindustrie. Mittenwald 1978.

Sachße, Christoph/Tennstedt, Florian: Sicherheit und Disziplin. Eine Skizze zur Einführung. In: Dies. (Hg.): Soziale Sicherheit und soziale Disziplinierung. Frankfurt/M. 1986, S. 11–44.
Scharfe, Martin: Geschichtlichkeit. In: Hermann Bausinger u.a. (Hg.): Grundzüge der Volkskunde. Darmstadt 1978, S. 127–203.
Scharfe, Martin: Die Volkskunde und ihre narzißtische Utopie. In: Kuckuck, 6. Jg. 1992(a), H. 2, S. 33–36.
Scharfe, Martin: Volkskunde in den Neunzigern. In: Hessische Blätter für Volkskunde, N.F. 28, 1992(b), S. 65–76.
Schenda, Rudolf: Volksmedizin – was ist das heute? In: Zeitschrift für Volkskunde, 69. Jg. 1973, S. 189–210.
Schenk, Annemarie: Interethnische Forschung. In: Rolf W. Brednich (Hg.): Grundriß der Volkskunde. Einführung in die Forschungsfelder der Europäischen Ethnologie. Berlin 2001, S. 363–390.
Schiffauer, Werner: Die Migranten aus Subay. Türken in Deutschland. Eine Ethnographie. Stuttgart 1991.
Schiffauer, Werner: Die Gottesmänner. Türkische Islamisten in Deutschland. Eine Studie zur Herstellung religiöser Evidenz. Frankfurt/M. 2000.
Schikorsky, Isa: Private Schriftlichkeit im 19. Jahrhundert. Untersuchungen zur Geschichte des alltäglichen Sprachverhaltens ‚kleiner Leute'. Tübingen 1990.
Schilling, Heinz: Neue Dörflichkeit. Urbanisierung ohne Urbanität im Rhein-Main-Gebiet. Habilitationsschrift/Ms., Frankfurt/M. 1992.
Schindler, Norbert: Widerspenstige Leute. Studien zur Volkskultur in der frühen Neuzeit. Frankfurt/M. 1992.
Schmidt, Gunter: Jugendsexualität. Sozialer Wandel, Gruppenunterschiede, Konfliktfelder. Stuttgart 1993.
Schönberger, Klaus (Hg.): Vabanque: Bankraub. Theorie, Praxis, Geschichte. Hamburg 2000.
Schöning-Kalender, Claudia: Textile Grenzziehungen. Symbolische Diskurse zum Kopftuch als Symbol. In: Judith Schlehe (Hg.): Zwischen den Kulturen – zwischen den Geschlechtern. Kulturkontakte und Genderkonstrukte. Münster usw. 2000, S. 187–197.
Schwarz, Alexander/Papendorff, Dorothee C.: Eulenspiegelähnliche Gestalten. In: Ulrich Müller/Werner Wunderlich (Hg.): Verführer, Schurken, Magier. St. Gallen 2001, S. 211–240.
Schwitalla, Johannes: Jugendliche ‚hetzen' über Passanten. Drei Thesen zur ethnographischen Gesprächsanalyse. In: Wolfdietrich Hartung (Hg.): Untersuchungen zur Kommunikation – Ergebnisse und Perspektiven. Internationale Arbeitstagung in Bad Stuer, Dezember 1985. Berlin/DDR 1986, S. 248–261.

Seidel-Pielen, Eberhard: Aufgespießt. Wie der Döner über die Deutschen kam. Hamburg 1996, S. 11–14.
Sellmann, Matthias: Die Gruppe – Der Ball – Das Fest. Die Erfahrung des Heiligen im Fußballsport. In: Peter Noss (Hg.): fußball verrückt: Gefühl, Vernunft und Religion im Fußball. Annäherungen an eine besondere Welt. Münster 2004, S. 35–57.
Senghaas-Knobloch, Eva: Notgemeinschaft und Improvisationsgeschick. Zwei Tugenden im Transformationsprozeß. In: Martin Heidenreich (Hg.): Krisen, Kader, Kombinate. Kontinuität und Wandel in ostdeutschen Betrieben. Berlin 1992, S. 295–309.
Sloterdijk, Peter: Die Verachtung der Masse. Versuch über Kulturkämpfe in der modernen Gesellschaft. Frankfurt/M. 2000.
Soeffner, Hans-Georg: Stil und Stilisierung. Punk oder die Überhöhung des Alltags. In: Ders.: Die Ordnung der Rituale. Die Auslegung des Alltags 2. Frankfurt/M. 1992, S. 76–101.
Spamer, Adolf: Um die Prinzipien der Volkskunde. In: Hessische Blätter für Volkskunde, Bd. 23, 1925, S. 67–108.
Steinitz, Wolfgang: Deutsche Volkslieder demokratischen Charakters aus sechs Jahrhunderten. Bd. I: Berlin/DDR 1955; Bd. II: Berlin/DDR 1962.
Steinitz, Wolfgang: Arbeiterlied und Volkslied. Berlin/DDR 1965.
Strobach, Hermann (Hg.): Shanties. Rostock 1967.
Suter, Andreas: Informations- und Kommunikationsweisen aufständischer Untertanen. In: Jan Peters (Hg.): Gutsherrschaftsgesellschaften im europäischen Vergleich. Berlin 1997, S. 55–68.
Tertilt, Hermann: Turkish Power Boys. Ethnographie einer Jugendbande. Frankfurt/M. 1996.
Thompson, Edward P.: Das Elend der Theorie. Zur Produktion geschichtlicher Erfahrung. Frankfurt/M., New York 1980.
Thomson, Ian: Neapel und die Pizza. In: Nikko Amandonico/Eva M. Rundquist (Hg.): La Pizza. Ein Blick in die Seele von Neapel. München 2002, S. 12–32.
Treml, Hubert: Spiritualität und Rockmusik. Spurensuche nach einer Spiritualität der Subjekte. Anregungen für die Religionspädagogik aus dem Bereich der Rockmusik. Ostfildern 1997.
Tuczay, Christa: Meisterdieb. In: Ulrich Müller/Werner Wunderlich (Hg.): Verführer, Schurken, Magier. St. Gallen 2001, S. 629–638.
„Unser Ausland!" Was ausländischen Mitbürgern hierzulande auffällt. Artikelserie in DIE ZEIT, 8.11.1996 bis 21.3.1997.
Volmerg, Ute: Identität und Arbeitserfahrung. Eine theoretische Konzeption zu einer Sozialpsychologie der Arbeit. Frankfurt/M. 1978.

Warneken, Bernd Jürgen: Populare Autobiographik. Empirische Studien zu einer Quellengattung der Alltagsgeschichtsforschung. Tübingen 1985.

Warneken, Bernd Jürgen (Hg.): Als die Deutschen demonstrieren lernten. Das Kulturmuster „friedliche Straßendemonstration" bei den preußischen Wahlrechtsdemonstrationen 1908–1910. Tübingen 1986.

Warneken, Bernd Jürgen: „Die friedliche Gewalt des Volkswillens". Muster und Deutungsmuster von Demonstrationen im deutschen Kaiserreich. In: Ders. (Hg.): Massenmedium Straße. Frankfurt/M. 1991, S. 97–119.

Warneken, Bernd Jürgen: „Populare Autobiographik". Ein Bericht aus dem Tübinger Ludwig-Uhland-Institut. In: BIOS, 6. Jg. 1993, H. 1, S. 119–125.

Warneken, Bernd Jürgen: Kleine Schritte der sozialen Emanzipation. Ein Versuch über den unterschichtlichen Spaziergang um 1900. In: Historische Anthropologie, 2. Jg. 1994, S. 423–441.

Warneken, Bernd Jürgen: Social Differences in the Autobiographic Representation of the Self. In: Christa Hämmerle (Hg.): Plurality and Individuality. Autobiographical Cultures in Europe". Proceedings of an International Workshop at IFK Vienna, 21st–22nd October 1994. Wien 1995, S. 7–14.

Warneken, Bernd Jürgen: Ver-Dichtungen. Zur kulturwissenschaftlichen Konstruktion von „Schlüsselsymbolen". In: Rolf Wilhelm Brednich/Heinz Schmitt (Hg.): Symbole. Zur Bedeutung der Zeichen in der Kultur. Münster usw. 1997, S. 549–562.

Warneken, Bernd Jürgen: Die Stunde der Laien. Eine Studie über populare Apokalyptik der Gegenwart. In: Schweizerisches Archiv für Volkskunde, 94. Jg. 1998, S. 1–20.

Weber-Kellermann, Ingeborg: Die Rolle der Frau beim Anpassungsprozeß (Akkulturation) am Beispiel eines deutschen „Sprachinsel"-Dorfes in Ungarn. In: Hessische Blätter für Volkskunde, Bd. 53, 1962, S. 47–62.

Weiss, Richard: Volkskunde der Schweiz. Erlenbach-Zürich 1946.

Welskopp, Thomas: Mißglückte Bildungsromane, Naturgeschichten, inverse Heldenepen und Reiseberichte aus dem Land der ‚guten Wilden'. Zur „Poetik" der älteren Arbeitergeschichte. In: Jan-Otmar Hesse/Christian Kleinschmidt/Karl Lauschke (Hg.): Kulturalismus, Neue Institutionenökonomik oder Theorienvielfalt. Eine Zwischenbilanz der Unternehmensgeschichte. Essen 2002, S. 87–116.

Welz, Gisela (Hg.): Weltstadt Frankfurt am Main? Tübingen 1992.

Welz, Gisela: Inszenierungen kultureller Vielfalt. Frankfurt am Main und New York City. Berlin 1996.

Wiedemann, Inga: Herrin im Hause. Durch Koch- und Haushaltsbücher zur bürgerlichen Hausfrau. Pfaffenweiler 1993.

Willenberg, Gabi: Wie gräbt man eine Schnecke an? Bemerkungen zu Müller-Thu-

raus Buch zur Sprache der Jugendszene. In: Muttersprache, 94. Jg. 1983/1984, S. 371–374.
Willis, Paul: Jugend-Stile. Zur Ästhetik der gemeinsamen Kultur. Hamburg 1991.
Wolff, Eberhard: „Volksmedizin" – Abschied auf Raten. Vom definitorischen zum heuristischen Begriffsverständnis. In: Zeitschrift für Volkskunde, 94. Jg. 1998, S. 233–257.
Wuttke-Groneberg, Walter: Leistung, Vernichtung, Verwertung. Überlegungen zur Struktur der Nationalsozialistischen Medizin. In: Martin Beutelspacher u.a.: Volk und Gesundheit: Heilen und Vernichten im Nationalsozialismus. Begleitbuch zur gleichnamigen Ausstellung im Ludwig-Uhland-Institut der Universität Tübingen. Tübingen 1982, S. 6–59.
Yumuşak, Ali/Hunger, Lutz: Türkische Unternehmer in Deutschland. Berlin 2003.
Ziessow, Karl-Heinz: Ländliche Lesekultur im 18. und 19. Jahrhundert. Das Kirchspiel Menslage und seine Lesegesellschaft 1790–1840. Cloppenburg 1988.
Ziessow, Karl-Heinz: Kirchspielverwaltung und ländliche Lese- und Schreibkultur. Rahmenüberlegungen für eine Untersuchung des Zusammenhangs von kommunaler Tradition und Verschriftlichung. In: Volkskunde in Niedersachsen, 6. Jg. 1989, S. 43–60.
Zinnecker, Jürgen: Die Gesellschaft der Altersgleichen. In: Jugend '81. Lebensentwürfe Alltagskulturen Zukunftsbilder. Bd. 1, Opladen 1982, S. 422–671.

Leitmotiv Widerständigkeit

Abu-Lughod, Lila: The romance of resistance: Tracing transformations of power through Bedouin women. In: american ethnologist, 17. Jg. 1990, S. 41–55.
Adorno, Theodor W.: Resumé über Kulturindustrie. In: Ders.: Ohne Leitbild. Parva Aesthetica. Frankfurt/M. 1967, S. 60–70.
Adorno, Theodor W./Horkheimer, Max: Dialektik der Aufklärung. Amsterdam 1947.
Albrecht, Clemens: Wie Kultur repräsentativ wird. Die Politik der Cultural Studies. In: Udo Göttlich/Clemens Albrecht/Winfried Gebhardt (Hg.): Populäre Kultur als repräsentative Kultur. Die Herausforderung der Cultural Studies. Köln 2002, S. 16–32.
Allweiler, Sabine: Canaillen, Weiber, Amazonen. Frauenwirklichkeiten in Aufständen Südwestdeutschlands 1688 bis 1777. Münster usw. 2001.
Almeida, Antonio: Vom Pfeifen und Trommeln. In: Zeitschrift für Dialektologie und Linguistik, 51. Jg. 1984, S. 53–78.

Althaus, Hans-Joachim u.a.: Da ist nirgends nichts gewesen außer hier. Das ‚rote Mössingen' im Generalstreik gegen Hitler. Geschichte eines schwäbischen Arbeiterdorfes. Berlin 1982.
Aly, Götz: Hitlers Volksstaat. Raub, Rassenkrieg und nationaler Sozialismus. Frankfurt/M. 2005.
Amann, Marc (Hg.): go.stop.act! Die Kunst des kreativen Straßenprotests. Geschichte – Aktionen – Ideen. Grafenau 2005.
Andrews, Stephen Pearl: The science of society. Part I: The true constitution of government in the sovereignty of the individual as the final development of protestantism, democracy and socialism. New York 1851.
Assion, Peter: Arbeiterforschung. In: Rolf W. Brednich (Hg.): Grundriß der Volkskunde. Einführung in die Forschungsfelder der Europäischen Ethnologie. Berlin 2001, S. 255–279.
Bachtin, Michael: Rabelais und seine Welt. Volkskultur als Gegenkultur. Frankfurt/M. 1987.
Barthes, Roland: Die Lust am Text. Frankfurt/M. 1974.
Bataille, Georges: Der Begriff der Verausgabung. In: Ders.: Das theoretische Werk. München 1975, Bd. 1, S. 9–31.
Bauman, Zygmunt: Legislators and interpreters. On modernity, post-modernity and intellectuals. Oxford 1987.
Bauman, Zygmunt: Flaneure, Spieler und Touristen. Essays zu postmodernen Lebensformen. Hamburg 1997.
Bausinger, Hermann: Verbürgerlichung – Folgen eines Interpretaments. In: Günter Wiegelmann (Hg.): Kultureller Wandel im 19. Jahrhundert. Göttingen 1973, S. 24–49.
Bausinger, Hermann: Vom Jagdrecht auf Moorhühner. Anmerkungen zur kulturwissenschaftlichen Medienforschung. In: Zeitschrift für Volkskunde, 97. Jg. 2001, S. 1–14.
Beaud, Stéphane/Pialoux, Michel: Die verlorene Zukunft der Arbeiter. Die Peugeot-Werke von Sochaux-Montbéliard. Konstanz 2004.
Bechdolf, Ute: Puzzling Gender. Re- und Dekonstruktionen von Geschlechterverhältnissen im und beim Musikfernsehen. Weinheim 1999.
Beck, Ulrich: Die Gesellschaft des Weniger. In: Süddeutsche Zeitung, 3.2.2005.
Becker, Siegfried: Der Dienst im fremden Haus. Sozialisation und kollektive Identität ehemaliger landwirtschaftlicher Dienstboten. In: Hessische Blätter für Volks- und Kulturforschung, N.F. Bd. 22, 1987, S. 241–270.
Bennett, Tony: A Thousand and One Pleasures: Blackpool Pleasure Beach. In: Ders. u.a. (Hg.): Formations of Pleasure. London 1983, S. 138–145.
Bentzien, Ulrich: Haken und Pflug. Eine volkskundliche Untersuchung zur Geschichte der Produktionsinstrumente im Gebiet zwischen unterer Elbe und Oder. Berlin/DDR 1969.

Bey, Hakim: T. A. Z. Die temporäre autonome Zone. Berlin, Amsterdam 1994.
Bierbrauer, Peter: Bäuerliche Revolten im Alten Reich. Ein Forschungsbericht. In: Peter Blickle u.a.: Aufruhr und Empörung? Studien zum bäuerlichen Widerstand im Alten Reich. München 1980, S. 1–68.
Blasius, Dirk: Kriminalität und Alltag. Zur Konfliktgeschichte des Alltagslebens im 19. Jahrhundert. Göttingen 1978.
Blasius, Dirk: „Diebshandwerk" und „Widerspruchsgeist". Motive des Verbrechens im 19. Jahrhundert. In: Richard van Dülmen (Hg.): Verbrechen, Strafen und soziale Kontrolle. Studien zur historischen Kulturforschung III. Frankfurt/M. 1990, S. 215–236.
Blickle, Peter: Auf dem Weg zu einem Modell der bäuerlichen Rebellion – Zusammenfassung. In: Ders. u.a.: Aufruhr und Empörung? Studien zum bäuerlichen Widerstand im Alten Reich. München 1980, S. 296–308.
Bockhorn, Olaf: Vom Wildern. Anmerkungen zu Recht, Not, Leidenschaft und Tod. In: Vida Obid (Red.): Die Wilderei in den Karawanken. Klagenfurt 1997, S. 53–62.
Boger, Hartmut, u.a.: Arbeitertübingen. Zur Geschichte der Arbeiterbewegung in einer Universitätsstadt. Tübingen 1980.
Bourdieu, Pierre: Die feinen Unterschiede. Kritik der gesellschaftlichen Urteilskraft. Frankfurt/M. 1982.
Bourdieu, Pierre: Die Intellektuellen und die Macht. Hg. von Irene Dölling. Hamburg 1991.
Bourdieu, Pierre: Gegenfeuer. Wortmeldungen im Dienst des Widerstands gegen die neoliberale Invasion. Konstanz 1998.
Bredel, Holger: Skinheads – Gefahr von rechts? Berlin 2002.
Broszat, Martin/Fröhlich, Elke/Wiesemann, Falk (Hg.): Bayern in der NS-Zeit. Soziale Lage und politisches Verhalten der Bevölkerung im Spiegel vertraulicher Berichte. München, Wien 1977.
Broszat, Martin/Fröhlich, Elke/Wiesemann, Falk (Hg.): Bayern in der NS-Zeit. Soziale Lage und politisches Verhalten der Bevölkerung im Spiegel vertraulicher Berichte. Teil II: Lage der Arbeiterschaft, Arbeiteropposition, Aktivität und Verfolgung der illegalen Arbeiterbewegung 1933–1945. München, Wien 1977.
Broszat, Martin/Fröhlich, Elke/Wiesemann, Falk (Hg.): Bayern in der NS-Zeit. Bd. IV: Herrschaft und Gesellschaft im Konflikt. Teil C. München, Wien 1981.
Brown, Mary Ellen: Soap Opera and Women's Talk. The Pleasure of Resistance. Thousand Oaks usw. 1994.
Bruckmüller, Ernst: Europäische Bauernaufstände. Zur Phänomenologie der europäischen Bauernaufstände des Spätmittelalters und der frühen Neuzeit. In: Peter Feldbauer/Hans-Jürgen Puhle (Hg.): Bauern im Widerstand. Agrarrebellionen

und Revolutionen in Ländern der Dritten Welt und im vorindustriellen Europa. Wien usw. 1992, S. 45–78.
Budd, Mike/Entman, Robert M./Steinman, Clay: The Affirmative Character of U.S. Cultural Studies. In: Critical Studies in Mass Communication, 7. Jg. 1990, S. 169–184.
Burke, Peter: Helden, Schurken und Narren. Europäische Volkskultur in der frühen Neuzeit. Stuttgart 1981.
Carsten, Francis L.: Widerstand gegen Hitler. Die deutschen Arbeiter und die Nazis. Frankfurt/M, Leipzig 1996.
Certeau, Michel de: Kunst des Handelns. Berlin 1988.
Clarke, John: Football Hooliganism and the Skinheads (Stencilled Occasional Paper, Centre for Contemporary Cultural Studies). Birmingham 1973(a).
Clarke, John: The Skinheads and the Study of Youth Culture (Stencilled Occasional Paper, Centre for Contemporary Cultural Studies). Birmingham 1973(b).
Clarke, John: The Skinheads and the magical recovery of community. In: Stuart Hall/Tony Jefferson (Hg.): Resistance through rituals. Youth subcultures in postwar Britain. London 1976, S. 99–102.
Clarke, John: Stil. In: Ders./Axel Honneth (Hg.): Jugendkultur als Widerstand. Milieus, Rituale, Provokationen. Frankfurt/M. 1979, S. 133–157.
Clarke, John, u.a.: Subkulturen, Kulturen und Klasse. In: Ders./Axel Honneth (Hg.): Jugendkultur als Widerstand. Milieus, Rituale, Provokationen. Frankfurt/M. 1979, S. 39–131.
Clarke, John/Honneth, Axel (Hg.): Jugendkultur als Widerstand. Milieus, Rituale, Provokationen. Frankfurt/M. 1979.
Clarke, John/Jefferson, Tony: Working Class Youth Cultures (Stencilled Occasional Paper, Centre for Contemporary Cultural Studies). Birmingham 1973.
Corner, John: Meaning, Genre and Context: The Problematics of ‚Public Knowledge' in the New Audience Studies. In: James Curran/Michael Gurevitch (Hg.): Mass Media and Society. London usw. 1991, S. 267–284.
Cull, James: The Audience as Nuisance. In: Critical Studies in Mass Communication, 5. Jg. 1988, S. 239–242.
Degreif, Uwe: Das Hakenkreuz nach 1945: Zur Geschichte eines tabuisierten Symbols. Magisterarbeit Tübingen 1991.
Diewald-Kerkmann, Gisela: Politische Denunziation im NS-Regime – oder Die kleine Macht der „Volksgenossen". Bonn 1995.
Disselkamp-Niewiarra, Solveigh: Angst, Neugier und Geltungsstreben. Erfahrungen bei der psychologischen Forschung zum Thema Gewalt. In: Klaus Farin (Hg.): Die Skins. Mythos und Realität. Bad Tölz 2001, S. 322–331.
Djilas, Milovan: Die neue Klasse. Eine Analyse des kommunistischen Systems. München 1957.

Döffinger, Gertrud/Althaus, Hans-Joachim: Mössingen – Arbeiterpolitik nach 1945. Tübingen 1990.
Douglas, Mary: Natural Symbols: Explorations in Cosmology. Harmondsworth 1978.
Droste-Hülshoff, Annette von: Westfälische Schilderungen. In: Sämtliche Werke in zwei Bänden, Bd. 1. München 1989, S. 529–562.
Dülmen, Richard van: Historische Anthropologie. Entwicklung Probleme Aufgaben. Köln usw. 2000.
Dworkin, Dennis: Cultural Marxism in Postwar Britain. History, the New Left, and the Origins of Cultural Studies. Durham, London 1997.
Eco, Umberto: Für eine semiologische Guerilla. In: Ders.: Über Gott und die Welt. Essays und Glossen. München, Wien 1985, S. 146–156.
Edwards, Paul K./Scullion, Hugh: The Social Organization of Industrial Conflict: Control and Resistance in the Workplace. Oxford 1982.
Ege, Peter/Kunze, Sven: Little Honda. Zur Gebrauchswertbestimmung des Motorrads. In: Jürgen Alberts u.a.: Segmente der Unterhaltungsindustrie. Frankfurt/M. 1974, S. 215–243.
Ehrenreich, Barbara: Arbeit poor. Unterwegs in der Dienstleistungsgesellschaft. München 2001.
Eiber, Ludwig: Arbeiter und Arbeiterbewegung in der Hansestadt Hamburg in den Jahren 1929 bis 1939. Werftarbeiter, Hafenarbeiter und Seeleute: Konformität, Opposition, Widerstand. Frankfurt/M. usw. 2000.
Engelmann, Jan: Die kleinen Unterschiede. Der cultural-studies-reader. Frankfurt/M. 1999.
Evans, William A.: The interpretative turn in media research. In: Critical Studies in Mass Communication, 7. Jg. 1990, S. 147–168.
Fabian, Johannes: Moments of Freedom. Anthropology and Popular Culture. Charlottesville, London 1998.
Farin, Klaus (Hg.): Die Skins. Mythos und Realität. Bad Tölz 2001.
Farin, Klaus/Seidel-Pielen, Eberhard: Krieg in den Städten. Jugendgangs in Deutschland. Berlin 1991.
Farin, Klaus/Seidel-Pielen, Eberhard: „Ohne Gewalt läuft nichts!" Jugend und Gewalt in Deutschland. Köln 1993(a).
Farin, Klaus/Seidel-Pielen, Eberhard: Skinheads. München 1993(b).
Farin, Klaus/Seidel-Pielen, Eberhard: Skinheads. 5. Aufl., München 2002.
Fegan, Brian: Tenants' Non-Violent Resistance to Landowner Claims in a Central Luzon Village. In: Journal of Peasant Studies, 13. Jg. 1986, H. 2, S. 87–106.
Feldbauer, Peter: Einleitung. Bauernrevolten in der Dritten Welt. In: Peter Feldbauer/Hans-Jürgen Puhle (Hg.): Bauern im Widerstand. Agrarrebellionen und Revolu-

tionen in Ländern der Dritten Welt und im vorindustriellen Europa. Wien usw. 1992, S. 9–17.

Fennell, Dodee: Beneath the Surface: The Life of a Factory. In: Radical America, 10. Jg. 1976, H. 5, S. 21–41.

Fielhauer, Helmut Paul: Allerheiligenstriezel aus Stroh – Ein Burschenbrauch im Weinviertel, Niederösterreich. In: Martin Scharfe (Hg.): Brauchforschung. Darmstadt 1991, S. 418–429.

Fiske, John: Reading the Popular. Boston 1989(a).

Fiske, John: Understanding Popular Culture. London, New York 1989(b).

Fiske, John: Television culture. London, New York 1990.

Fiske, John: Postmodernism and Television. In: James Curran/Michael Gurevitch (Hg.): Mass Media and Society. London usw. 1991, S. 55–67.

Fiske, John: Populäre Urteilskraft. In: Udo Göttlich/Rainer Winter (Hg.): Politik des Vergnügens. Zur Diskussion der Populärkultur in den Cultural Studies. Köln 2000, S. 53–74.

Fluck, Winfried: Widerstand leisten? Wo ist der Ausgangspunkt der Kulturwissenschaft und wie umkehrbar ist die Blickrichtung? In: Ästhetik und Kommunikation, 35. Jg. 2004, H. 126, S. 17–21.

Foucault, Michel: Überwachen und Strafen. Die Geburt des Gefängnisses. Frankfurt/M. 1977.

Friedrich, K.: Kriminalität der Sittlichkeitsjustiz. In: Notizen, Tübinger Studentenzeitung, Nr. 66/67 vom Januar/Februar 1966, S. 18.

Gallas, Andreas: Politische Interessenvertretung von Arbeitslosen. Eine theoretische und empirische Analyse. Köln 1994.

Gans, Herbert J.: The Urban Villagers. New York 1962.

Gans, Herbert J.: Popular Culture&High Culture. An Analysis and Evaluation of Taste. New York 1999.

Garnham, Nicholas: Political Economy and the Practice of Cultural Studies: Reconciliation or Divorce? In: Critical Studies in Mass Communication, 12. Jg. 1995, S. 62–71.

Garve, Christian: Ueber den Charakter der Bauern und ihr Verhältniß gegen die Gutsherrn und gegen die Regierung. Breslau 1786.

Girtler, Roland: Schmuggler. Von Grenzen und ihren Überwindern. Linz 1992.

Girtler, Roland: Wilderer. Rebellen in den Bergen. Wien usw. 1998.

Gitlin, Todd: Opium fürs Akademikervolk? Der antipolitische Populismus der „Cultural Studies". In: Blätter für deutsche und internationale Politik, 44. Jg. 1999, S. 344–353.

Gleixner, Ulrike: Die ‚Ordnung des Saufens' und ‚das Sündliche erkennen'. Pfingst- und Hütebiere als gemeindliche Rechtskultur und Gegenstand pietistischer Mission (Altmark 17. und 18. Jahrhundert). In: Jan Peters (Hg.): Konflikt und Kontrolle in Gutsherrschaftsgesellschaften. Über Resistenz- und Herrschaftsverhalten in ländlichen Sozialgebilden der Frühen Neuzeit. Göttingen 1995, S. 13–53.

Göhre, Paul: Drei Monate Fabrikarbeiter und Handwerksbursche. Eine praktische Studie. Leipzig 1891.

Göttsch, Silke: „Alle für einen Mann ..." Leibeigene und Widerständigkeit in Schleswig-Holstein im 18. Jahrhundert. Neumünster 1991.

Goffman, Erving: Asyle. Über die soziale Situation psychiatrischer Patienten und anderer Insassen. Frankfurt/M. 1973.

Gotthelf, Jeremias: Wie Uli der Knecht glücklich wird. Eine Gabe für Dienstboten und Meisterleute. Erlenbach-Zürich 1955.

Gray, Ann: Audience and Reception Research in Retrospect. The Trouble with Audiences. In: Pertti Alasuutari (Hg.): Rethinking the Media Audience: The new agenda. London 1999, S. 22–37.

Groffmann, Anne Claire: Das unvollendete Drama. Jugend- und Skinheadgruppen im Vereinigungsprozess. Opladen 2001.

Groschopp, Horst: Zwischen Bierabend und Bildungsverein. Zur Kulturarbeit in der deutschen Arbeiterbewegung vor 1914. Berlin/DDR 1985.

Grossberg, Lawrence: Cultural Studies vs. Political Economy: Is Anybody Else Bored with this Debate? In: Critical Studies in Mass Communication, 12. Jg. 1995, S. 72–81.

Grossberg, Lawrence: Zur Verortung der Populärkultur. In: Roger Bromley/Udo Göttlich/Rainer Winter (Hg.): Cultural studies. Grundlagentexte zur Einführung. Lüneburg 1999, S. 215–236.

Grossberg, Lawrence: What's going on? Cultural Studies und Popularkultur. Wien 2000.

Grüttner, Michael: Arbeiterkultur versus Arbeiterbewegungskultur. Überlegungen am Beispiel der Hamburger Hafenarbeiter 1888–1933. In: Albrecht Lehmann (Hg.): Studien zur Arbeiterkultur. Münster 1984(b), S. 244–282.

Grüttner, Michael: Unterklassenkriminalität und Arbeiterbewegung. Güterberaubungen im Hamburger Hafen 1888–1923. In: Heinz Reif (Hg.): Räuber, Volk und Obrigkeit. Studien zur Geschichte der Kriminalität in Deutschland seit dem 18. Jahrhundert. Frankfurt/M. 1984(a), S. 153–184.

Hägele, Ulrich: Mopeds, Choppers, Strassenwanzen. Jugendliche Gegenkultur in den sechziger Jahren. Schorndorf 1997.

Hamann, Andreas/Giese, Gudrun: Schwarzbuch Lidl. Billig auf Kosten der Beschäftigten. Berlin 2004.

Hannerz, Ulf: Research in the Black Ghetto: A Review of the Sixties. In: Roger Abrahams/John Szwed (Hg.): Discovering Afro-America. Leiden 1975, S. 5–25.

Harris, David: From class struggle to the politics of pleasure. The effects of Gramscianism on cultural studies. London, New York 1992.

Haspel, Jörg u.a. (Red.): Arbeiter. Kultur und Lebensweise im Königreich Württemberg. Tübingen 1979.

Hebdige, Dick: Die Bedeutung des Mod-Phänomens. In: John Clarke/Axel Honneth (Hg.): Jugendkultur als Widerstand. Milieus, Rituale, Provokationen. Frankfurt/M. 1979, S. 158–170.

Hebdige, Dick: Subculture. The Meaning of Style. London, New York 1989.

Hegel, Georg Wilhelm: Phänomenologie des Geistes. Hg. von Johannes Hoffmeister. Hamburg o.J.

Heitmann, Helmut: Die Skinhead-Studie. In: Klaus Farin (Hg.): Die Skins. Mythos und Realität. Bad Tölz 2001, S. 66–92.

Helm, Winfried: Konflikt in der ländlichen Gesellschaft. Eine Auswertung frühneuzeitlicher Gerichtsprotokolle. Passau 1993(a).

Helm, Winfried: Obrigkeit und Volk. Herrschaft im frühneuzeitlichen Alltag Niederbayerns, untersucht anhand archivalischer Quellen. Passau 1993(b).

Hepp, Andreas: Fernsehaneignung und Alltagsgespräche. Fernsehnutzung aus der Perspektive der Cultural Studies. Opladen/Wiesbaden 1998.

Herbert, Ulrich: Apartheid nebenan. Erinnerungen an die Fremdarbeiter im Ruhrgebiet. In: Lutz Niethammer (Hg.): „Die Jahre weiß man nicht, wo man die heute hinsetzen soll." Faschismuserfahrungen im Ruhrgebiet. Lebensgeschichte und Sozialkultur im Ruhrgebiet 1930 bis 1960, Bd. 1. Berlin, Bonn 1983, S. 233–266.

Herbert, Ulrich: Arbeiterschaft im ,Dritten Reich'. Zwischenbilanz und offene Fragen. In: Geschichte und Gesellschaft, 15. Jg. 1989, S. 320–360.

Hinrichs, Ernst: „Charivari" und Rügebrauchtum in Deutschland. Forschungsstand und Forschungsaufgaben. In: Martin Scharfe (Hg.): Brauchforschung. Darmstadt 1991, S. 430–463.

Hitzler, Ronald: Trivialhedonismus? Eine Gesellschaft auf dem Weg in die Spaßkultur. In: Udo Göttlich/Winfried Gebhardt/Clemens Albrecht (Hg.): Populäre Kultur als repräsentative Kultur. Die Herausforderung der Cultural Studies. Köln 2002, S. 244–258.

Hobsbawm, Eric: Peasants and Politics. In: The Journal of Peasant Studies, 1. Jg. 1973, H. 1, S. 3–22.

Hoffmann, Klaus: Volkstümliche Literatur über den Wildschützen. In: Sächsische Heimatblätter, 20. Jg. 1974, S. 241–267.

Homuth, Karl: Von der Krise der Kultur zur Kultur der Krise. In: Ästhetik und Kommunikation, 18. Jg. 1988, H. 70/71, S. 57–70.

Hondrich, Karl Otto: Theorie der Herrschaft. Frankfurt/M. 1973.

Honegger, Claudia/Heintz, Bettina (Hg.): Listen der Ohnmacht. Zur Sozialgeschichte weiblicher Widerstandsformen. Frankfurt/M. 1981.

Horsky, Marian: Die kulturelle Praxis der nationalsozialistischen ‚Blood and Honour'-Skinhead-Musikervereinigung unter besonderer Berücksichtigung des deutschen Ablegers ‚Blut und Ehre'. Magisterarbeit Tübingen 1997.

Hügel, Hans-Otto: Zugangsweisen zur populären Kultur. Zu ihrer ästhetischen Begründung und zu ihrer Erforschung. In: Udo Göttlich/Winfried Gebhardt/Clemens Albrecht (Hg.): Populäre Kultur als repräsentative Kultur. Die Herausforderung der Cultural Studies. Köln 2002, S. 52–78.

Illyés, Gyula: Pußtavolk. Soziographie einer Landschaft. Stuttgart 1969.

Innerhofer, Franz: Schöne Tage. Roman. Frankfurt/M. 1980.

Jäckel, Michael/Peter, Jochen: Cultural Studies aus kommunikationswissenschaftlicher Perspektive. Grundlagen und grundlegende Probleme. In: Rundfunk und Fernsehen, 45. Jg. 1997/1, S. 46–68.

Jeggle, Utz: Judendörfer in Württemberg. Tübingen 1969 (2., erw. Aufl. 1999).

Jermier, John M.: Sabotage at Work. The Rational View. In: Gerald Mars (Hg.): Workplace Sabotage. Aldershot usw. 2001, S. 57–88.

Johler, Reinhard: „Froh und frei, all herbei, dreimal hoch der erste Mai!" Die sozialistischen Maifeiern in Vorarlberg zwischen Volks- und Arbeiterkultur. In: Österreichische Zeitschrift für Volkskunde, 89. Bd. 1986, S. 97–124.

Johler, Reinhard: In der Zwischenwelt der Kulturen. Volkskunde, Volksspiele und Sport. In: Kaspar Maase/Bernd Jürgen Warneken (Hg.): Unterwelten der Kultur. Themen und Theorien volkskundlicher Kulturwissenschaft. Weimar usw. 2003, S. 179–201.

Jugendwerk der Deutschen Shell (Hg.): Jugend '97. Opladen 1997.

Kaak, Heinrich: Vermittelte, selbsttätige und maternale Herrschaft. Formen gutsherrlicher Durchsetzung, Behauptung und Gestaltung in Quilitz-Friedland (Lebus-Oberbarnim) im 18. Jahrhundert. In: Jan Peters (Hg.): Konflikt und Kontrolle in Gutsherrschaftsgesellschaften. Über Resistenz- und Herrschaftsverhalten in ländlichen Sozialgebilden der Frühen Neuzeit. Göttingen 1995, S. 54–117.

Kanis-Seyfried, Uta: Konflikte in der dörflichen Lebenswelt. Das Ehrgefühl in der Langenargener Streitkultur im 19. und 20. Jahrhundert. Konstanz 2000.

Kant, Immanuel: Kritik der ästhetischen Urteilskraft. In: Ders.: Werke, Bd. X. Frankfurt/M. 1957.

Kaschuba, Wolfgang: Protest und Gewalt – Körpersprache und Gruppenrituale von Arbeitern im Vormärz und 1848. In: Peter Assion (Hg.): Transformationen der Arbeiterkultur. Ein Tagungsbericht. Marburg 1986, S. 30–48.

Kaschuba, Wolfgang: Aufbruch in die Moderne – Bruch der Tradition? Volkskultur und Staatsdisziplin in Württemberg während der napoleonischen Ära. In: Württembergisches Landesmuseum Stuttgart (Hg.): Baden und Württemberg im Zeitalter Napoleons. Bd. 2: Aufsätze. Stuttgart 1987, S. 669–689.

Kaschuba, Wolfgang: Volkskultur zwischen feudaler und bürgerlicher Gesellschaft. Zur Geschichte eines Begriffs und seiner gesellschaftlichen Wirklichkeit. Frankfurt/M. usw. 1988.

Kaschuba, Wolfgang: Lebenswelt und Kultur der unterbürgerlichen Schichten im 19. und 20. Jahrhundert. München 1990.

Kaschuba, Wolfgang: Von der „Rotte" zum „Block". Zur kulturellen Ikonographie der Demonstration im 19. Jahrhundert. In: Bernd Jürgen Warneken (Hg.): Massenmedium Straße. Frankfurt/M. 1991, S. 68–96.

Kaschuba, Wolfgang/Lipp, Carola: 1848 – Provinz und Revolution. Kultureller Wandel und soziale Bewegung im Königreich Württemberg. Tübingen 1979.

Kellner, Douglas: Media culture: Cultural Studies, identity and politics between the modern and the postmodern. London usw. 1995.

Keppler, Angela/Seel, Martin: Zwischen Vereinnahmung und Distanzierung. Vier Fallstudien zur Massenkultur. In: Merkur, 45. Jg. 1991, S. 877–889.

Kershaw, Ian: „Widerstand ohne Volk?" Dissens und Widerstand im Dritten Reich. In: Jürgen Schmädeke/Peter Steinbach (Hg.): Der Widerstand gegen den Nationalsozialismus. Die deutsche Gesellschaft und der Widerstand gegen Hitler. München, Zürich 1985, S. 779–798.

Kienitz, Sabine: Unterwegs. Frauen zwischen Not und Normen. Lebensweise und Mentalität vagierender Frauen um 1800 in Württemberg. Tübingen 1989.

Kienitz, Sabine: Sexualität, Macht und Moral. Prostitution und Geschlechterbeziehungen Anfang des 19. Jahrhunderts in Württemberg. Ein Beitrag zur Mentalitätsgeschichte. Berlin 1995.

Klein, Gabriele: Electronic Vibration. Pop Kultur Theorie. Hamburg 1999.

Klußmann, Jan: „Wo sie frey seyn, und einen besseren Dienst haben sollte". Flucht aus der Leibeigenschaft in Schleswig-Holstein in der zweiten Hälfte des 18. Jahrhunderts. In: Jan Peters (Hg.): Konflikt und Kontrolle in Gutsherrschaftsgesellschaften. Über Resistenz- und Herrschaftsverhalten in ländlichen Sozialgebilden der Frühen Neuzeit. Göttingen 1995, S. 118–152.

Koch, Philipp/Meynert, Joachim: Ein Volk, ein Reich, ein Führer? Opportunismus und Widerstand proletarischer Milieus im Raum Minden 1933–1945. Bielefeld 1998.

Köhnen, Heiner: Das System Wal-Mart: Strategien, Personalpolitik und Unternehmenskultur eines Einzelhandelsgiganten. Düsseldorf 2000.

Korff, Gottfried: Volkskultur und Arbeiterkultur. Überlegungen am Beispiel der sozialistischen Maifesttradition. In: Geschichte und Gesellschaft, 5. Jg. 1979, S. 83–102.

Korff, Gottfried: „Heraus zum 1. Mai". Maibrauch zwischen Volkskultur, bürgerlicher Folklore und Arbeiterbewegung. In: Richard van Dülmen/Norbert Schindler (Hg.): Volkskultur. Zur Wiederentdeckung des vergessenen Alltags. (16.–20. Jahrhundert). Frankfurt/M. 1984, S. 246–281.

Korff, Gottfried: Rote Fahnen und Tableaux Vivants. Zum Symbolverständnis der deutschen Arbeiterbewegung im 19. Jahrhundert. In: Albrecht Lehmann (Hg.): Studien zur Arbeiterkultur. Münster 1984, S. 103–140.

Korff, Gottfried: Rote Fahne und geballte Faust – Zur Symbolik der Arbeiterbewegung in der Weimarer Republik. In: Peter Assion (Hg.): Transformationen der Arbeiterkultur. Ein Tagungsbericht. Marburg 1986, S. 86–107.

Kramer, Dieter: Der sanfte Tourismus. Umwelt- und sozialverträglicher Tourismus in den Alpen. Wien 1983.

Kramer, Dieter: Theorien zur historischen Arbeiterkultur. Marburg 1987.

Krug-Richter, Barbara: „Eß gehet die bauren ahn und nicht die herren". Die Auseinandersetzungen um die Einführung neuer Dienste in der westfälischen Herrschaft Canstein 1710 bis 1719. In: Jan Peters (Hg.): Konflikt und Kontrolle in Gutsherrschaftsgesellschaften. Über Resistenz- und Herrschaftsverhalten in ländlichen Sozialgebilden der Frühen Neuzeit. Göttingen 1995, S. 153–200.

Krumrei, Karen: Protokolle alltäglicher Kriminalität. Rottenburger Schultheißenamtsprotokolle 1840–1860 unter kulturwissenschaftlichem Blickwinkel. Magisterarbeit Tübingen 1992.

Künsting, Sabine: Die rauhe Höflichkeit der Andersdenkenden. Ein Kommentar zu Gabriele Steckmeister: Born to be Wild. In: Zeitschrift für Volkskunde, 81. Jg. 1985, S. 255–259.

Künsting, Sabine: Meine Ehre heißt Treue. Ethnologische Untersuchung eines Callasclubs in der Bundesrepublik. Köln 1986.

Kutter, Uli: „Ich kündige". Zu einer Volkskunde der Imponderabilien. In: Zeitschrift für Volkskunde, 77. Jg. 1981, S. 243–261.

Kutter, Uli: Xeroxlore: Ausdrucksformen aus der Welt der Arbeit. In: Siegfried Müller (Hg.): Graffiti. Tätowierte Wände. Bielefeld 1985, S. 225–236.

Leroy, C.: An Ecological Study. In: Thomas A. Seebeok/Donna Jean Umiker-Seebeok (Hg.): Speech Surrogates: Drum and Whistle Systems. 2 Bde., Paris 1976, Bd. 2, S. 1031–1039.

Lindner, Rolf: Editorial. In: John Clarke/Axel Honneth (Hg.): Jugendkultur als Widerstand. Milieus, Rituale, Provokationen. Frankfurt/M. 1979, S. 7–14.

Lindner, Rolf: Jugendkultur – stilisierte Widerstände. In: Deutsches Jugendinstitut (Hg.): Immer diese Jugend! Ein zeitgeschichtliches Mosaik. 1945 bis heute. München 1985, S. 13–24.

Lindner, Rolf: Arbeiterkultur und Authentizität. In: Wolfgang Kaschuba/Thomas Scholze/Leonore Scholze-Irrlitz (Hg.): Alltagskultur im Umbruch. Weimar usw. 1996, S. 71–80.

Linstead, Steve: Breaking the „Purity Rule": Industrial Sabotage and the Symbolic Process. In: Gerald Mars (Hg.): Workplace Sabotage. Aldershot usw. 2001, S. 47–54.

Lipp, Carola (Hg.): Schimpfende Weiber und patriotische Jungfrauen. Frauen im Vormärz und in der Revolution 1848/49. Moos, Baden-Baden 1986.

Lipp, Carola: Alltagskulturforschung im Grenzbereich von Volkskunde, Soziologie und Geschichte. In: Zeitschrift für Volkskunde, 89. Jg. 1993, S. 1–33.

Löfgren, Orvar: The Cult of Creativity. In: Institut für Europäische Ethnologie der Universität Wien (Hg.): Volkskultur und Moderne. Europäische Ethnologie zur Jahrtausendwende. Wien 2000, S. 157–167.

Lüdtke, Alf: Faschismus-Potentiale und faschistische Herrschaft oder Theorie-Defizite und antifaschistische Strategie. In: Hans-Georg Backhaus u.a.: Gesellschaft. Beiträge zur Marxschen Theorie 6. Frankfurt/M. 1976, S. 194–241.

Lüdtke, Alf: Erfahrung von Industriearbeitern – Thesen zu einer vernachlässigten Dimension der Arbeitergeschichte. In: Werner Conze/Ulrich Engelhardt (Hg.): Arbeiter im Industrialisierungsprozeß. Herkunft, Lage und Verhalten. Stuttgart 1979, S. 494–512.

Lüdtke, Alf: Arbeitsbeginn, Arbeitspausen, Arbeitsende. Skizzen zu Bedürfnisbefriedigung und Industriearbeit im 19. und 20. Jahrhundert. In: Gerhard Huck (Hg.): Sozialgeschichte der Freizeit. Untersuchungen zum Wandel der Alltagskultur in Deutschland. Wuppertal 1980, S. 95–122.

Lüdtke, Alf: „Kolonisierung der Lebenswelten" – oder: Geschichte als Einbahnstraße? Zu Detlev Peukerts „Arbeiter-Alltag – Mode oder Methode?" In: Das Argument, H. 140, 25. Jg. 1983, S. 536–541.

Lüdtke, Alf: Protest – oder: Die Faszination des Spektakulären. Zur Analyse alltäglicher Widersetzlichkeit. In: Heinrich Volkmann/Jürgen Bergmann (Hg.): Sozialer Protest. Studien zu traditioneller Resistenz und kollektiver Gewalt in Deutschland vom Vormärz bis zur Reichsgründung. Opladen 1984, S. 324–341.

Lüdtke, Alf: Organizational Order or *Eigensinn*? Worker's Privacy and Worker's Politics in Imperial Germany. In: Sean Wilentz (Hg.): Rites of Power: Symbolism, Ritual, and Politics Since the Middle Ages. Philadelphia 1985, S. 303–333.

Lüdtke, Alf: Wo blieb die „rote Glut"? Arbeitererfahrungen und deutscher Faschismus. In: Ders. (Hg.): Alltagsgeschichte. Zur Rekonstruktion historischer Erfahrungen und Lebensweisen. Frankfurt/M., New York 1989, S. 224–282.

Lüdtke, Alf: Eigen-Sinn: Fabrikalltag, Arbeitererfahrungen und Politik vom Kaiserreich bis in den Faschismus. Hamburg 1993.

Lüdtke, Alf: Arbeiten und Dabeisein. Wie Alltagsgeschichte den Nationalsozialismus erklärt. In: Axel Lubinski/Thomas Rudert/Martina Schattkowsky (Hg.): Historie und Eigen-Sinn. Festschrift für Jan Peters zum 65. Geburtstag. Weimar usw. 1997, S. 75–86.

Lüdtke, Alf: Alltagsgeschichte – ein Bericht von unterwegs. In: Historische Anthropologie, 11. Jg. 2003, S. 278–295.

Lutz, Ronald: Punk, Randale, Prügelei: Zur Gewalt der Jugendlichen. In: Zeitschrift für Volkskunde, 89. Jg. 1993, S. 34–48.

Maase, Kaspar: Grenzenloses Vergnügen. Der Aufstieg der Massenkultur 1850–1970. Frankfurt/M. 1997.

Maase, Kaspar: Spiel ohne Grenzen. Von der ‚Massenkultur' zur ‚Erlebnisgesellschaft': Wandel im Umgang mit populärer Unterhaltung. In: Udo Göttlich/Rainer Winter (Hg.): Politik des Vergnügens. Zur Diskussion der Populärkultur in den Cultural Studies. Köln 2000, S. 75–102.

Maase, Kaspar: Körper, Konsum, Genuss – Jugendkultur und mentaler Wandel. In: Aus Politik und Zeitgeschichte, Beilage zu Das Parlament 45/2003, 3.11.2003, S. 9–16.

Machtan, Lothar: Zum Innenleben deutscher Fabriken im 19. Jahrhundert. Die formelle und informelle Verfassung von Industriebetrieben, anhand von Beispielen aus dem Bereich der Textil- und Maschinenbauproduktion (1869–1891). In: Archiv für Sozialgeschichte, XXI. Bd. 1981, S. 179–236.

Malcolmson, Robert W.: Volkskultur im Kreuzfeuer. Der Kampf um Abschaffung des Bullenrennens in Stamford im 18. und 19. Jahrhundert. In: Richard van Dülmen/Norbert Schindler (Hg.): Volkskultur. Zur Wiederentdeckung des vergessenen Alltags (16.–20. Jahrhundert). Frankfurt/M. 1984, S. 282–298.

Mars, Gerald: An anthropological study of longshoremen and of industrial relations in the port of St. John's, Newfoundland, Canada. PhD Thesis, University of London 1972.

Mars, Gerald: Cheats at Work: An Anthropology of Workplace Crime. London usw. 1982.

Mars, Gerald (Hg.): Workplace Sabotage. Aldershot usw. 2001.

Marx, Karl: Grundrisse der Kritik der politischen Ökonomie. Berlin/DDR 1953.

Marx, Karl: Das Kapital. Kritik der politischen Ökonomie, Bd. 1. In: Ders./Friedrich Engels: Werke, Bd. 23. Berlin/DDR 1969.

Marx, Karl: Zur Kritik der Hegelschen Rechtsphilosophie. Einleitung. In: Ders./Friedrich Engels: Werke, Bd. 1. Berlin/DDR 1970, S. 378–391.

Mason, Tim: Nazism, fascism and the working class. Cambridge/Mass. 1995.

McGuigan, Jim: Cultural Populism Revisited. In: Marjorie Ferguson/Peter Golding (Hg.): Cultural Studies in Question. London usw. 1997, S. 138–153.

McRobbie, Angela: What is happening in cultural studies? Kulturanalyse im Postmarxismus. In: Wolfgang Kaschuba (Hg.): Kulturen – Identitäten – Diskurse. Perspektiven Europäischer Ethnologie. Berlin 1995, S. 100–113.

Medick, Hans: Biedermänner und Biederfrauen im alten Laichingen. Lebensweisen in einem schwäbischen Ort an der Schwelle der Moderne. In: Journal Geschichte, H. 1, 1991(a), S. 46–61.

Medick, Hans: Spinnstuben auf dem Dorf. Jugendliche Sexualkultur und Feierabendbrauch in der ländlichen Gesellschaft der Frühen Neuzeit. In: Martin Scharfe (Hg.): Brauchforschung. Darmstadt 1991(b), S. 380–417.

Mercer, Colin: Complicit Pleasures. In: Tony Bennett/Colin Mercer/Janet Woollacott (Hg.): Popular Culture and Social Relations. Milton Keynes, Philadelphia 1986, S. 50–68.

Modleski, Tania: Introduction. In: Dies. (Hg.): Studies in Entertainment. Critical Approaches to Mass Culture. Bloomington, Indianapolis 1986, S. IX–XIX.

Molstad, Clark: Choosing and Coping with Boring Work. In: Urban Life, 15. Jg. 1986, H. 2, S. 215–236.

Mommsen, Hans: Der Widerstand gegen Hitler und die deutsche Gesellschaft. In: Jürgen Schmädeke/Peter Steinbach (Hg.): Der Widerstand gegen den Nationalsozialismus. Die deutsche Gesellschaft und der Widerstand gegen Hitler. München, Zürich 1985, S. 3–23.

Mooser, Josef: „Furcht bewahrt das Holz". Holzdiebstahl und sozialer Konflikt in der ländlichen Gesellschaft 1800–1850 an westfälischen Beispielen. In: Heinz Reif (Hg.): Räuber, Volk und Obrigkeit. Studien zur Geschichte der Kriminalität in Deutschland seit dem 18. Jahrhundert. Frankfurt/M. 1984, S. 43–99.

Morley, David: The *Nationwide* Audience. Structure and Decoding. London 1980.

Morley, David: Medienpublika aus der Sicht der Cultural Studies. In: Uwe Hasenbrink/Friedrich Krotz (Hg.): Die Zuschauer als Fernsehregisseure? Baden-Baden 1996(a), S. 37–51.

Morley, David: Populism, Revisionism and the ‚New' Audience Research. In: James Curran/David Morley/Valerie Walkerdine (Hg.): Cultural Studies and Communications. London usw. 1996(b), S. 279–293.

Morley, David: So-Called Cultural: Dead Ends and Reinvented Wheels. In: Cultural Studies, 12. Jg. 1998. Special Issue: The Institutionalization of Cultural Studies, hg. von Ted Striphas, S. 476–497.

Morris, Meaghan: Banality in cultural studies. In: John Storey (Hg.): What is Cultural Studies? A Reader. London usw. 1996, S. 147–167.

Moser, Johannes: Kulturanthropologische Jugendforschung. In: Ders. (Hg.): Jugendkulturen. Recherchen in Frankfurt am Main und London. Frankfurt/M. 2000, S. 11–57.

Nava, Mica: Consumerism reconsidered: buying and power. In: Cultural Studies, 5. Jg. 1991, S. 157–173.

Neidhardt, Friedhelm/Rucht, Dieter: Protestgeschichte der Bundesrepublik Deutschland 1950–1994: Ereignisse, Themen, Akteure. In: Dieter Rucht (Hg.): Protest in der Bundesrepublik. Strukturen und Entwicklungen. Frankfurt/M., New York 2001, S. 27–70.

Neumann, Siegfried (Hg.): Volksschwänke aus Mecklenburg. Berlin/DDR 1963.

Neumann, Siegfried: Der mecklenburgische Volksschwank. Sein sozialer Gehalt und seine soziale Funktion. Berlin 1964.

Niethammer, Lutz: Heimat und Front. Versuch, zehn Kriegserinnerungen aus der Arbeiterklasse des Ruhrgebietes zu verstehen. In: Ders. (Hg.): „Die Jahre weiß man nicht, wo man die heute hinsetzen soll." Faschismuserfahrungen im Ruhrgebiet. Lebensgeschichte und Sozialkultur im Ruhrgebiet 1930 bis 1960, Bd. 1. Berlin, Bonn 1983, S. 163–232.

Oakes, James: The Ruling Race. A History of American Slaveholders. London, New York 1988.

Ortner, Sherry B.: Resistance and the Problem of Ethnographic Refusal. In: Comparative Studies in Society and History, 37. Jg. 1995, S. 173–193.

Peters, Jan (Hg.): Konflikt und Kontrolle in Gutsherrschaftsgesellschaften. Über Resistenz- und Herrschaftsverhalten in ländlichen Sozialgebilden der Frühen Neuzeit. Göttingen 1995, S. 9–12.

Peukert, Detlev: Die Edelweißpiraten. Protestbewegungen jugendlicher Arbeiter im Dritten Reich. Köln 1980.

Peukert, Detlev: Arbeiter-Alltag – Mode oder Methode? In: Heiko Haumann (Hg.): Arbeiteralltag in Stadt und Land. Neue Wege der Geschichtsschreibung. Berlin 1982, S. 8–39.

Peukert, Detlev: Volksgenossen und Gemeinschaftsfremde. Anpassung, Ausmerze und Aufbegehren unter dem Nationalsozialismus. Köln 1982.

Peukert, Detlev: Glanz und Elend der Bartwichserei. Eine Replik auf Alf Lüdtke. In: Das Argument, H. 140, 25. Jg. 1983, S. 542–549.

Plaul, Hainer: Landarbeiterleben im 19. Jahrhundert. Eine volkskundliche Untersuchung über Veränderungen in der Lebensweise der einheimischen Landarbeiterschaft in den Dörfern der Magdeburger Börde unter den Bedingungen der Herausbildung und Konsolidierung des Kapitalismus in der Landwirtschaft. Tendenzen und Triebkräfte. Berlin/DDR 1979.

Radway, Janice: Reading the Romance. Women, Patriarchy, and Popular Literature. Chapel Hill, London 1984.

Rehbein, Franz: Das Leben eines Landarbeiters. Hg. von Paul Göhre. Leipzig, Jena 1911.

Rohrbacher, Stefan: Gewalt im Biedermeier. Antijüdische Ausschreitungen in Vormärz und Revolution (1815–1848/49). Frankfurt/M., New York 1993.

Roth, Roland/Rucht, Dieter: Jugendliche heute: Hoffnungsträger im Zukunftsloch? In: Dies. (Hg.): Jugendkulturen, Politik und Protest. Vom Widerstand zum Kommerz? Opladen 2000, S. 9–34.

Ruehs, Krista: Auch „böse" Menschen haben ihre Lieder. Zur Rezeption von Wilderern in österreichischen Volksliedern des 18. bis 20. Jahrhunderts. In: Jahrbuch für Volksliedforschung, 29. Jg. 1984, S. 32–57.

Saurer, Edith: Strasse, Schmuggel, Lottospiel. Materielle Kultur und Staat in Niederösterreich, Böhmen und Lombardo-Venetien im frühen 19. Jahrhundert. Göttingen 1989.

Scharfe, Martin: Bäuerliches Gesinde im Württemberg des 19. Jahrhunderts: Lebensweise und Lebensperspektiven. Erste Annäherung an das Problem. In: Heiko Haumann (Hg.): Arbeiteralltag in Stadt und Land. Neue Wege der Geschichtsschreibung. Berlin 1982, S. 40–60.

Scharfe, Martin: „Gemüthliches Knechtschaftsverhältnis?" Landarbeitserfahrungen 1750–1900. In: Klaus Tenfelde (Hg.): Arbeit und Arbeitserfahrung in der Geschichte. Göttingen 1986, S. 32–50.

Scharfe, Martin: Einleitung. In: Ders. (Hg.): Brauchforschung. Darmstadt 1991, S. 1–26.

Schindler, Norbert: Widerspenstige Leute. Studien zur Volkskultur in der frühen Neuzeit. Frankfurt/M. 1992.

Schindler, Norbert: Wilderer im Zeitalter der Französischen Revolution. Ein Kapitel alpiner Sozialgeschichte. München 2001.

Schmiechen-Ackermann, Detlef: Nationalsozialismus und Arbeitermilieus. Der nationalsozialistische Angriff auf die proletarischen Wohnquartiere und die Reaktion in den sozialistischen Vereinen. Bonn 1996.

Schneider, Michael: Unterm Hakenkreuz. Arbeiter und Arbeiterbewegung 1933 bis 1939. Bonn 1999.

Schneidewind, Gisela (Hg.): Herr und Knecht. Antifeudale Sagen aus Mecklenburg. Berlin/DDR 1960.

Schönberger, Klaus: Arbeitersportbewegung in Dorf und Kleinstadt. Zur Arbeiterbewegungskultur im Oberamt Marbach 1909–1933. Tübingen 1995.

Schönberger, Klaus: „Ab Montag wird nicht mehr gearbeitet!" Selbstverwertung und Selbstkontrolle im Prozess der Subjektivierung von Arbeit. In: Gunther Hirschfelder/Birgit Huber (Hg.): Die Virtualisierung der Arbeit. Zur Ethnographie neuer Arbeits- und Organisationsformen. Frankfurt/M., New York 2004, S. 239–266.

Schröder, Hans Joachim: Kasernenzeit. Arbeiter erzählen von der Militärausbildung im Dritten Reich. Frankfurt, New York 1985.

Schulte, Regina: Das Dorf im Verhör. Brandstifter, Kindsmörderinnen und Wilderer vor den Schranken des bürgerlichen Gerichts. Oberbayern 1848–1910. Reinbek 1989.

Scott, James C.: Weapons of the Weak. Everyday Forms of Peasant Resistance. New Haven, London 1985.

Scott, James C.: Domination and the Arts of Resistance. Hidden Transcripts. New Haven, London 1990.

Seifert, Manfred: Wildschützenlieder. In: Jahrbuch des Österreichischen Volksliedwerkes, 36./37. Jg. 1987/1988, S. 129–141.

Seiter, Ellen, u.a.: „Don't treat us like we're so stupid and naive". In: Dies. u.a. (Hg.): Remote Control. Television, Audiences, and Cultural Power. London, New York 1991, S. 223–247.

Sikora, Michael: Disziplin und Desertion. Strukturprobleme militärischer Organisation im 18. Jahrhundert. Berlin 1996.

Stachow, Helga: Rituale der Erinnerung. Die Maifeiern der Hamburger Arbeiterbewegung zwischen 1890 und 1914. Marburg 1995.

Statistisches Jahrbuch 2003 für die Bundesrepublik Deutschland. Wiesbaden 2003.

Steckmeister, Gabriele: Born to be wild. Zur Modell-Freiheit und Sozius-Freiheit von Motorrad Rockern und ihren Frauen. In: Zeitschrift für Volkskunde, 80. Jg. 1984, S. 183–206.

Steffen, Horst: Arbeitstag, Arbeitszumutungen und Widerstand. Bergmännische Arbeitserfahrungen an der Saar in der zweiten Hälfte des 19. Jahrhunderts. In: Archiv für Sozialgeschichte, XXI. Bd. 1981, S. 1–54.

Steinitz, Wolfgang: Deutsche Volkslieder demokratischen Charakters aus sechs Jahrhunderten. Bd. I, Berlin/DDR 1954.

Storey, John: Cultural Studies und Populärkultur. Oder: Warum sind Cultural Studies keine Politische Ökonomie? In: Andreas Hepp/Carsten Winter (Hg.): Die Cultural Studies Kontroverse. Lüneberg 2003, S. 166–180.

Strobach, Hermann: Bauernklagen. Untersuchungen zum sozialkritischen deutschen Volkslied. Berlin/DDR 1961.

Taylor, Frederick W.: Die Grundsätze wissenschaftlicher Betriebsführung. Weinheim, Basel 1977.

Tenfelde, Klaus: Proletarische Provinz. Radikalisierung und Widerstand in Penzberg/Oberbayern 1900 bis 1945. In: Martin Broszat/Elke Fröhlich/Falk Wiesemann (Hg.): Bayern in der NS-Zeit. Bd. IV: Herrschaft und Gesellschaft im Konflikt. Teil C. München, Wien 1981, S. 1–382.

Tenfelde, Klaus: Schwierigkeiten mit dem Alltag. In: Geschichte und Gesellschaft, 10. Jg. 1984, S. 376–394.

Tenfelde, Klaus: Soziale Grundlagen von Resistenz und Widerstand. In: Jürgen Schmädeke/Peter Steinbach (Hg.): Der Widerstand gegen den Nationalsozialismus. Die deutsche Gesellschaft und der Widerstand gegen Hitler. München, Zürich 1985, S. 799–812.

Thole, Werner: Familie Szene Jugendhaus. Alltag und Subjektivität einer Jugendgruppe. Opladen 1991.

Thompson, Edward P.: „Rough Music" oder englische Katzenmusik. In: Ders.: Plebeische Kultur und moralische Ökonomie. Aufsätze zur englischen Sozialgeschichte des 18. und 19. Jahrhunderts. Frankfurt/M. usw. 1980(a), S. 131–168.

Thompson, Edward P.: Zeit, Arbeitszeit und Industriekapitalismus. In: Ders.: Plebeische Kultur und moralische Ökonomie. Aufsätze zur englischen Sozialgeschichte des 18. und 19. Jahrhunderts. Frankfurt/M. usw. 1980(b), S. 34–66.

Tramitz, Christine: Unter Glatzen. Meine Begegnungen mit Skinheads. München 2001.

Tschofen, Bernhard: Berg Kultur Moderne. Volkskundliches aus den Alpen. Wien 1999.

Ueberschär, Gerd R.: Für ein anderes Deutschland. Der deutsche Widerstand gegen den NS-Staat 1933–1945. Frankfurt/M. 2005.

Vester, Michael: Was dem Bürger sein Goethe, ist dem Arbeiter seine Solidarität. Zur Diskussion der Arbeiterkultur. In: Ästhetik und Kommunikation, H. 24, 1976, S. 62–72.

Warneken, Bernd Jürgen: Der Flipperautomat. Ein Versuch über Zerstreuungskultur. In: Jürgen Alberts u.a.: Segmente der Unterhaltungsindustrie. Frankfurt/M. 1974, S. 66–129.

Warneken: „Massentritt" – Zur Körpersprache von Demonstranten im Kaiserreich. In: Peter Assion (Hg.): Transformationen der Arbeiterkultur. Ein Tagungsbericht. Marburg 1986, S. 64–79.

Warneken, Bernd Jürgen: Kleine Schritte der sozialen Emanzipation. Ein Versuch über den unterschichtlichen Spaziergang um 1900. In: Historische Anthropologie, 2. Jg. 1994, S. 423–441.

Warneken, Bernd Jürgen: Zur Motivationskrise der ethnographischen Arbeiterforschung. In: Vorwärts und nicht vergessen – nach dem Ende der Gewißheit. 56 Texte für Dietrich Mühlberg zum Sechzigsten. Berlin 1996, S. 121–129.

Watson, Bill: Counter-Planning on the Shop Floor. In: Radical America, 5. Jg. 1971, H. 3, S. 77–85.

Weber-Kellermann, Ingeborg: Erntebrauch in der ländlichen Arbeitswelt des 19. Jahrhunderts. Aufgrund der Mannhardtbefragung in Deutschland 1865. Marburg 1965.

Welskopp, Thomas: Mißglückte Bildungsromane, Naturgeschichten, inverse Heldenepen und Reiseberichte aus dem Land der „guten Wilden": Zur „Poetik" der älteren Arbeitergeschichte. In: Jan-Otmar Hesse/Christian Kleinschmidt/Karl Lauschke (Hg.): Kulturalismus, Neue Institutionenökonomik oder Theorienvielfalt. Eine Zwischenbilanz der Unternehmensgeschichte. Essen 2002, S. 87–116.

Wetzel, Alexandra/Fabriz, Martin: Mein Freund ist Offenbacher. In: Johannes Moser (Hg.): Jugendkulturen. Recherchen in Frankfurt am Main und London. Frankfurt/M. 2000, S. 243–281.

Willis, Paul: Spaß am Widerstand. Gegenkultur in der Arbeiterschule. Frankfurt/M. 1982.

Willis, Paul: Jugend-Stile. Zur Ästhetik der gemeinsamen Kultur. Hamburg 1991.

Winter, Rainer: Die Kunst des Eigensinns. Cultural Studies als Kritik der Macht. Weilerswist 2001(a).

Winter, Rainer: Die kleinen Siege der Schwachen. In: FR online 14.5.2001(b).

Wirtz, Rainer: ‚Widersetzlichkeiten, Excesse, Crawalle, Tumulte und Skandale'. Soziale Bewegung und gewalthafter sozialer Protest in Baden 1815–1848. Frankfurt/M. usw. 1981.

Wittel, Andreas: Belegschaftskultur im Schatten der Firmenideologie. Eine ethnographische Fallstudie. Berlin 1997.

Zimmermann, Michael: Ausbruchshoffnungen. Junge Bergleute in den dreißiger Jahren. In: Lutz Niethammer (Hg.): „Die Jahre weiß man nicht, wo man die heute hinsetzen soll". Faschismuserfahrungen im Ruhrgebiet. Lebensgeschichte und Sozialkultur im Ruhrgebiet 1930 bis 1960, Bd. 1. Berlin und Bonn 1983, S. 97–132.

Zuboff, Shoshana: In the Age of the Smart Machine. The Future of Work and Power. London 1988.

Forschungsperspektiven

Bauman, Zygmunt: Legislators and interpreters. On modernity, postmodernity and intellectuals. Oxford 1987.

Bausinger, Hermann: Volkskunde und Volkstumsarbeit im Nationalsozialismus. In: Helge Gerndt (Hg.): Volkskunde und Nationalsozialismus. Referate und Diskussionen einer Tagung. München 1987, S. 131–141.

Beck, Stefan: Reflexible Körper. Anmerkungen zur Transformation von Gesundheitsverständnissen und Verwandtschaftsverhältnissen durch humangenetisches Wissen. In: Rolf Wilhelm Brednich (Hg.): Natur – Kultur. Volkskundliche Perspektiven auf Mensch und Umwelt. Münster 2001, S. 31–45.

Beck, Ulrich: Risikogesellschaft. Auf dem Weg in eine andere Moderne. Frankfurt/M. 1986.

Burke, Peter: Helden, Schurken und Narren. Europäische Volkskultur in der frühen Neuzeit. Stuttgart 1981.

Buth, Sven/Johannsen, Harald: Determinieren soziale Strukturen Lebensstile? In: Claudia Honegger/Stefan Hradil/Franz Traxler (Hg.): Grenzenlose Gesellschaft. Teil I, Opladen 1998, S. 576–589.

Duden, Barbara/Samerski, Silja: Das aufgeschwatzte Risiko – Genetische Beratung als Sprach-Ritual. In: Elmar Brähler/Ive Stöbel-Richter/Ulrike Hauffe (Hg.): Vom Stammbaum zur Stammzelle. Reproduktionsmedizin, Pränataldiagnostik und menschlicher Rohstoff. Gießen 2002, S. 223–238.

Geißler, Rainer: Das mehrfache Ende der Klassengesellschaft. Diagnosen sozialstrukturellen Wandels. In: Jürgen Friedrichs u.a. (Hg.): Die Diagnosefähigkeit der Soziologie. Sonderheft 38 der Kölner Zeitschrift für Soziologie und Sozialpsychologie. Opladen 1998, S. 207–233.

Geißler, Rainer: Die Sozialstruktur Deutschlands. Opladen 2002.

Girtler, Roland: Randkulturen. Theorie der Unanständigkeit. Wien usw. 1995.

Groh-Samberg, Olaf: Armut und Klassenstruktur. Zur Kritik der Entgrenzungsthese aus einer multidimensionalen Perspektive. In: Kölner Zeitschrift für Soziologie und Sozialpsychologie, 56. Jg. 2004, S. 653–682.

Hadler, Markus: Ist der Klassenkonflikt obsolet? Die Wahrnehmung von vertikalen Konflikten im internationalen Vergleich. In: Soziale Welt, 54. Jg. 2003, S. 175–200.

Hradil, Stefan: Sozialstrukturanalyse in einer fortgeschrittenen Gesellschaft. Opladen 1987.

Isengard, Bettina: Freizeitverhalten als Ausdruck sozialer Ungleichheiten oder Ergebnis individualisierter Lebensführung? Zur Bedeutung von Einkommen und Bildung im Zeitverlauf. In: Kölner Zeitschrift für Soziologie und Sozialpsychologie, 57. Jg. 2005, S. 254–277.

Kohler, Ulrich: Statusinkonsistenz und Entstrukturierung von Lebenslagen. Empirische Untersuchung zweier Individualisierungshypothesen mit Querschnittsdaten aus 28 Ländern. In: Kölner Zeitschrift für Soziologie und Sozialpsychologie, 57. Jg. 2005, S. 230–253.

Kramer, Dieter: Wem nützt Volkskunde? In: Zeitschrift für Volkskunde, 66. Jg. 1970, S. 1–16.

Leibfried, Stephan, u.a.: Zeit der Armut. Lebensläufe im Sozialstaat. Frankfurt/M. 1995.

Lindner, Rolf: Die Entdeckung der Stadtkultur. Soziologie aus der Erfahrung der Reportage. Frankfurt/M. 1990.

Maase, Kaspar: Selbstfeier und Kompensation. Zum Studium der Unterhaltung. In: Ders./Bernd Jürgen Warneken (Hg.): Unterwelten der Kultur. Themen und Theorien der volkskundlichen Kulturwissenschaft. Köln usw. 2003, S. 219–242.

Mehlich, Michael: Langzeitarbeitslosigkeit. Individuelle Bewältigung im gesellschaftlichen Kontext. Baden-Baden 2005.

Müller, Walter: Erwartete und unerwartete Folgen der Bildungsexpansion. In: Jürgen Friedrichs/M. Rainer Lepsius/Karl Ulrich Mayer (Hg.): Die Diagnosefähigkeit der Soziologie. Sonderheft 38 der Kölner Zeitschrift für Soziologie und Sozialpsychologie. Opladen 1998, S. 81–112.

Plessner, Helmuth: Die verspätete Nation. Über die politische Verführbarkeit bürgerlichen Geistes. Stuttgart usw. 1959.

Rabinow, Paul: Artificiality and Enlightenment: From Sociobiology to Biosociality. In: Jonathan Crary (Hg.): Incorporations. New York 1992, S. 234–252.

Reichenwallner, Martina: Lebensstile zwischen Struktur und Entkopplung. Beziehungen zwischen Lebensweisen und sozialen Lagen. Wiesbaden 2000.

Samerski, Silja: Die verrechnete Hoffnung: Von der selbstbestimmten Entscheidung durch genetische Beratung. Münster 2002.

Vester, Michael: Die Illusion der Bildungsexpansion. Bildungsöffnungen und soziale Segregation in der Bundesrepublik Deutschland. In: Steffani Engler/Beate Krais (Hg.): Das kulturelle Kapital und die Macht der Klassenstrukturen. Sozialstrukturelle Verschiebungen und Wandlungsprozesse des Habitus. Weinheim, München 2004, S. 13–53.

Weingart, Peter: Welche Öffentlichkeit für die Wissenschaft? In: Ders.: Die Wissenschaft der Öffentlichkeit. Essays zum Verhältnis von Wissenschaft, Medien und Öffentlichkeit. Weilerswist 2005, S. 148–158.

Whyte, William Foote: Street Corner Society. The Social Structure of an Italian Slum. Chicago, London 1981.

Personenregister

Abraham, Hilda C. 65
Abraham, Karl 64f.
Abrahams, Roger 95, 227
Abu-Lughod, Lila 286
Achelis, Thomas 45, 61
Adorno, Theodor W. 304f., 312–314
Aigner, Josef 32
Alasuutari, Pertti 300
Alberts, Jürgen 281, 315
Albrecht, Clemens 196, 300, 315f., 321
Almeida, Antonio 223
Althaus, Hans-Joachim 139, 180, 214, 256–258
Althusser, Louis 97
Aly, Götz 109, 262
Alzheimer, Heidrun 82
Amandonico, Nikko 104
Amann, Marc 327
Ammon, Otto 17
Andree, Richard 25f.
Andree-Eysn, Marie 81
Andrews, Stephen Pearl 319
Ang, Ien 307
Anneler, Hedwig 68, 81
Aslam, Mohammed 112
Assion, Peter 136, 156f., 172, 248–250, 253
Assmann, Aleida 176
Auden, Wystan H. 97
Auer, Peter 163
Avantario, Vito 166f.

Bachofen, Johann Jakob 76
Bachtin, Michael 318
Backhaus, Hans-Georg 258
Badura, Matthias 111f.
Bächtold-Stäubli, Hanns 112

Bagus, Anita 80
Barker, Martin 307
Barlösius, Eva 165
Bartels, Olga 80
Bartels, Paul 80
Barthes, Roland 312, 317
Basile, Luisa 103
Bastian, Adolf 20, 28, 32, 45f.
Bataille, Georges 268
Baudrillard, Jean 300
Bauer, Kristin 118
Bauer, Otto 93
Bauman, Zygmunt 326, 328, 340, 344
Baur, Franz-Xaver 186
Bausinger, Hermann 9, 51, 88, 116, 130f., 159, 169, 187, 251, 274, 343
Beaud, Stéphane 272
Bechdolf, Ute 185, 309
Beck, Johannes 108
Beck, Stefan 113f., 126, 128, 341
Beck, Ulrich 123, 328, 332, 334
Becker, Franziska 108
Becker, Siegfried 31, 106, 227f.
Bender, Augusta 70
Bennett, Tony 315f.
Bentzien, Ulrich 227
Bergmann, Jürgen 227
Beutelspacher, Martin 112
Bey, Hakim 319
Bierbach, Christine 187
Bierbrauer, Peter 221, 240
Birken-Silverman, Gabriele 188
Blasius, Dirk 229, 231f.
Blickle, Peter 221f., 240
Bliss, Frank 120
Bloch, Ernst 38, 48
Bloch, Iwan 61

400 Personenregister

Blumensath, Heinz 171
Boas, Franz 61
Bobke-von Camen, Manfred 153
Bockhorn, Olaf 27, 31, 38, 189, 232
Boehm, Fritz 36
Böhnisch, Lothar 192
Bölsche, Wilhelm 17
Bönisch-Brednich, Brigitte 80
Bogatyrev, Petr Grigorevich 170
Bogdal, Klaus-Michael 149
Boger, Hartmut 214
Bohn, Rainer 153
Boisserée, Sulpiz 11
Boll, Klaus 159
Bollenbeck, Georg 179
Bolte, Johannes 64f., 82
Bonengel, Winfried 292
Bonß, Wolfgang 85
Boock, Barbara 78
Borchers, Hans 302
Borée, Wilhelm 55
Bourdieu, Pierre 11, 218, 310f., 317
Bourke, John Gregory 60, 63
Brähler, Elmar 341
Branner, Rebecca 187
Braun, Markus 159
Brecht, Bertolt 101f., 236, 345
Bredel, Holger 295
Brednich, Rolf Wilhelm 9, 71, 78, 136, 156, 193, 249, 341
Brekle, Herbert E. 187
Brepohl, Wilhelm 160
Breuer, Heinrich Th. 194
Bromley, Roger 320
Bross, Friedrich 256
Broszat, Martin 210, 255, 257, 263
Brown, Mary Ellen 302f., 308
Bruckmüller, Ernst 221f., 240
Brückner, Wolfgang 82

Bucher, Jolanda 118
Bucher, Thomas 184
Budd, Mike 305
Bude, Heinz 344
Bücher, Karl 72
Buhofer, Annelies Häcki 163
Bukow, Wolf-Dietrich 203
Burckhardt-Seebass, Christine 69, 77, 81f.
Burke, Peter 304, 318, 321, 346
Burkholz, Roland 24
Burmeister, Helmut 134
Burt, Raymond L. 32
Buschan, Georg 63
Bushnell, John H. 107
Buth, Sven 336

Çağlar, Ayşe Ş. 164, 186
Candeias, Mario 124
Canetti, Elias 143f.
Carsten, Francis L. 259f.
Carstens, Heinrich 19
Certeau, Michel de 216, 273, 298f.
Chartier, Roger 175
Clarke, John 215f., 277f., 280f., 287f.
Clauss, Carsten 121
Conze, Werner 248
Coote, Jeremy 115
Corner, John 305
Crary, Jonathan 337
Cull, James 305
Curran, James 300, 305, 307

D'Annunzio, Gabriele 319
Dähnhardt, Oskar 44
Darwin, Charles 70
Daxelmüller, Christoph 32, 112
Degreif, Uwe 290
Dehning, G. 35

Deppermann, Arnulf 186, 188, 202f.
Deutschmann, Christoph 128
Dewey, John 97
Dieterich, Albrecht 23, 42–44
Diewald-Kerkmann, Gisela 262
Diez, Georg 166f.
Dirim, Inci 163
Disselkamp-Niewiarra, Solveigh 292
Dittrich, Olli 113
Djilas, Milovan 267
Döffinger, Gertrud 256f.
Dornheim, Jutta 112
Douglas, Mary 271
Drexel, Sabine 32
Driesmans, Heinrich 17
Droste-Hülshoff, Annette 231f.
Duden, Barbara 341
Düding, Dieter 146
Dülmen, Richard van 9, 137, 214, 229, 242, 249, 304
Duerr, Hans-Peter 23
Dundes, Alan 188
Dworkin, Dennis 98, 212, 238, 287

Eberhart, Helmut 31
Eco, Umberto 306f.
Edwards, Paul K. 270
Ege, Peter 281
Ehrenreich, Barbara 124f., 128, 329
Ehringhaus, Sibylle 21
Eiber, Ludwig 260
Eibl-Eibesfeldt, Irenäus 84
Eichner, Andrea 80
Elias, Norbert 146
Ellwanger, Karen 119f.
Elwert, Georg 158
Emmerich, Wolfgang 27, 51, 99
Enders, Lieselott 175, 180–182
Engelhardt, Ulrich 248

Engelmann, Jan 306
Engels, Friedrich 48–50, 96, 99, 228, 248
Engler, Steffani 335
Entman, Robert M. 305
Eppensteiner, Barbara 32
Esser, Hartmut 158
Evans, William A. 305

Fabian, Johannes 319f.
Fabriz, Martin 288, 291
Farin, Klaus 288, 290, 293–296
Fegan, Brian 208
Fehrle, Eugen 38
Feldbauer, Peter 221f.
Fennell, Dodee 270
Ferguson, Marjorie 306
Fielhauer, Helmut Paul 244
Fink-Eitel, Heinrich 46
Fischer, Carl 179
Fiske, John 216, 300, 303, 307–309, 314–318
Flaig, Hubert 256
Fleck, Christian 91, 93
Fliege, Thomas 134
Fluck, Winfried 322–325, 328
Foucault, Michel 216, 234
Fraenger, Wilhelm 169
Frahm, Eckart 134
Frazer, James George 25
Freud, Ernst L. 65
Freud, Sigmund 24f., 32f., 60, 63–65, 144
Freybe, Albert 44
Friedemann, Peter 146
Friedländer, Max 39
Friedmann, Georges 200
Friedrich, K. 281
Friedrichs, Jürgen 335
Frisch, Michael 179

Frith, Simon 190
Fröhlich, Elke 210, 255, 263
Fuller, Gregory 196

Gallas, Andreas 328
Gans, Herbert J. 198, 303
Gardt, Andrea 175
Garnham, Nicholas 305, 307
Garve, Christian 226f.
Gauguin, Paul 38, 54
Gebauer, Gunter 194
Gebesmair, Andreas 196
Gebhardt, Peter 121
Gebhardt, Winfried 196, 300, 316, 321
Geertz, Clifford 84
Geiger, Paul 30
Geißler, Rainer 332, 334f.
Genth, Renate 69
Geppert, Karlheinz 256
Geramb, Viktor von 12, 36–38, 55, 66– 69, 102, 170
Gerhard, Anette 126
Gerhards, Maria 199
Gerndt, Helge 9, 343
Giambra, Leonard M. 201
Giebel, Regina 141
Giebeler, Cornelia 178
Giese, Gudrun 329
Giesecke, Johannes 124
Gindorf, Rolf 32
Ginzburg, Carlo 113
Girtler, Roland 97f., 231f., 343f.
Gitlin, Todd 214, 279, 319
Glass, Christian 122
Gleixner, Ulrike 242f.
Göhre, Paul 179, 227, 266, 268
Goethe, Johann Wolfgang von 104
Göttlich, Udo 196f., 300, 303, 315f., 320f.

Göttsch, Silke 9, 177, 208, 227–229, 234–236
Goetze, Dieter 94
Goffman, Erving 215
Gohl, Christiane 201
Golding, Peter 306
Gomme, George Laurence 18
Gossen, Gary H. 188
Gotthelf, Jeremias 226
Grass, Nikolaus 68
Gratopp, Karl 69f.
Gray, Ann 300, 308
Greverus, Ina-Maria 11, 156
Grimm, Jacob 11, 29, 53, 71, 78
Grimm, Natalie 127
Grimm, Wilhelm 11, 71, 78
Groffmann, Anne Claire 295
Groh-Samberg, Olaf 334
Groschopp, Horst 250
Groß, Martin 124
Grossberg, Lawrence 298, 307, 316, 320
Grudde, Hertha 54, 79
Grüttner, Michael 264, 270
Günthner, Susanne 203
Gummel, Hans 81
Gumperz, John J. 188
Gurevitch, Michael 300, 305

Haberlandt, Michael 30f.
Hadler, Markus 333
Hägele, Ulrich 117, 281
Hämmerle, Christa 181
Häußermann, Hartmut 158
Hahm, Konrad 169
Hahn, Eduard 20
Hall, Stuart 287, 300, 308
Hamann, Andreas 329
Hannerz, Ulf 95, 106, 227
Harley, George 102

Harmening, Dieter 82
Harnisch, Hartmut 175, 180–182
Harris, David 12, 189f., 215, 305
Harth, Dietrich 176
Hartung, Wolfdietrich 203
Hasenbrink, Uwe 300
Haspel, Jörg 141
Hauffe, Ulrike 341
Hauffen, Adolf 56
Haug, Frigga 125, 201
Haumann, Heiko 225, 268
Hauschild, Thomas 89, 106, 109f., 342
Hebdige, Dick 216, 278
Hecker, Friedrich 233
Hegel, Georg Wilhelm 209
Heidenreich, Martin 129
Heidrich, Hermann 181
Heinrich, Bettina 80
Heinrichs, Hans-Jürgen 76
Heintz, Bettina 208, 237
Heinzle, Klaus 32
Heitmann, Helmut 293, 295
Helm, Winfried 221, 224, 229–231, 235, 237, 239, 241–243
Hepp, Andreas 307f.
Herbert, Ulrich 86, 259, 262f.
Hermand, Jost 76
Herzog, Marianne 201
Herzog, Markwart 194
Hess, Sabine 124, 127f., 157, 186
Hesse, Jan-Otmar 148, 212
Heym, Stefan 153
Hickethier, Knut 153
Hinnenkamp, Volker 163, 188
Hinrichs, Ernst 244
Hirschfeld, Magnus 63
Hirschfelder, Gunther 274
Hitzler, Ronald 184, 321
Hobsbawm, Eric 227

Höfler, Max 57, 59, 63
Hörisch, Jochen 189
Hörning, Karl H. 126
Hoffmann, Dierk 160
Hoffmann, Klaus 232
Hoffmann, Rolf 168
Hoffmann-Krayer, Eduard 30, 112, 171
Hoffmeister, Johannes 209
Hoffmeyer-Zlotnik, Jürgen H.P. 158
Homuth, Karl 317
Hondrich, Karl-Otto 221
Honegger, Claudia 93, 208, 237, 336
Honneth, Axel 215f., 278, 280
Hoops, Wiklef 134
Hopf, Wilhelm 194
Hopf-Droste, Marie-Luise 174f.
Hopfensitz, Kerstin 117
Horkheimer, Max 304, 312–314
Horsky, Marian 296f.
Hrabe, Franz Eduard 77
Hradil, Stefan 334, 336
Huber, Birgit 274
Huck, Gerhard 141, 266
Hügel, Hans-Otto 196, 198, 300
Hunger, Lutz 165
Hymes, Dell 188

Ihm, Hermann 60
Ilien, Albert 107f., 134
Illyés, Gyula 228
Innerhofer, Franz 227f.
Isengard, Bettina 336

Jacob-Friesen, Karl Hermann 81
Jacobeit, Wolfgang 27, 32, 38, 131f.
Jäckel, Michael 300
Jahoda, Marie 91–94
Jakobson, Roman 170
Januschek, Franz 187

Jefferson, Tony 277f., 287f.
Jeggle, Utz 88, 96, 107f., 123, 134, 160, 202, 246
Jermier, John M. 270
Joas, Hans 97
Johannsen, Harald 336
Johler, Reinhard 243, 249
Julien, Rose 82
Jungbauer, Gustav 37, 77

Kaak, Heinrich 241
Kaindl, Raimund Friedrich 12, 31, 44, 53, 58, 80
Kaiser, Karl 39
Kandinsky, Wassily 38
Kanis-Seyfried, Uta 230, 239
Kant, Immanuel 312
Kaplan, Metin 162
Karle, Albert 108
Karsch, Ferdinand 64
Kaschuba, Wolfgang 9, 96f., 135, 137f., 142f., 147, 149, 152, 171, 213, 230, 239f., 243, 249–251, 253, 256, 259f., 301
Kay, Margarita 112
Keim, Inken 199
Kellner, Douglas 309
Kempowski, Walter 339
Keppler, Angela 301
Kershaw, Ian 208, 210, 254, 261
Kienitz, Sabine 215
Kiesewetter, Heinrich Christian 234
Kipp, Kathrin 98, 189, 288
Kirshenblatt-Gimblett, Barbara 188
Klein, Gabriele 184f., 321
Klein, Naomi 203
Kleinschmidt, Christian 148, 212
Klingler, Walter 199
Klußmann, Jan 225

Knecht, Michi 100
Koch, Angela 32
Koch, Philipp 260
Köhle-Hezinger, Christel 78, 80, 141
Köhler-Zülch, Ines 32
Köhnen, Heiner 329
Koepping, Klaus-Peter 45
Köstlin, Konrad 11, 107, 156, 198
Kohl, Karl-Heinz 11, 56
Kohler, Ulrich 333
Koons, Jeff 196
Kopiez, Reinhard 194f.
Kopp, Arthur 70
Korff, Gottfried 54, 116f., 123, 131f., 136–138, 152, 200, 248f., 254
Korutürk, Osman 165f.
Kotthoff, Helga 187, 199, 203
Krais, Beate 335
Kramer, Dieter 89f., 134, 137, 151, 153f., 172, 249–251, 253, 338
Kramer, Fritz W. 45f.
Kramer, Karl-Sigismund 107, 222
Kraus, Karl 282
Krauss, Friedrich Salomo 19, 26, 32-34, 39, 45, 57-61, 63-66, 77
Krauss, Marita 160
Kreisky, Bruno 93
Kreutzner, Gabriele 302
Krotz, Friedrich 300
Krug-Richter, Barbara 236, 241
Krumrei, Karen 230f., 239
Kucklick, Henrika 18, 49
Künsting, Sabine 281, 288–290
Kuhn, Walter 80
Kulke, Christine 69
Kummer, Bernhard 74-76
Kummer, Oliver 185
Kuntz, Andreas 31
Kunze, Sven 281

Kuper, Adam 21
Kutter, Uli 273

Labov, William 188
Landauer, Gustav 50
Lang, Andrew 25
Langewiesche, Friedrich 87
Lassalle, Ferdinand 138
Lauffer, Otto 12, 40, 87
Lauschke, Karl 148, 212
Lauterbach, Burkhart 155, 157
Lazarsfeld, Paul F. 91, 93
Lazarus, Moritz 28, 39
Leads, Jerry W. 188
Le Bon, Gustave 144
Lehmann, Albrecht 9, 31, 174, 248, 264
Leibfried, Stephan 94, 334
Leißer, Thorsten 194
Lemke, Elisabeth 81
Lenz, Ramona 157, 186
Leroy, C. 223
Lévi-Strauss, Claude 11, 25, 89, 109, 115, 120
Lévy-Bruhl, Lucien 52
Lewis, Oscar 107
L'Houet, Albert 55
Lichtenberg, Georg Christoph 338
Lindenberger, Thomas 147f.
Lindenschmit, Ludwig 21
Lindner, Rolf 11, 149, 194, 213, 216, 248, 278f., 282, 285, 340f.
Lindner, Werner 203
Linstead, Steve 270f.
Lipp, Carola 71f., 82, 135, 147, 215, 217, 256
Lixfeld, Hannjost 27, 38
Lloyd, Jill 54
Löfgren, Orvar 198–200, 217, 304
Loo, Hans van der 22

Lubinski, Axel 285
Lüdtke, Alf 141f., 147, 209, 227, 258, 261, 266–270, 285
Luschan, Felix von 65
Lutz, Ronald 134, 289f.
Lux, Joseph August 69

Maas, Utz 175–177, 187
Maase, Kaspar 14, 137, 142f., 150f., 153, 155, 171f., 196f., 202, 243, 282, 312, 315, 339
Marc, Franz 38
Machtan, Lothar 264f.
Malaparte, Curzio 104
Malcolmson, Robert W. 242
Malinowski, Bronislaw 23
Mannhardt, Wilhelm 43, 235
Mantzke, Martin 86
Marriage, M. Elizabeth 79
Mars, Gerald 270f.
Martischnig, Michael 32, 64f.
Marx, Karl 48, 50, 96, 99, 152, 228, 248, 286
Mason, Otis Tufton 72
Mason, Tim 254, 260
Massin, Benoît 28, 33
Matter, Max 107, 132f.
Mattheier, Klaus J. 175
Mauersberger, Arno 58
Mauss, Marcel 50
Mayhew, Henry 17, 97
McDougall, William 201
McGuigan, Jim 12, 306
McRobbie, Angela 301, 306
Mead, Margaret 107
Medick, Hans 239, 242
Mehlich, Michael 333
Meier, John 169f.
Meng, Katharina 163, 188

406 Personenregister

Mercer, Colin 316, 318
Mesmer, Gustav 117f.
Messerli, Alfred 175f.
Metz, Bernhard 84
Meyer, Elard Hugo 59
Meyer, Hans 51, 59
Meyer, Richard M. 39, 59
Meynert, Joachim 260
Michailow, Matthias 126
Militzer-Schwenger, Lisgret 141
Miller, Max 85
Modleski, Tania 217, 306
Mogk, Eugen 12, 24, 51f., 58
Mohrmann, Ute 172
Molstad, Clark 271
Mooser, Josef 229, 231f., 236
Morad, Mirjam 33
Morea, Delia 103
Morgan, Lewis Henry 18, 49
Morley, David 300, 306f.
Morris, Meaghan 305, 307
Morton, Chris 115
Moser, Hans 222
Moser, Johannes 94f., 124, 285, 288, 295
Mosse, George L. 146
Much, Rudolf 31
Mühlberg, Dietrich 152f., 213
Müller, Eggo 153
Müller, F. Max 31
Müller, Günter 183
Müller, Siegfried 273
Müller, Ulrich 103
Müller, Walter 335
Münch, Paul 146

Narr, Brigitte 187
Naumann, Hans 170f.
Nava, Mica 299
Negelein, Julius von 29

Neidhardt, Friedhelm 326
Neuhauss, Richard 65
Neumann, Siegfried 220
Nicholson, Julia 115
Niederbacher, Arne 184
Niethammer, Lutz 179, 259, 262
Noelle-Neumann, Elisabeth 196
Nohl, Arnd-Michael 125
Nolde, Emil 54
Noss, Peter 195

Oakes, James 226
Oberbeil, Klaus 121
Obid, Vida 232
Özkök, Bora 188
Oksaar, Els 187
Ong, Aihwa 127
Ortner, Sherry B. 238, 286
Ottenjann, Helmut 175
Otto, Eduard 70

Pallowski, Katrin 172
Papendorff, Dorothee C. 103
Paulsen, Friedrich 41
Pechstein, Max 54
Peter, Jochen 300
Peters, Jan 140, 175–177, 180–182, 225, 236f., 241f., 285
Peterson, Richard A. 197
Peuckert, Will-Erich 136
Peukert, Detlef 255, 258, 268f.
Pialoux, Michel 272
Piscinelli, Salvatore 104
Pitré, Guiseppe 61
Plaul, Hainer 225, 229, 231
Plessner, Helmuth 44, 193, 345
Polívka, Georg 63
Popitz, Heinrich 201f.
Post, Albert Hermann 28

Prosser, Michael 189
Puhle, Hans-Jürgen 221f.

Queri, Georg 59

Rabinow, Paul 337
Rack, Philip H. 112
Rademacher, Carl 30, 44
Radkau, Joachim 55
Radway, Janice 299, 308, 313
Raphael, Freddy 33
Ratzel, Friedrich 32
Rehbein, Franz 227
Rehsener, Marie 79
Reichelt, Gregor 84
Reichenwallner, Martina 336
Reichmann, Oskar 175
Reichmayr, Johannes 32f.
Reif, Heinz 229, 264
Reijen, Willem van 22
Reuschel, Karl 20
Rhodes, Colin 54
Riegl, Alois 46f., 122f.,
Riehl, Wilhelm Heinrich 73, 131
Roediger, Max 39f.
Roethe, Gustav 65
Rössner, Hans 84
Rohrbacher, Stefan 246f.
Roters, Gunnar 199
Roth, Klaus 127
Roth, Roland 322
Rubin, William 54
Rucht, Dieter 322, 326
Rudert, Thomas 285
Rüdiger, Ludwig 29
Ruehs, Krista 232
Rueß, Karl-Heinz 256
Rütimeyer, Leopold 71
Sachs, Hanns 65

Sachße, Christoph 142
Sahlins, Marshall 87
Sahr, Julius 70
Samerski, Silja 341f.
Saurer, Edith 231
Scharfe, Martin 12, 31, 78, 130–132, 134, 154, 225f., 231, 242, 244, 256
Schattkowsky, Martina 285
Schenda, Rudolf 110
Schenk, Annemarie 156
Scherman, Lucien 32–34
Schiffauer, Werner 158, 161f.
Schikorsky, Isa 180
Schilling, Heinz 11, 133–135, 156
Schindler, Norbert 119f., 122, 232, 237, 242, 249
Schlaffer, Hannelore 193f.
Schlegel, August Wilhelm 11
Schmädeke, Jürgen 208, 254
Schmidt, Axel 186, 188, 202f.
Schmidt, Gunter 192
Schmiechen-Ackermann, Detlef 254f., 260
Schmitt, Christoph 78
Schmitt, Heinz 193
Schneider, Michael 259–261
Schneidewind, Gisela 220
Schönberger, Klaus 106, 252f., 274
Scholze, Thomas 149, 213
Scholze-Irrlitz, Leonore 149, 213
Schröder, Hans Joachim 259
Schulte, Regina 229, 232, 234, 239
Schultz, Joachim 54
Schultze, Fritz 24
Schwartz, Michael 160
Schwartz, Wilhelm 30, 40–42, 57
Schwarz, Alexander 103
Schwedt, Herbert 159
Schwitalla, Johannes 203

Scott, James C. 208–210, 227, 231, 240, 320
Scullion, Hugh 270
See, Klaus von 27
Seebeok, Thomas A. 223
Seel, Martin 301
Seidel-Pielen, Eberhard 164, 288, 290f., 293f., 296
Seifert, Manfred 232
Seiter, Ellen 302, 314
Seitz, Gabriele 78
Sellmann, Matthias 195
Senghaas-Knobloch, Eva 129
Siebel, Walter 158
Siebs, Friedrichs 44
Sievers, Kai Detlev 107
Sikora, Michael 224
Simmel, Georg 41
Singer, Samuel 39
Sloterdijk, Peter 143f., 147
Soeffner, Hans-Georg 85, 193
Spamer, Adolf 170
Spieß, Karl 82
Stachow, Helga 249
Stagl, Justin 11
Steckmeister, Gabriele 281, 289f.
Steffen, Horst 266
Steinbach, Haim 196
Steinbach, Peter 208, 254
Steinen, Karl von den 20, 61
Steinitz, Wolfgang 136, 219
Steinman, Clay 305
Steinthal, Heymann 28, 39
Stekel, Wilhelm 63
Stocking, George W. 28
Stöbel-Richter, Ive 341
Stoecklin, Adèle 81
Storey, John 306f.
Strack, Adolf 41f.

Striphas, Ted 307
Strobach, Hermann 219
Sudnow, David 188
Surer, Edith 231
Suter, Andreas 140
Szwed, John 95, 227

Tacitus, Publius Cornelius 38, 58
Tanner, Jakob 9
Tarde, Gabriel 144
Taylor, Frederick W. 266f.
Tenfelde, Klaus 226, 254–256, 258, 263
Tertilt, Hermann 188
Tennstedt, Florian 142
Thole, Werner 290
Thompson, Edward P. 96, 98, 136, 147, 212, 238, 244f., 265f.
Thomson, Ian 104
Todorov, Tzvetan 46
Torgovnick, Marianna 69
Tramitz, Christine 295
Traxler, Franz 336
Treml, Hubert 194
Tschofen, Bernhard 231
Tuczay, Christa 103
Twain, Mark 313
Tylor, Edward B. 18

Ueberschär, Gerd R. 259
Umiker-Seebok, Donna Jean 223

Valentine, Charles 106
Veckenstedt, Edmund 19
Vester, Michael 136, 286, 335, 337
Viehmann, Dorothea 71, 78
Virchow, Rudolf 26, 28
Vischer, Friedrich Theodor 86
Voges, Wolfgang 94
Volkmann, Heinrich 227

Walkerdine, Valerie 307
Warneken, Bernd Jürgen 14, 33, 39, 113, 143, 146, 152, 177f., 181f., 193, 202, 213, 243, 249, 253, 256, 339
Warth, Eva-Maria 302
Watson, Bill 270
Watts, Dorothy L. 179
Weber-Kellermann, Ingeborg 159, 235
Wehrhan, Karl 58
Weingart, Peter 347
Weinhold, Karl 18, 29–32, 59, 77, 80, 82
Weinhold, Laura 80
Weiss, Richard 136
Welskopp, Thomas 148, 212, 234, 253
Welz, Gisela 160, 173
Werobél-La Rochelle, Jürgen M. 120
Wesel, Uwe 76
Wetzel, Alexandra 288, 291
White, William Foote 345f.
Wiedemann, Inga 118
Wiegelmann, Günter 116, 175, 251
Wiesemann, Falk 210, 255, 263
Wilentz, Sean 268
Willenberg, Gabi 187
Williams, Raymond 98
Willis, Bruce 309
Willis, Paul 121, 173, 184f., 189–192, 201, 204, 283–287, 301
Wimmer, Erich 82
Winter, Carsten 307
Winter, Rainer 197, 301, 303, 315, 320
Wirtz, Rainer 246f.
Wittel, Andreas 273f.
Wittje, Hartwig 187
Wobbe, Theresa 81, 93
Wolff, Eberhard 110
Woollacott, Janet 316
Wossidlo, Richard 69, 78f., 220
Wunderlich, Werner 103

Wuttke, Robert 52
Wuttke-Groneberg, Walter 112

Yildiz, Erol 203
Yumuşak, Ali 165

Zeisel, Hans 91
Ziegler, Matthes 38f.
Ziegler, Walter 141
Ziessow, Karl-Heinz 175
Zimmermann, Michael 259f.
Zinnecker, Jürgen 186f.
Zuboff, Shoshana 270
Züricher, Gertrud 79
Zwiklitz, Marie von 118

Bildnachweis

S. 19: Museum Europäischer Kulturen, Berlin.
S. 62: „Der ‚Fakir' Hugo Schm." Illustration zu Hugo Ernest Luedecke-Zwickau: Erotische Tätowierungen, Anthropophyteia, Bd. IV, 1907, Anhang, Tafel VII.
S. 71: Bildarchiv Preußischer Kulturbesitz .
S. 105: Francesco de Bourcard: Usi e costumi di Napoli e contorni descritti e dipinti. Napoli 1866.
S. 116 und S. 117: Fotos von Ulrich Hägele, Tübingen.
S. 118 und S. 119: Fotos von Erasmus Schröter, Leipzig.
S. 144 und S. 145: Stadtarchiv Frankfurt/M.
S. 233 oben: Friedrich von Schiller: Die Räuber. Ein Schauspiel. Frankfurt/M. 1781.
S. 233 unten: Wehrgeschichtliches Museum Rastatt.
S. 238: Archiv und Museen der Stadt Göppingen.
S. 265: Historisches Zentrum Wuppertal.
S. 342: Privatfoto, aufgenommen im August 2002 auf dem San-Donato-Fest in Ripacandida/Basilicata.

Thomas Kuchenbuch
Filmanalyse
Theorien – Methoden –
Kritik

2005. 15 x 21,5 cm.
472 S. 48 s/w-Abb. Br.
EUR 25,60 [A], 24,90 [D]
ISBN 3-8252-2648-4

Eine kritische Sichtung und Zusammenfassung der bisher tragfähigsten Methoden der Filmanalyse mit Analysebeispielen aus dem alltäglichen Fernsehjournalismus, der Werbebranche, des Unterhaltungskinos und des Avantgardefilms. Anhand methodengeschichtlicher Zusammenhänge sollen dem Leser theoretische Orientierungshilfen sowie konkrete Arbeitsmittel an die Hand gegeben werden. Die Neuauflage des Standardwerks berücksichtigt die immense bisherige Entwicklung auf dem Gebiet der Filmtheorie und Filmforschung und gibt Anlass und Möglichkeit zu differenzierter Korrektur oder Bestätigung. Hinzugefügt ist eine Auseinandersetzung mit den Modellen der Drehbuchliteratur und ihrer dramentheoretischen und textwissenschaftlichen Tradition. Ein methodenkritischer und filmtheoretischer Anhang soll die Zuordnung von Fragestellungen und Theoremen erleichtern.

WIESINGERSTRASSE 1, 1010 WIEN, TELEFON (01)330 24 27-0, FAX 330 24 27 320

Reihe: Böhlau Studienbücher BSB

Vito Flaker, Tom Schmid (Hg.)

Von der Idee zur Forschungsarbeit

Forschen in Sozialarbeit und Sozialwissenschaft

2006. 135 x 210 mm.

554 S. Br.

ISBN 3-205-77548-1

Das Buch bietet einen Einstieg in die Methoden wissenschaftlichen Arbeitens für Sozialarbeiterinnen und Sozialarbeiter, spricht aber auch andere Gesellschaftswissenschaften an. Ein erster Teil bringt Grundlagentexte zu Wissenschaft und Forschung, gefolgt von einem wissenschaftstheoretischen Grundlagenteil mit Bezug auf Sozialarbeit und Sozialwissenschaft. Der dritte Teil bietet einen Überblick über verschiedene quantitative und qualitative Methoden wissenschaftlichen Arbeitens. Die vorliegende Publikation eignet sich sowohl als Einstiegsliteratur für die akademische Ausbildung, insbesondere zur Unterstützung von Forschungsprojekten und Diplomarbeiten, aber auch als Hilfe für wissenschaftliches Arbeiten in der sozialarbeiterischen Praxis.

Die Herausgeber:

Vito Flaker: Dekan der Fakultät für soziale Arbeit an der Universität Ljubljana.

Tom Schmid: Sozialwissenschafter und Lektor an den Fachhochschulen in St. Pölten (Studiengang Sozialarbeit) und Krems (IMC, Studiengang Gesundheitsmanagement) sowie Universitätslektor an den Universitäten in Krems und in Klagenfurt/Celovek. Seit dem Jahr 2000 wissenschaftlicher Leiter der Sozialökonomischen Forschungsstelle in Wien.

WIESINGERSTRASSE 1, 1010 WIEN, TELEFON (01)330 24 27-0, FAX 330 24 27 320

Christina von Braun,
Inge Stephan (Hg.)
Gender@Wissen
Ein Handbuch der
Gender-Theorien

(UTB für Wissenschaft 2584 M)
2005. 370 S. Br.
ISBN-10 3-8252-2584-4
ISBN 978-3-8252-2584-1

Auch Wissen hat ein Geschlecht. Für die Wissenschaft von der Antike bis in die Gegenwart ist Geschlecht eine Kategorie von grundlegender Bedeutung. Das neue Handbuch der Gender-Theorien zeigt, dass Geschlechtercodes und Geschlechternormen in jeder Form des Wissens eingelagert sind. Geschlecht bietet deshalb einen geeigneten Schlüssel, die unbewussten Fundamente unseres modernen Wissens zu hinterfragen. 19 namhafte und fachlich ausgewiesene Autorinnen und Autoren aus unterschiedlichen Disziplinen führen in diesem Werk in zentrale Themenfelder des Wissens ein. Es geht um Identität, Körper, Reproduktion, Sexualität, Macht und Gewalt, Performanz und Repräsentation, Lebenswissenschaften und Gentechnologie wie um Natur und Kultur, Sprache und Semiotik oder Gedächtnis. Die Beiträge sind einheitlich aufgebaut und behandeln die Entwicklungsgeschichte dieser Begriffe und Bereiche, deren Einordnung in die Wissenschaftsgeschichte, die Anbindung an allgemeine politische und wissenschaftliche Debatten sowie die Querverbindungen zu anderen theoretischen Feldern und Debatten (Queer-, Media-, Cultural- und Postcolonialstudies).

Wolfgang Schmale (Hg.)
Schreib-Guide
Geschichte
Schritt für Schritt wissenschaftliches Schreiben lernen

2006. 15 x 21,5 cm.
296 S. 10 s/w-Abb. Br.
EUR 16,30 [A], 15,90 [D]
ISBN 3-8252-2854-5

Der „Schreib-Guide Geschichte", der für den Einsatz in Lehrveranstaltungen und für das Selbststudium konzipiert ist, denkt das Erlernen von Geschichte, also das Geschichtsstudium, vom Schreiben der Geschichte her. Der Schreibführer trainiert die Fähigkeit, die zu erlernenden allgemeinen wissenschaftlichen sowie genuin geschichtswissenschaftlichen Methoden in gutes wissenschaftliches Schreiben umzusetzen. Es geht dabei nicht nur um das Schreiben, sondern auch um das gute Vortragen und Präsentieren wissenschaftlich gewonnener Ergebnisse. Die systematische Strukturierung des Stoffes und seine Fokussierung auf das Schreiben und die möglichen Endprodukte wie Seminararbeit, Rezensionen und andere wissenschaftliche Formate machen den Schreib-Guide zum unverzichtbaren Begleiter durch das Studium.

WIESINGERSTRASSE 1, 1010 WIEN, TELEFON (01)330 24 27-0, FAX 330 24 27 320